# Zur Theorie und Praxis der Familienpolitik

Max Wingen

SCHRIFTEN DES DEUTSCHEN VEREINS
FÜR ÖFFENTLICHE UND PRIVATE FÜRSORGE

Allgemeine Schrift 270

*Herausgegeben im Auftrag des Vereins*
*von der Vorsitzenden*
*Prof. Dr. Teresa Bock*
*Frankfurt am Main*

EIGENVERLAG DES DEUTSCHEN VEREINS
FÜR ÖFFENTLICHE UND PRIVATE FÜRSORGE
Frankfurt am Main, Am Stockborn 1–3

# Zur Theorie und Praxis der Familienpolitik

Max Wingen



SCHRIFTEN DES DEUTSCHEN VEREINS
FÜR ÖFFENTLICHE
UND PRIVATE FÜRSORGE

*Meinen Enkelkindern*
*Kerstin, Heike und Birgit*



Die Auslieferung an Nichtmitglieder des Vereins erfolgt über den Verlag W. Kohlhammer GmbH Stuttgart, Berlin, Köln.

Technische Gesamtherstellung: Hassmüller KG Graphische Betriebe, Frankfurt am Main
Printed in Germany 1994
ISBN 3-17-006723-0

# Inhaltsverzeichnis

## III. KAPITEL

# Zum Geleit

Seit es den Deutschen Verein für öffentliche und private Fürsorge gibt, haben Familien und ihre Lebenslagen sein Interesse gefunden. Gesellschaftliche Rahmenbedingungen für Familien und deren Ausgestaltung in der sozialen Arbeit gehören als Einzel- und Querschnittsthemen zum Programm der Fürsorgetage. Dabei wird das Spannungsfeld zwischen der Praxis vor Ort, den Annahmen der Wissenschaft und den Grundsätzen der Politik deutlich.

Die Arbeitsergebnisse der Fachausschüsse des Deutschen Vereins schlagen sich nieder in den Empfehlungen zur Weiterentwicklung des Familienrechts und der Familienhilfen. Diese Empfehlungen sind ständige Begleiter auf dem langen Weg vom Wunsch nach Veränderung hin zum Gesetzesvorhaben und der Umsetzung des Gesetzes in Leistungen und Dienste für Familien.

Aus dem breiten Spektrum der in der Fortbildung des Deutschen Vereins vermittelten Methoden für die Beratung und Unterstützung von Familien während schwieriger Phasen werden die Pluralisierung der Familienformen und die Individualisierung der Gestaltung des Familienalltags deutlich.

Aus alledem lassen sich viele Verbindungslinien ziehen zu den Arbeiten, die Professor Dr. *Max Wingen* als über Jahrzehnte an dem Ausbau der Grundlagen der Familienpolitik arbeitender Familienwissenschaftler in diesem Buch im Eigenverlag des Deutschen Vereins veröffentlicht.

Die Texte machen deutlich, daß die Familie und ihre Lebensbedingungen als Gegenstand wissenschaftlicher Betrachtung auf Interdisziplinarität angewiesen sind, um sie in all ihren Facetten zu erfassen. Als Gegenstand der Politik steht sie gleichermaßen unter dem Anspruch der Differenzierung nach vielen Einzelbereichen und entsprechenden Aktivitäten wie der Notwendigkeit der Bündelung dieser zu einer Querschnittspolitik. Als Praxis vor Ort ist die Kooperation von öffentlichen und freien Trägern, Planern und Fachkräften sozialer Arbeit Voraussetzung für familiengerechte Lebensräume und Dienste.

Die Veröffentlichung steht in der Tradition des Deutschen Vereins. Für ihn war und ist Familienpolitik Gesellschaftspolitik, eine Sichtweise, die der Verfasser in vielfältigen Bezügen überzeugend herausarbeitet, und die Ziele, die er verfolgt, sind darauf ausgerichtet, daß Wissenschaft und Praxis in Tuchfühlung stehen.

*Teresa Bock*

Frankfurt am Main, im September 1993

# Einführung

> „Das Haus der Gesellschaft wird nie über Nacht abgerissen und neugebaut, sondern es wird immer nur Stein um Stein ausgewechselt, bis der ganze Bau eine neue Gestalt gewonnen hat."
>
> (*Alfred Vierkandt*, 1867–1953)

Die Vereinten Nationen haben das Jahr 1994 weltweit zum Jahr der Familie erklärt. In Deutschland sind intensive Beratungen geführt und Vorbereitungen getroffen worden, die dazu beitragen werden, daß die Familienpolitik stärker noch als bisher in den Blickpunkt politischen Denkens und Handelns rückt, an Aktualität zunimmt und vielleicht auch an politischer Dignität dazugewinnt. Das Informationsbedürfnis über die Grundlagen familienbezogenen Handelns in Wirtschaft, Gesellschaft und Kultur dürfte im Rahmen der zu erwartenden Diskussionen und Aktionen relativ groß sein. Der „Querschnittscharakter" einer systematischen Familienpolitik wird heute durchweg bejaht; um so weniger kann die Dringlichkeit vielfältiger Anstrengungen in verschiedenen Politikfeldern zweifelhaft sein. Die Wechselbeziehungen unterschiedlicher Handlungsansätze verdienen dabei gerade auch dann besondere Beachtung, wenn Familienpolitik dem Anspruch auf mehr Effizienz und Treffsicherheit gerecht werden möchte.

Auf diesem Hintergrund enthält der vorliegende Band eine Reihe von Arbeiten zur familienpolitischen Thematik, die den Verfasser seit mehreren Jahrzehnten in der Lehre (an der Ruhr-Universität Bochum sowie an der Universität Konstanz) und im Rahmen der Leitung der Familienwissenschaftlichen Forschungsstelle im Statistischen Landesamt Baden-Württemberg beschäftigt und zu vielfältigen Abhandlungen und Stellungnahmen in der einschlägigen Fachdiskussion veranlaßt hat. Es handelt sich um eine systematisch geordnete Auswahl von Aufsätzen, Abhandlungen und Vorträgen, die teils geringfügig redaktionell überarbeitet, teils (schon aus Raumgründen) gekürzt oder, soweit insbesondere von den verarbeiteten Daten oder der weiterentwickelten Gesetzgebung her notwendig, aktualisiert oder durch weitere Überlegungen ergänzt wurden. Für den ersten Teil sind Beiträge ausgewählt, die allgemeinere konzeptionelle Grundfragen der Familienpolitik – gerade auch im geeinten Deutschland – betreffen und bis zu den Problemen und Instrumenten einer sozialwissenschaftlichen Familienpolitikberatung reichen. Im zweiten Teil sind einzelne familienpolitische Aufgabenfelder angesprochen: ein „wirklicher" Familienlastenausgleich mit seinem neuen familienphasenspezifischen Element des Erziehungsgeldes, das wiederum in der „Trias" von Erziehungsgeld, Erziehungsurlaub und rentenversicherungsrechtlicher Anerkennung von Erziehungszeiten zu sehen ist; die Bewältigung der Probleme von Eltern und Kindern im Konfliktfeld von Familien- und Erwerbsleben, was die Frage nach den Möglichkeiten und Grenzen einer eigenständigen betrieblichen Familienpolitik einschließt; die für das Familienleben so zentrale familiengerechte Wohnungs- und Wohnumfeldpolitik wie auch bildungspolitische Aspekte und speziell eine Familienpädagogik, die von einer systematischen Familienpolitik zu gewährleisten ist. Der dritte Teil faßt einige Beiträge zu übergreifenden Fragestellungen zusammen, so zur Elternschaft, die sich schon heute – und wahrscheinlich künftig noch mehr – in größerer Konkurrenz zu anderen Lebensentwürfen sieht, ferner zum Problem der nichtehelichen Lebensgemeinschaften sowie zu demographischen Bezügen der Familienpolitik. Abgeschlossen wird mit einem Ausblick auf künftige Entwicklungsperspektiven von Familie und Familienpolitik, wobei freilich – an Stelle von großen „Visionen" – bewußt für ein „realistisches Utopiequantum" plädiert wird.

Die einzelnen Abhandlungen reichen in verschiedene Jahre zurück, sind andererseits durchweg in unmittelbarem Praxisbezug entstanden. Überschneidungen in der Gedankenführung waren deshalb nicht immer ganz zu vermeiden. Wo sie sich finden, sind sie bewußt in Kauf genommen, weil die angesprochenen Gesichtspunkte im jeweiligen Gedankenablauf wichtig erscheinen oder eigene Positionen besonders verdeutlichen können, die dem je nach thematischem Interesse selektiv vorgehenden Leser möglichst nicht verborgen bleiben sollten.

Das den einzelnen Beiträgen zugrundeliegende einheitliche Verständnis von Familienpolitik berücksichtigt auf der einen Seite möglichst Kriterien ihrer familienwissenschaftlichen Fundierung, weist auf der anderen Seite aber auch für das stets wertbesetzte Feld familienpolitischen Handelns, das es gedanklich zu durchdringen und zu beurteilen gilt, eigene Wertsetzungen offen aus, ohne andere Positionen einfach auszublenden. Für die Orientierung über anstehende Problemlagen und für ein Denken in sich anbietenden Ziel-Mittel-Alternativen sollte dies zumindest hilfreich sein, auch wo die vorgestellte Position nicht geteilt wird. Zugleich könnten damit einige Grundlagen sichtbar werden sowohl zur Standortbestimmung einer in sich konsistenten Familienpolitik, die inzwischen verstärkt in EG-weite Verflechtungen hineinwächst, als auch zu Grundrichtungen ihrer Weiterentwicklung. Auch sollen Orientierungsrahmen über praktische Wege und Maßnahmen der Familienpolitik im größeren Zusammenhang ebenso aufgezeigt werden wie die zugrundeliegenden Ziele, die sich wiederum in übergreifende gesellschaftspolitische Leitbilder einordnen lassen. Eine familienwissenschaftlich reflektierte Bestandsaufnahme der Familienpolitik, wie sie sich in Deutschland in den über vier Jahrzehnten nach dem Zweiten Weltkrieg schrittweise herausgebildet hat, kann – besser als dies im allgemeinen aus tagespolitisch gebundener Sicht heraus möglich ist – dazu beitragen zu erkennen, was es zu bewahren, aber auch zu ändern gilt.

Inwieweit die Präsentation der Beiträge diesem Ziel gerecht wird, mag offenbleiben. Immerhin dürfte deutlich werden, daß eine theoretische – und das muß auch heißen: interdisziplinäre – Fundierung familienpolitischen Handelns sowie ein kritisches Überdenken des tatsächlich Bewirkten mehr denn je unentbehrlich sind. Hinzu kommt, daß die wirtschaftlichen Familienleistungen inzwischen längst in gesamtwirtschaftlich relevante Größenordnungen hineingewachsen sind, die sich immer weniger vernachlässigen lassen. Im Ergebnis sollen einige Bausteine für eine allgemeine Theorie der Familienpolitik als „Querschnittspolitik" geboten werden. Vieles muß notgedrungen unvollständig bleiben; dies soll durch die Zusammenfassung als „Materialien" zum Ausdruck gebracht werden. Leider ist es bisher nicht zu einer Neubearbeitung der 1965 in 2. Auflage erschienenen „Familienpolitik (Ziele, Wege und Wirkungen)" gekommen, in der sehr viel systematischer eine gedankliche Untermauerung eines auf eine mehrgliedrige Trägerschaft gestützten integrativen Politikansatzes entwickelt wurde, der sowohl sozialökonomische als auch soziokulturelle, u.a. familienbezogene soziale Dienste und Bildungshilfen umfassende Rahmenbedingungen familialen Zusammenlebens gleichzeitig berücksichtigt – bis hin zur Sicherung der sozialen Anerkennung und öffentlichen Wertschätzung von Familie als Institution, von Familientätigkeit und Elternschaft. Um so eher bot es sich an, wenigstens eine Reihe von weiterführenden Beiträgen aus den letzten Jahren gesammelt vorzulegen, zumal manche Positionen aus zurückliegenden Arbeiten inzwischen in der familienpolitischen Grundlagendiskussion Anregung zum Weiterdenken gegeben haben.

Der Verfasser ist dem *Deutschen Verein für öffentliche und private Fürsorge* verbunden, der die Arbeit in seine Schriftenreihe aufgenommen hat und damit mittelbar einen Beitrag zur Diskussion im Internationalen Jahr der Familie leisten möchte. Ein besonderes Wort des Dankes gebührt dabei Dr. *Margarete Heinz*, die mich bei der redaktionellen Endfassung mit Geduld und Einfühlungsvermögen beraten hat. Die Auswahl, Bearbeitung und Zusammenstellung der Beiträge geht ausschließlich zu meinen Lasten.

Autor und Eigenverlag des Deutschen Vereins danken allen Verlagen für die erteilte Nachdruckerlaubnis. Besonderen Dank verdient die von mehreren Seiten erfahrene finanzielle Förderung des vorliegenden Bandes, vor allem durch öffentliche und private Mittel aus dem Fürstentum Liechtenstein.

Mögen die Beiträge, so bleibt zu hoffen, das Verständnis einer systematischen Familienpolitik als einer gesellschaftspolitischen Gestaltungsaufgabe auf allen staatlichen und nichtstaatlichen Entscheidungsebenen vertiefen, und dies vor allem im Hinblick auf die Lebenschancen der nachwachsenden Generationen.

*Max Wingen*

Bonn, im Mai 1993

# I. KAPITEL

## Grundfragen der Familienpolitik

# 1. Familienpolitik – Theoretische Grundlagen und praktische Probleme im Überblick*

## 1. Begriff und Gegenstand

Unter dem erst nach dem Zweiten Weltkrieg fester eingebürgerten Begriff der Familienpolitik kann das bewußte und planvoll-ordnende, zielgerichtete Einwirken von Trägern öffentlicher Verantwortung auf Struktur und Funktionen (Aufgaben und Leistungen) von Eltern-Kinder-Gemeinschaften, die in unserer Kulturordnung herkömmlicherweise auf Ehe beruhen oder – wie bei Ein-Eltern-Familien (zumindest Geschiedener oder Verwitweter) – daraus abgeleitet sind, verstanden werden. Er hat sich vornehmlich im Zusammenhang mit der Sicherung und erforderlichenfalls Korrektur der äußeren, insbesondere der wirtschaftlichen und sozialen Lebensbedingungen der Familien (Familienhaushalte als Wohn- und Wirtschaftsgemeinschaften) herausgebildet. In einer freiheitlichen Grundordnung steht zwar eine indirekte Einwirkung im Vordergrund, wie sie sich in der Gestaltung der Lebensbedingungen von Familien niederschlägt; es gibt aber auch Formen der direkten Einflußnahme, so vornehmlich über die Familienrechtsgestaltung, die zur Familienpolitik in einem umfassenderen Sinne gehört. (Auf die Regelung familialen Zusammenlebens gerichtetes staatliches Handeln hat im übrigen im Bereich der Rechtsbeziehungen eine sehr alte Tradition.) Im Rahmen einer systematischen Familienpolitik haben auch die vielfältigen Aufgaben auf dem Gebiete der Erziehungs- und Bildungshilfen für die Familien ihren Platz; daraus folgt der familienpolitische Aspekt der Kultur- und Bildungspolitik.

Für das Verständnis einer umfassenderen Familienpolitik gilt es im übrigen zu sehen, daß verschiedene Maßnahmen, etwa im Bereich der Eltern- und Familienbildung, der Beratungshilfen und der sozialen Dienste in der Praxis, schon eine längere Tradition aufweisen; ihre gedankliche und konzeptionelle Integration in eine Familienpolitik erfolgte indessen erst in jüngerer Zeit – entsprechend neueren politisch-institutionellen Strukturen wie auch der allmählichen Einbeziehung des pädagogischen Ansatzes in die allgemeine Sozialpolitik. Damit wurde zugleich die Verschränkung dieser Eltern- und Familienhilfen mit wirtschaftlichen Maßnahmen einer Familienpolitik deutlicher sichtbar.

Familienpolitik kann nicht nur das tatsächliche familienpolitische Handeln meinen, sei es als interessengeleitete Auseinandersetzung um die Gestaltung der einzelnen Maßnahmen („politics"), sei es als das tatsächlich verwirklichte

System von Zielen, Maßnahmen und Einrichtungen („policy"), sondern auch dessen gedankliche Durchdringung in wissenschaftlicher Absicht (Familienpolitiklehre, Familienpolitik als wissenschaftliche Disziplin).

Im Hinblick auf eine sich herausbildende besondere Familienpolitik standen anfänglich meist Maßnahmen der Einkommensverteilung zugunsten der Familien mit Kindern im Vordergrund, in einer Reihe von Ländern zumindest zeitweilig auch mit betont bevölkerungspolitischer Akzentuierung, nämlich im Hinblick auf den Geburtenrückgang zwischen den beiden Weltkriegen. Familienpolitik ist indessen von einer Bevölkerungspolitik zu unterscheiden, unter der das bewußte, zielgerichtete und möglichst explizite Einwirken auf Entwicklung und Struktur der Bevölkerung verstanden werden kann, von der jedoch jene bevölkerungsrelevanten Maßnahmen abzugrenzen sind, die sich als unbewußte (und oft vernachlässigte bzw. unerkannte) demographische Nebenwirkungen aus anderen Politikbereichen darstellen. Da sowohl bei der Familienpolitik als auch bei einer Bevölkerungspolitik u. a. die generative Funktion der Familien ins Blickfeld rückt, verdienen ihre engen Wechselbeziehungen zueinander besondere Aufmerksamkeit. Ausdruck einer generationensolidarischen Familienpolitik ist die Integration auch einer demographischen Akzentuierung in den familienpolitischen Gesamtentwurf eines Gemeinwesens (s. dazu auch den Beitrag III. 3. in diesem Bd.). Dennoch erscheint es für den Standort der Familienpolitik wichtig, hervorzuheben, daß sie – ebenso wie Bevölkerungspolitik – ein relativ eigenständiges politisches Handlungsfeld darstellt. Weit über die Gewährung von Kinderzulagen (zum Lohn) hinaus wurde eine relativ umfassend verstandene Familienpolitik in Deutschland vereinzelt schon gegen Ende des Ersten Weltkrieges und in den 20er Jahren (u. a. von *F. Zahn*) und Anfang der 30er Jahre (von *G. Bäumer*) angesprochen. Eine längere Tradition weist die Familien-(und Bevölkerungs-)politik vor allem auch in Frankreich auf.

Die personprägenden und gesellschaftsordnenden Leistungen und Wirkungen von Familien, die zugleich grundlegende wechselseitige Vermittlungsleistungen zwischen dem einzelnen und der vielfältig gegliederten Gesellschaft erbringen, geben eine wichtige Legitimationsgrundlage für Familienpolitik ab; die – gemessen an bestimmten Zielvorstellungen über das familiale Aufgabenspektrum und eine bestmögliche Leistungsentfaltung von Familien – nachweislichen Leistungsbehinderungen bezeichnen Ansatzpunkte für familienpolitische Interventionsstrategien. (Durch die sozialen Grundstrukturen von Familien bedingte Leistungsgrenzen verweisen auf die Eingebundenheit der Familien in das gesellschaftliche Gesamtsystem.) Eine entfaltete Familienpolitik ist dabei durch einen ausgesprochenen „Querschnittscharakter" gekennzeichnet, der sich daraus ergibt, daß die Familie – aufs engste verflochten mit dem Familienhaushalt und (bisher ganz überwiegend) der ehelichen Lebensgemeinschaft – als eine gesellschaftliche Grundeinheit durch die verschiedensten gesellschaftlichen Ordnungsbereiche hindurchragt. Letztlich erweist sich Familienpolitik – einschließlich der Gestaltung der Rechtsbeziehungen innerhalb der Familie sowie nach außen – von ihrem Anspruch her als ein zentraler Aspekt der Gesellschaftspolitik (s. dazu auch den Beitrag I. 4. in diesem Bd.). Der bisher durchweg recht hohe gesellschaftliche Rang der Familie hängt offensichtlich damit zusammen, daß sich die gleichzeitige Befriedigung einerseits von bestimmten individuellen Bedürfnissen – so nach Sicherheit, Intimität und Solidarität – und andererseits von gesellschaftlichen Ordnungsinteressen nur in einer sehr begrenzten Zahl von institutionellen Formen des Zusammenlebens dauerhaft erreichen läßt.

## 2. Grundlagen, Ziele und Leitvorstellungen

Sinn und Ziel der Familienpolitik sind in der Schaffung und dauernden Sicherung der Voraussetzungen für eine optimale Funktionstüchtigkeit der Familien zu sehen. Dabei bleibt die Gesamtheit der (aufeinander bezogenen) familialen Grundfunktionen (Aufgaben und Leistungen) zu berücksichtigen. Demgemäß hat eine systematische Familienpolitik z. B. auch die den verschiedenen familialen Funktionen vorgelagerte hauswirtschaftliche Funktion ebenso zu berücksichtigen wie die Funktion der Sicherung der Generationenfolge sowie die Stabilisierung solidarischer Beziehungen zwischen den Generationen, die als familiale Aufgabe und Leistung erst durch den Vierten Familienbericht (mit dem Schwerpunktthema: Der ältere Mensch in der Familie) stärker in das öffentliche Bewußtsein gerückt ist. Dies bedeutet z. B., daß eine auch generationensolidarische Familienpolitik in einem integrativen Ansatz nicht zuletzt die Voraussetzungen dafür zu schaffen und zu sichern hat, daß die – in den westeuropäischen Industriegesellschaften strukturell mehr oder minder stark beeinträchtigte – Motivation zur Elternschaft erhalten bleibt bzw. verstärkt wird (s. dazu auch den Beitrag III. 1. in diesem Bd.). Eine alleinige Betonung nur einer Grundfunktion, etwa der sog. Sozialisationsfunktion, d. h. der Eingliederung des Menschen in Gesellschaft und Kultur, wobei die Familie durch ihre Erziehungs- und Bildungsleistungen auch einen nachhaltigen Einfluß auf den weiteren Lebens- und Bildungsweg und die Vermittlung auf den Berufsweg (oft sog. „Plazierungsfunktion“) ausübt, führt leicht zu problematischen Einseitigkeiten in der Familienpolitik, was allerdings auch durch Stand und Richtung des vorherrschenden sozialwissenschaftlichen Denkens mitbedingt sein kann.

Angesichts der zentralen Bedeutung der Sozialisationsleistungen der Familien sind indessen einige sozialwissenschaftliche Einsichten, insbesondere der Familiensoziologie und der Sozialisationsforschung, hervorzuheben: Die gesellschaftliche Stellung der Familie, ihre Struktur sowie ihre Funktionen stehen in einem wechselseitigen Zusammenhang: Wandelt sich im Verlauf der geschichtlichen Entwicklung und/oder aufgrund bewußten zielgerichteten Einwirkens eines dieser Elemente, so formen sich auch die anderen um. Sodann gibt es in der modernen Gesellschaft Faktoren, die neben den eindrucksvollen Funktionsentsprechungen auch eine Reihe von Funktionsbehinderungen von Familien bedingen, so z. B. bei kinderreichen, jungen und unvollständigen Familien (Ein-Elternteil-Familien), aber auch bei Familien mit behinderten Angehörigen sowie der – u. a. in der Bundesrepublik – wachsenden Zahl von Familien von Ausländern. Familienpolitik wird im Blick auf die damit bezeichneten besonderen Problemlagen, denen man nicht mit generellen Maßnahmen und eindimensionalen Strategien gerecht werden kann, zu gezielten Maßnahmen mit einer adressatenspezifischen und, bezogen auf die von den Familien erreichte Phase im Familienzyklus, phasenspezifischen Ausgestaltung herausgefordert. Sie muß beachten, daß noch immer auch schichtenspezifische Unterschiede in den Funktionserfüllungen der Familien bestehen, so z. B. deutliche Schichteinflüsse bei den Sozialisations- und Plazierungswirkungen, die dazu führen, daß die Bildungschancen der Kinder zuungunsten der Kinder aus einfacheren Sozialschichten verteilt sind – auch wenn die Festigkeit der herkömmlich definierten Schichtunterschiede offensichtlich abgenommen hat, während demgegenüber die Zahl der Kinder der Familie um so ausgeprägter sich zu einem zentralen Element sozialer Ungleichheit entwickelt (*F.-X. Kaufmann*, 1990, S. 10). Ferner gilt es hinsichtlich der Sozialisationsleistungen der Familie zu berücksichtigen, daß ihre spezifischen Strukturmerkmale, die gerade in den ersten Lebensjahren des Kindes die besondere Stärke der Familie ausmachen, mit zunehmendem Lebensalter des Kindes teils auch zu Schwachstellen werden können, nämlich vor allem dann, wenn es an der nötigen Flexibilität in der Binnenstruktur und in den Außenbeziehungen der Familie mangelt. Bisher ist jedoch gerade für die kindliche Sozialisation keine überzeugende Alternative zur Familie (i. S. der Eltern-Kind-Gemeinschaft) erkennbar, was eine Fortentwicklung bestehender Familienstrukturen auch jenseits der früheren Drei-Generationen-Großfamilie etwa im Sinne stärkerer partieller Vergemeinschaftungen mit unterschiedlichen Formen der *Kooperation zwischen Familien* in relativ offenen Strukturformen keineswegs ausschließt.

Eine Familienpolitik, die besonders auf familiale Leistungen und Leistungsgrenzen sowie deren Bestimmungsfaktoren abhebt, wird auf Einsichten zurückzugreifen suchen aus der Vielzahl der in einem wechselseitigen Wirkungszusammenhang stehenden Komponenten eines sehr komplexen Bedingungsgefüges. Dabei lassen sich drei große Felder wirksamer Faktoren unterscheiden:

- äußere Lebensbedingungen der Familie,
- familienstrukturelle Gegebenheiten (in der Binnenstruktur wie in den Außenbeziehungen der Gruppe Familie),
- personale Gegebenheiten von Eltern und Kindern.

Für die Gesamtanlage einer systematischen Familienpolitik erscheint der Hinweis wichtig, daß die verschiedenen familialen Aufgaben und Leistungen hinsichtlich der Ausschließlichkeit ihrer Erfüllung durch die Familie durchaus unterschiedlich zu beurteilen sind. Einige Funktionsbereiche fallen ausschließlich oder doch im wesentlichen der Familie zu; dazu gehören die generative Funktion, die Ausprägung der emotional bestimmten Intimsphäre und die Ausgestaltung des Lebensstandards der einzelnen Familie. Es gibt weitere Funktionen, bei deren Ausübung die Familie mit anderen gesellschaftlichen Institutionen zusammenwirkt und teilweise konkurriert; dazu gehören vor allem die Erziehungs- und Bildungsfunktion, aber auch die Funktionsbereiche von Freizeit und Erholung und die Aufgabe der wirtschaftlichen Daseinsvorsorge für unvorhergesehene Wechselfälle des Lebens. Diese letzteren Aufgaben vermag die Kernfamilie allein nicht zu leisten. So vermag die Familie allein nicht in ausreichendem Maße den jungen Menschen zu den öffentlichen Tugenden zu erziehen und das außerhalb der Familie geforderte Sozialverhalten zu vermitteln. Sie vermag das Hineinwachsen des jungen Menschen in den weiteren gesellschaftlichen Raum, in die Arbeitswelt und in das öffentliche Leben immer nur in begrenztem Maße vorzubereiten und zu fördern. Die jüngere Forschung über Prozeß und Theorie der sozialen Eingliederung des einzelnen hat in diesem Zusammenhang herausgearbeitet, daß die Familie als ein besonders wichtiger Sozialisationsfaktor nicht isoliert gesehen werden darf, sondern in ihren Wechselwirkungen zu anderen Sozialisationsträgern betrachtet werden muß. Dazu gehören die Schule, mehr und mehr auch die sozialpädagogischen Einrichtungen im Vorschulalter, die Jugendhilfe, der Betrieb und die Kirche. Nur so kann auch der Gefahr einer Überziehung des Wertes Familie und einer Überbewertung ihrer Sozialisationsleistungen begegnet werden. Anderenfalls würde der Ausbildung von ideologischen (d. h. auf einer verkürzten Sicht der Wirklichkeit beruhenden) Elementen in der Familienpolitik Vorschub geleistet.

Der Zweck von Familienpolitik läßt sich im Hinblick auf die äußeren Lebensbedingungen von Familien in einer Reihe von *Einzelzielen* ausprägen:

insbesondere ein familiengemäßes Einkommen, familiengerechte Wohn- und Wohnumfeldbedingungen, familienbezogene soziale Dienste und Bildungshilfen, gemeinsame freie Zeit für familiäres Zusammenleben sowie gesetzlicher Schutz, öffentliche Anerkennung und Wertschätzung der Familie. Wenn der einzelne (in unserer Kulturordnung unbestritten) ein grundlegendes Recht auf Eheschließung und Familiengründung hat, muß eine systematische Familienpolitik dazu beitragen, daß er dieses Recht auch tatsächlich verwirklichen kann. Nach dem Grundgesetz (GG) (Art. 6 Abs. 1) stehen Ehe und Familie unter dem besonderen Schutz der staatlichen Ordnung (was mehr umfaßt als nur den Staat im engeren Sinne). Nach der Interpretation durch das Bundesverfassungsgericht stellt dieser Ordnungsgrundsatz für das gesamte soziale Leben eine „wertentscheidende Grundsatznorm" dar, und zwar mit einer dreifachen Funktion: (1) Bekenntnis und Gewährleistung der Freiheit i. S. der klassischen Grundrechte, (2) Gewährleistung der Lebensordnung von Ehe und Familie (sog. Institutsgarantie) und (3) verbindliche Wertentscheidung für den gesamten Bereich des Ehe und Familie betreffenden privaten und öffentlichen Rechts.

In jüngerer Zeit wird – unter dem Eindruck einer größeren Pluralität familialer Lebensformen und dem Einfluß der Weiterentwicklung unserer wertpluralistischen Gesellschaft (s. dazu auch den Beitrag I. 3. in diesem Bd.) – vermehrt gefragt, inwieweit die sozialen Inhalte von Ehe und Familie im Sinne dieser Verfassungsnormen sowie die feste Zuordnung beider Institutionen unverändert aus der Zeit der Schaffung des GG übernommen werden könnten. Diese feste Zuordnung von Ehe und Familie scheint, zumindest als wechselseitiger Zusammenhang, heute in Teilen der Gesellschaft mehr oder weniger deutlich in Frage gestellt. Während an der Koppelung von Elternschaft an Ehe in der Bundesrepublik nach wie vor weitgehend festgehalten wird, zieht Eheschließung nicht mehr automatisch auch Elternschaft nach sich. Ehe ohne Elternschaft scheint im gesellschaftlichen Bewußtsein aber tendenziell als Element einer mehr und mehr privatistisch gesehenen Partnerschaft eher zu einer Frage der Zweckmäßigkeit zu werden. Mit einem Auseinanderdriften der historisch gewachsenen, lange Zeit gültigen inneren Zuordnung von Ehe und Familie sowie von Familie und Elternschaft verbinden sich zwangsläufig Unschärfen im Zielbild „Familie". Im Sinne einer bewußten Überprüfung muß sich damit auch Familienpolitik ihres eigenen Gegenstandes deutlicher vergewissern. Immerhin hat das Bundesverfassungsgericht (1981) hinsichtlich der Zuordnung von Ehe und Familie festgehalten, Art. 2 Abs. 1 Grundgesetz gebiete es, daß der Staat die Entscheidung der Eltern akzeptiere, keine Ehe miteinander eingehen zu wollen, also „die Weigerung der Eltern, ihre personalen Beziehungen im Rahmen der Institution Ehe zu verwirklichen". Dies läuft im Grunde auf eine neue Problemlage hinaus, die sich durch die Formel

„ehebezogene Familie versus nichteheliche Familie" bezeichnen ließe (s. dazu auch den Beitrag III. 2. in diesem Bd.).

Für die Gesamtanlage einer Familienpolitik hat dies Konsequenzen. Sie muß auf der einen Seite die größere Vielfalt von Lebensgemeinschaften zur Kenntnis nehmen, auf der anderen Seite sich neu damit auseinandersetzen, was als *konstitutiv* für „Familie" zu gelten habe. Ein Nachdenken in dieser Richtung führt zu den folgenden drei konstitutiven Elementen von Familie:

– Generationenbeziehung (Eltern – Kind) auf der Basis der Blutsverwandtschaft oder der Adoption;
– Zusammenleben im Haushalt (= Wohn- und Wirtschaftsgemeinschaft);
– institutionelle Absicherung vor allem durch die Ehe, in der die Eltern verbunden sind, jedenfalls durch Formen der öffentlichen Anerkennung (*F.-X. Kaufmann, K. Lüscher*).

Eine Familienpolitik, die sich bewußt als Gesellschaftspolitik versteht, muß sich in ihren Zielen an übergeordneten Leitvorstellungen orientieren, die – verknüpft mit übergreifenden sozialkulturellen Strukturveränderungen und vorherrschenden wertbesetzten Bewußtseinslagen – zentrale gesellschaftliche Wertvorstellungen beinhalten, so über die Person, über die Gesellschaft und über die Stellung der Person in der Gesellschaft. Zu diesen Leitvorstellungen gehören in der Bundesrepublik Deutschland die allseitige personale Entfaltung des einzelnen (in der Familie von Mann und Frau, von Eltern und Kindern), die nicht nur formalrechtliche, sondern tatsächliche Gleichberechtigung der Geschlechter, der Ausgleich von Ungleichheiten in den Start- und Entwicklungschancen der Kinder sowie eine größere Gleichheit der tatsächlichen Lebensbedingungen als Ausdruck größerer sozialer Gerechtigkeit (z. B. in der Einkommensverteilung). Eine an diesen bereichsübergreifenden Leitbildern – auf dem Hintergrund von im wechselseitigen Zusammenhang stehenden Grundwerten wie Freiheit, Solidarität und Gerechtigkeit – orientierte Familienpolitik hat ihren bereichsspezifischen Beitrag zur personalen Entfaltung der Familienmitglieder zu erbringen. In der Gegenwart gewinnt dabei die Position des Kindes zunehmend an Bedeutung (Kind als Träger eigener Grundrechte).

Der Familie kommt in dieser Beziehung jedoch nicht etwa nur eine „Dienstfunktion" gegenüber ihren einzelnen Mitgliedern oder der Gesellschaft zu. Vielmehr ist ihr auch ein (aus der menschlichen Person abgeleiteter und insoweit relativer) *Eigenwert* beizumessen. Demzufolge tritt neben den Gesichtspunkt der Wirksamkeit der Funktionserfüllung derjenige der Vereinbarkeit mit ordnungspolitischen Bedingungen, die für das jeweilige Gesellschaftssystem als konstitutiv angesehen werden. Auch hier muß freilich mit der Möglichkeit gerechnet werden, daß vorgefundene Familienstrukturen aufgrund der damit verbundenen Leistungsgrenzen die Verwirklichung bestimmter Ordnungsvorstellungen über Person und Gesellschaft behindern. Dies spricht nicht gegen die Familie als grundlegende gesellschaftliche Einheit, wohl aber wird damit die Frage aufgeworfen, inwieweit sich bestimmte Familienstrukturen verändern lassen. Familienpolitik hat es stets mit der Alltagswirklichkeit von Familien, die von Menschen gelebt werden, wie auch mit dem institutionellen Ordnungsrahmen dieses familialen Zusammenlebens zu tun. Institutionen aber können aufgrund der für sie notwendigen, auf Dauerhaftigkeit angelegten Strukturen immer auch Züge von ausgesprochener Lieblosigkeit in sich tragen. Dies kann – wie im Horizont eines christlichen Menschen- und Gesellschaftsverständnisses festzuhalten ist – bis hin zu „sündhaften" Strukturen der Institution reichen (die von Menschen zu verantworten sind). Damit muß sich auch die Familie nicht nur in ihrer Alltagswirklichkeit auf personale Mängel, sondern ebenso in ihrem institutionellen Rahmen immer wieder darauf befragen lassen, wo hier Strukturen zu überdenken und nötigenfalls zu verändern sind. Familienpolitik hat wohl nur dort ein einigermaßen sachgerechtes, weil menschlichen Problemlagen angemessenes Verständnis von ihren Aufgaben, wo sie ein „dialektisches Verhältnis" zur Familie hat, die es in ihren unabdingbaren personprägenden und gesellschaftsbildenden Leistungen zu *erhalten* und zugleich in strukturellen Elementen, die unter veränderten gesellschaftlichen Bedingungen dieser Leistungsentfaltung eher hindernd im Wege stehen, zu *verändern* gilt – also Erhaltung und Stärkung *durch* Veränderung und Weiterentwicklung auch äußerer Stukturen. „Strukturelle Rücksichtslosigkeit" von Wirtschaft und Gesellschaft gegenüber den Familien, wie sie verschiedentlich mit Recht kritisiert wird, ist nur die eine, ordnungspolitisch kaum nachdrücklich genug zu unterstreichende Seite der Medaille; mögliche strukturelle Schwächen von Familien gegenüber dem Einzel- und Gemeinwohl sind die andere, stets mit zu bedenkende Seite.

Familienpolitik sollte im übrigen angesichts unterschiedlicher Problemlagen nicht auf eine reine „Familienmitgliederpolitik" verengt werden, wie sie sich umgekehrt auch nicht in einer „Institutionenschutzpolitik" erschöpfen darf. Wenn Familie als eine „Gruppe eigener Art" (*R. König*) zu gelten hat, dann hat dieser Gruppencharakter Bedeutung für die Familienpolitik: Diese kann sich dann nicht auf Maßnahmen für Individuen begrenzen, sondern muß die Gliedhaftigkeit des einzelnen in der Gruppe im Blick behalten. Gleichwohl können sich in der konkreten Situation auch Zielkonflikte ergeben, so zwischen den Bestrebungen um mehr Startchancengleichheit bzw. unter Umständen mehr Ergebnisgleichheit auf der einen und der Wahrung der Entscheidungsfreiheit der Familie über Erziehung und Plazierung der Kinder auf der anderen Seite, aber auch als Ziel- und Rollenkonflikte junger Mütter (und Väter) zwischen Familie und Erwerbstätigkeit.

Aus der Gesamtheit der übergreifenden Leitvorstellungen für eine Familienpolitik folgen zugleich bestimmte, in einem entsprechenden Familienkonzept verdichtete Anforderungen an Binnenstruktur und Außenbeziehungen der Familie wie auch an deren grundlegende Aufgaben und Leistungen. Zu nennen sind hier die Bedeutung von partnerschaftlichen Strukturen in den Ehegattenbeziehungen und eine altersgemäße Berücksichtigung des Kindes in den Eltern-Kind-Beziehungen, Rollenannäherung zwischen Mann und Frau mit nicht rein individualistisch mißverstandenen „emanzipatorischen" Grundeinstellungen auf beiden Seiten, mehr Rollenflexibilität, und zwar auch im Sinne von Korrekturmöglichkeiten zunächst getroffener Entscheidungen im Lebensablauf, eine zum öffentlichen Raum hin geöffnete und damit einen leistungsbeeinträchtigenden Familienzentrismus überwindende Familie. Diese Merkmale benennen konkrete Orientierungen für familienpolitische Einwirkungen auf die für ihre Ausprägung wichtigen Rahmenbedingungen des Familienlebens, auf seine bedingenden Voraussetzungen in sozialökonomischer wie auch soziokultureller Hinsicht. Es geht im übrigen sowohl um den Abbau von Konflikten, weil dies für eine bestmögliche Funktionserfüllung von Familien wichtig erscheint, als vor allem auch um mehr persönliche Handlungsfreiräume je nach den individuellen Lebensentwürfen der Ehepartner.

Die bereichsübergreifenden Leitbilder können durchaus unterschiedliche Gewichtungen im Verhältnis von einzelnem, Familie und Gesellschaft aufweisen. Dementsprechend lassen sich – national wie international – verschiedene „*Grundmuster*" („pattern") von Familienpolitik ausmachen. Solche Grundmuster mit je spezifischen Konsequenzen für Anlage und Ausgestaltung familienpolitischer Einzelmaßnahmen sind (1) ein betont auf den einzelnen und seine Bedürfnisse ausgerichtetes, (2) ein vorrangig gesamtgesellschaftlich akzentuiertes, (3) ein betont familienzentriertes sowie (4) ein am Menschen als personalem Wesen orientiertes Grundmuster. In der Wirklichkeit finden sich freilich immer wieder Vermischungen von Elementen verschiedener Grundmuster und – durch historische Vorgegebenheiten, politische Kompromisse oder grundlegendere Veränderungen politischer Mehrheitsverhältnisse bewirkte – Abwandlungen solcher idealtypischer Konzepte. Ein Beispiel für ein betont gesamtgesellschaftlich, stärker auf das Kollektiv hin orientiertes Grundmuster bildete in Deutschland die Familienpolitik in der ehemaligen DDR (s. dazu auch den Beitrag I. 2. in diesem Bd.).

## 3. Maßnahmenschwerpunkte in der Bundesrepublik Deutschland

Bei einem Überblick über die heute anzutreffenden familienpolitischen Maßnahmen lassen sich entsprechend den hauptsächlichen Ursachenbündeln von Funktionsbehinderungen der Familien eine Reihe von Schwerpunkten erkennen, die mehr oder minder miteinander verschränkt sind.

### *3.1 Allgemeine wirtschaftliche Familienhilfen*

Grundsätzlich lassen sich zwei verschiedene *Grundformen* unterscheiden, um Einkommensbelastungen durch Kinder in der Familie zu mildern: Dies kann einmal durch entsprechende Korrekturen des verfügbaren Einkommens der Familienhaushalte mittels Einkommensübertragungen oder Einkommenssteuerermäßigungen geschehen, zum anderen aber auch dadurch, daß die in der einzelnen Familie anfallenden „Kinderkosten" bereits in ihrer Entstehung möglichst niedrig gehalten werden. Zur ersten Grundform einkommenspolitischer Maßnahmen zählen vor allem die familiengemäße Einkommensgestaltung einschließlich des (nicht zweckgebundenen) allgemeinen Familienlastenausgleichs (FLA) im engeren Sinne, sodann aber auch eine familienpolitische Ausgestaltung des Wohngeldes sowie eine die Belastung des elterlichen Einkommens durch die Kinder in weiterführender Ausbildung individuell berücksichtigende Gewährung von Ausbildungshilfen (Leistungen nach dem BAföG). Die zweite Grundform umfaßt weitere verteilungspolitische Maßnahmen auf der Seite der Einkommensverwendung sowie im Rahmen unmittelbarer kollektiver, d. h. ohne spezielles Entgelt erfolgender Bedarfsdeckung. Bei der Einkommensverwendung spielen weniger die konsumtiven (z. B. Tarifermäßigungen für kinderreiche Familien) als die nichtkonsumtiven Verwendungen von Einkommensteilen eine Rolle. Hier ist insbesondere der „unsichtbare FLA" in der gesetzlichen Krankenversicherung (ein vom Familienstand und -größe unabhängiger lohnbezogener Beitrag bei Leistungen für alle Familienangehörigen) hervorzuheben. Die quantitative Bedeutung dieses Instruments läßt sich aus der Größenordnung der (Sach-)Leistungen der gesetzlichen Krankenversicherung an mitversicherte Familienangehörige ermessen, die z. B. in der Bundesrepublik (1992) bei rund 29,6 Mrd. DM lagen. Kinderkostensenkende, vorwiegend aus allgemeinen Steuermitteln finanzierte Maßnahmen im Bereich der unmittelbaren kollektiven Bedarfsdeckung liegen erfahrungsgemäß vor allem auf dem Gebiet des Bildungswesens (z. B. Schulgeld-, Lernmittel- und Fahrtkostenfreiheit; kostenloser oder nichtkostendeckender Besuch von Vorschuleinrichtungen u. ä.). Die Aufwendungen der öffentlichen Hand (einschließlich der Wohlfahrtsverbände) für die nachwachsende Generation in Form von kollektiv angebotenen Gütern und Diensten mit Schwerpunkt im Bildungs- und Gesundheitsbereich dürften schon Mitte der 80er Jahre schätzungsweise bei 65 bis 70 Mrd. DM gelegen haben.

### *3.2 Die familiengemäße Einkommensgestaltung*

Die familiengemäße Einkommensgestaltung zielt auf eine Korrektur der marktmäßigen Einkommensverteilung ab und sucht den Bedarf unterschiedlich großer Familien dadurch zu berücksichtigen, daß das verfügbare Einkommen der Familienhaushalte entsprechend der Zahl der noch nicht erwerbstätigen Kinder und dem Ausmaß der durch sie bewirkten Einkommensbelastung differenziert wird. (Für den Beginn der 90er Jahre können die durchschnittlichen Aufwendungen für ein Kind in Familien mit mittlerem Einkommen mit rund 700,– DM monatlich, in Familien mit gehobenem Einkommen mit etwa 1 000,– DM veranschlagt werden.) Im ökonomischen Ergebnis bewirkt ein solcher Ausgleich der Familienlasten eine tendenzielle Nivellierung der Pro-Kopf-Einkommen innerhalb einer Einkommensschicht, wobei horizontale und vertikale Umverteilungseffekte aufs engste miteinander verschränkt sind.

Die Lösung des Problems einer familiengemäßen Einkommensgestaltung war in Deutschland schon in der Weimarer Zeit als eine lohnpolitische Aufgabe vor allem für Arbeitnehmer in Angriff genommen worden. Zahlreiche Tarifverträge enthielten entsprechende zusätzliche Vereinbarungen; daneben gab es zeitweilig bis zu knapp einem Dutzend branchenmäßig orientierte „Familienausgleichskassen". Im Dritten Reich kam es (über den öffentlichen Dienst hinaus) zu ersten gesetzlichen Regelungen mit betont bevölkerungspolitischem Einschlag. Dies wiederum belastete die Weiterentwicklung nach 1945 nicht unerheblich. Die Isolierung Deutschlands im Dritten Reich führte dabei zur Abkapselung von der internationalen sozialpolitischen Diskussion um „social security", so daß nach 1945 der unmittelbare Anschluß an das breitere Konzept der sozialen Sicherung mit dem neuen, jungen Zweig der Familienzulagen im Grunde fehlte. Demgemäß knüpft das GG in seinem Art. 74 an die Tradition der deutschen Sozialversicherung an; für die ersten Kindergeldgesetze in den 50er Jahren bleibt als Verfassungsgrundlage nur die öffentliche Fürsorge (die im Sinne der Ziffer 7 des Art. 74 GG allerdings weiter gefaßt ist als die alten Reichsgrundsätze zur öffentlichen Fürsorge, der heutigen Sozialhilfe).

Zur familiengemäßen Einkommensgestaltung sind neben direkten Transferleistungen für Kinder (Kindergeld) auch Einkommenssteuerermäßigungen für Kinder zu zählen, in Deutschland bewirkt über sog. Kinderfreibeträge, die vor der Besteuerung von der Steuerbemessungsgrundlage abgezogen werden und infolgedessen in ihrer ökonomischen Wirkung eine Funktion des primär nach fiskalischen Gesichtspunkten aufgestellten Steuertarifs sind. Man kann diesem Kinderfreibetragsverfahren grundsätzlich die Funktion zusprechen, in einem Einkommenssteuersystem, das u. a. an dem Grundsatz der steuerlichen Leistungsfähigkeit orientiert ist, das sozialkulturelle Existenzminimum auch von Kindern einkommenssteuerfrei zu belassen. Dies ist inzwischen aufgrund einer Entscheidung des Bundesverfassungsgerichts (von 1990) verfassungsrechtlich geboten. Davon zu unterscheiden ist die eigentliche Einkommensumverteilung zugunsten von Mehrkinderfamilien, die auf mehr Verteilungsgerechtigkeit angesichts einer marktleistungsbezogenen Einkommensverteilung ausgerichtet ist und vor allem in unteren und mittleren Einkommensschichten die materiellen Lebensbedingungen von Kindern zu verbessern sucht. Diese echte Einkommensumverteilung zwischen kinderlosen bzw. kinderarmen Familien und Mehrkinderfamilien, die sich begrenzt auch auf dem Weg der Einkommensbesteuerung bewirken ließe (sozialpolitischer Steuerzweck), ist die Konsequenz eines Unterhaltssystems zwischen der noch nicht erwerbstätigen, der erwerbstätigen und der nicht mehr erwerbstätigen Generation, bei dem auf der einen Seite die Altersversorgung weitestgehend über die gesetzliche Rentenversicherung „kollektiviert“ und insoweit dem familialen Bereich entzogen ist, auf der anderen Seite die Unterhaltslasten für die nachwachsende Generation, die die Drei-Generationen-Solidarität einmal einzulösen hat, jedoch zu einem ganz erheblichen Teil individualisiert sind, d. h. von den auf Dauer unterschiedlich großen Familien aufzubringen sind.

In der Bundesrepublik ist das Neben- und Zueinander von direkten Kindergeldleistungen (über den öffentlichen Dienst hinaus auf bundesgesetzlicher Grundlage erstmals ab 1955) und Einkommenssteuerermäßigungen immer wieder kontrovers diskutiert worden. Die „klassischen“ Einkommenssteuerermäßigungen für Kinder, wie sie schon 1920 Eingang in das Einkommenssteuerrecht fanden, wurden ab 1975 praktisch beseitigt; an die Stelle des wegen seiner Verteilungswirkungen als problematisch empfundenen Nebeneinanders von Einkommenssteuerermäßigungen für Kinder und direktem Kindergeld trat eine stärker am sog. Finalprinzip orientierte einheitliche Kindergeldregelung. Das (einkommenssteuerfreie, aus Haushaltsmitteln des Bundes finanzierte und über die Arbeitsverwaltung abgewickelte) Kindergeld wurde bei Beziehern höherer Einkommen für zweite und weitere Kinder ab Anfang 1983 gekürzt, zugleich wurde ein sehr kleiner steuerlicher Kinderfreibetrag wieder eingeführt. Diese Freibetragsregelung ist im Zuge einer größeren Einkommenssteuerentlastung ab 1986 wesentlich ausgeweitet und damit im Ergebnis das sog. duale System wieder voll etabliert worden. Das direkte Kindergeld

(Gesamtbetrag i. J. 1993 rund 21,5 Mrd. DM) wurde zum Ausgleich für nicht wirksam werdende Steuerermäßigungen in unteren Einkommensschichten zusammen mit der Einkommenssteuerreform entsprechend erhöht. Das Ringen um die Ausgestaltung dieser kindbezogenen einkommenswirksamen Leistungen kann als eindrückliches Beispiel für die Bedeutung von unterschiedlich bewerteten Verteilungswirkungen im Rahmen der Familienpolitik angesehen werden, bei dem zugleich eine mangelnde gedankliche Integration unterschiedlicher Zielfunktionen einkommenswirksamer Instrumente sichtbar wird sowie schließlich Finanzausgleichsprobleme zwischen Bund und Ländern und verwaltungsorganisatorische Gesichtspunkte eine Rolle spielen.

Mit der bereits erwähnten grundlegenden Entscheidung des BVerfG von 1990 über die Einkommenssteuerfreiheit des sozialkulturellen Existenzminimums von Kindern (und der späteren Entscheidung von 1992 betr. erwachsene Einkommensbezieher) ist ein zentraler familienpolitischer Gesichtspunkt der Steuergerechtigkeit höchstrichterlich ausformuliert und der Weiterentwicklung der materiellen Familienpolitik vorgegeben. Schon haben die Auseinandersetzungen darüber eingesetzt, inwieweit diese Auflage – auch unter Umrechnung von Kindergeldleistungen in fiktive Steuerfreibeträge für Kinder – gegenwärtig tatsächlich erfüllt ist. Vor allem wird künftig grundsätzlich auch insoweit eine regelmäßige Anpassung an die Einkommens- und Preisentwicklung nicht mehr zu umgehen sein.

Für die politische Perspektive eines systematischen Ausgleichs der Familienlasten sollte freilich bedacht werden, daß die fundamentale Entscheidung des BVerfG, die auch bereits in der familienpolitischen Diskussion in außerdeutschen Ländern beachtet wird, im Grunde nur die Verwirklichung des Prinzips der Steuergerechtigkeit zum Gegenstand hat. Daneben bleibt – wie seit jeher – ebensosehr das Prinzip der Bedarfsgerechtigkeit in der Einkommensverteilung gegenüber Familien mit mehreren Kindern zu berücksichtigen. Mit anderen Worten: Wenn Steuergerechtigkeit durch Freistellung der Mindestaufwendungen für Kinder in der Einkommensbesteuerung verwirklicht ist, dann beginnt erst der „eigentliche“ Familienlastenausgleich, nämlich die Einkommensumverteilung entsprechend dem mit steigender Kinderzahl in der Familie steigenden Bedarf (der in der leistungsbestimmten Einkommensverteilung des Marktes im wesentlichen unberücksichtigt bleibt). Dahinter steht über die Einsicht über die Bedeutung der Einkommensverteilung für den Sozialisationsprozeß des Kindes hinaus die Auffassung, daß die Einkommensverwendung zum Auf- und Erziehen von Kindern keine reine Privatangelegenheit (wie etwa eine Ferienreise oder der Erwerb von hochwertigen Gebrauchsgütern) ist. Die individuellen, höchst persönlichen Entscheidungen für Kinder sind eben in ihren objektiven Konsequenzen gesellschaftlich hochgradig relevant. Die sog.

„differenzierten Kinderhäufigkeiten" in den Ehen sind in Verbindung mit den einkommensabhängig unterschiedlichen Lebens- und Entwicklungschancen der Kinder aus verschieden großen Familien eine zentrale Legitimationsgrundlage für eine bedarfsorientierte Einkommensgestaltung.

Noch dürfte eine solche Perspektive keineswegs zwischen allen Entscheidungsträgern konsensfähig sein. Sie bedeutet, daß mit der vollen in die Zukunft hineinreichenden Erfüllung der Auflage des BVerfG die Aufgabe eines wirklich befriedigenden Ausgleichs unterschiedlicher Familienlasten (Kinderlasten) nach wie vor der Lösung harrt. In einer bisher keineswegs üblichen Terminologie läßt sich die für die Zukunft anstehende Aufgabe wie folgt fassen: Ein Grundziel der (materiellen) Familienpolitik bildet die Sicherung eines familiengemäßen Einkommens. Zur familiengemäßen Einkommensgestaltung gehört einmal die Freistellung der Mindestaufwendungen für Kinder in der Einkommensbesteuerung der Eltern (Steuergerechtigkeit) und zum anderen die angemessene Berücksichtigung des Bedarfsprinzips (Bedarfsgerechtigkeit) durch den *Familienlastenausgleich im engeren Sinne* (s. dazu auch Beitrag II. 1. in diesem Bd.).

Noch ehe der FLA, die „sozialpolitische Großaufgabe des 20. Jahrhunderts" (*G. Mackenroth*, 1952), eine befriedigende Lösung gefunden hat – nach wie vor fehlt auch eine Dynamisierung bzw. fortlaufende Aktualisierung der Transferleistungen –, hat er aufgrund der Veränderungen im Erwerbsverhalten gerade auch verheirateter Frauen bereits eine neue Dimension hinzugewonnen: Im Bereich der breiten Masseneinkommen begründet – u. U. mehr noch als das Hinzutreten eines (weiteren) Kindes in der Familie – der Wegfall des zweiten Erwerbseinkommens (in der Regel der Frau) eine besondere Schärfe der Einkommensproblematik im Vergleich zu beiderseitig erwerbstätigen Ehepaaren ohne Kinder (s. dazu auch den Beitrag II. 2. in diesem Bd.). Hier setzten – über eine reine Verlängerung des Karenzurlaubs für erwerbstätige Mütter nach der Geburt eines Kindes hinaus – die Bestrebungen ein, mit der Gewährung eines speziellen „Erziehungsgeldes" während der ersten Lebensjahre eines Kleinkindes bei Verzicht eines Elternteils auf die volle Erwerbstätigkeit (bei gleichzeitiger rentenversicherungsrechtlicher Absicherung während dieser Zeit sowie mit Wiederbeschäftigungsgarantie im Rahmen eines Elternurlaubs) einen gewissen Ausgleich zu schaffen. Ein solches allgemeines, allerdings einkommensabhängiges Erziehungsgeld wird in der Bundesrepublik seit 1986 gezahlt, und zwar ab 1993 für zwei Jahre. In der Zielsetzung geht es dabei neben der Verbesserung der Voraussetzungen der frühkindlichen Sozialisation vor allem um eine (materiell abgesicherte) größere Wahlfreiheit junger Eltern zwischen Erwerbs- und Familientätigkeit, wobei zugleich – da die Leistung sowohl Müttern als auch Vätern zusteht und ein Wechsel in der Inanspruchnahme während der Laufzeit möglich ist – eine größere Rollenflexibilität zwischen Mann und Frau erleichtert werden soll. Erste Überlegungen für ein solches Erziehungsgeld gehen schon auf das Ende der 60er Jahre zurück; auch hier zeigt sich, wie lang im Bereich der Sozial- und Familienpolitik die „Inkubationszeit" für gesellschaftsstrukturverändernde Reformschritte sein kann (s. dazu auch den Beitrag II. 3. in diesem Bd.).

### *3.3 Sicherung familiengerechter Wohnbedingungen*

Die Wohnverhältnisse und Wohnumfeldbedingungen bilden eine für die Entfaltung des Familienlebens wesentliche Rahmenbedingung, wie nicht nur die als nachgewiesen geltende Tragweite der Wohnbedingungen etwa für den Schulerfolg von Kindern und damit mittelbar für deren berufliche und soziale Plazierung verdeutlicht. Eine familiengerechte Wohnungspolitik bildet daher grundsätzlich eine vordringliche familienpolitische Aufgabe, die sowohl die Schaffung genügenden und qualitativ angemessenen Wohnraums als auch eine bedarfsgerechtere Verteilung vorhandenen und neu zu schaffenden Wohnraums umfaßt (s. dazu auch den Beitrag II. 6. in diesem Bd.). Nach wie vor nimmt in der Bundesrepublik die Unterversorgung von Familien mit Wohnraum bei abnehmendem Einkommensniveau und wachsender Kinderzahl zu. Mit besonderer Schärfe stellen sich die Wohnungsprobleme vor allem unter Bedingungen eines „gespaltenen Wohnungsmarktes" für junge Familien, die jeweils auf die teuersten Neubauwohnungen angewiesen sind.

Die in der familienpolitischen Diskussion immer wieder geforderte stärkere Betonung der sog. Individualförderung (Wohngeld), die gegenüber dem sozialen Wohnungsbau an die persönliche Leistungsfähigkeit und den individuellen Wohnbedarf anknüpft, hat schon seit einer Reihe von Jahren einen Niederschlag in der Wohnungspolitik gefunden. Auch können heute Familien, die Wohneigentum erwerben, für eine gewisse Zeit ein sog. Baukindergeld von der Steuerschuld abziehen. Für Bauwillige wirken sich nach der Familiengröße gestaffelte zinsverbilligte Darlehen sowie ergänzend das Familienzusatzdarlehen günstig aus, wobei hier neben Kindern auch zuziehende Großeltern berücksichtigt werden. Gerade derartige Maßnahmen können geeignet sein, die Selbsthilfefähigkeit von Familien in der Sorge für die alte Generation zu stärken.

Grundsätzlich könnte auch der Gesichtspunkt Bedeutung gewinnen, neu sich herausbildenden Wohngemeinschaften und „Familienkooperationen" auch von den räumlichen Wohnbedingungen her eine Entwicklungsvoraussetzung zu schaffen. Der Aspekt der „familiengerechten“ Wohnbedingungen erhält an dieser Stelle eine zusätzliche Dimension; diese läßt sich umschreiben mit der Frage nach dem Vorverständnis von „Familie“, deren Lebensbedürfnissen und Funktionskreisen es durch angemessene Wohnbedingungen zu entsprechen gilt. Die Sachverständigenkommission für den Zweiten Familienbericht ging seinerzeit insgesamt und damit auch in wohnungspolitischer Sicht von einem etwas „offeneren“ Vorverständnis dessen aus, was Familie sein kann, als es im allgemeinen öffentlichen Bewußtsein meist anzutreffen ist (auch als es dann der Stellungnahme der Bundesregierung zum Sachverständigenbericht zugrunde lag). In der familienpolitischen Diskussion wird gerade im Blick auf die Position der herkömmlichen Kleinfamilie verschiedentlich angemerkt, neue Formen mehrfamilialer Kooperation und familialen Zusammenlebens könnten die Isolation der Kleinfamilie mit den daraus entstehenden Problemen überwinden helfen. Dabei gilt es zu bedenken, daß solche neue Formen sich nur in dem Maße überhaupt entwickeln und erproben lassen, in dem die wohnungsmäßigen Voraussetzungen gegeben sind. Demgemäß wären Modellvorhaben zu entwickeln (und gegebenenfalls wissenschaftlich zu begleiten) für neue Wohnformen, die sozialisationswirksame Familienstrukturen begünstigen können. (Zur Entwicklung von Wohnformen, die im Interesse günstiger Sozialisationsbedingungen zwischenfamiliale Kooperation erleichtern, sind schon in der zweiten Hälfte der 70er Jahre seitens der Bundesregierung entsprechende Projekte im Rahmen von Demonstrativbauvorhaben gefördert worden.)

### *3.4 Familienbildungshilfen, familienbezogene Beratung und soziale Dienste*

Die in den vergangenen Jahren weiterentwickelten und ausgebauten vielfältigen familienbezogenen Bildungshilfen und sozialen Dienstleistungen (s. hierzu auch die Ansatzpunkte in dem 1990 neugeordneten Kinder- und Jugendrecht) dienen einmal der Bildung und Beratung hinsichtlich der Ehe- und Familienführung und Elternrolle (bis hin zur Verbraucherpolitik, Wohnberatung, Familienplanungsberatung – entsprechend dem Leitbild der „verantworteten Elternschaft“ – [s. dazu auch den Beitrag III. 4. in diesem Bd.], Schwangerschaftskonfliktberatung und Hilfen für Mutter und Kind, Erziehungsberatung). Eine besondere Bedeutung besitzt dabei die familienergänzende außerhäusliche (Klein-)Kinderbetreuung (s. dazu auch den Beitrag II. 4. in diesem Bd.). Bildungs- und Beratungshilfen, mit denen über Wissensvermittlung hinaus ein eigenverantwortlicheres Verhalten ermöglicht werden soll, werden in einer (wert-)pluralistischen Gesellschaft vorrangig freien gesellschaftlichen

Trägern zufallen. Der Staat seinerseits hat zu gewährleisten, daß solche Dienstleistungen entsprechend den gewandelten Familienbedürfnissen erbracht werden, und entsprechende Initiativen zu fördern. Wichtig erscheint dabei auch die durchgängige regionale Erreichbarkeit solcher Einrichtungen, was die Bedeutung der Fortentwicklung einer auch familienbezogenen sozialen Infrastrukturpolitik unterstreicht. Speziell im Hinblick auf nachhaltigen Erfolg von Erziehungs- und Bildungshilfen zwecks Ausgleichs von Ungleichheiten in den Bildungschancen von Kindern wird heute die Einbeziehung der Eltern in solche pädagogische Bemühungen als besonders wichtig angesehen. Auch bei einem auf längere Sicht schrittweise anvisierten Bildungsurlaub wären Ehe- und Familienbildung ebenso zu berücksichtigen wie Maßnahmen der beruflichen und politischen Bildung. Soziale Dienste haben zum anderen Hauspflegedienste (insbesondere bei Ausfall der Mutter), Angebote von familiengerechten und preisgünstigen Ferienmöglichkeiten in zum Teil öffentlich geförderten Familienferienstätten u. ä. zum Gegenstand. Die Nachfrage nach zahlreichen personenbezogenen Dienstleistungen dürfte mit steigendem Realeinkommensniveau eher noch zunehmen. Angesichts der auf längere Sicht drastischen Verschiebungen in den zahlenmäßigen Proportionen zwischen den Generationen (Prozeß der sog. „kollektiven Alterung") werden die Hilfen für Familien, die Pflegeleistungen gegenüber alten Menschen erbringen, noch erheblich an Bedeutung gewinnen. Hier ist die ambulante Altenhilfe besonders wichtig, die mit den pflegenden Familien eng kooperieren muß.

Die personenbezogenen Hilfen und Dienste tragen weithin neuen familialen Bedürfnissen als „tertiären Mangelsituationen" Rechnung. In der Bundesrepublik Deutschland sind sie grundsätzlich als eine Verpflichtung der öffentlichen Leistungsträger in das Sozialgesetzbuch aufgenommen. Charakteristisch für die in institutionellen Dienstleistungssystemen organisierten personenbezogenen sozialen Dienstleistungen ist (neben den hier im allgemeinen nur äußerst begrenzt möglichen Produktivitätsfortschritten), daß die Anwesenheit und das „Mitgehen" des Adressaten Voraussetzung der Leistungserbringung sind (zu bildungspolitischen Aspekten des Wandels der Familienstrukturen s. auch den Beitrag II. 8. in diesem Bd.).

### *3.5 Familienrechtsgestaltung*

Ähnlich wie in anderen familienpolitischen Handlungsfeldern, muß auch die Ordnung der Rechtsbeziehungen der in Ehe und Familie zusammenlebenden Personen (einschl. der Außenbeziehungen) Leitvorstellungen entsprechen, die in übergreifenden gesellschaftspolitischen Wertentscheidungen verankert sind.

Dies gilt im einzelnen etwa für die rechtliche Stellung des nichtehelichen Kindes, die in der Bundesrepublik Deutschland nach jahrelangen Vorarbeiten dem Verfassungsauftrag des Art. 6 Abs. 1 GG gemäß im Jahre 1970 neu geregelt worden ist, ferner für das 1977 reformierte Ehe- und Familienrecht und das Ehescheidungsrecht (mit einer grundsätzlichen Umstellung vom Verschuldens- auf das Zerrüttungsprinzip) sowie für das Recht der elterlichen Sorge (s. dazu auch den Beitrag II. 9. in diesem Bd.). Insgesamt ist hierbei zu berücksichtigen, daß die Ehe in steigendem Maße als personal-partnerschaftliche Lebens- und Wirtschaftsgemeinschaft verstanden wird, im Selbstverständnis der Frau deutlich Wandlungen eingetreten sind und auch die Eigenständigkeit des Kindes, das seinerseits Träger von Grundrechten ist, stärker in den Vordergrund gerückt ist.

Auf dieser Linie liegt auch die in den letzten Jahren verschiedentlich und mit Nachdruck erhobene Forderung nach einer eigenständigen sozialen Sicherung der Frau. Für den Fall der Ehescheidung ist in der Bundesrepublik Deutschland durch das neue Ehescheidungsrecht erstmals in der deutschen Sozialgeschichte das Prinzip der Aufteilung des in der Ehe erworbenen Zugewinns auf die Versorgungsrechte wegen Alter oder Erwerbsunfähigkeit übertragen worden. Dieser sog. Versorgungsausgleich, durch den zugleich die Leistung der Frau für die Familie eine deutliche Aufwertung erfährt, hat allerdings neue sozial- und familienpolitische Probleme aufgeworfen.

Bei der rechtlichen Gestaltung der Außenbeziehungen der Familie verdienen u. a. die Mitwirkungsrechte der Eltern in Sozialisationsinstanzen außerhalb der Familie (Kindergarten, Schule) besondere Beachtung, zumal auch deshalb, weil diese Mitwirkung einen besonders guten Ansatzpunkt für eine wirksame Elternbildung darstellt. In einem mehr auf Kooperation verschiedener Erziehungsträger hin angelegten Erziehungsprozeß sind die Eltern in neuer Weise verstärkt gefordert; es gehört zu den Aufgaben einer Familienpolitik, sicherzustellen, daß Eltern zu einer solchen Kooperation auch tatsächlich befähigt sind (was auf die Notwendigkeit einer inneren Verschränkung der Steuerungsfelder, in denen Familienpolitik wirksam wird, verweist).

## 4. Träger und Koordinierungsprobleme

Entsprechend dem breiten familienpolitischen Aufgabenspektrum und den erforderlichen Problemlösungsstrategien bedarf es in der Familienpolitik einer mehrgliedrigen Trägerschaft, was zugleich Koordinationsprobleme bedingt. Schon der „Querschnittscharakter" der Familienpolitik erfordert es, die unterschiedlichen bereichsspezifischen politischen Handlungsfelder mit ihren verschiedenen Einzelmaßnahmen zu einem integrativ geplanten Mitteleinsatz in aufeinander abgestimmten „Maßnahmenbündeln“ zusammenzuführen. In einem föderativen Staatswesen wie der Bundesrepublik stellen sich weiterhin Koordinierungsaufgaben im Blick auf die unterschiedlichen politischen Entscheidungsebenen von Bund, Ländern und Gemeinden, in einer politisch mehr und mehr zusammenwachsenden größeren europäischen Union, aber auch auf übernationaler Ebene. Im Bereich von Familie und Erwerbsarbeitswelt fällt den Tarifpartnern mit begrenzter staatlich delegierter Rechtsetzungsbefugnis sowie den Betrieben mit ihrer autonomen betrieblichen Sozialpolitik eine familienpolitische (Mit-)Verantwortung zu. Inzwischen erscheint es mehr und mehr vertretbar, auch tatsächlich von einer förmlichen betrieblichen Familienpolitik zu sprechen (s. dazu auch den Beitrag II. 5. in diesem Bd.).

Eine umfassende Familienpolitik auf dem Hintergrund einer freiheitlich-demokratischen Grundordnung ist in ihrer Durchführung wesentlich auf freie gesellschaftliche Träger angewiesen, die ihrerseits in einer offenen Gesellschaft eine plurale Struktur aufweisen werden. So bestehen in der Bundesrepublik eine Reihe konfessionell ausgerichteter und nichtkonfessioneller Einrichtungen, die sich der Förderung der Familie angenommen haben. In dem staatsfreien Raum der Gesellschaft sind hier vor allem die Verbände der Freien Wohlfahrtspflege zu nennen. Das Schwergewicht der Arbeit dieser Institutionen liegt neben der Haus- und Familienpflege und der Familienfürsorge auf der Ehe-, Familien-, Lebens- und Erziehungsberatung (in jüngerer Zeit einschließlich der Schwangerschaftskonfliktberatung) sowie in der Familienbildungsarbeit und – bei den kirchlichen Trägern – darüber hinaus in familienseelsorgerischen Aufgaben. Nach dem Verständnis des „Deutschen Arbeitskreises für Jugend-, Ehe- und Familienberatung“, in dem sich kirchliche und nichtkonfessionelle Träger auf der Basis gemeinsamer Grundsätze ihrer Beratungstätigkeit zusammengeschlossen haben, bezieht sich die Beratung vor allem auf Menschen, die in Fragen der Lebensplanung, der Gestaltung von menschlichen Beziehungen sowie bei Konflikten in Partnerschaft, Ehe und Familie nach Lösungen suchen. Die Ratsuchenden sollen befähigt werden, mit ihren Problemen besser umzugehen und selbst Lösungswege zu erarbeiten.

Partner einer Familienpolitik sind Familienorganisationen, in denen sich im In- und Ausland Familien zur Vertretung ihrer Belange gegenüber Politik und Öffentlichkeit, teilweise auch zwecks Organisierung von Selbsthilfemaßnahmen, zusammengeschlossen haben. Letzteres ist in Verbindung zu sehen mit der in jüngerer Zeit noch deutlicher gewordenen Notwendigkeit, das Selbsthilfepotential von Familien mehr als bisher zu aktivieren. Insgesamt bildet die organisierte Vertretung von Familieninteressen eine nicht leichte Aufgabe, wobei die Erfahrung der vergangenen Jahrzehnte bestätigt hat, daß die Verwirklichungschancen eines Interesses tendenziell um so geringer sind, je allgemeiner dieses Interesse ist. Den organisatorischen Rahmen für die Interessenvertretung und die Selbsthilfebewegung der Familien bilden in der Bundesrepublik insbesondere vier Familienorganisationen: der „Deutsche(r) Familienverband e. V." (DFV), der „Familienbund der Deutschen Katholiken" (FDK), die „Evangelische Aktionsgemeinschaft für Familienfragen" (EAF) und der „Verband alleinstehender Mütter und Väter" (VAMV). Das gemeinsame Ziel der Familienorganisationen besteht vor allem in der Einflußnahme auf gesellschaftliche und staatliche Entwicklungen, um eine stärkere Berücksichtigung solcher Lebensumstände zu erreichen, die Voraussetzung für die Stabilität und Entfaltung der Familien sind. Diese vier Verbände arbeiten zusammen in der „Arbeitsgemeinschaft der Deutschen Familienorganisationen" und bilden mit Vertretern der Bundesregierung und anderen familienfördernden Verbänden das „Deutsche Nationalkomitee der Internationalen Union der Familienorganisationen" (UIOF). Die UIOF fördert den internationalen Gedankenaustausch über Familienfragen und vertritt die Familieninteressen in internationalen Gremien.

Insgesamt bedingt eine wirksame zukunftsbezogene Familienpolitik gerade in einem Gemeinwesen mit föderativer Struktur ein Mindestmaß an Übereinstimmung zwischen den verschiedenen Verantwortungsträgern über die verfolgten Ziele, die dabei maßgebenden Grundsätze und Rangordnungen sowie die Handhabung der Instrumente, die ihrerseits nicht völlig lösgelöst von der Wertbesetztheit der Ziele selbst gesehen werden dürfen. Beispiele aus jüngerer Zeit für sich ergänzende Maßnahmen auf Bundes- und demgegenüber Landesebene sind etwa die Bundesstiftung „Mutter und Kind – Schutz des ungeborenen Lebens", zu deren Leistungen ergänzende Länderregelungen in unterschiedlichem Ausmaß hinzutreten, sowie das „Erziehungsgeld", an das sich in einzelnen Bundesländern ein landesspezifisches Erziehungsgeld – allerdings mit nicht voll identischen Konditionen – anschließt. In solchen Fällen sind die Probleme des möglichst nahtlosen Übergangs für den jeweiligen Empfängerkreis trotz der dann veränderten Finanzierungsgrundlagen besonders zu bedenken.

## 5. Sozialwissenschaftliche Grundlagen und Wirkungsanalysen

Dringlich erscheinen nach wie vor Verbesserungen der Orientierungsgrundlagen und Entscheidungshilfen, wie sie von Wissenschaft und Forschung, speziell von interdisziplinär angelegten familienwissenschaftlichen Bemühungen, für familienpolitisches Handeln zur Verfügung gestellt werden können.

Dabei sind Instrumente (weiter) zu entwickeln, mit deren Hilfe die vielfältigen Verknüpfungspunkte der Familien bzw. Familienhaushalte mit den sie beeinflussenden sozialen und ökonomischen Rahmenbedingungen (wie sie u. a. durch gesetzliche Regelungen, familienbezogene Infrastruktureinrichtungen und Kosten im weiteren Sinne für das Aufziehen von Kindern gegeben sind) besser erfaßt werden, dies auch im Hinblick auf „kritische" Phasen des Familienzyklus oder bestimmte „kritische" Lebenslagen von Familien (z. B. die Situation der Alleinerziehenden, die sich als in mancher Hinsicht besonders prekär erwiesen hat).

Die Familienpolitik ist auf solche sozial- und insbesondere familienwissenschaftlichen Analysen über die wirtschaftliche, soziale und kulturelle Lage der Familien elementar angewiesen; schon *R. König* (1946; 2., erw. Aufl. 1974, S. 15) wies darauf hin, Familienpolitik könne nur dann mit Aussicht auf Erfolg betrieben werden, wenn die öffentliche Meinung eine richtige Vorstellung von der Familie und ihrer Lage in der Gegenwart hat. Und erst kürzlich unterstrich *H. Lübbe* (in seinem im Blick auf das Internationale Jahr der Familie angelegten Vortrag über „Familie im Emanzipationsprozeß"), ohne Rückbezug auf die demographisch vermessenen und soziologisch verständlich gemachten Tatbestände sei familienpolitische Urteilsbildung nicht möglich, und stellte dazu fest: „Das bedeutet banalerweise nicht, daß man Fakten und Trends moralisch und juridisch zur Norm zu erheben hätte. Es bedeutet aber, daß, wer die fraglichen Fakten und Trends einschließlich ihrer kulturellen und sozialen Voraussetzungen nicht zur Kenntnis nähme, sich auch über Nötigkeit und Wirksamkeit moralischer und juridischer Normierungen gar kein Urteil bilden könnte."

Besondere Bedeutung ist den bisher noch wenig entwickelten sozialwissenschaftlichen Wirkungsanalysen beizumessen, die das, was mit den familienpolitischen Maßnahmen im Sinne der Zielsetzung tatsächlich bewirkt wird, besser erfassen sollen. Dabei verdienen nicht zuletzt unbeabsichtigte Nebenwirkungen Interesse, die u. U. politischen Zielverwirklichungen im familienpolitischen Handlungsfeld selbst oder in anderen Bereichen entgegenlaufen können. Unter dem Wirkungsaspekt geht es z. B. auch um Fragen nach dem Verhältnis von nicht zweckgebundenen Individualleistungen einerseits und zweckgebundenen kollektiven Leistungen andererseits, deren „Mischungsverhältnis" in einem konkreten Politiksystem ein Indikator für unterschiedliche Grundkonzepte sein kann. Wirkungsanalysen werden in dem Maße um so dringlicher, als die finanziellen Aufwendungen im Rahmen der Familienpolitik volkswirtschaftlich immer größeres Gewicht erlangen. Im Blick auf die bisherigen Ansätze von Wirkungsanalysen ökonomischer Maßnahmen der Familienpolitik ist festzuhalten, daß entsprechende einkommenswirksame Leistungen an

Familien immer nur Voraussetzungen von familialer Leistungserfüllung beeinflussen (etwa im Sozialisationsprozeß). Dieser eher „vermittelte" Einfluß einer Verbesserung der wirtschaftlichen Situation auf die Erfüllung familialer Grundleistungen mindert indessen nicht die Bedeutung dieses Mitteleinsatzes. Maßnahmen im außerökonomischen Feld sind, soweit sie z. B. einen spezifisch pädagogischen Ansatz haben, durch einen höheren Grad der Direktheit in der Einwirkung auf familiale Funktionserfüllungen gekennzeichnet, ohne daß dies allein aber bereits ihren Wirkungsgrad notwendig erhöhen muß (s. dazu auch den Beitrag II. 7. in diesem Bd.).

Ein verstärktes Bemühen der verschiedenen Träger von Familienpolitik um Erweiterung und Verbesserung der wissenschaftlichen Grundlagen ihres Handelns ist festzustellen. Bisher fehlt indessen noch eine in etwa geschlossene Theorie der Familienpolitik, die freilich auch eine befriedigende, interdisziplinär angelegte Theorie der Familie voraussetzen würde wie auch eine allseitige sozialwissenschaftliche Durchdringung der verschiedenen familienpolitischen Handlungsfelder, womit wichtige Defizite einer institutionalisierten Familienforschung bezeichnet sind. Die bisherigen Ansätze in der wissenschaftlichen Befassung mit der Familienpolitik münden ein in Bestrebungen nach mehr Rationalität im politischen Handeln. Ohne daß etwa dem Glauben an eine umfassende rationale Beherrschbarkeit des politischen Prozesses Vorschub geleistet werden sollte, kann eine Familienpolitik formal in dem Maße als „rational" bezeichnet werden, als sie

1. klare, ausreichend operationalisierte und in sich widerspruchsfreie Zielsetzungen besitzt, so vor allem auch bezüglich Struktur sowie Aufgaben und Leistungen der Familien heute und in absehbarer Zukunft;
2. sich durch Orientierung an bereichsübergreifenden wertbesetzten gesellschaftspolitischen Ordnungsvorstellungen als bewußt strukturgestaltende Gesellschaftspolitik versteht und damit
3. inhaltlich wesentlich abhängt von dem Urteil über die gesamtgesellschaftliche Ordnung und der Richtung der angestrebten gesellschaftlichen Veränderungen;
4. gegenwärtig betont kindbezogen ist, auf diesem Hintergrund sich im übrigen problemspezifisch jeweils am Wohl der einzelnen Familienmitglieder ebenso orientiert wie an dem der Lebenseinheit Familie;
5. mit Zielvorstellungen zur sozialen (Rahmen-)Steuerung des demographischen Prozesses abgestimmt ist;
6. durch zweckrationalen Mitteleinsatz gekennzeichnet und auf ökonomische Rationalität bedacht ist;

7. mit Bezug auf ihre Erfolgswirksamkeit betrieben wird und daher systematische Erfolgsanalysen umfaßt;
8. auf Einsicht in die wechselseitigen Abhängigkeiten der getroffenen Maßnahmen und deren tatsächlichen Nebenwirkungen beruht;
9. als eine wichtige Voraussetzung ihrer selbst auf Verbreiterung der im interdisziplinären Ansatz zu gewinnenden familienwissenschaftlichen Grundlagen bedacht ist, ohne dabei politische Entscheidungen wissenschaftlich zu erschleichen;
10. insgesamt eine bedeutsame Querschnittsaufgabe im sozialen Rechtsstaat darstellt, dessen zeitgemäße Fortentwicklung immer neu aufgegeben ist.

Angesichts teils sehr rascher gesellschaftlicher Änderungen erscheint eine laufende Beobachtung des Wandels der demographischen, ökonomischen und sozialen Strukturen der Familien als den Adressaten der Familienpolitik angezeigt, und zwar als systematische „Familienstrukturbeobachtung“ nicht nur auf der Datengrundlage der amtlichen Statistik, sondern auch der sonstigen empirischen Sozial- und Familienforschung. So setzen z. B. erfolgreiche Bemühungen um familiengerechtere Wohnbedingungen mit ihren erheblichen Investitionen Kenntnisse darüber voraus, wie die Familien (Haushalte) gegenwärtig und in überschaubarer Zukunft strukturiert sind und wie sich Familiengründungs- und Familienauflösungsprozesse darstellen. Eine regelmäßige Sozial- und Familienberichterstattung, wie sie in der Bundesrepublik über unabhängige Sachverständigenkommissionen zu erarbeiten ist (neben Familienberichte auf Bundesebene treten verschiedentlich auch spezielle Familienberichte von Bundesländern oder auch Kommunen), bildet hier einen der gangbaren Wege praxisnaher Familienpolitikberatung (s. dazu auch den Beitrag I. 7. in diesem Bd.). Auf Bundesebene ist in diesem Zusammenhang auch der seit über drei Jahrzehnten bestehende, interdisziplinär zusammengesetzte „Wissenschaftliche Beirat für Familienfragen“ beim BMFuS zu nennen, der das Ministerium in Fragen der Familienpolitik und -forschung zu beraten hat. Insgesamt kann der Stand der sozialwissenschaftlichen Familienpolitikberatung noch nicht in jeder Hinsicht als befriedigend angesehen werden; dies ist auf vielfältige, in unterschiedlichen Handlungsbedingungen von Politik und Wissenschaft begründete Faktoren zurückzuführen, aber auch auf einen oft mangelnden Grundkonsens zwischen Vertretern der Wissenschaft und der Politik über unterschiedlich angelegte und damit zu unterschiedlichen Konsequenzen für die Beteiligten führende Muster von wissenschaftlicher Politikberatung (dezisionistisch, technokratisch, pragmatisch). (S. dazu auch den Beitrag I. 6. in diesem Bd.)

## 6. Internationaler Vergleich

Eine auf Schutz und Förderung der Familie – welche gesellschafts- und kulturspezifischen Strukturen diese auch immer kennzeichnen mögen – gerichtete Politik ist heute inner- und außerhalb Europas teils explizit, teils aber auch nur implizit anzutreffen und hat in einer Reihe von international verpflichtenden Rechtsnormen Eingang gefunden. Besondere Bedeutung kommt innerhalb Europas der schon 1965 in Kraft getretenen Europäischen Sozialcharta zu, nach deren Artikel 16 (Recht der Familie) sich die Vertragsparteien verpflichten, den wirtschaftlichen, gesetzlichen und sozialen Schutz des Familienlebens besonders durch soziale Familienleistungen, steuerliche Maßnahmen, Förderung des Baues familiengerechter Wohnungen, Hilfen für junge Eheleute und andere geeignete Mittel jeglicher Art zu fördern. Ein wichtiges Kernstück der unmittelbar auf die Familie gerichteten wirtschaftlichen Hilfen bilden in allen Systemen von Familienpolitik die einkommenspolitischen Maßnahmen der Gewährung von Familienzulagen. Im Mittelpunkt stehen dabei Kinderzulagen, ergänzend treten in einigen Ländern verschiedene sonstige Familienzulagen hinzu (vgl. die tabellarische Übersicht im Anhang, S. 30 ff.).

Die Gewährung von Familienzulagen bildet einen verhältnismäßig jungen, heute jedoch fest integrierten Zweig des sozialen Sicherungssystems in den verschiedenen Ländern. Im Überblick über die tatsächliche Entwicklung der Familienzulagengesetzgebung lassen sich einige charakteristische Phasen ausmachen: Dort, wo Kindergeldleistungen nicht von Anfang an in ein gesamtgesellschaftlich angelegtes soziales Sicherungskonzept eingebettet waren (wie dies z. B. in Großbritannien *[Beveridge*-Plan] der Fall war), wurden – oft in Anknüpfung an bereits bestehende einzelbetriebliche oder tarifvertragliche Regelungen – zunächst Familienleistungen für (Industrie-)Arbeiter eingeführt, wobei es vielfach darum ging, gezielt wenigstens die wirtschaftliche Situation von Familien mit Kindern, bei denen wirtschaftliche Schwierigkeiten vergleichsweise besonders groß waren, zu verbessern, sei es, weil allgemeine Lohnerhöhungen in größerem Umfang nicht möglich schienen, sei es, weil die Lebenshaltung verteuernde Preiserhöhungen besonders aufgefangen werden sollten. Im Fortgang der Entwicklung wurden derartige Regelungen, deren lohnpolitischer Ursprung lange Zeit unverkennbar war, meist auf alle Beschäftigten bzw. auf die Gesamtbevölkerung ausgeweitet.

Durchweg wird der Grundsatz anerkannt, daß die Ausgleichsleistungen für das Kinder die üblichen Aufwendungen für Kinder nicht voll abdecken sollen. Dabei bleibt jedoch zu bedenken, daß neben den direkten Ausgaben für das Aufziehen und Erziehen von Kindern in ökonomischer Sicht auch der kinderbedingte Ausfall von sonst erzielbarem Erwerbseinkommen zu Buche schlägt (sog. Opportunitätskosten).

Besondere Vorsicht ist geboten bei internationalen Vergleichen der Leistungen zum Ausgleich der Familienlasten, wenn daraus Rückschlüsse auf den jeweiligen Stand der Familienpolitik in einem Land gezogen werden sollen. So müssen nicht nur direkte Kindergeldleistungen (s. dazu die im Anhang wiedergegebene Übersicht für die Mitgliedstaaten der EG) und einkommenswirksame Steuerermäßigungen für Kinder zusammen betrachtet werden, darüber hinaus sind die Leistungen auch auf dem Hintergrund der jeweiligen Höhe des nationalen Einkommensniveaus (Lohnniveaus) zu sehen. Aussagefähig sind daher noch am ehesten Gegenüberstellungen der Einkommensdifferenzierung nach der Familiengröße, die zeigen, wie sich in den verschiedenen Ländern jeweils das verfügbare Nettoeinkommen mit steigender Kinderzahl prozentual im Vergleich zu dem der kinderlos Verheirateten erhöht (s. Tab. S. 29). Der so ermittelte Grad der familiengemäßen Einkommensdifferenzierung erlaubt jedoch erst dann wirkliche Rückschlüsse auf den Stand der wirtschaftlichen Familienhilfen des jeweiligen Landes, wenn zugleich die in der einzelnen Familie anfallenden durchschnittlichen Aufwendungen für Kinder berücksichtigt werden, deren Höhe durch familienpolitische Maßnahmen auf der Seite der Einkommensverwendung und/oder unmittelbaren kollektiven Bedarfsdekkung mittels unentgeltlicher Sach- bzw. Dienstleistungen mit beeinflußt wird. Für eine Beurteilung im Sinne eines wertenden Vergleichs bleibt schließlich ein möglicher Einfluß spezifisch bevölkerungspolitischer (z. B. pronatalistischer) Zielsetzungen eines Landes zu bedenken, der, wo er in ausgeprägtem Maße besteht, einen solchen Vergleich in familienpolitischer Sicht nur noch wenig sinnvoll erscheinen läßt.

## 7. „Humankapital" versus „Sozialkonsum"

Vor fast drei Jahrzehnten erschien auf der ersten Seite einer deutschen Wirtschaftszeitung ein kleiner Kastenartikel, in dem der damalige Bundesminister für Familie und Jugend *Bruno Heck* schrieb: „Unsere Wirtschaftsgesellschaft ist oft in Gefahr, nur die ‚Marktleistung' zu zählen, nicht aber die verborgenen, unersetzlichen personbildenden Leistungen der Familien für die nächste Generation. Wird diesen Leistungen der Familie der ihnen zukommende Wert versagt, lebt die Wirtschaftsgesellschaft auf Kosten ihrer eigenen Substanz." Und weiter: „Unsere Marktwirtschaft setzt funktionsfähige Familien voraus, die das an menschlichen Werten vermitteln, was im wirtschaftlichen Wettbewerb zu kurz kommt. Kraft und Leistungsfähigkeit der zweckbestimmten Strukturen in Betrieb, Wirtschaft und Gesellschaft hängen entscheidend von der Leistungskraft der Familie ab. Zu den in die Zukunft weisenden Investitionen zählt daher die Stärkung der wirtschaftlichen, sozialen und kulturellen Grundlagen der Familie."

Diese Konsequenz, die eine systematische Familienpolitik verlangt, kann denjenigen im Grunde nicht überraschen, der die Grundlagen eines Konzepts der Sozialen Marktwirtschaft von vornherein ernst genommen hat, der die geistigen Bemühungen und praktisch-politischen Schlußfolgerungen etwa aus den sechziger Jahren um das Einläuten des „zweiten Teils der Sozialen Marktwirtschaft" aufmerksam verfolgt hat und der nun die Zeit für gekommen hält, die Soziale Marktwirtschaft zu erneuern – oder vielleicht besser: zeitgemäß (auch in ökologischer Hinsicht) weiterzuentwickeln und dem, was aus den konzeptionellen Beständen dieser Ordnung bisher mehr oder minder zu kurz gekommen ist, unter inzwischen teils veränderten sozialökonomischen und soziokulturellen Bedingungen im geeinten Deutschland zum vollen Durchbruch zu verhelfen (s. dazu auch den Beitrag I. 5. in diesem Bd.).

Als Gesellschaftspolitik erweist sich Familienpolitik gerade in dem Maße, in dem sie einen gesellschaftlichen Prozeß fördert, in dem familienorientierte Stukturreformen in Wirtschaft und Gesellschaft, die Familie als grundlegendes Teilsystem einschließt, mit Bewußtseinsänderungen Hand in Hand greifen. Sie erweist sich als gesellschaftliche Ordnungspolitik auch dadurch, daß sie zur Weiterentwicklung einer staatlichen und gesellschaftlichen Ordnung beiträgt, die weithin voraussetzt, was sie selbst nicht zu schaffen vermag, aber von Familien täglich neu geleistet wird. Dies kann von diesen nach einem richtig verstandenen Subsidiaritätsprinzip freilich nur erwartet werden, wenn sie unter sich verändernden wirtschaftlichen und gesellschaftlichen Bedingungen dazu auch immer wieder neu instand gesetzt werden.

*Tabelle 1: Anteilsmäßige Veränderungen des durchschnittlichen Netto-Einkommens von verheirateten Arbeitern und Angestellten in Abhängigkeit von der Kinderzahl*
*(Netto-Einkommen eines Verheirateten ohne Kind = 100%)*

| | Arbeiter | | | Angestellte | | |
|---|---|---|---|---|---|---|
| | 1 Kind | 2 Kinder | 3 Kinder | 1 Kind | 2 Kinder | 3 Kinder |
| Belgien (1989) | 11 % | 28 % | 63 % | 13 % | 35 % | 75 % |
| Dänemark (1991) | 15 % | 21 % | 25 % | 17 % | 23 % | 27 % |
| Deutschland (1990) | 4 % | 12 % | 23 % | 4 % | 10 % | 20 % |
| Frankreich (1990) | 6 % | 30 % | 71 % | 4 % | 20 % | 49 % |
| Griechenland (1991) | 4,5 % | 9 % | 15 % | 5 % | 7 % | 9 % |
| Irland (1990) • | 2 % | 4 % | 6 % | 2 % | 4 % | 6 % |
| Italien (1990) | 0,5 % | 8 % | 13 % | --- | 0,7 % | 1 % |
| Luxemburg (1990) • | 6 % | 13 % | 26 % | 7 % | 17 % | 27 % |
| Niederlande (1990) • | 4 % | 10 % | 18 % | 4 % | 9 % | 16 % |
| Portugal (1990) | 3 % | 7 % | 10 % | 3 % | 6 % | 9 % |
| Vereinigtes Königreich (1990) | 4 % | 8 % | 12 % | 3 % | 6 % | 8 % |

• keine Steuervergünstigungen
*Quelle:* nach Berechnungen von *E. Neubauer,* Familienpolitische Ansätze zum Ausgleich der Aufwendungen für Kinder, in: Forschungsbericht der GEFAM: Familienpolitische Fördersysteme in der Europäischen Gemeinschaft, Okt. 1992.

# Anhang

*Kindergeldleistungen in den EG-Staaten*

| Land | Kindergeld-Leistung | Altersgrenze der Kinder generell | Altersgrenze der Kinder erhöht (bis ... Jahre) | Bezug zum Einkommen | Leistungsmodus (ECU/Monat) | 1. Kind | 2. Kind | 3. Kind | Alterszuschläge (ECU/Monat) für Kinder von .. bis Jahre |
|---|---|---|---|---|---|---|---|---|---|
| Belgien (1992) | Kinderzulagen (+ Steuerentlastung)<br>Sonderleistungen:<br>- im Mai: Kinderferiengeld<br>- im Sept.: Erziehungszulage | 18 | - Lehre: 21<br>- Studium: 25<br>- Hilfe im Haushalt: 25<br>- Behinderung: 21 | Lehrlinge max. 212 ECU/Monat<br>Solidaritätsbeitrag 9 ECU ab Brutto-Eink./Mon. von 921 ECU | Arbeitnehmer<br>Invalide<br>Arbeitslose/Rentner<br>Selbständige | 58<br>122<br>88<br>17 | 107<br>126<br>126<br>107 | 160<br>164<br>164<br>160 | bei Arbeitnehmern:<br>- Kinder von 6-12 J.: 20 ECU<br>- 12-16 J.: 31 ECU<br>- über 16 J.: 1. Kind: 33 ECU weitere Kinder: 38 ECU |
| Dänemark (1992) | Allgemeine Familienleistung | 18 | | ------- | Einheitl. Betrag pro Kind:<br>von 0 - 6 J.<br>von 7 - 17 J. | <br>79<br>60 | | | altersabhängige Leistungen |
| Deutschland (1992) | Kindergeld (+ Steuerentlastung) | 16 | - Schul-/Berufsausbildung: 27<br>- Arbeitslosigkeit: 21 | Ausbildungsvergütung max. 366 ECU/Mon. ab 2. Kind einkommensabhängige Leistung | | einheitl. 34 | max. 63 | max. 107 | ------- |
| Frankreich (1991) | Kindergeld (+ Familiensplitting) | 16 | - Lehre, Berufsausbildung, Studium: 20<br>- Arbeitslosigkeit/suche: 18<br>- Behinderung: 20 | Einkünfte der Kinder nicht über 55 % des SMIC | | ------- | 88 | 112 | jedes Kind von<br>- 10-15 J.: 25<br>- über 15 J.: 44<br>(abgesehen vom ältesten Kind bei weniger als 3 Kindern) |

| Land | Kindergeld-Leistung | Altersgrenze der Kinder: generell | Altersgrenze der Kinder: erhöht (bis ... Jahre) | Bezug zum Einkommen | Leistungsmodus (ECU/Monat) | 1. Kind | 2. Kind | 3. Kind | Alterszuschläge (ECU/Monat) für Kinder von .. bis Jahre |
|---|---|---|---|---|---|---|---|---|---|
| Griechenland (1991) | Kindergeld/Familienbeihilfe (Steuerentlastung für Gehaltsempfänger) | 18 | - Ausbildung: 24<br>- arbeitsunfähige Kinder: ohne Altersbegrenzung | Leistungshöhe abhängig vom Familieneinkommen im Vorjahr | Arbeitnehmer mit priv. Arbeitsverhältnis | jeweils 5 % des monatl. Grundgehalts | jeweils 5 % des monatl. Grundgehalts | jeweils 5 % des monatl. Grundgehalts | |
| | | | | | Beschäftigte im öffentlichen Dienst: | 9 | 9 | 13 | |
| | | | | | Familie ab 3 Kinder: | | | 2<br>4 Ki.: 3<br>5 Ki.: 4 | |
| Irland (1991) | Kindergeld (Steuerfreigrenze bei Kindern erhöht) | 16 | - Ausbildung: 18<br>- dauernde Arbeitsunfähigkeit: 18 | | | 21 | 21 | 21, ab 4. Kind je 30 | |
| Italien (1992) | Kindergeld für Landwirte und Selbständige<br>- Seit 1988 kein Kindergeld mehr für Arbeitnehmer, aber einkommensabhängiges Familiengeld (Steuerentlastung) | 18 | - Studium: 26 | Einkommenshöchstgrenzen | | 13 | 13 | 13 | |
| Luxemburg (1991) | Kindergeld (Steuerentlastung) | 18 | - berufl. Ausbildung, Studium: 27<br>- Behinderung: unbegrenzt | | Einzelkind<br>Fam. mit 2 Ki.<br>Fam. mit 3 Ki. | 47<br>insg.<br>insg. | <br>Σ144 | <br><br>Σ316 | - 6-12 J.: 5<br>- ab 12 J.: 15 |

| Land | Kindergeld-Leistung | Altersgrenze der Kinder | | Bezug zum Einkommen | Leistungsmodus (ECU/Monat) | | | | Alterszuschläge (ECU/Monat) für Kinder von .. bis Jahre |
|---|---|---|---|---|---|---|---|---|---|
| | | generell | erhöht (bis ... Jahre) | | | 1. Kind | 2. Kind | 3. Kind | |
| Niederlande (1991) | Kindergeld | 17 | - Ausbildung: 25<br>- arbeitslos: (21)<br>- Hilfe im Haushalt: 25 | | Fam. mit 1 Ki.<br>mit 2 Ki.<br>mit 3 Ki. | 37<br>45<br>48 | 45<br>48 | 48 | Kinder von 0 - 5 Jahren (70 %) |
| | | | | | Fam. mit 1 Ki.<br>mit 2 Ki.<br>mit 3 Ki. | 53<br>64<br>68 | 64<br>68 | 68 | Kinder von 6 - 11 J. bzw. 18 - 25 J. (100 %) |
| | | | | | Fam. mit 1 Ki.<br>mit 2 Ki.<br>mit 3 Ki. | 68<br>84<br>88 | 84<br>88 | 88 | Kinder von 12 - 17 J. (130 %) |
| Portugal (1992) | Kindergeld (Steuerentlastung) | 14 | - Sek. Schule: 18<br>- höhere Schule: 22<br>- Studium: 25<br>- Behinderung: unbegrenzt | erhöhtes Kindergeld ab 3. Kind bei niedrigem Einkommen | | 11 | 11 | 11 bzw. 17 | |
| Spanien (1991) | Seit März 1991 keine Kindergeldzahlungen mehr, lediglich Leistungen für einkommensschwache Familien (Steuerentlastung) | | | | | | | | |
| Vereinigtes Königreich (1992) | Kindergeld | 16 | - nichtuniversitäre Ausbildung: 19 | | | 60 | 48 | 48 | |

*Quelle: E. Neubauer,* Familienpolitische Ansätze zum Ausgleich der Aufwendungen für Kinder, in: Forschungsbericht der GEFAM: Familienpolitische Fördersysteme in der Europäischen Gemeinschaft, Okt. 1992.

## Anmerkung

*) Dem Beitrag liegen die folgenden Übersichtsartikel des Verfassers zugrunde:
Art. „Familienpolitik", in: Handwörterbuch der Wirtschaftswissenschaft (HdWW), Bd. 2, Stuttgart/Tübingen/Göttingen 1980 (S. Fischer, J. C. B. Mohr u. Vandenhoeck & Ruprecht).
Art. „Familienpolitik", in: Staatslexikon, 7. Aufl., Bd. 2, Freiburg/Basel/Wien 1986 (Herder).
Art. „Familienpolitik", in: Handlexikon zur Politikwissenschaft, hrsg. v. *W. W. Mickel* in Verbindung mit *D. Zitzlaff*, München 1983 (Ehrenwirth), überarbeitete Ausgabe für die Bundeszentrale für politische Bildung, München 1986.
Theoretical and Practical Issues in Family Policy, in: In and Out of Marriage. Irish and European Experiences, hrsg. v. *G. Kiely*, Dublin 1992.

## Ausgewählte weiterführende Bibliographie im historischen Überblick

(Weitere Literaturhinweise zu einzelnen Fragenkreisen finden sich in den folgenden Abhandlungen)

*Zahn, F.*, Familie und Familienpolitik, Berlin 1918.
*Bäumer, G.*, Familienpolitik, Berlin 1933.
*König, R.*, Rationale Familienpolitik in einem demokratischen Lande, in: Materialien zur Soziologie der Familie, Bern 1946, S. 165ff.
*Mackenroth, G.*, Die Reform der Sozialpolitik durch einen deutschen Sozialplan, in: Schriften des Vereins für Socialpolitik, N. F., Bd. 4, Berlin 1952; darin: VI. Sozialpolitik und Familie, S. 56 ff.
*Geck, L. H. Ad.*, Gestalt und Gestaltung der Familie (Einführung in die Soziologie und Sozialpolitik der Familie), in: Ordo socialis (Carl-Sonnenschein-Blätter), H. 3/4, 1954, S. 94ff.
*Oeter, F.*, Familienpolitik, Stuttgart 1954.
*Egner, E.*, Ökonomische Probleme der Familienpolitik, in: Schm. Jb. 75 (1955) 195ff., 323ff.
*Schmitz, W.*, Der Ausgleich der Familienlasten, 2. Aufl., Wien 1955.
*Beltrâo, P.C.*, Vers une politique de bien-être familial. Eléments d'une normative économique et sociale de la politique familiale, Rom/Löwen 1957.
*Wingen, M.*, Die wirtschaftliche Förderung der Familie, Paderborn 1958.
*Gesellschaft für Sozialen Fortschritt*, Die ökonomischen Grundlagen der Familie in ihrer gesellschaftlichen Bedeutung (Gutachten), mit Beiträgen von *G. Wurzbacher* u. a., Berlin 1960.
*Dreier, W.*, Das Familienprinzip – Ein Strukturelement der modernen Wirtschaftsgesellschaft, Münster 1960.
*Wuermeling, F.-J.*, Die wirtschaftliche Sicherung der Familie in der modernen Wirtschaftsgesellschaft, München 1960.
*Bühler, H. H.*, Familienpolitik als Einkommens- und Eigentumspolitik, Berlin 1961.
*Schmucker, H., Schubnell, H., Nell-Breuning, O. v., Albers, W., Wurzbacher, G.*, Die ökonomische Lage der Familie in der Bundesrepublik Deutschland – Tatbestände und Zusammenhänge, Stuttgart 1961.
*National Family Guiding Images and Policies*, in: Transactions of the First International Seminar of the International Scientific Commission on the Family, Hg. *P. de Bie, C. Presvelou*, Löwen 1962.
*Nave-Herz, R.*, Die Elternschule, Neuwied 1964.
*Schreiber, W.*, Kindergeld im sozio-ökonomischen Prozeß, Stuttgart u. Köln 1964.
*Wingen, M.*, Familienpolitik: Ziele, Wege und Wirkungen, Paderborn 1964, [2]1965.
*Dreier, W.*, Wirtschaftliche und soziale Sicherung von Ehe und Familie, Münster 1965.
*Müller, J. H.*, Ökonomische Probleme des Familienlastenausgleichs, in: Normen der Gesellschaft, Hg. *H. Achinger* u. a., Mannheim 1966.

*Sozialenquête-Kommission*, Soziale Sicherung in der Bundesrepublik Deutschland, Stuttgart 1966.
*Albers, W.*, Probleme des Familienlastenausgleichs, in: Sozialer Fortschritt 16 (1967) 158ff.
*Wingen, M.*, Der junge Familienhaushalt in sozial-ökonomischer Sicht. Tatbestände und familienpolitische Schlußfolgerungen, Hg. BMJFG, Bergisch-Gladbach 1967.
*Molitor, B.*, Konzept einer rationalen Familienpolitik, in: Hamb. Jb. 13 (1968) 170ff.
*Myrdal, A.*, Nation and Family. The Swedish Experiment in Democratic Family and Population Policy, Cambridge (Mass.), London 1968 (zuvor New York u. London 1945, 2. Aufl., London 1947).
*Neidhardt, F.*, Entwicklungen und Probleme der westdeutschen Familienpolitik, in: Gegenwartskunde 2 (1968) 141ff.
*Bundesregierung*, Bericht über die Lage der Familien in der Bundesrepublik Deutschland (Familienbericht), BT-Drucks. V/2532, Bonn 1969.
*Familienbericht 1969:* Bericht über die Lage der Familien in Österreich, Hg. Bundeskanzleramt, Wien 1969.
*Schulte-Langforth, M.*, Muttergeld – Vorschlag einer Hilfe für Mütter mit kleinen Kindern, Stuttgart 1969.
*Brauksiepe, Ä.*, Grundsatzfragen künftiger Familienpolitik, in: Bulletin des Presse- und Informationsamtes der Bundesregierung, Nr. 41, 1969 (Sonderdruck).
*Haensch, D.*, Repressive Familienpolitik, Reinbek 1969.
*Bünger, F.*, Familienpolitik in Deutschland, Berlin 1970.
*Diehl, P.*, Umverteilungswirkungen im Familienlastenausgleich, Meisenheim/Glan 1971.
*Finanzwissenschaftlicher Beirat beim Bundesministerium für Wirtschaft und Finanzen*, Gutachten zur Neugestaltung und Finanzierung von Alterssicherung und Familienlastenausgleich, Bonn 1971.
*Wissenschaftlicher Beirat für Familienfragen beim Bundesministerium für Jugend, Familie und Gesundheit*, Reform des Familienlastenausgleichs, Gutachten, Bonn 1971.
*Wynn, M.*, Family Policy (London 1970) rev. ed. Hammondsworth [2]1972.
*Ruland, F.*, Familiärer Unterhalt und Leistungen der sozialen Sicherheit, Berlin 1973.
*Lehr, U.*, Die Rolle der Mutter in der Sozialisation des Kindes, Darmstadt 1974.
*Assmann, E.*, Formen und rechtliche Komponenten der Familienpolitik, Bielefeld 1974.
*Zeppernick, R.*, Untersuchungen zum Familienlastenausgleich, Köln 1974.
*Familienpolitik und Familienplanung in beiden deutschen Staaten*, Hg. Friedrich-Ebert-Stiftung, Bonn 1975, [2]1977.
*Wissenschaftlicher Beirat für Familienfragen beim Bundesministerium für Jugend, Familie und Gesundheit*, Familie und Wohnen (Gutachten), Stuttgart 1975, [3]1979.
*Bundesregierung*, Zweiter Familienbericht (Familie und Sozialisation: Leistungen und Leistungsgrenzen der Familie hinsichtlich des Erziehungs- und Bildungsprozesses der jungen Generation), BT-Drucks. 7/3502, Bonn 1975.
*Pettinger, R.*, Junge Familien, Stuttgart 1975.
*Schubnell, H.*, Gesetzgebung und Fruchtbarkeit, Schriftenreihe des Bundesinst. f. Bevölkerungsforschung, Bd. 2, Stuttgart 1975.
*Advisory Committee on Child Development*, Toward a National Policy for Children and Families, Washington (D. C.) 1976.
*Liegle, L.*, Sozialisationsforschung und Familienpolitik, in: K. Hurrelmann (Hrsg.), Sozialisation und Lebenslauf, Reinbek 1976, S. 223–242.
*Schweitzer, R. v., Pross, H.*, Die Familienhaushalte im wirtschaftlichen und sozialen Wandel, Göttingen 1976.
*The Politics and Programs of Family Policy*, Hg. *J. Aldous, W. Dumon*, Löwen 1978.
*Bundesamt für Sozialversicherung*, Bericht über die Lage der Familie in der Schweiz, Bern 1978.
*Stolleis, M.*, Eltern- und Familienbildung als Aufgabe der Jugendhilfe, Stuttgart 1978.
*Wingen, M.*, Bevölkerungs- und familienpolitische Aspekte der sozialen Frage in entwickelten Industriegesellschaften, in: Zur Neuen Sozialen Frage, Schr. d. Vereins f. Socialpol., NF, Bd. 95, Hg. *H. P. Widmaier*, Berlin 1978, 149ff.
*Presvelou, C., de Bie, P.* (Hrsg.), The scientific bases of family policy, Louvain-la Neuve 1978.
*Family Policy (Government and Families in Fourteen Countries)*, Hg. *Sh. B. Kamerman, A. J. Kahn*, New York 1978.
*Bundesregierung*, Die Lage der Familien in der Bundesrepublik Deutschland (Dritter Familienbericht), BT-Drucks. 8/3120 und 8/3121, Bonn 1979.

*Lehr, U.*, Ist Frauenarbeit schädlich? Im Spannungsfeld von Familie und Beruf, Zürich u. Osnabrück 1979.
*Lüscher, K.* (Hrsg.), Sozialpolitik für das Kind, Stuttgart 1979 (2. Aufl., TB, Frankfurt/M. 1984).
*Wissenschaftlicher Beirat für Familienfragen beim Bundesministerium für Jugend, Familie und Gesundheit*, Leistungen für die nachwachsende Generation (Gutachten), Stuttgart 1979.
*Ders.*, Familien mit Kleinkindern (Gutachten), Stuttgart 1980.
*Kaufmann, F.-X.* u. a., Sozialpolitik und familiale Sozialisation. Zur Wirkungsweise öffentlicher Sozialleistungen, Stuttgart 1980.
*Langer-El Sayed, I.*, Familienpolitik. Tendenzen, Chancen, Notwendigkeiten, Frankfurt/M. 1980.
*Lampert, H.*, Sozialpolitik, hier bes.: XIV. Kap.: Familienpol., S. 358–385, Berlin 1980, 2., überarbeitete Aufl. 1985, S. 328–349.
*Rauscher, A.*, Eine Wende in der Familienpolitik?, H. 74 der Reihe „Kirche und Gesellschaft", hrsg. v. der Kath. Sozialwissenschaftlichen Zentralstelle Mönchengladbach, Köln 1980.
*Schweitzer, R. v.* (Hrsg.), Leitbilder für Familie und Familienpolitik (in Zusammenarb. m. d. Familienwissenschaftlichen Forschungsstelle im Stat. Landesamt Bad.-Württ.), Schriftenreihe des Bundesministers f. Jugend, Familie u. Gesundheit, Bd. 182, Berlin 1981.
*Steiner, G. Y.*, The futility of family policy, Washington 1981.
*Kuhn, D.*, Der Geburtenrückgang als Familienproblem, Wien 1981.
*Kaufmann, F.-X.* (Hrsg.), Staatliche Sozialpolitik und Familie, München, Wien 1982.
*Wingen, M.*, Kinder in der Industriegesellschaft – wozu? Analysen – Perspektiven – Kurskorrekturen, Zürich, Osnabrück 1982, ²1987.
*Zeidler, W.*, Ehe und Familie, in: Handbuch des Verfassungsrechts, hrsg. v. E. Benda, W. Maihofer u. H.-J. Vogel, 1983, 555–607.
*Wissenschaftlicher Beirat für Familienfragen beim Bundesministerium für Jugend, Familie und Gesundheit*, Familie und Arbeitswelt (Gutachten), Schriftenreihe des BMJFG, Bd. 143, Stuttgart/Berlin/Köln/Mainz 1984.
*Häberle, P.*, Verfassungsschutz der Familie – Familienpolitik im Verfassungsstaat, Heidelberg 1984.
*Wingen, M.*, Nichteheliche Lebensgemeinschaften. Formen – Motive – Folgen, Zürich, Osnabrück 1984.
*Netzler, A.*, Soziale Gerechtigkeit durch Familienlastenausgleich. Eine normative Analyse unter besonderer Berücksichtigung der Rechtsphilosophie von Leonard Nelson, Berlin 1985.
*Laroque, P.* (Hrsg.), La politique familiale en France depuis 1945, Paris 1985.
*Heldmann, E.*, Kinderlastenausgleich in der Bundesrepublik Deutschland. Darstellung, kritische Würdigung und Analyse alternativer Reformmöglichkeiten, Frankfurt/New York 1986.
*Bundesregierung*, Vierter Familienbericht (Die Situation der älteren Menschen in der Familie), BT-Drucks. 10/6145, Bonn 1986.
*Albers, W.*, Auf die Familie kommt es an. Familienpolitik als zentrale Aufgabe, Stuttgart 1986.
*Krüsselberg, H. G., Auge, M., Hilzenbecher, M.*, Verhaltenshypothesen und Familienzeitbudgets – Die Ansatzpunkte der „Neuen Haushaltsökonomik" für Familienpolitik (in Zusammenarbeit mit der Familienwissenschaftlichen Forschungsstelle im Statistischen Landesamt Baden-Württemberg), Schriftenreihe des Bundesministers für Jugend, Familie und Gesundheit, Bd. 182, Stuttgart/Berlin/Köln/Mainz 1986.
*Lampert, H.*, Ordnungspolitische und verteilungspolitische Aspekte der Familienpolitik in der Bundesrepublik Deutschland, in: *H. Lampert* u. *M. Wingen*, Familien und Familienpolitik – Bestandsaufnahme und Perspektiven, Köln 1986.
*Bethusy-Huc, V. v.*, Familienpolitik. Aktuelle Bestandsaufnahme der familienpolitischen Leistungen und Reformvorschläge, Tübingen 1987.
*Schultheis, F.*, Sozialgeschichte der französischen Familienpolitik, Frankfurt/M. 1987.
*Felderer, B.*, (Hrsg.), Familienlastenausgleich und demographische Entwicklung, mit Beiträgen von W. Albers u. a., Schriften des Vereins für Sozialpolitik, N.F. Bd. 175, Berlin 1988.
*Lüscher, K., Schultheis, F., Wehrspaun, M.* (Hrsg.), Die „postmoderne" Familie. Familiale Strategien und Familienpolitik in einer Übergangszeit, Konstanz 1988, ²1990.
*Wissenschaftlicher Beirat für Familienfragen beim Bundesministerium für Jugend, Familie, Frauen und Gesundheit*, Erziehungsgeld, Erziehungsurlaub und Anrechnung von Erziehungszeiten in der Rentenversicherung (Gutachten), Stuttgart/Berlin/Köln 1989.
*Landeszentrale für politische Bildung* (Hrsg.), Familienpolitik (Red. H. G. Wehling), Stuttgart/Berlin/Köln 1989.

*Wingen, M.* (Hrsg.), Familie im Wandel – Situation, Bewertung, Schlußfolgerunge, Bad Honnef 1989.

*Dumon, W.* (Hrsg.), Family Policy in EEC-Countries (Bericht für die Kommission der Europäischen Gemeinschaften), Löwen 1989.

*Herder-Dorneich, Ph.*, Die Entscheidung für Kinder als ordnungspolitisches Problem im Rahmen einer Mehrgenerationensolidarität (Forschungsbericht v. 1986/1987), Stuttgart/Berlin/Köln 1990.

*Willeke, F.-U., Onken, R.*, Allgemeiner Familienlastenausgleich in der Bundesrepublik Deutschland. Eine empirische Analyse zu drei Jahrzehnten monetärer Familienpolitik, Frankfurt a. M./New York 1990.

*Rust, U.*, Familienlastenausgleich in der gesetzlichen Kranken-, Unfall- und Rentenversicherung, Berlin 1990.

*Kaufmann, F.-X.*, Zukunft der Familie. Stabilität, Stabilitätsrisiken und Wandel der familialen Lebensformen sowie ihre gesellschaftlichen und politischen Bedingungen, München 1990.

*Münch, U.*, Familienpolitik in der Bundesrepublik Deutschland. Maßnahmen, Defizite, Organisation familienpolitischer Staatstätigkeit, Freiburg/Br. 1990.

*Badelt, Ch.*, Brennpunkt Erziehungsgeld, Wien 1991.

*Schneewind, K. A.*, Familienpsychologie, Stuttgart, Berlin, Köln 1991.

*Wingen, M.*, Familien im gesellschaftlichen Wandel. Herausforderungen an eine künftige Familienpolitik im geeinten Deutschland, in: Aus Politik und Zeitgeschichte (Beilage zur Wochenzeitung „Das Parlament"), Bd. 14–15/1991.

*Wissenschaftlicher Beirat für Familienfragen beim Bundesministerium für Jugend, Familie, Frauen und Gesundheit*, Leitsätze und Empfehlungen zur Familienpolitik im vereinigten Deutschland (Gutachten), Stuttgart/Berlin/Köln 1991.

*Textor, M.*, Familienpolitik, Probleme, Maßnahmen, Forderungen, München 1991.

*Geißler, Cl.* u. a., Handbuch zur örtlichen und regionalen Familienpolitik; sowie: Ausgangspunkte und Handlungsrahmen für eine örtliche und regionale Familienpolitik, (Forschungsprojekt örtliche und regionale Initiativen für Familien, Ergebnisbericht Bd. 1 u. Bd. 2) Stuttgart/Berlin/Köln 1992.

*Mühlfeld, Cl.*, Rezeption der nationalsozialistischen Familienpolitik. Eine Analyse über die Auseinandersetzung mit der NS-Familienpolitik in ausgewählten Wissenschaften 1933–1939, Stuttgart 1992.

*Hettlage, R.*, Familienreport. Eine Lebensform im Umbruch, München 1992.

*Jans, B., Sering, A.* (Hrsg.), Familien im wiedervereinigten Deutschland, AGF, Grafschaft bei Bonn 1992.

*Keil, S.*, Lebensphasen – Lebensformen – Lebensmöglichkeiten, hier bes. Abschn. I: Tendenzen evangelischer Familienpolitik, Bochum 1992.

*European Observatory on National Family Policies* (W. Dumon u. a.), National Family Policies in EC-Countries in 1991, Vol. I. u. II, Brüssel 1992.

*Gesellschaft für Familienforschung e. V.* (E. Neubauer/M. Lohkamp-Himmighofen/Ch. Dienel), Zwölf Wege der Familienpolitik in der Europäischen Gemeinschaft – Eigenständige Systeme und vergleichbare Qualitäten? (Forschungsbericht Teil 1). Vergleichende Analyse der familienpolitischen Fördersysteme in der Europäischen Gemeinschaft (Länderberichte; Forschungsbericht Teil 2), Bonn 1992.

*Wingen, M.*, Vierzig Jahre deutsche Familienpolitik – Momentaufnahmen und Entwicklungsrichtlinien (mit Dokumentationsanhang), Grafschaft b/Bonn 1993.

*Wissenschaftlicher Beirat für Familienfragen beim Bundesministerium für Familie und Senioren*, Familie und Beratung. Familienorientierte Beratung zwischen Vielfalt und Integration (Gutachten), Stuttgart/Berlin/Köln 1993.

# 2. Unterschiedliche Grundmuster von Familienpolitik und gesellschaftlicher Wandel*

## 1. Familiale Lebensmuster im Übergang zu künftigen Gesellschaftsstrukturen

### *1.1 Moderne oder „postmoderne“ Familie?*

Familien bilden auf jeder Stufe der gesellschaftlichen Entwicklung zentrale soziale Lebenseinheiten, die für die personale Entfaltung ihrer Mitglieder wie auch für die gesellschaftliche Entwicklung unverzichtbare Leistungen erbringen. Aus ihrer Einbindung in das soziokulturelle System der jeweiligen Gesellschaft ergeben sich wechselseitige Wirkungszusammenhänge. Familien spielen sowohl eine gesellschaftsstrukturgestaltende als auch eine von äußeren Bedingungen bestimmte Rolle. Der Wandel des begrifflichen Verständnisses von Familie sowie ihrer demographischen, sozialen und ökonomischen Strukturen erweist sich im historischen Vergleich als Teil eines langfristigen gesellschaftlichen Entwicklungsprozesses, der sich auch noch weiter fortsetzen dürfte.

Versucht man nun, den künftigen gesellschaftlichen Wandel gedanklich zu erfassen, stößt man häufig auf den Begriff „Postmoderne“ als schlagwortartige Beschreibung künftiger gesellschaftlicher Verhältnisse. Dabei macht dieser Begriff freilich nur dann Sinn, wenn man ihn – so *K. Sontheimer* – als Bezeichnung für eine Entwicklung oder bestimmte Zeittendenzen nimmt, die aus dem Zeitalter der „Moderne“ hinausführen. Wenn sich in diesem Begriff all jene Bestrebungen vereinen, die von den Prinzipien und Leitbildern der heutigen („modernen“) auf Rationalität und Effizienz gerichteten Gesellschaft – die in der Tat in mancher Hinsicht fragwürdig geworden sind – wegstreben und neue Kriterien an ihre Stelle setzen möchten, so dürfte „Postmoderne“ zumindest für den Gesellschaftsbereich „Familie“ eher als sozialtheoretisches Konstrukt erscheinen. Denn trotz mannigfacher Modifikationen familialer Strukturen und Aufgaben sind die Grundfunktionen und -aufgaben der Familie nach wie vor erhalten geblieben. Insofern muß offenbleiben, ob es sich bei den im folgenden dargelegten Merkmalen künftiger Familienstrukturen noch um „moderne“ oder schon „postmoderne“ Verhältnisse handelt.

## *1.2 Merkmale künftiger Gesellschafts- und Familienstrukturen*

Nach heutigem Erkenntnisstand kann eine zukunftsorientierte, perspektivische Betrachtung allenfalls auf die Umschreibung denkbarer bzw. wahrscheinlicher Strukturen von Familie etwa zur Jahrhundertwende hinauslaufen. Beim Versuch, den Wahrscheinlichkeitsgehalt unterschiedlicher Strukturbilder abzuschätzen, könnte eine Antwort etwa in der folgenden Richtung gesucht werden: Die Familien der Jahrhundertwende werden durch eine noch größere Vielfalt familialer Lebensformen gekennzeichnet sein, wobei eine deutlichere Trennungslinie zwischen Familien, die die Generationenfolge absichern, und einer wachsenden Zahl zeitlebens kinderloser Ehen bzw. Ehen mit maximal einem Kind verlaufen könnte. Des weiteren läßt sich ein Szenario einer durch veränderte familiale Strukturen gekennzeichneten künftigen Gesellschaft stichwortartig wie folgt skizzieren:

1. Angesichts der neueren natürlichen Bevölkerungsentwicklung könnte der Bevölkerungsprozeß künftig von einer Geburten- und Sterblichkeitsentwicklung geprägt sein, bei der das Geburtenniveau strukturell, d. h. nicht nur vorübergehend in einzelnen Jahren, sondern über einen längeren Zeitraum hinweg, unter das Sterblichkeitsniveau absinkt. Einer auf längere Sicht rückläufigen Bevölkerung würden dann auf der Mikroebene der Familie im Durchschnitt relativ niedrige und stark nivellierte Kinderzahlen in den Ehen entsprechen.
2. Eine größere Variabilität der Familien- und Haushaltsformen wird wesentlich mitbedingt sein durch Veränderungen in den Lebenszyklusphasen. Das Durchschnittsalter bei der Eheschließung – in den letzten Jahren bei knapp 25 Jahren (27 Jahren) für ledige Frauen (Männer) – dürfte noch etwas nach oben tendieren. Dadurch ergibt sich eine Verlängerung der „vorehelichen Lebensphase“, in der aber ein Teil der Paare schon unverheiratet zusammenlebt. Daneben weitet sich das Spektrum familialer Lebensformen durch eine große Zahl von Paaren, die zeitlebens unverheiratet bleiben (insbesondere auch von Paaren, die sich grundsätzlich gegen Kinder entscheiden).
3. Die Geburt von Kindern wird zeitlich ebenfalls weiter hinausgeschoben. Wenn sich die endgültige Kinderzahl in den Ehen immer stärker auf ein bis zwei Kinder einpendelt, verkürzen sich dadurch insgesamt gesehen auch die Lebensabschnitte, in denen Familien ihre endgültige Kinderzahl erreichen. (Gegenwärtig liegt das durchschnittliche Alter der Mütter bei der Geburt ihres zweiten und für viele Familien letzten Kindes bei rund 28 Jahren; hundert Jahre zuvor gebaren Mütter ihr letztes – sechstes oder siebentes – Kind durchschnittlich im Alter von etwa 40 Jahren.) Damit wird der

traditionellen Eltern-Kind-Phase im Familienzyklus zwar nach wie vor eine große, in der Lebensperspektive der Eltern jedoch rückläufige und keineswegs mehr *die* zentrale Bedeutung zukommen. Die Familie neuen Typs scheint den individuellen Interessen der einzelnen Familienmitglieder relativ größere Bedeutung beizumessen (gegenüber kollektiven Interessen der Familie als Ganzes).

4. Schließlich dürfte sich durch eine Verkürzung der Eltern-Kind-Phase und eine steigende Lebenserwartung die sog. „nachelterliche" Phase, d. h. der Lebensabschnitt der Elterngeneration nach Wegzug des letzten Kindes aus dem elterlichen Haushalt, weiter verlängern. Geht man – grob überschlagen – davon aus, daß der Beginn dieser Phase etwa mit dem 45. bis 50. Lebensjahr der Mutter zusammenfällt, ihre weitere Lebenserwartung aber zu diesem Zeitpunkt noch etwa 30 bis 35 Jahre beträgt, so wird deutlich, welches Potential an zunächst Erwerbstätigen und später „Ruheständlern" in diese historisch relativ neue Periode fällt. Damit rückt verstärkt die Frage in den Blickpunkt der Gesellschafts- und Familienpolitik, welche Position im familialen und gesellschaftlichen Gefüge alte Menschen einnehmen können, vor allem aber auch, wie dieses Potential für die Gemeinschaft aktivierbar bleibt.
5. Als weiteres Merkmal einer größeren Variabilität der Familien- und Haushaltsstrukturen ist neben einer wachsenden Verbreitung nichtehelicher Lebensgemeinschaften (verstanden überwiegend als Vorstufen zur späteren Ehe, teils aber auch als Alternative zur herkömmlichen Ehe) die steigende Zahl von alleinerziehenden Müttern und Vätern zu nennen. Insbesondere aufgrund zunehmender Scheidungs- und sinkender Wiederverheiratungsneigung wird eine zunehmende Zahl von Kindern in Familien mit nur einem Elternteil aufwachsen. Auch hier stellen sich gewandelte Herausforderungen an die Politik, vor allem im Hinblick auf das für Alleinerziehende besonders ausgeprägte Spannungsfeld zwischen der Sicherung der materiellen Lebensgrundlagen und der Kinderbetreuung.
6. Die Erwerbsbeteiligung der verheirateten Frauen wird den Normalfall bilden, und zwar nicht zuletzt deshalb, weil die Instabilität der Ehe als gesellschaftliches Muster von allen Ehepartnern von vornherein einkalkuliert werden muß, so daß schon von daher die eigene Existenzsicherung (über-)lebensnotwendig ist. Der höhere Anteil der Erwachsenen, die künftig voraussichtlich ledig bleiben oder als Geschiedene bzw. Verwitwete nicht wieder heiraten werden, läuft – vor allem soweit es sich um Frauen handelt – tendenziell auf eine Erhöhung der Erwerbsquote hinaus. In die gleiche Richtung wirkt die gesunkene durchschnittliche Kinderzahl in den Ehen, die auch bei gewissen Erhöhungen vorerst nicht wieder das Niveau

des „replacement levels“ erreichen dürfte. Mit der gestiegenen Erwerbsbeteiligung verheirateter Frauen schließlich wird sich eine Veränderung der Machtbalance in den Ehen bzw. Familien zugunsten der Frauen ergeben; dies hat dann letztlich auch für die verheirateten Männer zur Folge, daß ihre bislang einseitig auf Erwerbsarbeit und berufliche Karriere angelegte Lebensplanung ernsthaft in das Konfliktfeld von Familie und Erwerbsarbeitswelt gerät. Was das u. U. für die Entscheidung zu Kindern bedeuten könnte, die dann auch für viele Männer als das eigentliche Konfliktpotential ihrer eigenen Lebensplanung sichtbar würden, ist bisher allenfalls ansatzweise vorausgedacht worden. Nicht ganz unwahrscheinlich ist, daß eine familiengerechtere Umstrukturierung der Erwerbsarbeitswelt spätestens dann spürbare Fortschritte machen wird, wenn Männer „betroffen“ sind.

7. Es kann davon ausgegangen werden, daß Familien mit heranwachsenden Kindern, jener Lebensgemeinschaften also, die hinsichtlich der Konfliktlagen im Spannungsfeld von Familie und Erwerbsarbeitswelt besonders interessieren, sich deutlich stärker vermindern werden als es der (deutschen) Bevölkerung insgesamt entspricht. Wirtschaftsprozeß und Arbeitsleben werden sich auf diese Perspektive einstellen müssen. Zuwanderungen insbesondere aus fremden Kulturräumen – mit im übrigen spezifischen arbeits- und betriebspolitischen Problemen – werden nur begrenzt gegenläufige Entwicklungstendenzen begründen können.
8. Die künftigen Familien werden sich voraussichtlich einer Umwelt gegenübersehen, in der die Tätigkeit in der Erwerbswelt gegenüber der Tätigkeit in der (erwerbs-)arbeitsfreien Zeit an Bedeutung verlieren wird.

### *1.3 Eine Zwischenbilanz*

Damit läßt sich als Zwischenbilanz festhalten: Wenn auch in den heutigen modernen Industriegesellschaften Westeuropas im familialen Zusammenleben die Zwei-Generationen-Familie, bestehend aus Eltern-Kinder-Gemeinschaften (Kernfamilie) in einem Haushalt, vorherrscht, so sollte dies nicht zu der Vorstellung verleiten, es gäbe *die* Familie. Schon gegenwärtig ist eine Vielfalt unterschiedlicher Formen familialen Zusammenlebens zu beobachten, die trotz gewisser Übereinstimmungen in einzelnen Grundstrukturen vor allem im Hinblick auf ihre Lebensabläufe deutlich unterschiedlichen Problemlagen ausgesetzt sind (z. B. die „Altersehe“ im Vergleich zum jungen Ehepaar). Der künftig fortschreitende familiale Wandel dürfte besonders in den Verschiebungen zwischen den quantitativen Gewichten einzelner Familienformen zum Ausdruck kommen. Familienformen, die heute erst am Rand der Gesellschaft sichtbar werden, könnten morgen schon zentralere Bedeutung erlangen. Zugleich dürfte sich auch die Qualität von Familie weiter wandeln, so z. B. dadurch, daß Ehepartner aufgrund einer steigenden Lebenserwartung länger zusammenleben (auch trotz wachsender Ehescheidungszahlen) oder durch die Möglichkeit der Ehescheidung leichter eine neue (Kern-)Familie bilden können.

Die Dynamik solcher Entwicklung legt es nahe, sozialen Wandel laufend zu beobachten, um gewisse Grundmuster familialer Lebensformen und ihre Veränderungen rechtzeitig erkennen zu können. Erkenntnisse darüber stellen wichtige Orientierungshilfen für eine auf (mehr) Rationalität bedachte Gesellschafts- und Familienpolitik dar. Insbesondere für die Familienpolitik ergibt sich angesichts dieser Dynamik die Frage: Welche Art von Familienpolitik kann auch auf längere Sicht sozial treffsicher sein bei sich wandelnden Familienstrukturen? Inwieweit lassen sich *unterschiedliche Grundmuster* von Familienpolitik bestimmen, die auch auf sozialen und familialen Wandel in der konzeptionellen Anlage familienpolitischen Handelns je unterschiedlich reagieren? Dazu werden im folgenden einige Gedanken zur Diskussion gestellt.

## 2. Grundmuster von Familienpolitik – Versuch einer Typologie

Inzwischen hat sich im praktisch-politischen Handeln weithin die Auffassung durchgesetzt, Familienpolitik habe sich als Gesellschaftspolitik zu verstehen. Damit verbindet sich die Vorstellung, daß in den bereichs*spezifischen* Zielen einer Familienpolitik auch bereichs*übergreifende* Leitbilder und gesellschaftliche Wertorientierungen verankert sind. Zu diesen Leitvorstellungen gehören z. B. die allseitige persönliche Entfaltung des einzelnen (in der Familie von Mann und Frau, von Eltern und Kindern), die tatsächliche Gleichberechtigung der Geschlechter, die Verminderung von Ungleichheiten in den Start- und Entwicklungschancen der Kinder wie auch eine größere Gleichheit der realen Lebensbedingungen als Ausdruck größerer sozialer Gerechtigkeit.

Für die Ausdifferenzierung verschiedener Grundmuster von Familienpolitik auf der Grundlage der unterschiedlichen bereichsübergreifenden Leitvorstellungen ist als weiteres Element einzubeziehen, welche unterschiedlichen Gewichtungen des Verhältnisses des einzelnen, der Familie und der Gesellschaft zueinander als Zielrichtung der Politik auftreten können. So unterscheiden sich die im folgenden angebotenen vier Grundmuster von Familienpolitik zum einen in der Gewichtung einzelner wertbezogener Leitbilder; zum anderen sind für diese Konzepte deutlich unterschiedliche Akzentsetzungen für das Verhältnis des einzelnen, der Familie und der Gesellschaft zueinander charakteristisch. Es handelt sich bei diesen Grundmustern freilich um idealtypische Konzepte von Familienpolitik, die sich kaum in reiner Form finden lassen. Im politischen Alltag treten durchaus Modifizierungen zutage, die etwa durch politische Kompromisse oder Nachwirkungen vorausgegangener politischer Entscheidungen (z. B. im Zuge des Wechsels in den politischen Mehrheitsverhältnissen) mitgeprägt sind. Auch dadurch ergibt sich in der Realität ein zeitliches Nebeneinander von Elementen aus verschiedenen idealtypischen Mustern. Zudem können diese modellhaften Überlegungen wohl auch nur Teilaspekte der historisch gewachsenen gesellschaftlichen und familialen Realität berücksichtigen.

## *2.1 Ein betont auf den einzelnen und seine Bedürfnisse ausgerichtetes Grundmuster*

Bei einem ersten Grundmuster wird sehr betont vom Recht und den Bedürfnissen des einzelnen ausgegangen. Wichtige Leitprinzipien bilden die Wahrung der individuellen Freiheitsrechte und die möglichst weitgehende Selbstentfaltung des einzelnen. Das Verhältnis von Individuum, Familie und Gesellschaft zueinander und insbesondere die Grundauffassung über die der Familie zufallenden Funktionen (Aufgaben und Leistungen) läßt sich kurz wie folgt umreißen:

- Herkömmliche Aufgaben der Familie erweisen sich in mancher Hinsicht als hinderlich für eine möglichst ungebundene Entfaltung des einzelnen. Daher wächst die Neigung, den Umfang familialer Aufgaben eher zu verringern. So wird z. B. auch die generative Funktion der Familie zurückhaltend betrachtet.
- Im Hinblick auf die Erziehungsfunktion der Familie wird – schon in der frühkindlichen Phase – eine Verlagerung in den außerfamilialen Raum vor allem insofern positiv bewertet, als dies den Ehepartnern – unter den gegebenen Bedingungen der Frau in größerem Maße als dem Mann – mehr Spielraum für die Berücksichtigung persönlicher Lebensbedürfnisse eröffnet.
- Im Hinblick auf das Verhältnis der Geschlechter gewinnt hier die Forderung nach der Gleichstellung von Mann und Frau, die – innerhalb und außerhalb von Ehe und Familie – als bislang unzureichend angesehen wird, besonderes Gewicht. Eine starke geschlechtsspezifische Differenzierung in den verschiedenen Lebensbereichen gilt dabei als eine Quelle unerwünschter sozialer Ungleichheiten. Da eine starke Rollentrennung zwischen Mann

und Frau deutlich abgelehnt wird, erhält zur Lösung des unbestreitbaren Zielkonflikts verheirateter Frauen zwischen Erwerbstätigkeit und Mutterrolle ein Modell den Vorzug, nach dem z. B. Kinderbetreuung und Hausarbeit gleichmäßig zwischen den Ehepartnern aufgeteilt wird.

– Die Kindererziehung schließlich – soweit sie sich im innerfamilialen Raum vollzieht – wird in diesem Grundmuster durch die familienstrukturellen Gegebenheiten, insbesondere hinsichtlich der Binnenstruktur (so z. B. umschichtige Übernahme von Erwerbstätigkeit, Haushaltstätigkeit und Kinderbetreuung durch die Eltern) nachhaltig berührt: Gerade für das erzieherische Handeln wird in diesem Fall eine betont emanzipatorisch orientierte Leitvorstellung maßgebend sein.

Welche Schlußfolgerungen lassen sich im Sinne dieses Grundmusters nun für die Gesamtanlage der Familienpolitik ziehen? Zum einen liegt die Zielrichtung darin, den Rechten des einzelnen Familienmitglieds möglichst weiten Raum zu geben. Andererseits erfahren doch auch die Eigenleistung der Familie und ihre Eigenvorsorge in ökonomischer wie sozialer Hinsicht eine relativ starke Gewichtung. Wirtschaftliche und soziale Förderungsmaßnahmen seitens der staatlichen Familienpolitik würden nach diesem Grundmuster betont als „Familienmitgliederpolitik" konzipiert sein.

## 2.2 *Ein vorrangig gesamtgesellschaftlich akzentuiertes Grundmuster*

Ein zweites Grundmuster ist stärker auf die Gesellschaft als Ganzes orientiert. Die Familie als gesellschaftliches Subsystem wird besonders in ihrem Bezug auf die Gesellschaft gesehen. In diesem Konzept tritt stärker als bei den anderen Grundmustern die „Dienstleistungsfunktion" der Familie gegenüber der Gesellschaft hervor. Im Mittelpunkt der Betrachtung stehen hier die schichtspezifisch unterschiedlichen Sozialisations- und Plazierungswirkungen von Familien. Starkes Gewicht für die Grundorientierung von Familienpolitik besitzt das Gleichheitspostulat. Dieses ist in diesem Konzept nicht nur auf die Startchancen jüngerer Menschen ausgerichtet, sondern auch auf das Ergebnis nach Ablauf der Sozialisations- und Plazierungsphase (Ergebnisgleichheit vs. Startchancengleichheit). Hinter dieser Gleichheitsinterpretation steht die Erfahrung, daß auch ein weitestgehender Ausgleich in den Startchancen – etwa durch kompensatorische Förderungen im Erziehungs- und Bildungswesen – auf längere Sicht tatsächliche Ungleichheiten in den Lebenslagen nur sehr bedingt zu verhindern vermag. Folgende Merkmale liegen dem gesamtgesellschaftlich akzentuierten Grundmuster zugrunde:

– Aufgrund der unterschiedlichen Sozialisations- und Plazierungswirkungen sieht die Familie sich dem Vorwurf ausgesetzt, Bedingungen aufrechtzuerhalten, die einen wünschenswerten Abbau sozialer Ungleichheiten erschweren. Familie erscheint hier als „Garant für die Ungleichheit" und damit in gewisser Hinsicht als ein Hindernis gesamtgesellschaftlicher Zielverwirklichung wie z. B. der planmäßigen Veränderung gesellschaftlicher Strukturen.
– Gleichzeitig rücken gerade auch von der herkömmlichen Familienstruktur abweichende Familienformen in den Vordergrund und bieten sich für eine zumindest im Vergleich zur herkömmlichen Familienform gleichwertige öffentliche Förderung an. Es erhalten solche Familienformen größeres Gewicht, von denen im besonderen Maße gesellschaftsverändernde Wirkungen im Sinne der übergreifenden Leitvorstellungen (z. B. größere Chancengleichheit, mehr soziale Kontrolle) zu erwarten sind. (Besonders deutlich kommt dieser Gesichtspunkt darin zum Ausdruck, daß revolutionäre Bewegungen, aber auch bestimmte utopische Gesellschaftsentwürfe in ihrer „Familienpolitik" sehr stark dazu neigen, die Familie zumindest vorübergehend „auszuschalten" und erst dann wieder auf ihre Zubringerdienste zu setzen, wenn das neue System als solches etabliert ist und nunmehr einen systemkonformen sozialisationswirksamen Beitrag der Familie durchaus nicht ungern sieht, ja geradezu darauf angewiesen ist.)
– Im Hinblick auf das Rollenverständnis der Geschlechter, insbesondere der Frau, wird nach diesem Grundmuster ein Modell favorisiert, das den Rollenkonflikt der verheirateten Frau mit Kindern ganz aufheben möchte. Ziel ist eine zeitlich durchlaufende Vereinbarung von durchgängiger Vollzeiterwerbstätigkeit und Mutterrolle.
– Als für ein solches Modell besonders funktional gilt der Ausbau von Kleinkinderbetreuungseinrichtungen. Diese stellen wichtige institutionelle Voraussetzungen für eine Auslagerung der Erziehungs- und Betreuungsleistungen aus der Familie in den außerfamilialen Raum dar. Die erzieherischen Leistungen der Familie selbst werden nicht nur in ihrer Bedeutung für das einzelne Kind gesehen, sondern deutlich betont auch in ihrem Stellenwert für die Gesellschaft.

Auch für dieses Grundmuster von Familienpolitik lassen sich einige Konsequenzen für ihre Gesamtanlage und die Ausgestaltung von Einzelmaßnahmen bezeichnen. Unter dem zentralen Aspekt der Sicherung der optimalen Funktionstüchtigkeit der Familie besteht eine deutliche Neigung dazu, die Leistungen und Wirkungen der Familie von öffentlicher Seite her zu ergänzen bzw. zu korrigieren. Kollektive Leistungen und Dienste für die Familie (im Unterschied zu nicht zweckgebundenen monetären Transferleistungen) stehen hier im Vordergrund, weil auf diesem Wege eine größere zielgerichtete Steuerung familialer Sozialisationsleistungen erwartet wird. Innerhalb des Bündels familienpolitischer Einzelmaßnahmen, in dem besonders bildungspolitische Maßnahmen relativ starkes Gewicht erhalten, könnte ein Erziehungsgeld u. a. so ausgestaltet sein, daß damit beispielsweise die finanzielle Möglichkeit sichergestellt wird, öffentliche (Klein-)Kinderbetreuungseinrichtungen in Anspruch nehmen zu können, so daß die ununterbrochene Erwerbstätigkeit beider Ehepartner möglich wäre.

Kommt es in der Realität zu Vermischungen von Elementen mehrerer „Grundmuster", etwa des hier betrachteten zweiten mit dem bereits angesprochenen ersten, dann wird z. B. der scheinbare Widerspruch besser verständlich, Ehe, ihre Führung und Auflösung entschieden in den privaten Bereich zu verweisen, hinsichtlich der Erziehung der Kinder dagegen deutlich zur öffentlichen Kontrolle zu neigen.

### 2.3 *Ein stark familienzentriertes Grundmuster*

Das Verhältnis von Familie und Gesellschaft wird in einem dritten („familialistisch" akzentuierten) Grundmuster von Familienpolitik durch die Hervorhebung der Eigenständigkeit, des Eigenwertes und der vorstaatlichen Rechte der Familie geprägt. Im Vordergrund steht die Familie als Einheit, wobei das Institutionenhafte an Familie sehr unterstrichen wird. Charakteristisch für ein familienzentriertes Grundmuster von Familienpolitik sind folgende Aspekte:

- Im Gegensatz zu dem auf das Individuum und dem eher gesellschaftlich ausgerichteten Grundmuster wird nach diesem Konzept eine möglichst weitgehende Konzentration familialer Funktionen in der Hand der Familie gewünscht. Eine Auslagerung von Funktions- und Aufgabenteilen wird u. U. vorschnell als Funktionsverlust gewertet. Hinsichtlich des Erziehungsprozesses der nachwachsenden Generation wird besonders betont auf den Vorrang der Familie bei den Erziehungsaufgaben hingewiesen.
- Der Sicherung der Generationenfolge (generative Funktion der Familie) kommt besondere Aufmerksamkeit zu bei deutlicher Betonung der „Natürlichkeit" von Wachstumsprozessen der Bevölkerung, wie sie für mehr konservativ ausgerichtete Gesellschaftsauffassungen typisch zu sein scheint.
- Das Verhältnis der Geschlechter zueinander ist insbesondere durch deutlich hierarchische Strukturen in der Familie gekennzeichnet. Das Streben nach einer weitgehenden Gleichstellung der Ehepartner in möglichst allen Lebensbereichen erscheint als Quelle eines vermehrten Konfliktpotentials

in der Familie. Daher werden – idealtypisch überzeichnet – Erwerbstätigkeit der verheirateten Frau und demgegenüber die Mutterrolle als sich mehr oder minder ausschließende Alternativen angesehen.

Welches Leitprinzip von Familienpolitik läßt sich nun diesem familienzentrierten Grundmuster zuordnen? Vor dem Hintergrund einer relativ gesicherten gesellschaftlichen Position der Familie wird die Grundorientierung von Familienpolitik hier eher von einer Zurückhaltung gegenüber strukturgestaltenden Einwirkungen auf die Familie und ihre Lebensumwelt bestimmt. Wahrung und bestmögliche Stärkung familialer Funktionen werden hoch eingeschätzt. Für die Anlage einer Familienpolitik in diesem Sinne scheint es besonders wichtig, Schutz und Sicherung des institutionellen Charakters der Familie zu gewährleisten und diesen zu fördern. Im Rahmen einer Familienpolitik als betonter „Institutionenschutzpolitik" würde dann kaum darauf abgezielt, etwa die gleichzeitige Vereinbarkeit von Erwerbstätigkeit und Elternrolle zu erleichtern.

### *2.4 Ein am Menschen als einem personalen Wesen orientiertes Grundmuster*

Ein viertes Grundmuster schließlich stellt darauf ab, Wertsetzungen, die sich auf die Lebensrechte des einzelnen und die Familie (in ihrer Alltagswirklichkeit und ihrem institutionellen Rahmen) beziehen, mit gesamtgesellschaftlichen Wertsetzungen möglichst ausgewogen in Verbindung zu bringen. Bei dieser Sichtweise steht ein gemeinschaftsbezogenes Menschenbild im Vordergrund (wie es z. B. auch das Bundesverfassungsgericht mehrfach zugrunde gelegt hat). Übertragen auf die vorliegende Problematik steht danach der einzelne in unaufhebbarer Wechselwirkung zur umfassenden Gemeinschaft, deren Vernachlässigung – durch den einzelnen wie durch die Gemeinschaft – auf Dauer nicht ohne Beeinträchtigung des Einzel- und Gemeinwohls möglich ist. Für ein solches personales Menschenverständnis ist eine familienorientierte, Sozialbindungen und -verpflichtungen der Primärgruppe Familie bewußt in Rechnung stellende Daseinsweise des Menschen kennzeichnend, ohne damit in die Verabsolutierung eines „Familienprinzips" zu verfallen. Anthropologische Leitvorstellung ist eine personale Interpretation des Menschen, die „individualistisches Autonomiedenken" ebenso ablehnt wie „kollektivistische Überforderung" der auf (gemeinwohlrelevante) Freiheit und Würde verpflichteten menschlichen Person.

Die Familienfunktionen werden in diesem Denkansatz dementsprechend auch nicht allein in ihrem Gesellschaftsbezug und die Aufgabe eines entfalteten

Systems von Familienpolitik demgemäß auch nicht ausschließlich in der Sicherung der gesellschaftlichen Funktionstüchtigkeit der Familie gesehen. Es gibt bei aller gesellschaftlichen Bedingtheit und Bezogenheit von Familie auch einen den gesellschaftlichen Bezügen vorgelagerten Bereich von Eigenbedeutung der Familie, freilich einer relativen, weil auf die Person bezogenen Eigenbedeutung.

Die Zuordnung von Person, Gesellschaft und Familie ist in diesem Grundmuster besonders dadurch gekennzeichnet, daß letztere nicht etwa als ein „anthropologischer Selbstzweck" gesehen wird. Sie stellt die Form menschlichen Zusammenlebens dar, die die Daseinsbewältigung des Menschen in seiner individuellen und sozialen Existenz in besonderer Weise ermöglicht. In und durch Familie verwirklicht sich Personsein – ohne Ausschließlichkeitsanspruch, aber doch in hervorragender Weise. Mit dieser Sicht läßt sich das Familienproblem dann aber andererseits auch nicht auf die Dimension gesellschaftlicher Funktionalität verengen, wonach Familie weithin nur noch unter dem Gesichtspunkt eines Leistungsaustausches mit der Gesellschaft erscheint. Familie wirkt in diesem Verständnis in besonderem Maße personprägend und gesellschaftsbildend zugleich.

Das generative Verhalten erscheint in diesem Grundmuster als zwar höchst persönliche, letztlich in die Verantwortung der einzelnen Lebenspartner verwiesene Entscheidung, das indessen in seinen objektiven Konsequenzen von hoher gesellschaftlicher Relevanz ist. Auch generatives Verhalten kann nicht einfach losgelöst von Erfordernissen des Gemeinwohls gesehen werden.

Idealtypisches Kennzeichen des Verhältnisses der Familienmitglieder zueinander ist in diesem Grundmuster die deutliche Tendenz zur Überwindung einer Familienform, die auf normativ abgesicherter Herrschaft des Ehemannes und Vaters beruht. Vielmehr wird die Durchsetzung partnerschaftlicher Strukturen sowohl im Verhältnis der Ehegatten untereinander als auch – freilich in altersspezifischer Weise – im Verhältnis von Eltern und Kindern angestrebt. In diesem Grundmuster von Familienpolitik ist das Elternrecht grundsätzlich als ein Sorgerecht im Interesse des Kindes zu sehen. Dabei ist ebenso zu betonen, daß sich die elterliche Pflege und Erziehung in einem Sozialverband – der Familie – vollzieht, in dem die Interessen aller Mitglieder zu berücksichtigen sind.

Schließlich sieht sich auch dieses Grundmuster z. B. mit dem Problem der Ziel- und Rollenkonflikte konfrontiert, die sich für junge Eltern im Spannungsfeld zwischen Familienleben und Erwerbstätigkeit ergeben. Die für dieses Muster in etwa funktional erscheinende Problemlösung läßt sich stichwortartig wie folgt skizzieren: Grundsätzliche Ausweitung elterlicher Freiheits- und Entscheidungsspielräume mit Sicherung größtmöglicher Chancen zur Realisierung der individuellen Lebenspläne. Im Hinblick auf die Vereinbarkeit von Familienaufgaben und außerhäuslicher Erwerbstätigkeit kann dies z. B. bedeuten, daß – neben einer zeitgleichen Vereinbarung von Familientätigkeit und Erwerbstätigkeit – gerade auch im Sinne größerer Wahlfreiheit beide Rollenanforderungen im Lebenslauf eine phasenweise unterschiedliche Gewichtung erhalten. Nach einem solchen Phasenmodell würde in den ersten Lebensjahren des Kindes die elterliche Funktion eines der Ehepartner gegenüber der Erwerbstätigkeit deutlich dominieren oder sogar ausschließliche Alternative zur Erwerbstätigkeit sein. Als funktionale familienpolitische Maßnahme käme dann z. B. die Gewährung eines zeitlich auf die Kinderbetreuungsphase begrenzten Erziehungsgeldes in Frage, aber auch die Anrechnung von Kinderbetreuungszeiten bei der Anwartschaft auf die soziale Sicherung des kindererziehenden Ehepartners als Gegenleistung familialer Leistungen für die Gemeinschaft. Eine Wiederbeschäftigungs- oder Arbeitsplatzgarantie könnte einen späteren Wiedereintritt ins Erwerbsleben absichern. Insgesamt gesehen bieten die für dieses Grundmuster charakteristischen Merkmale ein System, dem ein spezifisches Personenverständnis mit einem ausgewogenen Verhältnis von individueller und sozialer Komponente menschlicher Existenz zugrunde liegt.

Insgesamt möchte dieses Grundmuster *nicht* als ein rein eklektisches Muster verstanden sein, das lediglich aus den bereits vorgestellten Grundmustern mehr oder minder willkürlich einzelne Elemente herausgreift und zusammenfaßt; vielmehr bieten sich die für dieses Muster charakteristischen Elemente als ein geordnetes Ganzes dar, dem ein spezifisches Personenverständnis mit einem ausgewogenen Verhältnis von individueller und sozialer Komponente menschlicher Existenz zugrunde liegt. Freilich bleibt auch hier stets die Weiterentwicklung und Ausdifferenzierung gesellschaftlicher Wertentscheidungen zu bedenken, wie sie sich im historischen Prozeß vollziehen. Dies bedeutet übrigens für die konkrete Situation unserer gegenwärtigen Gesellschaft, daß es von manchen individualistischen Übersteigerungen Abschied zu nehmen gilt, die im übrigen in vielerlei Hinsicht kollektivistische Entwicklungstendenzen nur noch begünstigen, in gewisser Hinsicht sogar als Reaktion erst auslösen.

## 3. Familienpolitik und familiale Lebensmuster

Übergreifende gesellschaftliche Entwicklungen werden die Ausprägung bestimmter familienpolitischer Grundmuster begünstigen, die Ausprägung anderer Handlungsmuster eher unwahrscheinlich machen. Welche Chancen das zuletzt skizzierte, an einem möglichst ausgewogenen Verhältnis von Individuum, Familie und Gesellschaft orientierte Grundmuster von Familienpolitik besitzt, die familienpolitische Realität nachhaltig zu prägen, hängt allerdings auch mit von politischen Entscheidungen ab. Da vorherrschende familienpolitische Grundentscheidungen durchaus mit über Entwicklungsspielräume familialer Lebensformen bestimmen, stellt sich angesichts der Perspektive einer größeren Variabilität familialer Lebensmuster die grundsätzliche Frage: Soll Familienpolitik sich dem gesellschaftlichen Wandel anpassen und jedem Lebensmuster ohne fördernde oder einschränkende Einwirkung freien Entwicklungsspielraum lassen? Oder soll Familienpolitik in gewissem Rahmen bewußt eine Gestaltungsfunktion übernehmen? Wenn Familienpolitik aufgrund der wechselseitigen Wirkungszusammenhänge zwischen Familie und Gesellschaft langfristige Wandlungen familialer Strukturen nicht ignorieren kann und sogar strukturgestaltend einwirken soll, um z. B. Leistungsbehinderungen von Familien zu vermeiden, ist weiter zu fragen, welches Verständnis von Familie dem zugrunde liegen soll, welcher konstitutiver Merkmale von Familie es bedarf, die als Anknüpfungspunkte für Familienpolitik in Betracht kommen. In einer ersten Antwort wären als spezifische Merkmale von Familie zu nennen: Blutsverwandtschaft, Wohngemeinschaft, wirtschaftliche Gemeinschaft, Ehe, gesellschaftliche Anerkennung. Inwieweit freilich einzelne Merkmale auch unter „postmodernen“ Bedingungen noch als konstitutiv angesehen werden, kann fraglich erscheinen. So sind z. B. Tendenzen einer gewissen Ablösung der Familie von ihrer institutionellen Absicherung durch Ehe unverkennbar. Dennoch dürfte auch unter „postmodernen“ Bedingungen der enge innere Zusammenhang von Familie und Ehe besonders im Interesse des Kindes bedeutsam bleiben.

Zur Beantwortung der Frage, wie Familienpolitik auch künftig bei sich wandelnden Gesellschaftsstrukturen sozial treffsicher sein kann, seien abschließend folgende Gesichtspunkte genannt, die an das vierte Grundmuster von Familienpolitik anknüpfen:

- In ihrer Grundrichtung sollte eine familienorientierte Gesellschaftspolitik darauf abzielen, Handlungsspielräume von Familien abzusichern und möglichst zu erweitern.
- Da die einzelne Familie in ihren Aufgaben und Leistungen über den Phasenablauf hinweg nicht statisch ist, sondern verschiedene „Karrierestufen“ mit unterschiedlichen Lebenslagen durchläuft, sollte Familienpolitik flexibler auf derartige Phasen und deren Anforderungen ausgerichtet sein. Das gegenwärtige Erziehungsgeld stellt hierfür ein, wenn auch noch ausbaubedürftiges Beispiel dar (familienphasenspezifische Familienpolitik).
- Besonderer Aufmerksamkeit bedürfen Familien in spezifischen Problem- und Lebenslagen, so z. B. Alleinerziehende, Familien, deren Leistungserbringung durch ökonomische Probleme eingeschränkt ist, Familien, die

besondere Leistungen erbringen, etwa durch Betreuung behinderter oder älterer pflegebedürftiger Familienmitglieder (adressatenspezifische bzw. problemgruppenspezifische Familienpolitik).

Diese Aspekte können freilich nur eine erste Orientierung sein. Des weiteren wäre der Frage nachzugehen, auf welche Weise Familienpolitik dem Strukturwandel der Familien adäquat begegnen kann und sollte (s. dazu den nachfolgenden Beitrag I. 3. in diesem Band).

## Anmerkung und Literatur

*) Der Beitrag ist erschienen in dem von *Lüscher, K., Schultheis, F.* u. *Wehrspaun, W.* herausgegebenen Band „Die ‚postmoderne' Familie (Familiale Strategien und Familienpolitik in einer Übergangszeit)", Konstanz 1988 (2. Aufl. 1990), S. 353–363 (Universitätsverlag), und folgte in den Grundzügen dem früheren Beitrag „Vorüberlegungen zu einer Typologie familienpolitischer ‚Grundmuster'", in: Leitbilder für Familie und Familienpolitik (Festgabe für *Helga Schmucker* zum 80. Geburtstag), hrsg. v. *Schweitzer, R. v.*, Berlin 1981, S. 13–26. Erstmals wurde der Grundgedanke entwickelt in dem Vortrag über Familienpolitik und Familienerziehung auf der Generalversammlung der Görresgesellschaft (Pädagogische Sektion) 1977 in Innsbruck (vgl. Vierteljahresschrift für wissenschaftliche Pädagogik, H. 2/1978, S. 165–196).

# 3. Der Wandel familialer Lebensformen als Herausforderung an die Familienpolitik*

Der Prozeß der Veränderung von Familie und Familienbildung, von Bevölkerung und Gesellschaft scheint sich gegenwärtig sehr beschleunigt zu vollziehen. Dies muß nicht bedeuten, daß eine solche Entwicklung so anhält; es ist vorstellbar, daß sich hier auch wieder weniger turbulente Entwicklungsphasen anschließen. Die heute erkennbaren Wandlungen sind indessen nicht nur ein reizvolles Objekt der Analyse mit daraus abgeleiteten Entwicklungsperspektiven, sondern fordern auch zur Bewertung heraus, und zwar gerade dann, wenn es um (familien-)politische Schlußfolgerungen geht. Es geht freilich keineswegs nur um Herausforderungen an die Gesellschafts- und Familienpolitik, sondern kaum minder ist eine möglichst interdisziplinär angelegte familien- und bevölkerungswissenschaftliche Forschung durch die jüngere Entwicklung in den Familienbildungsprozessen vor neue Fragen gestellt.

## 1. Empirische Befunde

Die folgenden Ausführungen gehen von der Grundthese aus, daß wir es mit einer *größeren Pluralität familialer und familiennaher Lebensformen* zu tun haben. Die in jüngerer Zeit recht verbreitete, etwas schlagwortartige These von der „Pluralisierung von Familienformen" wird damit bereits etwas differenzierter formuliert, als sie oft angetroffen wird: Es hat im Grunde immer schon unterschiedliche Familienformen auch im zeitlichen Nebeneinander gegeben, wie z. B. die jüngere Forschung über die relativ weite Verbreitung von Familien mit Kernfamilienstruktur in der vorindustriellen Agrargesellschaft insbesondere in unteren Sozialschichten herausgearbeitet hat. Die Frage bleibt, inwieweit wir heute im Blick gerade auch auf den Prozeß der Entstehung von Familien und des Übergangs von Ehe zur Familie von einer größeren Pluralität ausgehen können. Die damit umrissene Fragestellung soll im folgenden in der gebotenen Kürze – und daher gelegentlich auch mehr stichwortartig – näher beleuchtet und ausgefaltet werden, und zwar unter *sieben Gesichtspunkten,* die jeweils einen engen Zusammenhang zwischen Wandlungen auf der Ebene von Familie und Ehe einerseits und gesamtgesellschaftlichen Entwicklungen andererseits sichtbar werden lassen. Abschließend seien dann einige Anregungen für weiterführende Überlegungen gegeben, was das Verhältnis von Strukturwandel der Familien und Familienpolitik angeht.

### *1.1 Veränderungen im „Familienzyklus" – die lebenszeitlich kleiner gewordene Elternphase*

Der Familienbildungsprozeß umfaßt heute sehr unterschiedliche Verhaltensabläufe. Neben traditionellen Abläufen haben sich mehr und mehr neue Verhaltensmuster herausgeprägt, die insbesondere im Einzelfall stark variieren können. Dennoch lassen sich gewisse dominierende Muster der Familienbildung beobachten, wie dies *F. Höpflinger* (1987) in einer sehr gründlichen Analyse dargestellt hat.

Die mit dem ersten Gesichtspunkt bezeichneten Wandlungen im Familienzyklus lassen sich z. B. ablesen an den Veränderungen in den Lebensphasen heiratender Frauen. Im größeren historischen Ablauf zeigt sich sehr deutlich, wie die Phase der „aktiven Elternschaft" zeitlich zusammengedrückt wird. Gleichzeitig steigt die durchschnittliche Lebenserwartung. Entsprechend dehnt sich die „nachelterliche Phase" aus; *A. Imhof* hat in diesem Zusammenhang sehr anschaulich von den „gewonnenen Jahren" gesprochen, womit freilich die Frage nach dem tatsächlichen „Lebensgewinn" noch nicht ohne weiteres mitbeantwortet ist.

Gegenwärtig ist die verheiratete Frau durchschnittlich 46 Jahre alt, wenn ihr zweites und meist letztes Kind volljährig wird. Hier *spätestens* beginnt noch einmal ein neuer Lebensabschnitt, der eine ganz andere Bedeutung erhalten hat als in der Vergangenheit. Die elterliche Phase behält zwar insgesamt ihre große sozialisationspolitische Bedeutung, aber im gesamten Lebensablauf der Erwachsenen, gerade auch der Frau, nimmt sie quantitativ nicht mehr jene zentrale Stellung ein, wie dies in der Vergangenheit sehr viel ausgeprägter der Fall war.

In quantitativ-statistischer Sicht ergibt sich damit eine relative Gewichtsabnahme von Eltern-Kinder-Gemeinschaften. Eher irreführend sind in diesem Zusammenhang allerdings Hinweise, die unter Rückgriff auf den Familienbegriff der amtlichen Statistik dartun wollen, daß die herkömmliche Familie als Eltern-Kinder-Gemeinschaft längst eine Minderheit der „Familien"-haushalte darstelle und immer weniger Orientierungspunkt einer familienbezogenen Sozial- und Gesellschaftspolitik sein könne. Hier wirkt sich ein sehr spezifischer Familienbegriff aus, der in den Klassifikationen der amtlichen Statistik zwar seit langem verwandt wird (in Abgrenzung auch zum „Haushalt"), aber sehr viel weiter gefaßt ist als familiales Zusammenleben im familiensoziologischen (und auch umgangssprachlichen) Verständnis.[1]

### 1.2 *Drastische Veränderung der demographischen Familienstrukturen im Umfeld der Elternphase – Wachsende Bedeutung der Familien Alleinerziehender und der Stiefelternschaft*

In der kürzer gewordenen Elternphase haben wir es, bei zugleich tendenziell verlängerten Schulausbildungen der Kinder, bekanntlich mit deutlich geringeren Kinderzahlen in den Familien zu tun. Der gegenwärtige Durchschnitt der Kinderzahl in den jungen Ehen liegt in der deutschen Bevölkerung bei 1,3 bis 1,4 Kinder je Ehe (oder humaner formuliert: 13 bis 14 Kinder je 10 Ehen). Aufschlußreicher aber als dieser Durchschnitt sind die sog. „differenzierten Kinderhäufigkeiten". Mehrere Trends werden hier deutlich:

– Es sind vor allem die größeren Familien mit vier und mehr Kindern, aber auch schon diejenigen mit drei Kindern, die anteilmäßig deutlich zurückgegangen sind.
– Die zeitlebens kinderlosen Ehen haben anteilmäßig in den letzten Jahrzehnten nicht einmal so stark zugenommen, langfristig im Vergleich zum Beginn des Jahrhunderts allerdings ihren Anteil verdoppelt. Hier gilt es zu unterscheiden zwischen Ehen (= verheiratete Frauen) und den Frauen insgesamt. Was in Zukunft noch zunehmen dürfte, ist der Anteil der zeitlebens kinderlos bleibenden Frauen insgesamt, dann oft auch unter Verzicht auf Eheschließung. Wenn geheiratet wird, dann fällt im allgemeinen bisher auch die Entscheidung für wenigstens ein Kind.

Zur Frage, in welchen Anteilen die nachwachsende Generation sich auf die heutigen Ehen verteilt, läßt sich zusammenfassend festhalten: Zwei Drittel der Ehen (nämlich diejenigen mit ein oder zwei Kindern) stellen auch zwei Drittel der nachwachsenden Generation (in deutlichem Unterschied zur Situation noch vor wenigen Jahrzehnten, als die Faustformel galt: Aus einer Minderheit der Ehen – ein Drittel – kommt die Mehrheit der nachwachsenden Generation – zwei Drittel).

Dahinter steht eine deutliche Angleichung familienbezogener Verhaltensweisen, jedenfalls was die demographischen Familienstrukturen angeht, nämlich im Sinne von Nivellierungstendenzen in den einzelehelichen Entscheidungen über die Kinderzahl. Für *K. Lüscher* (1988) läßt sich hier mit guten Gründen die These vertreten, zwischen den Tendenzen der Pluralisierung von Familienformen und jenen der Angleichung von Verhaltensweisen bestehe ein innerer Zusammenhang: Den gemeinsamen Nenner sieht er darin, daß die subjektive Bedeutung von Familie für die künftigen Eltern zugenommen habe und dementsprechend die zu treffenden Entscheidungen an Gewichtigkeit gewönnen. Dem steht freilich nicht entgegen, daß der Prozeß der Familienbildung insgesamt weit weniger einheitlich verlaufen wird, als es aus der Vergangenheit mehr oder weniger geläufig ist.

Schon hier sei eine kleine familienpolitische Anmerkung eingebracht: Eine systematische Familienpolitik, die die gesamte Leistungsbreite von Familien zu optimieren sucht, hat auch die generative Funktion der Familie mit im Blick zu behalten. Wir brauchen also eine *auch demographisch begründete Familienpolitik.* Wenn man eine quasi-stationäre Bevölkerung bzw. eine nur sehr leicht schrumpfende Bevölkerung für erstrebenswert ansieht, bedürfte es einer Verlagerung des *gegenwärtigen* Schwergewichts von ein bis zwei Kindern je Ehe auf etwa zwei bis drei Kinder. Unter den *gegenwärtigen* sozialökonomischen und -kulturellen Rahmenbedingungen muß dies als ein geradezu illusionäres Ziel gelten.

Neben dem Typus der „Normalfamilie" i. S. des kernfamilialen Haushalts eines Elternpaares mit seinen leiblichen Kindern finden sich in wachsendem Maße Ein-Eltern-Familien (Alleinerziehende). Im Jahre 1991 waren es (nach dem Mikrozensus 1986) knapp 1½ Mio. alleinerziehende Mütter und Väter mit minderjährigen Kindern (davon ehemaliges Bundesgebiet 985 000 und neue Bundesländer 491 000). Den Hintergrund hierfür bildet einmal die Zunahme der Scheidungshäufigkeit, und zwar auch bei Ehen mit Kindern, sowie eine sinkende Wiederverheiratungsbereitschaft. Auf diesem Hintergrund wird gelegentlich sogar von einer wachsenden „Normalität" von Ein-Eltern-Familien gesprochen. Im Einzelfall kann hinter der Alleinerziehendensituation auch die bewußte Entscheidung einer Frau zum Kind, aber gegen einen Ehepartner stehen (wie schon in den 60er Jahren in Schweden beobachtet werden konnte).

Die Pluralität von Familienformen erfährt noch eine weitere Facette durch eine deutliche Zunahme von *Stiefelternschaft.*[2] Der sozialhistorisch keineswegs neue, aber nunmehr auf anderem sozialem Entstehungshintergrund zu sehende Sachverhalt der Familien mit Kindern in der Stiefelternsituation findet vielleicht noch nicht immer die Beachtung, die ihm auch in familienpolitischer Sicht zukommt. An die Stelle des früheren Kindbettodes und der dadurch entstehenden Halbwaisen tritt nunmehr die Situation der „Scheidungswaisen", die, sofern der sie betreuende Elternteil wieder heiratet, insoweit in eine Stiefelternfamilie kommen. Etwas verallgemeinert läßt sich sagen: In zunehmendem Maße wachsen Kinder keineswegs in der Familie auf, in die sie hineingeboren wurden. Um eine Vorstellung über die Größenordnung zu vermitteln: Schon für 1981 wurde in der Bundesrepublik allein die Zahl der minderjährigen Kinder im Haushalt von Stiefeltern auf über 1 Mio. veranschlagt (860 000 beim Stiefvater und 200 000 bei der Stiefmutter).

Die unverkennbare Schwächung normativer Verbindlichkeiten in der Partnerdimension hat freilich, wie *F.-X. Kaufmann* (1988) betont, zumindest bisher zu *keiner grundlegenden Umstrukturierung der kindlichen Lebensverhältnisse* geführt. Dies hängt wohl auch damit zusammen, daß von der herkömmlichen Familienform der Eltern-Kinder-Gemeinschaft abweichende familiale Lebensformen im allgemeinen besonders kinderarm sind. Was die haushalts- und familienstatistischen Daten weiter zu untermauern vermögen, das ist die in Zukunft offenbar noch wachsende Neigung der einzelnen zu einer möglichst unabhängigen und von den individuellen Bedürfnissen her bestimmten Lebensführung.

Mit der tendenziellen Verkleinerung der Haushalte und Familien ist zugleich eine tendenzielle *„Singularisierung“ (L. Rosenmayr,* 1987) i. S. der Vereinzelung von Familienteilen verbunden. Besonders ausgeprägt stellt sich auch die Ausdehnung der Ein-Personen-Haushalte dar: Inzwischen sind ein Drittel der Privathaushalte Ein-Personen-Haushalte. Dies ist ein weiterer Ausdruck für strukturelle Wandlungen im Bereich des familialen Zusammenlebens. Daraus ergeben sich nicht nur veränderte Ansprüche an die Familienbeziehungen, sondern z. B. auch an die Wohnbedingungen. Das Wohnstandortverhalten ändert sich; gegenüber einem Wohnen im Vorort könnten größere Gruppen zentrale Stadtlagen bevorzugen. Entstehen hier demnächst vielleicht neue Stadtregionen, die nicht auf den überkommenen Normen des Zusammenlebens beruhen? In familienpolitischer Hinsicht stellt sich nicht zuletzt die Frage nach tragfähigen sozialen Netzen für „Familienbruchteile“.

Verzicht auf Wiederverheiratung, Situation des Alleinerziehers und ähnliches bedeutet aber nicht, daß auf paarbezogenes Zusammenleben auf jeden Fall verzichtet wird. Nichteheliches Zusammenleben kann an die Stelle der Ehe treten. Damit stoßen wir auf einen weiteren Aspekt der Pluralisierung familialer bzw. familiennaher Lebensformen, nämlich in Richtung von „Ressourcenzusammenlegungsverbänden“.

### *1.3 Verbreitung nichtehelicher Lebensgemeinschaften insbesondere junger Erwachsener vor der Ehe- und der Familiengründung (als neue Sozialform paarbezogenen Zusammenlebens)*

In den vergangenen Jahren hat sich – nicht nur im eigenen Land und offensichtlich mit einem deutlichen Nord-Süd-Gefälle in Europa und einem gewissen Stadt-Land-Gefälle innerhalb des eigenen Landes – das Zusammenleben unverheirateter Paare stark ausgedehnt. Inzwischen ist das Phänomen von solcher gesellschaftlicher Bedeutung, daß ein Deutscher Juristentag (Mainz 1988) sich in einer eigenen Abteilung mit dem Problem ausführlich beschäftigt hat. Wenn wir auch nicht über genaue Zahlen für die Bundesrepublik verfügen, so kann doch davon ausgegangen werden, daß gegenwärtig weit über 1 Mio. solcher nichtehelicher Lebensgemeinschaften bestehen, andere Schätzungen genen sogar in die Größenordnung von 2,5 Mio. Wichtig erscheint die Einsicht, daß es *die* nichteheliche Lebensgemeinschaft nicht gibt, so daß sogar insoweit innerhalb dieser nichtlegalisierten Paarverbindungen weitere Pluralisierungstendenzen auszumachen sind.

Aus den sozialwissenschaftlichen Befunden sei an dieser Stelle lediglich die *„Faktorstruktur nichtehelichen Zusammenlebens"* (vgl. *M. Wingen,* 1984) herausgegriffen, deren Vergegenwärtigung zugleich wiederum die Einbindung des Wandels der Familie in übergreifende gesellschaftliche Wandlungsprozesse und Veränderungen in den Wertorientierungen deutlich macht. Hier werden auch neue Einstellungen zur Familiengründung sichtbar. Für die rasche Ausbreitung des nichtehelichen Zusammenlebens (mit seinen zugrundeliegenden unterschiedlichen Beweggründen) waren ganz bestimmte Voraussetzungen und Bedingungen wirtschaftlicher, institutioneller und geistiger Art wichtig, die sich zu einer solchen Faktorstruktur nichtehelichen Zusammenlebens verbinden lassen. Darin kommen zugleich bemerkenswerte Wandlungen in den wertbesetzten Einstellungen gegenüber der herkömmlichen Ehe zum Ausdruck. Stichwortartig sind hier vor allem zu nennen:

– veränderte Einstellungen zur Sexualmoral mit einer korrespondierenden wachsenden Anerkennung bzw. Tolerierung nichtehelicher Lebensgemeinschaften in der Öffentlichkeit (Wohnungsfrage);
– eine betont emanzipatorische Einstellung der zugleich über eine größere wirtschaftliche Eigenständigkeit und soziale Absicherung verfügenden Frau gegenüber einem traditionellen Rollenbild;
– ausgeprägte Individualisierungstendenzen, aber auch Loslösungen des einzelnen aus normativen Bindungen gerade auch in sehr persönlichen Lebensbereichen, teils als Reaktion auf vielfältige Reglementierungen seitens großgesellschaftlicher Strukturen;
– eine größere finanzielle Unabhängigkeit junger Menschen, gefördert durch verstärkte Anbindung öffentlicher Versorgungsleistungen an den einzelnen, aber auch durch ein durchweg gestiegenes Realeinkommensniveau in der Bevölkerung;
– die Kenntnis und Verfügbarkeit praktisch perfekter Mittel der Geburtenplanung;
– schließlich ein Zurücktreten religiös-kirchlicher Bindungen bei – sicherlich nicht ganz ohne inneren Zusammenhang – ausgeprägten Lebens- und Zukunftsängsten.

Beim Zusammentreffen dieser Voraussetzungen und Bedingungen erscheint eine Verbreitung von Formen nichtehelichen Zusammenlebens nicht nur möglich, sondern geradezu wahrscheinlich.[3] Zugleich setzt sich der hier vertretene Erklärungsansatz damit ab von unifaktoriellen Hypothesen, wie andererseits versucht wird, so allgemeine Begründungsmuster wie „Industrialisierung" oder „Modernisierung" zu vermeiden.

### *1.4 Wachsende Konkurrenz von ehebezogener Familie und nichtehelicher Familie?*

Wie die empirischen Forschungsergebnisse zeigen, haben wir es bei den nichtehelichen Lebensgemeinschaften der Zwanzig- bis Dreißigjährigen ganz überwiegend mit einer Vorstufe der späteren Ehe zu tun. Weit darüber hinaus treffen wir aber auch bei den älteren Jahrgängen auf solches nichteheliches Zusammenleben, wie der Hinweis auf Zusammenleben etwa von nicht wieder heiratenden Geschiedenen zeigen mag. Eine spezifisch familienpolitische Problematik entsteht nun dort, wo solche Partner auch Kinder haben (aus dieser Verbindung oder in diese eingebracht). Bisher sind die nichtehelichen Lebensgemeinschaften in der Bundesrepublik offensichtlich ganz überwiegend kinderlos (schätzungsweise zu 80 bis 85%), anders aber schon in Skandinavien. Wenn also nach Trends gefragt ist, muß zumindest in Orientierung an internationalen Entwicklungen auch jene weitere Pluralisierung familialer und familiennaher Lebensformen gesehen werden, die darin bestehen könnte, daß sich neben der herkömmlichen ehebezogenen Familie verstärkt eine nichteheliche Familie ausprägt.

Wir beobachten heute schon gewisse Konkurrenzsituationen, was die Rechtspositionen angeht. Es wird besonders vom Wohl des Kindes her argumentiert. Bisher hat nur die nichteheliche Mutter das Sorgerecht für das Kind. Vermutlich wird von hier aus am ehesten versucht werden, zu gewissen wenigstens partiellen Gleichstellungen mit der ehebezogenen Familie zu kommen.

Es ist auch Ausdruck unseres gesellschaftlichen Wandels und der damit einhergehenden veränderten Wertorientierungen, daß die Formulierung im bekannten Art. 6 Abs. 1 GG längst ihre jahrzehntelange relativ fraglose Selbstverständlichkeit eingebüßt hat. Die Diskussion entzündet sich im Grunde an dem „und": Wieweit gehören Familie und Ehe zusammen? Unter Verfassungsjuristen ist die Antwort auf die Frage schon nicht mehr voll konsensfähig, ob Ehe konstitutiv für Familie ist.

Bei einer Auseinandersetzung mit Problemen und Entwicklungsperspektiven der Familie erscheint es zweckmäßig, zwischen Familien als gelebter Wirklichkeit (= familiales Zusammenleben als konkrete Alltagswirklichkeit) und demgegenüer dem institutionellen Rahmen von Familienleben (= Familie als Institution) zu unterscheiden. Familie als *Alltagswirklichkeit* ist, wie die jüngere familienwissenschaftliche Forschung herausgearbeitet hat, sehr betont als ein „dynamischer Prozeß" zu sehen (vgl. z.B. *K. Lüscher* et al., 1988; *J. Cornelius* und *M. Wingen*, 1989). Dies gilt in mehrerer Hinsicht: Aufeinanderfolge unterschiedlicher, durch je spezifische Problemlagen gekennzeichnete Phasen im Familienzyklus sowie in der Generationenfolge, aber auch Wandel der familialen Lebensformen und Erscheinungsweisen im sozialhistorischen Ablauf, und zwar nicht nur in sozialschichtenspezifischer Sicht.

Demgegenüber erscheint Familie als *Institution*, gekennzeichnet u. a. durch Formen der gesellschaftlichen Anerkennung, sehr viel mehr auf Dauer eingestellt. Gleichwohl lassen sich auch hier auf längere Sicht Wandlungen von u. U. gegenwärtig noch gar nicht voll abzuschätzender Tragweite ausmachen. Dies wird z. B. dort deutlich, wo (vermehrt) gefragt wird, inwieweit die sozialen Inhalte von Ehe und Familie im Sinne der Verfassungsnormen sowie die feste Zuordnung beider Institutionen unverändert aus der Zeit der Schaffung des Grundgesetzes übernommen werden könnten. Diese feste Zuordnung von Ehe und Familie scheint, zumindest als wechselseitiger Zusammenhang, heute in Teilen der Gesellschaft mehr oder weniger deutlich in Frage gestellt. Ergebnisse der empirischen Umfrageforschung über Einstellungen zur Ehe und Familie im Wandel der Zeit deuten darauf hin, daß zwar eine Abkehr von der Lebensform Familie nicht vorliegt, wohl aber eine zunehmend geringere Einschätzung ihrer institutionellen Sicherungen (vgl. auch *F.-X. Kaufmann*, 1988, S. 394).

*Kaufmann* vertritt hier eine im Grunde optimistische These: Die in der Bundesrepublik grundgesetzlich vorgeformte Verknüpfung von Ehe und Elternschaft erscheint ihm immer noch de facto akzeptiert. Die öffentliche Diskussion über alternative Familienformen sei wesentlich dramatischer als die empirisch feststellbaren sozialen Veränderungen. Diese Sichtweise kann freilich dann etwas fraglich erscheinen, wenn man sich über das eigene Gemeinwesen hinaus Entwicklungen in Nachbarländern ansieht. Auch *Kaufmann*, der zu Recht auf eine Unterscheidung der institutionellen Komplexe *Partnerschaft* und demgegenüber *Elternschaft* Wert legt, sieht im übrigen Tendenzen einer Deinstitutionalisierung zumindest für den Normkomplex der Ehe, wenn auch nicht für denjenigen der Elternschaft, für die er zumindest unter dem Aspekt der „verantworteten Elternschaft" wie auch der Aufwertung der Vater-Kind-Beziehung (als Korrelat der Veränderungen der Geschlechterrollentypik) eher sogar noch eine zunehmende Institutionalisierung im Laufe der vergangenen Jahrzehnte glaubt ausmachen zu können.

Die Bestandsaufnahme zur Familienbildung auf dem Hintergrund der Eheschließung führt damit zumindest hinsichtlich der Ehe zum Ergebnis, daß hier überkommene Grundpositionen deutlich in Frage gestellt werden. Dies läßt sich kaum besser auf den Punkt bringen als durch die beiden hoch kontroversen Stellungnahmen: Ehe als Schöpfungsordnung versus Ehe als zurückliegende Erfindung, u. a. zur Unterdrückung der Frau, die sich heute überlebt habe.

Eine *familienpolitische* Anmerkung: Auch die Mitglieder einer nichtehelichen Lebensgemeinschaft bzw. einer nichtehelichen Familie haben als Personen Anspruch auf den Schutz durch die Rechtsordnung. Aber die von ihnen gewählte Zusammenlebensform fällt – jedenfalls nach bisher überwiegender Rechtsauffassung – nicht unter den Art. 6 Abs. 1 GG und kann damit nicht den Anspruch auf besonderen Schutz durch die staatliche Ordnung für sich geltend machen. In der sozialwissenschaftlichen *Analyse* liegt es nahe, einen möglichst breiten Ansatz beziehungsweise einen möglichst breiten Blickwinkel zu wählen, um die Realität möglichst umfassend einzufangen. Im stets wertbesetzten politischen Handeln darf der Träger von Familienpolitik Präferenzen setzen. Leitbild der Familien*politik* kann gemäß einem ihr zugrundegelegten Menschen- und Gesellschaftsverständnis die ehebezogene Familie sein (statt der nichtehelichen Familie).

### *1.5 Veränderungen in den Rollenstrukturen der Ehepartner*

Rollenfestschreibungen für Mann und Frau, wie sie für die Bildung einer sog. „bürgerlichen" Ehe bzw. Familie weithin charakteristisch waren, haben sich inzwischen weitgehend aufgelöst. Entsprechend dem geltenden Gleichberechtigungsgrundsatz werden heute sowohl die chancengleiche Integration der Frauen in das Erwerbsleben als auch die Beteiligung und Mitverantwortung der Männer an den Familien- und Haushaltsaufgaben als Normen für die Gestaltung des gesellschaftlichen Lebens nicht mehr grundsätzlich in Frage gestellt. Die „moderne" Familie ist durch rechtlich gesicherte, volle *formale* Gleichberechtigung beider Ehepartner in der Gestaltung des ehelichen Lebens charakterisiert. Der Gesetzgeber schreibt bekanntlich kein bestimmtes Eheleitbild vor (z. B. die frühere Hausfrauenehe).

Es handelt sich hier jedoch zunächst um gesellschaftliche *Normen* bzw. um Einstellungen, aus denen noch nicht unmittelbar auf einen entsprechenden Wandel im *tatsächlichen Verhalten* geschlossen werden kann. Hier läßt die familienwissenschaftliche Forschung eine erhebliche Diskrepanz zwischen gesellschaftlichen Leitvorstellungen und eigenem Tun erkennen.

Als Entwicklungstrend läßt sich eine steigende außerhäusliche Erwerbstätigkeit von verheirateten Frauen ausmachen, was sich besonders deutlich bei einer „kohortenspezifischen“ Betrachtung zeigt. Dem entspricht aber bisher nur sehr verhalten ein entsprechender Wandel in der innerfamilialen Arbeitsteilung zwischen Mann und Frau. Es scheint dies allerdings auch ein Generationsproblem zu sein. Durchweg hält sich insbesondere in den älteren Generationen der Mann noch immer in „vornehmer Distanz“ gegenüber dem Haushalt, auch wenn die Frau erwerbstätig ist, insbesondere wenn sie „nur“ halbtags erwerbstätig ist.[4]

Für die nachwachsenden jungen Erwachsenengenerationen und die sozialen Strukturen der von ihnen gegründeten Familien erweist sich die *bessere Vereinbarkeit von Familientätigkeit und Erwerbstätigkeit* als ein zentrales Problem. Immer wieder zeigt sich, daß die Konfliktsituation junger Ehepaare zwischen Familienleben und Arbeitswelt bei aller Bereitschaft zur individuellen Flexibilität in der Aufteilung familialer und beruflicher Rollen zwischen Mann und Frau nach wie vor an den Bedingungen der Arbeitsorganisation sich neu entzündet und damit berufliche Karriere und Entscheidung zu mehreren Kindern vorerst ein nur schwer versöhnlicher Gegensatz bleibt. Viel zu wenig gesehen wird übrigens, daß junge Erwachsene mit verlängerter Ausbildung in einem relativ kurzen Zeitraum von wenigen Jahren *gleichzeitig* wichtige Entscheidungen über ihre Familiengründung und ihre berufliche Plazierung treffen sollen. Auch dies hat sicherlich zu deutlichen Veränderungen in der Altersstruktur der jungen Erwachsenen im Übergang zur Familie beigetragen. So läßt sich ein unterschiedliches Timing der Familienbildung je nach Ausbildungsabschlüssen beobachten. Überhaupt verzögern junge Erwachsene aus sozial besser gestellten Familien eindeutig die Familienbildung (vgl. auch *Huinink*).

Insgesamt deuten vorliegende Untersuchungen zur Struktur biographischer Entwürfe junger Frauen – und sie sind besonders wichtig für das tatsächliche Ausmaß der sozialen Veränderungen im Prozeß der Familienbildung – darauf hin, daß mit einem Nebeneinander unterschiedlicher Verhaltensorientierungen zu rechnen ist (vgl. auch *F.-X. Kaufmann*), daß nämlich:

- künftig ein vielleicht noch wachsender Teil der Frauen auf Mutterschaft zugunsten anderer Formen der Selbstverwirklichung verzichten könnte;
- ein weiterer erheblicher Anteil versuchen dürfte, Familientätigkeit und Erwerbstätigkeit miteinander zu verbinden, was (bisher) im Ergebnis auf eine kinderarme Familienform hinausläuft;
- es weiterhin einen gewissen Anteil von Frauen geben wird, die Familienaufgaben eine hohe Priorität einräumen, so daß es diese familienorientierten Frauen sein dürften, die sich (bei Übereinstimmung mit dem Partner) zu einer größeren Familie entscheiden.

Die Weiterentwicklung familialer Lebensmuster gerade auch auf dem Hintergrund des Spannungsverhältnisses von Familienleben und Erwerbsarbeitsfeld hängt wesentlich mit ab von den Rahmenbedingungen, die die Sozial- und Familienpolitik bereitstellt. Zwei *unterschiedliche Verhaltensmuster*, ein sogenanntes *simultanes* wie ein sogenanntes *sukzessives* Verhaltensmuster, sind hier gleichermaßen zu bedenken und durch jeweils unterschiedliche flankierende familienpolitische Maßnahmen gleichermaßen lebbar zu machen, wie dies an anderer Stelle näher dargelegt ist (*M. Wingen* und *M. Votteler*, 1988).

In diesem Zusammenhang gewinnt auch der Aspekt der Gestaltung der Arbeitszeit besondere Bedeutung: Aufs Ganze gesehen bleibt gegenwärtig die Zahl und die Qualifikationsstruktur z. B. der angebotenen Teilzeit- bzw. Halbtagsarbeitsplätze sehr deutlich hinter der Nachfrage zurück. Korrekturen müßten hier freilich auch bis hin zur Beschäftigung von Männern reichen (was wiederum Folgerungen für die betriebliche Personalpolitik hat). Hierbei gilt es freilich, eine einseitige Förderung nur eines der beiden angesprochenen Verhaltensmuster zur Vereinbarung von Familientätigkeit und Erwerbstätigkeit in der Sozial- und Beschäftigungspolitik zu vermeiden.

### *1.6 Wandlungen in den Eltern-Kind-Beziehungen*

Zu den Entwicklungstrends im Wandel familialen Zusammenlebens gehören sodann auch Veränderungen in den Eltern-Kind-Beziehungen. Aus diesem gesamten Feld sei hier nur ein Aspekt herausgegriffen, der gewisse qualitative Veränderungen in den Familienbeziehungen betrifft, wie sie sich z. B. sehr deutlich im Zusammenhang mit den veränderten demographischen Familienstrukturen abzeichnen. Bisher wird viel zu wenig gesehen, daß wir es hier nicht nur mit quantitativen Veränderungen, also etwa einer auf längere Sicht deutlich rückläufigen Bevölkerungszahl zu tun haben, sondern auch mit *qualitativen* Veränderungen.

Besondere Beachtung verdienen die qualitativen Veränderungen der *Sozialisationsbedingungen* in den einzelnen Familien, in denen auf der Mikroebene eine durchschnittlich relativ sehr niedrige Kinderzahl das Spiegelbild einer insbesondere nach der Jahrhundertwende verstärkt schrumpfenden Bevölkerung auf der Makroebene darstellt (vgl. hierzu u. a. *M. Wingen* und *W. Schwartz*, 1988). Als Ergebnis der nicht eindeutigen Forschungslage zum Erziehungs- und Bildungsprozeß unter Bedingungen der betont ausgeprägten Einzelkindsituation kann immerhin festgehalten werden, daß verstärkt kompensatorische, die Einzelfamilie übergreifende, „vergesellschaftete" Erziehungsprozesse wichtiger werden.

Hinsichtlich des innerfamilialen Bereichs ist als Folge deutlich geringerer Kinderzahlen in den Eltern-Kind-Beziehungen mit einem verstärkten Übergewicht der Eltern gegenüber dem einzelnen Kind zu rechnen. Es fehlt dann insoweit an Autoritätsabstufungen in den kinderarmen Familien. Vor allem Einzelkinder können sich nicht auf geschwisterliche Solidarität stützen und müssen auch in für ihre Sozialisation wesentlichen Beziehungen zu anderen Kindern durch außerfamiliale Kontakte lernen, was möglicherweise – insbesondere im Hinblick auf die Dauer und Intensität dieser Kontakte – nicht mit der innerfamilialen Sozialisation vergleichbar ist. Diesem möglichen Mangel steht die Chance einer verstärkten Zuwendung der Eltern zum Einzelkind – auch die Chance zur besseren Ausbildung – gegenüber.

Versucht man, Risiken und Vorteile dieser Entwicklung gegeneinander abzuwägen, so zeigen entsprechende Untersuchungen bei Einzelkindern Vorteile in der Entwicklung ihrer geistigen Lern- und Erkenntnisfähigkeiten sowie ihrer kulturellen Fähigkeiten, während Kinder aus Mehr-Kinder-Familien den Einzelkindern in der Entwicklung ihrer sozialen Fähigkeiten überlegen sind (vgl. *Bericht über die Bevölkerungsentwicklung in der Bundesrepublik Deutschland*, Teil 2, 1984). Es ist schwer einzuschätzen, was diese Unterschiede für das Bild einer Gesellschaft bedeuten, in der der Anteil von Einkindfamilien (voraussichtlich) eher noch zunimmt, der der Mehr-Kinder-Familien (voraussichtlich) aber weiter zurückgeht. Man könnte jedoch vermuten, daß „ich-bezogene" Werte und individualistisches Denken und Handeln gegenüber sozialen Werten und solidarischem Denken und Handeln weiter in den Vordergrund rücken werden. Dies wäre angesichts der zukünftig zu lösenden gesellschaftlichen Probleme eine kaum vorteilhafte und nicht wünschenswerte qualitative Veränderung.

Allerdings bleibt zu bedenken, daß die Tendenz zur Vergesellschaftung der Erziehung (Ausbau der Kindergärten, Jugendheime etc.) durchaus die Möglichkeit böte, soziale Kontakte sowie solidarisches Denken und Handeln bewußt zu fördern und einzuüben. Ebenso ist freilich zu berücksichtigen, daß zwischen der Situation isolierter Einzelfamilien und einer voll kollektivierten Kleinkindererziehung eine vielfältige, noch wenig entwickelte Skala von Übergangsmöglichkeiten im freien Zusammenschluß einzelner Familien in Betracht kommt.

Von den Eltern-Kind-Beziehungen her gehen somit zusätzliche Tendenzen in Richtung größerer Pluralität familialer Lebensformen und Lebensstile aus. *W. E. Fthenakis* (1987) hat hierzu die interessante, allerdings auch nicht ganz bedenkenfreie These aufgestellt, die Scheidung trenne nur die Ehe, löse jedoch nicht die Familie auf; diese organisiere sich nur neu und die gemeinsame Elternschaft als Kern bleibe erhalten. Damit können sich dann freilich sehr *unterschiedliche Konstellationen gerade für das Kind* ergeben.

*Strätling* (1988) hat diese Situation so zusammengefaßt: „Es gibt also in unserer Gesellschaft immer mehr Kinder mit mehreren Müttern und mehreren Vätern, mit verschiedenen Arten von Geschwistern, mit wechselnden und im Laufe der Zeit vielleicht mehrfach ausgewechselten Großeltern, Onkeln und Tanten. Wie auf die Dauer Kinder damit zurechtkommen und welche Auswirkungen diese Entwicklung auf die Gesellschaft haben wird, das kann man nur als Frage formulieren." Spätestens an dieser Stelle des Überblicks über eine sich vergrößernde Vielfalt von Familienformen könnte man versucht sein zu fragen, ob sich vielleicht auch im Prozeß der Familienbildung eine spezielle Dimension der von *Habermas* benannten „Neuen Unübersichtlichkeit" ausmachen läßt.

### 1.7 *Wachsende Bedeutung des Drei- bzw. Vier-Generationen-Verbunds für das familiale Zusammenleben*

Zur Ausdifferenzierung der These von der größeren Pluralität familialer und familiennaher Lebensformen, mit der hier Entwicklungen und Trends im Bereich der Familie auf den Nenner gebracht werden sollen, gehört schließlich der Hinweis auf die eher noch wachsende Bedeutung des Drei- bzw. Vier-Generationen-Verbunds für das familiale Zusammenleben. Angehörige der verschiedenen Generationen leben zwar immer weniger im selben Haushalt (der Anteil der Drei- (und Vier-)Generationen-Familienhaushalte an allen privaten Haushalten ist inzwischen auf weniger als 2% zusammengeschrumpft). Das bedeutet aber nicht, daß nicht Angehörige der verschiedenen Generationen im zeitlichen Nebeneinander leben. Ein sehr favorisiertes Leitbild, sowohl von seiten der Kindergeneration als auch der Altengeneration, läßt sich auf die bekannte Formel bringen: „Innere Nähe bei äußerer Distanz". Man macht sich vielleicht viel zu wenig klar, daß wohl kaum in der Vergangenheit die Kinder der Enkelgeneration in solch zahlenmäßigem Ausmaß ihre Groß- und z. B. Urgroßeltern persönlich gekannt haben, wie dies heute und auf absehbare Zukunft der Fall ist (s. dazu bes. auch die Arbeiten von *U. Lehr*).

Die nachrückenden Familien werden damit in besonderer Weise herausgefordert werden, weniger was die materielle Altersversorgung als vielmehr was die personalen Betreuungsleistungen angeht. Nicht selten versorgen Eltern (-teile), deren eigene Kinder bereits selbst eine Familie gegründet haben, noch sehr alt gewordene eigene Eltern(-teile), mit denen sie in einem Haushalt leben. Schon ruft die Politik nach der Familie, ohne deren Solidarität die gewaltigen

Probleme gar nicht zu lösen seien. Dem muß aber ganz nüchtern entgegengehalten werden, daß auch die Familien, die teilweise bereits an die Grenze ihrer Leistungsfähigkeit zu stoßen scheinen, politisch nicht allein gelassen werden dürfen („care for the care-givers!"). Dazu gehört dann auch die Anrechnung von Zeiten der Betreuung pflegebedürftiger Angehöriger in der Gesetzlichen Rentenversicherung (als Parallele zu der Anrechnung personengebundener Erziehungsleistungen gegenüber dem Kleinkind).

Die (erst recht seit dem jüngsten BVerfG-Urteil vom Juli 1992) noch keineswegs abgeschlossene „Strukturreform" der sozialen Altersversorgung wird auch daran zu messen sein, inwieweit sie die „Nagelprobe" auf die Drei-Generationen-Solidarität besteht. Diese Reform darf nicht auf eine mehr oder weniger dauerhafte Lösung der reinen Finanzierungsfragen reduziert werden – eine Gefahr, die nicht von der Hand zu weisen ist. Die intergenerativen Verteilungsprobleme dürfen nicht ausgeklammert werden, d. h. die gegenwärtigen Verletzungen von intergenerativer Verteilungsgerechtigkeit müssen als Herausforderung an die Familien- und Gesellschaftspolitik begriffen werden.

## 2. Herausforderungen an die Familienpolitik

Abschließend sei im Blick auf die politischen Konsequenzen und die weitere Behandlung des vorgegebenen Themas folgendes festgehalten:

- Gefordert ist eine stärker *familienphasenspezifische und problemgruppenspezifische* („adressatenspezifische") Ausgestaltung der Familienpolitik. Eine noch zu entwickelnde *systematische Familienstrukturbeobachtung* (gerade auch auf der Basis der amtlichen statistischen Informationen) kann hier wertvolle Orientierungshilfe leisten. Familienpolitik wird sich überhaupt ihres eigenen Gegenstandes mehr vergewissern müssen als manche annehmen mögen. Hierher gehört auch die Auseinandersetzung mit einer in ihren Gewichten größer werdenden Vielfalt familialer Lebensformen.
- Gefordert ist eine auf die gesamte Leistungsbreite familialer Grundfunktionen ausgerichtete Familienpolitik. Insofern erscheint die zeitweilig sehr betont sozialisationspolitisch ausgerichtete Anlage der Familienpolitik zu einseitig, aber deshalb nicht entbehrlich. Selbstverständlich geht es nach wie vor um die Sicherung der quantitativen *und* qualitativen Reproduktion. Was heute zunehmend an Bedeutung gewinnt, ist eine die Grundfunktion der Sicherung der Generationenfolge berücksichtigende und damit *auch* demographische Begründung der Familienpolitik. Hier gilt es, eine falsch ver-

standene „Privatheitsthese" ebenso zu vermeiden wie die irrige Auffassung, die auf den Punkt gebracht wird: „Da kann der Staat nichts wenden".

- Gefordert ist eine Familienpolitik, die aufgrund der im Verlauf der Darstellung mehrfach sichtbar gewordenen Einbindung des Wandels der Familie in gesamtgesellschaftliche Veränderungen in ihrer Anlage und Ausgestaltung mehr noch als bisher die *gravierenden Wandlungen in den Wertorientierungen* berücksichtigt. In den Wandlungen von Familie (und Ehe) schlagen Leitwerte durch, die als charakteristisch gelten für Gesellschaften, die den sog. Modernisierungsprozeß durchlaufen. Dazu gehören eine ausgeprägtere Individualität, eine größere Autonomie des einzelnen, mehr Gleichheit, aber auch neue Aspekte von Gerechtigkeit. Die Zuordnung von persönlicher Entfaltung des einzelnen und dem Gesamtwohl der Familie als Lebenseinheit bringt eine neue Spannung, die ausgehalten werden muß, u. a. im Modell der Partnerschaft mit individuell abgesprochener und von den politisch gesetzten Rahmenbedingungen her ermöglichten Rollenaufteilung zwischen Mann und Frau.

Der Wandel familialer Lebensformen bringt somit Herausforderungen an eine Familienpolitik mit sich, die zu Anpassungen und Weiterentwicklungen dieser Familienpolitik führen müssen. Es gilt aber auch einen zweiten Zusammenhang zu sehen: nämlich den Einfluß, der umgekehrt von der Familienpolitik auf den Strukturwandel von Familien ausgehen kann. Der „geschichtliche Wandel" – und damit direkt und indirekt auch der Strukturwandel der Familien – ist stets auch von den Rahmendaten mitbedingt, die durch Politik zumindest beeinflußbar sind; in einem geschichtlichen Entwicklungsprozeß kann ein gutes Stück politisches Wollen stecken, zu dieser oder zu jener Richtung hin. Freilich sind es auch häufig die nicht beabsichtigten, unbewußten Auswirkungen politischer Entscheidungen, die die Lebenssituation von Familien bzw. die familiale Leistungsentfaltung nachhaltig berühren.

Zur Frage des Verhältnisses von Familienpolitik und Strukturwandel von Familien könnte unter dieser Sicht zwischen *drei verschiedenen Grundrichtungen* bewußten familienpolitischen Handelns unterschieden werden:

- Familienpolitik als „Förderung" des Strukturwandels;
- Familienpolitik als „Gegensteuerung" zu Strukturveränderungen;
- Familienpolitik als „Begleitung" von Strukturwandel.

Aus der Wirtschaftspolitik kennen wir die allgemeine Grundmaxime: Strukturwandel fördern! Eine solche Devise ist höchstwahrscheinlich nicht einfach auf das Feld der Familie übertragbar. Eine familienpolitische Schlußfolgerung könnte indessen u. U. in die folgende Richtung gehen:

- Es gibt bestimmte Veränderungen, die übergreifenden Wertentscheidungen entsprechen und demgemäß zu fördern sind. Beispiel: Ausprägung partnerschaftlicher Strukturen in den Ehegattenbeziehungen (wie dies z. B. durch die rechtliche Ausgestaltung von Erziehungsgeldregelungen geschehen kann).
- Daneben gibt es aber auch Veränderungen, die von ihren gesellschaftlichen Auswirkungen her tragenden Wertentscheidungen eher zuwiderlaufen; ihnen ist seitens der Familienpolitik eher „gegenzuhalten". Beispiel: verbreitete Entscheidung gegen Kinder mit der gesellschaftlichen Konsequenz einer „suboptimalen" Bevölkerungsentwicklung.
- Schließlich mag es einen Bereich geben, in dem Familienpolitik sich darauf beschränkt, Entwicklungen aufmerksam zu begleiten. Hier wäre etwa an den Bereich des wachsenden Beratungsbedarfs gegenüber Familien (mit Konsequenzen für die familienbezogene soziale Infrastrukturpolitik) zu denken.

Damit stellt sich die Grundfrage nach dem Maßstab für solche unterschiedlichen Schlußfolgerungen seitens der Familienpolitik. Solche Maßstäbe wären etwa aus bereichsübergreifenden Wertentscheidungen zu beziehen, aber auch aus einer Konkretisierung dessen, was „optimal funktionsfähige Familie" heißt. Zu den grundlegenden Wertentscheidungen gehört etwa das aus einem (noch) konsensfähigen Menschen- und Gesellschaftsverständnis abgeleitete Postulat, die Entscheidungs- und Gestaltungsräume für die Familie im gesellschaftlichen Beziehungssystem und für die Familienmitglieder in der Familie abzusichern und gleichzeitig darauf hinzuwirken, daß diese Freiräume im Sinne der personalen und das heißt auch sozialen (und das heißt wiederum auch familialen) Existenz des Menschen verantwortlich genutzt werden können.

Inwieweit familienpolitische Handlungsmuster familialen Strukturveränderungen vorauseilen oder hinter ihnen herhinken oder aber sich in einem grundwerteorientierten Einklang mit sich entwickelnden familialen Lebensmustern bewegen, entscheidet mit über die Qualität einer konkreten Familienpolitik und deren „gesellschaftliche Kosten". Insofern wäre zu fragen, ob eine sozialwissenschaftlich abgestützte Familienpolitik nicht im Grunde durch einen „konservativ-progressiven Doppelcharakter" gekennzeichnet ist (oder doch sein sollte), der das Familiensystem gleichzeitig erhält *und* transformiert – ein Aspekt, den *E. Heimann* (1929) seinerzeit schon für die allgemeine Sozialpolitik und ihr Verhältnis zum „kapitalistischen" (Wirtschafts-)System geltend machte. Beide Elemente bedingen sich letztlich sogar gegenseitig; sozialer Wandel findet so in kleinsten Schritten dauernd statt.

## Anmerkungen und Literatur

*) Erschienen in: Familienbildung und Erwerbstätigkeit im demographischen Wandel. Proceedings der 23. Arbeitstagung der Deutschen Gesellschaft für Bevölkerungswissenschaft am 28.2.–3.3.1989 in Bad Homburg v.d.H., hrsg. von *Wagner, G.*, *Ott, N.* und *Hoffmann-Nowotny, H.-J.*, Berlin/ Heidelberg 1989, S. 25–43 (Springer).

1) Eine andere Schwäche der amtlichen Haushalts- und Familienstatistik ergibt sich neuerdings daraus, daß die Erhebung des Eheschließungsjahres im Rahmen des Mikrozensus auf freiwilliger Basis erfolgt und nicht – wie die übrigen Merkmale – mit einer Auskunftspflicht versehen ist. Antwortausfälle von rund 20% – mit unbekannten möglichen Verzerrungswirkungen – führen dazu, daß die für die Beurteilung des Familienbildungsprozesses besonders bedeutsamen Angaben zur Ehedauer in ihrer Aussagekraft deutlich eingeschränkt sind.
2) Ergänzend sei auch an die Formen der Familienbildung erinnert, die aufgrund der *Entwicklung in der Reproduktionsmedizin* bei der Behandlung von Unfruchtbarkeit möglich geworden sind. Auch wenn diese Fälle zahlenmäßig (noch) nicht sehr ins Gewicht fallen, so sind sie doch – wie *Lüscher* hervorgehoben hat – von großer symbolischer Bedeutung in der Öffentlichkeit, weil sie den Eindruck von Machbarkeit und vielleicht sogar von Beliebigkeit erhöhen.
3) Auch zu diesem Gesichtspunkt eine kurze familienpolitikrelevante Anmerkung: Nichteheliche Lebensgemeinschaften können nicht zuletzt auch als eine Herausforderung an die herkömmliche Ehe gesehen werden. Vor allem aber gilt es immer wieder gerade auch gegenüber den nachwachsenden Generationen der jungen Erwachsenen den Spielraum deutlich zu machen, den die bestehende institutionelle Absicherung der Ehe für durchaus *unterschiedliche* Formen partnerschaftlichen Lebens und flexibler Arbeitsteilung zwischen Mann und Frau innerhalb der Ehe bietet.
4) Vgl. hierzu u.a. die Zeitbudgeterhebungen, die im Rahmen der Arbeiten der Familienwissenschaftlichen Forschungsstelle im Statistischen Landesamt Baden-Württemberg als Zusatzerhebung zur EVS 1983 und 1988 durchgeführt wurden (insbesondere *Kössler*, 1984). Bei den inzwischen in Gang gekommenen Vorbereitungen für entsprechende bundesweite Erhebungen im Rahmen der amtlichen Statistik zu Beginn der 90er Jahre konnte u.a. an diesen Arbeiten mit angeknüpft werden.

*Bericht über die Bevölkerungsentwicklung in der Bundesrepublik Deutschland*, Teil 2, 1984: Auswirkungen auf die verschiedenen Bereiche von Staat und Gesellschaft, BT-Drucks. 10/863, Bonn.

*Ivan, C.* und *Wingen, M.* 1989: Familie = Ehe + Kind(er)?, in: Landeszentrale für politische Bildung Baden-Württemberg (Hg.), Familienpolitik, 39 (1), S. 10–18.

*Fthenakis, W. E.* 1987: Kindeswohl, in: *Fröhlich* et al., Kindeswohl – Wohl des Kindes?, Wien.

*Heimann, E.* 1929: Soziale Theorie des Kapitalismus – Theorie der Sozialpolitik, Tübingen.

*Höhn, C.* 1988: Von der Großfamilie zur Kernfamilie? – Zum Wandel der Familienformen während des demographischen Übergangs, in: Zeitschrift für Bevölkerungswissenschaft, 14 (3), S. 237–250.

*Höpflinger, F.* 1987: Wandel der Familienbildung in Westeuropa, Frankfurt/M., New York.

*Imhof, A.* 1981: Die gewonnenen Jahre, München.

*Kaufmann, F.-X.* 1988: Familie und Modernität, in: *Lüscher* et al. (Hg.), Die „postmoderne" Familie, Konstanz, S. 391–415.

*Kössler, R.* 1984: Arbeitszeitbudgets ausgewählter privater Haushalte in Baden-Württemberg. „Materialien und Berichte" der Familienwissenschaftlichen Forschungsstelle im Statistischen Landesamt Baden-Württemberg, Heft 12, Stuttgart.

*Lehr, U.* und *Kruse, A.* 1988: Beziehungen zwischen den Generationen in einer durch gesellschaftlichen Wandel bestimmten Welt, in: *C. Solzbacher*, und *H.-W. Wollersheim*, (Hg.), Wege in die Zukunft, Bonn, S. 91–107.

*Lüscher, K.* 1988: Der prekäre Beitrag von Familie zur Konstitution personaler Identität, in: Zeitschrift für evangelische Ethik, 32 (4), S. 250–259.

*Lüscher, K.* et al. (Hg.) 1988: Die „postmoderne" Familie, Konstanz.

*Nave-Herz, R.* (Hg.) 1988: Wandel und Kontinuität der Familie in der Bundesrepublik Deutschland, Stuttgart.

*Rosenmayr, L.* 1987: Altsein im 21. Jahrhundert, in: Deutsches Zentrum für Altersfragen (Hg.), Die ergraute Gesellschaft, Berlin, S. 460–485.

*Strätling, B.* 1988: Ehe und Familie in unserer Gesellschaft, in: Jugendwohl, 69 (11), S. 475–482.

*Stutzer, E.* und *Wingen, M.* 1989: Alleinerziehende in der Bundesrepublik Deutschland – eine datenorientierte Analyse demographischer und sozioökonomischer Strukturen. „Materialien und Berichte" der Familienwissenschaftlichen Forschungsstelle im Statistischen Landesamt Baden-Württemberg, Heft 21, Stuttgart.

*Wingen, M.* 1984: Nichteheliche Lebensgemeinschaften – Formen, Motive, Folgen, Zürich, Osnabrück.

*Wingen, M.* 1987: Kinder in der Industriegesellschaft – wozu? Analysen, Perspektiven, Kurskorrekturen, 2. Auflage, Zürich, Osnabrück.

*Wingen, M.* und *Schwartz, W.* 1988: Die Auswirkungen der Bevölkerungsentwicklung auf Familie und Bildungssystem, in: Landeszentrale für politische Bildung Baden-Württemberg (Hg.), Bevölkerungsentwicklung und Bevölkerungspolitik in der Bundesrepublik, Stuttgart, S. 84–107.

*Wingen, M.* und *Votteler, M.* 1988: Konfliktmilderung für junge Familien im Arbeitsprozeß durch „Regulierung" oder „Deregulierung"?, in: *Th. Thiemeyer,* (Hg.), Regulierung und Deregulierung im Bereich der Sozialpolitik, Schriften des Vereins für Socialpolitik, N. F., Bd. 177, S. 251–189.

# 4. Wege und Irrwege der Familienpolitik* – Fünf Thesen –

„Der Inbegriff der Politik eines Volkes ist die Frage: Was habt ihr euren Kindern zu bieten? – Und eine solche Politik führt an den Ursprung zurück: Sie beginnt bei der Familie." Mit dieser Feststellung enden die noch heute nachlesenswerten Überlegungen zur Familienpolitik, die vor über einem halben Jahrhundert, am Ende der Weimarer Republik, eine der seinerzeit herausragenden deutschen Frauenpersönlichkeiten, *G. Bäumer*, vorlegte. Auf dem Umweg über die USA kam vor einigen Jahren eine ähnliche Sichtweise zu uns zurück:

*U. Bronfenbrenner*, über seine sozial- und familienwissenschaftlichen Forschungsinteressen hinaus für sein unverkennbares sozialpolitisches Engagement und ein unermüdliches Plädoyer für das Kind bekannt, warf die interessante Frage auf, wie der Wert einer Gesellschaft überhaupt zu beurteilen sei. Für eine Antwort auf diese Frage bringt er die Sorge einer Generation um die nächste als ein entscheidendes Kriterium ins Spiel. Seine These lautet: Wenn in einem Gemeinwesen die Kinder und Heranwachsenden Gelegenheit bekommen, ihre Fähigkeiten in vollstem Umfang zu entfalten, wenn ihnen das nötige Wissen vermittelt wird, um die Welt zu verstehen, aber auch die nötige Einsicht, um sie verändern zu können, dann kann eine Gesellschaft getrost in die Zukunft blicken. Wo immer sie ihre Kinder vernachlässigt, riskiert sie dagegen letztlich Desorganisation und Untergang, so gut sie auch auf anderen Gebieten „funktionieren" mag.

Aus einer solchen Blickrichtung, wie sie in diesen beiden aus unterschiedlichen Kontexten stammenden Feststellungen zum Ausdruck kommt, soll im folgenden jenes politische Feld etwas abgeklopft werden, für das sich international längst die Bezeichnung „Familienpolitik" fest eingebürgert hat. Freilich ist schon das inhaltliche Verständnis einer solchen Politik keineswegs so durchgängig einheitlich, wie man es angesichts der Bedeutung der gesellschaftlichen Grundeinheit Familie erwarten könnte. Auch hier wirkt sich aus, daß unsere pluralistischen Gesellschaften eben auch *wertplurale* Gesellschaften sind und bereits in wachsendem Maße Schwierigkeiten haben, hinsichtlich des Wertes Familie und deren institutioneller Absicherung voll konsensfähig zu sein.

Für die Familienpolitik konkurrieren zum Beispiel Konzepte, die die einzelnen Familienmitglieder ganz betont in den Vordergrund rücken, mit anderen Konzepten, die die Institution Familie als vorrangigen Gegenstand staatlicher

Familienpolitik sehen möchten. Hier wird – um es auf ein plakatives Begriffspaar zu bringen – Familienpolitik als „Familienmitgliederpolitik" gegen eine Familienpolitik als „Institutionenschutzpolitik" ausgespielt, ohne recht zu bedenken, daß, richtig verstanden, beides erforderlich ist und *je nach konkreter Problemlage* der eine oder andere Aspekt stärker politikleitend sein kann. Es gilt hier institutionell-kollektivistische Vereinseitigungen ebenso zu vermeiden wie individualistische Vereinseitigungen, die das Familienwohl den Interessen des einzelnen einfach opfern. In der praktischen Politik wird es nicht immer leicht sein, hier die notwendige Balance zu halten.

Ähnlich wird, um ein zweites Beispiel zu nennen, Familienpolitik nicht selten als Bevölkerungspolitik unseligen Angedenkens zu diffamieren versucht oder auch nur mehr oder minder arglos damit gleichgesetzt. Dabei werden dann wesentliche Unterschiede zwischen beiden politischen Ansätzen vorschnell verwischt, andererseits wird bei rigoroser Trennung zwischen beiden relativ eigenständigen Politikfeldern der Blick verstellt für wichtige *Wechselbeziehungen* auch zwischen einer auf die Lebensbedingungen und das Wohlergehen der Familien ausgerichteten Politik und der Gestaltung des demographischen Prozesses, der zwar nicht allein, aber sehr zentral durch die in den Familien fallenden Entscheidungen für oder gegen Kinder mitbestimmt wird. Diese *generativen Entscheidungen* in der Vielzahl der einzelnen Ehen werden von täglichem politischem Handeln – oder Unterlassen(!) –, auch in scheinbar weit weg von der Familie liegenden Politikbereichen wie Verkehrs- oder Umweltpolitik, gewollt oder ungewollt beeinflußt. Insofern gibt es im Grunde keine „Neutralität" des Staates gegenüber dem generativen Verhalten der Ehepaare auf der Mikroebene beziehungsweise der gesamtgesellschaftlichen Geburtenentwicklung auf der Makroebene. Auch wenn ein Staat keine explizite Bevölkerungspolitik betreibt, so ist in der deutschen familien- und bevölkerungswissenschaftlichen Diskussion schon vor Jahren festgehalten worden (*H. W. Jürgens*), treibt er sehr wohl etwas mit seiner Bevölkerung. Und dies darf auch die Familienpolitik nicht gleichgültig lassen, nämlich im Blick auf das Wohl heutiger Familien und das Schicksal nachfolgender Generationen.

Im folgenden sollen unter besonderer Berücksichtigung einiger aktueller Problemzusammenhänge in den westeuropäischen Industriegesellschaften insgesamt *fünf schlußfolgernde Thesen* vorgelegt und jeweils möglichst kurz begründet werden.

## 1. Familienpolitik und die Wirklichkeit von Familien

Familienpolitik im Anspruch auf Rationalität muß ein möglichst klares Bild von und über Familie und ihre Problemlagen haben, das den politischen Entscheidungen zugrunde gelegt wird. Dieses zu gewinnen und die praktische Politik daran zu orientieren, setzt möglichst systematische familienwissenschaftliche Analysen – zum Beispiel auch in einer kontinuierlichen „Familienstrukturbeobachtung" – ebenso voraus wie eine Auseinandersetzung mit den Wertentscheidungen, die mit politischem Handeln stets verbunden sind.

Hier sind nun einige gedankliche Unterscheidungen wichtig: So erscheint es erkenntnisfördernd, zu unterscheiden zwischen Familie als gelebter Wirklichkeit, also familiales Zusammenleben als konkrete Alltagswirklichkeit, und demgegenüber dem institutionellen Rahmen von Familie, also Familie als Institution. Schaut man auf *Familie als Alltagswirklichkeit,* so beobachten wir einen deutlichen Wandel der familialen Erscheinungsweisen im sozialhistorischen Ablauf, aber auch – wahrscheinlich künftig noch eher wachsend – eine Vielfalt von Formen familialen Zusammenlebens nebeneinander, und zwar nicht nur in sozialschichtenspezifischer Sicht. Zumindest insofern erscheint es damit problematisch, von *der* Familie zu sprechen, die es in Wirklichkeit nicht gibt. Von diesen in Struktur- und Funktionserfüllung unterschiedlichen Familien in der Alltagswirklichkeit wäre *Familie als Institution* zu unterscheiden, gekennzeichnet u. a. durch Formen der gesellschaftlichen Anerkennung. Insoweit ist Familie sehr viel mehr auf Dauer eingestellt, und Wandlungen lassen sich sehr viel weniger ausmachen. Gleichwohl wird zum Beispiel in der Bundesrepublik in jüngerer Zeit unter dem Eindruck einer Tendenz zu größerer Pluralität familialer Lebensformen gefragt, inwieweit die sozialen Inhalte von Ehe und Familie im Sinne der Verfassungsnormen (Art. 6 Abs. 1 GG) sowie die feste Zuordnung beider Institutionen unverändert aus der Zeit der Schaffung unserer Verfassung übernommen werden könnten. Diese feste Zuordnung von Ehe und Familie scheint zumindest als wechselseitiger Zusammenhang heute in Teilen der Gesellschaft mehr oder weniger deutlich in Frage gestellt. International gesehen gilt dies besonders pointiert für Positionen, wie sie etwa in Skandinavien und den Niederlanden vertreten werden.

In diesem Zusammenhang wäre auf die Problematik der *nichtehelichen Lebensgemeinschaften* mit Kindern und ohne Kinder zu verweisen, die ja in den letzten Jahren in den europäischen Industriegesellschaften durchweg eine sehr ungewöhnliche Ausbreitung erfahren haben und für die die Bezeichnung „Ehen ohne Trauschein" beziehungsweise „non-paper-marriage" eher irreführend ist, weil solche Bezeichnungen das von den Paaren selbst gewollte *aliud* eher verwischen. Wenn unter Juristen inzwischen mehr und mehr kontrovers diskutiert wird, ob die Ehe noch als konstitutives Element von Familie anzusehen ist, so zeigt diese Kontroverse, daß schon keineswegs mehr voll konsensfähig ist, was zu der (in der Bundesrepublik von der Verfassung garantierten) *Fundamentalstruktur von* Familie gehört. Mit einer möglichen Abschwächung der historisch gewachsenen, lange Zeit über gültigen Begriffsnähe von Ehe und Familie sowie von Familie und Elternschaft verbinden sich dann allerdings zwangsläufig gewisse Unschärfen im Zielbild Familie, was für die Familienpolitik wiederum bedeutet, sich künftig noch sehr viel mehr ihres eigenen Gegenstandes zu vergewissern.

Im Zuge der größeren Pluralisierung familialer Lebensformen werden *alleinerziehende Eltern* mehr und mehr zu einem die Strukturen des sozialen Zusammenlebens mitprägenden Faktor. Gleiches gilt für einen vermutlich noch steigenden Anteil von oft noch wenig beachteten „neuen" *Stieffamilien* mit Scheidungswaisen; das heißt, es gilt für die Aufbaujahre von nicht wenigen Familien zu sehen, daß inzwischen eine wachsende Zahl von Kindern nicht in derselben Familie aufwächst, in die sie hineingeboren wurde. Schließlich wäre auf die Bedeutung von unterschiedlichen kulturellen Lebensmustern eines wachsenden Anteils *ausländischer* Ehen und Familien (verschiedener Nationalität) zu verweisen, deren Anteil – zumindest in der Bundesrepublik – angesichts des Rückgangs der einheimischen Bevölkerung eher noch ansteigen wird. Insgesamt wird damit eine Pluralisierung von *familialen Binnenstrukturen* (und Außenbeziehungen) sichtbar, die im übrigen (über nichteheliche Lebensgemeinschaften mit Kindern) bis hin zur förmlichen Gegenform herkömmlicher Kleinfamilienstruktur reichen können, nämlich bis hin zum Wohnkollektiv.

Dies führt zu einer *ersten schlußfolgernden These:*

Angesichts der eher noch wachsenden Vielfalt familialer Lebensformen mit ihren spezifischen Problemlagen wird die Familienpolitik noch weit stärker als bisher eine adressatenspezifische Ausgestaltung anstreben müssen. Wir haben dabei freilich allen Grund, an der inneren Zuordnung von Ehe und Familie festzuhalten und die Familienpolitik an der ehebezogenen Familie, nicht aber an der nichtehelichen Familie zu orientieren, und zwar gerade auch im Interesse der schwächeren *Familienmitglieder.* Dies müssen zwar nicht, werden aber sehr häufig gerade die *Frauen* und *Kinder* sein.

## 2. Familienpolitik und sensible Familienphasen

Betrachtet man das familiale Zusammenleben etwas genauer im Zeitablauf, so lassen sich deutlich unterschiedliche Problemlagen ausmachen, je nachdem, in welcher Phase des sogenannten Familienzyklus sich die Familie auf dem Weg von der Vorbereitung der Familiengründung über die junge Aufbaufamilie und die Familie mit in Ausbildung befindlichen Kindern bis hin zum „leeren Nest" befindet. In dieser letzteren Phase haben die erwachsenen Kinder die elterliche Familie zwar verlassen, ohne daß jedoch deshalb der Familienzusammenhalt erloschen ist. Familie erweist sich, wie die jüngere familienwissenschaftliche Forschung immer deutlicher herausarbeitet, geradezu als ein *dynamischer Prozeß* mit einer Aufeinanderfolge unterschiedlicher, durch je spezifische Problemlagen gekennzeichneten Phasen. Hier gibt es ausgesprochen „sensible" Phasen, die die Familienpolitik in besonderer Weise herausfordern.

So sei zum Beispiel daran erinnert, daß angesichts durchweg verlängerter Ausbildungszeiten *junge Erwachsene,* die zugleich vor der Familiengründung stehen, in einem *relativ kurzen Zeitabschnitt* von einigen Jahren *grundlegende, oft irreversible Entscheidungen* sowohl über ihre weitere berufliche Entwicklung als auch gleichzeitig über ihre Familiengründung und die Zahl der Kinder, die sie in ihren Lebensplan hineinnehmen möchten, treffen müssen. Eine besonders sensible Phase ist daher offensichtlich mit dem Übergang zur jungen Aufbaufamilie gegeben. Eine systematische Familienpolitik ist hier herausgefordert, die Konfliktlagen junger Ehen und Familien gerade im Spannungsfeld von Familienleben und Erwerbsarbeitswelt wenn schon nicht zu beseitigen, so doch spürbar zu mildern. Worum geht es hier vor allem?

Einmal geht es hier um eine *neue Dimension,* die der Familienlastenausgleich inzwischen längst dazugewonnen hat. Die neuen Maßnahmen unter dem Stichwort „Erziehungsgeld" versuchen hier eine erste Antwort zu geben: ein grundsätzlich problemangemessener Schritt in die richtige Richtung auf mehr materiell abgesicherte Wahlfreiheit junger Eltern. Aber eine Patentlösung bildet dieses Instrument ganz sicherlich nicht; es wäre eher ein Irrweg, wenn es in mehr oder weniger isolierter Weise eingesetzt würde und nur für Mütter (und nicht auch für junge Väter) bestimmt wäre. Gerade am Erziehungsgeld läßt sich exemplarisch zeigen, wie wichtig ein *integrativ geplantes Maßnahmenbündel* für eine wirksame Familienpolitik sein kann.

Wenigstens folgende Ansatzpunkte müssen in ihrer wechselseitigen Bezogenheit aufeinander gesehen und in der gesetzgeberischen Verwirklichung durchgehalten werden:

- Das *Erziehungsgeld* selbst als grundsätzlich neues Element in einer stärker familienphasenspezifischen Ausgestaltung der materiellen Familienpolitik bzw. des Familienlastenausgleichs.
- Die Anwendung einer Erziehungsgeldregelung *sowohl* auf junge *Mütter als auch* auf junge *Väter* in Einschätzung der bewußtseinsbildenden Tragweite

in Richtung auf eine größere Rollenflexibilität der Geschlechter mit Vermeidung allzu starrer geschlechtsspezifischer Rollenstereotypen.
- Die gleichzeitige Anrechnung von *Erziehungszeiten in der Rentenbiographie* des auf Erwerbstätigkeit vorübergehend verzichtenden Elternteils.
- Eine *Wiederbeschäftigungsgarantie* vor allem auf der Grundlage eines Erziehungsurlaubs für denjenigen Elternteil, der nur vorübergehend aus der Erwerbstätigkeit ausscheiden möchte, aber auch gezielte Wiedereintrittshilfen in das Erwerbsleben bei längerer Unterbrechung, um dem betreffenden Elternteil ein Stück bisheriger Berufsperspektive zu erhalten.
- Schließlich Formen einer *zwischenzeitlichen beruflichen Weiterbildung*, ein Aspekt, der um so größere Bedeutung gewinnt, je mehr sich die Zeit der Unterbrechung der Erwerbstätigkeit durch die Geburt mehrerer Kinder verlängert.

Wir haben es bei diesen verschiedenen Ansatzpunkten mit einem familienpolitischen Anforderungsprofil zu tun, aus dem das Erziehungsgeld als solches nicht isoliert herausgebrochen werden darf. Dies zu betonen erscheint zum Beispiel auch dort wichtig, wo zusätzliche *länderspezifische* Erziehungsgeldregelungen – wie in der Bundesrepublik zum Beispiel im Land Baden-Württemberg, in Bayern, Rheinland-Pfalz und Berlin (seit jüngstem auch in Sachsen) – die bundeseinheitliche Regelung durch landesspezifische Maßnahmen erfreulicherweise bereits weiterführen. In solchen Fällen sollte stets darauf geachtet werden, daß sich solche Regelungen nach Möglichkeit nahtlos an eine allgemeine Bundesregelung anschließen; dies liegt gerade auch im Interesse der betroffenen jungen Eltern, für die das *Prinzip der Kontinuität und Verläßlichkeit staatlicher familienpolitischer Leistungen* sehr wichtig erscheint. Unter diesem Aspekt können die Länderregelungen noch nicht voll befriedigen.

Die am Beispiel der Konfliktminderung für junge Familien im Spannungsfeld von Familienleben und Erwerbsarbeitswelt aufgezeigten familienpolitischen Zusammenhänge, die sich für andere Problemlagen ähnlich aufzeigen ließen, führen damit zu einer *zweiten schlußfolgernden These:*

Eine systematische Familienpolitik wird mehr noch als bisher auf eine familienphasenspezifische Ausgestaltung Bedacht nehmen müssen. Die in der hier betrachteten Familienphase mit (Klein-)Kindererziehung besonders wichtig erscheinende Vereinbarkeit von Familientätigkeit und Erwerbstätigkeit und Wahlfreiheit zwischen ihnen sollte dabei nicht nur als ein zeitliches Nebeneinander verstanden werden (sog. *simultane Lösung*), sondern ebenso auch als ein Konzept des zeitlichen Nacheinander einer zunächst dominierenden Erwerbsphase, gefolgt von einer dominierenden Familienphase, der sich wiederum eine Phase dominierender Erwerbstätigkeit oder auch außerhäuslichen sozialen Engagements anschließt (sog. *sukzessive Lösung*). In der familienpolitischen

Diskussion wird die Vokabel der „Vereinbarkeit" von Familientätigkeit und Erwerbstätigkeit durchaus mehrdeutig verwandt (zum Beispiel ausschließlich auf die simultane Lösung bezogen), was Konsens vortäuschen kann, der in Wirklichkeit vielleicht gar nicht besteht.

## 3. Familienpolitik und Mehrgenerationensolidarität

Der Blickwinkel der Familienpolitik darf (und damit rückt ein drittes Problemfeld in das Blickfeld) nicht auf die Zwei-Generationen-Kernfamilie beschränkt bleiben. Auch wenn die Generation der alten Menschen zu Recht auf ihre Eigenständigkeit bedacht ist und durchweg auf möglichst langes selbständiges Wohnen und Haushalten Wert legt – Familiensoziologen sprechen gern von einem Verhältnis der „inneren Nähe bei äußerer Distanz" –, so gehören doch auch diese Angehörigen der *dritten Generation* zum Familienverbund. Künftig wird dies aufgrund der wahrscheinlich noch leicht steigenden Lebenserwartung sogar eher noch mehr der Fall sein als früher. Damit aber ist die Frage des *Unterhaltsverbunds* sowie der *Versorgung und Betreuung* alter Menschen in der Familie angesprochen. Es geht dabei weniger um die *finanzielle* Altersversorgung, die durch die gesetzlichen Rentenversicherungen weithin abgedeckt ist, sondern vor allem um die *persönlichen* Dienstleistungen, im Falle von Betreuungs- und Pflegebedürftigkeit.

Zu dieser Herausforderung an die Familienpolitik kann unter anderem auf den Bericht der *Sachverständigenkommission für den Vierten Familienbericht* in der Bundesrepublik Deutschland (von 1986) zurückgegriffen werden. Einige wenige Anmerkungen im Anschluß daran müssen hier genügen:

- Sehr behutsam sollte man schon im Umgang mit Ausdrücken wie „Überalterung" u. ä. sein, weil sie unterschwellig negativ wertgeladen sind. Solche Bezeichnungen haben allzu leicht abträgliche Auswirkungen auf den Status und das Rollenverständnis unserer alten Menschen. Tatsächlich handelt es sich um einen besonders in fortgeschrittenen Industriegesellschaften zu beobachtenden Prozeß eines zunehmenden Anteils älterer Jahrgänge an der Gesamtbevölkerung. Das Wort „Überalterung" verdeckt im übrigen einen wichtigen *qualitativen* Aspekt: Längst nämlich beginnt sich eine neue Eigenständigkeit der älteren Generation im dritten Lebensabschnitt auszuprägen. Dieser Prozeß bedarf freilich noch erheblicher gesellschaftlicher und politischer Unterstützung, für die Maßstäbe und Zielvorstellungen erst allmählich entwickelt werden (s. dazu bes. die Arbeiten von *U. Lehr*). Zu den Entwürfen künftigen Zusammenlebens werden realisierbare Vorstellungen darüber gehören müssen, wie das Potential der alten Menschen als eines noch größer und wichtiger werdenden Teils der Gesellschaft für das Gemeinwohl und damit für alle Gesellschaftsmitglieder einschließlich der nachrückenden jungen Familien aktivierbar bleibt.

– Alte Menschen, die *pflegebedürftig* sind, werden nach diesen vorliegenden Analysen auch heute nicht einfach nach draußen abgeschoben, sondern ganz überwiegend im familialen (oder auch nachbarschaftlichen) Solidarverbund versorgt. Auch gibt es in ökonomischer Hinsicht einen nicht unerheblichen Austausch zwischen den Generationen; vielleicht könnte man hier sogar von einer *„dritten Einkommensverteilung"* sprechen, nämlich innerhalb des Familienhaushalts zwischen den Generationen (hinzukommen noch die in nächsten Jahren stark ansteigenden Vermögensübertragungen durch Erbschaften). Sehr wichtig sind hier auch vielfältige Dienstleistungen, die nicht nur gegenüber der alten Generation, sondern auch von dieser gegenüber den jungen Familien erbracht werden.
– Verhängnisvoll wäre es freilich, wenn die ökonomischen Belastungen und vor allem personalen Dienstleistungen, die aufgrund der demographischen Verschiebungen auf die Gesellschaft zukommen, *allein den Familien* zugeschoben würden. Die Versuchung ist ja groß, jetzt und künftig verstärkt nach der Solidarhilfe der Familie zu rufen, die allein in der Lage sei, mit den Problemen fertig zu werden. Wie in vielfältiger Weise belegt werden kann, engagieren sich Familien schon heute nachhaltig in der Versorgung der alten Generation und werden dies auch weiterhin tun; aber sie bedürfen dabei ganz entscheidend der flankierenden Unterstützung: *care for the caregivers,* wie es in der amerikanischen Diskussion heißt.

Dazu gehört dann ganz wesentlich auch eine Absicherung von Personen, die alte Familienangehörige längerfristig pflegen, in ihrer eigenen Rentenbiographie. Insofern handelt es sich hier um eine gewisse *Parallele zur Behandlung von Kindererziehungszeiten.* Letztlich geht es um eine Einlösung der Anerkennung von Dienstleistungen „jenseits des Marktes" in der Zuwendung sowohl zur nachwachsenden als auch zur alten Generation.

In der Bundesrepublik zieht nach wie vor die weit überwiegende Mehrheit der Bevölkerung für den Fall der Pflegebedürftigkeit die Pflege in Familie, Bekanntschaft und Nachbarschaft einer Einrichtung vor. Die bisherigen Regelungen der Kostenübernahme durch die Träger der sozialen Sicherung begünstigen dagegen die professionelle Pflege auf der stationären und damit kostenintensiven Ebene. Sie diskriminieren geradezu die Familienpflege, für die die Kosten weitgehend von der Familie selbst getragen werden müssen. Mit Nachdruck plädiert daher auch die Sachverständigenkommission für den *Vierten Familienbericht* für entsprechende politische Kurskorrekturen, die unter anderem auf eine materielle und fachliche Unterstützung der Familienpflege hinauslaufen sollten. Erste Ansätze sind nunmehr im Zuge der Novellierung der sozialen Krankenversicherung für Familien mit Schwerpflegebedürftigen umgesetzt. (Inzwischen steht das umfassendere Projekt einer Pflegeversicherung unter dem Dach der GKV an.) Wenn die Familie bei der Pflege ihrer Angehörigen durch Professionelle unterstützt wird, die einerseits das Defizit an Fachkenntnissen ausgleichen und andererseits Überlastungen der Pflegenden verhindern helfen, so stellt eine solche Pflegesicherung nach Auffassung der Sachverständigenkommission in der Mehrzahl der Fälle die humanste Lösung dar.

Freilich gilt es in diesem diffizilen Feld familiärer Beziehungen zwischen den Generationen auch die *Gefahr der Überforderung der mittleren Generation* zu sehen. Die Sachverständigenkommission führt dazu wörtlich aus: „Die Verantwortlichkeit den alten Eltern gegenüber muß um gegebene Grenzen wissen: Nicht nur Kinder haben zu akzeptieren, was ihre Eltern nicht mehr können, sondern auch die alten Eltern haben zu akzeptieren, was ihre Kinder ihnen gegenüber nicht tun können, ohne die eigene Existenz, die eigene Persönlichkeitsentwicklung zu gefährden oder gar die eigene Ehe aufs Spiel zu setzen."

Diese Überlegungen führen zu einer *dritten schlußfolgernden These:*

Familienpolitik, die vor der Zukunft Bestand haben will, hat allen Grund, auch auf eine Stärkung der Solidarität der Generationen Bedacht zu nehmen. Sie hat sich als „generationensolidarische" Familienpolitik zu erweisen. Allerdings erfordert eine Gesellschaftsgestaltung im Anspruch einer verwirklichten Drei-Generationen-Solidarität eine gegenüber heute ungleich stärkere Berücksichtigung des inneren Zusammenhangs vom Unterhalt der inaktiv gewordenen alten Menschen (beziehungsweise der kollektiven Altersversorgung) einerseits und dem Aufbringen der nachwachsenden Generation (beziehungsweise Familienlastenausgleich) andererseits.

Es gilt dabei nicht nur die Bedeutung der demographischen Entwicklung für das soziale Sicherungssystem zu sehen (wie dies in der öffentlichen Diskussion in der Regel der Fall ist), sondern auch umgekehrt *Rückwirkungen von Verletzungen der intergenerativen Solidarität* im sozialen Sicherungssystem auf die *demographische Entwicklung selbst,* konkreter: auf die Entscheidungen junger Ehen für oder gegen Kinder. In der deutschen familien- und bevölkerungswissenschaftlichen Diskussion ist in diesem Zusammenhang von einer förmlichen „demographischen Blindheit" in der Theorie des Wohlfahrtsstaates und in der Praxis der Sozialpolitik gesprochen worden *(F.-X. Kaufmann),* die sich in den kommenden Jahrzehnten rächen werde.

## 4. Familienpolitik und „aktive Elternschaft“

Der zuletzt behandelte Aspekt läßt bereits erkennen, welche Bedeutung auch die *demographischen Strukturverschiebungen* für die Situation der Familien und für die Aufgabenstellung der Familienpolitik haben. Welche Zusammenhänge sind hier mit zu bedenken? Wiederum müssen einige wenige Hinweise genügen:

Oft wird im Blick auf die Bevölkerungsentwicklung ein praktisch unabwendbarer Rückgang der Bevölkerungszahl besonders in den Vordergrund gerückt. So wichtig dieser Aspekt, insbesondere auf längere Sicht, auch ist, so wenig reicht diese Sichtweise aus. Denn sie berücksichtigt zum Beispiel die Auswirkungen einer veränderten Bevölkerungs*struktur* zu wenig, die im Grunde wohl als noch gewichtiger einzuschätzen sind als der Rückgang der absoluten Bevölkerungszahl als solcher.

Zudem werden hier nicht nur quantitative, sondern auch *qualitative* Aspekte der Bevölkerungsentwicklung berührt. Die mehr qualitativen Zusammenhänge mit Auswirkungen auch bis in die *Machtbalance der Generationen* hinein sollten nicht gegenüber den rein quantitativen Entwicklungsverläufen unterschätzt werden. Was bedeutet es zum Beispiel für das gesellschaftliche Zusammenleben, wenn die verwandtschaftlichen Beziehungsnetze rapide von einer Generation zur nächsten abnehmen? Was bedeutet es, wenn künftig weit mehr Menschen als bisher das Alter deshalb alleine oder mit nichtverwandten Personen verbringen werden, weil keine Kinder oder nur ein Kind vorhanden sind, die für die Aufnahme der alten Eltern in Betracht kommen? Oder in ganz anderer, nämlich gesellschaftsordnungspolitischer Hinsicht gefragt: Welche Auswirkungen haben die drastischen Veränderungen der Bevölkerungsstrukturen auf die Weiterentwicklung einer freiheitlichen Gesellschaftsordnung? Solche und ähnliche Fragestellungen sind wohl noch keineswegs ausreichend durchdacht.

In der öffentlichen Diskussion wird hier nun immer wieder die These verbreitet, staatliches politisches Handeln sei gegenüber dem veränderten generativen Verhalten in den einzelnen Ehen im Grunde machtlos. Politik, auch Familienpolitik, könne hier praktisch nichts bewirken. Sicherlich wird dieses zentrale Problem unserer europäischen Industriegesellschaften nicht mit Einkommensverbesserungen für Familien, zum Beispiel mit einem noch so hohen Kindergeld, allein erfolgreich angegangen werden können. Die Verantwortlichen in Politik und Gesellschaft dürfen sich andererseits nicht vorschnell durch – vielleicht sogar handfest interessenbedingte – Hinweise entmutigen beziehungsweise zum Nichthandeln bewegen lassen, die Wirkung familienpolitischer Maßnahmen erschöpfe sich im Grunde in „Mitnahmeeffekten“.

Dies haben so auch die internationalen Erfahrungen nicht bestätigt. Zwar muß von der Vorstellung Abschied genommen werden (sofern sie je bestanden haben sollte!), hier ließe sich mit staatlichen Maßnahmen, vielleicht sogar über eine bestimmte mehr oder minder aufwendige materielle Familienleistung eine Art „Feinsteuerung" der Geburtenentwicklung erreichen; zu tief sind die generativen Verhaltensweisen in den übergreifenden Wertorientierungen und Sinngebungen eingebettet. Sehr wohl aber lassen sich einige *Grundrichtungen des Handelns* benennen:

- *Wenn es richtig ist* (wie der *Wissenschaftliche Beirat beim Bundesminister für Wirtschaft* in seinem Gutachten über die wirtschaftspolitischen Implikationen einer rückläufigen Bevölkerung von 1980 feststellte), daß sich in der Vergangenheit in den einzelnen politischen Bereichen eine ungewollte Kumulation von Anreizen ergeben hat, auf Nachkommenschaft zu verzichten, *dann* bedeutet die systematische Beseitigung dieser Hemmnisse und die Erweiterung persönlicher Handlungsspielräume eine verpflichtende Aufgabe für eine rechtsstaatliche Ordnung sozialmarktwirtschaftlicher Prägung.
- *Wenn es richtig ist,* daß die Konfliktsituation junger Ehepaare zwischen Familienleben und Erwerbsarbeitswelt bei aller Bereitschaft zur individuellen Flexibilität in der Aufteilung familialer und beruflicher Rollen zwischen Mann und Frau immer wieder an den Bedingungen der Arbeitsorganisation sich neu entzündet und damit berufliche Karriere und Entscheidung zu mehreren Kindern vorerst ein nur schwer versöhnlicher Gegensatz bleiben, *dann* sind auch grundlegende Reformen des Arbeitslebens dringlich, ja überfällig.
- *Wenn es richtig ist,* daß unsere gesetzliche Rentenversicherung, so wie sie konstruiert ist, eine enorme *Prämierung der Kinderlosigkeit* bedeutet, *dann* gilt es, eine solche „Schieflage" schleunigst zu korrigieren. Geldbeiträge zum Sicherungssystem und das Auf- und Erziehen von Kindern grundsätzlich als ebenbürtige Leistung zur Einlösung der Generationensolidarität anzuerkennen, bildet hier einen wichtigen Schritt in die richtige Richtung.
- *Wenn es richtig ist,* daß im internationalen Vergleich das deutsche *Einkommensteuerrecht* zwar sehr ehefreundlich, aber deutlich *familienfeindlich* ist, *dann* werden damit weitere fällige Kurskorrekturen im Sinne einer (moderaten) Umschichtung von Finanzmitteln aus dem reinen Ehegattensplitting in kinderbegünstigende Regelungen bezeichnet.
- *Wenn es richtig ist,* daß personale Entfaltung und Selbstverwirklichung des einzelnen auch durch Hinwendung zu Familie und Kindern zu gewinnen ist und nicht einseitig nur über außerhäusliche Erwerbstätigkeit, *dann* gilt es,

diese Zusammenhänge bis in die Jugendbildung hinein entsprechend deutlich zu machen und einer *individualistisch* mißverstandenen Emanzipationsvorstellung eine Orientierung an einer emanzipatorischen Grundeinstellung in Bindung an personale Strukturen entgegenzustellen.

– *Wenn es schließlich richtig ist,* daß in den für das generative Verhalten sehr einflußreichen Veränderungen in den *Werteinstellungen* deutliche Tendenzen zu einem stärkeren Autonomiestreben des einzelnen sichtbar werden, *dann* bedarf es um so mehr einer *gleichgewichtigen* Absicherung des gesellschaftlichen Bezugs dieser generativen Entscheidungen. Wichtig erscheint dazu eine Orientierung an einem Leitbild von „verantworteter Elternschaft", in dem die individuellen mit den gesellschaftlichen Interessen besser aufeinander abgestimmt sind.

Bisher fehlen überzeugende Konzepte für die Entwicklung von Prozessen, die die *individuelle Rationalität* mit der *kollektiven Rationalität* möglichst weitgehend in Übereinstimmung bringen. Hier wäre vor einer nicht ganz wirklichkeitsgerechten Annahme zu warnen, aus der heraus die Politik leicht auf einen Irrweg geraten kann: Zwar ist die Familie die zentrale „Drehscheibe" beziehungsweise der zentrale „Angelpunkt" für die Entwicklung der Geburtenhäufigkeit als eines entscheidenden Faktors der sogenannten natürlichen Bevölkerungsentwicklung, weil eben auf der personal-familialen Ebene die generativen Entscheidungen fallen; aber es darf nicht vorschnell darauf vertraut werden, die individuellen Interessen auf dieser Ebene beziehungsweise das, was man Eigeninteressen der Familien nennen könnte, würden in ihrer Addition bereits eine in gesamtgesellschaftlicher Sicht als verantwortungsvoll anzusehende Steuerung der demographischen Entwicklung gewährleisten. *R. Hill* hat schon Ende der siebziger Jahre zur Frage der Eignung der Familie als Regulierungsinstanz der Bevölkerungsentwicklung ein „fundamentales Defizit" der Familie als Steuerungsstelle des demographischen Prozesses angesprochen. Familien seien deshalb wenig geeignet, gesamtgesellschaftliche Ziele im Hinblick auf eine Stabilisierung der Bevölkerung zu erreichen, weil sie – beziehungsweise wohl genauer: die (Ehe-)Paare – sich in ihren Entscheidungen nicht an langfristigen Perspektiven orientieren, sondern diese eher kurzfristig ausrichten würden.

Diese Überlegungen führen uns insgesamt zu einer *vierten schlußfolgernden These:*

Familienpolitik hat sich in Orientierung an der gesamten Leistungsbreite von Familien (und damit auch ihrer generativen Funktion) als eine *auch* bevölkerungswissenschaftlich zu begründende Familienpolitik zu verstehen. Sie muß ihren bereichsspezifischen Beitrag zur Veränderung wirtschaftlicher und gesellschaftlicher Strukturen leisten, die gegenwärtig viel zu sehr Anreize enthalten, auf Nachkommenschaft zu verzichten. Gerade auch mit der Erfüllung dieser Korrekturfunktion erweist sich Familienpolitik zugleich als gesellschaftliche Strukturpolitik. Dies hat, richtig verstanden, mit einer „Instrumentalisierung" des Kindes nichts zu tun. Es geht insoweit um eine Familienpolitik, die die Motivation zur Elternschaft stärkt, die im übrigen nicht mit der Geburt von Kindern endet, sondern im Grunde erst in langfristiger Bindung beginnt.

Auf den Prozeß der sich ändernden *Wertvorstellungen* muß noch weiter eingegangen werden. In den westeuropäischen Industriegesellschaften lassen sich seit Jahren deutliche *Individualisierungsschübe*, mit denen unverkennbar eine tendenzielle, eher noch wachsende Rücknahme der Sozialpflichtigkeit des einzelnen verbunden ist, beobachten. Soziale Institutionen wie die Familie bleiben davon nicht unbeeinträchtigt. Familienpolitik ist hier herausgefordert zu einer eher noch schwieriger werdenden Gratwanderung zwischen der Anerkennung und Ermöglichung ausgeweiteter *individueller Handlungsspielräume* – unter Umständen begrenzt auf Kosten der Familie als Ganzes – und der *Sicherung möglichst günstiger Bedingungen für die Entfaltung der Familie* als rechtlicher, wirtschaftlicher und sozialer Einheit.

Bedenklich sind Interpretationen von *Emanzipation*, die den einzelnen verabsolutieren, soziale Bindungen mehr oder minder ablehnen und damit auch jene Grenzen nicht akzeptieren, die durch elementare Bedürfnisse des Kleinkindes gesetzt sein können. Wenn die Entscheidung für ein Kind in jungen Ehen gefallen ist, ergeben sich Begrenzungen in der Handlungsfreiheit für den einzelnen Erwachsenen, der Verantwortung für dieses Kind übernommen hat. Dazu heißt es im Zweiten Familienbericht der *Sachverständigenkommission* von 1975: „Da das Kind der schwächste Teil der Familie ist, bedarf es des besonderen Schutzes auch gegenüber den Emanzipationsforderungen der Eltern dann, wenn diese sich nur auf Kosten der Rechte des Kindes einlösen lassen."

Um nicht mißverstanden zu werden: Die moderne Werteforschung zeigt sehr deutlich, daß Selbstentfaltungs- und Selbstverwirklichungsvorstellungen in den grundlegenden Wertorientierungen der Menschen heute ein ungleich stärkeres Gewicht gewonnen haben. Diese Orientierungsmuster sind weder völlig neu noch dürfen sie einfach negativ eingestuft werden. Was sich unter der nicht selten mißverstandenen Leitidee der „Selbstverwirklichung" tatsächlich verbirgt, ist ein wichtiger Sachverhalt, der – wie *H. Lübbe* aufgezeigt hat – im Kontext sozialkultureller Entwicklungen zu sehen ist: Selbstverwirklichung des einzelnen gewinnt in dem Maße an Gewicht, in dem die Anforderungen an unsere Selbstbestimmungsfähigkeit über die Ausweitung von Dispositionsfreiräumen objektiv zunehmen. Auch in der päpstlichen Sozialenzyklika *Laborem exercens* zum Beispiel heißt es ausdrücklich: Der Mensch sei als Person, das heißt als ein subjekthaftes Wesen, fähig, über sich zu entscheiden, und sei „auf Selbstverwirklichung ausgerichtet". Auch heißt es: Der Mensch verwirkliche sich selbst durch seine Arbeit. Allerdings heißt es dort nicht: *Erwerbs*arbeit. Was in der gegenwärtigen Diskussion besonders stört, ist die enge, um nicht zu sagen, oft ausschließliche *Verknüpfung mit Erwerbstätigkeit.* Demgegenüber gilt es festzuhalten, daß Selbstentfaltung des einzelnen auf mehreren Wegen zu haben ist, nämlich nicht nur durch Erwerbstätigkeit, sondern auch durch außerfamiliales soziales Engagement wie auch durch Hinwendung zu mehreren Kindern (wie in der Bundesrepublik die Kammer für soziale Ordnung der EKD schon vor einer Reihe von Jahren festgehalten hat). Damit ist natürlich auch ein *neuer, erweiterter Arbeitsbegriff* angemahnt.

Wenn man sich die Ergebnisse der *Wertewandeldiskussion* kurz vor Augen führt, dann läuft die Entwicklung offensichtlich auf ein Dreifaches hinaus: *erstens* auf größere Freiheitsgrade in den individuellen Entscheidungen, *zweitens* auf eine stärkere Angleichung der Geschlechterrollen und *drittens* auf eine stärkere Betonung von Selbstentfaltungswerten gegenüber Pflicht- und Akzeptanzwerten (*H. Klages*). Was dies in familienpolitischer Perspektive im einzelnen bedeutet, kann hier nicht näher ausgefaltet werden. Festgehalten sei immerhin dies: Auch eine „aktive Elternschaft" sollte als eine reale Chance der Persönlichkeitsentwicklung gesehen und in der Alltagskultur sinnfällig werden. Gerade in unserer hochindustrialisierten Gesellschaft kann der Umgang mit Kindern maßgeblich dazu beitragen, anderen Werten als denen des technischen und wirtschaftlichen Fortschritts Raum zu lassen, wie nicht zuletzt im Zusammenhang mit den Diskussionen um den Geburtenrückgang neu bewußt geworden ist.

## 5. Familienpolitik und familiäre Freiräume

*Familienpolitik muß die Entscheidungs- und Handlungsspielräume im Blick auf unterschiedliche Wege der Selbstentfaltung des einzelnen offenhalten.* Vor allem müssen die Übergänge von einem Weg auf den anderen möglichst durchlässig sein, wie sich etwa am Beispiel der Ausgestaltung von Erziehungsgeld, Erziehungsurlaub beziehungsweise längerfristigen Wiederbeschäftigungszusagen nach Familienphasen und rentenversicherungsrechtlicher Anrechnung von Erziehungszeiten verdeutlichen läßt. Fixierung auf Einbahnstraßen und tatsächliche Erschwerung von Übergängen müssen hier gleichermaßen als Irrweg gelten.

Wichtig erscheint freilich auch eine Lösung von überkommenen, letztlich eben doch zeitbedingten Ehemustern. Hierzu sei aus der Sicht eines christlich orientierten Menschen- und Gesellschaftsverständnisses festgehalten: So sehr für die Familienpolitik die ehebezogene Familie Leitbildfunktionen haben sollte, so sehr erscheint doch auch eine kritische Distanz geboten zu einer bestimmten Zeitgestalt der Ehe, wie sie die „bürgerliche Ehe" mit einer spezifischen Binnenstruktur beziehungsweise geschlechterspezifischen Arbeitsteilung darstellt. Geboten erscheint auch ein Offensein für eine größere Pluralität familialer Lebensformen, wie sie sich jenseits der Kernfamilienstruktur im Sinne der reinen Eltern-Kinder-Gemeinschaft ausmachen läßt. Dies muß noch kein Abrücken von den Grundordnungen von Ehe und Familie bedeuten. Geschichtlich mitbedingte äußere Formen müssen in ihrem Eingebundensein in die sozialen und ökonomischen Veränderungen der Lebensbedingungen der Menschen gesehen werden. Wo überlebte Formen lebendige Beziehungen nachhaltig behindern, sollten Schritte unternommen werden, diese Formen zu verändern. Auch Ehe muß grundsätzlich offen sein für eine Erneuerung ihrer Gestalt. Über neue Ehestrukturen nachdenken – dies bedeutet gerade auch, die Arbeitsteilung in Ehe und Familie zur Disposition stellen; dies wiederum kann bedeuten, auf eine gleichmäßige Verteilung der Familientätigkeit besonders angesichts verstärkter Erwerbstätigkeit oder zusätzlichen außerfamilialen sozialen Engagements von Frauen hinzuwirken.

Daher verdienen gerade jene Positionen und Voten Beachtung, die – in der Tradition der geistigen Grundlagen unserer Kulturordnung stehend – überkommene (also sogenannte bürgerliche) Ehemuster nicht einfach als genuin „christlich" mißverstehen. Mit Recht wird im Raum eines christlichen Lebens- und Eheverständnisses – vorerst noch eher vereinzelt und etwas verhalten, aber auf die Dauer sicherlich richtungweisend (zum Beispiel *D. Mieth*) – schon heute Ehe nicht als Kopie des Modells der bürgerlichen Ehe mit ihrer polaren Definition der Geschlechterrollen aufgefaßt. In dieser Sicht ist Ehe (als ein Entwurf) vielmehr von vornherein nur richtig zu verstehen als „alternative Lebensform zur bürgerlichen Ehe". Man kann (leider) oft den Eindruck gewinnen, daß junge Menschen gar nicht recht sehen, welche individuellen Gestaltungsmöglichkeiten in den Binnenstrukturen von Ehe und Familie sich auch *innerhalb* des institutionellen Mantels der Ehe bieten.

Eine daraus erwachsende befreiende Dynamik verdient gesellschaftspolitisch deshalb Beachtung und Unterstützung, weil sie dazu aktiviert, Ehe als Grundlage von Familie beweglich zu gestalten und nicht in Rollenmustern zu erstarren, die den Partnern ein Leben nach ihrer eigenen Berufung erschweren. Falsch, geradezu unverantwortlich gegenüber dem Leistungspotential vollentfalteter Familien wäre es, historisch bedingte Formen bürgerlicher Ehe- und Familienstrukturen gewaltsam festhalten, eine Weiterentwicklung um jeden Preis verhindern zu wollen. Aus der Verhaltensforschung wissen wir freilich auch um einen Sachverhalt, an den gleichermaßen zu erinnern bleibt: In monogamen Systemen muß der eine Partner sicher sein, daß auch der andere großzügig in die *gemeinsame* Partnerschaft investiert.

Unter dieser Rücksicht könnte als weitere *fünfte schlußfolgernde These festgehalten werden:*

Gemeinwohlorientierte politische Strategien werden nicht nur die sozioökonomischen Rahmenbedingungen, unter denen Ehen und Familien gegenwärtig leben (müssen), gezielt verändern, sondern auch werte*verstärkende*, bis zu einem gewissen Grade sogar werte*bildende* Anstrengungen einschließen müssen. Ein solcher gesellschaftspolitischer Ansatz ist freilich im Dialog mit dem Bürger zu entwickeln und kann in unserer Sozialordnung nur dann Erfolg versprechen, wenn die individuellen Vorstellungen der einzelnen Paare mit den Ansprüchen des Gemeinwohls auf freiwilliger Grundlage übereinstimmen. Zeitbedingte Ehe- und Familienmuster gehören immer wieder neu auf den Prüfstand.

Vor einiger Zeit riskierte *H. Klages* sogar den förmlichen Begriff der „Wertepolitik" und meint damit die Möglichkeit der Gestaltung im Wertebereich: eine Politik, die auf eine „Synthese" der miteinander rivalisierenden Bereiche der Pflicht- und Akzeptanzwerte und demgegenüber der Selbstentfaltungswerte ausgerichtet ist. Eine solche Wertesynthese hätte die Grundlage abzugeben zu einer Vereinigung der spezifischen Vorteile und positiven Seiten beider Wertebereiche bei gleichzeitiger Vermeidung beziehungsweise „Neutralisierung" ihrer jeweiligen Problemseiten. Eine dementsprechende Wertepolitik würde darauf hinzielen, „diese offenbar höchst produktive, für Mensch und Gesellschaft unabsehbare Vorteile versprechende Möglichkeit nachdrücklich zu fördern". So kommt es auch in diesem Zusammenhang der sich wandelnden Werteorientierungen und der ihnen innewohnenden Dynamik nicht zuletzt darauf an, *falsche Alternativen* zu vermeiden. Unzulässig erschiene es freilich auch hier, auf eine selbsttätige Lösung der Probleme zu bauen, durch die die weitverbreiteten, aus dem Wertekonflikt erwachsenden inneren Spannungen gerade auch bei jungen Ehepartnern und Familien begründet werden. Es kann wohl nicht ohne weiteres unterstellt werden, daß eine Problemlösung, wie sie etwa mit der faszinierenden Vorstellung der angesprochenen Wertesynthese aufscheinen könnte, sich im Prozeß der gesellschaftlichen Weiterentwicklung gleichsam automatisch durchsetzen würde. Politik hat durch gesellschaftsordnungspolitisches Handeln bewußt und gezielt solche Voraussetzungen zu schaffen, die die Verwirklichungschancen für synthetische Wertemuster fördern und verbessern.

Im Grunde gehört beides zusammen: Änderung gesellschaftlicher Verhältnisse *und* Bewußtseinsänderung, konkreter: eine veränderte innere Einstellung zum Wert Familie und Kinder haben, zur Sicherung der Generationenfolge, zur aktiven Elternschaft und gleichzeitig die Schaffung und dauernde Sicherung familiengerechter sozialökonomischer und soziokultureller Voraussetzungen und Rahmenbedingungen in Wirtschaft und Gesellschaft, auf den Ebenen der *Bundes-*, *Landes-* und *Kommunalpolitik* (und in jüngerer Zeit auch auf der supranationalen Ebene der EG!). Speziell im Blick auf das Spannungsfeld Familie – Erwerbsarbeitswelt sind nicht zuletzt die *Tarifvertragsparteien* herausgefordert, aber auch die einzelnen *Unternehmer* in Richtung einer förmlichen betrieblichen Familienpolitik. Daß sich Großbetriebe hier viel leichter tun als kleinere und mittelständische Betriebe, ist richtig. Dennoch ist unternehmerische Phantasie auch hier gefragt und – wie einzelne gelungene Beispiele zeigen – noch längst nicht ausgeschöpft.

Familienpolitik, die vor der Zukunft, konkreter: vor dem Lebensschicksal nachfolgender Generationen Bestand haben soll, muß damit ein Stück weit gesellschaftliche Strukturreform darstellen. Wenn in diesem gesellschaftsreformerischen Ansatz aus guten Gründen die Bewußtseinshaltung der einzelnen nicht ausgeklammert wird, so heißt dies nicht, auf ein appellatives Bemühen auszuweichen, aus dem heraus die Verbesserung gesellschaftlicher Lebenslagen von Familien und Kindern über die Verbesserung moralischer Binnenlagen, durch pädagogische und sonstige Stimulierung guter Gesinnung, erwartet würde. Ein solcher „politischer Moralismus", wie *H. Lübbe* (1987) eine solche Einstellung nennt, ist ausdrücklich nicht gemeint – und nicht problemangemessen. Erforderlich ist vielmehr auch für diese Verbesserung familialer Lebenslagen die Weiterentwicklung unter anderem „rechtlicher und ordnungspolitischer Institutionen in der Absicht, uns zu bewegen, auch aus Eigeninteresse zu tun, was das Gemeinwohl erfordert" – und dies, wie hier hinzuzufügen wäre, in einer generationenübergreifenden Sichtweise.

## Ausblick

Die Perspektiven aus familienwissenschaftlicher Sicht lassen erkennen: Familie (und Ehe) sind in die wertorientierten Auseinandersetzungen in unseren um einen Grundkonsens ringenden Gesellschaften ebenso einbezogen wie ihre wirtschaftliche und soziale Förderung in die oft sehr handfesten Verteilungskämpfe um das Sozialprodukt. Entscheidungen für Kinder stehen mehr denn je in Konkurrenz mit alternativen Lebensentwürfen, gleichzeitig sind sie einem Spannungsfeld individueller und gesellschaftlicher Interessen ausgesetzt. Wie kann hier, so bleibt zu fragen, die nötige Ausgewogenheit gesichert werden?

Gleichwohl gibt es auch Chancen, die neuen, vom sozialen Wandel und der demographischen Entwicklung ausgehenden Herausforderungen an die Politik und die gesellschaftlichen Institutionen zu bestehen. Die Frage nach dem künftigen Lebensraum von Familien und Kindern sowie nach der Verantwortung für die Bevölkerungsstruktur von morgen ist wesentlich eine Frage der in konkretem Handeln eingelösten Verantwortung für die *jungen Familien* von heute, für deren Lebensbedingungen, für die Sicherung und Erweiterung ihrer Entscheidungs- und Handlungsspielräume. Es gibt gute Gründe, sich auch für ausgeglichenere demographische Strukturen einzusetzen. Sinn macht dies jedoch nur dann, und Erfolg verspricht dies nur dann, wenn konsequent weiter bessere Lebensbedingungen für Kinder und Eltern geschaffen werden. Es muß zutiefst beunruhigen, wenn von einer „unzulässigen Ausbeutung" der Gegenwart durch die gegenwärtige Generation zu Lasten der nachfolgenden Generation gesprochen werden kann. Solche Prozesse gilt es schleunigst zu beenden. Dazu verpflichtet nicht zuletzt eine „Ethik der Fernverantwortung", die *H. Jonas* so deutlich angesprochen hat.

Ein Einstehen der kommenden Generation für Verpflichtungen, die die gegenwärtige Generation begründet hat, kann letztlich nur dann erwartet werden, wenn die gegenwärtige Generation im Rahmen der Familienpolitik, des Familienlastenausgleichs und der Familienrechtsgestaltung ihrer Verpflichtung gegenüber der künftigen Generation selbst nachkommt. *Über heutige gesellschafts- und familienpolitische Fehlentscheidungen verkürzen wir die Lebenschancen der nachfolgenden Generationen.* Darum sind auch Irrwege in der Familienpolitik so gefährlich; darum lohnt das gedankliche Ringen um die sachgerechten Wege, die dann freilich auch tatkräftig und konsequent, von tagespolitischen Kompromissen möglichst wenig durchkreuzt, zu beschreiten sind.

Insgesamt geht es damit um eine Familienpolitik, die

- stärker als bisher zu einer *adressatenspezifischen* Ausgestaltung hinfindet,
- in betont *familienphasenspezifischer* Sicht die differenzierten Problemlagen gezielt angeht,
- auf eine Stärkung der Solidarität zwischen den verschiedenen Generationen Bedacht nimmt („generationensolidarische" Familienpolitik),
- sich auch *demographisch* begründet versteht und
- nicht zuletzt in ein *wertebildendes* und *-verstärkendes* gesellschaftliches und politisches Ordnungshandeln eingebettet ist.

Nicht zuletzt an diesen Kriterien werden die konkreten familienpolitischen Maßnahmen und Entscheidungen immer wieder zu messen sein.

## Anmerkungen und Literatur

*) Erschienen in: Der Bürger im Staat (Landeszentrale für politische Bildung Baden-Württemberg), H. 1/1989, S. 41 ff. (redaktionell überarbeitet).
Zur Gesamtthematik sei auch verwiesen auf:
Aus Politik und Zeitgeschichte (Beilage zur Wochenzeitung „Das Parlament"), B 13/1988, mit dem Themenschwerpunkt Familie.

*Klages, H.*, Wertedynamik. Über die Wandelbarkeit des Selbstverständlichen, Zürich, Osnabrück 1988.
*Lampert, H.; Wingen, M.*, Familien und Familienpolitik – Bestandsaufnahme und Perspektiven, Köln 1986.
*Lüscher, K.; Schultheis, F.; Wehrspaun, M.* (Hrsg.), Die „postmoderne" Familie. Familiale Strategien und Familienpolitik in einer Übergangszeit, Konstanz 1988, 2. Aufl. 1990.
*Wingen, M.*, Stand und Perspektiven der Familienförderung im Sozialleistungssystem – ein Problemaufriß, in: Finanzarchiv 1, 1987, S. 70–103.
*Ders.*, Kinder in der Industriegesellschaft – wozu? Analysen – Perspektiven – Kurskorrekturen, Reihe „Texte und Thesen", 2., überarb. Auflage, Zürich, Osnabrück 1987 (mit weiteren Lit.-Hinweisen).
*Ders.*, Nichteheliche Lebensgemeinschaften. Formen, Motive, Folgen, Zürich, Osnabrück 1984.

# 5. Zur künftigen Familienpolitik im geeinten Deutschland – Kontinuität und Wandel

## 1. Einführung

Im folgenden soll versucht werden, einige konzeptionelle Elemente familienpolitischen Handelns in der Bundesrepublik Deutschland als Antwort auf veränderte Problemlagen von Familien in einer sich wandelnden Gesellschaft aufzuzeigen und dabei auch Unterschiede zur Situation in der ehemaligen DDR herauszuarbeiten. Auf diesem Hintergrund werden einige erkennbare *familienpolitische Perspektiven für das geeinte Deutschland* vorgestellt werden. Solche Perspektiven zu formulieren ist sicherlich ein ebenso dringliches wie risikobehaftetes Unterfangen. Sollten sich dabei utopische Elemente mit einschleichen, so bleibt immerhin daran zu erinnern, daß utopisches Denken zum Menschsein gehört.

Für eine Verständigung über die Familie im gesellschaftlichen Wandel und über die auf die Gestaltung der familialen Lebensbedingungen gerichtete Familienpolitik wird man davon ausgehen können, daß das geeinte Deutschland Elemente des gesellschaftlichen Wandels in beiden bisherigen Teilen Deutschlands aufweisen wird. Auch die Menschen der ehemaligen DDR haben – trotz des Zusammenbruchs ihrer wirtschaftlichen, gesellschaftlichen und politischen Ordnung – einiges in das neue Deutschland einzubringen. Sicherlich wird das Neue auch im Feld der künftigen Familienpolitik mit den konstitutiven Grundsätzen des familienpolitischen Systems der alten Bundesrepublik in Übereinstimmung stehen müssen. Elemente inkonsistenter Ordnungen einfach verbinden zu wollen würde nur neue Konflikte schaffen. Deshalb wäre es höchst problematisch, lediglich auf Konvergenz der familienpolitischen Systeme der ehemaligen beiden deutschen Staaten hin zu denken.

Gesamtdeutschland wiederum ist im Blick auf eine Europäische Gemeinschaft, deren gemeinsamer Binnenmarkt nach 1992 nur eine weitere Stufe hin zu einer politischen Union darstellen wird, zu sehen. Deutschland bildet dabei ein wichtiges ökonomisches und soziales Potential, dem nach wie vor große politische Bedeutung für die tatsächlichen Lebensbedingungen von Familien zukommt, das aber zugleich politische Kompetenzen an eine europäische Entscheidungsebene abzugeben haben wird. Bei allen relativ engen Grenzen, die in der sozialen Dimension der Gemeinschaft einer übernationalen europäischen Sozialpolitik (vorerst) gesetzt sind, wird Familienpolitik künftig ein Stück weit auch „europäische Familienpolitik" sein müssen.

Eine weitere Vorbemerkung erscheint wichtig, wenn nach den Anforderungen an familienpolitische Antworten auf den gesellschaftlichen Wandel gefragt wird: Die Situation der Familien in einer Gesellschaft mit einem mehr oder minder entfalteten System von Familienpolitik ist stets auch das Ergebnis dieser familienpolitischen Interventionen. Familienpolitik kann dabei verstanden werden als bewußtes und planvoll-ordnendes, zielgerichtetes öffentliches (d. h. in der Regel auch machtgedecktes) Einwirken auf Struktur und Funktionen der Familien, sei dies direkt (wie in Teilen des Familienrechts) oder indirekt über die Gestaltung der äußeren, sozialökonomischen und soziokulturellen Lebensbedingungen der Familien.[1]

## 2. Grundlagen, Ansatzpunkte und Strukturen familienpolitischen Handelns

### *2.1 Grundorientierung an der ehebezogenen Familie*

Die sich verändernden wirtschaftlichen, sozialen und demographischen Familienstrukturen in ihrer wechselseitigen Bezogenheit geben einen zentralen Hintergrund ab für eine ausgeprägte Pluralität familialer Lebensformen. Sicherlich hat es auch in der Vergangenheit ein Nebeneinander von unterschiedlichen Familientypen gegeben, dennoch scheint die Pluralität in der Gegenwart noch größer zu werden. Vor allem tragen die Wertorientierungen in bezug auf Familie (und Ehe) sehr viel individualistischere Züge; denn die Auswahl zwischen unterschiedlichen Lebensoptionen ist unverkennbar größer geworden, was die Selbstverständlichkeit von Elternschaft wie auch deren Verknüpfung auf der institutionellen Ebene mit der Ehe nicht unberührt gelassen hat. Die vielfältigen Strukturveränderungen und die Ausdifferenzierung der Pluralität von Familienformen sind mehrfach beschrieben worden.

Bei aller Pluralität familialer Lebensformen in unserer gesellschaftlichen Wirklichkeit bleibt in der familienpolitischen Perspektive gleichwohl zu betonen: Das, was als Familie zu gelten hat, darf nicht zur Beliebigkeit sozialer Beziehungen verkommen. Damit ist die Frage nach der *Grenze* von pluralen Familienformen gestellt, in denen das für die Familie Konstitutive gewahrt und unter Umständen sogar zeitgemäß besser ausgeprägt wird. Diese Frage ist sicherlich nicht einfach zu beantworten, aber für ein künftiges Konzept der Familienpolitik im geeinten Deutschland geradezu zentral. Die Formen des Zusammenlebens von Eltern und Kindern können einer Gesellschaft nicht gleich gültig und damit gleichgültig sein. Entsprechend darf Politik hinsichtlich des familialen Zusammenlebens wegen der Einbettung von Familie in die kulturelle Lebensordnung einer Gesellschaft sicherlich keinen unbegrenzten

„Pluralismus der Beliebigkeit“ akzeptieren. Eine Grenzüberschreitung ist wohl erreicht, wenn aus einem sicherlich von kleinen Minderheiten vertretenen gesellschaftspolitischen Ansatz heraus schon Mitte der achtziger Jahre formuliert wurde, notwendig seien „Initiativen zur Erleichterung nichtehelicher Formen des Zusammenlebens mit dem Ziel, sämtliche familienrechtliche Vorschriften entsprechend auf sie anzuwenden; die Gleichstellung hätte sich dabei auf gleichgeschlechtliche oder mehrere Personen umfassende Familien zu erstrecken“. Denn es gelte, die „familiale Gesellungsform“ weiterzuentwikkeln: „Unter Familie würde dann das primäre Netzwerk verstanden, in dem sich freie Frauen und Männer, allein, zu zweit oder im Dutzend einrichten.“[2] Wo die Herrschaft der Beliebigkeit grenzenlos wird, ist wirkliche Freiheit aufs äußerste gefährdet.

Bei einer Auseinandersetzung mit Problemen und Entwicklungsperspektiven der Familie erscheint wichtig, zwischen Familien als gelebter Wirklichkeit (= familiales Zusammenleben als konkrete Alltagswirklichkeit) und dem institutionellen Rahmen von Familienleben (= Familie als Institution) zu unterscheiden. Familie als Alltagswirklichkeit ist, wie die jüngere familienwissenschaftliche Forschung herausgearbeitet hat, als ein „dynamischer Prozeß“ zu sehen.[3] Dies gilt in mehrerer Hinsicht: Aufeinanderfolge unterschiedlicher, durch jeweils spezifische Problemlagen gekennzeichnete Phasen im Familienzyklus sowie in der Generationenfolge, aber auch Wandel der familialen Lebensformen und Erscheinungsweisen im sozialhistorischen Ablauf, und zwar nicht nur in einer spezifisch auf die sozialen Schichten bezogenen Sicht.

Demgegenüber erscheint Familie als Institution, die gekennzeichnet wird durch Formen der gesellschaftlichen Anerkennung, viel statischer zu sein. Gleichwohl lassen sich auch hier Wandlungen von noch gar nicht abzuschätzender Tragweite ausmachen. Dieses wird z. B. dort deutlich, wo (vermehrt) gefragt wird, inwieweit die sozialen Inhalte von Ehe und Familie im Sinne der Verfassungsnormen sowie die feste Zuordnung beider Institutionen unverändert aus der Zeit der Schaffung des Grundgesetzes übernommen werden könnten.[4] Diese feste Zuordnung von Ehe und Familie scheint, zumindest als wechselseitiger Zusammenhang, heute in Teilen der Gesellschaft mehr oder weniger deutlich in Frage gestellt. Ergebnisse der empirischen Umfrageforschung über Einstellungen zu Ehe und Familie im Wandel der Zeit deuten darauf hin, daß zwar eine Abkehr von der Lebensform Familie und damit dem Lebenszusammenhang (verantworteter) Elternschaft nicht vorliegt, wohl aber eher eine zunehmend geringere Einschätzung ihrer institutionellen Sicherungen etwa durch Ehe.[5]

Die künftige Familienpolitik im geeinten Deutschland wird hier klar Stellung beziehen müssen. Gute Gründe sprechen dafür, der Grundorientierung an der *ehebezogenen Familie* den Vorzug zu geben. Andererseits muß Familienpolitik als Gesellschaftspolitik im familialen Bereich dazu beitragen, daß in größtmöglicher Übereinstimmung mit gesamtgesellschaftlichen Entwicklungen – wie tendenzieller Vergrößerung von individuellen Entscheidungsspielräumen, Gleichberechtigung der Geschlechter, partnerschaftlichen Strukturen mit Aufhebung starrer geschlechtsspezifischer Rollenfixierungen – die grundlegenden – personprägenden und gesellschaftsbildenden Basisleistungen von Familie auch unter veränderten familialen Strukturen gewahrt bleiben.

### *2.2 Leistungen und Leistungsbehinderungen von Familien – Entscheidung zu einem familienpolitischen „Grundmuster"*

Familien in ihren unterschiedlichen Erscheinungsformen erbringen nach wie vor grundlegende Leistungen sowohl für den einzelnen als auch für die größeren Gemeinschaften. Wichtig erscheint, daß eine Reihe von elementaren „Funktionen" (Aufgaben und Leistungen) in der Hand der Familie gebündelt sind. Dazu gehört auch die generative Funktion, die Generationenfolge zu sichern.

Nachweislich sehen sich Familien in der von ihnen erwarteten Erfüllung personal und gesellschaftlich wichtiger Leistungen verschiedenartigen, teils sehr nachhaltigen Behinderungen ausgesetzt. Es sei nur auf die Einkommenslage unter den Bedingungen einer marktleistungsbestimmten Einkommensverteilung verwiesen. Es geht hier nicht nur um bloße Einkommensgrößen, sondern vor allem um die materielle Absicherung von elementaren Erziehungs- und Bildungsleistungen gegenüber der nachwachsenden Generation. Ein zweites Beispiel für Leistungsbehinderungen bildet der Bereich der Wohnungsversorgung und der Gestaltung des Wohnumfeldes der Familien. Dieses ist sicherlich ein Aspekt, der beim Zusammenwachsen der beiden Teile Deutschlands ebenfalls besondere familienpolitische Beachtung verdient, zumal in der ehemaligen DDR Mängel in der Wohnungsversorgung weit mehr als in der früheren Bundesrepublik anzumahnen sind. Ein drittes Beispiel betrifft die generative Leistung der Familien. Wiederum sind hier (industrie-)gesellschaftliche Strukturen, aber auch Auswirkungen politischer Entscheidungen in den verschiedenen Handlungsfeldern von Wirtschaft, Gesellschaft und Kultur auszumachen, die die Erfüllung der generativen Funktion der Familie nicht gerade erleichtern.[6]

Die grundlegenden Leistungen von Familien geben die Legitimationsgrundlage ab für eine möglichst umfassende Familienpolitik, deren „Querschnittscharakter" in den vergangenen Jahren in wachsendem Maße erkannt und anerkannt worden ist. Die vielfältigen Leistungsbehinderungen bezeichnen wichtige Ansatzpunkte für zielgerichtete familienpolitische Interventionen, deren Wirkungsgrenzen in jüngerer Zeit etwas deutlicher erkannt werden als in den ersten Jahrzehnten der Durchsetzung und Grundlegung dieses Politikbereichs.

Für die künftige Familienpolitik im geeinten Deutschland erscheint dabei besonders wichtig, sich von vornherein auf ein in sich möglichst konsistentes familienpolitisches „Grundmuster" zu verständigen. Bei genauerem Hinsehen lassen sich nämlich mehrere konkurrierende „Grundmuster" von Familienpolitik ausmachen, die zwar in der Realität nicht in ihrer idealtypischen Ausprägung zu finden sind, aber offensichtlich die (reale) Politik in ihrer konkreten Ausgestaltung bestimmen.[7]

Besondere Hervorhebung verdient hier ein am Menschen als personalem Wesen orientiertes Grundmuster, das die interdependenten Verflechtungen von Individuum, Familie (in ihrer Alltagswirklichkeit und ihrem institutionellen Rahmen) und Gesellschaft möglichst ausgewogen zu berücksichtigen sucht, weil eine Vernachlässigung dieser unaufhebbaren Wechselwirkung auf Dauer wohl nicht ohne Beeinträchtigung des Einzel- und Gemeinwohls möglich ist. Im Vordergrund steht hier ein auf die Gemeinschaft bezogenes Menschenbild; Familie hat dabei eine dem Staat und der Gesamtgesellschaft vorgelagerte Eigenbedeutung, die gleichwohl relativ, weil auf die Person bezogen ist.

Eine Entscheidung für dieses „Grundmuster" dürfte auch aus ordnungspolitischer Sicht der Familienpolitik im geeinten Deutschland am ehesten eine tragfähige Perspektive verleihen, und zwar gerade auch im Blick auf die in der Vergangenheit doch nicht unbeträchtliche Auseinanderentwicklung der Sozialordnungen in den beiden Teilen Deutschlands. Bei einer betonten Orientierung an diesem Grundmuster sollte es dann auch möglich sein, eine relative Ausgewogenheit von „Familienmitgliederpolitik" und „Institutionenschutzpolitik" in den tatsächlichen familienpolitischen Maßnahmen sichtbar werden zu lassen.

### *2.3 Familie als dynamischer Prozeß*

Die familienwissenschaftliche Forschung hat in der Vergangenheit wichtige Ergebnisse über die unterschiedlichen Problemlagen von Familien in verschiedenen Phasen der Familienentwicklung herausgearbeitet. Hier ist u. a. auf die „Familienzyklusforschung" zu verweisen. Instrumente zur Erfassung dieser unterschiedlichen Problemlagen auf der Grundlage datenorientierter Informationen sind z. B. im Rahmen der Arbeiten an einer „Familienstrukturbeobachtung" entwickelt worden.[8] Wenn Familie danach heute mehr denn je als ein statisches Gebilde, sondern vielmehr als ein dynamischer Prozeß zu sehen ist, so folgt daraus für eine systematische Familienpolitik, das familienpolitische Gesamtkonzept und die einzelnen Maßnahmen sehr viel stärker mit Blick auf die *spezifischen Phasen der Familie* zu gestalten. Dieser Denkansatz ist im Bereich der früheren Bundesrepublik inzwischen weithin akzeptiert, er sollte auch für die Weiterentwicklung der Familienpolitik im geeinten Deutschland einen zentralen Stellenwert besitzen. In Verbindung damit gilt es, die unterschiedlichen Gruppen von Familien mit je speziellen Merkmalen und daraus erwachsenden Sonderproblemen zu sehen, wie Beispiele von Familien mit behinderten Angehörigen oder von ausländischen Familien zeigen. Dies verweist zugleich auf das Erfordernis einer betont auf den Adressaten bezogenen Ausgestaltung der Familienpolitik, die dabei zugleich sozialräumliche Besonderheiten zu beachten hat.

Bei dieser Sichtweise stößt man im einzelnen auf unterschiedliche familiale Leistungsfelder mit spezifischen Leistungsbedingungen, die die Breite des erforderlichen familienpolitischen Ansatzes deutlich machen:

Da gilt es einmal, den spezifischen Belastungssituationen von jungen Ehen und Familien gerecht zu werden, die in besonderem Maße im Spannungsfeld von Familienleben und Erwerbsarbeit stehen. Wichtig erscheint hier, daß die von verschiedenen Trägern ergriffenen Maßnahmen nicht isoliert gesehen, sondern in ihrer inneren Bezogenheit aufeinander – als „Maßnahmenbündel" – weiterentwickelt werden.

Von der Problemlage junger Familien zu unterscheiden wäre etwa diejenige der Familien mit Kindern in Ausbildung. Wenn mehrere Kinder eine weiterführende Schul- und Berufsausbildung durchlaufen, führt dies zu erheblichen finanziellen Belastungen des Familienhaushalts, wie noch jüngst z. B. spezielle Untersuchungen im Land Baden-Württemberg gezeigt haben.[9]

Wiederum anders gelagert ist die Situation der Familien mit pflegebedürftigen alten Angehörigen. Aus den bekannten absehbaren demographischen Entwicklungen wird sich die Problemlage gesamtgesellschaftlich in den kommenden Jahren noch deutlich verschärfen. Die personalen Ressourcen der Familien mit seit über 20 Jahren drastisch gesunkenen Kinderzahlen werden auf längere Sicht deutlich kleiner. Bisher werden immer noch insbesondere Frauen, die im zeitlichen Nacheinander Kinder aufziehen und alte Familienangehörige pflegen, doppelt belastet.

Die Politik wird gerade im letztgenannten Falle nicht allein auf die Familie und ihre Selbsthilfemöglichkeiten setzen können; die Familien brauchen dazu auch gesellschaftliche Hilfen („care for the care-givers"). In diesem Zusammenhang sei an den Bericht der Sachverständigenkommission für den Vierten Familienbericht der Bundesregierung erinnert, in dem diese Zusammenhänge

– ebenso wie die Notwendigkeit einer Pflegesicherung – mit Nachdruck hervorgehoben worden sind. Dort ist zugleich auf Grenzen hingewiesen worden, die sich aus der Situation der jungen Familie ergeben können: „Die Verantwortlichkeit den alten Eltern gegenüber muß um gegebene Grenzen wissen: Nicht nur Kinder haben zu akzeptieren, was ihre Eltern nicht mehr können, sondern auch die alten Eltern haben zu akzeptieren, was ihre Kinder ihnen gegenüber nicht tun können, ohne die eigene Existenz, die eigene Persönlichkeitsentwicklung zu gefährden oder gar die eigene Ehe aufs Spiel zu setzen.[10]

Aus den Veränderungen der Familienstrukturen sind für die Familienpolitik noch wichtige Folgerungen zu ziehen: Der Familienlastenausgleich im engeren Sinne ist bei weitem noch nicht voll realisiert, hat er doch längst eine neue Dimension hinzugewonnen: die Berücksichtigung des wegfallenden Einkommens eines Elternteils bei überwiegender Betreuung eines Kleinkindes durch spezielle Erziehungsgeldleistungen. Auch ein solchermaßen erweiterter Familienlastenausgleich ist noch keineswegs befriedigend ausgebaut, und schon zeichnet sich jenseits der einkommenspolitischen Maßnahmen die Dringlichkeit der weiteren Ergänzung im Feld der sozialen Dienstleistungen deutlich ab: Neben den Geldleistungen (familienbezogenen Transferleistungen) gewinnen mehr und mehr Maßnahmen an Bedeutung, die in der Stützung und Förderung von *haushaltsübergreifenden sozialen Netzwerken* bestehen. Die Förderung solcher Netzwerke, die sowohl für junge Familien wie auch für Familien mit pflegebedürftigen Angehörigen wichtig sind, kann maßgeblich dazu beitragen, daß sich neue Formen der Gemeinschaftsbildung entwickeln, und zwar gerade auch im Bereich der nichtverwandtschaftlichen Beziehungen.

### 2.4 *Gewährleistung der Pluralität und Flexibilität in den Rollenmustern von Mann und Frau*

Unterschiedliche familiale Lebensmuster müssen nicht nur formalrechtlich möglich, sondern auch tatsächlich „lebbar" sein. Vor allem wird die künftige Familienpolitik in einem geeinten Deutschland darauf angelegt sein müssen, mehr Pluralität und Flexibilität in den Rollenmustern von Mann und Frau zwischen Familien- und Erwerbstätigkeit zu ermöglichen. Hier besteht ein Nachholbedarf in den alten und in den neuen Bundesländern. Dabei müssen beide Wege gangbar und auch zumutbar sein: sowohl die Form des zeitlichen Nebeneinanders von Erwerbstätigkeit und Kinderbetreuung (sog. „simultanes" Verhaltensmuster) als auch der Weg des phasenversetzten zeitlichen

Nacheinanders von Erwerbsphase, dominanter Familienphase und sich wieder anschließender Erwerbsphase bzw. sozialem Engagement (sog. „sukzessives" Verhaltensmuster). Im übrigen schließt eine tatsächliche Wahlfreiheit auch die Möglichkeit der Korrektur eines zunächst gewählten Verhaltensmusters mit ein.

Die verschiedenen Verhaltensmuster erfordern jeweils spezifische flankierende Maßnahmen bzw. Infrastruktureinrichtungen. Für das Nebeneinander von Erwerbstätigkeit und Kinderbetreuung bedeutet dieses, daß z. B. eine adäquate Infrastruktur im Bereich der außerhäuslichen Kleinkindbetreuung zur Verfügung stehen muß. Diese weist in der bisherigen Bundesrepublik noch erhebliche quantitative und in der früheren DDR erhebliche qualitative Mängel auf. In der ehemaligen DDR wurde der Krippenerziehung ein stärkeres Gewicht als der Familienerziehung gegeben. Dahinter stand neben ideologischen Aspekten der Kollektivierung der Kleinkindererziehung das große Interesse des Staates an einem möglichst durchgängigen Vollzeitarbeitsverhältnis der Frau. Eine solchermaßen stärkere Gewichtung der Krippenerziehung vor der Familienerziehung und damit spezifische Form der Instrumentalisierung der Familienpolitik kann nicht zur Perspektive einer künftigen Familienpolitik in Deutschland gehören. Krippenerziehung sollte vor allem keine Alternative aus wirtschaftlichen Gründen sein (müssen). Jedoch waren für die einzelne Familie in beiden Teilen Deutschlands immer wieder wirtschaftliche Zwänge nachweisbar und wirksam.

Manche „Vorteile" für Frauen in der ehemaligen DDR erweisen sich bei genauer Prüfung als wenig realitätsnah; dafür gibt es in der bisherigen Bundesrepublik andere Diskrepanzen von Theorie und Realität. Eine frappierende Parallele, also keineswegs ein Gegenüber von „These" und „Antithese", läßt sich z. B. in der wichtigen Frage der Gleichberechtigung der Frauen ausmachen: Anfang 1990 wurde der Frauenbericht der Bundesregierung auf einer UNO-Konferenz vorgestellt, und zwar mit der darin zum Ausdruck kommenden Einschätzung, daß die Gleichberechtigung in der (alten) Bundesrepublik zwar rechtlich garantiert, aber in zahlreichen Bereichen noch nicht gesellschaftliche Wirklichkeit sei. Für die ehemalige DDR wird über den Frauenalltag berichtet, daß die Frauen in Fragen der Gleichberechtigung im sozialistischen Osten einen Nachholbedarf hätten. Denn die Gleichstellung von Mann und Frau sei zwar 40 Jahre lang offiziell verkündet und als vollzogen deklariert worden, aber die Wirklichkeit sähe anders aus. Faktisch hätten die Frauen in vielen Bereichen weniger erreicht als ihre Schwestern im Westen. Besonders eindrucksvoll erscheint die folgende Feststellung in dem durch den Beauftragten des Ministerrats für die Gleichstellung von Frauen und Männern herausgegebenen „Frauenreport '90", der kurz vor der Wiedervereinigung erschien:

„Der vorliegende Report macht offensichtlich, daß an der geschlechtsspezifischen Arbeitsteilung als der historischen Wurzel einer patriarchalen Gesellschaft und der damit verbundenen kultivierten sozialen Ungleichheit von Frauen und Männern auch in der gescheiterten zentralistischen Planwirtschaft der DDR nie gerüttelt wurde. Im Gegenteil, sie wurde in vertrauter Gemeinsamkeit, beginnend beim Bildungssystem, über die berufliche Qualifikation, die Gestaltung der Berufs- und Arbeitswelt und über eine einseitig auf die Vereinbarkeit von Berufstätigkeit und Mutterschaft statt Elternschaft orientierte Sozialpolitik aufs neue reproduziert."

Vor diesem Hintergrund ist es verständlich, wenn zu den zu überwindenden Voraussetzungen des bisherigen sozialistischen Sozialsystems aus westdeutscher Sicht kritisch bemerkt worden ist, es sei „trotz permanenter Beteuerung der Gleichberechtigung der Geschlechter ausgesprochen patriarchalisch konzipiert: Die gesellschaftliche Position der Frau wird durchgängig in ihrer dreifachen Rolle gesehen: als volleinsatzfähige Werktätige, als Gebärerin und als Haus- und Ehefrau, die der sozialistischen Ökonomie die Reproduktionsfähigkeit gewährleistet. Andererseits haben die weiblichen Werktätigen und Mütter durch die wohltönenden Reden der Agitatoren einerseits und die rauhe Wirklichkeit des Lebens andererseits ein großes, auf seine Art hochpolitisches Selbstbewußtsein entwickelt".[11]

Wo immer die Diskrepanzen im Geschlechterverhältnis überwunden werden sollen, wird zugleich das *Wohl des Kindes* ein zentraler Bezugspunkt sein und bleiben müssen; das Kind stellt in aller Regel den schwächsten Teil der Familie dar und bedarf deshalb eines besonderen Schutzes auch gegenüber Emanzipationsforderungen der Eltern.[12] Im übrigen wird eine richtig verstandene emanzipatorische Grundeinstellung auch die Befreiung des *Mannes* aus herkömmlichen männlichen Rollenklischees einschließen müssen. Frauenfragen sind eben auch Männerfragen; Bewußtseins- und Verhaltensänderung zur Überwindung strikter geschlechtsbezogener Rollenzuweisungen sind auf beiden Seiten notwendig. Die Familienpolitik hat ihrerseits, etwa im Feld der Regelungen von Erziehungsgeld und -urlaub, solche „Auflockerungsübungen" im Rollenverhalten des Mannes möglichst zu unterstützen, indem dieser nicht nur formal einbezogen wird, sondern indem durch flankierende bildungspolitische Maßnahmen sowie durch eine entsprechende betriebliche Personal- und Familienpolitik der Boden für männliches Engagement in Familie und Haushalt bereitet wird.[13] Vor allem in der bisherigen DDR galten Männer weithin als die zuverlässigeren Arbeitnehmer, die beruflich eher gefördert wurden. „Diese Situation ist über die Familienpolitik verfestigt worden, in dem der größte Teil der Maßnahmen ausschließlich an die Frau adressiert wurde."[14] Im Bereich einer familienorientierten flexiblen Teilzeitarbeit besteht damit für die neuen Bundesländer, aber auch für die ehemalige Bundesrepublik noch ein erheblicher Nachholbedarf.[15]

Hier gilt es enge Zusammenhänge mit übergreifenden, die Gesellschaftsordnung betreffenden politischen Konzeptionen zu sehen: Handlungsspielräume für junge Eltern zu erweitern liegt ganz auf der Linie des ordnungspolitischen Konzepts der „Sozialen Marktwirtschaft". Da diese für das vereinte Deutschland eine maßgebliche Orientierungsgrundlage darstellt, bleibt daran zu erinnern, daß es sich dabei nicht nur um ein die Wirtschaftsordnung, sondern auch um ein die *Gesellschafts*ordnung betreffendes Konzept handelt. Manche Epigonen haben dieses in der Folgezeit etwas vorschnell verdrängt. Allerdings ist ein Denken in Gesellschaftsordnungen auch wissenschaftlich schon deutlich weniger grundgelegt.

### *2.5 Familienpolitik als Sozialisationspolitik: Verzicht auf ein staatlich verordnetes einheitliches Erziehungsleitbild*

Die Familienpolitik wird, herausgefordert durch die bisherige Entwicklung im anderen Teil Deutschlands, nicht vermeiden können, sich mit der grundsätzlichen Frage, wie das Sozialisationsziel bestimmt wird, in unserem Gemeinwesen weiter auseinanderzusetzen. In der jüngsten Vergangenheit wurde dieses in der alten Bundesrepublik u. a. bei der Neuordnung des Jugendhilferechts deutlich. Das neue KJHG beschränkt sich in seinem §1 Abs. 1 bekanntlich auf die Leitnorm, jeder junge Mensch habe ein Recht auf Förderung seiner Entwicklung und – als aus dem Menschenbild des Grundgesetzes abgeleitetes Ziel – auf Erziehung zu einer „eigenverantwortlichen und gemeinschaftsfähigen Persönlichkeit". In Übereinstimmung mit der familienpolitischen Grundorientierung in der bisherigen Bundesrepublik wird auch in der künftigen Familienpolitik in Deutschland kein darüber hinausgehendes einheitliches Erziehungsleitbild staatlicherseits vorgegeben werden können.

Gleichwohl könnte in der Weiterentwicklung der künftigen Grundstrukturen der Familienpolitik der Begriff der persönlichen Verantwortung ein größeres Gewicht erhalten, insbesondere in seiner gesellschaftsbezogenen Dimension. So steht der einzelne als *Person* stets Erwartungen der Gesellschaft gegenüber, die ihn mitträgt. In der westdeutschen Gesellschaft sind in den vergangenen Jahren unverkennbar sehr ausgeprägte individualistische Akzente in den Einstellungen und Verhaltensweisen der Menschen sichtbar geworden. In der ehemaligen DDR wurden demgegenüber kollektivistische Akzente gesetzt, zumindest in den offiziellen programmatischen Verlautbarungen, die freilich nicht selten in eklatantem Widerspruch zum tatsächlichen Verhalten der einzelnen standen. So wird es gerade hier um ein neu ausbalanciertes Verhältnis von Eigenverantwortung des einzelnen und Hilfeangeboten der Gesellschaft gehen müssen. Die betont kollektivistischen Ordnungsvorstellungen aus der früheren DDR werden in einem geeinten Deutschland keinen Platz mehr haben können. Aber wird hier nicht ein Punkt berührt, an dem die in der bisherigen Bundesrepublik ausgebildete individualistische „These" in der Konfrontation mit einer gesellschaftsbezogenen „Antithese" zur Ausprägung neuer Orientierungsmuster – gleichsam hin zu einer neuen „Synthese" führen könnte? Ist nicht vielleicht auch hier eine „Dialektik von Ich-Bewahrung und Gesellschaftsverpflichtung" (*W. Jens*) mit zu bedenken? Stichworte hierfür könnten z. B. sein: (1) stärkere Verantwortung für Kinder als Träger eigener Grundrechte; (2) „verantwortete Elternschaft" in ihrer *gesellschaftlichen* Dimension. Hier wären u. a. die Grundlagen und Inhalte einer systematischen demographischen Information und Bildung und deren Relevanz für das generative Verhalten in ihrer familienpolitischen Tragweite anzusiedeln.

### *2.6 Plädoyer für eine demographisch akzentuierte Familienpolitik*

Die Geburtensituation in Deutschland kann als „suboptimal" angesehen werden; kurz- bis mittelfristig ist keine wirkliche Trendwende abzusehen. Die Entwicklung, die in der ehemaligen DDR seit der ersten Hälfte der siebziger Jahre eingetreten war, hatte in den allerletzten Jahren wieder einen deutlich ungünstigeren Verlauf genommen. Eine kohortenspezifische Fruchtbarkeitsbetrachtung ließ immerhin eine eindrucksvolle Stabilisierung der Geburtenentwicklung in der ehemaligen DDR über viele Jahre hinweg erkennen. Das Beispiel deutet darauf hin, daß eine Sozial- und Familienpolitik gerade im Konfliktfeld Familie/Erwerbsarbeitswelt unter der Bedingung, daß möglichst integrativ geplante Maßnahmenbündel eingesetzt werden, erfolgreich sein kann. Allerdings ist schon vor Jahren mehrfach festgehalten worden, daß das früher in der DDR praktizierte Modell einer bevölkerungspolitisch akzentuierten Familienpolitik nicht ohne weiteres auf liberale Rechtsstaaten westeuropäischer Prägung übertragen werden könne.[16]

Insgesamt könnte die demographische Entwicklung im Bereich der sog. natürlichen Bevölkerungsentwicklung in der ehemaligen DDR geeignet sein, der These: „Da kann der Staat nichts wenden" Ergebnisse entgegenzuhalten, die, auch wenn sie sich nicht einfach auf eine andere Sozialordnung übertragen lassen, die künftige Familienpolitik dazu ermutigen könnten, ein neues, offeneres und rationaler geprägtes Verhältnis zur Beeinflussung des demographischen

Prozesses zu entwickeln. Dabei dürfen die relativ engen Grenzen, die einer indirekten Rahmensteuerung angesichts der wirksamen Motivationsstrukturen und individuellen Folgenabschätzungen der (langfristig bindenden) Entscheidungen für Kinder gesetzt sind, nicht unbeachtet bleiben. Die gegebenen Möglichkeiten zur Erweiterung der Entscheidungs- und Handlungsspielräume sollten indessen nicht einfach beiseite geschoben werden, was aber nicht selten aus sehr handfesten Interessenpositionen mit Blick auf Umverteilungskonsequenzen heraus geschieht.

Die Tatsache, daß nicht alle in diesem Zusammenhang wirksamen Faktoren politischer Gestaltung zugänglich sind, darf nicht vorschnell dazu verleiten, die gegebenen Möglichkeiten gar nicht erst wirklich auszuschöpfen. Das generative Verhalten der Menschen vollzieht sich sicherlich weithin unabhängig von Wünschen und Appellen des Staates, aber keineswegs unabhängig von den Maßnahmen der Rahmengestaltung des familialen Zusammenlebens durch staatliche und nichtstaatliche Träger. Der Bevölkerungsrückgang und innerhalb dessen die Geburtenentwicklung sind nicht nur als „Datum" zu sehen, sondern auch als Gestaltungsproblem zu verstehen und politisch aufgegeben. Dieses ist dabei freilich in das gesellschaftspolitische Gesamtkonzept zu integrieren; die geradezu strategische Bedeutung einer systematischen Familienpolitik ist unverkennbar.[17]

Daneben wird immer noch Spielraum bleiben für „kompensatorische Zuwanderungen"; aber allein auf Ausländerzuwanderung zu setzen scheint auch für Gesamtdeutschland kein akzeptabler Weg zu sein. Mit solchen Zuwanderungen werden ohnehin neue sozial-, bildungs- und familienpolitische Aufgaben vor allem im Zusammenhang mit der sozialen Integration von ausländischen Familien, und hier insbesondere von Kindern und Jugendlichen, zu bewältigen sein. Die ehemalige DDR hatte auf diesem Feld offensichtlich keinen besonderen Vorsprung vor der Bundesrepublik; Solidarität mit den Ausländern stand dort wohl eher auf dem Papier, als daß sie den Alltag der ausländischen Arbeitnehmer nachhaltig bestimmt hätte. Im übrigen würde sich selbst bei relativ starker, über Jahrzehnte anhaltender Zuwanderung von Ausländern die Altersstruktur der Bevölkerung (im Sinne des drastischen Anstiegs der Quote der über 60jährigen) nur tendenziell abschwächen, nicht aber vermeiden lassen. Dies zeigten schon sehr deutlich Modellrechnungen, die für beide Teile Deutschlands gleichgerichtete Prozesse eines „kollektiven Alterns" auswiesen. Die Wiedervereinigung konnte daran nichts Entscheidendes ändern, wie die inzwischen vorliegenden Vorausrechnungen für Gesamtdeutschland zeigen.[18]

### *2.7 Einordnung der deutschen Familienpolitik in einen europäischen Zusammenhang*

Schon heute gehen Anstöße zur Weiterentwicklung der Familienpolitik auch von der europäischen, insbesondere der EG-Ebene aus. Noch bieten die Römischen Verträge und deren Ergänzungen kaum direkte Ansatzpunkte für familienpolitische Maßnahmen. Dennoch wird man künftig verstärkt mit Koordinierungsbemühungen seitens der Europäischen Kommission rechnen müssen, um z. B. einen besseren Vergleich der bisher teils noch sehr unterschiedlichen Lebensbedingungen von Familien in Europa anzustreben und letztlich darüber hinaus die Lebensbedingungen auf längere Sicht tendenziell anzugleichen. Dabei ist daran zu erinnern, daß in der bisherigen Bundesrepublik – im Unterschied zur früheren DDR – ein europäisches Integrationsbewußtsein über Jahrzehnte gewachsen ist.

Innovative Anstöße sind auch im internationalen Dialog gefragt. Denn immer wieder zeigt sich im internationalen Vergleich, daß die praktische Politik mit dem raschen Wandel der Familien und ihres Lebensumfeldes und den daraus erwachsenden neuen Bedürfnissen der Familien (der einzelnen Familienmitglieder sowie der Familie als Ganzes) kaum Schritt hält. Die Familienpolitik folgt diesen Veränderungen nur zu oft zögerlich und insgesamt langsamer, als es problemangemessen wäre. Die bisherige Bundesrepublik machte da keine Ausnahme.

## 3. Schlußbemerkung

Der künftige Weg der deutschen Familienpolitik wird nicht losgelöst gesehen werden können von der Perspektive der wirtschaftlichen, sozialen und kulturellen Entwicklung im geeinten Deutschland. Hier besteht eine Pflicht zu nationaler Solidarität bei gleichzeitiger Integration in ein politisch zusammenwachsendes Europa. Die Verpflichtung gerade für die alten Länder der Bundesrepublik, sich dieser Solidarität zu stellen, ergibt sich, wie der Münchener Historiker *Chr. Meier* von einiger Zeit festgehalten hat, insbesondere daraus, daß für den gemeinsam verlorenen Krieg vor allem die DDR Reparationen gezahlt hat, daß sie unverdienterweise allein den Sozialismus auszubaden hatte und daß die Bundesrepublik in den letzten Jahrzehnten durchaus auch zu ihren Ungunsten gelebt hat. Diese Einsicht sollte alle Verantwortlichen in gemeinsamem Handeln zugunsten der Familien und der in ihnen aufwachsenden nächsten Generation bestärken.[19] Die neue staatliche Einheit fordert dabei ihren Preis von *beiden* bisherigen Teilen Deutschlands.

## Anmerkungen und Literatur

*) Leicht gekürzte und durchgesehene Fassung des Aufsatzes, in: Aus Politik und Zeitgeschichte. Beilage zur Wochenzeitung „Das Parlament", Bd. 14–15/1991 – Zugrunde liegt ein Vortrag auf der Fachtagung des Deutschen Nationalkomitees der Internationalen Union der Familienorganisationen (U.I.O.F.) am 13./15. Juni 1990 in Bonn, auf der erstmals noch vor der Wiedervereinigung familienorientiert arbeitende Verbände und Einrichtungen aus der Bundesrepublik und solche im Aufbau befindliche Verbände und Einrichtungen in der ehemaligen DDR zu einem Gedankenaustausch zusammengeführt wurden.

1) Zu Begriff und Inhalt der Familienpolitik vgl. *Wingen, M.*, Art. „Familienpolitik", in: *Albers, W.* u. a. (Hrsg.), Handwörterbuch der Wirtschaftswissenschaft (HdWW), Stuttgart/Tübingen/Göttingen 1980, S. 589–599; ders., Art. „Familienpolitik", in: Görres-Gesellschaft (Hrsg.), Staatslexikon, Bd. 2, Freiburg 1986[7], Sp. 531–544; *Lampert, H.*, Lehrbuch der Sozialpolitik, Berlin/Heidelberg 1985, S. 256ff.
2) *Opielka, M.*, Familienpolitik ist „Neue-Männer-Politik", in: Aus Politik und Zeitgeschichte, Bd. 20/84, S. 43.
3) Vgl. *Lüscher, K., Schultheis, F., Wehrspaun, M.* (Hrsg.), Die „postmoderne" Familie. Familiale Strategien und Familienpolitik in einer Übergangszeit, Konstanz 1990[2]; *Cornelius, I., Wingen, M.*, Familie = Ehe + Kind(er)? Familienstrukturen im Wandel, in: Landeszentrale für politische Bildung Baden-Württemberg (Hrsg.), Familienpolitik, Stuttgart u. a. 1989.
4) Vgl. *Zeidler, W.*, Ehe und Familie, in: *Benda, E./Maihofer, W./Vogel, H.–J.* (Hrsg.), Handbuch des Verfassungsrechts der Bundesrepublik Deutschland, Berlin/New-York 1983.
5) Vgl. *Kaufmann, F.-X.*, Familie und Modernität, in: *Lüscher, K./Schultheis, F./Wehrspaun, M.* (Anm. 3).
6) Siehe dazu auch das *Gutachten des Wissenschaftlichen Beirats beim Bundesministerium der Wirtschaft*, Wirtschaftspolitische Implikationen eines Bevölkerungsrückgangs, Bonn 1980, Ziff. 70.
7) Vgl. *Wingen, M.*, Vorüberlegungen zu einer Typologie familienpolitischer „Grundmuster", in: *Schweitzer, R., v.* (Hrsg.), Leitbilder für Familie und Familienpolitik, Berlin 1981.
8) Vgl. *Schwartz, W./Hilzenbecher, M./Stutzer, E.*, Grundzüge einer phasenorientierten Familienstrukturbeobachtung auf der Basis der amtlichen Statistik. „Materialien und Berichte" der Familienwiss. Forschungsstelle, H. 22, Stuttgart 1990. Ferner: *Stutzer, E., Schwartz, W.* u. *Wingen, M.*, Ein Familienphasenkonzept auf der Basis der amtlichen Statistik, in: Allg. Statistisches Archiv, 76 (1992), S. 152–174.
9) Vgl. *Kössler, R./Wingen, M.*, Aufwendungen privater Haushalte für ihre Kinder in Ausbildung, in: Baden-Württemberg in Wort und Zahl, 38 (1990) 3.
10) *Sachverständigenkommission zur Erstellung des Vierten Familienberichts der Bundesregierung*, Die Situation der älteren Menschen in der Familie. Vierter Familienbericht, Bonn 1986, S. 90.
11) *Neumann, J.*, Probleme der Sozialunion, Familien- und Frauenförderung, Betreuung Alter und Behinderter, Hilfe bei Arbeitslosigkeit, in: Landeszentrale für politische Bildung Baden-Württemberg (Hrsg.), Probleme des (Wieder-)Vereinigungsprozesses in Deutschland, Stuttgart 1990.
12) Siehe dazu auch die *Sachverständigenkommission zur Erstellung des Zweiten Familienberichts der Bundesregierung*, Familie und Sozialisation. Leistungen und Leistungsgrenzen der Familie hinsichtlich des Erziehungs- und Bildungsprozesses der jungen Generation, Bonn 1975, S. 76.
13) Vgl. *Wingen, M.*, Familienorientierung der Erwerbsarbeitswelt – eine neue Herausforderung an die betriebliche Sozialpolitik, Köln 1990.
14) *Gysi, J./Staufenbiel, N.*, Kinder, Jugend und Familie – soziodemographischer und familienpolitischer Wandel, Ms., Ost-Berlin 1990.
15) Näheres dazu s. *Autorenkollektiv* (Ltg. *Tietze, G./Winkler, G.*), Sozialpolitik im Betrieb. Soziale Erfordernisse und wissenschaftlich-technischer Fortschritt, Ost-Berlin 1988.
16) Vgl. *Dinkel, R.*, Haben die geburtenfördernden Maßnahmen der DDR Erfolg? Eine vergleichende Darstellung der Fertilitätsentwicklung in beiden deutschen Staaten, in: IfO-Studien, (1984) 2. – Zur Wirkungsanalyse aus jüngster Zeit vgl. *Vortmann, H.*, Stabilisierung der Geburtenrate durch Sozialpolitik, in: Wochenbericht des DIW, Nr. 44/89.

17) Vgl. *Wingen, M.*, Politische Perspektiven einer Rahmensteuerung der Bevölkerungsentwicklung, Statistisches Landesamt Baden-Württemberg, Stuttgart 1989.

18) Vgl. das Ergebnis der siebten koordinierten Bevölkerungsvorausberechnung: *Sommer, B.*, Entwicklung der Bevölkerung bis 2030, in: Wirtschaft und Statistik, H. 4/1992, S. 217 ff.

19) Siehe zur künftigen Familienpolitik in Deutschland bes. auch das vom Wissenschaftlichen Beirat für Familienfragen beim BMFuS 1991 vorgelegte Gutachten „Leitsätze und Empfehlungen zur Familienpolitik im vereinigten Deutschland", Schriftenreihe des BMFuS, Bd. 1, Stuttgart 1991.

# 6. Bedingungen und Probleme sozialwissenschaftlicher Familienpolitikberatung*

## 1. Ausgangspunkte

(1) In den letzten Jahren ist verstärkt eine „rationale Familienpolitik“ postuliert worden. Gerade damit wird die Notwendigkeit unterstrichen, für die Weiterentwicklung der Familienpolitik auf sozialwissenschaftliche Forschungsergebnisse und darauf gestützte Beratungsleistungen zurückzugreifen. Für die weit über den Bereich der Familienpolitik hinaus diskutierten Merkmale rationaler Politik ist kennzeichnend, daß sie wissenschaftlicher Orientierung unterliegen; Möglichkeiten und Notwendigkeiten der Anwendung von Wissenschaft machen letztere damit zu einem äußerst wichtigen Merkmal von Rationalität auch in der Politik.

Befürworter von mehr Rationalität auch in der Familienpolitik sehen über eine Auftragsforschung hinaus den Beitrag der Sozial- und Familienwissenschaften bei Zielbestimmung, Entwurf von Handlungsalternativen und Erfolgskontrollen getroffener familienpolitischer Maßnahmen als unabdingbar an. Gleichwohl ist (auch) das Verhältnis von Wissenschaft und praktischer Familienpolitik nicht frei von Störungen und Problemen; im näheren Kontakt von Vertretern beider Handlungsfelder kommt es nicht selten zu Frustrationserlebnissen auf beiden Seiten. Im folgenden stehen die Schnittpunkte von Wissenschaft und Politik im Bereich der Gesetzgebung und Verwaltung des Bundes (bzw. der Länder) im Vordergrund.

(2) Sozialwissenschaftliche Familienpolitik ist wie jede wissenschaftliche Politikberatung durch ein Geflecht von wechselseitigen Kommunikationsbeziehungen gekennzeichnet. Wissenschaftliche Beratung ist dabei nicht als ein einmaliger, punktueller Vorgang zu sehen, sondern als ein länger andauernder *Prozeß*. In diesem Prozeß üben die Beteiligten nicht nur Einfluß aufeinander aus; gelungene Politikberatung kann vielmehr auch als ein Lernprozeß verstanden werden, in dem die an ihm Beteiligten aus den immanenten Bestimmungen ihres eigenen Bezugs- und Handlungssystems heraustreten und an der Klärung der wechselseitigen Übersetzungsprobleme mitwirken (s. hierzu bes. die Untersuchung von *H. Friedrich* (1970), auf die im folgenden mehrfach zurückgegriffen wird).

(3) Wissenschaftliche Familienpolitikberatung ist eingebettet in ein größeres Feld wissenschaftlicher Politikberatung, das bei näherem Zusehen jedoch ein durchaus differenziertes Bild darbietet, was den tatsächlichen Einfluß von

Wissenschaft auf den politischen Entscheidungsprozeß angeht. Je nach dem Anwendungsfeld (freilich auch je nach den speziellen Teilfunktionen der Beratung) ist deren Wirksamkeit wohl unterschiedlich zu beurteilen: Auf dem *gesellschaftspolitischen* Gebiet ist der Einfluß der wissenschaftlichen Beratung offensichtlich tendenziell deutlich geringer als etwa im naturwissenschaftlich-technischen und auch im medizinischen Bereich.

Die Familienpolitik teilt insofern das Schicksal der allgemeinen Sozial- und Gesellschaftspolitik. Schon *H. Achinger* (1963, S. 86) diagnostizierte in seiner Arbeit „Sozialpolitik und Wissenschaft" eine Einflußlosigkeit der Wissenschaft auf die institutionalisierte Sozialpolitik in der Bundesrepublik Deutschland und stellte fest: „Es ist kein Zweifel, daß es bisher in der westdeutschen Sozialpolitik nicht zu einer wirkungsvollen Zusammenarbeit zwischen Sozialwissenschaft und Sozialpolitik gekommen ist." Diese These von der relativen Einflußlosigkeit der Wissenschaft ist in den folgenden Jahren – so z. B. von *G. Kleinhenz* und *H. Lampert* im Blick auf die Weiterentwicklung der sozialen Sicherungssysteme – nicht widerrufen, sondern bis zum Beginn der 70er Jahre nur bestätigt worden (*J. Krüger*, 1975, S. 22 ff.). (Als ein zentrales Bestimmungsmoment für diese Wirkungslosigkeit der Sozialwissenschaft führt *H. Achinger* [1963] die faktische „Leitbildabhängigkeit" jeweiliger, als „sozialpolitisch" definierter Aktivitäten an; die institutionalisierte Sozialpolitik müsse als interessengesteuerte, normativ aufgeladene, der ökonomischen Ordnung gegenübergestellte und theoretisch nicht ableitbare Gestaltungsaufgabe gesehen werden, für die aus eben diesen Gründen der monopolistische Entscheidungsanspruch der politischen Handlungsträger offenbar sei.)

Für den vorliegenden Zusammenhang ist das Ergebnis der empirischen Erhebung von *H. Friedrich* (1970) recht aufschlußreich, in der Ministerialangehörige über ihre Auffassung nach dem Einfluß der wissenschaftlichen Beratung auf die praktische Politik befragt wurden. Nach dem ihrer Meinung nach bestehenden Grad dieses Einflusses befragt, äußerte eine verhältnismäßig kleine Gruppe, daß sehr viel Einfluß der wissenschaftlichen Beratung bestehe (rund 7% aller Befragten), während eine sehr viel größere Gruppe eine Wirksamkeit nur in begrenztem Ausmaß für gegeben ansah (über 51% stuften den Grad des Einflusses mit „teilweiser Einfluß" ein). Interessant ist nun, daß diejenigen Befragten, die für die Beratung sehr viel Einfluß als gegeben ansehen, also die vorgenannten 7%, ausschließlich aus der Gruppe derjenigen Beamten kommen, die es mit technischen, medizinischen bzw. veterinärmedizinischen und naturwissenschaftlichen gutachtlichen Stellungnahmen zu tun haben. Auf dem sozialen Feld glaubt der einzelne offenbar durch eigene Anschauung und Erfahrung sehr viel kompetenter zu sein als auf dem für ihn immer weniger verstehbaren naturwissenschaftlich-technischen Feld. Dies gilt ganz typisch z. B. für die Beurteilung von *Familienproblemen.* Auf diesen Sachverhalt wird schon in der Einführung des ersten Familienberichts (1968) aufmerksam gemacht mit dem Hinweis, daß die dem Bericht gestellte Aufgabe der Situationsanalyse fast zwangsläufig gewisse Schwierigkeiten für den Leser mit sich bringe, die einmal darin lägen, daß praktisch jeder täglich mit der Familie zu tun habe und daher ganz bestimmte persönliche Erfahrungen besitze. Individuelle Erfahrungen könnten Aussagen, die auf breiterer empirischer Forschung aufbauen, zuwiderlaufen. In diesem Fall gelte es zu bedenken, daß die persönliche Erfahrung tatsächlich fast immer nur einen begrenzten Ausschnitt aus der breiten Skala familiärer Verhaltensweisen und Lebensumstände darstellt. So fällt dem beratenden Wissenschaftler schon in der Phase der Problemdefinition eine wichtige Aufgabe zu, womit zugleich bereits ein wichtiger Aspekt von Transformationsproblematik bezeichnet ist (hier von praktischem in Richtung wissenschaftlichem Wissen).

## 2. Gegenwärtige Bedingungen des Kommunikationsprozesses zwischen Wissenschaft und Politik

(4) Das Verhältnis von Wissenschaft und Politik stellt sich bei näherem Zusehen als ein Dreiecksverhältnis dar, dessen Eckpunkte durch die Handlungssysteme Wissenschaft, Politik und Administration bezeichnet sind. Die Verbindungslinien von der Wissenschaft zur Politik und umgekehrt laufen zu einem sehr maßgeblichen Teil über die Administration, d. h. bes. die Ministerialverwaltung, die sich zum Teil als Instanz der Vorbereitung politischer Entscheidungen versteht. Damit fällt dieser Administration eine bedeutsame Vermittlungsfunktion („Scharnierfunktion") zu, wobei freilich immer zu bedenken bleibt, daß sie nicht nur Repräsentant des politisch-verwaltungsmäßigen Fachverstandes ist, sondern zugleich unter politischem Auftrag steht. Bei dieser Sicht rückt sie in dem angesprochenen Dreiecksverhältnis näher an die Politik und deren Gesetzmäßigkeiten und Handlungsbedingungen heran als an das Handlungsfeld Wissenschaft und Forschung.

Zum Verständnis dieses recht grundlegenden Zusammenhangs ist an den großen Bedeutungszuwachs zu erinnern, den die Verwaltung im modernen Sozialstaat mit seinen vielfältigen Interventionen und Dienstleistungsaufgaben gewonnen hat (Stichwort von der „gesellschaftsgestaltenden Politik" im heutigen sozialen Rechtsstaat). Mit der Gestaltungsmacht des Staates steigen fast zwangsläufig der Verfügungsbereich und die Bedeutung der Administration; ihr Sachverstand ist immer weniger entbehrlich, verfügt sie doch zugleich über

Praxiserfahrung und über eine kontinuierliche Arbeitsorganisation. Die Administration versteht sich dabei weitgehend als Vermittlungsstelle zu dem letztlich entscheidenden Politiker, also als eine Stelle der Vorbereitung politischer Entscheidungen. Gerade die Ministerialbürokratie erweist sich als ein besonders wichtiger Schnittpunkt in dem komplexen politischen Willensbildungsprozeß; speziell für die Umsetzung von Fachwissen in die Politik bildet die Ministerialverwaltung bisher sogar den wohl wichtigsten Schnittpunkt (s. auch *H. Friedrich* 1970). Entsprechend dem Bedeutungszuwachs des Fachwissens zeigt sich ein steigender Bedarf nach wissenschaftlicher Beratung. Denn auch in der Administration reichen die herkömmliche Organisation und Arbeitsweise für die Anforderungen, die der moderne Sozialstaat stellt, allein immer weniger aus. Insgesamt müssen jedoch die vom wissenschaftlichen Handlungsfeld unterschiedlichen Bedingungen gesehen werden, unter denen das Handeln der Administration im allgemeinen steht. Zwar deutet das eigene Selbstverständnis weiter Teile der Administration auch in gewissem Grade auf die Rolle der wissenschaftlichen Politikberatung hin; andererseits zeigt die Erfahrung, daß die Administration nicht selten Bedingungen unterworfen ist, die die Strukturmerkmale einer wissenschaftlichen Tätigkeit, deren Arbeitsformen, Methoden und Denkstile weitgehend aufheben und zu einer Einstellung nötigen, die den Bedürfnissen der politischen Praxis entspricht.

(5) Mit dem Handeln in den verschiedenen Handlungssystemen sind im einzelnen unterschiedliche Interessen und Bedürfnisse verbunden:

a) Der *Politiker* wird in seinem Handeln betont solche Bedingungen berücksichtigen, die am sichersten politischen Erfolg versprechen. Von daher bildet sich – wie die Analyse von *H. Friedrich* gleichfalls deutlich macht – beim Politiker ein Situationsverständnis, das nicht losgelöst sein kann von den Realitäten der politischen Auseinandersetzung und der bestehenden Machtverhältnisse (im Parlament, in der eigenen Partei, in den Interessenverbänden, in der öffentlichen Meinung). Hinzu treten Überlegungen, die die Frage nach den zur Verfügung stehenden Mitteln betreffen, sowie u. U. zu berücksichtigende Bindungen aus vorangegangenen Entscheidungen. Der Politiker geht somit sehr betont aus von den Bedürfnissen einer politischen Praxis, die im allgemeinen auf schnelles Handeln ausgerichtet und an Praktikabilitätsmaximen orientiert ist. Damit unterliegt der Politiker anderen Gesetzen des Handelns als etwa der Wissenschaftler, der ihm im Beratungsprozeß begegnet. Der Wissenschaftler ist häufig wenig darauf eingestellt, taktisch zu denken. Wird dies schon im Verhältnis von Wissenschaft und – unter politischem Auftrag stehender – Administration deutlich, so gilt dies erst recht dort, wo der Politiker unmittelbar Partner des Wissenschaftlers ist. Hier können staatlich-politische und interessenpolitische Kräfte als Bestimmungsfaktoren für die Wirksamkeit von wissenschaftlicher Beratung vergleichsweise noch stärker hervortreten.

b) Der *Wissenschaftler* bringt seinerseits erfahrungsgemäß in aller Regel Interessen in den Beratungsprozeß ein, die nicht notwendig auf den eigentlichen Zweck des Beratungsgeschäfts beschränkt sind. Hier können vielmehr persönliche Forschungsinteressen mit ins Spiel kommen, deren Abdeckung de facto gelegentlich sogar zu einer teilweisen „Umfunktionierung" eines Forschungsauftrags und damit verbundenen Beratungsvorgangs führen mag. In diesem Zusammenhang muß grundsätzlich auch mit der Möglichkeit gerechnet werden, daß der Wissenschaftler, wenn er aus seinem Handlungssystem heraustretend demjenigen des Politikers begegnet, aus mancherlei – vielleicht bis in persönliche Statusprobleme hineinreichenden – Gründen dazu neigt, Wissenschaft zu sehr „hochzustilisieren", und damit ungewollt Kommunikationsstörungen mitverursacht. Es besteht ferner immer wieder die Gefahr, daß der für Wissenschaftler in gewissem Grade charakteristische, leicht individualistische Grundzug durchschlägt. Um so wichtiger erscheinen hier Formen kooperativer, in ihrem Fortbestand von einzelnen Wissenschaftlern in gewissem Grade unabhängiger Politikberatung.

Die unterschiedlichen Interessen und Bedürfnisse, wie sie mit dem Handeln in den Systemen von Politik und Wissenschaft verbunden sind, erweisen sich als sehr wirkmächtig im Hinblick auf das Problem der *Reduktion von Komplexitäten.* Der Politiker wird erfahrungsgemäß sehr darauf bedacht sein, Problemlagen zu vereinfachen, komplexe Sachverhalte zu reduzieren, was zumindest in dieser Intensität, wie sie im politischen Bereich anzutreffen ist (und im Interesse der nötigen Handlungssicherheit in gewissem Grade auch verständlich ist), dem wissenschaftlichen Denken zuwiderläuft. *F. Neidhardt* (1975, S. 2 f.) sieht hier eine Spannung zwischen Wissenschaft und Politik begründet; für die beiden Bereiche konstatiert er einen unterschiedlich großen „Reduktionsdruck" hinsichtlich der ihnen begegnenden Komplexität von Problemen, darüber hinaus aber auch jeweils andere Reduktionsstrategien. Letztere führen damit zu bedeutsamen Problemen der Verständigung über das, was jeweils als wirklich relevant angesehen wird.

(6) In den verschiedenen Handlungssystemen sind unterschiedliche Perspektiven der jeweils Agierenden anzutreffen. Im Unterschied zu Wissenschaft und Forschung ist die Politik tendenziell stärker pragmatisch orientiert. Wichtig im politischen Raum erscheinen Gesichtspunkte der Praktikabilität, der Realisierbarkeit und auch der Möglichkeit der Zuordnung zur politischen Gesamtlage. Die damit in den Vordergrund rückenden Kriterien der Machbarkeit sind, wie *F. Neidhardt* (1975, S. 4) anmerkt, weniger (zumindest nicht

direkt) durch den Wahrheitswert eines Arguments, der in wissenschaftlichen Erkenntnisprozessen einen leitenden Faktor darstellt, als durch die Erfolgschancen von ableitbaren Strategien definiert. Hier kann auch z. B. das Vorhandensein oder (vorübergehende) Fehlen eines ausgesprochenen gesellschaftspolitischen Reformklimas von Bedeutung sein. Im letzteren Falle wird wissenschaftlich untermauerte Kritik an – aus der Sicht der Berater – unzureichenden Weiterentwicklungen konkreter politischer Maßnahmen oder die Empfehlung einer neuen Maßnahme, die praktisch-politisch nicht realisierbar erscheint, als wenig hilfreich empfunden. Vielmehr werden darin eher noch öffentlichkeitswirksame Faktoren gesehen, die – nun aus der Sicht des Politikers – einen politisch nicht einlösbaren Handlungsdruck erzeugen, den man sich hätte ersparen können.

Wissenschaftliche Politikberatung rückt, wenn es um die zentrale Frage der Umsetzung in politische Praxis geht, in dieses politische Koordinationssystem. Damit erscheint der tatsächliche Einfluß auf den praktischen Vollzug in jedem Einzelfall als eine durchaus offene Frage. Immer wieder läßt sich beobachten, daß der Politiker aus einem bestimmten Beratungsvorgang kurzfristig verwertbaren Nutzen für die aktuelle politische Situation zu ziehen sucht, anschließend den Beratungsgehalt im ganzen jedoch alsbald in seiner Erinnerung zurücktreten läßt. Weiterreichende systematische Auswertung bleibt dann etwa den Mitarbeiterstäben der Politiker überlassen. Gleichwohl kann auch bei relativ festgelegten Grundentscheidungen des Politikers in bezug auf ein bestimmtes Vorhaben davon ausgegangen werden, daß einzelne Akzente des Projektes durch den Beratungsvorgang in einer vorher nicht abzusehenden Weise geprägt werden.

Von daher erklären sich dann übrigens auch oft Vorbehalte des Politikers gegenüber konkreten Empfehlungen. Für den beratenden Wissenschaftler kann politische Durchsetzbarkeit nicht der vorrangige Aspekt sein. Er wird letzteren nicht völlig aus dem Auge verlieren dürfen; aber ihn zum Leitprinzip zu machen, würde bedeuten, auf einen großen Teil des kritischen Potentials von Wissenschaft von vornherein zu verzichten, das ja gerade darin begründet ist, daß der Wissenschaftler auf tagespolitische Interessenkonflikte weniger Rücksicht zu nehmen braucht als der zu beratende Politiker (*K.-H. Dignas*, 1975, S. 16).

Mit den *unterschiedlichen Handlungsperspektiven* hängt es zusammen, daß die von der Wissenschaft erarbeiteten Empfehlungen nicht allein schon wegen ihrer Schlüssigkeit und theoretischen Stringenz in jedem Falle auch in praktische Politik übersetzt werden. Im Blick auf die Bedeutung sozialwissenschaftlicher Erkenntnisse für das gesellschafts- und familienpolitische Handeln erscheint es zwar bis zu einem gewissen Grad einleuchtend, wenn *H. P. Bahrdt*

(s. *H. Friedrich*, 1970, S. 18) feststellt, in der Steuerung der staatlichen Sozialpolitik werde der Erfolg der Entscheidung davon abhängen, ob man gute oder schlechte wissenschaftliche Experten erwischt habe, und noch pointierter: ob man ihre Ratschläge verhältnismäßig wenig verwässert in die Praxis umsetze. Aber gerade dieses Problem der unmittelbaren Umsetzung in praktisch-politisches Handeln ist durchaus nicht so einfach zu lösen, wie es die Empfehlung der möglichst wenig verwässerten Verwirklichung der Ratschläge der Wissenschaftler auf den ersten Blick erscheinen lassen könnte. Selbst wenn es gelingt, theoretisch klar durchdachte und in den Wirkungen möglichst durchschaubar gemachte Konzeptionen zu entwickeln, werden diese noch keineswegs unmittelbar ein politisches Programm darstellen können. Sehr anschaulich weist ein anderer kompetenter Sozialwissenschaftler, der zugleich lange Jahre in der Praxis der wissenschaftlichen Politikberatung gestanden hat, *O. von Nell-Breuning* (1960, zit. bei *M. Wingen*, 1965, S. 18), darauf hin, theoretisch-doktrinäre Politik sei ein Unding, weil der Politiker nicht theoretisch-doktrinär, sondern pragmatisch verfahren müsse. Es dürfe nicht erwartet werden, daß der Politiker eine in aller Reinheit und Klarheit vorgelegte theoretische Konzeption in eben dieser theoretischen Reinheit und Klarheit durchführt. „Damit würde der Politiker wahrscheinlich mehr Trümmer aufhäufen als wirklich aufbauende Arbeit leisten."

Die im politischen Feld bestehende Notwendigkeit, das in der jeweiligen Situation Realisierbare stets im Auge zu behalten, führt fast zwangsläufig zu einer gewissen, oft heilsamen „Distanz" gegenüber jeweils neuesten wissenschaftlichen Ergebnissen, die davor bewahrt, vorschnell alle neuen Erkenntnisleistungen „aufzugreifen". Manche neuen Denkansätze müssen sich nicht zuletzt im Dialog mit Vertretern des Praxisfeldes erst weiter abklären. Auch die wissenschaftlichen Theorien und Methoden, die Beratungshilfen zugrunde liegen, müssen ihrerseits kritisch an der Realität überprüft werden, was oft gerade im Prozeß wissenschaftlicher Politikberatung recht gut geschehen kann. Die Praxis bedarf nicht nur der Wissenschaft, auch die Wissenschaft bedarf der Praxis.

Zur Verdeutlichung der hier sichtbar werdenden Probleme sollte ein weiterer, noch etwas grundsätzlicherer Zusammenhang in die Überlegungen einbezogen werden. Der wissenschaftliche Zugang zu den Dingen ist typischerweise ein aspekthafter Zugriff. Soziale Wirklichkeit wird hier sehr scharf, aber gerade deshalb auch nur unter einem (begrenzten) Gesichtspunkt zu erfassen versucht. Es ist damit im Grunde nie die volle Wirklichkeit, die mit Begrifflichkeit und Betrachtungsweise einer bestimmten wissenschaftlichen Disziplin eingefangen wird, die aber andererseits für den handelnden Politiker die Ausgangsbasis bildet. *G. Bittner* (1974, S. 390) bemerkt in einem Beitrag zum Thema

„‚Entwicklung' oder ‚Sozialisation'?" in diesem Zusammenhang: „Der Zugriff durch wissenschaftliche Terminologie hat eine zwiespältige Funktion: Er dient einerseits dazu, bestimmte Probleme zu formulieren, *untersuchbar zu machen* (eig. Hervorh.) – andererseits unerkannterweise dazu, andere Probleme zu verdrängen, zu verschleiern, unter den Teppich zu kehren."

Damit stellt sich aber die bedeutsame Frage, welchen Grad von Relevanz konkrete Vorschläge und Forderungen, die aus einer aspekthaften Erfassung von Wirklichkeit (im Rahmen eines gedanklichen Konstrukts) entspringen, für die politische Praxis gewinnen können, die es stets mit dem sozialen Leben in seiner ganzen Komplexität zu tun hat. Um so wichtiger erscheint daher auch die dem jeweiligen Lebenssachverhalt angemessene Interdisziplinarität von Beratungsgremien, damit das Monopol einzelner wissenschaftlicher Perspektiven vermieden wird. Dennoch bleibt die grundsätzliche Schwierigkeit zu bedenken, daß Wissenschaftler stets nur relative Aussagen machen können, aber keine absoluten, wie sie der Politiker im Grunde i. a. erwartet. Daran zu erinnern, daß die Wissenschaften zwangsläufig die Wirklichkeit im Sinne ihrer Fragestellungen verkürzen, heißt im übrigen zugleich, die „positive Tabuisierung" von Wissenschaft in einem gebotenen Grade zu relativieren.

Die damit angesprochenen Gesichtspunkte fließen in aller Regel auch mit ein in Interpretationen der wissenschaftlichen Empfehlungen durch die Administration, die ihrerseits immer wieder gerade auch auf Möglichkeiten der Realisierung und der Zuordnung zur politischen Gesamtlage abstellen wird. Unter Berufung auf solche Gesichtspunkte kann der Einfluß der Beratung allerdings nicht unerheblich verringert werden. Hier wird erneut die „Scharnierfunktion" von Administration sichtbar. Sehr pointiert umschreibt *H. Friedrich* (1970, S. 256) die seiner Meinung nach bestehende Schlüsselstellung der Ministerialverwaltung gegenüber der wissenschaftlichen Beratung wie folgt: „Sie verfügt über die Möglichkeit . . ., die Erfolgschancen der Empfehlungen zu verringern, indem sie diese mit negativen Stellungnahmen nach oben weitergibt, wobei sie sich immer als überlegen erweist durch die Darstellung praktischer Gegenargumente, insbesondere bei dem Nachweis der enormen Schwierigkeiten hinsichtlich einer möglichen Realisierung von wissenschaftlichen Vorschlägen. Gewinnt die Beratung nicht die Unterstützung der Verwaltung, dann stößt sie demzufolge auf massive Barrieren im politischen Entscheidungsprozeß, die sich aus politischen Gegengewichten in Gestalt von Interesse, Ideologien, unterschiedlichen Parteiströmungen, divergierenden Ressortzielen, Vorurteilen und Konkurrenzangst zu einer schier undurchstoßbaren Trennwand verdichten und die Beratungstätigkeit völlig sinnlos machen können." In dieser Sicht erscheint damit auch das Bezugssystem wichtig, das

das Handeln des Angehörigen der Administration bestimmt (und damit sein Verhalten als Partner der Wissenschaft im Prozeß der Beratung prägen wird).

Eine besondere Bedeutung ist nun dem Aspekt der *zeitlichen* Perspektiven beizumessen, die für die unterschiedlichen Handlungsfelder kennzeichnend sind. Zu den strukturellen Unterschieden zwischen Wissenschaft und Politik gehört es, daß der Faktor „Zeit“ für den Politiker eine andere Rolle spielt als für den Wissenschaftler. Die Uhren in beiden Handlungsfeldern gehen offensichtlich anders. Wissenschaftliche Beratung kann einfach „zu spät“ kommen angesichts einer relativ raschen Veränderung der politischen Szene. Die Zeitlücke zwischen politischer Entwicklung und ihrer Verarbeitung durch die Wissenschaftler stellt damit einen wesentlichen Faktor dar für die Erschwerung der Einflußnahme der Wissenschaft auf die politischen Entscheidungen.

Das damit angesprochene Problem „Zeit“ hat noch eine andere Seite: Ein wissenschaftlicher Vorschlag kann nicht nur zeitlich einfach zu spät kommen (so daß er den Politiker eben gar nicht mehr rechtzeitig erreicht), sondern es wird auch nicht selten der Fall sein, daß eine vorgeschlagene Lösung nicht kurzfristig durchsetzbar ist. Für die Praxis entstehen dadurch deshalb neue Probleme, weil häufig eine Realisierung auf kurze Sicht als besonders wichtig gilt. Die Schwierigkeiten vergrößern sich in der Praxis noch, wenn – wie etwa bei Reformvorschlägen zum Familienlastenausgleich Anfang der 70er Jahre – damit Ordnungsbereiche (Steuerpolitik!) mit anderen Ressortzuständigkeiten sehr nachhaltig berührt werden. Denn in jenen Sachbereichen bestehen im allgemeinen gleichfalls genügend „eigene Probleme“ bei der Realisierung eines bestimmten Vorhabens, so daß zusätzliche Erschwerungen „von draußen“, also unter dem Querschnittsaspekt Familie, möglichst zurückgedrängt werden. Hier ist daran zu erinnern, daß die Familienpolitik aufgrund ihres ausgeprägten „Querschnittscharakters“ (*M. Wingen*, 1965, S. 16 f.) durch die verschiedenen gesellschaftlichen Ordnungsbereiche hindurchragt und damit andere Organisationsstrukturen von Politik durchschneidet, die stärker an der Regelung von Prozessen orientiert als auf Institutionen hin angelegt sind. Um so wichtiger erscheinen unter dieser Sicht die Mechanismen der Frühkoordinierung zwischen verschiedenen Ressorts und mit den jeweiligen wissenschaftlichen Beratungsträgern.

Schließlich kann die betonte Ausrichtung auf tagespolitische Erfordernisse auch dazu führen, daß Probleme, die seitens der Wissenschaft als Probleme auf lange Sicht ausgewiesen werden, weitgehend ausgeklammert bleiben. In diesem Zusammenhang wäre im familienpolitischen Umfeld für die Vergangenheit etwa auf demographische Fragestellungen zu verweisen, bei denen es um ausgesprochen langfristig wirksame Vorgänge geht (sog. Trägheitsgesetz demographischer Vorgänge). Diese Langzeitwirkungen dürfen die politische

Praxis jedoch nicht dazu verleiten, diese Probleme deshalb geringer einzuschätzen, weil sie tagespolitisch nicht besonders vordringlich erscheinen. Denn tatsächlich geht es hierbei um grundlegende Fragen der Zukunftsgestaltung; und die Eigenart der Bevölkerungsvorgänge bringt es mit sich, daß längerfristig grundgelegte Entwicklungen später korrigierenden Einwirkungen kurzfristig praktisch gar nicht mehr zugänglich sind. Diese Zusammenhänge scheinen angesichts des sehr starken Geburtenrückgangs in den letzten Jahren mehr und mehr erkannt zu werden. Vielleicht mehr noch als in der Familienpolitik gilt für das ihr benachbarte Handlungsfeld einer Steuerung des Bevölkerungsprozesses, daß die Politikberatung gerade auch die Aufgabe hat, die Zeitperspektive der praktischen Politik systematisch zu erweitern und dem Politiker die Wichtigkeit längerfristiger Planungshorizonte zu verdeutlichen – ein Aspekt, auf den in der jüngeren bevölkerungspolitischen Diskussion *F.-X. Kaufmann*, *H. Schubnell* u. a. deutlich hingewiesen haben.

(7) Die verschiedenen Handlungssysteme sind durch unterschiedliche Sprach- und Denkformen gekennzeichnet und kennen unterschiedliche Arbeitsverfahren. Wurden bisher bereits aus unterschiedlichen Handlungsperspektiven Übersetzungsprobleme deutlich, so gilt dies in einem sehr wörtlichen Sinne erst recht speziell im Blick auf die *Sprachformen und Denkstile.* Allein die mit der sprachlichen Fassung der Ergebnisse wissenschaftlicher Beratung verbundenen Probleme wären es wert, eigens untersucht zu werden. Gerade eine wissenschaftliche Politikberatung, die ja aus ihrem eigenen Anspruch heraus, nämlich zur Veränderung der Praxis beizutragen, bewußt praxisnahe sein sollte, muß sich einer Sprache bedienen, die von den Adressaten verstanden wird und nicht geradezu eine Entfremdung bewirkt. Dieser Aspekt ist im Hinblick auf den hier interessierenden Grundvorgang der Kommunikation deshalb sehr wichtig, weil diese ja wesentlich durch Sprache ermöglicht werden soll. Wo immer die politischen Akteure erreicht werden sollen, kommt es nicht allein darauf an, daß die Sprache über den Gegenstand angemessen ist, sondern sie muß auch bei dem Adressaten „ankommen". Dieses Problem ist auch für andere gesellschaftspolitische Aktionsbereiche mehrfach angesprochen worden, so von *H. Becker* im Hinblick auf die Gremien des Bildungsrats; Wissenschaftler würden die Politiker und auch die Verwaltungspraktiker in eine Ohnmacht versetzen, indem ihre Sprache immer wieder Übersetzungen erfordere.

Es gibt nun eine Reihe von Einwendungen gegen die Forderung, allgemeinverständlich zu sprechen, die nicht einfach von der Hand zu weisen sind. Insbesondere bleiben sicherlich die Schwierigkeiten zu bedenken, die dort auftreten, wo wissenschaftliche Einsichten, die ihrerseits durch eine scharfe Erfassung von Wirklichkeit unter einem ganz bestimmten Aspekt gewonnen sind, durch Wörter und Ausdrücke der Umgangs- und Alltagssprache vermittelt werden sollen. Spezialbegriffe erscheinen hier oft auch schon deshalb unerläßlich, um jene Koppelung mit Vorurteilen zu vermeiden, die für Ausdrücke der Alltagssprache nicht selten charakteristisch ist. Aus der Sicht der Wissenschaft wird demgegenüber besonderer Wert darauf zu legen sein, daß gesellschaftlich vorgeprägtes Bewußtsein nicht mit dem vorgeformten Deutungsgehalt der Sprache übernommen wird; der Adressat darf nicht mittels wertbesetzter Wörter von der Erkenntnis abgelenkt werden, wie gesellschaftliche Strukturen in Wahrheit zusammenhängen (*H. W. Scheerbarth* unter Berufung auch auf *H.-G. Schumann,* 1973, S. 391).

Auf der anderen Seite ist für eine sozial- und familienpolitische Politikberatung – im deutlichen Unterschied etwa zur Umsetzung naturwissenschaftlich-technischer Erkenntnisse in entsprechende Produktionsergebnisse – typisch, daß das angestrebte Ziel der Einflußnahme auf politische Entscheidungen unmittelbar eben mit Hilfe der Sprache erreicht werden muß. Es gibt, wie es im besonderen Blick auf den Politikwissenschaftler formuliert worden ist (vgl. *H.W. Scheerbarth,* 1973, S. 392), hier keine „Zweiheit von Rezept und Mittel", es gibt hier im Unterschied zum Bereich angewandter Naturwissenschaft kein fachsprach-unabhängiges Zwischenprodukt.

Im Grunde liegt die Verständlichkeit der Sprache für den beratenden Sozialwissenschaftler auch in dessen besonderem Interesse, um möglichst den politisch wirklich Entscheidenden direkt zu erreichen. Wo die Probleme und ihre Lösungsmöglichkeiten so fachsprachlich verfremdet formuliert werden, daß sie erst einmal „übersetzt" werden müssen, gewinnen die „Übersetzer" (also z.B. die Administration) zusätzliches Gewicht. Die Gefahr ist nicht ganz auszuschließen, daß das wissenschaftliche Beratungsergebnis in einer „modifizierten" Form weitergegeben wird, bei der u.U. die Grenzen zwischen der Aussage des Wissenschaftlers und eigenen Vorstellungen bzw. Orientierungsmustern des „Übersetzers" verschwimmen. Vielfach wird der Politiker in der Bedrängnis des Alltags kaum in der Lage sein, den Beratungsvorgang im einzelnen nachzuvollziehen und in gewissem Sinne zu kontrollieren. An die Stelle der Kontrolle tritt das *Vertrauen,* dem nicht nur in diesem Zusammenhang erfahrungsgemäß eine geradezu überragende Bedeutung zukommt. In Verfolgung solcher Entwicklungen mag man sogar im Ergebnis eine Tendenz sehen, daß wissenschaftliche Beratung der Politik sich zum Instrument der Bürokratie degradiert. Um so wichtiger ist die Verständlichkeit der Sprache, die im übrigen auch insofern im ureigensten Interesse des Beratenden liegt, als er leicht unglaubwürdig wird und an Sachautorität verliert, wenn er gar noch Sprache zu verwildern scheint. Die Ausprägung einer wissenschaftlichen Fachsprache ist sicherlich häufig Ausdruck des bewußten und berechtigten Strebens, einen hohen wissenschaftlichen Anspruch zu erfüllen; dabei werden indessen wohl die Nebenfolgen eines solchen Strebens nicht immer genügend bedacht.

(8) Die verschiedenen Handlungssysteme haben insgesamt zumindest tendenziell unterschiedliche Affinitäten zu den Grundmustern wissenschaftlicher Familienpolitikberatung.

Die praktische Erfahrung in Vergangenheit und Gegenwart legt es nahe, anzunehmen, daß Politiker sehr stark zu einem *dezisionistischen* Modell neigen. In diesem Modell wissenschaftlicher Politikberatung wird bekanntlich von einer hohen entscheidungsbezogenen Autonomie der politisch Handelnden ausgegangen; die Funktion des Beraters ist dagegen beschränkt auf die Mitteldiskussion bei politisch gesetzten Zielen, die als solche der wissenschaftlichen Diskussion im wesentlichen verschlossen sind. Auf die Problematik dieses Beratungsmusters braucht an dieser Stelle, wo es vor allem um die Analyse der tatsächlichen Rahmenbedingungen des gegenwärtigen Kommunikationsprozesses zwischen Wissenschaft und Politik geht, nicht näher eingegangen zu werden (s. z. B. *J. Krüger,* 1975). Es genügt der Hinweis, daß eine Familienpolitik im Anspruch auf mehr Rationalität Wert darauf legen muß, auch die wertbesetzten Zieldimensionen familienpolitischen Handelns für die wissenschaftlich kontrollierte Diskussion offenzuhalten. Im politischen Raum erscheint dies auch dann keineswegs allgemein selbstverständlich, wenn andererseits wissenschaftliche Beratung durchaus als förderlich für das politische Handeln angesehen wird. Das Verständnis des Politikers von der Funktion der wissenschaftlichen Beraterrolle mündet sehr schnell in die verengten Kategorien des dezisionistischen Musters ein, bei dem die Zweckebene als politisches Entscheidungsreservat einer wissenschaftlichen Beratung grundsätzlich entzogen bleibt.

Hier wird ganz offensichtlich ein *zentraler Aspekt* in dem oft spannungsreichen Verhältnis von Wissenschaft und Politik sichtbar, muß eine am dezisionistischen Beratungsmuster orientierte Grundposition des Politikers doch dort auf erhebliche Bedenken des beratenden Wissenschaftlers stoßen, wo dieser seine Einsichten in den Prozeß der Zielbestimmung einbringen möchte und grundsätzlich auch die Möglichkeit der Kritik vorgefundener Zielsetzungen – etwa auch aufgrund empirisch abgesicherter Überprüfungen ihrer Tragfähigkeit – haben möchte.

Ist für das politische System weithin offenbar ein Gefälle hin zu einem dezisionistischen Beratungsmuster charakteristisch, so mag umgekehrt mancher Wissenschaftler nicht immer frei von der Neigung zum sog. *technokratischen* Modell sein, in dem nun der Politiker zum Vollzugsorgan des wissenschaftlichen Sachverstands herabzusinken droht. Gemäß der Technokratiethese ist es letztlich der „Sachzwang", der den Gang der politischen Entwicklung bestimmt, nicht aber die wertbesetzte Grundorientierung in ihrer möglichen unterschiedlichen Ausprägung je nach dem zugrundeliegenden Leitbild von Person, Gesellschaft und Stellung der Person in dieser Gesellschaft.

Diese etwas zugespitzte Gegenüberstellung von Affinitäten zu zwei Grundmustern von wissenschaftlicher Politik-„Beratung" verweist bereits auf Möglichkeiten mehr oder weniger gut gelungener Familienpolitikberatung, die nunmehr unter dem Stichwort „Kriterien für ein optimales Beziehungsverhältnis" (von Wissenschaft und Politik) noch kurz erörtert werden sollen.

## 3. Kriterien für ein optimales Wissenschaft-Politik-Verhältnis und Möglichkeiten einer wirksameren Familienpolitikberatung

(9) Ein erster, zentraler Gesichtspunkt für eine optimale Kommunikation zwischen Wissenschaft und Politik läßt sich an der Alternative von dezisionistischem und technokratischem Beratungsmuster festmachen, die *beide* für ein ausgewogenes Verhältnis von Wissenschaft und politischem System im letzten nicht tauglich erscheinen. Politik im Anspruch auf mehr Rationalität kann die Verantwortung der Entscheidung nicht unter angeblichen „Sachzwängen" begraben lassen, sie kann andererseits aber auch die Wissenschaft als eigenständigen Faktor nicht einfach ausschließen und in die Dienstmagdfunktion verweisen wollen. Zu einem Konzept rationaler Familienpolitik muß entsprechend dem inzwischen ausformulierten Verständnis von politischer Rationalität zum Beispiel gerade auch die Öffnung des Prozesses der Zielfindung und -bestimmung für die Wissenschaft gehören. Wenn gerade für die Zielfindung und -konkretisierung ein durch kritische Partizipation charakterisierter Prozeß befürwortet und die Notwendigkeit einer öffentlichen Begründungsargumentation unterstrichen wird, so deutet dies gerade auch auf eine Teilnahme der Wissenschaft an diesem Prozeß hin, und zwar im Sinne eines Musters wissenschaftlicher Politikberatung, das im Anschluß an *J. Habermas* – wenn auch vielleicht nicht sehr glücklich – als „pragmatisch" zu bezeichnen wäre (s. auch *J. Krüger* 1975). Dieses Beratungsmuster fordert bekanntlich ein kritisches Wechselverhältnis von Wissenschaft und Politik, in dem auch die vom Politiker eingebrachten Wertorientierungen und Interessenbezüge anhand der tatsächlichen gesellschaftlichen Bedürfnislagen, die gerade von der Wissenschaft aufzuhellen sind, kritisch reflektiert werden.

Kommunikation auch im Bereich der Familienpolitik wird in dem Maße optimiert werden, in dem darauf verzichtet wird, mit schon festgefügten und als unverrückbar erklärten Urteilen und Zielabsichten an die Öffentlichkeit zu treten, in dem des weiteren auf eine Mentalität verzichtet wird, nach der die Ziele in einsamen politischen Entschlüssen geboren werden und die beratende Wissenschaft unter kritikloser Hinnahme der Zieldaten auf den Bereich der Mittelzuordnung verwiesen ist. Ebenso muß der Beitrag an kritischer Reflexion seitens der Wissenschaft im Hinblick auf die Effizienz der getroffenen Maßnahmen gefordert werden.

So sehr der Prozeß der Zielfindung und -bestimmung für die beratende Wissenschaft geöffnet sein sollte, so wenig kann andererseits der verantwortlich handelnde Politiker aus seiner Letztverantwortung für die Zielsetzung seines Handelns entlassen werden. Dabei gilt es – einer in der wissenschaftlichen Sozialpolitik herausgearbeiteten Unterscheidung folgend (*H. Sanmann* 1973) –, sich zu vergegenwärtigen, daß die einzelnen *Ziele* etwa einer Familienpolitik als für den Sachbereich dieser Familienpolitik spezifische Konkretisierungen von *Leitbildern* gesehen werden können, d. h. von Vorstellungen allgemeiner Natur, wie Vorstellungen über die erwünschte Gesellschaft, ihre Ordnung und die Stellung der Person in ihr, anzusehen sind. Gerade diese außerhalb der sachbereichsspezifischen Politik angesiedelten Normen fallen aber betont in die Kompetenz des Politikers. Von ihm muß auch erwartet werden, daß er seine Ziele (als aus den Leitbildern abgeleitete, innerhalb der sachbereichsspezifischen Politik angesiedelte Normen) möglichst klar und eindeutig darlegt, für deren Erreichung und dauernde Sicherung in der wissenschaftlichen Politikberatung Entscheidungshilfen gegeben werden sollen.

Hier ist nun für die Familienpolitik (aber nicht *allein* für dieses Handlungsfeld) anzumerken, daß (noch) keineswegs der Stand erreicht ist wie etwa in der amtlichen Wirtschaftspolitik, wo die hauptsächlichen wirtschaftspolitischen Ziele sogar in den Rang einer gesetzlichen Norm gehoben sind (s. Sachverständigenrats-Gesetz von 1963 und Stabilitätsgesetz von 1967). Eine Aufgabe, deren Lösung für die Verbesserung sozialwissenschaftlicher Familienpolitikberatung wichtig erscheint, besteht darin, eindeutige und vor allem auch ausreichend operationale Zielvorgaben (wie auch in sich konsistente Zielbündel) zu bezeichnen.

(10) Die Ausprägung optimalerer Bezüge im Verhältnis von Wissenschaft und politischer Praxis ist offensichtlich an eine Reihe von Bedingungen gebunden, unter denen folgende hervorgehoben seien:

a) Dazu gehört einmal die Bereitschaft zum gegenseitigen Verstehen mit Anerkennung der zunächst einmal unterschiedlichen Handlungsfelder. Der Politiker muß sehen, daß Wissenschaft nach den beiden handlungsbestimmten Grunddispositionen „Kritik“ und „Zweifel“ angetreten ist. Der Wissenschaftler muß sehen, daß für den Politiker neben längerfristigen strategischen Überlegungen stets auch ein politisch-taktisches Kalkül mitbestimmend sein wird; hier wäre aufmerksam darauf zu achten, wo die Grenzen zwischen den Gesetzmäßigkeiten des politischen Handlungsfeldes, die von denen des Handlungsfeldes des Wissenschaftlers notwendig verschieden sind, und einem perspektivlosen und hoffnungslos in tagespolitische Taktik verstrickten Pragmatismus verläuft. Bedeutung gewinnt hier das, was auch als „dosierte Diskrepanz“ (*F. Neidhardt*) zwischen wissenschaftlichem Ratschlag und politischer Realität oder als Vermeidung eines zu großen Utopiequantums bezeichnet werden könnte, und was im Einzelfall auch eine transparente Darstellung der Praxis gegenüber den beratenden Wissenschaftlern erforderlich machen kann. Auf beiden Seiten muß also Lernvermögen vorausgesetzt werden. Lernbereitschaft kann dabei übrigens nicht bedeuten, vom Politiker fordern zu sollen, die auf wissenschaftliche Erkenntnis ausgerichtete Sprache der Wissenschaft zu lernen.

Mit dem Postulat des gegenseitigen Verstehens ist zugleich die Forderung nach Abbau von gegenseitigem Mißtrauen verbunden, das sich als eine häufige Quelle von Kommunikationssperren erweist. Es wird immer wieder darauf zu achten sein, daß eine zu große Distanz zwischen dem wissenschaftlichen und dem politischen Handlungssystem vermieden wird, weil sich sonst erfahrungsgemäß leicht Vorurteile einstellen können. Die „Nähe“ zu familienpolitischen Entscheidungsprozessen ist für die Familienwissenschaften z. B. nach Auffassung der Sachverständigen-Kommission für den Zweiten Familienbericht (1975, S. 80) nicht in dem Ausmaß gegeben, das für die Wahrnehmung wichtiger Funktionen der Wissenschaft wünschenswert wäre.

b) Für die unter politischem Auftrag stehende Administration erscheint die Bereitschaft wichtig, die wissenschaftlichen Ergebnisse in den Entscheidungsprozeß zu übersetzen und dabei in Beziehung zu den politischen Zielen zu bringen. Das setzt naturgemäß ein erhebliches Transformationsvermögen auf seiten der Administration (hier also im Sinne der Transformierung von wissenschaftlichem in praktisches Wissen) voraus. Die Sachverständigen-Kommission für den Zweiten Familienbericht (1975, S. 80) hält aus ihrer Sicht mit Rücksicht auf „Ungleichzeitigkeiten in der wissenschaftlich-theoretischen und gesellschaftspolitischen Entwicklung“ eine Übersetzungstätigkeit für notwendig, durch die die wissenschaftliche Entwicklung laufend auf den aktuellen politischen Stand bezogen werden kann.
c) Wichtig erscheint auch eine gewisse Öffentlichkeit und Durchschaubarkeit der Beratungsverhältnisse, damit die unterschiedlichen Funktionen des Setzens politischer Ziele, des Durchsetzens dieser Ziele und der wissenschaftlichen Beratung und Kontrolle deutlich unterschieden werden können

und damit eine klare Trennung möglich ist zwischen den Vorgängen der Konzeptentwicklung und ihrer wissenschaftlichen Kritik einerseits sowie der Erörterung und schließlich Verabschiedung durch ein politisch entscheidendes und verantwortliches Gremium andererseits. Öffentlichkeit der Beratungsergebnisse mag im Einzelfall – kurzfristig gesehen – unzweckmäßig erscheinen; andererseits ist eine Öffentlichkeit, die um die Beratungsergebnisse weiß, zugleich tendenziell auch eine aufgeklärte Öffentlichkeit, die z. B. gerade auch von der Notwendigkeit unpopulärer Maßnahmen leichter zu überzeugen ist.

d) Nicht selten wird im Beratungsvorgang auch zu wenig darauf geachtet, daß die *wissenschaftstheoretischen Voraussetzungen* für alle Beteiligten möglichst klar ausgewiesen werden. Das dabei sichtbar werdende Problem, zwischen mehreren möglichen Grundpositionen auszuwählen, ist keine wissenschaftlich zu lösende, sondern letztlich eine politisch zu entscheidende Frage. Bedenkt man die Tragweite verschiedener gesellschaftstheoretischer Ausgangspositionen für daraus folgende unterschiedliche sozial- und familienpolitische Ansätze, so wird einsichtig, wie wichtig hier eine entsprechende Transparenz ist, wie wichtig es vor allem ist, daß der Ansatz auf seiten des beratenden Wissenschaftlers mit den Grundvorstellungen des zu Beratenden übereinstimmt. Auch die praktische Verwertbarkeit der Ergebnisse von *empirischer Forschung* hängt maßgeblich von den zugrunde gelegten Theorien ab; außerhalb des theoretischen und methodischen Rahmens verlieren sie entscheidend an Aussagekraft. Wenn dies den Beteiligten in der Praxis nicht ausreichend deutlich ist, wird der Beratungsvorgang zusätzlich problematisch. Damit werden naturgemäß erhöhte Anforderungen an die Grundlagenkenntnisse in Politik und Administration gestellt. Es erscheint zumindest verständlich, wenn angesichts dessen an die Stelle vertiefter Auseinandersetzungen mit den letzten Erkenntnisgrundlagen und wissenschaftstheoretischen Positionen des beratenden Wissenschaftlers vielfach das (vorhandene oder nicht vorhandene) „Vertrauen" tritt, auf dessen Bedeutung oben in anderem Zusammenhang bereits hingewiesen wurde.

(11) Damit sind bereits wichtige Kriterien für eine optimalere Kommunikation von Wissenschaft und politischer Praxis bezeichnet, von denen sich konkrete Möglichkeiten zur Verbesserung der Effizienz sozialwissenschaftlicher Familienpolitikberatung ableiten lassen. Einige solcher Möglichkeiten seien hier angedeutet:

a) Vordringlich erscheint einmal die ständige Fortentwicklung und Verbesserung der Institutionalisierung eines möglichst kontinuierlichen Gesprächs auf den verschiedenen Ebenen zwischen den im Feld der Familienpolitik verantwortlich Entscheidenden und Handelnden und den Vertretern der sozialwissenschaftlichen Familien- und Familienpolitikforschung über Zielbestimmung und Handlungsalternativen. Es geht damit allgemein darum, im politischen Prozeß hinreichend viele Verankerungen zu schaffen, die insbesondere kritische Reflexion ausmachen oder doch begünstigen, ohne damit das politische Leben einfach zu lähmen. Wenn Zielvorstellungen, auf die hin beratende Wissenschaftler ihre Empfehlungen erarbeiten, möglichst kontinuierlich zwischen der politischen Leitung etwa eines Ministeriums und wissenschaftlichen Beratungsgremien abgestimmt werden, kann davon tendenziell eine verbesserte Wirksamkeit der Beratung erwartet werden. So deuten Erfahrungen mit wissenschaftlichen Gutachten darauf hin, daß die Chancen für unmittelbare praktische Wirksamkeit dann zusätzlich eingeschränkt sind, wenn die Empfehlungen für bestimmte Maßnahmen auf Zielfunktionen hin gegeben werden, die sich der Politiker in dieser spezifischen Form – noch – gar nicht zu eigen gemacht hat. Für den Erfolg von Beratung erscheint es somit wichtig, inwieweit es gelingt, operationalisierte Zielvorstellungen von seiten der Wissenschaft mit den Vorstellungen der politischen Praxis laufend zu verknüpfen, und zwar insbesondere dann, wenn die Beratung nicht auf ganz bestimmte Zielvorgaben hin erfolgt, sondern sich die beratenden Wissenschaftler selbst an der Zielformulierung beteiligen.

b) Wichtig erscheint sodann, auf eine kritische und engagierte Öffentlichkeit als Hintergrund für die Familienpolitikberatung hinzuwirken. Wie dies freilich zu bewerkstelligen ist, muß hier offenbleiben. Die in der Bundesrepublik vorhandenen Familienorganisationen z. B. reichen dazu sicherlich gegenwärtig allein kaum aus. In diesem Zusammenhang wäre auch zu fragen, wie die Voraussetzungen dafür geschaffen werden können, daß wissenschaftliche Empfehlungen auch im Bereich der Familienpolitik genügend Autorität gewinnen. Niemand, der die Dinge realistisch zu sehen sucht, wird dabei an eine Resonanz denken, auf die etwa die fünf nationalökonomischen Weisen mit ihren wirtschaftspolitischen Jahresgutachten nach dem Sachverständigenrats-Gesetz rechnen können. Andererseits mag sich die Frage stellen, ob die wissenschaftliche Familienpolitikberatung in ihrer Wirksamkeit – auf dem Umweg über die (Fach-)Öffentlichkeit – nicht zusätzlich dadurch eingeschränkt ist, daß Öffentlichkeit und Interessenverbände sich gerade im Feld der Familienpolitik aus hier nicht näher zu untersuchenden Gründen in nur sehr eingeschränktem Maße als wirksamer Einflußfaktor erweisen, was nicht zuletzt zu wenig günstigen Rahmenbedingungen für eine wirksame wissenschaftliche Familienpolitikberatung beiträgt.

c) Kontinuierliche wissenschaftliche Beratung könnte vielleicht noch stärker als bisher auch auf das Parlament bezogen sein. Im Bereich der Familienpolitik gibt es bekanntlich ein Instrument, das betont über die Regierung hinaus auf den Gesetzgeber (wie auch die Öffentlichkeit) ausgerichtet ist: nämlich die regelmäßigen Familienberichte. In ihrer gegenwärtigen Form sind diese Berichte mit der Kombination von Sachverständigenbericht und Stellungnahme der Regierung im Grunde betont an das Parlament gerichtet. Man könnte sich fragen, ob dann nicht auch die Beauftragung der Sachverständigenkommission durch das Parlament selbst erfolgen sollte. *Eine* Möglichkeit zur Verbesserung der Wirksamkeit dieses Instruments kann wohl auch darin gesehen werden, daß der Gesetzgeber eine Berichtsflut thematisch und zeitlich möglichst vermeidet, sich dafür aber ausreichend Zeit nimmt zur vertieften Auseinandersetzung mit den angeforderten Analysen und Empfehlungen. Im Grunde wäre hier die Chance gegeben, mit politischer Wirksamkeit (nämlich durch den Gesetzgeber) eine Diskussion zu führen, in der Sachverständigenbericht und Stellungnahme der Regierung zusammengebunden und weitergeführt würden.
d) Angesichts der Bedeutung des Sprachproblems wären die Spracherwartung und vor allem die Aufnahmefähigkeit der zu Beratenden intensiver als bisher zu erforschen. Ebenso wären die Ursachen für die fachsprachlichen Verfremdungen noch stärker – auch empirisch – zu klären. Auf dieser Grundlage könnte es u. U. gelingen, eine auf die Beratungsfunktion eingespielte Sprache zu entwickeln, in der zwecks rationaler Argumentation die in der reinen Wissenschaftssprache vorliegenden Ergebnisse sachgemäß und ohne verfälschenden Substanzverlust, aber allgemeiner verständlich wiedergegeben werden. Im Grunde ordnet sich die hier sichtbar werdende und bisher nicht ausreichend gelöste Aufgabe ein in die umfassendere Aufgabe einer Lösung der Transformationsproblematik, die von beiden Seiten her, von der Wissenschaft und der praktischen Politik, noch stärker als bisher angegangen werden muß.
e) Nicht zuletzt gilt es zu sehen, daß die Koordination des vorhandenen Beratungspotentials u. U. wichtiger ist als eine rein additive Vermehrung, die schließlich zu einer Informationsfülle führt, von der die Adressaten schlicht erdrückt würden.

(12) Alles dies wird ein Prozeß der kleinen Schritte sein müssen, der Zeit und Geduld braucht. Wichtig erscheint freilich, daß die einzelnen Teilschritte immer in der richtigen Grundrichtung getan werden. Im übrigen wird die Spannung zwischen den wissenschaftlichen Möglichkeiten und Ansprüchen einerseits und den Bedürfnissen und Begrenztheiten der praktischen Situation andererseits wohl stets bestehen bleiben. Sie leugnen oder beseitigen zu wollen,

erschiene gefährlich illusionär. Sie möglichst rational zu bewältigen, stellt dagegen eine der zentralen Gestaltungsaufgaben im Beziehungsverhältnis von Wissenschaft und praktischer Politik dar.

Die Lösung dieser Aufgabe ist gerade auch der Praxis täglich neu aufgegeben. Eine Politik, die eine rationalere Durchdringung ihres Handelns ansteuert, wird daher auch nicht wie *H.-P. Bank* mit Recht feststellt, passiv abwarten wollen, ob und wann die Wissenschaft sich anschickt, die von ihr selbst errichteten (!) Hindernisse niederzureißen. Vielmehr werde sie auch selbst versuchen müssen, auf dem Wege der Kooperation die Barrieren kontinuierlich abzubauen, die einem Mehr an rationaler Politik im Wege stehen. Der vorstehende Aufriß der Bedingungen und Probleme sozialwissenschaftlicher Politikberatung, bezogen auf das Beispiel der Familienpolitik, dürfte im übrigen deutlich gemacht haben, wie sehr Wissenschaft und Politik bei der Lösung der anstehenden Verständigungsprobleme und der weiteren Verbesserung ihres Beziehungsverhältnisses aufeinander angewiesen und gemeinsam in die Pflicht genommen sind. Dabei sollte dann auch der schon von *I. Kant* gegebene Hinweis bedacht werden, daß die Notwendigkeiten des Handelns immer sehr viel größer sind als die Möglichkeiten des Erkennens.

## Anmerkung und Literatur

*) Der Beitrag stellt eine gekürzte Fassung der Abhandlung in „Soziologie und Sozialpolitik", Sonderheft 19/1977 der Kölner Zeitschr. f. Soziologie und Sozialpsychologie, hrsg. v. *Chr. von Ferber* und *F.-X. Kaufmann*, Opladen 1977, dar und ist erschienen in dem Sonderband der Nürnberger Forschungsberichte „Sozialwissenschaftliche Forschung – Entwicklung und Praxisorientierungen" (Festgabe für *G. Wurzbacher* zum 65. Geburtstag), hrsg. von *D. Blaschke, H.-P. Frey, F. Heckmann* u. *U. Schlottmann*, Nürnberg 1977, S. 459–484.

*Achinger, H.*, Sozialpolitik und Wissenschaft, Stuttgart 1963.

*Bank, H.-P.*, Rationale Sozialpolitik (Ein Beitrag zum Begriff der Rationalität), Berlin 1975.

*Bittner, G.*, Über die sog. „Sozialisation" in der Familie, in: neue Sammlung 4 (1974), S. 379–388; sowie ebda.: „Entwicklung" oder „Sozialisation"?, S. 389–396.

*Dignas, K.-H.*, Probleme wissenschaftlicher Beratung der Politik, in: Aus Politik und Zeitgeschichte (Beilage zur Wochenzeitung das Parlament), Nr. 43/75, S. 3–18.

*Friedrich, H.*, Staatliche Verwaltung und Wissenschaft (Die wissenschaftliche Beratung der Politik aus der Sicht der Ministerialbürokratie), Frankfurt/M. 1970.

*Krüger, J.*, Sozialpolitik ohne Wissenschaft? Zur Nachkriegsentwicklung der westdeutschen Sozialpolitik, in: Archiv für Wissenschaft und Praxis der sozialen Arbeit, 1975, S. 21–37.

*Neidhardt, F.*, Sozialisationsforschung und Politikberatung – Einleitung zu *F. Neidhardt* (Hrsg.), Frühkindliche Sozialisation (Theorien und Analysen), Stuttgart 1975.

*Scheerbarth, H.W.*, Sprache der Politikwissenschaft, in: Politische Vierteljahresschrift 1973, S. 389–399.

*Sanmann, H.*, Leitbilder und Zielsysteme der praktischen Sozialpolitik als Problem der wissenschaftlichen Sozialpolitik, in: Leitbilder und Zielsysteme der Sozialpolitik, Schr. des Vereins für Socialpolitik, N. F., Bd. 72, hrsg. von H. Sanmann, Berlin 1973, S. 61–75.

*Wingen, M.*, Familienpolitik – Ziele, Wege und Wirkungen, 2. Aufl., Paderborn 1965.
*Ders.*, Umrisse einer rationalen Familienpolitik, in: Sozialer Fortschritt, H. 8/1971, S. 169–173, und Heft 9/1971, S. 210–215.
*Ders.*, Bevölkerungspolitische Leitvorstellungen in der gegenwärtigen wissenschaftlichen und politischen Diskussion, in: Soziale Probleme der modernen Industriegesellschaft. Schr. des Vereins für Socialpolitik, N.F., Bd. 92, hrsg. v. *H.-D. Haas* und *B. Külp*, Berlin 1977, S. 435–473.
*Zweiter Familienbericht,* Bericht einer Sachverständigenkommission zum Thema „Familie und Sozialisation" mit Stellungnahme der Bundesregierung, BT-Drucks. 7/3502, Bonn 1975.

# 7. Der Vierte Familienbericht (Die Situation der älteren Menschen in der Familie) als Instrument der Politikberatung*

## 1. Der Vierte Familienbericht in der bisherigen Tradition deutscher Familienberichte

(1) Der Erste Familienbericht in der Bundesrepublik Deutschland erschien – nach mehrjährigen Vorarbeiten – im Jahre 1968. Ihm folgten die Berichte in den Jahren 1975, 1979 und dann 1986. Eine Vorbildwirkung des Ersten Familienberichts (unter dem damaligen Bundesminister für Jugend und Familie Dr. *Heck*) für das Ausland, z. B. für entsprechende Initiativen in Österreich, war unverkennbar.

(2) Der Wechsel zur gegenwärtigen Form der Familienberichte erfolgte Anfang der 70er Jahre aufgrund einer Modifizierung des Parlamentsauftrags: Bericht einer unabhängigen Sachverständigenkommission und Stellungnahme der Regierung (vorausgegangen war ein solcher Wandel in der Berichtsform bereits bei den Jugendberichten aufgrund einer entsprechenden Änderung des JWG). Nach Vorlage des Dritten Familienberichts von 1979 wurde unter Beibehaltung der Erstellungsweise der zeitliche Rhythmus ausgeweitet auf 8jährige Abstände, also auf die Vorlage in jeder übernächsten Legislaturperiode. Der Vierte Familienbericht konnte wieder ein Bericht sein, der sich auf einen ausgewählten Aspekt beschränkte (im Unterschied zum ersten und dritten Bericht). Zur Diskussion standen vor allem zwei Themenbereiche: Familie und alter Mensch sowie die spezifischen Probleme der unvollständigen Familien (Ein-Eltern-Familien). Die Bundesregierung wählte als Vorgabe an die Sachverständigenkommission das erstgenannte Thema aus. Schon hier wäre im Blick auf den weiteren Fortgang zu fragen, ob nicht unter Umständen die Familien von Alleinerziehenden Thema eines künftigen Familienberichts sein könnten und sollten.

(3) Die Art und Weise, in der sozialwissenschaftliche Problembearbeitungen für praktisch-politisches Handeln relevant werden, ist weniger aufgeklärt. Auch die Familienberichte als ein Instrument der Politikberatung sind hier einzubeziehen. Es lassen sich folgende Funktionen derartiger Familienberichte (s. schon Zweiter Familienbericht von 1975) unterscheiden:

a) Informationsfunktion; sie reicht bis hin zur Aufgabe der Analyse und ihrer Ergebnispräsentation;

b) Hilfe zur Situationsdefinition der politisch Handelnden; sicherlich eine wichtige, praktische Funktion der Sozialwissenschaften allgemein, nämlich sich an der Situationsdefinition z. B. von Gesetzgeber und Ministerialbürokratie zu beteiligen. Zumindest kann von der wissenschaftlichen Problemformulierung erwartet werden, daß sie zur besseren eigenen Situationsdefinition der Praxis beiträgt. Demgemäß können gerade auch Familienberichte durch Ausgrenzung und Bearbeitung fach- und ressortübergreifender Problemstellungen (deren sachlicher Zusammenhang als weitgehend gesichert gelten kann oder als solcher aufgezeigt wird) gerade auch zur Erweiterung des praktischen politischen Bewußtseins beitragen;
c) Planungsfunktion; d. h. Planungsperspektiven eröffnen und an politischen Planungen mitwirken;
d) Implementationsfunktion; das bedeutet, im Rahmen der Planung entwikkelte neue Maßnahmen oder Einrichtungen modellhaft in die Praxis einführen bzw. solche Modelle wissenschaftlich begleiten;
e) Evaluationsfunktion; d. h. Wirkungsanalysen vorlegen;
f) Transformationsfunktion im Sinne der „Übersetzungstätigkeit" zwischen Wissenschaft und Praxis.

(4) Der Vierte Familienbericht erfüllt – wie seine Vorgänger – diese Funktionen in unterschiedlichem Maße. Dabei ist der in diesem Falle verhältnismäßig sehr kurze Zeitraum zu bedenken, der der Kommission gesetzt war. Am ehesten handelt es sich wohl um einen Beitrag im Sinne der Informationsfunktion sowie der Hilfe zur Situationsdefinition der politisch Handelnden. Nur noch begrenzt konnte es sich um einen Beitrag zur Eröffnung von Planungsperspektiven handeln, wenngleich doch auch in dieser Hinsicht eine Reihe von wichtig erscheinenden Anregungen gegeben werden. Kaum eine Bedeutung konnte der Bericht unter den gesetzten Bedingungen gewinnen im Sinne der modellhaften Einführung neuer Maßnahmen bzw. Einrichtungen in der Praxis und ihrer wissenschaftlichen Begleitung. Demgemäß ist auch praktisch kein Raum für Wirkungsanalysen im engeren Sinne.

## 2. Einige ausgewählte Aussagen des Sachverständigenberichts

(1) Ähnlich wie alle bisherigen Familienberichte beginnt die Darstellung mit den hauptsächlichen Entwicklungslinien des demographischen Prozesses. Dies ist sicherlich Ausdruck dafür, daß die Bevölkerungsvorgänge zahlreichen anderen politischen Handlungsfeldern vorgelagert sind. Das bedeutet freilich nicht, daß sie als reine Vorgegebenheit im Sinne eines unabänderlichen Datums

hinzunehmen wären; längerfristig sind sie durchaus als politische Gestaltungsaufgabe zu sehen.

Der Strukturwandel in Bevölkerung und Familie wird im Bericht aufgearbeitet; dabei kommt der schon seit Jahren in Gang befindliche Alterungsprozeß der Bevölkerung deutlich zum Ausdruck. Besondere sozialpolitische Bedeutung hat dabei u. a. der bekannte weit überdurchschnittliche Anstieg des Anteils der Hochbetagten. Für die Herausarbeitung der sich abzeichnenden demographischen Entwicklungstendenzen bedient sich die Kommission der vorliegenden Bevölkerungsvorausrechnungen (bei denen sich die kurzfristigen, etwa 10- bis 12jährigen Bevölkerungsvorausschätzungen [Prognosen] von den langfristigen, bis weit in das nächste Jahrhundert hineinreichenden Modellrechnungen unterscheiden lassen). Dazu muß angemerkt werden, daß die Bevölkerungsvorausrechnungen von sog. Bevölkerungsfortschreibungen bis zur Gegenwart ausgehen, die ihrerseits auf einer vorangegangenen Volkszählung beruhen.

Darüber hinaus werden aber auch z. B. die tendenziellen Veränderungen im Erwerbsleben aufgegriffen, die insbesondere zu einer nachhaltigen Veränderung im Leben von Frauen führen. Auch die allgemeine Wohlfahrtsentwicklung wird in Erinnerung gerufen, zumal sie für die materielle Lebenssituation und darüber hinausgehend für die Lebenssituation der nachrückenden Generation älterer Menschen von nachhaltiger Auswirkung ist (z. B. auch Auswirkungen des veränderten Bildungsverhaltens).

(2) Die Aussagen des Berichts der Sachverständigenkommission laufen insgesamt auf eine sehr differenzierte Sicht der „älteren Bevölkerung" sowie auf ein „neues Altenbild" hinaus. Hier wirken sich die unterschiedlichen Kohortenschicksale ebenso aus wie die inzwischen aufgearbeiteten Einsichten in die – oft vernachlässigten – Kompetenzen der alten Menschen. Diese gilt es künftig noch sehr viel verstärkter zu nutzen und damit der Forschung nach einem Leben in mehr Selbstbestimmung besser zu entsprechen. Das Generationen-Verhältnis wird sehr betont und sicherlich zu recht als ein Verhältnis der Drei-Generationen-Solidarität gesehen.[1]

(3) Die Kommission legt sich in ihrem Bericht nicht auf ein bestimmtes Modell der Pflegesicherung fest, unterstreicht aber sehr deutlich die Notwendigkeit einer verbesserten Pflegesicherung insbesondere durch systematische Kooperation zwischen pflegenden Familien und ambulanter Familienpflege. Auf der Kostenseite werden die abzusichernden Kosten – entsprechend einer auch in anderen Vorschlägen vorgenommenen Unterscheidung – unterschiedlich beurteilt, je nachdem, ob es sich um die Kosten des Lebensunterhalts, die Krankheitskosten oder die eigentlichen Pflegekosten handelt. Wie ein roter Faden zieht sich durch die entsprechenden Abschnitte die Leitidee, die Lei-

stungs- und Selbsthilfepotentiale der Familien zu stärken, nicht aber zu schwächen und – was hier besonders wichtig erscheint – auch nicht durch übermäßige Belastung, insbesondere der Frauen, zu überfordern. Hier ist nochmals an die sich abzeichnende demographische Entwicklung zu erinnern: Was sich hinsichtlich Bevölkerungsentwicklung und Wandel von Familienstrukturen absehen läßt, läuft darauf hinaus, daß in absehbarer Zeit ein deutlich höherer Betreuungsbedarf sowohl im medizinischen als auch im sozial-pflegerischen Bereich zu bewältigen sein wird. Vielleicht kann man die sich abzeichnende Entwicklungsperspektive tatsächlich dahin kommentieren, daß die Bevölkerungsentwicklung dabei ist, unser überkommenes Hilfesystem zu überrollen.

(4) Ganz wichtig erscheint schließlich, daß die Kommission ihre wertbesetzten Positionen offen ausweist.[2] Dazu gehört auch eine Sichtweise der Familie, wonach diese als ein dynamischer Prozeß zu sehen ist, ebenso auch die Überlegung, daß im Lebensverlauf sich die familialen Netze, in die ein Mensch eingebunden ist, sehr wesentlich verändern können, daß aber auch für das Altern des einzelnen alle familialen Bezüge eine das Lebensschicksal mitprägende Bedeutung haben.

## 3. Stellungnahme der Bundesregierung

(1) Praktisch lassen sich keine nennenswerten Widersprüche zum Kommissionsbericht bzw. dezidiert andere Positionen der Bundesregierung ausmachen. Unter anderem wäre hier vielleicht auf kleine Nuancen beim Familienverständnis zu verweisen (Seite III). Ebenso wie die Sachverständigenkommission geht auch die Bundesregierung von einem erweiterten Familienverständnis aus. Wohl etwas pointierter als die Kommission stellt die Bundesregierung aber auch heraus, daß die Familie nicht nur für den einzelnen Menschen ein dynamischer Prozeß sei; sie unterstreicht, daß sich ihr Familienverständnis gerade auch an der Lebenswirklichkeit mit unterschiedlichen Familienformen orientiert. Familie erscheint in dieser Sichtweise als eine dynamische Form menschlichen Zusammenlebens, die Veränderungen unterliegt und von den kulturellen Vorstellungen und Werthaltungen ebenso geprägt ist wie von den sozialen und wirtschaftlichen Gegebenheiten einer Gesellschaft. „In unserer Gesellschaft mit Pluralität und unterschiedlichen Lebensvorstellungen der einzelnen Bürgerinnen und Bürger gibt es unterschiedliche und differenzierte Vorstellungen von Familienleben." Die Bundesregierung knüpft in ihrer Stellungnahme damit an Ausführungen der Kommission an, die in ihrer Analyse von einem Familienbegriff ausgeht, der über die zusammenwohnende und

wirtschaftende Kernfamilie hinausführt. Die Kommission ist sich dabei bewußt, „daß die Übergänge eines begrifflich als ‚erweiterte Familie' bezeichneten sozialen Netzwerkes zu anderen Lebensformen, die nicht auf der Kernfamilienstruktur und/oder auch nicht auf Verwandtschaft und Verschwägerung basieren, fließend sind" (Seite 14). Sie möchte in diesem Sinne auch allen anderen, z. B. auf Freundschaft beruhenden gemeinschaftlichen Lebensformen, die für die ältere Generation zur Lösung ihrer Alltagsprobleme von Bedeutung sind, entsprechende Beachtung schenken.

(2) Wenn man etwas allgemeiner auf das Verhältnis von Sozialwissenschaft und praktischer Familienpolitik und hier auch auf die zurückliegenden Familienberichte schaut, wird man feststellen müssen, daß dieses Verhältnis nicht ganz frei von Störungen und Problemen ist. Solche Irritationen können offensichtlich auch die Bedeutung von Familienberichten unabhängiger Sachverständigenkommissionen für die praktische Familienpolitik mindern. Nicht alle diese Probleme in der Kommunikation und in der inhaltlichen Auseinandersetzung über die Sache werden in den Stellungnahmen der Regierung zu den jeweiligen Sachverständigenberichten deutlich. In diesem Zusammenhang sei daran erinnert, daß Ende der 70er Jahre anläßlich eines seinerzeit vorgelegten JHG-Entwurfs eine grundlegende Änderung der Vorlage – in diesem Falle der Jugendberichte – in dem Sinne erwogen wurde, daß künftig diese Berichte von der Regierung vorgelegt werden sollten. Übertrüge man diesen Gedanken auf die Familienberichte, so stünde damit ein wichtiges Instrument zur Durchsetzung von mehr Rationalität in der Familienpolitik nicht mehr in der bisherigen Form zur Verfügung. Gegenwärtig sind derartige Tendenzen aber nicht abzusehen. Eine ganz andere Konsequenz zur Weiterentwicklung dieses Instruments könnte es allerdings sein, die Beauftragung der Sachverständigenkommission durch den Hauptadressaten der Berichte, nämlich das Parlament, vornehmen zu lassen. In diesem Falle treten freilich wiederum andere Probleme auf.

## 4. Einige Aspekte der Bedeutung des Berichts für die sozialpolitische Diskussion

(1) Ein Aspekt ist die bereits angesprochene Ausweitung des Familienbegriffs, des Verständnisses von Familie bzw. Familienverband.[3] Wichtig erscheint hier also auch die Einsicht, daß der Rückgriff auf unterschiedliche Familienbegriffe nicht zuletzt von der Art der zu untersuchenden Problemzusammenhänge mit abhängt.

(2) Unüberhörbar ist die Warnung der Sachverständigenkommission, daß die Familien auf dem Hintergrund der sich abzeichnenden demographischen Entwicklung mit ihren Pflegeaufgaben nicht allein gelassen werden dürfen.

Damit rückt zugleich ein neuer Aspekt der Anerkennung von *Familientätigkeit* in das Blickfeld. Es geht nicht mehr nur um die Familientätigkeit im Hinblick auf das Aufziehen der nachwachsenden Generation, sondern auch um die Leistungen gegenüber den Angehörigen der alten Generation. Entsprechende öffentliche Leistungen dürfen sich also nicht nur im Sinne des herkömmlichen Verständnisses von Familienlastenausgleich auf die Kindergeneration beziehen, sondern auch auf die Belastungen, die durch Pflege und Betreuung alter Menschen entstehen. Ebenso ist die rentenversicherungsrechtliche Anerkennung von Familientätigkeit nicht nur im Blick auf Kindererziehungszeiten zu sehen, sondern auch im Blick auf Zeiten, die (erwachsene) Familienangehörige zur Pflege alter Angehöriger einsetzen. Während dieser Zeiten verzichten sie häufig auf eigene Erwerbstätigkeit und damit auf eine Verbesserung ihrer Rentenbiographie aus Erwerbstätigkeit.

(3) Unüberhörbar ist auch die Betonung der Bedeutung von mehr Flexibilität im Arbeitsleben, wobei wichtige Einsichten der modernen Alternsforschung mit eingebracht werden können. Auf diesem Hintergrund verdient die Frage Beachtung, ob nicht auf längere Sicht im Gegensatz zur derzeit üblich gewordenen Frühpensionierung auch über eine Verlängerung des aktiven Arbeitslebens nachgedacht werden muß, um auch auf diese Weise die Balance zwischen Beitragszahlern und Leistungsberechtigten in der Rentenversicherung besser zu gewährleisten. In diesem Zusammenhang sei daran erinnert, daß noch kürzlich der Präsident des Bundesverfassungsgerichts, *W. Zeidler*, unter Hinweis auf die in den USA bereits vorgenommene Umstrukturierung der Sozialversicherung feststellte, ähnliche Maßnahmen würden uns wohl nicht erspart bleiben. Er fügt allerdings hinzu: Eine solche weit über die bisherigen Vorstellungen hinausreichende Verlängerung der Lebensarbeitszeit werde aber, jedenfalls für die in Arbeit befindlichen älteren Menschen, eine erhebliche Verkürzung der Wochenarbeitszeit erforderlich machen. Ebenso werden danach künftig immer mehr Frauen auf der Grundlage einer 20 bis 25 Stunden dauernden Wochenarbeitszeit in das Arbeitsleben eingegliedert werden wollen, wie *Zeidler* bemerkt, um auf diese Weise die Rolle der Berufsfrau und der Familienfrau miteinander vereinbaren und auch gleichzeitig sich eine selbständige soziale Sicherung schaffen zu können. „Es versteht sich von selbst, daß die bisherigen Entlohnungssysteme diesen veränderten Gegebenheiten nicht werden Rechnung tragen können."

## 5. Der Nutzen des Familienberichts – Diskussion im Deutschen Bundestag?

Damit zurück zur spezifischen Frage nach der Familienpolitikberatung: Sicherlich wirkt der Bericht bis zu einem gewissen Grade auch dadurch, daß er nach seiner Veröffentlichung – zwischen Vorlage des Sachverständigenberichts und Zuleitung des Gesamtpakets mit Stellungnahme der Bundesregierung an das Parlament lag allerdings ein knappes Jahr – von einschlägigen Gremien erörtert wird. Aber wichtig erscheint, daß er einen seiner Hauptadressaten – vielleicht sogar *den* Hauptadressaten, weil Auftraggeber – wirklich errreicht, nämlich das Parlament. Es ist nicht mehr zu einer Debatte darüber im alten Bundestag gekommen. Der Bericht wird nunmehr neu eingebracht werden müssen, wenn wenigstens die Chance bestehen soll, daß er von den Ausschüssen und vom Plenum erörtert wird. Dabei sollte aber nicht übersehen werden, daß die Aussagen des Berichts auch für andere Verantwortungsträger relevant erscheinen, so auf der Ebene der Länder und Kommunen, aber auch im Arbeits- und Wirtschaftsleben (Tarifpartner!).

Welchen allgemeinen Nutzen Familienberichte für die Familienpolitik haben, ist im übrigen nicht ohne weiteres gleichzusetzen mit derem – ohnehin schwer exakt meßbaren – Einfluß auf die Tagespolitik. In aller Regel fehlt, jedenfalls bisher, ein direkter einliniger Zusammenhang zwischen einem Familienbericht bzw. Teilen desselben und einer unmittelbar daraus abgeleiteten gesetzgeberischen oder politischen Aktion. Der Einfluß auf die praktische Politik ist noch relativ am größten in der Erfüllung einer fachlichen Hilfs- und Ergänzungsfunktion gegenüber der Politik wie auch – wenngleich schon bedingter – in der zu Eingang erwähnten Analysefunktion und der Funktion der Hilfe bei der Situationsdefinition. Sicherlich erweisen sich solche Berichte immer wieder in einer gewissen Versachlichungs-, Absicherungs- und Unterstützungsfunktion für die Politik als wirksam. Relativ gering indessen erscheint ein direkter Einfluß auf politische Entscheidungen etwa im Sinne der Festlegung von Prioritäten und der Gestaltung von familienpolitischen Konzeptionen. Eine Wirkung der Entscheidungsvorbereitungswirkung von Familienberichten braucht deshalb nicht völlig zu fehlen; sie kann mittelbar z. B. auf dem Umweg über gesellschaftliche Gruppierungen gegeben sein. Überhaupt kann man sich fragen, ob die mehr indirekte Wirkung derartiger Berichte nicht die eigentlich bedeutsamere ist, nämlich u. a. über längerfristige Prozesse des Bewußtseinswandels in Politik und Öffentlichkeit.

## Anmerkungen

*) Vortrag auf der Veranstaltung der Gesellschaft für Sozialen Fortschritt am 6. 3. 1987 in Bonn; abgedruckt, in: Sozialer Fortschritt, H. 5/1987, S. 97–99.

1) Siehe hierzu im einzelnen die Ziffern 58 f. sowie 64 und 68 des Berichts. Zu den Aussagen zum Verhältnis vom Familientätigkeit und Erwerbstätigkeit siehe besonders die Ziffern 133 und 135 sowie 140 f.
2) Siehe dazu die Leitidee Seite 178 f.
3) Siehe dazu im einzelnen z. B. Seite 14.

# II. KAPITEL

## Einzelne Aufgabenfelder

# 1. Verteilungspolitische Aspekte eines wirklichen Ausgleichs der Familienlasten*

## 1. Zur inhaltlichen Bestimmung und begrifflichen Abgrenzung des Familienlastenausgleichs (FLA)

(1) Die politischen Bestrebungen um einen „Ausgleich der Familienlasten" und die Ansätze zu deren theoretischer Durchdringung – anfänglich noch betont auf die Lohngestaltung von Arbeitnehmern ausgerichtet – reichen weit über ein halbes Jahrhundert zurück. Nach dem Zweiten Weltkrieg ist dieses verteilungspolitische Problem u. a. von dem Kieler Nationalökonom und Bevölkerungswissenschaftler *G. Mackenroth* für viele Jahre richtungweisend in dem denkwürdigen Vortrag über die Reform der Sozialpolitik durch einen deutschen Sozialplan auf der Tagung des Vereins für Socialpolitik 1952 als *„sozialpolitische Großaufgabe des 20. Jahrhunderts"* angesprochen worden. Das erste deutsche Kindergeldgesetz mit bescheidensten Ansätzen von Ausgleichsleistungen ab dem 3. Kind wurde zum Jahresbeginn 1955 wirksam. Seitdem ist die Regelung des FLA in materieller und organisatorischer Hinsicht auf der familienpolitischen Tagesordnung geblieben und kann im Grunde bis heute nicht befriedigen. Es fehlt zwar inzwischen nicht an einem breiten Konsens über die Notwendigkeit und gesellschaftspolitische Bedeutung dieses relativ jungen Zweiges des Systems der sozialen Sicherung, wohl aber gehen die Auffassungen gerade über die verteilungspolitisch relevante *Ausgestaltung* nach wie vor deutlich auseinander. (Dies zeigte noch die Diskussion um die *Einkommenssteuerreform* und das damit berührte Verhältnis von Transferleistungen und Einkommenssteuerermäßigungen für Familien.)

(2) Der Grundsachverhalt eines Ausgleichs von Familienlasten liegt bekanntlich in der Abschwächung der finanziellen Belastungen, die Familien (einschließlich Alleinerziehenden) durch den Unterhalt und das Aufziehen von Kindern entstehen. Auf dem Hintergrund der gestiegenen Erwerbstätigkeit auch von verheirateten Frauen, die wiederum in Verbindung mit gewandelten Rollenvorstellungen der nachgewachsenen Frauengenerationen gesehen werden muß, hat diese kinderbedingte Einkommensbelastung über die reinen Aufwendungen für Kinder („Kinderkosten") hinaus längst eine *neue Belastungsdimension* hinzugewonnen, die sich aus dem Verzicht eines Elternteils (bisher noch ganz überwiegend der Mutter) auf Erwerbstätigkeit zwecks Pflege und Erziehung insbesondere von kleineren Kindern ergibt. Diese Dimension hat in sich wiederum noch wenigstens drei Teilaspekte:

- Einmal wirkt sich der *Wegfall des Erwerbseinkommens* unmittelbar auf das der Familie zur Verfügung stehende Einkommen mindernd aus (im Bereich der breiten Masseneinkommen bei Erwerbsverzicht der Frau durchschnittlich in einer Größenordnung von zwei Dritteln des Einkommens des Mannes).
- Solange die rentenversicherungsrechtlichen Ansprüche im Alter, wie gegenwärtig der Fall, entscheidend über die Erwerbstätigkeit abgeleitet sind, führt ein (vorübergehender) Verzicht auf Erwerbstätigkeit regelmäßig zu einer Minderung der *Versorgungsansprüche* im Alter.
- Schließlich hat eine mehrjährige Unterbrechung der Erwerbstätigkeit, wie in jüngeren Untersuchungen nachgewiesen werden konnte, eine tendenzielle Beeinträchtigung in der *Erwerbsbiographie* mit gewissen Einbrüchen in der Einkommensentwicklung auch nach späterer Wiederaufnahme der Erwerbstätigkeit zur Folge, so daß, auf das gesamte Lebenseinkommen bezogen, die kinderbedingte Unterbrechung in der eigenen Erwerbstätigkeit über die reinen Einkommensausfälle in der Zeit der Nichterwerbstätigkeit hinaus zusätzliche Einkommenseinbußen bewirkt.

In nationalökonomischer Sicht lassen sich diese über die tatsächlichen Aufwendungen für Kinder hinausreichenden wirtschaftlichen Belastungen auch als sog. *„Opportunitätskosten"* zusammenfassen. Diese dürfen bei Ordnungsvorstellungen über eine familiengemäße Einkommensgestaltung nicht unberücksichtigt bleiben. Deshalb stellen auch Ausgleichsleistungen für Kinder insbesondere höherer Rangzahl in der Familie (z. B. für das 3. oder 4. und weitere Kinder) in einer Größenordnung der durchschnittlichen tatsächlichen Mindestaufwendungen für ein Kind noch keinen 100%igen „Kinderlastenausgleich" dar, der unter Gesichtspunkten der persönlichen Eigenverantwortung nicht unproblematisch erscheinen könnte.

(3) Das *inhaltliche Verständnis des FLA* ist in der wissenschaftlichen und erst recht in der politischen Diskussion keineswegs einheitlich, der Begriff gelegentlich auch mehrdeutig. Verschiedentlich werden unter FLA alle (staatlichen oder auch nichtstaatlichen) wirtschaftlichen Förderungsmaßnahmen gegenüber Familien mit Kindern gefaßt. Damit wird der Begriff des FLA jedoch so wenig operational, daß er für weiterführende Analysen etwa der Verteilungswirkungen kaum noch brauchbar ist.

Eine deutliche Reduzierung der Komplexität des Sachverhalts der Maßnahmen zur wirtschaftlichen Entlastung von Familien oder deren „Begünstigung" wird erreicht, wenn man sich den folgenden *verteilungspolitischen Zusammenhang* vergegenwärtigt: Die nicht wenigen – je nach Sozialordnung deutlich unterschiedlich ausgeprägten – realen Leistungen für Kinder (Sach- bzw. Dienstleistungen, sog. Realtransfers) sowie eine Reihe von Preisermäßigungen, die als indirekte monetäre Leistungen einkommenswirksam sind, sind an die Inanspruchnahme bestimmter Güter oder staatlicher Leistungen gebunden – bis hin zur Inanspruchnahme einer Sozialversicherungsleistung, die wie z. B. in der gesetzlichen Krankenversicherung bei gleichem lohnbezogenem Geldbeitrag in Sachleistungen für alle Familienangehörigen ohne zusätzliche Beitragszahlungen bestehen kann (oft sog. „indirekter FLA").

Es gibt vielfältige Ansätze einer (oft mittelbaren) wirtschaftlichen Familienförderung, die auf der Seite der *Einkommensverwendung* ansetzen und im Ergebnis dazu führen, daß die im einzelnen Familienhaushalt anfallenden geldlichen Aufwendungen für Kinder entsprechend erniedrigt werden. So beeinflussen entsprechende staatliche *Investitionen in das Bildungssystem* mit kollektiven Dienstleistungen in Gestalt kostenlosen Schul- bzw. Hochschulbesuchs, aber auch z. B. Investitionen in einen sozialen Wohnungsbau, der zu vergleichsweise niedrigeren Mieten für größere Wohnungen führt, die tatsächlichen Aufwendungen für Kinder. Die kinderbedingten Einkommensbelastungen können im Ergebnis auch dort abgeschwächt werden, wo spezifische monetäre Transferleistungen an den einzelnen Familienhaushalt eine ganz bestimmte Einkommensverwendung voraussetzen, wie dies z. B. bei Mietzuschüssen entsprechend der Kinderzahl oder bei ebenfalls zweckgebundenen Ausbildungsbeihilfen bzw. steuerlichen Ausbildungsfreibeträgen der Fall ist.

(4) Auch wenn Maßnahmen einer *Ausbildungsförderung* in ihrer Bedeutung für das *Gesamtsystem der wirtschaftlichen Familienförderung* gesehen werden müssen und eine Abstimmung mit einem allgemeinen FLA erforderlich ist, erscheint es doch nicht zweckmäßig, sie mit den nicht zweckgebundenen allgemeinen Einkommensleistungen eines FLA zusammenzufassen. Gerade im Falle der Ausbildungsförderung schlagen in besonderer Weise *spezifische Zielsetzungen* durch, die wiederum für Art und Ausgestaltung der Leistungen wichtig erscheinen. Zu nennen sind hier nicht nur *bildungspolitische* Zielsetzungen, die auf die Ausschöpfung von Begabungsreserven oder auch die Hebung des allgemeinen Bildungsniveaus in der Gesellschaft gerichtet sind, sondern auch Zielsetzungen, die weniger an der Herkunftsfamilie orientiert sind als vielmehr an der individuellen beruflichen Entwicklung junger Erwachsener, die nicht selten selbst schon wieder eine eigene (Fortpflanzungs-)Familie haben. Auch dürfte die Beeinflussung der Lebenseinkommen, die i. a. mit den durch Ausbildungsförderung verbesserten Aufstiegschancen verbunden ist, zusätzliche Gestaltungskriterien nahelegen (z. B. Darlehensformen), wie sie bei einem allgemeinen Einkommensausgleich für Familien mit unterschiedlicher Zahl kleinerer und heranwachsender Kinder eher zurücktreten können.

(5) Wenn nachstehend diese letztere, engere Fragestellung herausgegriffen wird, so ist dafür auch die folgende Überlegung maßgebend: Ehe die Ausbil-

dungsförderung erst einsetzen kann, müssen – auch biographisch – zunächst die *ökonomischen Grundlagen des Aufziehens und Erziehens von Kindern* in den Familien, auch unter Berücksichtigung der Grundausbildung im allgemeinen Schulsystem, *angemessen gesichert* sein. Insofern sollte auch schon hier an dieser Basis der wirtschaftlichen Sicherung von Familien ein überzeugendes verteilungspolitisches Konzept greifen, auf dem dann eine spezielle Ausbildungsförderung aufbaut.

Ein einigermaßen *operationaler Begriff des FLA* im engeren Sinne, wie er auch im folgenden verwandt wird, beschränkt sich in verteilungspolitischer Sicht auf die Seite der monetären *Einkommensverteilung* und wird demgemäß als jenes einkommenspolitische Instrument verstanden, durch das in Korrektur der leistungsbestimmten marktmäßigen Einkommensverteilung der Bedarf unterschiedlich großer Familien dadurch berücksichtigt werden soll, daß das frei verfügbare Einkommen der Familienhaushalte entsprechend der Zahl der noch nicht erwerbstätigen Kinder und dem Ausmaß der durch sie bewirkten Einkommensbelastungen differenziert wird. Im ökonomischen Ergebnis bewirkt der FLA eine *tendenzielle Nivellierung* der Pro-Kopf-Einkommen innerhalb einer Einkommensschicht, wobei horizontale und vertikale Umverteilungseffekte aufs engste miteinander verschränkt sind. Die durch den FLA bewirkte *interpersonelle Einkommensumverteilung* erweist sich bei einer zeitlichen Längsschnittbetrachtung über die gesamte Lebenszeit hinweg als ein Umverteilungsprozeß, der sich zugleich – je nach Ausgestaltung in unterschiedlichem Ausmaß – auch als eine *intertemporale* Umverteilung von Lebenseinkommen des einzelnen darstellt. Im Grunde sind auch Modelle eines FLA mit einem „Kindergeld-Kredit", der später von den Herangewachsenen zurückgezahlt wird *(W. Schreiber)*, oder Darlehensregelungen einer Ausbildungsförderung Ausdruck einer solchen intertemporalen Umverteilung von Lebenseinkommen.

Die Abgrenzung solch allgemeiner einkommenswirksamer monetärer Leistungen von zweckgebundenen Transfers kann im Einzelfall fließend sein, wie etwa das neue Erziehungsgeld zeigt, das in einer bestimmten, bisher zeitlich sehr eng – zu eng – begrenzten Phase des Familienzyklus im Falle des Verzichts auf eine volle Erwerbstätigkeit eines Elternteils gerade auch einen Teil der Opportunitätskosten ausgleichen soll und das verfügbare Familieneinkommen erhöht. Dieses Erziehungsgeld zielt neben der Verbesserung der Voraussetzungen der frühkindlichen Erziehung auch auf eine materiell abgesicherte größere Wahlfreiheit junger Eltern zwischen Erwerbs- und Familientätigkeit ab. Dies kann zugleich, da die neue Leistung sowohl Müttern als auch Vätern zusteht, zu größerer Rollenflexibilität zwischen Mann und Frau führen.

(6) Die vielfältigen, das Realeinkommen erhöhenden Leistungen auf der

Seite der Einkommensverwendung, die hier nicht als FLA im engeren Sinne definiert werden, sind selbstverständlich bei den verteilungspolitischen Überlegungen zu einer angemessenen, einer „familiengemäßen" Einkommensgestaltung einschließlich eines „wirklichen" FLA mit zu berücksichtigen. Läßt sich doch die Differenzierung des frei verfügbaren Einkommens nach der Kinderzahl in ihrer familienpolitischen Bedeutung letztlich nur beurteilen, wenn diese Strukturen der frei verfügbaren Einkommen zu den in den einzelnen Familienhaushalten anfallenden durchschnittlichen Aufwendungen für Kinder und zu den kollektiven Investitionen in das Aufziehen der nächsten Generation in Beziehung gesetzt werden.

(7) Eine besondere Bedeutung für die Differenzierung des frei verfügbaren Einkommens unterschiedlich großer Familien hat das jeweilige *System der Einkommensbesteuerung*. Einkommenssteuerermäßigungen mit Rücksicht auf den Unterhalt (und die Ausbildung) von Kindern bewirken eine Erhöhung des verfügbaren Gesamteinkommens und damit eine Abschwächung des Rückgangs der Pro-Kopf-Einkommen mit steigender Kinderzahl. Solche einkommenswirksamen Einkommenssteuerermäßigungen für Kinder – in einer nicht ganz unproblematischen Terminologie auch *„indirekte Transfers"* genannt – werden gegenwärtig in Deutschland (wieder) über sog. *Kinderfreibeträge* bewirkt. Diese werden bekanntlich vor der Besteuerung von der Steuerbemessungsgrundlage abgezogen und sind infolgedessen in ihrer ökonomischen Wirkung eine Funktion des primär nach fiskalischen Gesichtspunkten aufgestellten Steuertarifs.

Man kann diesem Kinderfreibetragsverfahren grundsätzlich die Funktion zusprechen, in einem Einkommenssteuersystem, das u. a. an dem Grundsatz der steuerlichen Leistungsfähigkeit orientiert ist, das Existenzminimum auch von Kindern einkommenssteuerfrei zu lassen. Dahinter steht die wertbesetzte Grundentscheidung, daß von Eltern getätigte Aufwendungen für das Aufziehen der nachwachsenden Generation *nicht mit privaten Konsumausgaben gleichgesetzt* werden dürfen. *Investitionen in die nächste Generation* sind danach wegen ihrer hohen gesellschaftlichen Relevanz grundsätzlich etwas anderes als Ausgaben auch für langlebige Gebrauchsgüter, erst recht für Urlaubsreisen u. ä. Von daher gilt dann nicht nur die Höhe des Einkommens, sondern auch die Anzahl der unterhaltsberechtigten Kinder als Maßstab für die steuerliche Leistungsfähigkeit und damit Belastbarkeit, so daß die einkommenssteuerliche Belastung für Familien mit Kindern bei gleichem (Markt-) Einkommen geringer ausfällt als bei Ledigen und Kinderlosen. Dies stellt damit eine Komponente in der Differenzierung des verfügbaren Einkommens dar, und zwar eine verteilungspolitisch wirksame Komponente, die in diesem Falle zunächst einmal Vorstellungen einer *Steuergerechtigkeit*, aber noch nicht dem

Ziel der sozialpolitischen Einkommensumverteilung Rechnung zu tragen sucht.

(8) Davon zu unterscheiden wären die eigentlichen *Einkommensumverteilungen zugunsten von Mehrkinderfamilien,* die auf mehr Verteilungsgerechtigkeit angesichts einer marktleistungsbezogenen Einkommensverteilung ausgerichtet sind und vor allem in unteren und mittleren Einkommensschichten die materiellen Lebensbedingungen von Kindern zu verbessern suchen (FLA im engeren Sinne). Diese *echte Einkommensumverteilung* zwischen kinderlosen bzw. kinderarmen Familien und Mehrkinderfamilien, die sich auch auf dem Wege der Einkommensbesteuerung bewirken läßt (sog. „sozialpolitischer Steuerzweck"), ist die Konsequenz eines Unterhaltssystems zwischen der noch nicht erwerbstätigen, der erwerbstätigen und der nicht mehr erwerbstätigen Generation, bei dem auf der einen Seite die Altersversorgung weitestgehend über die gesetzliche Rentenversicherung „kollektiviert" und insoweit dem familialen Bereich entzogen ist, auf der anderen Seite die Unterhaltslasten für die nachwachsende Generation, die die Drei-Generationen-Solidarität einmal einzulösen hat, jedoch zu einem ganz erheblichen Teil „individualisiert" sind, d. h. von den auf Dauer unterschiedlich großen Familien aufzubringen sind. Insofern gilt es, den FLA auch auf dem Hintergrund der Konzepte intergenerativer Lastenverteilungen zu sehen – eines verteilungspolitisch bisher noch wenig ausgeleuchteten Problemfeldes.

## 2. FLA als integraler Bestandteil einer sozialmarktwirtschaftlichen Ordnung

(1) Aus den bisherigen Überlegungen dürfte bereits deutlich geworden sein, daß der Sicherung einer familiengemäßen Einkommensgestaltung durch einen voll wirksamen FLA eine grundlegende *Bedeutung* gerade *für die konkrete Ausgestaltung der Aufteilung der Verantwortung zwischen Staat, Gesellschaft und einzelner Familie* für das Aufziehen der nachwachsenden Generation zukommt. Im folgenden soll dies anhand einiger zentraler verteilungspolitischer Zielvorstellungen eines solchen FLA auf dem Hintergrund einer gesellschaftlichen Ordnung sozialmarktwirtschaftlicher Prägung noch etwas näher begründet werden. Für eine gesellschaftliche Ordnung, die sich betont am Leitbild einer Sozialen Marktwirtschaft ausrichtet, kann die Bedeutung der Sicherung einer familiengemäßen Einkommensgestaltung im Grunde nicht zweifelhaft sein. Dabei sei noch vorweg daran erinnert, daß die Soziale Marktwirtschaft – entgegen manchen gedanklichen Verengungen, die sie gelegentlich erfährt –

für ihre geistigen Väter keineswegs nur ein *wirtschafts*ordnungspolitisches, sondern ein *gesellschafts*ordnungspolitisches Konzept darstellt. (*H. Lampert*, 1986, bemerkt: „Da die Soziale Marktwirtschaft als ein den Zielen der Freiheit, der sozialen Gerechtigkeit und der sozialen Sicherheit verpflichteter Stilgedanke zu verstehen ist, der eine Anpassung an neue Bedingungen und die Berücksichtigung neuer politischer Ziele ausdrücklich als Element der Konzeption enthält, ist die *Soziale Marktwirtschaft* auch offen für eine ihren Grundzielen und Grundprinzipien verpflichtete, aber den gewandelten sozio-ökonomischen Existenzbedingungen der Familie Rechnung tragende familienpolitische Konzeption.“)

(2) Im Bereich der Verteilungspolitik geht es um eine *strukturelle Korrektur der rein marktmäßigen Einkommensverteilung. A. Müller-Armack* (1948), einer der geistigen Väter des ordnungspolitischen Konzepts der Sozialen Marktwirtschaft, hat schon vor Jahrzehnten unmißverständlich und sehr pointiert festgehalten: Es gehöre zu den folgenschweren Fehlern des wirtschaftlichen Liberalismus in der Beurteilung der marktwirtschaftlichen Verteilung, die Frage der zweckmäßigen „technischen Austauschform“ mit der Frage des sozial und staatlich Erwünschten zu verquicken. Die marktwirtschaftliche Zuteilung als solche bilde Einkommen nach dem Maßstab der produktiven Vorleistungen, womit die Frage der sozialen Gerechtigkeit noch nicht entschieden sei.

(3) Die *Dringlichkeit einer nachhaltigen Verbesserung der Einkommensverteilung gegenüber Mehrkinderfamilien* kann grundsätzlich kaum streitig sein. Für die Ausgestaltung lassen sich mehrere Grundziele ausmachen, die auch in der Literatur durchaus unterschiedliche Aufgliederungen erfahren. Folgt man dem schon 1972 vorgelegten Gutachten des Wissenschaftlichen Beirats für Familienfragen beim BMJFG, so lassen sich folgende *Zielsetzungen* unterscheiden:

a) Im Rahmen eines umfassenden gesellschaftspolitischen Ziels, wonach jedes Kind das Recht auf *Sicherung des sozialkulturellen Mindestbedarfs* sowie auf Erziehung und Ausbildung zwecks Sicherung gleicher Entwicklungschancen haben soll, besteht ein erstes Ziel des FLA in der Sicherung des sozialkulturellen Mindestbedarfs für alle Kinder (was nicht nur Freistellung eines solchen Existenzminimums von der Einkommensbesteuerung meint; eig. Anm.). Der über die Sicherung des Lebensunterhalts hinausgehende Anspruch des Kindes auf gleiche Entwicklungschancen und damit auch auf die Chancengleichheit im Sozialisationsprozeß kann durch die Maßnahmen des FLA nur z. T. erfüllt werden; diese können nur dazu beitragen, die Ungleichheit der Entwicklungschancen von Kindern abzubauen. Die Verantwortung für die Sicherung des Lebensunterhalts von Kindern liegt in unserer Sozialordnung primär bei der

Familie, die den Unterhalt unmittelbar und erstzuständig zu gewährleisten hat. Die Gesellschaft hat sich in der Aufteilung der Verantwortung an den Unterhaltskosten für die Kinder jedoch insoweit zu beteiligen, als den Eltern das Tragen dieser Kosten nicht zuzumuten ist.

b) Ein zweites Ziel des FLA besteht darin, die Haushaltseinkommen an den durch Kinder bedingten unterschiedlichen *Bedarf der Familien* anzupassen, da je nach der Zahl der unterhaltsberechtigten Kinder die Familien mit einem unterschiedlichen materiellen Aufwand für ihre Kinder belastet sind.

c) Schließlich soll als Ziel des FLA gelten, die Leistungen der Familien finanziell anzuerkennen, die diese mit dem Aufziehen und der Erziehung der Kinder als für die Gesellschaft bedeutsam erbringen. Mit dieser neben der Haushaltsfunktion von der Familie erfüllten *Sozialisationsfunktion* wird die Allgemeinheit zugleich von Kosten entlastet, die sie sonst übernehmen müßte.

(4) Mit diesen Zielen sind – mehr oder minder explizit – *unterschiedliche Normen* verbunden, deren Gewichtung für die Ausgestaltung des FLA im einzelnen zu bedenken bleibt. Generell kann hier festgehalten werden, daß die Werte, auf denen die Zielvorstellungen im einzelnen beruhen, nur in begrenztem Maße wissenschaftlich begründbar sind. Deshalb ist auch eine Beurteilung von konkreten Regelungen und (Reform-)Vorschlägen nur von den alternativen Zielen und den damit jeweils verbundenen normativen Vorentscheidungen her sinnvoll.

(5) Schließlich ist noch festzuhalten, daß es eine unzulässige Verengung des Konzepts eines FLA wäre, dieses vorschnell und einseitig mit schon seit Jahren bekannten dringlichen *demographischen* Problemstellungen zu verknüpfen. Diese Feststellung enthebt uns aber nicht der Verpflichtung, angesichts der Bedeutung der sich abzeichnenden gravierenden Veränderungen in den demographischen Rahmenbedingungen für Wirtschaft, Gesellschaft und Kultur auch das generative Verhalten, das für die Geburten- und Bevölkerungsentwicklung entscheidend ist, mit in die Überlegungen einzubeziehen. Zu einer besorgniserregenden Beurteilung der demographischen Situation muß man hier auch dann kommen, wenn man nicht unbedingt eine quasi-stationäre Bevölkerungsentwicklung favorisieren möchte, sondern auch eine leicht rückläufige (aber möglichst stetige) Entwicklung akzeptieren würde. Demographische Verwerfungen und Strukturprobleme wirken sich gerade auch im Bildungswesen relativ frühzeitig und zugleich sehr nachhaltig aus. Die Verteilungsordnung einschließlich eines FLA muß auch diese Zusammenhänge angemessen im Blick behalten.

## 3. Der gegenwärtige Stand des FLA in verteilungspolitischer Sicht

In verteilungspolitischer Sicht läßt sich zur besseren Einschätzung von Stand und Perspektive der Entwicklung zwischen der Mikroebene des einzelnen Familienhaushalts und der Makroebene, wie sie zahlenmäßig im sog. *Sozialbudget* eingefangen wird, unterscheiden. Beide Ebenen sollen kurz angesprochen werden. Dabei ist daran zu erinnern, daß die komplexen methodologischen Probleme von Verteilungsanalysen, die unzureichenden empirischen Informationen und die schwierigen Bewertungsprobleme familialer Leistungen wesentliche Gründe dafür sind, daß meist nur einige ausgewählte verteilungspolitische Aspekte behandelt werden können (*H. Lampert*, 1986, S. 33). Die nachstehende schematische Übersicht verdeutlicht zusätzlich die Verflochtenheit familienpolitischer Leistungsströme, in die der FLA im engeren Sinne eingebunden ist.

### *3.1 Verteilungspolitische Wirkungen auf der Mikroebene des einzelnen Familienhaushalts*

a) In jüngerer Zeit haben Untersuchungen – so u. a. der Familienwissenschaftlichen Forschungsstelle im Statistischen Landesamt Baden-Württemberg – gezeigt, daß ein *vollbefriedigender Ausgleich* der durch Kinder beding-

*Familienpolitische Transferströme*

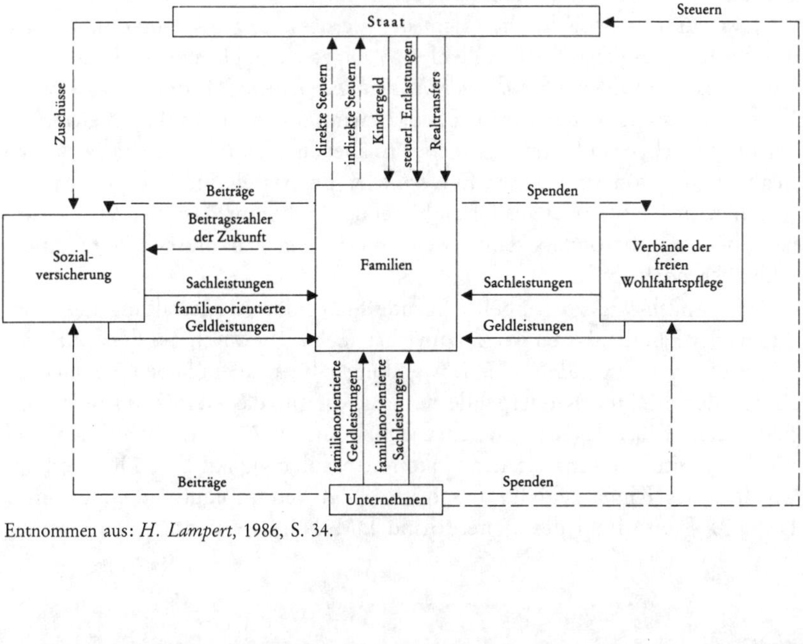


Entnommen aus: *H. Lampert,* 1986, S. 34.

ten Einkommensbelastungen nach wie vor nicht erreicht ist. Das durchschnittlich verfügbare *Pro-Kopf-Einkommen* in jungen Familienhaushalten mit heranwachsenden Kindern sank in Familien mit drei Kindern im Jahre 1982 auf etwa 40% dessen ab, was kinderlosen, dann im allgemeinen meist beiderseitig verdienenden Ehepaaren zur Verfügung stand. Dabei ist der geringere Verbrauch der Kinder bereits durch eine (auf gesonderten neuen Erhebungen im Rahmen der Wirtschaftsrechnungen beruhenden) sog. „Vollpersonenrechnung" berücksichtigt. Halten wir uns in diesem Zusammenhang vor Augen, daß die durchschnittlichen monatlichen Verbrauchsausgaben in den Familienhaushalten für ein Kind (unter Berücksichtigung freilich auch der höheren Einkommensgruppen und damit über dem sozialkulturellen Existenzminimum liegend) schon im Jahre 1986 – wie ebenfalls Pilotstudien der genannten Forschungsstelle auf der Grundlage der Einkommens- und Verbrauchsstichprobe (1983) ergeben haben – mit Beträgen von DM 720,– bis 730,– veranschlagt werden können. Damit sind Größenordnungen benannt, an denen sich (zumindest im Hinblick auf die Aufwendungen in mittleren Einkommensgruppen) im Grunde realitätsnahe Einkommenssteuerbefreiungen orientieren müßten, wenn man von dem Prinzip ausgeht, daß wenigstens das sozialkulturelle Existenzminimum einer Person – und damit auch eines Kindes – nicht noch besteuert werden darf. Darüber hinaus stehen die eigentlichen Umverteilungsleistungen zur Diskussion, für die der Weg der direkten Transferleistungen (oder auch der Einkommenssteuerermäßigungen, z. B. als Abzug von der Steuerschuld) gewählt werden kann.

b) In adressatenspezifischer Sicht der Verbesserung der Einkommenslage durch einen Ausgleich der Familienlasten zeigt sich im übrigen, daß besondere ökonomische *Probleme für alleinerziehende Elternteile* (Mütter) in den breiten Einkommensschichten sowie bei Ehepaaren mit nur einem Einkommensbezieher auszumachen sind. Hervorzuheben ist aber auch die einkommenswirksame Begünstigung von kinderlosen Einverdiener-Ehepaaren durch das Ehegattensplitting, die um so höher ausfällt, je höher das Einkommen ist (bei Zweiverdiener-Ehepaaren besonders dann, wenn die beiden Einkommen stark unterschiedlich hoch sind).

c) Der nach wie vor unbefriedigende Stand der Ausgestaltung des Ausgleichs der Familienlasten wurde zunächst auch nicht durch die *Einkommenssteuerreform* überwunden. Die Aufwendungen für Kinder blieben – auch nach Abzug der direkten Kindergeldleistungen, die für das erste Kind über viele Jahre bei DM 50,– lagen (inzwischen jedoch auf DM 70,– erhöht wurden) und für das zweite Kind inzwischen einkommensabhängig auf DM 130,– erhöht wurden (das Kindergeld für das dritte Kind beträgt einkommensabhängig DM 220,– und für jedes weitere Kind DM 240,–) – trotz einer gewissen

Anhebung der Kinderfreibeträge nach dieser Einkommenssteuerreform keineswegs in voller Höhe einkommenssteuerfrei (für geringverdienende wurde ein Kindergeldzuschlag anstelle des steuerlich nicht [voll] genutzten Kinderfreibetrages eingeführt, der ab 1. 1. 1992 bis zu DM 65,– mtl. beträgt). Hinzu traten Kontroversen über den weiteren Weg der Sicherung einer familiengemäßen Einkommensgestaltung, die auf einer tieferreichenden, normativ besetzten Ebene angesiedelt sind. Dabei konnte man bei den Diskussionen um die Einkommenssteuerreform gelegentlich den Eindruck gewinnen, daß verhärtete Positionen in gewissem Grade den Blick für den Handlungsbedarf einer systematischen Familienpolitik verstellen (Beispiel für die Bedeutung von unterschiedlich bewerteten Verteilungswirkungen, mangelnde gedankliche Integration unterschiedlicher Zielfunktionen einkommenswirksamer Instrumente, Finanzausgleichsprobleme zwischen Bund und Ländern verwaltungsorganisatorische Gesichtspunkte).

d) Die Verbesserungen wirtschaftlicher Rahmenbedingungen von Mehrkinderfamilien durch den FLA i. e. S. sollten – entgegen gelegentlich anzutreffenden Sichtweisen – unter keinen Umständen als ein möglichst zu beschneidender „Sozialkonsum" eingestuft werden. Vielmehr lassen sich große Teile der Aufwendungen für die nachwachsende Generation mit guten Gründen zu den *investiven Aufwendungen einer Gesellschaft* zählen, zu den Investitionen in „human capital". Ihr Ertrag liegt jedoch nicht allein in der Verbesserung der heutigen materiellen Lebensbedingungen von Familien mit Kindern, sondern, weil es sich um Investitionen handelt, in der Verbesserung auch der Lebensbedingungen von Familien der Gesellschaft von morgen. Mit der Entscheidung für Kinder sind im übrigen für die Lebensplanung der einzelnen Paare ausgesprochen langfristige finanzielle Belastungen verbunden, die allein bezogen auf die im Normalfall anfallenden Verbrauchsausgaben, d. h. ohne Ausbildungskosten und ohne die oben erwähnten „*Opportunitätskosten*", schon 1988 unter den gegebenen Bedingungen auf das gegenwärtige Preisniveau bezogen, für ein Kind bis zum 18. Lebensjahr im Durchschnitt der Einkommensschichten immerhin auf eine Größenordnung von etwa DM 160 000,– hinauslaufen. Solchen langfristigen Belastungen muß eine besondere Verläßlichkeit der staatlich gewährleisteten (Um-)Verteilungspolitik entsprechen. Familienförderungsleistungen eignen sich daher auch am allerwenigsten für kurzfristige Haushaltssanierungen. Für diese Leistungen ist *Dauerhaftigkeit* ganz besonders wichtig, nicht zuletzt dort, wo demographische Nebeneffekte als erwünscht angesehen werden. Nicht nur Unternehmer müssen an Verläßlichkeit und Dauerhaftigkeit der ökonomischen Rahmenbedingungen ihrer Investitionsentscheidungen interessiert sein; mindestens gleich groß ist das Interesse von Familienhaushalten, die durch Erziehung und Ausbildung von Kindern für zwei und mehr Jahrzehnte in Humankapital investieren.

e) Unter diesem Aspekt sollte auch das Problem der *Dynamisierung kindbezogener Ausgleichsleistungen* auf der familienpolitischen Tagesordnung bleiben. Der reale Wert nominell gleichbleibender Kindergeldbeträge geht – wie bei allen Transfereinkommen – aufgrund von generellen Preissteigerungen zurück; darüber hinaus sollte das Kindergeld aber auch am allgemeinen realen Wachstum teilhaben, da mit dem Lebensstandard der Eltern auch derjenige der Kinder angehoben werden sollte. Deshalb wäre zu wünschen, daß die Leistungen des FLA an die allgemeine Einkommensentwicklung laufend angepaßt würden. Insofern bleibt eine *gesetzlich institutionalisierte Anpassungs- bzw. Überprüfungsregelung im Bundeskindergeldgesetz* weiterhin anzumahnen, ohne damit eine automatische „Dynamisierung" festzuschreiben. Vorbild für eine solche regelmäßige *Aktualisierung der Ausgleichsleistungen* könnte z.B. die Bestimmung des BAföG (§ 35) sein, mit der der Bundesregierung eine Prüfungs- und Berichtspflicht über den Stand der für die Leistungen maßgebenden Sätze in Entsprechung zur Entwicklung der Einkommensverhältnisse und der Lebenshaltungskosten (unter Berücksichtigung der finanzwirtschaftlichen Entwicklung) auferlegt ist. Leider fehlt eine solche Regelung im Bundeskindergeldgesetz seit jeher, obwohl es auch in der Vergangenheit mehrfach Vorschläge dazu gegeben hat. Dabei könnte auch die Verschränkung der Transferleistungen mit den Einkommenssteuerermäßigungen für Kinder berücksichtigt werden. Die Orientierung an den Lebenshaltungskosten würde auch dort erreicht, wo die Ausgleichsleistungen „realitätsnahe" (BVerfG) auf die tatsächlichen (Mindest-)Aufwendungen der Eltern für Kinder bezogen sind.

Eine solche Anforderung an einen wirklichen FLA drängt sich um so mehr auf, je mehr man den „investiven" Charakter von FLA-Leistungen berücksichtigt. Deren regelmäßige Aktualisierung könnte hier dazu beitragen, daß die realen Investitionen in die Zukunft unserer Gesellschaft, soweit sie über das Humankapital unserer Kinder vollzogen und im elterlichen Haushalt getätigt werden, im Zuge der gesamtwirtschaftlichen Entwicklung nicht zurückfallen.

### *3.2 Verteilungspolitische Wirkungen auf der Makroebene des Sozialbudgets*

Ergänzend seien noch einige Anmerkungen zur *familienbezogenen Einkommensumverteilung in makroökonomischer Sicht* eingebracht, die sich vornehmlich auf die Ausweisungen im sog. Sozialbudget stützen. Ab 1980 ist das Finanzvolumen speziell nach dem Bundeskindergeldgesetz von rund 17 Mrd.

DM auf 14,6 Mrd. DM im Jahre 1990 zurückgegangen. (Für 1993 liegt das Volumen nunmehr für Gesamtdeutschland bei 20,5 Mrd. DM einschließlich Verwaltungskosten.) Für die Beurteilung der Entwicklung muß neben vorübergehenden Leistungskürzungen seit 1981 berücksichtigt werden, daß auf dieser Makroebene die Familien sozusagen als Kollektiv, als Gruppe, gesehen werden und die Ausgabepositionen für die Gesamtheit der Familien ausgewiesen werden, deren Kinderzahlen sich z. B. in den letzten Jahren absolut deutlich verringert haben; vor allem sind stärker besetzte Altersjahrgänge aus der Kindergeldberechtigung herausgewachsen. Der Anteil der Ausgaben speziell für das Kindergeld am gesamten Sozialbudget hat sich von 1980 bis 1990 von 3,7% auf 2,1% verringert; die Leistungen (in der Gliederung nach

*Ehe und Familie – Leistungen im weiteren Sinne*
*in Millionen DM*

| Leistungen | Ehe und Familie insgesamt | Kinder Jugendliche | Ehegatten | Mutterschaft |
|---|---|---|---|---|
| **1984** | | | | |
| Gesamt | 70942 | 37274 | 30197 | 3471 |
| darunter: | | | | |
| Mutterschaftsgeld/Mutterschaftsurlaub | 1292 | — | — | 1292 |
| Entgeltfortzahlung bei Mutterschaft | 810 | — | — | 810 |
| Kindergeld[1]) | 15187 | 15187 | — | — |
| Kinderfreibetrag nach EStG | 1800 | 1800 | — | — |
| Waisenrenten | 2397 | 2397 | — | — |
| Familienzuschläge öffentl. und privater Arbeitgeber | 8580 | 4759 | 3821 | — |
| Ehegattensplitting nach EStG | 25000 | — | 25000 | — |
| Weitere Steuermaßnahmen[2]) | 2558 | 2138 | 420 | — |
| Ausbildungsförderung[3]) | 507 | 507 | — | — |
| Jugendhilfe | 9280 | 9280 | — | — |
| Ärztliche u. stationäre Behandlung | 1015 | — | — | 1015 |
| Familienleistungen der Sozialhilfe[4]) | 794 | 558 | 221 | 15 |
| **1990** | | | | |
| Gesamt | 90202 | 56441 | 30008 | 3753 |
| darunter: | | | | |
| Mutterschaftsgeld | 946 | — | — | 946 |
| Entgeltfortzahlung bei Mutterschaft | 1160 | — | — | 1160 |
| Erziehungsgeld | 4500 | 4500 | — | — |
| Kindergeld[1]) | 14802 | 14802 | — | — |
| Kinderfreibetrag nach EStG | 8500 | 8500 | — | — |
| Waisenrenten | 1780 | 1780 | — | — |
| Familienzuschläge öffentl. und privater Arbeitgeber | 10461 | 5972 | 4489 | — |
| Ehegattensplitting nach EStG | 23400 | — | 23400 | — |
| Weitere Steuermaßnahmen[2]) | 4521 | 3827 | 694 | — |
| Ausbildungsförderung[3]) | 661 | 661 | — | — |
| Jugendhilfe | 14345 | 14345 | — | — |
| Ärztliche u. stationäre Behandlung | 1201 | — | — | 1201 |
| Familienleistungen der Sozialhilfe[4]) | 2132 | 1624 | 478 | 30 |

[1]) einschl. Kinderzulagen, Kinderzuschüsse und Kindergeldzuschläge
[2]) Kinderkomponente für erhöhte Absetzung für Wohngebäude, Haushaltsfreibetrag für Alleinstehende mit Kind, Außergewöhnliche Belastungen (§§ 33, 33a EStG), Pauschbeträge für Schwerstbehindertenpflege und für Kinderbetreuungskosten Alleinstehender, Realsplitting; Kinderfreibetrag nach VStG
[3]) Schülerausbildungsförderung des Bundes und der Länder (ohne Darlehen)
[4]) Überwiegend Hilfe zum Lebensunterhalt

*Quelle:* Sozialbericht 1990, Teil B: Sozialbudget 1990, S. 137.

*Ehe und Familie – Ausgewählte Leistungen 1984 und 1990 in Millionen DM*

| Leistung | 1984 | 1989 | 1990 |
|---|---|---|---|
| Familienleistungen (Funktion Ehe und Familie) | 70942 | 89193 | 90202 |
| Sachleistungen der Krankenversicherung an mitversicherte Familienangehörige (Funktion Gesundheit) | 29022 | 33471 | 34699 |
| Wohngeld (Leistungen an Familien) (Funktion Wohnen) | 1210 | 1839 | 1881 |
| Berufsausbildungshilfe nach AFG (Funktion Berufliche Bildung) | 487 | 510 | 589 |
| Jugendberufshilfe nach BSHG (Funktion Berufliche Bildung bzw. Invalidität) | 1259 | 1470 | 1590 |
| Ausbildungsförderung der Studenten[1]) (Funktion Berufliche Bildung) | 208 | 20 | 277 |
| Witwenrenten (Funktion Alter und Hinterbliebene) | 57602 | 66783 | 69520 |
| Kindererziehungszeiten (Funktion Alter) | — | 1767 | 2563 |
| Ehe und Familie — Leistungen zusammen | 160730 | 195053 | 201321 |
| Anteil am Bruttosozialprodukt in % | *9,1* | *8,6* | *8,4* |
| Anteil am Sozialbudget | 28,8 | 28,7 | 28,6 |

[1]) ohne Darlehen

Anmerkung: Im Jahre 1990 entstehen außerdem 225 Millionen DM Steuermindereinnahmen bei dem Sonderausgabenabzug für sozialversicherungspflichtige Beschäftigungsverhältnisse zur Kinderbetreuung oder Pflege (§ 10 Abs. 1 Nr. 8 EStG).

*Quelle:* Sozialbericht 1990, Teil B: Sozialbudget 1990, S. 136.

Funktionen einschließlich steuerlichen Maßnahmen) haben sich für den Gesamtbereich „Ehe und Familie“ (umfaßt z. B. auch Jugendhilfe und Familienleistungen der Sozialhilfe) von 1980 bis 1990 von 67,8 Mrd. DM auf 90,2 Mrd. DM erhöht, ihr Anteil am gesamten Sozialbudget ist indessen im gleichen Zeitraum von 14,2% auf 12,8% zurückgegangen.

Die Leistungen für die Funktion „Ehe und Familie“, wie sie das Sozialbudget 1990 ausweist, sind in den nachstehenden beiden tabellarischen Übersichten wiedergegeben, und zwar einmal für ausgewählte ehe- und familienbezogene Leistungen im engeren Sinne (einschließlich Jugendhilfe und der rechnerischen Steuermindereinnahmen, die sich aus dem Splittingverfahren für Ehegatten bei der Einkommensbesteuerung ergeben), und zum andern darüber hinaus für Leistungen, die primär anderen Funktionen zugeordnet werden, aber in einem weiteren Sinne auch als familienbezogene Leistungen angesehen werden können (wie z. B. Leistungen der gesetzlichen Krankenversicherung für mitversicherte Familienangehörige oder Witwenrenten).

Insgesamt zeigt ein *längerfristiger Vergleich* mit Einbettung des FLA im engeren Sinne in die Gesamtheit bundesstaatlicher Leistungen für Ehe und Familie, daß zwar das absolute Niveau dieser Leistungen (nominell) von 1960 bis 1990 von 14,1 Mrd. DM auf 90,2 Mrd. DM gestiegen ist, sich also mehr als versechsfacht hat, ihr Anteil an allen im Rahmen des Sozialbudgets erfaßten Leistungen jedoch in diesen drei Jahrzehnten nicht gehalten wurde, sondern von 20,5% auf 12,8% zurückgegangen ist. Auch pendelte der Anteil der Leistungen für die Funktion Ehe und Familie am Bruttosozialprodukt von 1960 (4,7%) bis 1990 (3,8%) um die 4%-Marke, ging aber über den gesamten Zeitraum gesehen um knapp einen Prozentpunkt zurück. Das Ehegattensplitting macht innerhalb dieser Gesamtposition allein etwa ein Viertel aus. Mit diesem letzteren Hinweis wird ein verteilungspolitischer Sachverhalt berührt, auf den bei den nun anzusprechenden Perspektiven für die weitere Entwicklung gerade auch unter dem Finanzierungsaspekt noch kurz zurückzukommen sein wird.

## 4. Perspektiven für eine Reform des FLA

Unter verteilungspolitischem Aspekt verdient die *Weiterentwicklung des FLA* insbesondere im Anschluß an die in mehreren Stufen durchgeführte Einkommenssteuerreform die besondere Aufmerksamkeit aller politisch Verantwortlichen. Das Problem der Rückkehr zu dem sog. *„dualen System"*, wie es seit Mitte der 70er Jahre vorübergehend im wesentlichen verlassen worden war, bleibt auf der Tagesordnung. Wenn in diesem Zusammenhang geltend gemacht wird (nach dem Stand von 1988), daß mit einem einkommenssteuerfrei belassenen sozialkulturellen Existenzminimum für Kinder (von dem die direkten Transferzahlungen im FLA im Ergebnis abzuziehen wären) Steuerausfälle in einer in früheren Jahren kaum andiskutierten Größenordnung verbunden seien, so spiegelt dies umgekehrt die erhebliche Belastung wider, die selbst auf dem von den Eltern zu bestreitenden sozialkulturellen Minimum für Kinder ruht. Solche auf den ersten Blick leicht schockierenden Steuerausfallbeträge machen im Grunde nur den „aufgelaufenen Nachholbedarf" von Familien mit Kindern hinsichtlich der Verwirklichung von Gerechtigkeit in der Einkommensverteilung und -besteuerung sichtbar.

Vor allem aber steht auf mittlerer Sicht das nach wie vor nicht befriedigend gelöste verteilungspolitische Problem der Zuordnung der einkommenswirksamen Steuerermäßigungen einerseits und der direkten Transferleistungen für Kinder andererseits zur Debatte. An dem lange Zeit über mangelnden Konsens in der Klärung dieser Frage krankt die Diskussion um den Ausgleich der Familienlasten seit Jahren. Sie kam über Jahrzehnte nicht darüber zu Ruhe, welche Ausgestaltung familienpolitisch als angemessen zu gelten habe – ob über das sog. duale System oder über eine einheitliche Leistung für jedes Kind (bestimmter Rangzahl in der Familie), das „dem Staat gleich viel wert zu sein habe". Angesichts der Bedeutung, die dem FLA für die Sicherung von vergleichbaren Dispositionsmöglichkeiten auch bei denjenigen, die sich die Sicherung der Generationenfolge angelegen sein lassen, zukommt, sei abschließend eine grundsätzliche Anmerkung zu den Konturen eines möglichst widerspruchsfreien *Gesamtkonzepts* einer familienorientierten Einkommenspolitik vorgetragen und zur Diskussion gestellt. Mehr thesenförmig sei der Vorschlag wie folgt umrissen:

(1) Bei der Gewährleistung eines familiengemäßen Einkommens müssen sowohl die durch die wirtschaftliche Belastung aus Unterhaltsverpflichtungen gegenüber Kindern bedingte geminderte steuerliche Leistungsfähigkeit der Eltern *(Prinzip der Steuergerechtigkeit)* als auch der sozialkulturelle Mindestlebensbedarf unterschiedlich großer Familien *(Bedarfsprinzip)* berücksichtigt werden. Die Berücksichtigung dieser beiden Prinzipien ist sachlogisch möglichst sauber so aufeinander abzustimmen, daß das wirtschaftliche Gesamtergebnis verteilungspolitisch angemessen erscheint, d. h. den (letztlich auch mit auf sozialpolitischen Ermessensentscheidungen beruhenden) Zielvorstellungen entspricht. Die gleichzeitige Berücksichtigung des Prinzips der geminderten steuerlichen Leistungsfähigkeit und des Bedarfsprinzips ist zwar auch der berechtigte Grundgedanke des bestehenden bzw. genauer: seit einigen Jahren wieder voll eingeführten dualen Systems; dessen gegenwärtige Ausgestaltung kann jedoch in materieller und verfahrensmäßiger Hinsicht nicht befriedigen.

(2) Ein voller Ausgleich aller *„Kinderkosten"* in der Familie erscheint, ganz abgesehen vom dafür erforderlichen Umverteilungsvolumen, nicht sinnvoll und erstrebenswert; die auch wirtschaftliche Eigenverantwortung für Kinder muß erhalten bleiben. Einkommenspolitisches Ziel könnte es indessen zum Beispiel längerfristig sein, daß das verfügbare Einkommen der Eltern sich im Ergebnis für das erste Kind um die Hälfte der in der Familie anfallenden sozialkulturellen Mindestaufwendungen für das Kind erhöht, für das zweite Kind etwa um zwei Drittel bis drei Viertel und vom dritten Kind an bis hin zum vollen Betrag dieser Aufwendungen. Auch im letzteren Fall wäre ein 100%iger Ausgleich damit noch keineswegs gegeben, wenn man zugleich die erwähnten indirekten Kosten bedenkt, die zum Beispiel durch Verzicht auf Erhöhung des Lebenseinkommens des wegen Aufziehens von Kindern seine Erwerbstätigkeit einschränkenden Elternteils entstehen.

(3) Ein solches verteilungspolitisches Ziel läßt sich durch eine einkommensteuerliche Freistellung der sozialkulturellen Mindestaufwendungen für Kinder allein indessen nicht erreichen. In der Spitze der Einkommenssteuerprogression bewirkt selbst ein *„realitätsnaher" Kinderfreibetrag* eine Erhöhung des verfügbaren elterlichen Einkommens um lediglich etwa die Hälfte dieses Aufwandsbetrags (als Funktion des Spitzensteuersatzes in der oberen Propor-

tionalzone). Geht man von dem genannten verteilungspolitischen Ziel aus, so zeigt sich, daß die Verwirklichung von Steuergerechtigkeit durch ein einkommenssteuerfreibleibendes Existenzminimum für Kinder eine notwendige, aber noch keine hinreichende Bedingung zur Erfüllung dieses Zieles eines familiengemäßen Einkommens über einen wirklichen FLA darstellt.

Bei einer Abwicklung der familienpolitischen Einkommenskorrektur im Sinne der angesprochenen Differenzierung des verfügbaren elterlichen Einkommens je nach Kinderzahl über die Einkommensbesteuerung (und damit über die Finanzverwaltung) ließe sich dieses Ziel durch einen entsprechend hohen, für ein Kind gegebener Ordnungszahl in der Familie einheitlichen Abzugsbetrag von der Einkommenssteuerschuld verwirklichen. Dieser Abzugsbetrag enthält dann neben dem Einkommenseffekt der Freistellung des sozialkulturellen Existenzminimums des Kindes von der Einkommensbesteuerung (wie er gegenwärtig Ziel der Kinderfreibeträge ist) eine bedarfsorientierte Transferkomponente, die mit steigendem Einkommen der Eltern abnimmt, was aus Gründen der Verteilungsgerechtigkeit angesichts der gleichzeitig steigenden wirtschaftlichen Leistungsfähigkeit vertretbar ist. Demgegenüber nimmt die Komponente zur Berücksichtigung der geminderten steuerlichen Leistungsfähigkeit – als zwangsläufige Folge des progressiven Einkommenssteuertarifs – bis zum Beginn der oberen Proportionalzone des Einkommenssteuertarifs in ihrem Einkommenseffekt zu.

Nun bleiben noch jene Fälle, in denen die sich gemäß dem verteilungspolitischen Ziel ergebenden Abzüge von der Steuerschuld höher sind als die gesamte zu zahlende Einkommenssteuer; dieser überschießende Betrag wäre in diesem Falle direkt auszuzahlen (wofür die Bezeichnung „Negativsteuer“ den Sachverhalt eigentlich nicht genau trifft).

(4) Bei dieser Sichtweise ist die Erhöhung des verfügbaren Einkommens mit Rücksicht auf zu unterhaltende Kinder (familienpolitisch bedingter Einkommensausgleich), sofern diese Erhöhung realitätsnahe genug und verteilungspolitisch angemessen vorgenommen wird, in ihrer Begründung von *zwei Gestaltungsprinzipien* gleichermaßen getragen: nämlich von der Berücksichtigung der geringeren *steuerlichen Leistungsfähigkeit* und der Berücksichtigung eines durch Einkommensverwendung für Aufziehen und Erziehen von Kindern bedingten unterschiedlich hohen familialen *Lebensbedarfs* (in Orientierung an einem sozialkulturellen Mindestlebensniveau für alle Familienmitglieder). Beide Grundprinzipien sind dabei insofern integriert, als im verteilungspolitischen Ergebnis der Unterhalt eines Kindes (bestimmter Rangzahl in der Familie) zu einer gleich hohen Erhöhung des verfügbaren Einkommens unabhängig von der Einkommenshöhe der Eltern führt, diese einheitlich hohe Einkommenswirkung indessen das Ergebnis (1) eines mit wachsendem Ein-

kommen ansteigenden Einkommenseffekts darstellt, wie er heute von Kinderfreibeträgen als Funktion des Steuertarifs bewirkt wird, und (2) einer mit steigendem Einkommen abnehmenden *Umverteilungsleistung*, die dann u. U. bis gegen Null auslaufen kann (so bei einem Spitzensteuersatz bei 50% praktisch beim ersten Kind in der Familie, sofern dafür gemäß der vorgestellten Zielsetzung etwa die Hälfte der in der Familie anfallenden sozialkulturellen Mindestaufwendungen durch den FLA abgedeckt werden sollen).

Mit diesen Grundlinien mag die *Richtung* umrissen sein, in der man sich eine tragfähige und zugleich weithin konsensfähige Lösung des Problems eines wirklichen FLA vorstellen könnte. Ein solches Konzept wird sich wegen des damit verbundenen Finanzaufwands nur in Stufen verwirklichen lassen; aber wichtig erscheint eine klare Zielbestimmung und eine zielstrebige Umsetzung. Auf dem Weg zum Ziel bleibt die Frage der verteilungspolitischen Prioritäten bei Zwischenstufen zwar bestehen, wird jedoch wesentlich entschärft durch die klare Definition des verteilungspolitischen Zieles, zu dem die Reise gehen soll. Eine wichtige Zwischenstufe wäre erreicht, wenn der einheitlich hohe Abzug von der Steuerschuld für alle Kinder gleich der maximalen Einkommenswirkung ist, wie sie einem realitätsnahen Kinderfreibetrag in der oberen Proportionalzone entsprechen würde.

Auf der *Finanzierungsseite* sollte auch die teilweise Umschichtung des Einkommenseffekts des reinen *Ehegattensplittings* (mit einem Steuerausfall von gegenwärtig [1992] schätzungsweise 29,5 Mrd. DM) in kinderbegünstigende Leistungen in Betracht gezogen werden. Im Interesse der Familien und der Sicherung der wirtschaftlichen Lebensbedingungen der in ihnen heranwachsenden nächsten Generation muß das Problem des FLA in der Bundesrepublik jedenfalls endlich zu einem befriedigenden systematischen Abschluß gebracht werden. Die laufende Anpassung an die allgemeine wirtschaftliche Entwicklung bleibt dann immer noch als (Dauer-)Aufgabe bestehen.

## 5. Schlußbemerkung

Die Weiterentwicklung eines Ausgleichs der Familienlasten insbesondere auch in der aufgezeigten Richtung einer grundlegenderen Neuordnung wird nicht leicht zu haben sein. Einer wirksamen Durchsetzung von Familienbelangen in der Gesellschaftspolitik stehen nach wie vor erhebliche *Hindernisse* im Weg. Widerstände gegen eine nachhaltige Veränderung der Strukturen der Einkommensverteilung im Hinblick auf Familien mit heranwachsenden Kindern sind gerade dort naheliegend, wo es um Interessen von Gruppen geht, die kaum oder gar keine (Markt-)Macht haben. Es ist schon einigermaßen verblüffend und ernüchternd zugleich zu sehen, wie vielfältige wissenschaftliche Voten schon seit vielen Jahren in die Richtung einer grundsätzlichen Neugestaltung der Verteilungsordnung im Hinblick auf familiale Lebenslagen weisen, ohne daß jedoch die tatsächlichen Verteilungsstrukturen wirklich durchgreifend und dauerhaft geändert wurden. Sicherlich hängt dies auch zusammen mit nach wie vor wirksamen einseitigen Auffassungen von „Äquivalenz" sowie einem verengten, weil auf die *Erwerbs*arbeit beschränkten Arbeitsverständnis. Nicht zuletzt dürfte hier freilich auch ein strukturelles Defizit in unserer Sozialordnung sichtbar werden: Hinter der Institution „Familie" und der Familienpolitik stehen nur in sehr begrenztem Maße organisations- und konfliktfähige Interessen, sehr im Unterschied etwa zu den Tarifparteien im Arbeitsleben. Insofern bleibt ein „Machtdefizit" der Familie mit zu bedenken, das z. B. auch *V. von Bethusy-Huc* (1987) in ihrer Studie zur Familienpolitik anspricht. Um so wichtiger erscheint ein auch verteilungspolitisch überzeugendes Gesamtkonzept familienpolitischer Entscheidungen, die vor den nachfolgenden Generationen Bestand haben.

Ohne die ökonomische Seite zu überschätzen, muß ein wirklicher FLA ein essentielles Element der Einkommensverteilung in unserer sozialmarktwirtschaftlichen Ordnung sein. Nur so kann letztendlich auch der gravierende Vorwurf entkräftet werden, mit dem die Sachverständigenkommission für den Dritten Familienbericht Ende der 70er Jahre ihre Analyse beschloß, daß es nämlich nicht Schuld der Familienpolitiker sei, wenn die Politik die Interessen der Familien so gering achte. Hier zeige sich vielmehr eine weit verbreitete Gleichgültigkeit und Unterbewertung der Väter- und Mütteraufgaben und ihrer Bedeutung für die gesellschaftliche Wohlfahrt und Lebensqualität, insbesondere bei den Macht- und Führungsgruppen.

## Anmerkungen und Literatur

*) In den Zahlenangaben aktualisierte und redaktionell überarbeitete Fassung des Vortrags auf der Fachtagung des Deutschen Studentenwerks am 25./26. 5. 1988 in Bonn, erschienen in: Ausbildungsförderung und Familienlastenausgleich (Dokumentation der Fachtagung), hrsg. v. *A. von Mutius*, Heidelberg (R. v. Decker's, G. Schenck). 1988, S. 47–62. – Siehe auch den Beitrag „Stand und Perspektiven der Familienförderung im Sozialleistungssystem – ein Problemaufriß", in: Finanzarchiv, NF, Bd. 45, H. 1, 1987, S. 70–103, dem ein Vortrag auf dem 71. Deutschen Fürsorgetag am 30. 10. 1986 in München zugrunde lag.

*Bethusy-Huc, V. von*, Familienpolitik. Aktuelle Bestandsaufnahme der familienpolitischen Leistungen und Reformvorschläge, Tübingen 1987.

*Bundesregierung*, Die Lage der Familien in der Bundesrepublik Deutschland (Dritter Familienbericht) – Bericht der Sachverständigenkommission der Bundesregierung –, BT-Drucks. 8/3121, Bonn 1979.

*Lampert, H.*, Ordnungspolitische und verteilungspolitische Aspekte der Familienpolitik in der Bundesrepublik Deutschland, in: *H. Lampert/M. Wingen*, Familie und Familienpolitik – Bestandsaufnahme und Perspektiven, Walter-Raymond-Stiftung, Kleine Reihe, Heft 41, Köln 1986.

*Müller-Armack, A.*, Wirtschaftslenkung und Marktwirtschaft, Hamburg 1948.

# 2. Sozialrechtliche und sozialpolitische Rahmenbedingungen für eine Wahlfreiheit junger Eltern zwischen Familien- und Erwerbsleben*

## 1. Junge Eltern im Spannungsfeld von Familie und Beruf

Zu der sehr komplexen Problemstellung, wie sie durch das Thema vorgegeben ist, sollen zunächst einige mehr thesenhaft formulierte Hinweise eingebracht werden zum Inhalt und zu den Bedingungsfaktoren des Zielkonflikts junger Eltern im Spannungsfeld von Familie und Beruf. Sie erscheinen nicht unwichtig für eine problemangemessene Erörterung der engeren Thematik.

Folgende Gesichtspunkte seien besonders herausgehoben:

1.1 Arbeitswelt und Familienwelt stellen sich als zwei Lebensbereiche dar, die eher weiter auseinander zu driften scheinen, als daß sie sich aufeinander zubewegen. Unter Berufung auf Eigengesetzlichkeiten des Wirtschaftsprozesses drohen elementare Belange von Familien und Kindern zu kurz zu kommen. Dennoch sieht unsere Verfassung in dem vielzitierten Art. 6 Abs. 1 GG vor, daß Ehe und Familie unter dem besonderen Schutz der „staatlichen Ordnung" stehen – und dies ist nach herrschender Interpretation sehr viel mehr als nur Schutz des „Staates".

Es grenzt fast an eine Banalität, daran zu erinnern, daß die Rolle der Frau sich nach dem Zweiten Weltkrieg in unserer Gesellschaft grundlegend gewandelt hat. Muß hier nicht jede einseitige Rollenfestschreibung der Frau in unserer Gesellschaft zu tiefreichenden Konflikten führen? Solche Rollenfixierungen zu beseitigen erscheint damit offenbar als ein konkreter Ansatz zur Verwirklichung der vielfältig befürworteten Partnerschaft von Mann und Frau. Partnerschaftliche Lösungen für die gemeinsame Bewältigung der Aufgaben in Familie und Beruf durch Mann und Frau scheinen die Grundrichtung zu bezeichnen, in der sich Konflikte wenn schon nicht beseitigen, so doch entscheidend abbauen lassen.

Der sozialgeschichtliche Hinweis auf die folgenreiche räumliche Trennung zwischen Familienhaushalt und Arbeitsstätte darf bei der Erörterung des hier angesprochenen Konflikts nicht fehlen. Dabei sind tieferreichende soziokulturelle Entwicklungen mit zu bedenken: Die Konfliktsituation junger Eltern zwischen Familien- und Erwerbsleben muß auch auf dem Hintergrund unserer gegenwärtigen „Arbeitsgesellschaft" gesehen werden, die sich in den letzten zwei bis drei Jahrhunderten herausgebildet hat; d. h. wir haben es mit gesellschaftlichen Strukturen zu tun, die durch eine ungeheuer hohe Bewertung der Arbeit gekennzeichnet sind. In diesem Zusammenhang wird gesellschaftskritisch geltend gemacht, wir seien inzwischen so gründlich durch die Schule der Arbeit gegangen, hätten uns so sehr mit ihr eingelassen, daß wir inzwischen kaum mehr über sie hinauszudenken vermöchten.[1] In der Tat sieht derjenige, der sein Selbstbewußtsein anders als über die eigene Position im Erwerbsleben zu begründen versucht, sich alsbald in die Außenseiterposition des Unproduktiven, ja des „Unnützen" gedrängt.

Gleich an dieser Stelle ist freilich für unsere Thematik eine wichtige Differenzierung zu beachten. Es ist im Grunde gar nicht die Arbeit schlechthin, die zu jenem zentralen Maßstab für den Menschen und seine Stellung in der Gesellschaft geworden ist, sondern es geht hier bei näherem Zusehen nur um einen begrenzten Aspekt von „Arbeit", nämlich um die – in aller Regel über den Markt entgoltene – *Erwerbs*arbeit. Dagegen zählt „Familienarbeit" bei weitem nicht so sehr; weder wird sie materiell entlohnt (und darin liegt heute bereits eine Wurzel ihrer Minderschätzung) noch führt sie zu besonderer gesellschaftlicher Anerkennung.

Einer Frau und Mutter, die „nur" in der Familie Kinder aufzieht und erzieht und den Familienhaushalt am Laufen hält, blieb bisher bei amtlichen statistischen Erhebungen bei der Berufsangabe praktisch nichts anderes übrig, als sich in die Kategorie „Hausfrau" (ohne Berufstätigkeit) einzuordnen. An diesem Beispiel wird nur besonders deutlich und in seiner Problematik unterstrichen, was allgemeiner gilt: Der einzelne Mensch wird nicht selten fast ausschließlich von der beruflichen Tätigkeit und dem beruflichen Erfolg her gesehen und gewertet. Das, was er über seine „berufliche Tätigkeit" hinaus leistet, was er außerhalb der auf Gelderwerb zielenden Arbeit kann und weiß, zählt durchweg nicht viel. Dies gilt gerade auch für die Familienarbeit.

Tatsächlich handelt es sich hier indessen um gewaltige Leistungen „jenseits von Angebot und Nachfrage". Ein Versuch des Wissenschaftlichen Beirats für Familienfragen beim Bundesministerium für Jugend, Familie und Gesundheit (BMJFG), die Arbeitsleistungen in der Familie – und das sind vorwiegend die Arbeitsleistungen der Mütter – in Geldeinheiten zu fassen, führte zu folgenden (dann auch von der Sachverständigenkommission für den Dritten Familienbericht übernommenen) Ergebnissen für die Mitte der siebziger Jahre:[2] Unabhängig von den Geldausgaben der Familien für Kinder, die allein bereits etwa zwei Drittel der in den einzelnen Familien anfallenden Kosten für Kinder ausmachen, macht der in Geldeinheiten bewertete Zeitaufwand für die Versorgung und Betreuung von Kindern nochmals reichlich 160 Milliarden DM aus, ein Betrag, der höher ist als die gesamten öffentlichen und privaten finanziellen Aufwendungen für die nachwachsende Generation. (Dabei ist der Zeitaufwand in den Familienhaushalten relativ niedrig bewertet; würde für die Berechnung des Zeitaufwands die bei Ausfall der Mutter an eine Ersatzkraft zu zahlende Entlohnung eingesetzt, ergäbe sich ein noch um über 25% höherer Betrag.) Dennoch „zählen" diese Leistungen verhältnismäßig wenig, wie nicht zuletzt die Tatsache zeigt, daß öffentliche Hilfen für Familien in aller Regel lediglich an den Geldausgaben der Familien orientiert werden, obwohl damit die tatsächlichen Belastungen durch Kinder, zu denen eben auch die sog. Opportunitätskosten („entgangene Einkommen") gehören, kaum angemessen erfaßt werden.

Im Grunde ist es also nur die Erwerbsarbeit, die wirklich zählt. Von ihr und ihren Erfordernissen sind wir offenbar bis in unsere Selbst- und Weltdeutung hinein geprägt. Erst allmählich beginnt sich in jüngster Zeit eine Gegenbewegung zu rühren, die auf die Chancen der Personwerdung verweist, wie sie im Umgang mit Kindern, in der täglichen Zuwendung zu Kindern, in dem Eingehen auf ihre Lebensbedürfnisse, in der aktiven Auseinandersetzung auch mit der „Gegenwelt des Kindes" liegen. Vorerst freilich dominiert noch die Heilserwartung, die sich an die Erwerbsarbeit knüpft. An dieser Stelle wird man auch auf Einflüsse verweisen müssen, die von dem Programm der materialistischen „Wirklichkeitswissenschaft" ausgingen, das *K. Marx* – trotz seiner Kritik des Gothaer Programms mit seiner Verherrlichung der Arbeit als Quelle nicht nur allen Reichtums, sondern auch aller Kultur – favorisierte. Hier wird der Mensch nur als arbeitendes Wesen zugelassen. Nur durch die Arbeit schafft sich der einzelne die Mittel der Wiederaneignung seines allseitigen Wesens. *B. Guggenberger* (1981) bemerkte hierzu:[3] „Die Arbeit, genauer: ihre Totalisierung, die funktionale Ausrichtung aller menschlichen Lebensäußerungen an der Struktur ihrer Erfordernisse wird zum einzig verläßlichen Mittler zukünftiger Emanzipation."

Damit wird Arbeit, und zwar Erwerbsarbeit, zu etwas, was der einzelne haben muß, soll er sich selbst haben. Erwerbsarbeit wird in der von ihr bestimmten Gesellschaft für deren Mitglieder zur einzigen Quelle der Identitätsfindung und der kollektiven Wertschätzung. Ähnlich wird für *U. Lohmar*[4] der einzelne Mensch durch die von gesellschaftlichen Herrschaftsgebilden gestellten Ansprüche daran gehindert, seinem eigenen „Lebensentwurf" zu folgen. Individuelles Leben werde zu „gesellschaftlicher Existenz", orientiert an „kollektiven Vorgaben", deren entscheidende die der Arbeitswelt seien. Durch die Arbeit mit ihrer dominierenden Rolle in unserer Industriegesellschaft würden die Generationen voneinander isoliert.

Auf diesem Hintergrund wird es verständlich, wenn die oft beschworene Selbstverwirklichung und Selbstentfaltung auch der Frau nur über Erwerbstätigkeit erreichbar erscheint. Dennoch gilt es schon hier festzuhalten, daß damit eine verengte und im Grunde höchst fragwürdige Sicht dargeboten wird. Selbstfindung und Selbstwerdung haben es stets auch mit der Hinwendung zum anderen zu tun und werden vom einzelnen dadurch erreicht, daß er Sinn erfüllt (*V. Frankl*: „Der Mensch, das zum Sinn bestimmte Wesen"). Daher darf auch Erwerbstätigkeit nicht als der einzige Weg zur „Selbstverwirklichung" gesehen werden. Mit Recht heißt es in einem vor einiger Zeit veröffentlichten Kommentar der Kammer für soziale Ordnung der EKD, andere Formen müßten gleichberechtigt daneben stehen, wie außerfamiliäres soziales Engagement oder auch die volle und ungeteilte Hinwendung zu Familie und Kindern.[5] Ähnlich betont die Enquete-Kommission „Frau und Gesellschaft"[6], Kinder zu haben sei auch eine Bereicherung und eine zusätzliche Möglichkeit, sich selbst zu verwirklichen; dies mache es dann aber auch nicht nur für Frauen, sondern genauso für Männer zumutbar, zeitlich begrenzt beruflichen Aufstieg hintanzustellen.

1.2 Die Veränderungen in den gesellschaftlichen und wirtschaftlichen Strukturen, mit denen eine deutliche Zunahme des Anteils der abhängig Erwerbstätigen in den letzten 100 Jahren einhergeht, müssen in besonderem Maße die jungen Ehen mit Kindern treffen, gerade auch die Situation der Frau in diesen Familien. In dieser Gruppe von Frauen hat sich der Anteil der erwerbstätigen Frauen in den zurückliegenden Jahren deutlich erhöht: Anfang der 80er Jahre sind rd. 60% der erwerbstätigen Frauen verheiratet; etwa ein Drittel von ihnen (= knapp 2 Millionen) hat Kinder unter 15 Jahren. Der Anteil der Frauen, die beim ersten Ausscheiden aus der Erwerbstätigkeit noch keine Kinder hatten, ist von 67% Ende der fünfziger Jahre auf 26% Mitte der siebziger Jahre gesunken. Im gleichen Zeitraum ist der Anteil der Frauen, die beim ersten Ausscheiden aus der Erwerbstätigkeit schon zwei oder mehr Kinder hatten, von 4% auf 17% gestiegen, hat sich also mehr als vervierfacht.

Die Möglichkeit einer neuen Form der „Heimarbeit", von der *A. Toffler* bei seinen Darstellungen über „Zukunftsschock" und „Zukunftschance" spricht, erscheint zwar aufgrund der rasanten Entwicklung im Bereich der neuen Technologien der Individualkommunikation durchaus in greifbarere Nähe gerückt, bezeichnet jedoch vorerst noch keinen breitenwirksamen Bestimmungsfaktor des familiären Alltags und bleibt insofern vorerst (!) noch Zukunftsvision. Wenn die betroffenen jungen Eltern mit der Problemsituation unter den hier und heute gegebenen wirtschaftlichen Bedingungen möglichst gut fertigwerden sollen, bedarf es dazu auf jeden Fall wohlüberlegter Schritte einer Sozial- und Familienpolitik, die von einer systematischen Aufarbeitung der gegebenen Konfliktsituationen ausgeht. Der Grundsachverhalt erscheint dabei voll plausibel: Geht es doch um die in vielfältiger Hinsicht schwierige Vereinbarkeit einer außerhäuslichen Erwerbstätigkeit mit ihrem meist geregelten 8-Stunden-Tag (vielleicht sogar mit Wechselschichtarbeit) einerseits und Betreuung und Versorgung insbesondere kleinerer Kinder andererseits. Hier bleibt ein Rollenkonflikt kaum aus, das heißt ein Konflikt zwischen den verschiedenen Bündeln von Aufgaben und von Forderungen bezüglich der Art der Aufgabenerfüllung.

Der Konflikt junger Eltern zwischen Familie und Beruf hat auch eine ausgesprochen ökonomische Dimension: Längst gilt nicht mehr jenes Modell, nach dem der Mann durch seine Erwerbstätigkeit den Lebensunterhalt für sich und seine Ehefrau sowie eventuell für Kinder verdient. Die beiderseitige Erwerbstätigkeit ist, zumindest solange noch keine Kinder hinzutreten, der normale Ausgangspunkt. Entscheidend für die Beurteilung der Einkommenslage junger Ehen mit Kindern ist die Tatsache, daß weithin eine Orientierung eben an einem (relativ hohen) Lebensstandard vorherrscht, der an zwei Einkommen in der Ehe gebunden ist. Ein entscheidender finanzieller Belastungsfaktor besteht daher in der Aufgabe der Erwerbsbeteiligung der Frau und damit im Ausfall eines Einkommens.

Zur Abschätzung der Bedeutung des Einkommensausfalls kann davon ausgegangen werden, daß auf die Frau in den Familien, in denen sie erwerbstätig ist, etwa 25 bis 30% des gemeinsamen Haushaltseinkommens entfallen. Dies entspricht in einer Globalbetrachtung einem kinderbedingten Einkommensausfall in unserer Gesellschaft von 45 Milliarden DM in der Mitte der 70er Jahre, der sich bis zum Ende der siebziger Jahre auf über 60 Milliarden DM erhöht haben dürfte (und damit übrigens mehr als dreimal so groß ist wie die gesamten Leistungen nach dem Bundeskindergeldgesetz).[7]

Auf einen interessanten Aspekt sei noch hingewiesen, der sich aus Daten für Baden-Württemberg (Mikrozensus vom April 1980) ergibt: Die Erwerbstätigkeit von verheirateten Frauen mit wenigstens einem Kind unter sechs Jahren geht mit steigender Kinderzahl zwar nachhaltig zurück. Wenn aber Frauen dieser Gruppe erwerbstätig sind, zeigt sich, daß der Anteil derer, die halbtags (unter 21 Wochenarbeitsstunden) beschäftigt sind, mit steigender Kinderzahl sinkt, während der Anteil der vollzeitbeschäftigten Frauen an der Gesamtzahl der erwerbstätigen Frauen dieser Gruppe mit steigender Kinderzahl in der Familie ansteigt. Dies könnte darauf hindeuten, daß hier wirtschaftliche Drucksituationen spürbar werden; denn bei voller auch wirtschaftlich abgesicherter Wahlfreiheit wäre wohl zu erwarten, daß diese Frauen mit steigender Zahl zu betreuender Kinder eher auf Teilzeitarbeit übergehen würden.

Eine zusätzliche Verschärfung erfährt diese materielle Konfliktsituation bei der nicht kleiner, sondern größer gewordenen Gruppe von Alleinerziehenden mit Kindern. Hier handelt es sich weit überwiegend um Frauen, wenngleich in jüngster Zeit der Anteil der alleinerziehenden Männer mit Kindern leicht zuzunehmen scheint.

Der Ziel- und Rollenkonflikt junger Ehen zwischen den beiden Lebensbereichen der Erwerbstätigkeit und der Familie wird sich nur in den seltensten Fällen ganz überwinden lassen. Auch bei entsprechenden sozial- und familienpolitischen Anstrengungen der verschiedensten Art wird es sich in der Regel wohl nur um eine Milderung, um eine mehr oder minder deutliche Abschwächung der Konfliktsituation handeln, was entsprechende Anstrengungen indessen voll rechtfertigt.

Keine breitenwirksame Lösung wird darin gesehen werden können, daß das Ehepaar lebenslänglich ganz auf Kinder verzichtet und damit dem Zielkonflikt ausweicht oder umgekehrt die Frau mit der Entscheidung insbesondere zu mehreren Kindern sich den unwiderruflichen Verzicht auf die (spätere) Weiterführung ihres erlernten Berufs bzw. auf ein anderweitiges außerfamiliales Engagement einhandelt. Dies kann im Einzelfall eine Entscheidung sein, die voll zu respektieren ist. Aber eine Lösung mit dem Anspruch, als ein breitenwirksames Verhaltensmuster zu gelten, kann weder die eine noch die andere Entscheidung sein.

1.3 Die Tragweite der angesprochenen Konfliktsituation ließe sich an zahlreichen Zusammenhängen verdeutlichen. Exemplarisch sei nur das *veränderte generative Verhalten* herausgegriffen. Das Phänomen des signifikanten Geburtenrückgangs seit der zweiten Hälfte der sechziger Jahre, nämlich der Rückgang der Zahl der Lebendgeborenen in der deutschen Bevölkerung um rund 50%, kann wohl als bekannt vorausgesetzt werden. Erinnert sei auch nur daran, daß das Fruchtbarkeitsniveau in den jungen Ehen inzwischen bei 1,4 Kindern – oder menschlicher gesprochen bei 14 Kindern je 10 Ehen – liegt, in großstädtischen Räumen sogar bei nur 11 Kindern je 10 Ehen. Diese letztere Ziffer sei hier deshalb besonders erwähnt, weil sie für Lebensbedingungen gilt, in denen der Konflikt zwischen den Bereichen Familie und Erwerbsleben besonders ausgeprägt sein dürfte.

Ein besonders starker Zusammenhang besteht hier zwischen der geringeren Kinderzahl und der außerhäuslichen Erwerbstätigkeit der Frau. Wie zahlreiche in- und ausländische Analysen zeigen, ist der Erwerbstätigkeitsstatus der Frauen der signifikanteste Faktor im Zusammenhang mit der Kinderzahl in der Ehe.[8] Hier ist freilich besondere Vorsicht bei der ursächlichen Erklärung geboten. So zeigt nämlich auch eine Überprüfung von statistischem Material aus den letzten 100 Jahren, daß der Rückgang der Kinderzahlen wesentlich früher einsetzte als die Zunahme der Erwerbstätigkeit der Frauen.

Bei aller Behutsamkeit in der Ursachenerklärung des Geburtenrückgangs darf dennoch in der weithin ungelösten Konfliktsituation junger Eltern zwischen Familie (Kinderhaben) und Beruf ein zentraler Ansatzpunkt gesehen werden, um die Problematik des neuen Schubs im Geburtenrückgang seit der Mitte der sechziger Jahre vertiefter zu verstehen. Dort, wo im Grunde kaum primär Verschlechterungen der ökonomischen Lage, insbesondere der Einkommenslage der Familie, die generativen Entscheidungen gegen Kinder ausfallen lassen können, sind es die außerökonomischen Gegebenheiten, die eine Konfliktsituation bedingen; Familie und Kinderhaben scheinen der beruflichen Entfaltung der Frau, die inzwischen durchweg auf eine erheblich verbesserte Berufsausbildung zurückgreifen kann, weithin hindernd im Wege zu stehen. Besonders gewichtig ist dabei das Problem, nach einer gewissen Unterbrechung der Erwerbstätigkeit wieder den Anschluß im erlernten Beruf zu finden. Dabei ergibt sich unversehens auch wieder eine ökonomische Problematik: Nach den vorliegenden Daten verbessert sich das – ohnehin im Durchschnitt gegenüber dem Mann geringere – Einkommen der Frau auch in den späteren Jahren nicht wesentlich; ein Grund liegt gerade auch in der Unterbrechung der Erwerbstätigkeit, die – familiär bedingt – bisher einen in etwa stetigen „Karriereverlauf" behindert.

In diesem Zusammenhang verdient eine Entwicklung Beachtung, die sich in den letzten Jahren bezüglich der zeitlichen Lage und Dauer der tatsächlichen „Gebärphase" der Frau innerhalb des Familienzyklus vollzogen hat. Auf der einen Seite wird diese Phase nach oben hin aufgrund der durchschnittlich deutlich geringeren Kinderzahlen vergleichsweise früh begrenzt. Auf der anderen Seite wird sie von unten her dadurch zusammengedrückt, daß sich – bei in jüngerer Zeit wieder ansteigendem durchschnittlichen Heiratsalter – der Zeitraum zwischen Eheschließung und Geburt des ersten Kindes vergrößert. Die Geburt der vergleichsweise geringeren Zahl von Kindern konzentriert sich damit innerhalb des Familienzyklus auf eine kleinere Zeitspanne, der zeitlich mehr und mehr eine noch kinderlose Phase auch in den Ehen vorgelagert ist, die einmal Kinder haben werden. Hier könnte mit größerer Breitenwirkung ein Verhaltensmuster nachvollzogen werden, das sich schon vor Jahren vor allem bei Frauen mit Hochschulausbildung beobachten ließ: relativ später Beginn der Gebärphase – wenn jedoch Entscheidung für Kinder, dann in rascher Abfolge geboren.

## 2. Notwendigkeit eines integrativ geplanten Maßnahmenbündels zur Konfliktmilderung

2.1 Eine Rechts- und Sozialordnung, die menschliche Freiräume zu erweitern sucht, muß angesichts dieses Befundes auf einen systematischen Abbau derartiger Ziel- und Rollenkonflikte bedacht sein. Dies ist eine wichtige Dimension der Fortentwicklung des sozialen Rechtsstaates. (Speziell unter dem verfassungsrechtlichen Aspekt hat *P. Krause*[9] aufgezeigt, daß die Rechtsprechung des Bundesverfassungsgerichts den Art. 6 GG bis zu Beginn der 80er Jahre zu wenig als Förderungsauftrag entfaltet habe – was man allerdings angesichts der grundlegenden Urteile vom Beginn der 90er Jahre nicht mehr sagen kann!) Genau hier aber hat unsere Frage anzusetzen, wie sich durch eine sozialrechtliche Förderung von Familien aufgrund der Staatszielbestimmung der Verfassung in Verbindung mit Art. 6 Abs. 1 GG Freiräume absichern lassen für individuelle Lebensentwürfe des einzelnen im Familienzyklus. Wahlfreiheit, wie sie einer Ausfaltung des Art. 6 Abs. 1 GG entsprechen müßte, ist tatsächlich eben in verschiedenster Hinsicht *behindert*.

Die praktische Sozial- und Familienpolitik kann sich nicht damit begnügen, bestimmte Diskriminierungen zu vermeiden, auch nicht damit, daß formal das Recht garantiert ist, sowohl erwerbstätig sein zu können als auch Kinder haben zu können. Vielmehr müssen auch die materiellen Bedingungen erfüllt sein, von diesem „formalen" Recht tatsächlichen Gebrauch machen zu können.

Staatliche Politik, insbesondere Familienpolitik, die die Voraussetzungen für eine möglichst freie Gestaltung des persönlichen Lebens zu gewährleisten sucht, hat auch die Ausübung des Rechts zu gewährleisten, sich frei, verantwortlich und informiert für Kinder entscheiden zu können. Dabei geht es übrigens nicht einmal primär um den gesellschaftlichen Aspekt der Entscheidung für Familie und Kinder – darum geht es auch –, sondern hier stehen zugleich elementare anthropologische Aspekte zur Debatte. Sie lassen sich mit der Frage bezeichnen, was der Umgang mit Kindern und das Eingehen auf ihre Lebensbedürfnisse für die Personwerdung des einzelnen bedeutet. (Wer dies in besonderer literarischer Verdichtung nachlesen möchte, sei etwa auf die Lebenserinnerungen von *M. Mead* „Brombeerblüten im Winter – ein befreites Leben" verwiesen.)

Damit läßt sich ein mittelfristiges, bisher bestenfalls in allerersten Ansätzen verwirklichtes Ziel wie folgt umschreiben: Es geht um die Sicherung möglichst großer Chancen zur Vereinbarkeit von Familienaufgaben und Erwerbstätigkeit im Lebenszyklus der Familie. Es geht damit um mehr Freiraum für individuelle Antworten. Darin kann eine wichtige Konkretisierung des Sozialstaatsprinzips und der individuellen Grundrechte gesehen werden. Diese Sicherung möglichst großer Chancen zur Vereinbarkeit von Familienaufgaben und Erwerbstätigkeit ist keineswegs nur, aber auch eine materiell-wirtschaftliche Frage.

Die Vereinbarkeit von Familienaufgaben und Erwerbstätigkeit sollte dabei in einer größeren Lebensablaufperspektive gesehen werden, d. h. es geht nicht nur um die Möglichkeit des gleichzeitigen Nebeneinanders von Erwerbstätigkeit und Zuwendung zu Familie und Kindern; daneben steht die andere Möglichkeit des zeitlichen Nacheinanders von Erwerbstätigkeit, dominanter Kinderbetreuung und -erziehung und anschließender Wiederaufnahme auch einer Erwerbstätigkeit in einer Phase, in der die Kinder die Betreuung in der Familie nur noch sehr viel weniger oder kaum noch benötigen. Die einzelnen Eltern sollten in unserer Sozialordnung hier die Freiheit der Wahl haben zwischen verschiedenen Möglichkeiten, unterschiedlichen Rollenanforderungen im Spannungsfeld von Familie und Beruf zu entsprechen. Dies bedeutet, daß der einzelne frei, d. h. aber auch ohne größere materielle oder ideelle Diskriminierung, entscheiden können soll, ob er sich nur der Familientätigkeit widmen möchte, ob er ausschließlich die Erwerbstätigenrolle unter Verzicht, wenn schon nicht auf Ehe, so doch auf Kinder wählen möchte oder ob er – und hierauf konzentriert sich unsere Fragestellung – beides miteinander verbinden möchte, sei es im zeitlichen *Neben*einander, sei es im zeitlichen *Nach*einander.

Wirkliche Wahlfreiheit muß im letzteren Fall freilich auch die Möglichkeit beinhalten, von einem Verhaltensmuster in das andere wechseln zu können, also eine getroffene Entscheidung im Ablauf des Familienzyklus auch wieder korrigieren zu können.

2.2 Es reicht nun freilich nicht aus, allein die angesprochenen Alternativen der Frau zur Wahl zu stellen. Damit liefe die Wahlfreiheit im Grunde lediglich darauf hinaus, daß die Frau die Freiheit habe, eine Doppelbelastung (oder gar Dreifachbelastung) für sich zu wählen oder darauf zu verzichten. Die verheiratete Frau und Mutter könnte zwar wählen, aber wenn sie sich für Erwerbstätigkeit entscheidet, wählt sie die Mehrfachbelastung gleich mit.

Damit ergibt sich eine weitere Präzisierung des Problems: Der Zielkonflikt ist als ein Problem junger *Eltern* zu sehen, nicht nur als ein Problem der Frau. Frauenfragen sind auch Männerfragen, wie nicht erst der Geburtenrückgang lehrt, diese Einsicht drängte sich schon aufgrund der vor einigen Jahren von *Helge Pross* durchgeführten Untersuchungen über die „Wirklichkeit der Hausfrau" auf.[10] Wahlfreiheit muß als eine Leitvorstellung verstanden werden, die die Lebensentwürfe der Frau *und* des Mannes betrifft. Eine Veränderung im Rollenverhalten der Frau im Sinne intensiverer Zuwendung zur Erwerbstätigkeit bei gleichzeitiger Familientätigkeit bedingt ein entsprechend verändertes Rollenverhalten des Mannes, der als Vater und Hausmann wiederentdeckt werden muß. Es geht also auch um Verhaltensänderungen auf seiten des Mannes. In der familienpolitischen Diskussion ist mit Recht gefragt worden, wie glaubwürdig Männer sind, die Normen und Werte postulieren, die nur für Frauen Handlungskonsequenzen haben!

Die Realität sieht, was insbesondere die partnerschaftliche Rollenaufteilung in Familie und Haushalt angeht, bekanntlich bisher noch deutlich anders aus. Dies gilt bemerkenswerterweise nach den vorliegenden Daten auch für die sozialistischen Staaten Osteuropas.

2.3 Damit ist freilich nur eine wichtige Voraussetzung für tatsächliche Wahlfreiheit bezeichnet. Daneben muß auf weitere Voraussetzungen verwiesen werden, die bisher ebenfalls keineswegs auch nur annähernd erfüllt sind: Es genügt nicht nur die Bereitschaft auch des Mannes zur Lösung von starren Rollenklischees (also auch bei ihm ein Stück emanzipatorischer Grundeinstellung[11], freilich in Bindung an humane Sinnwerte); wirkliche Wahlfreiheit hängt z.B. auch davon ab, daß beide Ehepartner für alle Funktionen einer möglichen Tätigkeit in Familie und Erwerbsleben befähigt werden und sich diese Befähigung während der Ehe bewahren. Mit Recht haben deshalb die sog. „Mütterschulen" sich zu „Elternschulen" bzw. Familienbildungsstätten gemausert. Zum andern wird hier die Tragweite einer möglichst guten Berufsausbildung des Mädchens und der Frau sichtbar, denn ohne eine solche wäre die Frau praktisch einseitig auf den Haushalt festgelegt. Dies aber wiederum blockiert insoweit die größere Rollenflexibilität des Mannes. Hierzu sei auch auf die Feststellungen in dem Bericht der Enquete-Kommission „Frau und Gesellschaft" (vom August 1980) verwiesen.[12]

Ein weiteres erscheint wichtig: Für den Mann ebenso wie für die Frau muß im Arbeitsleben ausreichend Gelegenheit geboten werden, unterschiedliche Rollenentwürfe (sowie Revisionen früherer Entscheidungen unter neuen Familienkonstellationen) auch tatsächlich praktizieren zu können. Nicht nur für die verheiratete Frau mit kleineren Kindern, erst recht für den Mann und Vater ist es weithin sehr erschwert, zwischen unterschiedlichen Verhaltensmustern im Spannungsfeld von Familie und Beruf wählen zu können. Für den Mann ist es – besonders bei qualifizierterer Berufsausbildung – z.B. ganz besonders schwierig, eine Halbtagsbeschäftigung zu finden, die es ihm erlauben würde, familiäre und berufliche Verpflichtungen besser miteinander zu vereinbaren. Mehr noch als für die Frau fehlt es für den Mann an geeigneten Halbtagsarbeitsplätzen. Wichtig dabei ist, daß derartige Halbtagsarbeitsplätze – ebenso wie solche für die Frau – möglichst auch für qualifiziertere Berufsgruppen angeboten werden. Neben Halbtagsarbeit kann eine flexiblere Arbeitszeitgestaltung für Männer und Frauen familiären Belangen Rechnung tragen.

Zusammen mit der noch keineswegs bestehenden Gleichwertigkeit von Familientätigkeit und Erwerbstätigkeit im öffentlichen Bewußtsein ließe sich an Zahlenbeispielen für bisher weithin fehlende Rahmenbedingungen zur Milderung des Rollenkonflikts junger Eltern zeigen, wie sehr eine *stärkere Familienorientierung der Arbeitswelt* zu wünschen bleibt. In der theoretischen Befassung mit den Grundlagen einer systematischen Familienpolitik ist dieser Aspekt zwar nicht ganz neu[13], aber von nachhaltiger bewußtseinsprägender Wirkung im Wirtschaftsleben hat er sich bisher noch nicht erwiesen.

Es kann nicht befriedigen, auf der einen Seite die unersetzliche Bedeutung wohlgeordneter Familien für eine freiheitliche Sozialordnung und für die Erhaltung der Grundlagen einer unternehmerischen Wirtschaft zu betonen, auf der anderen Seite dann jedoch elementare Lebensbedürfnisse der Familiengruppe wie ihrer einzelnen Mitglieder im wirtschaftlichen Alltag gering zu achten.

2.4 Die bisherigen Überlegungen führen zu der Einsicht, daß trotz vieler verbaler Beteuerungen die Vereinbarkeit von Familienaufgaben und Erwerbstätigkeit – sei es simultan, sei es sukzessiv im Familienzyklus – noch entscheidend beeinträchtigt ist. Wenn tatsächlich optimale Chancen zur Vereinbarkeit von Familientätigkeit und Erwerbstätigkeit im Lebenszyklus der Familie geschaffen und immer wieder neu gesichert werden sollen, dann bedarf es eines Bündels integrativ geplanter, in ihrer Wirkung aufeinander abgestimmter sozial- und familienpolitischer Maßnahmen, die dann auch eine echte, zugleich materiell abgesicherte, Wahlfreiheit gewährleisten. Gefordert sind sozialrechtliche und sozialpolitische Rahmenbedingungen, die von (1) direkten Transferleistungen für vorübergehend aus dem Erwerbsleben ausscheidende Elternteile mit flankierenden sozialrechtlichen Absicherungen dieser Personen im System der sozialen Sicherung während der Jahre der absoluten Dominanz der Elternrolle über (2) ein ausreichendes Angebot an Kleinkinderbetreuungseinrichtungen als kollektive Leistung für diejenigen Eltern, die Familienpflichten mit Erwerbstätigkeit zeitlich nebeneinander verbinden möchten, bis hin (3) zu einer stärker familienorientierten Erwerbsarbeitswelt reichen.

Staat und Gesetzgeber allein kann die Lösung dieser Aufgabe freilich nicht überlassen werden. Die verantwortlichen Träger des Wirtschaftslebens, gerade auch die beiden Sozialpartner mit der ihnen delegierten (Tarif-)Rechtsetzungsbefugnis, sind hier im besonderen Maße in eine familienpolitische Verantwortung gerufen; auch sie gehören zu der „staatlichen Ordnung", von der Art. 6 Abs. 1 GG spricht.

Darüber hinaus sind freilich Einstellungs- und Verhaltensänderungen auf seiten der jungen Eltern selbst im Hinblick auf die Anforderungen im Familien- wie im Erwerbsleben vonnöten, die mit rechtlichen und politischen Aktivitäten korrespondieren müssen. Dieses Postulat wird denjenigen nicht überraschen, für den es selbstverständlich ist, daß ein sozialreformerischer Ansatz letztlich sowohl auf Zuständereform wie auf Gesinnungsreform abzielen muß.

Möglichst große Chancen der Vereinbarkeit von Familienpflichten und Erwerbstätigkeit erfordern somit mögliche unterschiedliche Verhaltensmuster der Konfliktmilderung mit Flexibilität des einzelnen zwischen diesen Mustern. Damit solche Verhaltensmuster aber für den einzelnen wirklich frei wählbar und voll lebbar sind, müssen ganz bestimmte verhaltensmusterspezifische sozial- und familienpolitische (sozialrechtliche) und sozialpädagogische Randbedingungen in Gesellschaft und Wirtschaft bestehen. Mehr noch: die gesellschaftlichen und materiellen Grundbedingungen der verschiedenen Alternativen müssen in etwa aneinander angepaßt sein. Erst dann ist eine wirklich freiere Gestaltung des persönlichen Lebens gewährleistet. Erst dann wird vermieden, daß von den jeweiligen Lebensentwürfen her die Entwicklungschancen der einzelnen Familienmitglieder (der Frau und des Kindes mehr als des Mannes) mehr oder minder empfindlich beeinträchtigt werden. Erst dann wird insoweit die Verwirklichung zentraler Wertentscheidungen in unserer Gesellschaft gefördert. Es sollte hier nicht über die Gestaltung der materiellen Randbedingungen indirekt einem ganz bestimmten Verhaltensmuster gleichsam mit sanftem Druck zum Durchbruch verholfen werden. Wenn hier „schiefe Ebenen" konstruiert werden, wird damit ein Sog in eine ganz bestimmte Richtung ausgeübt, der es nicht mehr erlaubt, von der Absicherung freier Wahlmöglichkeiten zwischen unterschiedlichen Lebensentwürfen zu sprechen.

Ein zielkonformes, auf die Absicherung der postulierten Wahlfreiheit ausgerichtetes politisches Handeln verbietet nicht nur eine – offene oder versteckte – Favorisierung nur eines bestimmten Verhaltensmusters. Aus der Sicht einer in besonderem Maße auf Wirkungsanalysen abgestützten Familienpolitiklehre gilt es zugleich zu betonen, daß die sozial- und familienpolitischen Bemühungen nur dann wirksam sein können, wenn bei den verschiedenen Verhaltensmodellen jeweils auf ein Bündel von planvoll aufeinander abgestimmten modellfunktionalen Maßnahmen zurückgegriffen wird, also von der Illusion Abschied genommen wird, mit einer einzigen Maßnahme sei der hier erörterte Zielkonflikt aus der Welt zu schaffen – und sei dies auch eine Maßnahme wie die so leidenschaftlich verfochtene Einführung eines Erziehungsgeldes.

Die hier angesprochenen *Rand- oder Rahmenbedingungen* ließen sich systematisch stichwortartig wie folgt zusammenfassen:

Einmal geht es um alle jene Maßnahmen und Hilfestellungen, die der Erleichterung der *gleichzeitigen* Vereinbarkeit von Familienaufgaben und Erwerbstätigkeit dienen. Hierbei sind vor allem zu nennen:

- Verbesserung einer familien- und kindbezogenen Infrastruktur im Wohnumfeld der Familien (z.B. ausreichende Bereitstellung von Plätzen in Kleinstkinderbetreuungseinrichtungen);
- familienfreundlichere Arbeitsorganisation als eine Aufgabe familienbezogener Betriebspolitik (es mag übrigens heute vielleicht überraschen, daß schon Ende der 50er Jahre eine Diskussion über Betrieb und Familie geführt wurde mit ausdrücklichem Bezug auf den Betrieb als Träger von Familienpolitik).[13] Als Beispiel für die familienfreundliche Gestaltung des Erwerbsarbeitslebens sei hier das ausreichende Angebot von Teilzeitarbeitsplätzen genannt,

wobei die Kostenneutralität derartiger Teilzeitarbeitsplätze wichtig ist, wenn von betriebswirtschaftlich arbeitenden Unternehmen eine stärkere Rücksicht auf Familienbelange erwartet werden soll.

– Verbesserung von sozialrechtlichen Bedingungen, so vor allem im Bereich der gesetzlichen Krankenversicherung (z. B. Freistellungsanspruch bei Krankheit des Kindes);
– flankierende Maßnahmen im Bereich der Elternbildung, die auf die Wekkung der Bereitschaft zur partnerschaftlichen Arbeitsteilung zwischen Mann und Frau in Familie und Beruf abzielen.

Daneben stehen jene Maßnahmen und Hilfestellungen mit dem Ziel, Familienaufgaben und Erwerbstätigkeit im Ablauf des Familienzyklus *zeitlich nacheinander* mit unterschiedlicher Schwerpunktsetzung besser zu vereinbaren. Hier geht es vor allem um

– wirtschaftliche Absicherung des für kürzere oder längere Zeit aus dem Erwerbsprozeß ausscheidenden Elternteils, was aber nicht nur eine Frage eines entsprechenden Erziehungsgeldes ist, sondern auch eine Frage der Absicherung einer Wiederbeschäftigungsmöglichkeit, wenn schon nicht in unserer marktwirtschaftlichen Ordnung der konkrete Arbeitsplatz arbeitsrechtlich garantiert werden kann;
– sozialversicherungsrechtliche Maßnahmen, insbesondere im Bereich der gesetzlichen Rentenversicherung durch Übernahme von Beiträgen zwecks Sicherung der Rentenansprüche des ausscheidenden Elternteils, aber auch im Bereich der gesetzlichen Krankenversicherung (Gewährung einer Haushaltshilfe nicht nur in Fällen von Krankenhausaufenthalt der haushaltsführenden Person, sondern auch bei vorübergehender krankheitsbedingter Unfähigkeit zur Haushaltsführung überhaupt);
– Hilfen zum Einstieg in die „dritte Phase", sei es bei beabsichtigter Wiederaufnahme der früheren Erwerbstätigkeit, sei es bei beruflicher Neuorientierung, sei es bei Übernahme eines außerfamilialen sozialen Engagements; hier wäre wiederum u. a. an die Notwendigkeit eines größeren Angebots familiengerechter Teilzeitarbeitsplätze zu erinnern;
– begleitende berufsbezogene Weiterbildung in der „zweiten Phase" sowie Maßnahmen zur Verbesserung der Arbeitsvermittlung sowie zur Mobilitätsförderung wie überhaupt Vermeidung von allgemeiner Entfremdung gegenüber dem Erwerbsleben;
– speziell unter beamtenrechtlichem Aspekt wäre wichtig, daß für den Eintritt in den öffentlichen Dienst vorgeschriebene Altershöchstgrenzen, die jedoch infolge von vorausgehenden Zeiten der Kindererziehung leicht überschritten werden können, für solche Bewerber, die sich wegen der Betreuung von

kleineren Kindern vor Erreichung des allg. Höchstalters nicht beworben haben, je nach Kinderzahl angehoben werden.

Wichtige *Nebenbedingungen* für eine entsprechende Flexibilität des einzelnen, auch für die Korrektur einer zunächst getroffenen Entscheidung, die in Entsprechung zu dem vorstehend mehr exemplarisch angesprochenen Maßnahmenkatalog erfüllt sein müssen, sind

- entsprechende Bewußtseinshaltung und Bereitschaft zur Verhaltensänderung auf seiten der einzelnen jungen Eltern, was wiederum auf die Notwendigkeit flankierender familienpädagogischer Maßnahmen verweist,
- ein „öffentliches Klima", in dem besonders eine Gleichwertigkeit von Tätigkeiten in Familie und Haushalt sowie andererseits im Erwerbsleben sichergestellt ist, nicht aber das erstere Feld gegenüber dem zweiten abgewertet erscheint,
- allgemein gleichberechtigte Stellung der Frau in der Wirtschaft und im Arbeitsleben, was bereits bei der Einkommensgestaltung zu beachten ist: Eine freie Entscheidung ist nämlich auch insoweit beeinträchtigt, als Frauen durchweg weniger verdienen und deshalb der Verzicht auf das höhere Einkommen des Mannes im Falle des Ausscheidens eines Elternteils zu besonderen Schwierigkeiten führen würde. Diese Verdienstrelationen drängen tendenziell die Frau aus dem Erwerbsleben hinaus, wenn nach dem gemeinsamen Lebensentwurf einer von beiden sich vorübergehend ganz den Kindern widmen soll.

## 3. Erziehungsgeld als Schlüssel der Problemlösung?

3.1 An dieser Stelle sei auf das Konzept eines Erziehungsgeldes (Familiengeldes) eingegangen. Eine solche gezielt eingesetzte Sozialleistung gilt weithin als alternative Lösung zu dem inzwischen eingeführten Mutterschaftsurlaub für verheiratete Frauen in abhängiger Beschäftigung. In der Tat wird man die bestehende arbeitsrechtlich konzipierte Regelung mit der möglichen Fortzahlung eines Mutterschaftsgeldes in Höhe von maximal 775,– DM nach dem Ende der gesetzlichen Mutterschutzfrist bis Ende des 6. Monats nach der Geburt lediglich als einen Einstieg in eine umfassendere Lösung ansehen können, die auch diejenigen Elternteile zu umfassen hat, die mit Rücksicht auf die Versorgung von Kleinkindern nicht erwerbstätig sind (was insbesondere bei der Geburt von zweiten und dritten Kindern der Fall sein wird). Außerdem wird von einer umfassenderen Lösung erwartet werden müssen, daß die zeitliche Dauer der Gewährung einer solchen sozialen Leistung etwa bis zum

Ende des dritten Lebensjahres des Kindes ausgedehnt wird; danach treten dann bereits außerfamiliale Erziehungsträger wie Kindergarten etc. neben die Familie. Ein weiterer Mangel der bestehenden Mutterschaftsurlaubsregelung ist auch darin zu sehen, daß lediglich die Frau in den Genuß dieser Leistung kommen kann, womit gerade dem Gedanken einer möglichen partnerschaftlichen Arbeitsteilung zwischen Mann und Frau in Familie und Beruf kaum Rechnung getragen wird.

3.2 Für die nähere Ausgestaltung eines Erziehungsgeldes (Familiengeldes) werden nun sehr unterschiedliche Vorschläge gemacht, die unter anderem daran kranken, daß hinsichtlich der Zielsetzung einer solchen sozialen Leistung meist keine hinreichende Klarheit besteht. Bei genauerem Zusehen lassen sich nämlich durchaus *unterschiedliche Zielfunktionen* eines solchen Erziehungsgeldes unterscheiden, deren Herausarbeitung und bewußte politische Gewichtung wichtig erscheint für die Ausgestaltung einer zielkonformen Erziehungsgeldregelung. Konsequenzen für die Ausgestaltung, wie sie sich aus einer möglichst operationalisierten Zielfunktion ergeben, sollten ja möglichst nicht in erster Linie das Ergebnis von pragmatischen finanzpolitischen Überlegungen sein – so wichtig diese z.B. gerade gegenwärtig in der Bundesrepublik Deutschland auch sein mögen –, sondern sollten zunächst einmal Ausdruck eines in sich konsistenten Ziel-Mittel-Systems sein.

Als hauptsächliche Zielfunktionen kommen in Betracht:

(1) Beseitigung des wirtschaftlichen Zwanges zu einer ein sozialkulturelles Mindestlebensniveau der Familie erst sichernden Erwerbstätigkeit.
Bei der vollständigen Familie geht es bei dieser wirtschaftlich erzwungenen Erwerbstätigkeit um diejenige des Elternteils, der als primäre Dauerpflegeperson fungiert. Bei alleinstehenden Elternteilen mit kleinen Kindern geht es um deren eigene Erwerbstätigkeit. Das Erziehungsgeld ist bei dieser Zielsetzung orientiert einmal an der Höhe des bereits vorhandenen Einkommens der Familie, d.h. in der vollständigen Familie praktisch an der Höhe des ersten Erwerbseinkommens des erwerbstätig bleibenden Elternteils (bisher in der Regel des Vaters), zum anderen an dem festzulegenden Mindestlebensniveau der Familie, einer Normziffer, die mit steigender Kinderzahl ansteigt (z.B. ein bestimmtes Vielfaches der Regelsätze der Sozialhilfe). Das Erziehungsgeld bemißt sich hier nach der Differenz zwischen dem tatsächlichen Einkommen und dem (je nach Familienstruktur unterschiedlich hohen) Mindestlebensniveau der Familie. Wo das Mindestlebensniveau auch ohne Erwerbstätigkeit der primären Dauerpflegeperson des Kindes bereits erreicht oder überschritten ist, besteht aus der Zielset-

zung heraus keine Notwendigkeit zur Zahlung dieser spezifischen Sozialleistung.

Das Erziehungsgeld stellt sich damit in diesem Falle als eine variable Größe dar, beschränkt auf untere bis mittlere Einkommensgruppen, das in seiner Höhe degressiv ausgestaltet ist. Veränderungen der Höhe des Erziehungsgeldes im Zeitablauf bemessen sich in Entsprechung zu Veränderungen des Mindestnormbedarfs, wie er vom Gesetzgeber von Fall zu Fall festgelegt werden müßte – etwa in dem erwähnten bestimmten Vielfachen der Regelsätze der Sozialhilfe.

(2) Auffangen einer Einkommensbelastung, die durch entgangenes Einkommen entsteht.

Bei dieser Zielsetzung wird besonders auf die neue Dimension abgestellt, die das Problem des sog. Familienlastenausgleichs heute bereits aufweist. Tatsächlich geht es nämlich bei der Frage der Einkommensbelastung durch Aufziehen von Kindern nicht nur um die effektiven geldlichen Ausgaben der Familie für Kinder, sondern angesichts der als normal geltenden beiderseitigen Erwerbstätigkeit der Ehepartner vor Hinzutreten von Kindern auch um das ausfallende Einkommen bei vorübergehendem Verzicht eines Elternteils auf Erwerbstätigkeit.

Das Erziehungsgeld orientiert sich in diesem Falle an der Höhe der Einkommensbelastung. Für diese ist einerseits das ausfallende Einkommen maßgebend; dem steht jedoch andererseits eine mit steigendem verfügbarem Haushaltseinkommen wachsende Leistungsfähigkeit gegenüber. Demgemäß könnte das Erziehungsgeld nach einem Durchschnittsbetrag bemessen werden. Es stellt sich dann als eine feste Größe dar.

(3) Anreiz zum Verzicht auf Ausübung einer Erwerbstätigkeit.

Soweit vor der Geburt des Kindes bereits Erwerbstätigkeit vorliegt, soll es bei dieser Zielsetzung annahmegemäß attraktiv gemacht werden, die Erwerbstätigkeit zumindest für einige Jahre aufzugeben. Dahinter kann die politische Vorentscheidung stehen, daß eine Anwesenheit eines Elternteils beim Kleinkind auf jeden Fall die optimale Lösung zur Förderung der kindlichen Entwicklung darstelle und daher bei „Uneinsichtigkeit" der Eltern ein massiver wirtschaftlicher Anreiz geschaffen werden müsse. Das Prinzip der Wahlfreiheit wird in diesem Falle freilich bereits in gewissem Sinne in Frage gestellt: Formal ist die Entscheidung zwar nach wie vor frei, wirtschaftliche Anreize könnten jedoch so übermächtig sein, daß die Entscheidung massiv in die gewünschte Richtung gelenkt wird.

Das Erziehungsgeld ist hier orientiert an der Höhe des tatsächlichen Erwerbseinkommens des Elternteils, der auf seine Erwerbstätigkeit verzichtet. Es muß also ein wirkliches finanzielles Äquivalent für das anfallende

Erwerbseinkommen geschaffen werden, im günstigsten Fall in voller Höhe des ausfallenden Einkommens. Das Erziehungsgeld stellt sich dann im Prinzip als eine variable Größe dar, nämlich als ein bestimmter Prozentsatz des (ausfallenden) individuellen Erwerbseinkommens, was auf eine tendenziell progressive Ausgestaltung hinausliefe. (Nicht unerhebliche Pauschalierungen ergäben sich, wenn man von dem jeweiligen durchschnittlichen Arbeitseinkommen ausginge, was auf ein gleich hohes Erziehungsgeld [wenigstens für die Gruppe der vollständigen Familien] hinausliefe. Unter dem leitenden Aspekt der Anreizwirkung würde ein solches Erziehungsgeld dann tendenziell um so wirksamer sein, je mehr das tatsächliche Erwerbseinkommen unter dem allgemeinen Durchschnitt liegt, und um so unwirksamer, je mehr das tatsächliche Erwerbseinkommen im Einzelfall über diesem Durchschnitt liegt.)

Erziehungsgeld wäre bei dieser Zielsetzung bis in mittlere und gehobene Einkommensgruppen hinein zu zahlen. Im letzteren Fall wäre es wohl angebracht, einen oberen Plafond als Bezugsgröße für das Erziehungsgeld vorzusehen, weil dieses anderenfalls im Einzelfall unvertretbar hoch ausfallen würde. Es kommt hinzu, daß es sich bei relativ hohen zweiten Erwerbseinkommen in der Regel um Fälle von besonders qualifizierter Erwerbstätigkeit der Frau handeln dürfte, in denen vielfach außerwirtschaftliche Antriebe dominieren und ein Anreiz zum Verzicht auf Ausübung der Erwerbstätigkeit ohnehin nur sehr bedingt durch ein geldliches Äquivalent geschaffen werden kann. Veränderungen in der Höhe des Erziehungsgeldes im Zeitablauf werden hier wesentlich bestimmt durch die allgemeine Einkommensentwicklung.

(4) Anerkennung und Abgeltung einer auch gesellschaftlich wichtigen Erziehungsleistung.

Schließlich kann sich ein Erziehungsgeld als eine mehr oder minder pauschale Abgeltung einer Leistung darstellen, auf deren Erfüllung die Gesellschaft besonderen Wert legt. Im Grunde läuft das Erziehungsgeld hier auf eine Art „Honorar" für eine gesellschaftlich wichtige Leistung der Betreuung und Erziehung von Kleinkindern hinaus.

Für die Bemessung des Erziehungsgeldes liegt in diesem Fall im Grunde ein fester Betrag nahe, unabhängig von den Einkommensverhältnissen der einzelnen Familien. Dies ergibt sich schon aus der Überlegung, daß es in einer demokratischen Gesellschaft kaum möglich sein dürfte, unterschiedliche erzieherische Qualitäten beim Aufziehen der nachwachsenden Generation in Geldeinheiten bewerten zu wollen. Ein praktikabler Maßstab für eine unterschiedliche Qualität der anzuerkennenden Leistung kann deshalb wohl nicht gefunden werden, jedenfalls nicht durch Anknüpfen an den

Einkommensverhältnissen der einzelnen Familien. Hier könnte man sogar die Frage stellen, ob ein solches „Honorar" Erziehungsgeld an die Voraussetzung der *Nicht*-Erwerbstätigkeit eines Elternteils gebunden werden dürfe. Denn wer will beurteilen, ob nicht z.B. auch eine erwerbstätige Mutter die in Rede stehende Leistung gut erbringt, wie dies tatsächlich oft der Fall ist.

Im Prozeß der konkreten Zielbestimmung eines Erziehungsgeldes können nun durchaus *mehrere* der genannten Zielsetzungen ins Spiel gebracht werden und – mit unterschiedlichem Gewicht – miteinander kombiniert werden. Ein besonderes Gewicht dürfte jedoch in jedem Fall die Beseitigung des wirtschaftlichen Zwangs zu einer Erwerbstätigkeit, die der Sicherung eines sozialkulturellen Mindestlebensniveaus der Familie dient, besitzen. Damit legt sich im Prinzip eine einkommensabhängige Ausgestaltung des Erziehungsgeldes nahe. Dem kommen gegenwärtig sicherlich auch Erwägungen im Blick auf die finanzielle Situation der öffentlichen Haushalte entgegen. Wichtig erscheint indessen, die Abhängigkeit der Ausgestaltung eines Erziehungsgeldes von der jeweils dominanten Zielsetzung zu sehen; wo diese Klärung bei der Entwicklung entsprechender Konzepte unterbleibt, sind Ungereimtheiten in praktischen Vorschlägen durchaus naheliegend, und letztlich diskutiert man aneinander vorbei.

3.3 Ein Erziehungsgeld *allein* kann freilich nicht hinreichen, um die angesprochene Problematik der Milderung des Konflikts junger Familien zwischen Familienaufgaben und Erwerbstätigkeit zu lösen. Der Versuch, sich allein auf eine solche Erziehungsgeldleistung abzustützen, kann sogar sehr gefährlich sein, lockt er doch u. U. die Frau aus der Erwerbstätigkeit heraus und überläßt sie dann den übrigen oben angesprochenen Benachteiligungen, die die Weiterführung des Lebensentwurfs unter Einschluß der späteren Wiederaufnahme der Erwerbstätigkeit vielleicht ganz empfindlich beeinträchtigen. Mit dieser Bemerkung werden der Wert eines Erziehungsgeldkonzepts und die Bedeutung der politischen Anstrengungen zu seiner Durchsetzung nicht gemindert; es wird lediglich aus sozialwissenschaftlicher Sicht festgehalten, daß die vielschichtige Problemlage keine eindimensionale Lösung erlaubt.

## 4. Phasen- und adressatenspezifisch angelegte Familienpolitik vor neuen Aufgaben

Wenn man die komplexe Frage nach den Rahmenbedingungen einer Wahlfreiheit junger Eltern zwischen Familien- und Erwerbsleben in einigen Grundrichtungen zu beantworten versucht, so ergibt sich zusammenfassend:

(1) Eine Analyse der situativen Bedingungen junger Familien im Spannungsfeld von Familie und Beruf führt zu einer spezifischen Konkretisierung des Auftrags des Art. 6 Abs. 1 GG, nämlich zu neuen Aufgaben einer Familienpolitik, die weit über herkömmliche Familienlastenausgleichs-Debatten u. ä. hinausführen. Auf dem Hintergrund des – durch eine datenorientierte Forschung weiter aufzuhellenden – Lebenszyklus des einzelnen bzw. des Familienzyklus geht es darum, dem einzelnen in seiner Lebensgestaltung, soweit es die Sachzusammenhänge eben erlauben, an einem zentralen Punkt möglichst Wahlmöglichkeiten zur freien Entscheidung zu bieten, ihm die Chance von mehr Freiraum für individuelle Antworten zu sichern. Von hierher gewinnt das Prinzip einer phasenspezifischen, d. h. auf die unterschiedlichen Bedingungen der verschiedenen Phasen des Familienzyklus abgestimmten Familienpolitik wie auch einer adressatenspezifischen, d. h. gezielt auf bestimmte Adressatengruppen ausgerichteten Familienpolitik für die Zukunft besondere Bedeutung.

(2) Zur Lösung der anstehenden Aufgabe ist ein kombinierter Ansatz verschiedener aufeinander bezogener und in ihrer Wirkung aufeinander abgestimmter Maßnahmen der Sozial- und Familienpolitik wie auch der Sozialpädagogik gefordert. Nur von Bündeln integrativ geplanter Maßnahmen, die auf die jeweils unterschiedlichen zur Wahl gestellten Verhaltensmuster bezogen sind und diese im Grunde erst voll „lebbar" machen, kann eine wirklich nachhaltige Milderung des Zielkonflikts junger Eltern zwischen den Lebensbereichen Familie und Erwerb erwartet werden. Damit ist umgekehrt der Verzicht auf monoinstrumentelle „Lösungen" postuliert, die in Wirklichkeit keine sind.

(3) Eine nähere Analyse der Problemlösungsstrategien führt zu der Einsicht, daß die Konfliktminderung und der Spannungsabbau nicht allein von gesetzgeberischen Maßnahmen des Staates erwartet werden können. Hier sind unter anderem die Tarifvertragsparteien und die unternehmerische Wirtschaft (aber auch die öffentliche Hand als Dienstherr bzw. Arbeitgeber) ebenfalls gefordert. Eine stärkere Familienorientierung der Erwerbsarbeitswelt wird damit in ihrer Bedeutung ebenso sichtbar wie die Notwendigkeit einer stärkeren gesellschaftlichen Anerkennung der Erziehungsleistungen des auf Erwerbstätigkeit verzichtenden Elternteils. Hier gilt es, die verschiedenartigen Bedürfnisse der unterschiedlichen Familientypen (nach Alter der Kinder, beruflicher Stellung der Eltern, Betreuungsmöglichkeiten für Kinder u. ä.) ebenso zu sehen wie die Notwendigkeit unterschiedlicher Betriebsstrukturen andererseits (technische Produktionszwänge u. ä.). Damit könnten Perspektiven auf gemeinsame und unterschiedliche Problemlagen eröffnet werden.

(4) Bei der Gestaltung des Arbeits- und Sozialrechts sind die Tarifpartner aufgefordert, nach Mitteln und Wegen zu suchen, wie elementare Familienbelange und die Arbeitszeitbedingungen bzw. die Arbeitsorganisation besser aufeinander abgestimmt werden können. Teilzeitarbeit kann den spezifischen Bedürfnissen nicht weniger Frauen sehr entgegenkommen.

(5) Speziell im Bereich der wirtschaftlichen Absicherung von mehr Wahlfreiheit für Eltern kann die Beschränkung des Mutterschaftsgeldes auf bereits in abhängiger Beschäftigung befindliche Frauen nur als ein Einstieg in eine umfassendere Lösung angesehen werden. Der Ausschluß der nicht in einem abhängigen Arbeitsverhältnis stehenden Mütter muß auf mittlere Sicht durch Gewährung eines allgemeinen Erziehungsgeldes (Familiengeldes) überwunden werden. Eine solche umfassendere Lösung sollte zugleich grundsätzlich Müttern wie Vätern offenstehen und etwa auf die ersten drei Lebensjahre des Kindes ausgedehnt sein. Aber auch eine solche (in ihrer Zielsetzung ausreichend konkret bestimmte) Erziehungsgeldregelung müßte durch flankierende Maßnahmen begleitet werden, und zwar sowohl auf der Seite des sozialversicherungsrechtlichen Schutzes der betroffenen Elternteile als auch der arbeitsrechtlichen Seite (so etwa Entwicklung neuer Formen zur Sicherung einer bevorzugten Wiedereinstellung) sowie durch berufliche Weiterbildungsangebote (bei denen rechtzeitig die Möglichkeiten mitbedacht werden sollten, die sich im Rahmen des Bildungsangebots im dialogfähigen Kabelfernsehen bieten).

(6) Mit äußeren gesellschaftlichen und politischen Rahmenbedingungen muß Hand in Hand gehen, was man etwas altertümlich Gesinnungsreform nennen kann (womit dann die unverzichtbaren gleichzeitigen sozial- und familienpädagogischen Anforderungen im Fadenkreuz einer sich als Gesellschaftspolitik verstehenden Sozial- und Familienpolitik erscheinen). Und zwar gilt dies keineswegs nur für die Träger der öffentlichen Meinungsbildung (und der „veröffentlichten Meinung") sowie für die Verantwortlichen in Wirtschaft und Arbeitsleben, sondern nicht minder für die einzelnen betroffenen Familienmitglieder. Hier kann gerade auch der Mann nicht ausgeklammert werden; eine deutliche Kritik an einer „Bequemlichkeitsdistanz" des Mannes als Vater (*Helge Pross*) gegenüber der Erziehung wie auch gegenüber den Aufgaben im Familienhaushalt muß hier artikuliert werden dürfen. Mehr Frauen im Beruf erfordern, will man mit Gleichberechtigung und Partnerschaft von Mann und Frau Ernst machen, dann auch mehr Männer in der Familie. (Ob dies von der die Gleichberechtigung der Geschlechter beschließenden breiten Männermehrheit und von den ein partnerschaftliches Familienleitbild in den Parteiprogrammen favorisierenden männlichen Politikern mit letzter Konsequenz gesehen und erst recht

gewollt wird, mag hier einmal dahingestellt bleiben.) Andererseits spricht einiges dafür, daß die notwendige Aufwertung und gesellschaftliche Anerkennung von Leistungen in Familie und Haushalt besser gelingt, wenn in vermehrtem Umfang Männer davon betroffen sind. Vielleicht kann dadurch die Erwartung *R. Dahrendorfs* zusätzlich untermauert werden, daß wir uns bereits dem Ende einer Zeit nähern, in der wirtschaftlicher Erfolg als zentraler Maßstab des sozialen Wertes des einzelnen betrachtet wird.

(7) Es bleibt freilich auch an die Grenzen zu erinnern, die mit einer bestimmten Rollenwahl für den Freiheitsspielraum des einzelnen verbunden sind. Wenn sich Ehepaare zu Kindern entschließen, übernehmen sie damit auch Pflichten, die eine „freie" Persönlichkeitsentfaltung in bestimmten Richtungen zumindest auf einige Jahre hin beschränken. Gerade weil das Kind das schwächste Glied in der Familie ist, bedarf es – wie schon die Sachverständigenkommission für den Zweiten Familienbericht vor einigen Jahren betont hat[14] – des besonderen Schutzes auch gegenüber den Emanzipationsforderungen der Eltern dann, wenn diese sich nur auf Kosten der Rechte des Kindes und seiner Entwicklungschancen einlösen ließen.

## Anmerkungen und Literatur

*) Erschienen in: Zeitschrift für Sozialreform, 27. Jg., 1981, H. 7, S. 446-469. Vortrag auf dem 14. Praktikerseminar des Instituts für Sozialrecht der Ruhr-Universität Bochum am 20. 2. 1981.

1) *Guggenberger, B.:* Wenn der Gesellschaft die Arbeit ausgeht – Chancen und Gefahren aus ideengeschichtlicher Sicht, in: FAZ, Nr. 26 vom 31. Januar 1981.
2) *Die Lage der Familie in der Bundesrepublik Deutschland – Dritter Familienbericht –*, Bericht der Sachverständigenkommission der Bunderegierung, BT-Drucks. 8/3121, Bonn 1979.
3) *Guggenberger, B.:* a.a.O.
4) *Lohmar, U.:* Die Ratlosen. Vom Dilemma der Jungen, der Erwachsenen und der Alten, Düsseldorf 1980.
5) *„Bevölkerungspolitik und Rentenlast"* Kommentar Nr. 3 der Kammer der EKD für soziale Ordnung, v. 14. 3. 1978.
6) *Bericht der Enquete-Kommission „Frau und Gesellschaft"*, BT-Drucks. 8/4461, Bonn 1980, S. 26.
7) *Dritter Familienbericht*, a.a.O., S. 138, sowie die dort zugrundegelegte Untersuchung „Leistungen für die nachwachsende Generation in der Bundesrepublik Deutschland". Gutachten des Wissenschaftlichen Beirats für Familienfragen beim Bundesministerium für Jugend, Familie und Gesundheit, Schriftenreihe des BMJFG, Band 73, Stuttgart 1979, bes. S. 35 ff.
8) Vgl. *Rückert, G.-R.:* Geburtenrückgang und Erwerbstätigkeit der Frauen und Mütter in der Bundesrepublik Deutschland im internationalen Vergleich (Expertise zum Dritten Familienbericht), DJI, München 1979.
9) *Krause, P.:* Der Schutz von Ehe und Familie in der Rechtsprechung des Bundesverfassungsgerichts – Referat auf dem Praktiker-Seminar des Instituts für Sozialrecht der Ruhr-Universität Bochum am 20. 2. 1981 (Man.).
10) Siehe dazu *Pross, H.:* Die Wirklichkeit der Hausfrau, Reinbek 1975.

11) Nach wie vor besonders lesenswert: *Schweizer, R. v.:* Emanzipation von Mann und Frau, wohin?, in: Wege zum Mernschen, H. 11/12, 1972, S. 423ff.
12) *Enquete-Kommission „Frau und Gesellschaft"*, a.a.O., S. 23.
13) Siehe z.B. *Wingen, M.:* Familienpolitik (Ziele, Wege und Wirkungen), 2. Auflage, Paderborn 1965, S. 140ff.; – *ders.:* Der Betrieb als Träger von Familienpolitik, in: Sozialer Fortschritt, Heft 1/1960.
14) *Familie und Sozialisation – Zweiter Familienbericht* –, Bericht der Sachverständigenkommission der Bundesregierung, BT-Drucks. 7/3502, Bonn 1975, S. 76.

# 3. Erziehungsgeld als Element eines familienpolitischen Gesamtkonzepts*

## 1. Die neue ökonomische Dimension des Familienlastenausgleichs

Noch ist der herkömmliche Familienlastenausgleich nicht wirklich ausreichend verwirklicht, da hat er schon eine neue Dimension hinzugewonnen: Die Erziehungsgeldproblematik in der jungen Familie. Diese ist Ausdruck einer familienphasenspezifischen Ausgestaltung der Familienpolitik. Den Hintergrund bildet ein sich veränderndes Familienmodell: Vom Leitbild der „Familienernährer"-Familien hin zur partnerschaftlichen Arbeitsteilung zwischen Mann und Frau in Erwerbstätigkeit und Familientätigkeit. Es geht bei diesem neuen Ansatz eines familienphasenspezifischen Familienlastenausgleichs nicht nur um die gezielte Berücksichtigung einer spezifischen wirtschaftlichen Belastungssituation, sondern darüber hinaus um die wirtschaftliche Absicherung einer möglichst dauerhaften Betreuungssituation für das Kleinkind durch eine feste Bezugsperson (Mutter oder Vater). Damit zielt dieses Instrument letztlich ab auf die Verbesserung der ökonomischen Voraussetzungen für die frühkindliche Sozialisation und auf eine Vergrößerung der Wahlfreiheit junger Eltern auf der Ebene der Familie.

Worin besteht nun des näheren diese neue ökonomische Problemlage, auf die das Erziehungsgeld eine Antwort darstellen möchte? Hier kann an das angeknüpft werden, was die Nationalökonomen „Opportunitätskosten" nennen, d. h. es geht nicht eigentlich um eine kompensatorische Einkommensleistung im Blick auf Ausgaben, die für das Kind getätigt werden müssen, sondern es geht um Folgekosten, die durch die vorrangige Hinwendung zur Kinderbetreuung und damit durch den (zumindest vorübergehenden) Verzicht auf eigenes volles Erwerbseinkommen des betreffenden Elternteils entstehen, der die Kleinkindbetreuung hauptsächlich übernimmt. Dies wird vorerst nach wie vor in der Regel die Mutter, kann aber auch der Vater sein.

Diese Opportunitätskosten haben nun beim näheren Zusehen mehrere Elemente:

a) einmal das unmittelbar entgangene (erwartete) Erwerbseinkommen;
b) der mögliche Bruch in der Einkommenskarriere auch bei späterer Wiederaufnahme der Erwerbstätigkeit und insoweit eine Einkommenseinbuße in der gesamten späteren Erwerbsbiographie;
c) die fehlende rentenversicherungsrechtliche Absicherung bei einem Rentensystem, dessen Ansprüche entscheidend über Erwerbstätigkeit abgeleitet

werden; Verzicht auf die Arbeitgeberanteile zur gesetzlichen Rentenversicherung und später Einbußen in der Altersversorgung;

d) schließlich könnte man dazu noch eine Art „Risikoprämie“ rechnen, die der betreffende Elternteil zu entrichten hat angesichts der Schwierigkeit, je nach Arbeitsmarktsituation zum gewünschten Zeitpunkt wieder die Erwerbstätigkeit aufnehmen zu können.

## 2. Reaktionen in den verschiedenen Ländern auf diese familienpolitische Problematik

Angesichts dieser Problemlage wird es verständlich, wenn in Ländern mit einem mehr oder minder entfalteten System von Familienpolitik darauf mit einer spezifischen einkommenswirksamen Leistung reagiert wird: Erziehungsgeld/Familiengeld. Hier ist übrigens schon die Terminologie im historischen Ablauf nicht uninteressant: In der Bundesrepublik Deutschland setzt schon Mitte der 60er Jahre eine Diskussion um ein „Mütterpflegeausgleichsgeld“ (*H. Harmsen*) ein; Ende der 60er Jahre lautete das Stichwort „Muttergeld“ (*M. Schulte-Langforth*[1]); in den 70er Jahren trat an seine Stelle das „Familiengeld“ und heute spricht der Gesetzgeber vom „Erziehungsgeld“. Dabei wird neben Wandlungen im Rollenverständnis von Mann und Frau nicht zuletzt die lange „Inkubationszeit“ für die Verwirklichung weiterführender familienpolitischer Leistungen sichtbar, wenn man bedenkt, daß in der Bundesrepublik zwischen den ersten Voten und der schließlichen Realisierung eines ersten Erziehungsgeldjahres über zwei Jahrzehnte liegen.

Ein internationaler Überblick über solche Ansätze muß verkürzt werden auf den Hinweis, daß es in verschiedenen Mitgliedstaaten der Europäischen Gemeinschaft gewisse Regelungen gibt, die auf der einen Seite eine gemeinsame Grundintention im Blick auf die Problemlage junger Familien haben, auf der anderen Seite recht unterschiedliche Ausgestaltungen im Einzelfall aufweisen. Eine dem deutschen Erziehungsgeld vergleichbare Leistung besteht lediglich in Luxemburg, wo ebenfalls für alle Mütter und Väter, die sich unter Verzicht auf Erwerbstätigkeit der Betreuung ihres Kindes widmen, und für einkommensschwache Familien, bei denen zugleich eine Erwerbstätigkeit möglich ist, eine Erziehungszulage von (umgerechnet) 230 ECU im Monat maximal zwei Jahre lang gezahlt wird. Einige andere Mitgliedsstaaten der Gemeinschaft kennen eine Einkommensleistung während eines Elternurlaubs (für vorher erwerbstätig gewesene Mütter oder Väter). Dieser Elternurlaub ist durchweg auf das Kleinkindalter beschränkt und in seiner Länge sehr unterschiedlich bemessen. Als allgemeines Recht für erwerbstätige Mütter und Väter besteht er in

Dänemark (im Rahmen des Mutterschaftsurlaubs), in Frankreich, in Griechenland (für Beschäftigte in Betrieben mit über 100 Beschäftigten) und in Italien (für Arbeitnehmer), in den Niederlanden (in Teilzeitform), in Portugal und in Spanien; ein gewisser Ausgleich für den Einkommensausfall erfolgt dabei jedoch nur in Dänemark, Frankreich (nur bei drei und mehr Kindern) und Italien. In Großbritannien bestehen zum Teil tarifvertragliche Regelungen.

Einige nähere Anmerkungen zur Erziehungsgeldregelung in der Bundesrepublik Deutschland:

Auf Bundesebene gab es ab 1986 für einen Zeitraum von zunächst 10 Monaten, ab 1988 für das 1. Lebensjahr des Kindes und ab Mitte 1990 für 18 Monate ein Erziehungsgeld (von monatlich 600,– DM), und zwar entweder für die Mutter oder den Vater, heute mit der Möglichkeit eines bis zu dreimaligen Wechsels zwischen den Eltern im Bezug dieser Leistung. Inzwischen ist der Anspruch auf Erziehungsgeld für ab Anfang 1993 geborene Kinder auf zwei Jahre verlängert worden. Bei einem weiteren Kind, das im Betreuungszeitraum geboren wird, besteht auch für dieses Kind von seiner Geburt an zusätzlich Anspruch auf Erziehungsgeld. (Der Gesamtaufwand liegt inzwischen bei 7,2 Mrd. DM.) Im ersten Halbjahr ist die Leistung bisher familieneinkommensunabhängig, dann familieneinkommensabhängig, wobei bei Überschreiten der Einkommensgrenzen ein Teil des Mehreinkommens auf das Erziehungsgeld angerechnet wird, so daß dieses dann gegen Null ausläuft. Voraussetzung für den Bezug ist ein wenigstens teilweiser Verzicht auf Erwerbstätigkeit (Erwerbstätigkeit nur bis zu 19 Stunden wöchentlich), was gerade unter der sozialisationspolitischen Zielsetzung gesehen werden muß. Vorausgehende Erwerbstätigkeit ist nicht Voraussetzung für den Erziehungsgeldbezug.

Tatsächlich wird das Erziehungsgeld von der weitaus überwiegenden Mehrzahl der in Betracht kommenden jungen Familien in Anspruch genommen, Anfang der 90er Jahre von 96% der Anspruchsberechtigten. Der Anteil der Männer ist dabei bisher sehr niedrig. Die Daten über die Inanspruchnahme des Bundeserziehungsgeldes lassen im übrigen noch einen aufschlußreichen Einblick in die Struktur der Erziehungsgeldbezieher zu: Von allen Erziehungsgeldbeziehern waren i. J. 1991 54% vor der Geburt des Kindes erwerbstätig (einschließlich Selbständige und mithelfende Familienangehörige) und 46% nicht erwerbstätig. Interessant ist dabei auch, daß unter den erziehungsgeldbeziehenden Männern der Anteil derer, die vorher nicht erwerbstätig waren, mit 70% vergleichsweise sehr hoch war.

Der weitere Ausbau des Erziehungsgeldes wird gegenwärtig, vor allem im politischen Raum, deutlich kontrovers diskutiert. Im Hinblick auf die haushaltsmäßige Belastung wäre immerhin auch zu fragen, ob eine zeitliche Ausweitung nicht zunächst nur ab dem 2. Kind erfolgen könnte. Die sicherlich gründlichste Studie zu der hier in Rede stehenden Thematik ist i. J. 1989 vom Wissenschaftlichen Beirat für Familienfragen beim BMJFFG in Gestalt eines umfangreichen Gutachtens (mit weiterführenden Vorschlägen) vorgelegt worden[2], von dem man neue Impulse nicht nur in der wissenschaftlichen Diskussion, sondern auch auf der praktisch-politischen Ebene erwarten durfte und auch noch weiterhin erwarten darf.

Neben dem Bundeserziehungsgeld gibt es auf Landesebene in vier Bundesländern eine landesspezifische Leistung: nämlich in Baden-Württemberg, Berlin, Rheinland-Pfalz und Sachsen. Im Prinzip sind dies sehr begrüßenswerte Weiterentwicklungen, aber es muß auf das Problem des „rekurrenten Anschlusses" an das Bundeserziehungsgeld hingewiesen werden. Ein Beispiel dafür bietet Baden-Württemberg mit deutlich unterschiedlichen Konditionen für das Landeserziehungsgeld gegenüber dem Bundeserziehungsgeld. Für eine landesspezifische Ergänzung und Weiterführung einer bundesweiten Regelung sollte demgegenüber grundsätzlich auf einen möglichst nahtlosen Anschluß an die einheitliche Bundesleistung Wert gelegt werden.

Einige kurze Anmerkungen zum Landeserziehungsgeld Baden-Württembergs:

- Seit 1986 (als Ablösung des früheren Familiengeldes) für ein (weiteres) Jahr im Anschluß an das Bundeserziehungsgeld gewährt, und zwar in Höhe von 400,– DM im Monat mit Einkommensgrenzen;
- bezugsberechtigt sind Mutter oder Vater, die auf (normale) Erwerbstätigkeit verzichten (Tätigkeit unterhalb der Sozialversicherungspflichtgrenze ist unschädlich);
- für Deutsche und Staatsangehörige aus EG-Mitgliedstaaten;
- Mehrfachbezug für mehrere Kinder (auch Zwillinge) ist ebenso möglich wie gleichzeitiger Bezug von Landeserziehungsgeld für das 1. Kind im dritten Lebensjahr und Bundeserziehungsgeld für ein 2. Kind.

In Berlin gibt es ein neu geregeltes Familiengeld ab November 1986, und zwar (ebenfalls wie in Baden-Württemberg) im Anschluß an das Bundeserziehungsgeld. Für Kinder, für die das auf zwei Jahre ausgeweitete Bundeserziehungsgeld gewährt wird, läuft das Landesfamiliengeld allerdings aus. Die Konditionen entsprechen weitgehend denen des Bundeserziehungsgeldes; allerdings können auch Ausländer aus anderen als EG-Staaten das Familiengeld erhalten. Auch wird bei Mehrlingsgeburten das Familiengeld für jedes Kind gezahlt (wie inzwischen auch beim Bundeserziehungsgeld). Eltern können die Bestimmung des Empfängers für einen zusammenhängenden Teil des Bezugszeitraumes wechseln, ohne nachweisen zu müssen, daß der bisherige Elternteil die Betreuung des Kindes nicht mehr sicherstellen kann.

Rheinland-Pfalz kennt ein Familiengeld ab 1984 und modifiziert ab 1986.

Das Familiengeld ist hier allerdings auf dritte und weitere Kinder beschränkt. Es beläuft sich auf 300,– DM im Monat mit Einkommensbegrenzungen und schließt sich für ein Jahr an das Bundeserziehungsgeld an.

Seit September 1992 kennt auch das Land Sachsen ein Landeserziehungsgeld (400,– DM mtl.), und zwar zunächst für Kinder der Jahrgänge 1992 und 1993 für sechs Monate, für Kinder der Jahrgänge ab 1994 für 12 Monate im Anschluß an den Bezugszeitraum für Bundeserziehungsgeld. Dessen Einkommensgrenzen gelten auch für das Landeserziehungsgeld. Für die ergänzenden Regelungen auf Länderebene gilt, daß in der Vergangenheit leider kaum wirkliche Begleitforschung dazu in Gang gesetzt worden ist. Tatsächlich wären hier gute Ansätze für entsprechende zeitliche Längsschnittuntersuchungen gegeben.

Schließlich können noch weitere Ergänzungen der Erziehungsgeldregelungen etwa auf kommunaler Ebene in Betracht kommen, z.B. in Würzburg (1979) und zeitlich noch etwas früher in Fürth (1977). Das Erziehungsgeld erreicht dabei im wesentlichen Personen mit niedrigem Erwerbseinkommen oder auch Sozialhilfeempfänger. Solche Regelungen können als eindrucksvolle Beispiele einer bürgernahen Jugend- und Familienpolitik auf kommunaler Ebene gelten.

## 3. Der integrative Ansatz eines Erziehungsgeldes

So wichtig das Erziehungsgeld ist, es kann auf dem aufgezeigten sozialökonomischen Entstehungshintergrund *allein* wohl keine problemangemessene Lösung sein, erst recht kein „Patentrezept". Es bedarf schon eines integrativ angelegten Maßnahmenbündels, in dem das Erziehungsgeld von weiteren Maßnahmen flankiert wird.[3] Hier ist vor allem zu nennen:

a) Die gleichzeitige Anrechnung von Erziehungszeiten im Rentenrecht, und zwar möglichst parallel mit den Bezugszeiten des Erziehungsgeldes. Die ab 1992 erfolgte Ausdehnung der Anrechnung von Erziehungszeiten in der Gesetzlichen Rentenversicherung auf drei Jahre eröffnet die Möglichkeit, eine ergänzende Landeserziehungsgeldregelung im dritten Lebensjahr des Kindes rentenversicherungsrechtlich abzusichern.
b) Die arbeitsrechtliche Absicherung der Wiederbeschäftigung für diejenigen, die ihre Erwerbstätigkeit nur für den begrenzten Zeitraum des Erziehungsgeldbezugs unterbrechen wollen (Erziehungsurlaub).
c) Die Kontaktpflege zur Erwerbstätigkeit während des Erziehungsgeldbezugs, was u.U. durch begrenzte Erwerbstätigkeit (unter 20 Stunden wöchentlich) automatisch gegeben wäre. Jedenfalls erscheinen Angebote zur Erhaltung der beruflichen Kompetenz unentbehrlich.

d) Insbesondere bei längerfristigem Ausscheiden aus der Erwerbstätigkeit berufsorientierte Weiterbildungsmöglichkeiten und später gezielte Hilfen zum Wiedereintritt in die Erwerbstätigkeit (z.B. „Neuer Start mit 35" als Aktion in Baden-Württemberg). Solche Maßnahmen können wesentlich zur Wiedergewinnung einer u.U. verlorengegangenen beruflichen Kompetenz beitragen.
e) Das Erziehungsgeld selbst ist im übrigen so anzulegen, daß es einer größeren Rollenflexibilität zwischen Mann und Frau nicht entgegensteht, also beiden zugänglich sein muß. Bei allem Verständnis für die Auflockerung von Geschlechterrollenfixierungen können freilich Regelungen als problematisch erscheinen, in denen – wie in skandinavischen Beispielen der Fall – Anrechnungszeiten für Kinderbetreuung nur dann in Anspruch genommen werden dürfen, wenn sich die Eltern die Erziehungszeiten auf jeden Fall teilen.

Nur in einem solchen integrativen Ansatz einer Erziehungsgeldregelung (insbesondere Erziehungsgeld in Verbindung mit Anrechnung von Erziehungszeiten und Erziehungsurlaub) wird „ein Schuh daraus". Als „optimale" Laufzeit für ein solches Erziehungsgeld sollte mittelfristig ein Zeitraum von drei Jahren angestrebt werden.

## 4. Eine Schlußbemerkung: Auswirkungen eines integrierten Erziehungsgeldansatzes auf die demographische Entwicklung

Das Erziehungsgeld bildet – zusammen mit flankierenden Maßnahmen – zunächst einmal im Kern eine familienpolitische Leistung. Es dient der Förderung der Entwicklungsbedingungen junger Familien und von der materiellen Seite her der Vergrößerung von deren Handlungs- und Entscheidungsspielräumen. Gerade die ökonomische Wirkung kann nicht zuletzt für Alleinerziehende besonders wichtig sein, bei denen man sich u.U. auch differenzierte, d.h. vergleichsweise höhere Beträge gegenüber dem allgemeinen Erziehungsgeld vorstellen kann.

Darüber hinaus dürfen aber in der Grundtendenz auch positiv zu bewertende Auswirkungen auf die demographische Entwicklung erwartet werden. Ein zentraler Ansatzpunkt für die Lösung des demographischen Problems in den westeuropäischen Industriegesellschaften ist im Konfliktfeld zwischen Familienleben und Erwerbsarbeitswelt zu sehen. Solange das hier liegende Konfliktpotential nicht beseitigt wird, dürfte das demographische Problem nicht zu lösen sein. Das Erziehungsgeld als relativ neues Element in einem familienpolitischen Gesamtkonzept kann hier einen wichtigen Beitrag leisten und in dem aufgezeigten integrativen Ansatz von der ökonomischen Seite her (mit Auswirkung in den außerökonomischen Bereich der gesellschaftlichen Anerkennung!) die Entscheidung für Kinder erleichtern. Insofern kommt ihm nicht nur eine spezifische sozialisationspolitische Bedeutung für die Situation des Kindes in der jungen Familie zu, sondern es besitzt von seinen – sozialschichtenspezifisch sicherlich unterschiedlich zu beurteilenden – demographischen Nebenwirkungen her auch eine herausgehobene Stellung in einer demographisch mitbegründeten Familienpolitik.

## Anmerkungen und Literatur

*) Aktualisierte Fassung des Beitrags in: Familienpolitik auf dem Prüfstand: Analysen, Perspektiven, Kurskorrekturen, Brennpunkt Familie Nr. 46, hrsg. v. Kath. Familienverband Österreichs, Wien 1989, S. 34–41.

1) *Vgl. Schulte-Langforth, M.*, Muttergeld-Vorschlag einer Hilfe für Mütter mit kleineren Kindern, Stuttgart 1969 – Siehe dazu auch *Wingen, M.*, Ein Muttergeldkonzept und seine Problematik, in: Die Neue Ordnung, 24, 1970, S. 454–465.

2) Erziehungsgeld, Erziehungsurlaub und Anrechnung von Erziehungszeiten in der Rentenversicherung, Gutachten des *Wissenschaftlichen Beirats für Familienfragen* beim Bundesminister für Jugend, Familie, Frauen und Gesundheit. Schriftenreihe des BMJFFG, Stuttgart 1989. Aus jüngerer Zeit s. die gründliche Arbeit von *Badelt, Ch.*, Brennpunkt Erziehungsgeld (Zur Lebenssituation nicht berufstätiger Frauen mit Kleinkindern-Erfahrungen mit dem Vorarlberger-Modell), Wien 1991.

3) Zu diesem vom Verf. wiederholt vertretenen Ansatz siehe z.B. *Wingen, M.*: Sozialrechtliche und sozialpolitische Rahmenbedingungen für eine Wahlfreiheit junger Eltern zwischen Familien- und Erwerbsleben, Zeitschrift für Sozialreform, 27, 1981, 446–469. – Familienpolitische Perspektiven der Weiterentwicklung der Sozialen Marktwirtschaft, in: Die Soziale Marktwirtschaft erneuern. Studien zur politischen Bildung, Mainz 1986, 205–224. – Familien heute – Bestandsaufnahme und Trends, in: Familien und Familienpolitik – Bestandsaufnahme und Perspektiven, *Lampert, H./Wingen, M.*, Köln 1986, 51–106.

# 4. Gewährleistung von außerhäuslicher Kinderbetreuung – Eine Stellungnahme aus der Sicht der Familienpolitik*

## 1. Ausgangspunkte

Ein zentraler normativer Ausgangspunkt für eine umfassende Regelung von Kinderbetreuungseinrichtungen ist der § 1 des Kinder- und Jugendhilfegesetzes (KJHG); danach hat jeder junge Mensch ein Recht auf Förderung seiner Entwicklung und auf Erziehung zu einer eigenverantwortlichen und gemeinschaftsfähigen Persönlichkeit. Dem entspricht – ein zweiter zentraler normativer Ausgangspunkt – auf seiten der Eltern die grundlegende Bestimmung des Art. 6 Abs. 2 GG, wonach Pflege und Erziehung der Kinder nicht nur das natürliche Recht der Eltern, sondern auch die ihnen zuvörderst obliegende Pflicht sind.

Die staatliche Ordnung ihrerseits hat die Voraussetzungen dafür zu sichern, daß diese Rechte tatsächlich eingelöst und die mit ihnen korrespondierenden Pflichten in zumutbarer Weise erfüllt werden können. Die gesellschaftliche Ordnungspolitik des Staates beschränkt sich demgemäß nicht auf die Sicherung von Recht und Ordnung, sondern hat auch die Erfüllung der wesentlichen, „existentiellen" Lebensaufgaben durch den einzelnen zu ermöglichen. Hier ist in der sozialwissenschaftlichen Diskussion nicht zu Unrecht auf nachweisliche Tendenzen einer „strukturellen Rücksichtslosigkeit von Gesellschaft und Wirtschaft gegenüber der Familie" (*F.-X. Kaufmann*) verwiesen worden, die eine grundwerteorientierte Politik in besonderer Weise herausfordern muß.

Auf dem Hintergrund dieser normativen Bezüge und Befunde zur sozialen Realität sowie der daraus erwachsenden gesellschafts- und familienpolitischen Zielsetzungen ist auch die Regelung der *Kinderbetreuung* zu sehen, die in den umfassenderen Erziehungs- und Bildungsprozeß der nachwachsenden Generation (Sozialisation) eingebettet ist. Inhaltlich gesehen lassen sich die Versorgung des Kindes und seine Sozialisation dabei wohl zu keinem Zeitpunkt in den ersten 14 Lebensjahren auf eine reine Betreuung verengen; dennoch besitzt in den allerersten Lebensjahren die elementare Betreuung wohl relativ, d.h. gemessen am gesamten Zeitbudget der Versorgung, größeres Gewicht als im höheren Lebensalter, während später der Erziehungs- und insbesondere der Bildungsauftrag relativ an Bedeutung gewinnen.

Unter dem Aspekt der *Trägerschaft* ist grundsätzlich festzuhalten, daß Betreuungs- sowie Erziehungs- und Bildungsleistungen nicht allein in den Familien erbracht werden, sondern auch andere (sekundäre) gesellschaftliche

Institutionen prinzipiell in der Lage sind, solche Leistungen zu erbringen. Die soziale Dimension des Menschen, sein Personsein, bedingt sogar eine geordnete Zusammenarbeit verschiedener Erziehungsinstanzen. So ergibt sich mit zunehmendem Lebensalter des Kindes ein Neben- und Miteinander von Sozialisationsinstanzen; neben die Familie kann u. U. schon recht bald eine außerfamiliale Betreuungseinrichtung treten, die freilich möglichst weitgehend familiennahe *Ergänzung* der familialen Betreuungs- und Erziehungsleistungen und möglichst wenig deren *Ersetzung* sein sollte. Ab dem dritten Lebensjahr des Kindes kommt dann regelmäßig als weiterer Sozialisationsträger der Kindergarten hinzu (der u. U. für Fünfjährige den Charakter einer „Vorschule" haben kann), und spätestens im Schulalter gewinnen über die Schule hinaus informelle Spielgruppen u. ä. Bedeutung. Andererseits bedeuten die Vorschriften des KJHG (zweites Kap., dritter Abschnitt) über die „Förderung von Kindern in Tageseinrichtungen und Tagespflege" nicht, daß *alle* Kinder in außerhäuslichen Betreuungseinrichtungen zu fördern seien.

Die wohl entscheidenden Fragen, um die es geht, laufen darauf hinaus, sich darüber zu verständigen, was ein den Bedürfnissen von Kindern und Eltern entsprechender außerhäuslicher Betreuungsplatz bedeutet, was unter *„bedarfsgerechter"* außerhäuslicher Kinderbetreuung gerade auch in zahlenmäßiger Hinsicht zu verstehen ist und wie die gesellschaftlichen und familienpolitischen Rahmenbedingungen aussehen (sollten), unter denen solche außerhäuslichen Betreuungsplätze angeboten werden.

## 2. Ein konfliktträchtiges Spannungsfeld

Für die Einlösung des Betreuungsanspruchs des Kindes und die Wahrnehmung der elterlichen Erstverantwortung ist nun ein *mehrfaches Spannungsverhältnis* zu bedenken, das sich bei näherem Zusehen auch als konfliktgeladen darstellen kann. Dies gilt gerade angesichts neuer gesamtgesellschaftlicher Entwicklungen, die sowohl die Erwachsenen – und hier insbesondere die Frau – als auch das Kind betreffen. Sie finden ihren Niederschlag in den bekannten Wandlungen in den demographischen, sozialen und wirtschaftlichen Strukturen der Familien, die insgesamt in der Grundtendenz auf eine größere Pluralität familialer Lebensformen (vor allem in ihrem zahlenmäßigen Gewicht) hinauslaufen. Daraus wiederum erwachsen veränderte Bedürfnisse von Familien, an die sich auch die außerfamilialen Einrichtungen zur Kinderbetreuung anpassen müssen, die sich damit wenigstens teilweise vor veränderte Aufgaben gestellt sehen.

Konkret läßt sich dieses konfliktträchtige Spannungsfeld durch folgende Eckpunkte markieren: (1) das *Kind*, (2) das *Elternpaar* (also nicht nur die Mutter!) bzw. der alleinerziehende Elternteil und (3) die *Gesamtgesellschaft*. Diese drei Pole lassen sich für unsere Fragestellung mit folgenden Stichworten beschreiben:

(1) Grundsätzlich muß die Betreuung des Kindes gesichert sein, sei es in der Familie, sei es hilfsweise außerhalb derselben. Dem einzelnen Kind wird dabei heute sogar grundsätzlich ein – sicherlich nicht einfach zu definierender – Anspruch auf Eltern (elterliche Zuwendung) eingeräumt. In jüngerer Zeit tritt das Kind verstärkt als Träger eigener Grundrechte in den Blickpunkt, womit sein Menschsein unterstrichen wird.

(2) Die einzelnen Eltern legen zunehmend Wert auf eine eigenverantwortliche Lebensplanung. Dies gilt erst recht auf dem Hintergrund verstärkter Individualisierungstendenzen in unserer Gesellschaft und einem deutlich gewandelten Selbst- und daraus erwachsenden Rollenverständnis der Frauen. Dabei spielt gerade für die Frau auf dem Hintergrund ihres signifikanten veränderten Bildungsverhaltens die berufliche Entwicklung eine besondere Rolle. Zugleich gilt es als ein soziales Grundrecht, Familie und Kinder haben zu können. Junge Paare beanspruchen die Möglichkeit, unterschiedliche Optionen mit freier Entscheidung auch über das Ausmaß von Familientätigkeit und Erwerbstätigkeit (sowie über die Verbindung von beiden Arbeitsfeldern) wahrnehmen zu können.

(3) Seitens der Gesamtgesellschaft besteht ein Interesse daran, daß die einzelnen Paare Entscheidungen treffen, die auf die Gesellschaft bezogen wünschenswert erscheinen. Die größere Gemeinschaft muß daran interessiert sein, daß die persönlichen Verantwortlichkeiten für ein Kind klargestellt sind, daß auch die Eigenverantwortlichkeit und Gemeinschaftsfähigkeit des Heranwachsenden (§ 1 KJHG) ausgeprägt werden.

Zwischen diesen Polen mit den dort jeweils angesiedelten „Interessen" lassen sich damit fast zwangsläufig bestimmte Spannungsverhältnisse ausmachen:

- Zwischen den beiden Polen Kind und Eltern ein gewisses Spannungsverhältnis bezüglich der Sicherung des Kindeswohles und den Selbstentfaltungsansprüchen der Eltern. Schon im Zweiten Familienbericht der Bundesregierung, der dem Schwerpunktthema „Familie und Sozialisation" gewidmet war (1975), hat die Sachverständigenkommission sinngemäß festgehalten: Da das Kind der schwächste Teil der Familie sei, bedürfe es des besonderen Schutzes auch gegenüber den Emanzipationsforderungen der Eltern dann, wenn diese sich nur auf Kosten der Rechte des Kindes einlösen ließen. In diesem Zusammenhang bleibt daran zu erinnern, daß Entscheidungen für Kinder langfristige Festlegungen und Bindungen bedeuten und insoweit fast zwangsläufig mit dem Angebot zur Wahrnehmung ständig neuer Offerten der Lebensgestaltung kollidieren müssen. Auch zwingt ein besonders qualifizierter Beruf häufig dazu, mobil zu sein; Kinderhaben steht im Prinzip der sozialen und räumlichen Mobilität eher entgegen.

– Zwischen den beiden Polen Eltern und Gesamtgesellschaft ein Spannungsverhältnis bezüglich des Ausgleichs „individueller" und „kollektiver Rationalität". Für den einzelnen kann es vorteilhafter sein, Verpflichtungen gegenüber dem Anspruch des Kindes auf Betreuung und Erziehung eher auszuweichen. Die Gesamtgesellschaft muß darauf Wert legen, daß die einzelnen ihren Gemeinschaftsbezug sehen und ein Konflikt dort vermieden wird, wo Individualinteressen mit Gesamtinteressen der Gemeinschaft kollidieren.
– Schließlich ein Spannungsverhältnis zwischen der Gesamtgesellschaft, die auf quantitative *und* qualitative Nachwuchssicherung Wert legen muß, und dem Kind, das ein Interesse an kindgerechten Lebens- und Entfaltungsbedingungen haben muß, von sich aus freilich kaum artikulieren kann. In der Verkehrspolitik z.B. können Lebensbedürfnisse des Kindes hinsichtlich kindgemäßer Spiel-„Räume" mit wirtschaftlichen Belangen im Zusammenhang mit einem möglichst effizienten Verkehrsfluß kollidieren.

## 3. Ordnungspolitische Anforderungen an die Kinderbetreuung

In diesem mehrfachen Spannungsverhältnis sind Regelungen der Kinderbetreuung zu finden, die den verschiedenen, teils einander widerstreitenden Anforderungen Rechnung tragen. Damit stellt sich in gesellschaftsordnungspolitischer Sicht die zentrale Aufgabe, durch Gestaltung der Randbedingungen in Wirtschaft, Gesellschaft und Kultur entsprechende Freiräume abzusichern für die Verwirklichung von unterschiedlichen Lebensplänen und je eigenen Vorstellungen von Familie. Auf diese Weise lassen sich vielfältige Optionen unter Berücksichtigung der verschiedenen legitimen Ansprüche ermöglichen. Wenn es grundsätzlich jeder Familie zugesprochen wird, daß sie ihre eigenen Lebensziele hat, die sie verwirklichen will, dann kann es nicht darum gehen, seitens der Politik allen Familien ein bestimmtes Muster und den Familienmitgliedern eine bestimmte Rolle vorzugeben. Dies hat Konsequenzen auch für die Kinderbetreuung. (Mißverständlich kann hier ein Hinweis sein, in der Familien*politik* auf ein bestimmtes Leitbild verzichten zu wollen; von Rollenfixierungen für die beiden Partner oder Festlegungen von Mustern familialer Binnenstrukturen abzusehen, bedeutet gerade Ausprägung von Elementen eines Leitbildes für die Familienpolitik, auf die diese als stets wertbezogenes Handeln gar nicht verzichten kann. Leitbildhafte Vorstellungen über Rollenzuweisungen im Zusammenleben auf der Ebene von Ehe und Familie sind insoweit zu unterscheiden von Leitbildern des familienpolitischen Handelns.)

Für eine allseits befriedigende Regelung der Kinderbetreuung bedeutet dies: Möglichst große Chancen der Vereinbarkeit von Familienpflichten und Erwerbstätigkeit erfordern die Ermöglichung unterschiedlicher Verhaltensmuster der Konfliktmilderung mit Flexibilität des einzelnen zwischen diesen Mustern, so vor allem des zeitlichen Nebeneinanders von Erwerbstätigkeit und Kleinkindbetreuung (sog. simultanes Muster) *oder* des zeitlich phasenversetzten Nacheinanders von Erwerbstätigkeit, dominanter Familienphase und Rückkehr in Erwerbstätigkeit oder außerfamiliales soziales Engagement (sog. sukzessives Muster). Damit solche unterschiedlichen Verhaltensmuster aber für den einzelnen wirklich frei wählbar und voll lebbar sind, müssen ganz bestimmte verhaltensmusterspezifische sozial- und familienpolitische (auch sozialrechtliche) und sozialpädagogische Randbedingungen in Gesellschaft und Wirtschaft politisch abgesichert sein. Mehr noch: die gesellschaftlichen und materiellen Grundbedingungen der verschiedenen Alternativen müssen in etwa aneinander angepaßt sein. Erst dann ist eine freiere Gestaltung des persönlichen Lebens gewährleistet. Erst dann wird vermieden, daß von den jeweiligen Lebensentwürfen her die Entwicklungschancen der einzelnen Familienmitglieder (der Frau und des Kindes mehr als des Mannes) mehr oder minder empfindlich beeinträchtigt werden. Erst dann wird insoweit die Verwirklichung zentraler Wertentscheidungen in unserer Gesellschaft gefördert. Insofern werden hier geradezu „Nagelproben" auf eine grundwerteorientierte Politik sichtbar.

In dieser ordnungspolitischen Sicht gewinnen die sozialen Systeme, die die Familie umgeben, besonderes Gewicht. Sie dürfen die Entscheidung für Familien nicht behindern, sondern sollten sie eher sogar fördern und Entscheidungen für Kinder erleichtern. Dabei muß der Familie gerade auch im Blick auf ihre Erstverantwortung für Betreuung, Pflege und Erziehung der Kinder Raum gelassen werden. Es geht dabei um eine *wichtige ordnungspolitische Entscheidung*, wonach die einzelnen zwar unterschiedliche Optionen haben sollten, eine familiale oder außerfamiliale Betreuungsform in Übereinstimmung mit ihren jeweiligen Lebensplänen zu wählen, freilich unter Berücksichtigung gerade auch des *Kindeswohles*. Letzteres wiederum verweist im Prinzip zurück auf familiennahe Betreuungsformen.

In Verbindung mit dem angesprochenen mehrfachen Spannungsverhältnis sind bei den Lösungsmöglichkeiten der Kinderbetreuung eine Reihe von Kriterien zu beachten. Hier sind vor allem zu nennen:

- im Blick auf das zu betreuende Kind die altersgemäßen Lebensbedürfnisse (Betreuungsbedarf in Orientierung am Lebensalter), aber auch der Aspekt des Erziehungsbedarfs in Abhängigkeit von in der eigenen Familie gegebener oder fehlender geschwisterlicher Miterziehung;
- im Blick auf die Eltern die familienstrukturellen Gegebenheiten wie Situation eines alleinerziehenden Elternteils im Unterschied zur vollständigen Familie, sozialschichtenspezifische Unterschiede oder ethnische Differenzierungen (was u. a. die besondere Bedeutung des Kindergartens gerade auch für die soziale Integration von ausländischen Kindern begründet);
- im Blick auf die Gesamtgesellschaft etwa Anforderungen der Wirtschafts- und Arbeitsorganisation, die ihrerseits wiederum auf die Vorleistungen elementar angewiesen ist, die in den Familien erbracht werden.

Wenn man sich dies vergegenwärtigt, wird unmittelbar deutlich, daß nicht eine einzige Betreuungsweise geeignet erscheint, den unterschiedlichen Anforderungen mit ihrem wechselnden Gewicht (z.B. je nach Alter des Kindes oder familienstrukturellen Gegebenheiten) gerecht zu werden. Gerade ein ganzheitlicher Ansatz zur Lösung der Kinderbetreuung verlangt eine differenzierende Betrachtung. Dabei kann sich auch die Frage nach *„rechtlicher Verläßlichkeit"* der als erforderlich angesehenen Betreuungsformen unterschiedlich stellen.

## 4. Kinderbetreuung in altersspezifischer Sicht

Unabhängig von der Frage, ob – wie im Gesetzentwurf angenommen – für die Förderungsfähigkeit der herkömmlichen Einteilung in Kinderkrippen, -gärten und -horte keine Rolle spielen soll, erscheint es zur Problemlösung der bedarfsgerechten Kinderbetreuung wichtig, die folgenden Lebensaltersgruppen von Kindern zu unterscheiden:

(1) Gruppe der unter 3jährigen Kinder,
(2) Gruppe der Kinder vom vollendeten 3. Lebensjahr an bis zur Schulpflicht,
(3) Gruppe der Kinder nach Beginn der Schulpflicht (bis zum 14. Lebensjahr).

Bei den folgenden kurzen Anmerkungen zu diesen unterschiedlichen Altersgruppen wird davon ausgegangen, daß sich aus familienpolitischer Sicht das Problem der Kinderbetreuung für die Altersgruppe der unter 3jährigen in besonderer Schärfe stellt, so daß sich die Stellungnahme vor allem auf diese Altersgruppe konzentriert.

## *Zur Betreuung der Kinder unter 3 Jahren*

Grundsätzlich muß nach der anthropologischen Forschung gerade in diesen ersten Lebensjahren des Kindes einer ganzheitlichen Betreuung besonderes Gewicht beigemessen werden, sei dies nun in der Familie selbst, sei dies in möglichst familiennaher außerhäuslicher Einrichtung. Als außerfamiliale Betreuungseinrichtung für Kinder in dieser Altersgruppe dient herkömmlicherweise die Kinderkrippe. Indessen muß schon an dieser Stelle unterstrichen werden, daß hier auch andere, familiennähere Betreuungsformen verstärkt in den Blick zu nehmen sind.

Tatsächlich besteht in den Ländern der früheren Bundesrepublik ein Fehlbedarf an außerfamilialen Betreuungsplätzen (Kinderkrippen). Bisher stand – im Unterschied zur ehemaligen DDR – in der Bundesrepublik nur für etwa 3 bis 4% der Kinder unter 3 Jahren ein Krippenplatz zur Verfügung. Diesen Befund wird man allerdings auf dem Hintergrund des früheren grundsätzlichen Votums des Deutschen Bildungsrats (1970) sehen müssen, wonach als allgemeine Auffassung festgehalten wurde, daß ein Kind während seiner ersten drei Lebensjahre in seiner Entwicklung am besten gefördert werde, wenn ihm seine *Familie* eine verständnisvolle und anregende Umwelt biete. Es mag offenbleiben, inwieweit dabei zugleich die Vorstellung vorherrschte, daß diese Aufgabe wie selbstverständlich von den *Frauen* bzw. Müttern zu bewältigen sei. Kinderkrippen und ähnliche außerfamiliale Betreuungs- und Versorgungsformen erscheinen bei dieser Sichtweise im Grunde als Einrichtungen für „Notfälle", nicht jedoch als Antworten auf einen aus der individuellen Lebensplanung heraus geltend gemachten Bedarf.

Ganz anders stellte sich demgegenüber die Situation in der früheren DDR dar. Die Krippenerziehung besaß grundsätzlich einen Vorrang vor der Familieerziehung, und zwar sowohl aus ideologischen Gründen wie auch aus produktionspolitischen Gründen. Die ideologischen Aspekte lassen sich pointiert als Befürwortung der Kollektivierung schon der Kleinkindererziehung zusammenfassen. Diese Sichtweise fand in besonders pointierter Form ihren Niederschlag in einem gelegentlich sogar postulierten „Recht des Kindes auf frühe Gruppenerfahrung in der Krippe". Die produktionspolitischen Gründe liefen darauf hinaus, das große Interesse des Staates an einem möglichst durchlaufenden Vollzeitarbeitsverhältnis auch der verheirateten Frau abzusichern. In den letzten Jahren erreichte der Anteil der in Krippen untergebrachten Kinder tatsächlich für die Kinder im 2. und 3. Lebensjahr eine Größenordnung von bis zu 80%. Eine Vorrangigkeit der Krippenerziehung vor der Familienerziehung kann sicherlich *nicht* zur Perspektive der Familienpolitik im geeinten Deutschland gehören. Dabei sollte Krippenerziehung vor allem auch nicht aus *wirt-*

*schaftlichen* Gründen der einzelnen Familie eine Alternative sein (müssen), wenngleich hier nach wie vor immer wieder solche wirtschaftlichen Zwänge im Spiel und zu monieren sind. An Stelle einer solchen Instrumentalisierung der Familienpolitik – wie in der ehemaligen DDR – muß den einzelnen Eltern der nötige Freiraum für eigenverantwortliche Verwirklichung der jeweiligen Lebenspläne (denen dann bestimmte gesellschaftlich anerkannte Bedürfnisse entsprechen) gesichert werden, wie dies bei der Umschreibung der ordnungspolitischen Zielsetzung bereits festgehalten wurde.

Damit ist zentral das Prinzip der „Bedarfsgerechtigkeit" angesprochen; es geht um eine „bedarfsgerechte Kinderbetreuung", wie sie im KJHG (§ 24) gefordert wird und auch eine Leitvorstellung schon im Gesetzentwurf war. Diese Bedarfsgerechtigkeit wird dabei nicht nur an quantitativen Merkmalen (Zahl der angebotenen Plätze) festgemacht werden dürfen, sondern muß sich auch an qualitativen Merkmalen (pädagogischer Standard der Einrichtungen, Wohnungsnähe u. ä.) orientieren. Mehr bedarfsgerechte Kinderbetreuung zu befürworten ist eines, diese Bedarfsgerechtigkeit zu definieren ist ein anderes.

Der hier angesprochene „Bedarf" ist nun schon in seiner *quantitativen* Dimension keine statische Größe; er hängt mit ab von den Bedingungen, unter denen Eltern die Betreuungsform wählen. Die Nachfrage nach solchen Plätzen hängt mit ab von den Konditionen, unter denen sie angeboten werden und nachgefragt werden müssen. Hier wird man auf möglichst große Wahlfreiheit der einzelnen jungen Eltern hinsichtlich der Form der Vereinbarung von Erwerbstätigkeit und Kinderhaben Wert legen müssen. Wann aber ist hier im Zusammenhang mit der Entscheidung für eine bestimmte Kinderbetreuung wirklich Wahlfreiheit gegeben? Bei einem zu mehr oder minder weitgehend nicht kostendeckenden Gebühren angebotenen Krippenplatz kommt es insoweit zu einer unentgeltlichen sozialen Dienstleistung (sog. „Realtransfer"). Geht man zum Beispiel einmal davon aus, daß ein Krippenplatz gegenwärtig (einschließlich Investitionskosten) die öffentliche Hand insgesamt im Monat 1 800,– DM bis 2 000,– DM kostet (mitfinanziert von denen, die unter Verzicht auf eigene Erwerbstätigkeit die Kinderbetreuung selbst erbringen!) und der Eigenbeitrag der Eltern vielleicht bei 300,– bis 400,– DM liegt, entspräche diese familienbezogene soziale Dienstleistung einem Realtransfer in Höhe von etwa 1 500,– DM im Monat.

Eine möglichst weitgehende Gleichheit in den Voraussetzungen, unter denen von der Wahlfreiheit Gebrauch gemacht wird, ist im Grunde erst dann (angenähert) erreicht, wenn solche Beträge auch denjenigen Elternteilen zur Verfügung gestellt werden, die sich für eine eigene Betreuung des Kleinkindes entscheiden. Dies wäre ein wesentlicher Beitrag zur echten Wahlfreiheit, weil nämlich dem Realtransfer bei Nichtinanspruchnahme ein entsprechender monetärer Transfer gegenüber stünde. Dies brächte im übrigen zugleich mehr Transparenz in die Realtransferströme. Mit dem gesetzlichen Erziehungsgeld ist ein Schritt in diese Richtung getan. In der Höhe (und mit seinen Einkommensbegrenzungen) bleibt es indessen deutlich hinter einer mehr oder weniger weitgehenden Subvention eines Krippenplatzes zurück. Wenn hier wirklich in etwa gleiche ökonomische Voraussetzungen geschaffen würden, unter denen unterschiedliche Optionen hinsichtlich der Kinderbetreuung geltend gemacht werden können, stellt sich der Bedarf nach außerfamilialen Betreuungsplätzen ganz anders dar als unter (verzerrten) Bedingungen einseitiger Allokation außerfamilialer Kleinkindbetreuung durch die Allgemeinheit. In diesem Falle – das sei ausdrücklich festgehalten – kann eine außerhäusliche Betreuung allerdings auch nicht als auf „Notfälle" zu beschränken gesehen werden, sondern hat ihren Platz, wo immer sie gemäß dem eigenen Lebensentwurf gewünscht wird.

Nun gehört zu den Voraussetzungen wirklicher Wahlfreiheit junger Eltern in dem hier betrachteten Spannungsfeld allerdings nicht nur, daß vermieden werden muß, unterschiedliche Verhaltensmuster (insbesondere sog. simultanes und sog. sukzessives Muster) einseitig wirtschaftlich zu subventionieren. Zugleich ist auf die Erfüllung weiterer Bedingungen Wert zu legen, wozu im folgenden einige Stichworte genannt seien:

- Die hier in Rede stehende Wahl sollte bereits aus einer prinzipiellen Gleichstellung von Mann und Frau heraus möglich sein; dies verweist zurück auf die bisher noch nicht allseits befriedigend gelöste Frage der gleichen Entlohnung von Mann und Frau bei gleicher Ausbildung bzw. Tätigkeit, aber auch auf die Gleichberechtigung von Mann und Frau in der „Verfassungswirklichkeit". Darüber hinaus bleiben im Blick auf das Konfliktfeld, in dem beide Elternteile die Frage der Kinderbetreuung zu lösen haben, eine Reihe von Strukturveränderungen in *sozialökonomischer* und *soziokultureller* Hinsicht anzumahnen.
- Die Anrechnung von Erziehungszeiten in der „Rentenbiographie" des vorübergehend auf Erwerbstätigkeit verzichtenden Elternteils muß selbstverständlich sein; dies folgt aus einem erweiterten Arbeitsverständnis, das neben Erwerbsarbeit die Familienarbeit als grundsätzlich gleichwertig gelten läßt.
- Zur Rückkehr in die Erwerbstätigkeit sind Wiederbeschäftigungsgarantien oder bei längerer Unterbrechung bevorzugte Wiedereinstellungszusagen sehr wichtig. Insoweit kommt einer Ausweitung des gesetzlichen Erziehungsurlaubs auf drei Jahre (mit zeitlicher Abkoppelung von der Erziehungsgeldgewährung) große Bedeutung zu, zumal weil damit auch ergänzende Landeserziehungsgeldregelungen (über das 2. Lebensjahr des Kindes

hinaus) – wie in Baden-Württemberg – durch Erziehungsurlaub abgesichert werden (was nur bundesrechtlich möglich ist).

– Im Feld der soziokulturellen Rahmenbedingungen darf der Gesichtspunkt der *sozialen Anerkennung* der bevorzugten Hinwendung zum Kleinkind nicht vernachlässigt werden, was auf eine grundsätzliche Aufwertung der Erziehungs- und Pflegetätigkeit hinausläuft, gleichgültig nun, ob von der Frau oder dem Mann erbracht. Dabei gilt es den wechselseitigen Zusammenhang etwa mit Maßnahmen im sozialökonomischen Feld zu sehen: Eine Anrechnung von Erziehungszeiten in der gesetzlichen Rentenversicherung oder ein Erziehungsgeld sind über ihren ökonomischen Verteilungseffekt hinaus auf der immateriellen Ebene auch Ausdruck von Anerkennung gesellschaftlich wichtiger Leistungen. Deshalb kann eine u. U. schrittweise eingeführte und anfänglich noch bescheidene Leistung gleichwohl ein „Zeichen" sein, das in seiner bewußtseinsbildenden Wirkung nicht unterschätzt werden sollte.
– Das Verständnis von „Selbstverwirklichung" schließlich darf nicht lediglich auf außerhäusliche Erwerbstätigkeit verengt werden. Die Kammer für soziale Ordnung der EKD hat schon vor vielen Jahren festgehalten, daß Selbstverwirklichung des einzelnen nicht nur durch außerhäusliche Erwerbstätigkeit, sondern auch durch verantwortliche Erziehung von (mehreren) Kindern zu lebenstüchtigen Menschen wie schließlich durch außerfamiliales soziales Engagement zu gewinnen ist.
– Die verantwortlichen Träger der Erwachsenenbildung sollten in ihrer Informationspraxis auch das Kindeswohl immer wieder in Erinnerung rufen – gleichsam als „Anwalt des Kindes", in diesem Falle des Kleinkindes unter drei Jahren. Aus dieser Anwaltsfunktion heraus sind sorgfältig – und ohne daß übertriebene Ängste geschürt werden oder leichtfertigen Verharmlosungen Vorschub geleistet wird (!) – die Ergebnisse der Forschungslage zu berücksichtigen. Bei ambivalenten Ergebnissen ist eher Zurückhaltung gegenüber breitenwirksamen neuen, noch wenig erprobten Wegen angeraten, und zwar weniger wegen der meist damit auch verbundenen Kosten als vielmehr mit Rücksicht auf die Tragweite von möglichen Irrwegen für das Schicksal nachfolgender Generationen. Auch hier muß die „Fernverantwortung" (i.S. von *H. Jonas*) greifen. Wer grundlegend andere, familienfernere Wege gehen will, hat ein Stück weit auch die Beweislast dafür, daß die Alternative, was fehlende Sozialschädlichkeit angeht, befürwortet werden kann. Zuviel an Personalität und Gesellschaftlichkeit des (jungen) Menschen steht hier auf dem Spiel. Offenheit einer kleinkindorientierten Familienpolitik gegenüber neuen Entwicklungen und Bedürfnissen kann nicht Verzicht auf grundwerteorientiertes Handeln bedeuten.

Wichtig erscheint dabei freilich die *Gleichzeitigkeit des Vorgehens,* wenn es diese verschiedenen Ansatzpunkte zu verwirklichen gilt. Für die konkrete Politik bedeutet dies deshalb eine besonders schwierige Aufgabe, weil sich meist alle Energie auf einige wenige – vielleicht auch nur einzelne – Maßnahmen konzentriert. Notwendig ist dagegen, die verschiedenen Maßnahmen in einem integrativ geplanten Ansatz gleichzeitig voranzubringen; denn sonst besteht die Gefahr, daß durch „Anpassung" an gegebene Strukturen diese – statt verändert – nur verfestigt werden.

Erweist sich damit der „bedarfsgerechte" Ausbau von außerfamiliären Kleinkindbetreuungseinrichtungen schon in seiner quantitativen Seite als eine sehr dynamische, von der Gestaltung der politischen Rahmenbedingungen abhängige Größe, so ist darüber hinaus im Blick auf die außerhäuslichen Betreuungsplätze, die unter den auf diese Weise veränderten Randbedingungen tatsächlich nachgefragt werden, aber auch eine *qualitative* Seite gebührend zu beachten. Zur Verdeutlichung kann hier auf die bisherige Kinderkrippenproblematik in der ehemaligen DDR verwiesen werden. Wenn hier wirklich Neues entwickelt werden soll, dann wird dies im Rahmen der Ermöglichung von mehr Wahlfreiheit zwischen unterschiedlichen Lebensmustern in Richtung auf die Schaffung von solchen Rahmenbedingungen der frühkindlichen Erziehung zu suchen sein, die auf *soziale Netzwerke* hinauslaufen, in denen den Familien und außerfamilialen Einrichtungen in enger Kooperation ein wichtiger Platz zukommt. Dabei sollte die Familie als ein zentraler Pfeiler dieses größeren Netzwerkes gelten (*H.-J. Laewen, 1989*). Wo außerfamiliale Betreuungsformen gewählt werden, sind diese qualitativ gegenüber dem bisherigen Stand weiterzuentwickeln; in mehrfacher Hinsicht, nicht zuletzt zum Beispiel hinsichtlich der *täglichen Dauer* der Kinderbetreuung, kann die frühere Praxis in der ehemaligen DDR wohl nicht Maßstab sein.

Die Kinderkrippe darf auch nicht als die einzige Form der außerfamilialen Kinderbetreuung angesehen werden, wie etwa die Formen der zeitlich begrenzten Tagespflege zeigen. In dieser Blickrichtung kann gerade auch an die Erfahrungen mit *Tagesmütter-Modellen* in Familiennähe angeknüpft werden. Es hat sich gezeigt, daß solche Formen familiennaher Kleinkindbetreuung nicht nur eine wesentliche Entlastung der erwerbstätigen – oder z.B. noch in Ausbildung befindlichen Eltern in arbeitsmäßiger und psychischer Hinsicht darstellen können, sondern u. U. auch eine kostengünstige Alternative zu herkömmlichen Betreuungseinrichtungen (der Kommunen oder freien Träger) bilden.

Erst wenn diese verschiedenen Voraussetzungen für wirklich freie, dem Kindeswohl angemessene und den Eltern zumutbare Wahlmöglichkeiten hinsichtlich der familialen und gegebenfalls auch außerfamilialen Kleinkindbetreuung geschaffen sind, sollte über einen *Rechtsanspruch* auf einen außerhäuslichen Betreuungsplatz für diese Altersgruppe gesprochen werden. Insofern steht die Fixierung eines Rechtsanspruchs im Grunde am Ende einer Reihe von gesellschafts- und familienpolitischen Entscheidungen und Maßnahmen, die zunächst erfüllt sein sollten, um auf ihrem Hintergrund die Frage des „bedarfsgerechten Ausbaus" von außerhäuslichen Kinderbetreuungsangeboten möglichst sachgerecht und im Hinblick auf die Einräumung von Rechtsansprüchen beantworten zu können.

*Exkurs: Kritische Stimmen zur Krippenerziehung*

An dieser Stelle sei sehr unmißverständlich festgehalten, daß insgesamt aus dem sehr viel höheren Versorgungsgrad mit Krippenplätzen in der früheren DDR nicht einfach das Werturteil abzuleiten ist, die Situation sei dort deshalb „besser" gewesen als bisher noch in der Bundesrepublik. Es muß natürlich die dahinterstehende ordnungspolitische Frage beantwortet werden, ob etwa ein Vorrang der außerfamilialen Kinderbetreuung vor der Familienbetreuung gewollt ist. Und wenn dies nicht der Fall ist, ergeben sich daraus entsprechende Konsequenzen für die Sozial- und Familienpolitik. Nun wird auch in der Bundesrepublik angesichts des Fehlbestands an Kinderkrippenplätzen verschiedentlich offensichtlich auch im Blick auf die frühkindliche Lebensphase dafür votiert (z.B. *J. Neumann*, 1990), bei der inneren Einigung der ehemaligen beiden Teile Deutschlands müsse alles darangesetzt werden, den quantitativen Standard der ehemaligen DDR zu erhalten und die Versorgung in der Bundesrepublik „dem allgemein üblichen qualitativ-pädagogischen Standard der Industrieländer anzugleichen". Es ist sicherlich zutreffend, daß es letztlich darum geht, was „ernsthaft politisch gewollt" wird. Nur: hier gilt es, die Ordnungsvorstellungen exakt zu benennen. Welches Zielbild wird für junge Eltern mit Kindern unter drei Jahren wirklich favorisiert? Es sollte politisch gewollt sein (und dementsprechend durch flankierende gesellschaftliche Hilfen erleichtert werden), daß beide Eltern erwerbstätig sein *können*, aber es sollte *nicht* politisch gewollt sein, daß sie – u. a. aus verkürztem, durch die staatliche Politik noch gefördertem Verständnis von Emanzipation – möglichst erwerbstätig *sind*. Hier wird die Familienpolitik im geeinten Deutschland klar Position beziehen müssen; an dieser Stelle werden sich die Geister bei der Weiterentwicklung des familienpolitischen Konzepts bezüglich der frühkindlichen Erziehung möglicherweise deutlich scheiden.

Vorliegende Erfahrungen aus der DDR (wie auch aus anderen Ostblockstaaten) und die unvoreingenommene Ergründung der tatsächlichen Präferenzen der jungen Mütter und Väter können dabei hilfreich sein: Vor einiger Zeit distanzierte sich die russische Kinderärztin *R. W. Tonkowa-Jampolskaja* (vom Zentralinstitut für ärztliche Fortbildung und Lehrstuhl für Physiologie der Entwicklung und Erziehung des Kindes, Moskau) auf einer Vortragsveranstaltung der Deutschen Liga für das Kind in Familie und Gesellschaft 1990 in Bonn sehr pointiert von der Kollektiverziehung in den Kinderkrippen. Als Errungenschaft des „Umbaus" (Perestrojka) der sowjetischen Gesellschaft müsse in jedem Falle die Veränderung der staatlichen Einstellung zur Rolle der Familienerziehung genannt werden. Inzwischen habe man – nicht zuletzt als Ergebnis zielgerichteter Öffentlichkeitsarbeit und wissenschaftlicher Voten – im Grunde keine richtigen Krippen mehr; seit 1990 habe jede Mutter das Recht, ihr Kind in seinen ersten drei Jahren zu Hause zu erziehen, worin sie inzwischen durch ein Erziehungsgeld bestärkt werde. Im übrigen sei rückschauend festzustellen, daß in der Sowjetunion im Unterschied zu anderen sozialistischen Ländern der Anteil der Kinder, die in den ersten drei Lebensjahren die Krippe besucht hätten, nie 33% überschritten habe. Als Exponent der Kinderärzte bezeichnete *Tonkowa-Jampolskaja* die Aufnahme von Kleinkindern in Krippen sogar nur als Notfall.

Auf derselben Veranstaltung unterstrich *Z. Matějček* (von der psychiatrischen Forschungsanstalt in Prag), in der Tschechoslowakei sei man schon vor vielen Jahren zum Ergebnis gekommen, daß die Kollektiverziehung nicht die Familie, daß die Krippe nicht dem Kind das Zuhause ersetzen könne. Heute unter veränderten Verhältnissen „sind wir glücklich, daß wir der sog. Kollektiverziehung definitiv den Laufpaß geben konnten und neue Wege suchen, wie man die gesunde und auch die heilende Funktion unserer Familien möglichst unterstützt und stärkt".

Und für die ehemalige DDR schließlich hielt dort *G. Kalz* (Kinderklinik des Bezirkskrankenhauses Neuruppin in Brandenburg) unter Hinweis auf die Tendenzen einer Entfamilialisierung der frühkindlichen Erziehung fest: „Das Massenexperiment ‚Krippenbetreuung', zunächst auch für Säuglinge konzipiert, zuletzt für rund 85% der zwei- bis dreijährigen Kleinkinder ausgelegt, muß als gescheitert betrachtet werden."

Wenn junge Eltern die Möglichkeit haben sollen, grundsätzlich selbst möglichst frei – auch möglichst wenig durch ökonomische Zwänge beeinträchtigt – zu entscheiden, welche Formen der Vereinbarung von Familienpflichten und Erwerbstätigkeit sie gemäß ihrem persönlichen Lebensentwurf und ihrer beruflichen Situation wählen möchten, dann hat dies ganz konkrete Konsequenzen für die Ausgestaltung der Familienpolitik, die gerade auch hier sehr betont freiheitliche Akzente tragen sollte. Demgegenüber war in der ehemaligen DDR der durch das Sozialleistungssystem ausgeübte Zwang zu einem dem

Gesellschafts- und Wirtschaftssystem konformen Lebensstil offenbar sehr viel größer als in der Bundesrepublik. Der im anderen Teil Deutschlands ungewöhnlich starke einseitige Druck in Richtung Erwerbstätigkeit, wie er in der Vergangenheit vor allem auf den *Frauen* zusätzlich lastete, wird zurückgenommen werden müssen. Hier sind übrigens auch zentrale Fragen der *tatsächlichen* Gleichberechtigung der Frauen angesprochen. Zu den zu überwindenden Voraussetzungen des früheren sozialistischen Sozialsystems in der ehemaligen DDR ist zu Recht bemerkt worden, es sei „trotz permanenter Beteuerung der Gleichberechtigung der Geschlechter ausgesprochen patriarchalisch konzipiert: Die gesellschaftliche Position der Frau wird durchgängig in ihrer dreifachen Rolle gesehen: als volleinsatzfähige Werktätige, als Gebärerin und als Haus- und Ehefrau, die der sozialistischen Ökonomie ihre Produktionsfähigkeit gewährleistet" (*J. Neumann*, 1990). Gerade im Zusammenhang mit der Frage der Kinderbetreuung sind denn auch aus der ehemaligen DDR selbst heraus in jüngster Zeit einige sehr selbstkritische Bemerkungen vorgetragen worden, die die Forderung in Erinnerung rufen, Maßnahmen rund um die Geburt eines Kindes wie auch für ein Leben mit Kindern müßten sich an Mutter *und* Vater gleicherweise richten und ihnen die Entscheidung der Inanspruchnahme sozial- und familienpolitischer Leistungen selbst überlassen.

### *Zur Betreuung der Kinder vom vollendeten 3. Lebensjahr an bis zur Schulpflicht*

In diesem Lebensalter tritt durchweg ein zweiter Sozialisationsträger neben die Familie, wenn auch ergänzend zu den nach wie vor erstverantwortlichen Eltern (bzw. Erziehungsberechtigten). Zwar kennt die Bundesrepublik in diesem Lebensabschnitt im Blick auf den außerfamilialen Sozialisationsträger „Kindergarten" (ein international bekanntgewordenes deutsches Markenzeichen) zwar keinen Besuchszwang, aber es gibt einen breiten gesellschaftlichen Konsens über die Nützlichkeit des Besuchs des Kindergartens, dem ein (relativ) eigenständiger Bildungsauftrag zugesprochen wird. Die Milderung von auf sozialschichtenspezifischen Benachteiligungen, aber auch familienstrukturellen Gegebenheiten beruhenden Schwachstellen verdient hier besondere sozialisationspolitische Beachtung. Angesichts dieser Bedeutung für den Entwicklungsprozeß des Kindes ist es verständlich, wenn heute für jedes Kind ein Anspruch auf einen Kindergartenplatz im Prinzip bejaht wird. In der Bundesrepublik Deutschland hatte das KJHG bekanntlich einen förmlichen Rechtsanspruch zunächst noch nicht bundesweit begründet, sondern es den Ländern übertragen, eine entsprechende Lösung zu finden. (Das Land Rheinland-Pfalz will diesen Auftrag des Bundesgesetzgebers bereits mit Wirkung ab Sommer 1993 umsetzen. Im übrigen ist die Verwirklichung dieses Rechtsanspruchs inzwischen im Rahmen der flankierenden Maßnahmen zur Neuregelung des § 218 StGB ab 1996 vorgesehen.)

Im Kindergartenbereich sind denn auch die relativ geringsten Diskrepanzen zwischen dem als erwünscht anzusehenden Ziel eines dem Bedarf entsprechenden flächendeckenden Angebots und der Realität auszumachen. So besteht z. B. in Baden-Württemberg ein relativ hoher Versorgungsgrad; gleichwohl gibt es regional auch hier Engpässe („örtliche Versorgungslücken"). Solche Engpässe liegen – jedenfalls gemessen an dem Anteil der belegten Plätze an der Gesamtzahl der Kindergartenkinder von drei Jahrgängen (Versorgungsquote) – nicht nur in einzelnen städtischen Ballungsgebieten (wie Mannheim und Heilbronn), sondern auch in verschiedenen ländlichen Regionen (wie im Rems-Murr-Kreis und in den Landkreisen Ravensburg und Schwäbisch-Hall).

Eine wichtige Rolle spielt im Bereich der Kindergartenversorgung das Problem des unvorhergesehenen Bedarfs durch Anstieg der Zahlen von Kindern im Kindergartenalter. Dies ist weniger eine Frage der Geburtenentwicklung; denn wenigstens drei Jahre vorher läßt sich bei stärker werdenden Geburtenkohorten der spätere steigende Bedarf an Kindergartenplätzen absehen (was freilich voraussetzt, daß die demographische Entwicklung insoweit laufend beobachtet und ausgewertet wird). Größere Probleme bringen im Grunde plötzliche, unerwartete Zuwanderungsströme mit sich, die u. U. auch noch eine jüngere Altersstruktur aufweisen als die einheimische Bevölkerung. So läßt z.B. die Altersstruktur der in die Bundesrepublik zugewanderten Aussiedler (1988) erkennen, daß der Anteil der Kinder unter sechs Jahren an der Gesamtheit der zugewanderten Aussiedler mit 12,4% etwa doppelt so hoch ist wie in der einheimischen Bevölkerung (6,1%). Ein zusätzlicher Platzbedarf ist im übrigen dadurch begründet worden, daß ein Kindergartenbesuch nicht nur über drei Jahre, sondern nicht selten über 3½ Jahre hinweg angestrebt wird. Allein für Baden-Württemberg entspricht ein halbes Jahr mehr an Kindergartenbesuch einem Mehrbedarf von etwa 50 000 bis 55 000 Plätzen (mit in den nächsten Jahren leicht ansteigender Tendenz).

Nun führt angesichts vorhandener Versorgungslücken, vermehrt durch in diesem Ausmaß nicht vorhersehbare Zuwanderungen, die Einräumung eines Rechtsanspruchs für alle Kinder über drei oder sogar 3½ Jahre hinweg – bei weit hinter einer Kostendeckung zurückbleibenden Elternbeiträgen – zu erheblichen finanziellen Belastungen der öffentlichen Hand (sowie der freien gesellschaftlichen Träger). Daher erschiene es erwägenswert, die Umsetzung einer prinzipiellen Entscheidung für einen Rechtsanspruch dadurch zu erleichtern, daß ein solcher Rechtsanspruch in einem ersten Schritt etwa ab dem 4. Lebensjahr verwirklicht wird.

Bei durchgängigem Kindergartenbesuch der Kinder der hier betrachteten Altersgruppe, wie er auch gesellschaftlich ausgesprochen erwünscht erscheint, gilt es nun zugleich, spezielle Ansprüche von erwerbstätigen Eltern zu berücksichtigen. Dieser Aspekt legt es besonders nahe, auf ein ausreichendes Angebot an *Kindergartenplätzen mit flexiblen Betreuungszeiten* sowie an *Ganztagskindergärten* hinzuwirken. In Baden-Württemberg werden (Stand Ende 1990) rd. 6 000 Kindergartenplätze mit flexiblen, also auf die Arbeitszeit erwerbstätiger Eltern abgestimmten Betreuungszeiten angeboten; das sind (nur) rd. 2% aller Plätze. Ganztagsbetreuung wird im Umfang von ca. 11 000 Plätzen angeboten; das sind knapp 4% aller Plätze. Angesichts dieser Proportionen ist es verständlich, daß nach den Vorstellungen der Landesregierung in den nächsten fünf Jahren landesweit die Angebote an Kindergartenplätzen mit flexiblen Betreuungszeiten um 25 000 Plätze erhöht werden sollen, was dann einen (erhöhten) Anteil von rd. 10% ergibt. Die Ganztagsangebote der Kindergärten sollen in diesem Zeitraum um 10 000 Plätze angehoben werden, womit sich deren Anteil um reichlich 3% auf insgesamt 7% erhöht. Im Verhältnis zum gegenwärtigen Umfang der Erwerbstätigkeit von Müttern mit Kindern im Alter zwischen drei und sechs Jahren (überwiegend Teilzeitbeschäftigung) können diese Planziffern nicht als überhöht angesehen werden.

Neben solchen verlängerten Öffnungszeiten erscheint die Koordination der Öffnungszeiten des Kindergartens überhaupt mit Erwerbsarbeitszeiten wichtig. Dies bildet auch eine Aufgabe auf seiten der Wirtschaft; schon die Sachverständigenkommission für den Dritten Familienbericht der Bundesregierung (1979) verwies auf die Notwendigkeit der Koordinierung der Öffnungszeiten von Erziehungsinstitutionen mit den Erwerbsarbeitszeiten der erwerbstätigen Eltern (BT-Drucks. 8/3121, S. 170). In der familienpolitischen Diskussion ist mit Recht festgehalten worden (*Ph. Herder-Dorneich*, 1990), die Flexibilisierung der Öffnungszeiten bilde eine Voraussetzung für ein offenes System der arbeitsteiligen Betreuung von Kindern einerseits durch die Familie und andererseits durch familienergänzende Institutionen der Gesellschaft. Nur sollte sich hier nicht die Familie nach den Öffnungszeiten dieser Einrichtungen richten müssen, wie tatsächlich nicht selten der Fall, sondern die gesellschaftlichen Institutionen haben umgekehrt ihre Öffnungszeiten den Bedürfnissen der Familien anzupassen. So wird ein familiengerechter Schuh daraus.

*Zur Betreuung der Kinder nach Beginn der Schulpflicht (bis zum 14. Lebensjahr)*

Für Kinder im schulpflichtigen Alter gewinnen im Blick auf die Betreuungs- wie auch die Erziehungs- und Bildungsaufgaben im außerfamilialen Bereich *Kinderhorte* eine besondere Bedeutung, die an Schulen bedarfsorientiert eingerichtet werden. Hier kommt es darauf an, *schul*pädagogische und *sozial*pädagogische Angebote miteinander zu verbinden. Zugleich lassen sich damit Möglichkeiten der ganztägigen Betreuung eröffnen. Dieses Feld der Betreuung schon schulpflichtiger Kinder muß indessen im Rahmen dieser Stellungnahme praktisch ausgeklammert bleiben. Festzuhalten ist aber im Blick auf die drei angesprochenen Altersgruppen noch, daß in jüngerer Zeit *altersübergreifende* Kinderbetreuungseinrichtungen sich als sozialisationspolitisch weiterführend erwiesen haben. Die in dieser Hinsicht bisher gewonnenen Erfahrungen verdienen es, bei der weiteren Entwicklung der außerhäuslichen Kinderbetreuung mit berücksichtigt zu werden.

## 5. Zusammenfassung

(1) Für die Kinderbetreuung als Teil eines umfassenderen Erziehungs- und Bildungsprozesses der nachwachsenden Generationen ist ein mehrfaches, teils konfliktträchtiges Spannungsverhältnis zu bedenken, so vor allem zwischen der Sicherung des Kindeswohles und den Selbstentfaltungsansprüchen der Eltern (des Vaters *und* der Mutter), aber auch zwischen Interessenlagen der einzelnen Familie bzw. des Kindes auf der einen und der Gesamtgesellschaft auf der anderen Seite. Durch eine grundwerteorientierte Gesellschaftspolitik müssen die Belange des Kindes, der für Pflege und Erziehung der Kinder erstverantwortlichen Eltern sowie der Gesellschaft insgesamt – unter besonderer Berücksichtigung des Kindes als des schwächsten Glieds und der anthropologisch-psychologischen Forschungslage der Kleinkindbetreuung – ausbalanciert berücksichtigt werden.

(2) Aus einer Gesellschafts- und Familienpolitik, die den Eltern Freiräume für die Verwirklichung unterschiedlicher familialer Lebensmuster abzusichern sucht, folgt im Blick auf eine „bedarfsgerechte Kleinkinderbetreuung" allerdings auch, daß für die einzelnen Eltern möglichst gleiche Voraussetzungen bestehen, unter denen sie zwischen unterschiedlichen Betreuungsformen wählen können. Erst wenn einer weitgehend von der öffentlichen

Hand subventionierten sozialen Dienstleistung in außerhäuslichen Betreuungseinrichtungen („Realtransfer") eine in etwa vergleichbare monetäre Transferleistung an diejenigen Elternteile entspricht, die sich für eine eigene Betreuung des Kleinkindes entscheiden, läßt sich der unverzerrte Bedarf an außerhäuslicher Betreuung benennen. Dieser ist dann allerdings auch nicht auf „Notlösungen" beschränkt zu sehen, sondern die Nachfrage ist auch dort gesellschaftlich anzuerkennen und abzudecken, wo außerhäusliche Betreuung von Kleinkindern der individuellen Option der Ehepartner entspricht. In allen diesen Fällen gilt es, für die außerhäusliche Betreuungsmöglichkeit deren rechtliche Verankerung zu regeln, die als ein Aspekt der Bedarfsgerechtigkeit (für Eltern) angesehen werden kann: Durch einen (einklagbaren) Rechtsanspruch soll Rechtssicherheit geschaffen werden, damit die Eltern, vor allem wenn sie sich Erwerbstätigkeit und familiale Verpflichtungen partnerschaftlich teilen wollen, sich in etwa auf eine an die Bedarfssituation angepaßte Infrastruktur verlassen können.

(3) Für die 3- bis unter 6jährigen Kinder gewinnt neben der Familie der (möglichst wohnortnahe) Kindergarten als weitere Sozialisationsinstanz mit relativ eigenständigem Erziehungs- und Bildungsauftrag Bedeutung. In Baden-Württemberg läßt sich aufgrund der demographischen Entwicklung der letzten Jahre (Anstieg der Geburtenzahlen und unerwartet große Zuwanderungsüberschüsse) für die nächsten Jahre ein steigender Bedarf an zusätzlichen Kindergartenplätzen absehen, der bis zur Mitte der 90er Jahre eine Größenordnung von 15 bis 20% der 1990 belegten Kindergartenplätze erreichen könnte. (Allein für Baden-Württemberg entspricht im übrigen ein um ein halbes Jahr verlängerter Kindergartenbesuch einem Mehr von etwa 50 bis 55 000 Plätzen.) Aufgrund der finanziellen und regionalspezifischen Probleme eines voll flächendeckenden Angebots wäre es naheliegend, den grundsätzlich zu bejahenden Rechtsanspruch auf einen Kindergartenplatz zunächst ab dem 4. Lebensjahr zu verwirklichen, ihn dann aber alsbald auf alle Altersjahrgänge auszuweiten. Unabhängig davon verdient angesichts der bestehenden Angebotssituation der Ausbau von Kindergartenplätzen mit flexiblen, d. h. auf die Arbeitszeit erwerbstätiger Eltern abgestimmten Betreuungszeiten sowie von Ganztagskindergärten Vorrang.

(4) Neben zentralörtlichen Einrichtungen wie „Kinderkrippen" mit relativ weitem Einzugsbereich verdient die Institution der Tagesmütter als zeitlich begrenzte Tagespflege in Familiennähe besondere Beachtung und Förderung, zumal sie u. U. auch eine kostengünstige Alternative bilden kann. Die Tagesmutter-Betreuung kann dabei auch für Kinder im Kindergarten- und Schulalter – nicht zuletzt im Blick auf Möglichkeiten der altersübergreifenden Betreuung, die wiederum die Kinder eine „Geschwistersituation"

besser erleben lassen kann – in Betracht kommen, dann freilich nur in Ergänzung der Betreuung in Kindergarten und Schule (vor allem insoweit es sich dabei um Halbtageseinrichtungen handelt). Wichtig erscheint auch hier eine Gleichstellung von Tagespflege im häuslichen Bereich mit außerhäuslichen Betreuungseinrichtungen in der Förderpraxis.

(5) Zu den Voraussetzungen möglicher Wahlfreiheit junger Eltern im Spannungsfeld zwischen Erwerbsarbeit und Leben mit Kindern sind neben der Gleichberechtigung von Mann und Frau in der „Verfassungswirklichkeit" eine Reihe von Strukturveränderungen in sozialökonomischer und soziokultureller Hinsicht anzumahnen: so sozialrechtliche Konsequenzen aus einem Arbeitsverständnis, das neben Erwerbsarbeit die Familienarbeit als grundsätzlich gleichwertig gelten läßt, gezielte Rückkehrhilfen in die Erwerbstätigkeit nach einer Familienphase, ein nicht lediglich auf außerhäusliche Erwerbstätigkeit verengtes Verständnis von Selbstverwirklichung des einzelnen sowie die Schaffung von Rahmenbedingungen der frühkindlichen Erziehung, die auf sehr viel stärker ausgebaute soziale Netzwerke hinauslaufen, die betont familienorientiert angelegt sind. In einem familienpolitischen Gesamtkonzept sind diese verschiedenen Strukturreformen in einem integrativ geplanten Ansatz möglichst gleichzeitig voranzubringen. Eine für die Eltern zumutbare, aber vor allem auch dem Kindeswohl angemessene Lösung des Betreuungsproblems bildet einen wichtigen Schritt auf dem Weg zu mehr Chancengleichheit für die Verwirklichung von Lebensentwürfen mit Kindern.

## Anmerkung und Literatur

*) Grundlage für die Anhörung zum Entwurf eines Kinderbetreuungsgesetzes der Landtagsfraktion DIE GRÜNEN im baden-württembergischen Landtag am 26. 3. 1991.

*Deutsche Liga für das Kind in Familie und Gesellschaft* (Hrsg.), Kinder haben, als Familien leben – Verzicht oder Chance?, Schriftenreihe der Liga Nr. 22, Neuwied 1991.

*Fthenakis, W. E.*, Mütterliche Erwerbstätigkeit, außerfamiliale Betreuung und Entwicklung des (Klein-)Kindes, in: der kinderarzt, 1989.

*Herder-Dorneich, Ph.*, Die Entscheidung für Kinder als ordnungspolitisches Problem im Rahmen einer Mehrgenerationensolidarität, Schriftenreihe des BMJFFG, Bd. 217, Stuttgart, Berlin, Köln 1990.

*Kaufmann, F.-X.*, Zukunft der Familie, München 1990.

*Laewen, H.-J.*, Zur außerfamilialen Tagesbetreuung von Kindern unter drei Jahren. Stand der Forschung und notwendige Konsequenzen, in: Zeitschrift f. Pädagogik, 35. Jg., 1989, Nr. 6, S. 869–888.

*Neumann, J.*, Probleme der Sozialunion (Familien- und Frauenförderung, Betreuung Alter und Behinderter, Hilfe bei Arbeitslosigkeit), in: (Wieder-)Vereinigungsprozeß in Deutschland, Kohlhammer-TB, Bd. 1092: Bürger im Staat, S. 88–110.

# 5. Familienorientierte Erwerbsarbeitswelt zwischen Anspruch und Angebot – Ein Beitrag zu Grundlagen, Möglichkeiten und Grenzen betrieblicher Familienpolitik *

## 1. Die Zielfunktion

In seinem 1983 abgeschlossenen Gutachten über „Familie und Arbeitswelt" stellte der Wissenschaftliche Beirat für Familienfragen beim BMJFG fest: „Familienorientierte Arbeitswelt ist aufs Ganze gesehen bisher mehr Wunschvorstellung als Wirklichkeit" (1984, S. 17). Damit wird nicht nur auf auch heute keineswegs überwundene Schwachstellen in den sozialökonomischen Strukturen im Blick auf den Lebens- und Entfaltungsspielraum von – insbesondere jungen – Familien verwiesen, sondern auch eine in dem Gutachten im übrigen ausführlich entwickelte Zielvorstellung sichtbar. Es geht insgesamt um die Durchsetzung einer stärkeren Familienorientierung der organisierten Erwerbsarbeitswelt mit der doppelten Zielsetzung, die Vereinbarkeit von Familientätigkeit und Erwerbstätigkeit zu verbessern und die Wahlfreiheit zwischen beiden für Mütter (und Väter!) zu erleichtern. Eine konsequente Berücksichtigung der Postulate Vereinbarkeit und Wahlfreiheit in dem nie ganz spannungs- und konfliktfreien Beziehungsverhältnis von Erwerbsarbeitswelt und Familienleben vermag maßgeblich dazu beizutragen, daß das gesellschaftspolitische Leitbild der Gleichberechtigung von Männern und Frauen, d. h. aber auch die chancengleiche Integration der Frauen in das Erwerbsleben und die ermöglichte Beteiligung und Mitverantwortung der Männer an den Familien- und Haushaltsaufgaben, mit der Wirklichkeit möglichst zur Deckung gebracht wird. Wo immer diese chancengleiche Lebensgestaltung beeinträchtigt ist, werden Lebenschancen nicht nur für Frauen und Männer, sondern mittelbar auch für Kinder verkürzt und es entstehen Belastungssituationen, die die Leistungsentfaltung von Familien in ihren personenprägenden und gesellschaftsbildenden Wirkungen empfindlich beeinträchtigen.

Angesichts der Tragweite der hier angesprochenen Zusammenhänge ist es verständlich, daß diese in der politischen Diskussion in jüngerer Zeit mit in den Vordergrund des Interesses von Parteien, Verbänden und auch der sozialwissenschaftlichen Analyse gerückt sind. So hat z.B. der Deutsche Bundestag schon Ende 1982 beschlossen, in der zukünftigen Familienberichterstattung verstärkt Fragen des Verhältnisses von Familie und Arbeitswelt anzusprechen.

Der folgende (Vierte Familienbericht) war zwar dem Schwerpunktthema des älteren Menschen in der Familie gewidmet, aber spätestens der Fünfte Familienbericht, der 1993 zu erwarten ist, wird das Thema Familie und Erwerbsarbeitswelt mit zu berücksichtigen haben, zumal weil in diesem Bericht auftragsgemäß nach der Wiedervereinigung Deutschlands die Situation in den neuen Bundesländern besonders mitzubehandeln ist, in denen aus der früheren DDR-Geschichte heraus eine spezifische Ausprägung des Spannungsverhältnisses Familienleben/Erwerbsarbeitsleben mit deutlichen wirtschaftspolitisch erzwungenen und gesellschaftspolitisch als erwünscht angesehenen Kollektivierungstendenzen in der frühkindlichen Erziehung aufzuarbeiten ist. Defiziten in der außerfamilialen Kleinkinderbetreuung in den alten Bundesländern stehen überkommene Strukturen in den neuen Ländern gegenüber, die im Prinzip nicht von einer Wahlfreiheit junger Eltern zwischen Familientätigkeit und Erwerbstätigkeit, sondern von einer weitestgehenden Integration auch von Müttern mit Kleinkindern in den Wirtschaftsprozeß ausgingen (die Rollenfestschreibungen für den Mann waren ohnehin weit konservativer, als es der Entwicklung in Westdeutschland entsprach).

Die systematische Verwirklichung der Zielsetzung einer stärkeren Familienorientierung der Erwerbsarbeitswelt mit problemangemessener Berücksichtigung von Familienbelangen in der betrieblichen Sozial- und Personalpolitik kann nicht nur dem Gesetzgeber bei seiner Gestaltung der Rahmenbedingungen des Erwerbsprozesses überlassen bleiben; hier liegt zentral auch eine Aufgabe bei den Verantwortungsträgern, die das Spannungsfeld zwischen Familie und Erwerbsleben sehr viel unmittelbarer beeinflussen. Dies sind vor allem die Träger der autonomen Betriebs- bzw. Unternehmenspolitik, aber auch die mit Rechtsetzungsbefugnis im Bereich des Erwerbsarbeitslebens ausgestatteten Tarifpartner. Auf der betrieblichen Ebene läßt sich im gedanklichen Ansatz geradezu von einer „betrieblichen Familienpolitik" sprechen (womit die notwendige mehrgliederige Trägerschaft einer voll entfalteten Familienpolitik als gesellschaftlicher Strukturpolitik auch sprachlich anklingt).

Im folgenden seien einige *übergreifende Begründungszusammenhänge* für den notwendigen und dringlichen unternehmerischen Beitrag zur Bewältigung der Problemlagen im Konfliktfeld Familie/Erwerbsarbeitswelt benannt, die eine familienpolitische Verantwortung des modernen Unternehmens sichtbar werden lassen. Besonders wichtig erscheinen die folgenden *fünf Aspekte:*

(1) Schon bei der Novellierung des Betriebsverfassungsgesetzes in der ersten Hälfte der 70er Jahre wurde vom Gesetzgeber der Auftrag festgeschrieben, die Arbeit im Betrieb „menschengerecht" zu gestalten. Es genügt jedoch nicht, die Arbeit im Betrieb dann als menschengerecht gestaltet anzusehen,

wenn sie die Leistungsfähigkeit des Arbeitnehmers nicht überfordert, wenn Gefahren für sein Leben und seine Gesundheit ausgeschlossen sind und wenn die Arbeitsleistung unter höchstmöglicher Wahrung des körperlichen und seelischen Wohlbefindens erbracht werden kann. Schon die letztgenannte Bedingung weist im Grunde über den einzelnen Arbeitsplatz und die an ihm erbrachte individuelle Betriebsleistung hinaus; sie legt es vielmehr nahe, auch familiale Gegebenheiten der Betriebsangehörigen einzubeziehen. An die zwischenzeitlich sehr beachtenswerten Maßnahmen um eine „Humanisierung der Arbeit" muß im Interesse des Wohles der Familien und der nachfolgenden Generationen von Wirtschaftsbürgern immer noch die kritische Rückfrage gerichtet werden, ob das für hochentwickelte Industriegesellschaften so charakteristische Beziehungsverhältnis Betrieb/Familie bisher wirklich genügend Beachtung gefunden hat.

(2) Erwerbstätige Menschen bringen aus ihrer familialen Lebenswelt vielfältige Vorleistungen mit in den betrieblichen Arbeitsprozeß ein. Dem erheblichen und im einzelnen wohl gar nicht meßbaren familialen Leistungspotential, das in den betrieblichen Leistungsvollzug eingebracht wird, sollte umgekehrt ein familienpolitischer Beitrag des Unternehmens entsprechen – in dem Sinn jedenfalls, daß betriebliche Arbeitsabläufe immer wieder auch auf Familienangemessenheit hin überprüft werden. Der einzelne Betriebsangehörige wird sich vor dem Hintergrund auch seiner Familienpflichten in aller Regel leistungs- und bedürfnisbezogen orientieren. „Sinnvolle Berufstätigkeit", hält *F. Fürstenberg* (1986) fest, „beruht auf dem Ausgleich zwischen Leistungsanforderungen und personenbezogenen Bedürfnissen, die auch die Interessen der Angehörigen reflektieren." Es gehört im übrigen zu den grundlegenden betriebspsychologischen Einsichten, wie sie schon an der Wiege einer eigenständigen betrieblichen Sozialpolitik standen, daß ein geordnetes Familienleben eine Kraftquelle auch für die Erwerbsarbeit darstellt, was unmittelbar auf betriebliche Interessenlagen zurückverweist.

(3) Dieser zweite Begründungszusammenhang für eine stärkere Familienorientierung der Erwerbsarbeitswelt läßt sich durch Äußerungen vertiefen, wie sie aus dem Umfeld der Sozialethiken und Soziallehren der Kirchen vorliegen: Im personalen Verständnis der menschlichen Arbeit trägt die Arbeit des Menschen – die übrigens nicht auf reine Erwerbsarbeit verkürzt gesehen werden darf – das Merkmal der in einer Gemeinschaft wirkenden Person. Das Unternehmen beschäftigt Menschen, die mehr sind als bloße Funktionsträger betrieblicher Leistungserstellung. Damit gerät die Familie des arbeitenden Menschen zwangsläufig in das Blickfeld auch der autonomen betrieblichen Sozialpolitik, die in dieser Perspektive – so etwa entspre-

chende Feststellungen in „Laborem exercens" – den gesamten Arbeitsprozeß so mit zu organisieren hat, daß die Erfordernisse der Person und ihrer Lebensweise, gerade auch ihres häuslichen Lebens, gebührend beachtet werden.

(4) Eine angemessene Konfliktbewältigung im sicherlich nie spannungsfreien Feld von Familienleben und Erwerbsarbeitswelt ist schließlich auch für gesamtgesellschaftliche Entwicklungen bedeutsam. Aus der Position des einzelnen Unternehmens – als Personenverbund ein Subsystem der Gesellschaft und in diese eingebunden – ergeben sich eine Reihe von sozialen Anforderungen an die Gestaltung der Arbeitswelt im modernen Betrieb dahin, aktiv an der Weiterentwicklung der Gesellschaft im Sinne betonter Ausprägung menschengerechter Strukturen mitzuwirken. Dies gilt erst recht unter dem gesellschaftsordnungspolitischen Anspruch einer Sozialen Marktwirtschaft, die individuelle Handlungsspielräume nicht nur im Bereich unternehmerischer Entscheidungen, sondern auf seiten aller am Betriebsgeschehen Beteiligten erweitern möchte. Die Beziehungen zwischen Familienleben und Erwerbsarbeitswelt werden im Lebenszyklus der Menschen durch wechselnde Schwergewichte jeweils unterschiedlicher Aufgabenerfüllungen – unter Umständen sehr spannungsreich – strukturiert. Zur Bewältigung dieser Problemlagen sind für den einzelnen Spielräume des Verhaltens wichtig, und zwar gerade auch in den zweckrational ausgerichteten Leistungsorganisationen des Wirtschaftslebens. Dem von unternehmerischer Seite zu entsprechen, setzt freilich auch Entscheidungsspielräume bei den betrieblichen Führungskräften voraus, die mit den Aufgaben der Personalführung betraut sind.

(5) Im übrigen bleibt daran zu erinnern, daß in Art. 6 Abs. 1 GG Ehe und Familie unter den Schutz der „staatlichen Ordnung" gestellt werden, daß also in dieser Verfassungsbestimmung nicht einfach vom „Staat" gesprochen wird. Ergibt sich daraus nicht auch eine gewisse Schutz- und Förderungspflicht, die bei der Gestaltung des Arbeitslebens dort berücksichtigt werden sollte, wo Familie (und Ehe) durch Anforderungen der Erwerbsarbeitswelt ungebührlich beeinträchtigt werden? Die Sozialpartner, denen vom Staat im Rahmen ihrer autonomen Tarifpolitik Rechtsetzungsbefugnis übertragen wurde, sind als Teil der „staatlichen Ordnung" in diesen Auftrag mit eingebunden.

## 2. Befunde zur Situation heute

Wenn in den letzten Jahren die familienpolitische Verantwortung der Unternehmen (und Sozialpartner) in der sozial- und familienpolitischen Diskussion verstärkt Beachtung findet, so haben dazu offensichtlich verschiedene Faktoren beigetragen. Nicht zuletzt gehört dazu die demographische Entwicklung auf dem Weg in eine „alternde Gesellschaft". Qualifizierte jüngere Mitarbeiter sind mehr denn je gefragt. Zum Teil macht sich schon jetzt ein Lehrlingsmangel empfindlich bemerkbar. Der bekannte Alterungsprozeß der Bevölkerung vollzieht sich auch *innerhalb* der Bevölkerungsgruppe im erwerbsfähigen Alter. Er gibt Anlaß zu verstärkten Weiterbildungsmaßnahmen auch bei älteren Arbeitnehmern, macht aber auch nichterwerbstätige verheiratete *Frauen* und Mütter vermehrt als Erwerbspersonenpotential interessant.

So zwingt schon die absehbare demographische Entwicklung der nächsten Jahre und insbesondere ab der Jahrhundertwende zu einem Überdenken bisheriger unternehmerischer Positionen in der betrieblichen Sozial- und Personalpolitik. Wenn auch aus heutiger Sicht bis zur Mitte der 90er Jahre noch von einem gewissen Anstieg des Erwerbspersonenpotentials ausgegangen werden kann, so ist ein Rückgang – ohne massive „kompensatorische Zuwanderung" – mittelfristig vorprogrammiert.[1] Bei der Einschätzung der sozialen und wirtschaftlichen Folgeprobleme verstärkter „kompensatorischer Zuwanderungen" gilt es allerdings zu sehen, daß die eigentlichen Zuwanderungsreserven *außerhalb* der heutigen Europäischen Gemeinschaft liegen. Schon auf diesem demographischen Hintergrund läßt sich ein verstärktes Engagement der Unternehmen – und in der Bundesrepublik in den allerletzten Jahren auch von Tarifpartnern – verstehen, Belange der Lebenswelt Familie in der Betriebspolitik verstärkt zu berücksichtigen.

Betriebsbefragungen deuten freilich darauf hin, daß Unternehmer – mit dem Hinweis konfrontiert, der künftige Arbeitskräftebedarf erfordere infolge der demographischen Entwicklung veränderte Arbeitsplatzbedingungen – bisher für ihr Unternehmen oft keineswegs die Notwendigkeit sehen, die Arbeitsplatzbedingungen den sich verändernden Bedürfnissen anzupassen. Andere Unternehmensbefragungen in Groß-, Mittel- und Kleinbetrieben in unterschiedlichen Branchen lassen erkennen, daß in den Unternehmen zwar die wachsende Bedeutung von Regelungen zur besseren Vereinbarkeit von Erwerbsarbeit und Familienpflichten erkannt wird, gleichwohl überwiegend noch keine konkreten Veränderungen für die absehbare Zukunft geplant sind. Organisatorische Gründe rangieren dabei deutlich vor finanziellen Aspekten.

Einen weiteren Einflußfaktor bildet das deutlich veränderte Erwerbsverhalten der jüngeren, wenn auch schwächer besetzten Frauengenerationen. Die

**Erwerbsquoten verheirateter Frauen ausgewählter Geburtsjahrgänge[1]**

Frauen mit zwei Kindern

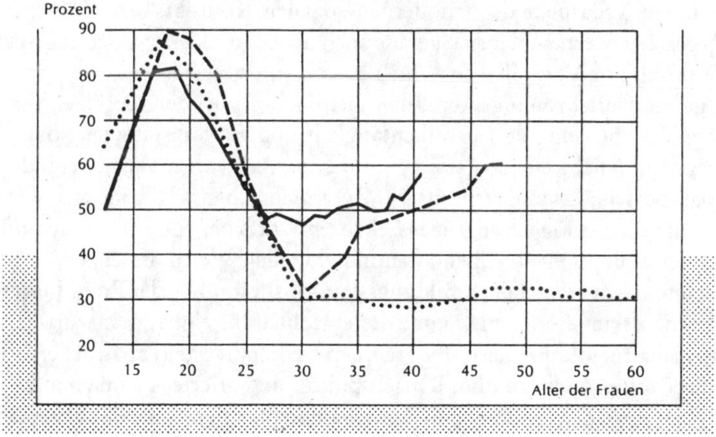


——— 1941 bis 1950 geboren – – – – 1931 bis 1940 geboren
········ 1920 und früher geboren

[1] Anteile am gesamten Bestand der jeweiligen Geburtsjahrgangsgruppen, die während des angegebenen Alters im Erwerbsleben standen.

Quelle: DIW-Wochenbericht 29/1987

Tendenzen im Erwerbsverhalten junger Paare, die vor der Familiengründung stehen oder sich für Kinder entschieden haben, sind recht eindeutig. Das nicht unbedingt spektakuläre Anwachsen der Erwerbstätigenquote verheirateter Frauen mit heranwachsenden Kindern (in der Bundesrepublik) von 37% im Jahre 1972 auf 40% im Jahre 1987 verdeckt im Grunde den bedeutsamen Wandel im Erwerbsverhalten dieser Frauen. Denn jede jüngere Frauengeneration beteiligt sich, wie Kohortenanalysen zeigen, in höherem Maße am Erwerbsleben als die vorangegangene; gerade verheiratete Frauen mittleren Alters bleiben weit häufiger erwerbstätig als früher oder kehren häufiger ins Erwerbsleben zurück (s. Schaubild). Je qualifizierter die Berufsausbildung ist, um so kürzer sind tendenziell die familienbedingten Unterbrechungszeiten. Mütter schließlich mit mehreren kleinen Kindern sind zwar ganz überwiegend nicht außerhäuslich erwerbstätig, haben aber offensichtlich mehrheitlich den Wunsch, später wieder in irgendeiner Form erwerbstätig zu sein oder sich doch außerhalb der Familie zu engagieren. Dies zeigt, daß die Erwerbstätigkeit in einem weiteren Sinne auch bei diesen Frauen eine latente Lebensorientierung darstellt. Vor allem werden auch größere Wahlmöglichkeiten befürwortet, ohne sich ein für allemal auf eine bestimmte Option festzulegen. Letztlich kann dies als ein Teilaspekt des „modernen sozialen Konflikts" (*R. Dahrendorf*, 1992) gesehen werden, der sich gerade auch in dem oft kämpferisch angemeldeten Wunsch zur Vergrößerung von Lebenschancen ausdrückt.

In gesellschaftsordnungspolitischer Sicht geht es bei den Ansätzen für eine bessere Vereinbarung von Familientätigkeit und Erwerbstätigkeit somit keineswegs nur, nicht einmal vorrangig um eine Antwort auf sich verändernde demographische Grundlagen unseres Zusammenlebens. Es geht weit darüber hinaus um die Ermöglichung eines Lebensentwurfs der einzelnen Frau und des einzelnen Mannes entsprechend den individuellen Wertpräferenzen, entsprechend auch dem erworbenen Bildungsstatus insbesondere der Frau. Insgesamt gilt es, mehr Handlungsspielräume des einzelnen für eigenverantwortlich und partnerschaftlich konzipierte Biographien zu schaffen und abzusichern. Eine phantasievolle, auch in die Betriebspolitik integrierte Familienpolitik ist gefragt, wenn „Erwerbskarriere" und „Familienkarriere" in eine ausgewogene Balance gebracht werden sollen.

Familienpolitik hat sich auch auf diesem Feld als gesellschaftliche Strukturpolitik zu erweisen, in dem Sinne, daß sie die Entwicklungschancen der einzelnen Familienmitglieder verbessert, und zwar auch bis hin zu den Entscheidungen für (mehrere) Kinder. In letzterer Hinsicht steht nicht eine Bevölkerungspolitik unseligen Angedenkens in Rede; es geht um nichts anderes als um die Gewährleistung von mehr Chancengleichheit für die Verwirklichung von Lebensentwürfen mit Kindern. Dies bedingt dann allerdings auch die Anerkennung der gesellschaftlichen Gleichwertigkeit von Familientätigkeit und Erwerbstätigkeit. (Das Bundesverfassungsgericht hat in seinem sozialpolitisch hochbedeutsamen Urteil vom 7.7.1992 zur Berücksichtigung der Kindererziehung in der gesetzlichen Rentenversicherung einen richtungweisenden Beitrag geleistet.)

Das Spannungsfeld zwischen Familienleben und Erwerbsarbeitswelt wird inzwischen denn auch als wichtige personalwirtschaftliche Einflußgröße mehr und mehr anerkannt, ohne daß allerdings bisher über die konkreten Formen einer Einbeziehung familialer Belange und familienbedingter Belastungssituationen der Mitarbeiter in die betriebliche Personalpolitik ausreichende Klarheit bestünde. Wie ein Überblick über Maßnahmen zur besseren Vereinbarkeit von Familie und Erwerbsarbeit zeigt, wird allerdings bereits eine größere Zahl von betrieblichen Lösungsmodellen realisiert. Einige Betriebe bzw. Unternehmen haben auch besondere Frauen- und Familienförderprogramme entwickelt

(*W. Schwartz* u.a., 1991). Noch fehlt diesen Ansätzen jedoch eine größere Breitenwirkung.

Eine Umfrage der Bundesvereinigung der Deutschen Arbeitgeberverbände (BDA) bezüglich familienfreundlicher (Sonder-)Regelungen in Unternehmen, abgeschlossen im Februar 1991[2], ergab folgendes Bild:

- Betriebsvereinbarungen mit dem Angebot einer längeren als mit dem Erziehungsurlaub gesetzlich geregelten Familienphase sind in 14% der befragten Unternehmen abgeschlossen und umgesetzt worden.
- Spezielle Weiterbildungsangebote für Mütter/Väter nach der Familienphase bieten 5% der Unternehmen an.
- Ein verstärktes Angebot von Teilzeitarbeitsplätzen haben 38% geschaffen.
- Ein betriebliches Hilfsangebot bei der Kinderbetreuung besteht bei 3% der angesprochenen Unternehmen.

Die in Angriff genommenen Maßnahmenbündel unterscheiden sich deutlich in Abhängigkeit von der Unternehmensgröße. So werden betriebliche Hilfen bei der Kinderbetreuung, bei der Weiterbildung nach der Familienphase sowie Betriebsvereinbarungen für Betriebe unter 500 Mitarbeitern als oft nur schwer umsetzbar angesehen. Immerhin nutzten 32% der Betriebe dieser Größenordnung Möglichkeiten der flexiblen Arbeitszeitgestaltung (Teilzeitarbeit).

Der starke Einfluß der Unternehmensgröße auf die Entwicklung besonderer Maßnahmen zur besseren Vereinbarkeit von Familie und Erwerbsarbeit zeigt sich auch, wenn nach ersten Ergebnissen einer Untersuchung des Instituts der deutschen Wirtschaft (im Auftrag der Bundesregierung) im Durchschnitt etwas weniger als 10% der Unternehmen (es beteiligten sich rund 650 Unternehmen mit mehr als 50 Beschäftigten aus über 20 verschiedenen Wirtschaftszweigen) Frauenförderpläne aufgestellt hatten, dabei die Spanne jedoch von knapp 3% bei Unternehmen bis 100 Beschäftigten bis zu 60% bei Unternehmen mit mehr als 20000 Beschäftigten reicht. Auch „Familienpausen"-Regelungen, die über den gesetzlichen Erziehungsurlaub hinausgehen, finden sich danach in durchweg allen der an der Umfrage beteiligten Großunternehmen mit über 20000 Beschäftigten, dagegen nur in 1,6% der Unternehmen mit 51 bis 100 Beschäftigten (s. dazu die tabellarische Übersicht S. 208).

Sehr bedeutsam erscheint aber noch ein anderes Ergebnis: Für ein unternehmerisches Engagement in dem hier interessierenden Feld scheint weniger der Anteil der Frauen an den Beschäftigten bestimmend zu sein als vielmehr die Einstellung des Managements. Ob die Personalverantwortlichen einen spezifischen Beitrag der Wirtschaft zur besseren Vereinbarkeit von Familie und Erwerbsarbeit grundsätzlich selbst befürworten, ist offensichtlich entscheidend für das Angebot entsprechender Programme.

Die vorhandenen unternehmerischen Ansätze entspringen auch keineswegs nur allgemein sozial- und familienpolitischen Intentionen. Teilweise dominieren erklärtermaßen betriebs- und personalwirtschaftliche Interessenlagen. Aus dieser Motivation heraus wird z.B. Mitarbeiterinnen die Chance zu einer mehrjährigen Unterbrechung der Erwerbstätigkeit mit späterer Wiederbeschäftigung geboten, weil man diese eingearbeiteten Kräfte nicht verlieren möchte. Das Interesse richtet sich dabei, wie auch die genannte Untersuchung gezeigt hat, auf qualifizierte (weibliche) Arbeitskräfte. Der Bedarf des Unternehmens an solchen Mitarbeitern spielt – neben dem Engagement des Managements – eine besondere Rolle, weniger der Bedarf an weiblichen Arbeitskräften überhaupt.

Für die Einschätzung solcher familienbezogener Maßnahmen ist ein Mehrfaches festzuhalten: Sie sind einmal als Ausdruck gesellschaftspolitischer Verant-

**Familienpausenregelungen und Betriebsgröße**

| Betriebsgrößenklasse / Anwort | 51-100 Beschäftigte | 101-500 Beschäftigte | 501-1000 Beschäftigte | 1001-5000 Beschäftigte | 5001-10000 Beschäftigte | 10001-20000 Beschäftigte | ab 20001 Beschäftigte |
|---|---|---|---|---|---|---|---|
| Erweiterte Familienpause vorhanden | 1,6 % | 4,2 % | 8,6 % | 36,7 % | 16,7 % | 50,0 % | 100 % |
| nicht vorhanden | 85,9 % | 85,8 % | 77,6 % | 51,1 % | 33,3 % | 33,3 % | 0,0 % |
| Maßnahmen zum Erhalt der Qualifikation | 6,0 % | 10,0 % | 12,1 % | 37,8 % | 41,7 % | 50,0 % | 100 % |
| keine Maßnahmen zum Erhalt der Qualifikation | 11,4 % | 10,0 % | 17,2 % | 11,1 % | 0,0 % | 8,3 % | 0,0 % |
| Maßnahmen zur Vorbereitung | 2,2 % | 2,4 % | 3,4 % | 14,4 % | 16,7 % | 16,7 % | 40,0 % |
| keine Maßnahmen zur Vorbereitung | 13,0 % | 14,9 % | 19,0 % | 28,9 % | 0,0 % | 33,3 % | 45,0 % |
| Erweiterte Familienpausenregelung geplant | 0,0 % | 1,4 % | 5,2 % | 13,3 % | 25,0 % | 41,7 % | 15,0 % |
| Erweiterte Familienpausenregelung nicht geplant | 88,6 % | 86,5 % | 81,0 % | 52,2 % | 33,3 % | 16,7 % | 20,0 % |

Quelle: Dokumentation BMFJ, November 1991.

wortung und sozialethischer Orientierung modernen unternehmerischen Handelns in sich zu begrüßen. Zum anderen sind sie angesichts des sich abzeichnenden Alterungsprozesses der Bevölkerung, aber auch veränderter Wertorientierungen in den jungen Erwachsenengenerationen, insbesondere der unverkennbaren Tendenzen der Individualisierung von elterlichen Lebensstilen, zusätzlich verständlich. In ihrer Wirkung sind diese Maßnahmen und Initiativen durchweg als ausgesprochen familien- und frauenfreundlich einzustufen. Hier konvergieren betriebswirtschaftliches Kalkül und personenpolitische Erwägungen auf der einen Seite mit gesellschafts- und familienpolitischen Erfordernissen auf der anderen Seite. Diese Konvergenz mindert nicht den Wert solcher Maßnahmen und Leistungen; sie vermag ihnen eher noch zusätzliche Schubkraft zu geben. Ein Erfolg dieser betrieblichen Anstrengungen im Sinne einer ausgeprägten Humankapitalorientierung liegt letztlich auch im unternehmerischen Interesse selbst. Künftig werden diejenigen Betriebe (und Regionen) – aber auch öffentliche Verwaltungen – im Wettbewerb im Vorteil sein, die junge Eltern als qualifizierte Kräfte durch attraktive Arbeits- und Lebensbedingungen längerfristig binden können. Dazu gehören gerade auch solche Bedingungen, die Familie und Erwerbstätigkeit je nach den individuellen Lebensperspektiven und familialen Problemlagen besser miteinander in Einklang bringen lassen.

Wenn veränderte und erweiterte Mitarbeiterqualifikationen wie Engagement und Flexibilität für die Wettbewerbsvorteile im Wirtschaftsprozeß mit Recht als wichtig gelten, dann rückt damit nicht zuletzt auch das Beziehungsverhältnis von Erwerbsarbeitswelt und Familienleben ins Blickfeld. Eine moderne unternehmerische Personalpolitik muß verstärkt daran interessiert sein, welche Erwartungen auf seiten der Mitarbeiter – der verheirateten Frauen und Männer – hinsichtlich einer stärkeren Familienorientierung der Erwerbsarbeitswelt und der betrieblichen Organisationsstrukturen bestehen. Insbesondere junge Väter werden u. U. dazu ermuntert werden müssen, ihre Erwartungen darzulegen, ohne damit rechnen zu müssen, in die Ecke derer gerückt zu werden, die als nicht ausreichend betriebs- und leistungsorientiert gelten. Familiäres Engagement muß keineswegs berufliches Desinteresse bedeuten; wohl aber handelt es sich um eine Frage der veränderten Gewichtung gegenüber herkömmlichen Verhaltensmustern.

Wenn in Deutschland unter den rund 405 000 Elternteilen, die im Jahre 1991 Erziehungsurlaub in Anspruch genommen haben, lediglich 3 700 Väter waren, also weniger als 1%, so stellt sich die Frage, ob dies nicht auch das Ergebnis von „Außenwirkungen" in Betrieb und öffentlicher Meinung ist und ob es wirklich der tatsächlichen Interessenlage junger Väter entspricht. In diesem Zusammenhang ist auf die bestehende Möglichkeit hinzuweisen, daß inzwischen Eltern sich während des Erziehungsurlaubs bis zu dreimal in dessen Inanspruchnahme abwechseln können (und im übrigen bis zu 19 Stunden in der Woche erwerbstätig sein können).

Noch sind insgesamt Zweifel anzumelden, ob alle Verantwortungsträger bei der Anpassung der von ihnen maßgeblich mit bestimmten Rahmenbedingungen in Wirtschaft und Betrieb an den sich abzeichnenden demographischen Wandel und vor allem an die veränderten Lebensentwürfe jüngerer Frauengenerationen mit der gebotenen Nachhaltigkeit Schritt gehalten haben. Die bisherigen Befunde deuten darauf hin, daß die Möglichkeiten für eine familienfreundlichere Gestaltung der Erwerbsarbeitswelt noch keineswegs voll ausgeschöpft sind. Hier liegen Herausforderungen gerade auch im Blick auf den europäischen Binnenmarkt. Je länger notwendige Kurskorrekturen nicht nur des Gesetzgebers, sondern gerade auch der Verantwortungsträger in der Wirtschaft – auf der hier mit angesprochenen tarifvertraglichen Ebene sind dies beide Sozialpartner – aufgeschoben werden, um so größer und schwieriger zu bewältigen wird der Nachholbedarf an familienorientierter Politik. Eine zusätzliche Problemdimension ergibt sich dabei für die Bundesrepublik daraus, daß die bisher noch großen Unterschiede zwischen der Situation in den alten und den neuen Bundesländern besonders zu berücksichtigen sind.

Die für (junge) Familien, aber auch für Wirtschaft und Gesellschaft konfliktreiche Problemlage läßt sich *zusammenfassend* wie folgt umreißen:

- Die jungen Frauengenerationen verfügen über eine durchweg deutlich qualifiziertere Ausgangssituation für ihre Beteiligung am Erwerbsleben und möchten aus ihrem gewandelten Selbst- und Rollenverständnis heraus grundsätzlich auf diese Beteiligung ebensowenig verzichten, wie dies für Männer herkömmlicherweise selbstverständlich ist. Die empirischen Daten zeigen für die vergangenen Jahrzehnte sehr eindrücklich, daß junge verheiratete Frauen tendenziell immer länger erwerbstätig bleiben (z. T. mit zeitlichem Hinausschieben der Geburt des ersten Kindes) und/oder früher in das Erwerbsleben zurückkehren. Die ausgeprägtere Berufsorientierung kollidiert unter den gegebenen Verhältnissen allzuoft mit der anstehenden Entscheidung für Kinder, deren Entwicklungschancen durchweg eine hohe Wertschätzung erfahren; gerade für besonders qualifiziert ausgebildete und karrierebewußte Frauen heißt die Alternative (noch) allzuoft: entweder Kind(er) oder (volle) Erwerbstätigkeit.
- Junge Paare sind in ihrer übergroßen Mehrheit nicht von vornherein prinzipiell dagegen, auch Kinder zu haben; auch junge Frauen mit qualifizierteren Ausbildungsgängen wünschen sich gleichzeitig Kinder.[3]
- Gesellschaft und Wirtschaft andererseits sind elementar an der Sicherung der Generationenfolge interessiert; dazu gehört ein Geburtenniveau, das

nicht zu weit unterhalb des „replacement level" liegt. Die sozial- und bevölkerungswissenschaftlichen Einsichten belegen aber in mehrfacher Hinsicht, wie sich Probleme im Wirtschafts- und Sozialbereich kumulieren, wenn drastische Geburtenverweigerungen längerfristig zu Ausbrüchen des Fruchtbarkeitsniveaus nach unten führen, die langanhaltende demographische „Verwerfungen" nach sich ziehen und eine „Erbschaft sozialer Probleme" für Jahrzehnte (*B. Berelson*) mit sich bringen.

- Neben den Konsequenzen, die mit großen Schwankungen in der zahlenmäßigen Besetzung der in das Erwerbsleben nachrückenden Jahrgänge für den Arbeitsmarkt und das Bildungswesen verbunden sind, erwachsen zusätzliche Problemlagen aus Versuchen, hier verstärkt mit „kompensatorischen Zuwanderungen" von in das Berufs- und Sozialsystem zu integrierenden Ausländern gegenzuhalten. Eine solche (Zuwanderungs-)Politik mag im Zeichen eines europäischen Binnenmarktes weniger ungewöhnlich erscheinen als in den vergangenen Jahrzehnten; nur gilt es zu bedenken, daß aufgrund der demographischen Situation in der gesamten Europäischen Gemeinschaft die deutlich schwächer besetzten nachrückenden Jahrgänge auch in den Nachbarländern mittel- bis längerfristig durchweg zu ähnlichen Schwierigkeiten führen. Die eigentlichen Zuwanderungsreserven liegen eindeutig außerhalb der heutigen Gemeinschaft, also eher im südosteuropäischen, vielleicht sogar im nordafrikanischen Raum. Dies macht eine soziale Integration dieser Zuwanderer gerade auch in das deutsche Bildungs- und Ausbildungssystem eher schwieriger.
- Zur Skizzierung der Problemlage gehört im übrigen der Hinweis, daß im Spannungsfeld von Familie und Erwerbsarbeitswelt angesichts ständig gestiegener Lebenserwartung auch betreuungsbedürftige alte Menschen auf Hilfeleistungen im Solidarverband der Familie verstärkt angewiesen sind. Eine familienorientierte Personalpolitik wird daher z.B. auch (bezahlte oder unbezahlte) Freistellungen bei Pflege von Familienangehörigen oder Vermittlung von Hilfsangeboten von außerhalb im Auge behalten müssen, was bisher noch kaum der Fall ist.[4]

Bei alledem sollte nicht übersehen werden, daß das Spannungsverhältnis zwischen Erwerbsarbeitswelt und Familienleben von den beteiligten (jungen) Eltern sehr unterschiedlich wahrgenommen, bewertet und bewältigt wird. Hier lassen sich unterschiedliche Familientypen je nach innerfamiliärem Rollenverständnis und tatsächlicher Erwerbstätigkeit der Partner unterscheiden, die jeweils typische Familienmuster repräsentieren, wie sie etwa auf dem Hintergrund einer Untersuchung über neue Konzepte betrieblicher Personalpolitik zur Verbesserung der Arbeitsbedingungen (Institut für Psychologie der Universität zu Köln) mit Betriebsfallstudien in sechs Großunternehmen der

Metall- und Elektroindustrie und der Energieversorgung und 40 Familienfallstudien abgeleitet wurden. Diese und andere Untersuchungen zeigen deutlich, wie individuelle Lebenspläne verstärkt Akzeptanz für sich beanspruchen und auch erhalten. Gleichwohl läßt sich die Problemlage nicht allein von der individuellen Verhaltensseite her meistern. *Wenn* es richtig ist, daß die Konfliktsituation junger Ehepaare zwischen Familienleben und Erwerbsarbeitswelt auch bei aller Bereitschaft zur individuellen Flexibilität in der Aufteilung familialer und beruflicher Rollen zwischen Mann und Frau immer wieder an den Bedingungen der Arbeitsorganisation sich neu entzündet und damit berufliche Karriere und Entscheidung insbesondere zu mehreren Kindern vorerst ein nur schwer versöhnlicher Gegensatz bleiben, *dann* sind andererseits auch grundlegendere Reformen des Arbeitslebens dringlich. Wir versöhnen Ökonomie und Ökologie, wir versöhnen Generationen, wir versöhnen Geschlechter und vieles mehr; was ebenso wichtig ist, das ist die Versöhnung von Erwerbsarbeitswelt und Familienleben.

Wichtig erscheint schließlich, die *Gesamtlebensperspektive* der jungen Frauen und Männer im Blick zu behalten, Problemlagen und Lösungsmöglichkeiten also nicht nur allein aus der jeweiligen augenblicklichen Familienphase heraus zu beurteilen. Geschieht gerade auch dies, so zeigt sich: Die Konfliktlagen für junge Eltern im Spannungsfeld von Erwerbsarbeitswelt und Familienleben lassen sich, wenn schon nicht völlig aufheben, so doch wesentlich abbauen und abschwächen; die Chancengleichheit für erwerbstätigkeitsorientierte Eltern hinsichtlich der Partizipation am Erwerbsleben läßt sich deutlich verbessern. Wir haben es *nicht* mit einem unlösbaren gesellschaftspolitischen „Dilemma" zu tun. Allerdings ist hier die Sozialpolitik der Betriebe (und der Tarifpartner) in teils ungewohnter Weise neu herausgefordert. Welche Mittel und Wege, aber auch Grenzen sind zu bedenken?

## 3. Mittel und Wege einer familienorientierten Sozial- und Personalpolitik des Unternehmens (Betriebs)

### *3.1 Freiräume für unterschiedliche Verhaltensmuster*

Nicht nur von der Gesetzgebung her, sondern auch von der betrieblichen Sozialpolitik her ist gezielt darauf hinzuwirken, daß die Vereinbarkeit von Erwerbstätigkeit und Familientätigkeit in möglichst freier Wahl der jungen Eltern *sowohl im zeitlichen Nebeneinander* (sog. simultanes Verhaltensmuster) *als auch im phasenversetzten zeitlichen Nacheinander* (sog. sukzessives Verhaltensmuster) verwirklicht werden kann. Das letztere Verhaltensmuster sollte dabei gegenüber dem ersteren von den Rahmenbedingungen seiner Verwirklichungsmöglichkeiten her nicht benachteiligt sein. Die Übergänge werden im übrigen in dem Maße fließend, in dem sich längere Elternurlaubsregelungen durchsetzen. Lebensbiographisch bedeuten beide Verhaltensmuster ein „Miteinander". Das häufig als etwas antiquiert hingestellte „Drei-Phasen-Modell" (das übrigens nicht notwendig in Wiederaufnahme der Erwerbstätigkeit einmünden muß, sondern auch zu späterem außerfamilialem sozialem Engagement führen kann) erweist sich in Deutschland nicht nur vom sozialpolitischen Befund her als weit verbreitet, sondern scheint auch in der Gesamtbevölkerung für Frauen präferiert zu werden, so kürzlich in einer Untersuchung in NRW (Ende 1991) von fast allen Befragten als phasenversetzter Wechsel von Erwerbstätigkeit – Familie – Erwerbstätigkeit mit einer dreijährigen Erwerbspause (deren tatsächliche Länge dann aber doch wohl von der Gesamtzahl der Kinder beeinflußt wird).

Die relativ große Bereitschaft von jungen Müttern, die Phase der alleinigen oder doch vorrangigen Betreuung von Kleinkindern über drei Jahre hinaus zu verlängern (etwa bis zum 5. bis 7. Lebensjahr), wird besonders sichtbar, wo von (Groß-)Betrieben geschaffene Rahmenbedingungen dies ermöglichen. Wichtig erscheint dabei eine Verläßlichkeit der betrieblichen Regelung, auf der eine längerfristige Lebensperspektive mit aufgebaut werden kann. Allerdings werden entsprechende Angebote von *leitenden* Mitarbeiterinnen (bisher) i.a. kaum genutzt, eher schon (begrenzte) Möglichkeiten der Teilzeitarbeit. Grundsätzlich sollten *beide Verhaltensmuster* lebbar sein, und zwar gleichermaßen sowohl für höher qualifizierte als auch für weniger qualifizierte Mitarbeiter(innen).

Die Beurteilung der verschiedenen Verhaltensmuster scheint innerhalb der Bevölkerung West- und Ostdeutschlands deutlich unterschiedlich zu sein: Nach einer Umfrage, die das Ipos-Institut für das Bundesministerium für Frauen und Jugend durchgeführt hat, zeigte sich ein deutliches Meinungsgefälle in der Bevölkerung bei der Frage, ob Frauen zugunsten der Kindererziehung eine Zeitlang auf die Berufstätigkeit verzichten sollten: 40% der Westdeutschen, aber nur 14% der Ostdeutschen votierten für eine „lange Berufspause"; 9% der Westdeutschen und 2% der Ostdeutschen waren dafür, die Frau solle den Beruf ganz aufgeben.

Auch eine zeitliche Unterbrechung der Erwerbsphase wegen Zeiten „aktiver Elternschaft" (insbesondere, aber nicht allein *Klein*kindversorgung) muß nicht von vornherein den Zusammenbruch einer sinnstiftenden und soziale Sicherheit begründenden Erwerbsbiographie bedeuten. Wie abträglich ist eine „Familienpause" für den anschließenden weiteren Weg im Erwerbsprozeß wirklich? Es gibt sicherlich einige wissenschaftlich-technisch gekennzeichnete

Erwerbstätigkeiten – vielleicht gerade im Bereich der naturwissenschaftlichen Forschung –, in denen eine mehrjährige Unterbrechung angesichts immer rascher werdender Innovationszyklen und Technologieschübe den nahtlosen Anschluß an die Entwicklung in den betreffenden Berufsbereichen empfindlich, wenn nicht sogar unkorrigierbar beeinträchtigt. Tatsächlich aber sind die Erwerbstätigkeiten, in denen sich die „Halbwertzeit" des Wissens stetig verkürzt und eine Aufholjagd beinahe sinnlos wird, relativ begrenzt. Es gibt zahlreiche andere Felder, in denen eine Familienpause durchaus vertretbar und vielfach sogar unproblematisch ist, vor allem wenn in der Zwischenzeit der Kontakt zur Erwerbstätigkeit – etwa über Urlaubsvertretungen oder sonstige weiterbildende Betriebskontakte – nicht völlig abreißt. Wichtig erscheint die Erhaltung der Qualifikation in der dominanten Familienphase als Voraussetzung für eine erleichterte Rückkehr in den Erwerbsprozeß nach dieser Phase. Mit Recht ist die Förderung der Wiedereingliederung von Frauen in das Erwerbsleben in Deutschland auch als erklärtes Ziel in das Arbeitsförderungsgesetz (AFG) aufgenommen worden.

Umfrageergebnisse aus einer Untersuchung des Instituts für Entwicklungsplanung und Strukturforschung (Hannover) aus der zweiten Hälfte der 80er Jahre ergaben, daß die in den Betrieb zurückkehrenden Erziehungsurlauberinnen meistens (80% der Auskunft gebenden Betriebe) wieder ihren früheren Arbeitsplatz erhielten, Angestellte noch etwas häufiger als Arbeiterinnen; die übrigen erhielten einen gleichwertigen Arbeitsplatz. Sehr selten waren danach größere Veränderungen der Arbeitsinhalte oder von Produktionsverfahren. Insoweit hier durch verlängerten Erziehungsurlaub – gerade auch bei Entscheidung zu mehreren Kindern – dieses Problem stärkeres Gewicht erhält, sind begleitende Betriebskontakte und Einarbeitungshilfen verstärkt gefragt. Aufschlußreich sind in diesem Zusammenhang Ergebnisse einer vom Institut für Arbeitsmarkt- und Berufsforschung (IAB) im Jahre 1991 durchgeführten Erhebung (bei rd. 19 000 Betrieben mit mehr als 20 Beschäftigten und einer Rücklaufquote von reichlich 60% der angeschriebenen Betriebe), wonach die Förderung von Betriebskontakten (z.B. durch Urlaubs- und Krankheitsvertretung) von den Unternehmen zu 60% bei qualifizierten und zu 45% bei einfachen Tätigkeiten als hilfreich bezeichnet wurde. Teilweise halten die Betriebe von sich aus solchen Kontakt und haben eigene Programme für Mitarbeiterinnen in der Familienphase entwickelt; dies gilt im wesentlichen für Großunternehmen. Wenn nach dieser Untersuchung die Betriebe eine über fünf Jahre (vorschulische Erziehungszeit) hinausgehende Unterbrechung bei einfachen Tätigkeiten zu 80% und bei qualifizierten Tätigkeiten sogar zu 90% als zu lang bewerten und mehr als die Hälfte der Betriebe in Fällen qualifizierter Tätigkeit eine Rückkehr schon nach ein- bis zweijähriger Unterbrechungszeit befürworten – bei einfacher Tätigkeit ist es immerhin noch ein Viertel –, so zeigt dies gewisse Diskrepanzen zwischen tatsächlichen oder vermeintlichen Anforderungen der betrieblichen Praxis einerseits und Bedürfnissen der wegen Kinderbetreuung aus dem Erwerbsleben ausgeschiedenen jungen Mütter (Väter) andererseits.

### *3.2 Vorrang einer familien- und kindgerechten Kleinkindbetreuung*

Können junge Eltern mit ihren persönlichen Bedürfnissen und nur allzuoft zurückgestellten Entscheidungen für (weitere) Kinder ohne Reformen der wirtschafts- und sozialstrukturellen Bedingungen wirklich jene Entfaltungsspielräume finden, die eine sozialmarktwirtschaftliche Ordnung nicht nur für Unternehmer mit ihren Investitionsentscheidungen, sondern auch für junge Paare absichern sollte, die in „human capital“ investieren möchten?

In dem unverkennbaren Zielkonflikt, wie er für junge Paare vielfach beschrieben worden ist, müssen sich Staat, Wirtschaft und Gesellschaft etwas einfallen lassen, wenn die allenfalls noch verbleibende Alternative einer breitenwirksamen *Kollektivierung der Kleinkinderversorgung* in außerhäuslichen Einrichtungen (Kinderkrippen) vermieden werden soll. In nicht wenigen Fällen wird sich zwar auch der Weg der außerhäuslichen Kleinkindbetreuung anbieten, und zwar nicht nur für Alleinerziehende, sondern auch für diejenigen jungen Eltern, die diese Form unbedingt für sich wünschen oder wegen der Besonderheit des Arbeitsplatzes darauf angewiesen sind. Dabei sind dann aber die Qualitätsstandards ebenso im Auge zu behalten wie die wichtige Frage der zeitlichen Dauer der Fremdbetreuung. Hier gilt es deshalb – u. U. auch mit betrieblicher Unterstützung –, sehr viel mehr Zwischenformen möglichst familiennaher, tageszeitlich deutlich begrenzter und zugleich pädagogischen Ansprüchen besser genügender Kinderbetreuung zu entwickeln, unter denen bestimmte Modelle von „Tagesmüttern“ durchaus in die richtige Richtung weisen können. Alleinerziehende können z.B. auf solche Betreuungsformen besonders angewiesen sein. Bisher wird immer noch zu sehr in „Alternativattrappen“ zwischen ausschließlicher Familienbetreuung und außerhäuslicher Krippenbetreuung gedacht.

Wichtig erscheint im übrigen aber, daß von der Rahmengestaltung her die eigene Kleinkindbetreuung in der Familie und die außerhäusliche, öffentlich subventionierte Betreuung nicht *ökonomisch ausgesprochen ungleich behandelt* werden. Erst wenn die eigene Betreuung des Kindes in der Familie – sicherlich mit gewissen Abschlägen – in der Höhe der staatlichen Subventionierung von Krippenplätzen unterstützt wird, dürfte der „wahre“ Bedarf an außerhäuslicher Kinderbetreuung erkennbar werden. Dies liefe in Deutschland praktisch auf eine kräftige Erhöhung und auch kontinuierliche Aktualisierung des bestehenden Erziehungsgeldes hinaus (oder aber es müßten im wesentlichen kostendeckende Preise für die außerhäusliche Kleinkindbetreuung erhoben werden).

Ein Sonderkapitel bilden in diesem Zusammenhang die Betriebskindergärten, die für erwerbstätige Betriebsangehörige (insbesondere junge Mütter) das Betreuungsproblem für Kinder mit lösen sollen. Hier sollte vor deren gelegentlich etwas vorschnellen Befürwortung die Frage bedacht werden, inwieweit damit eine betriebliche Familienfürsorge zu unmittelbar in die Familie hineinreicht. Der Eigenraum und die Eigenständigkeit der familialen Lebenswelt sollte auch durch Maßnahmen der Betriebsfürsorge möglichst nicht beeinträchtigt werden. Es ist nicht uninteressant, daß bestehende Betriebskindergärten in den 60er und 70er Jahren als Ausdruck eines „Abbaus letzter paternalistischer Verhältnisse" fortgefallen sind. Auch auf gewerkschaftlicher Seite wurde in der Vergangenheit in Betriebskindergärten weithin die Gefahr einer zu starken Bindung an den Betrieb gesehen; hier ist allerdings – nicht zuletzt unter dem Eindruck nicht ausreichender öffentlicher Einrichtungen – eine gewisse Umorientierung zu beobachten. In den alten Bundesländern wird für 1990 die Zahl der Betriebskindergärten auf knapp 200 geschätzt (rd. ein Drittel davon allein in Bayern).

Im Blick auf ein ausgebautes Netz von Kinderbetreuungseinrichtungen ist zu fragen, ob es nicht hinsichtlich der Trennung der Betriebssphäre von der Privatsphäre der Arbeitnehmer sehr viel angebrachter wäre, im Falle des Bedarfs von Kinderbetreuungsplätzen freie oder kommunale Träger solcher Einrichtungen von Unternehmerseite entsprechend zu unterstützen. Auf der Seite dieser Kindergärten ist dabei nach wie vor eine Anpassung der Öffnungszeiten an die Bedürfnisse erwerbstätiger Eltern anzumahnen (worauf insbesondere bei betrieblichen Fördermaßnahmen hingewirkt werden kann). Betriebskindergärten mögen sich im Einzelfall anbieten; die Regel sollten sie nicht sein. Wo die Personalplanung in dieser Hinsicht Bedarf sieht, sollte zunächst einmal nach Kooperationsmöglichkeiten mit außerbetrieblichen freien oder kommunalen Trägern vor Ort gesucht werden, durchaus auch in Gestalt von betriebsnahen Einrichtungen.

Betriebe sollten in jedem Fall ausreichend darüber informiert sein, inwieweit sie Aufwendungen für Beteiligungen an Kinderbetreuungseinrichtungen öffentlicher oder privater Träger (oder auch für eigene betriebliche Einrichtungen) steuerlich geltend machen können. Erfahrungen aus der Praxis – so auch nach der Untersuchung des Instituts der deutschen Wirtschaft vom Oktober 1991 über betriebliche Maßnahmen zur Vereinbarkeit von Familie und Beruf sowie zur Förderung der Berufsrückkehr nach Zeiten ausschließlicher Familientätigkeit – zeigen, daß Unternehmen bei der Initiative zu Modellen betrieblicher Förderung von Kindertagesstätten Hemmnisse durch Gesetz und Bürokratie beklagen. Ungünstig wirkt sich auch aus, daß betrieblich gebundene Einrichtungen und Plätze hinsichtlich ihrer Bezuschussung und in der steuerlichen Gemeinnützigkeit den übrigen nicht gleichgestellt sind. Zu der Frage, inwieweit eine steuerliche Anerkennung von Ausgaben des Unternehmens für Kinderbetreuungsmaßnahmen betriebliche Initiativen fördern kann, wäre anzumerken, daß Unternehmen dann, wenn sie solche Maßnahmen für zweckmäßig halten, häufig die Kostenseite als zweitrangig ansehen. Gleichwohl war die Bundesrats-Initiative zum Steueränderungsgesetz 1992 zu begrüßen, Ausgaben der Unternehmen für alle Formen der Beteiligung an Kinderbetreuungseinrichtungen als abzugsfähig anzuerkennen, nicht nur für eigene Betriebskindergärten.

Für die Arbeitnehmer ist in diesem Zusammenhang das Steueränderungsgesetz 1992 ebenfalls von Bedeutung. Es bestimmt die Abschaffung der Steuerpflicht (rückwirkend ab 1.1.1992) für Leistungen und Zuschüsse des Arbeitgebers für die Unterbringung und Betreuung für nichtschulpflichtige Kinder von Arbeitnehmern in einer betrieblichen oder außerbetrieblichen Einrichtung (Kindergärten, -tagesstätten, -krippen, Ganztagspflegestellen sowie Betreuung durch Tages- und Wochenmütter). Bisher war die kostenlose Inanspruchnahme einer solchen Einrichtung als geldwerter Vorteil zu versteuern; künftig entstehen für die Betroffenen keine steuerlichen Nachteile mehr (Lohnsteuerrichtlinien 1993).

### *3.3 Die Bedeutung integrativ geplanter Maßnahmenbündel*

Für die familienpolitische Absicherung einer dominanten Familienphase eines Elternteils im Rahmen des sog. sukzessiven Verhaltensmusters gilt es, die grundlegende Verschiebung des lohnpolitischen Bezugspunktes zu sehen, die sich von dem Mann und Vater als dem „Familienernährer“ hin zu dem beiderseitig erwerbstätigen Ehepaar vollzogen hat. In diesem *veränderten Paradigma* ist nicht die zusätzliche Erwerbstätigkeit der Frau das „Besondere“, sondern in steigendem Maße der mehr oder minder lange Verzicht eines der beiden Ehepartner auf Erwerbstätigkeit aus Gründen familiärer Verpflichtungen. Auf diesem Hintergrund stellt die Gewährung eines *Erziehungsgeldes* bei vorübergehendem (vollständigem oder doch weitgehendem) Verzicht eines Elternteils auf Erwerbstätigkeit eine problemangemessene familienpolitische Lösung dar. Sie kann dazu beitragen, auf dem Hintergrund einer notwendigen

Erweiterung des „Arbeits"-verständnisses mehr Gleichwertigkeit von Familien- und Erwerbsarbeit herbeizuführen. Über die Sinnhaftigkeit einer angemessenen sozialrechtlichen Berücksichtigung der nicht im Markt erbrachten, weil rechtlich im Binnenraum der Familie verbliebenen, aber gleichwohl „gemeindienlichen Leistung" der Betreuung und Erziehung von Kindern hat sich Bundesverfassungsrichter *Paul Kirchhof* (1990) sehr pointiert wie folgt geäußert: „Wer demgegenüber darauf verweist, daß die Freude am Kind Entgelt genug und die Pflege und Erziehung des Kindes moralische Pflicht sei – eine prinzipiell zutreffende Auffassung –, mag begründen, warum dann nicht die Freude an der Arbeit und die sittliche Pflicht zu arbeiten auch die Entgeltlosigkeit von Unternehmer- und Arbeitnehmertätigkeit begründen kann" (S. 7). Die Anerkennung der gesellschaftlichen Gleichwertigkeit von Familientätigkeit und Erwerbstätigkeit läuft zugleich darauf hinaus, Familientätigkeit und Erwerbstätigkeit im Lebenszusammenhang von Mann und Frau neu zu positionieren! Es spricht dabei einiges für die These, daß eine sehr viel stärkere Familienorientierung der Erwerbsarbeitswelt im Kontext einer Weiterentwicklung der „Humanisierung des Arbeitslebens" spätestens dann, aber dann auch sehr nachhaltig erreicht wird, wenn es hinsichtlich der Konfliktsituation zwischen Erwerbsarbeitswelt und Familienleben dazu kommt, daß die *Männer* wirklich die „Betroffenen" sind.

Befunde in der betrieblichen Praxis deuten ferner auf die große Bedeutung von persönlicher Betroffenheit im höheren Management hin, wenn es um familienfreundliche Maßnahmen geht: Offenbar kann die unmittelbare Lebenserfahrung des Unternehmers mit eigenen erwachsenen Töchtern sehr bestimmend sein – weit mehr übrigens als mit der eigenen Ehefrau, für die die Einfügung in überkommene Rollenmuster häufig als „unproblematisch" angesehen wird. Auch wenn man Eindrücke in dieser Richtung nicht vorschnell verallgemeinert, dürfte hier doch ein wichtiger Hintergrund für die Entwicklung hin zu einer stärkeren Familienorientierung der Erwerbsarbeitswelt angeleuchtet sein. Sollte es auch damit zusammenhängen, daß von Frauen geführte Unternehmen oft erkennbare Vorsprünge bei der Verwirklichung von Angeboten betont familienorientierter Regelungen haben?

Nun stellt das staatliche Erziehungsgeld zwar eine notwendige, aber keineswegs eine hinreichende Bedingung dar für eine problemangemessene familienpolitische Absicherung einer dominanten Familienphase im Familienbildungsprozeß. Es kann richtig verstanden lediglich Bestandteil eines umfassenderen, *integrativ geplanten Maßnahmenbündels* sein, für dessen Ausgestaltung auch die betriebliche Sozialpolitik wichtig ist. Zu der „Trias", die aus dem Erziehungsgeld, dem Erziehungsurlaub und der Anrechnung von Erziehungszeiten in der gesetzlichen Rentenversicherung besteht, sollten weitere, gerade auch im

Rahmen der betrieblichen Sozial- und Personalpolitik zu erbringende Leistungen gehören, wie Angebote zur Aufrechterhaltung des Berufskontaktes, Betriebsinformationen, Fortbildungsveranstaltungen, gezielte Hilfen zum Wiedereintritt in das Erwerbsleben, aber auch zeitlich über den gesetzlichen Erziehungsurlaub hinausreichende Wiederbeschäftigungszusagen (die keine Garantie des konkreten Arbeitsplatzes zu bedeuten brauchen).

Wichtig erschiene auch, Betriebsrentenansprüche in der Familienpause (wie bei Daimler) wenigstens teilweise wirksam werden zu lassen, weil dies die Entscheidungen zur längerfristigen Unterbrechung mit beeinflußt. Denkbar wäre auch eine steuerliche Förderung von Ausgaben des Unternehmens für die Freihaltung von Arbeitsplätzen für junge Eltern in der Familienphase mit einer Wiedereinstellungszusage. Betriebe können und sollten schließlich auch mit Beratungshilfen zur Verfügung stehen; es geht dabei einmal um Überwindung psychologischer Schwellen, aber u. U. auch um ganz praktische Einzelfragen wie Überwindung von Entfernungen zwischen Wohnort und Arbeitsplatz oder Kinderbetreuungsmöglichkeiten.

Für die berufliche Wiedereingliederung von Müttern nach der „Familienphase" (die allerdings in einem weiteren Sinne dann noch keineswegs beendet ist) sind Beratungshilfen förderlich, die wiederum einen koordinierten Ansatz nahelegen. Im Blick auf die rd. 320 000 Frauen, die nach Berechnungen des IAB der Bundesanstalt für Arbeit jährlich auf den Arbeitsmarkt zurückkehren, setzt hier das (Bundes-)Modellprojekt „Beratungsangebote und Beratungseinrichtungen für Berufsrückkehrerinnen" ein, das den ersten Teil eines Sonderprogramms der Bundesregierung zur Wiedereingliederung von Frauen nach der Familienphase darstellt und in Zusammenarbeit sowie mit finanzieller Unterstützung der Bundesländer durchgeführt wird. Gefördert werden gegenwärtig (1992) 17 Beratungseinrichtungen in den alten Bundesländern, wobei die Einrichtungen etwa zur Hälfte in ländlichen Gebieten bzw. in Städten mit großen ländlichen Einzugsbereichen liegen. Zu verweisen wäre auch etwa auf die vom niedersächsischen Frauenministerium seit Herbst 1991 in fünf Regionen Niedersachsens eingerichteten „Koordinierungsstellen", die als Modellmaßnahme das Ziel verfolgen, das Qualifikationsniveau von Frauen während der „Familienphase" zu erhalten und familienfreundliche Arbeitsbedingungen zu schaffen. Schon vor der Rückkehr in den Beruf wird Weiterbildung und Beratung angeboten, und zwar in Zusammenarbeit mit örtlichen Trägern wie Volkshochschulen, Kirchen, Gewerkschaften sowie beteiligten Betrieben. Die Koordinierungsstellen sind zugleich die Geschäftsstellen für den Verbund, an dem u. a. Kammern, Betriebe, Arbeitsverwaltungen und Weiterbildungsträger beteiligt sind. Betriebe, die dem Verbund beitreten, können ihre Wünsche zum Weiterbildungsangehot einbringen.

Ein arbeitsrechtlicher Nebenaspekt verdient in diesem Zusammenhang noch Beachtung, der das Recht des Arbeitgebers, bei der Einstellung weiblicher Mitarbeiter nach einer bestehenden Schwangerschaft zu fragen, betrifft. Hier hat in jüngster Zeit in der Bundesrepublik Deutschland das Bundesarbeitsgericht einen interessanten Schwenk in seiner Rechtsprechung vorgenommen. In Orientierung an der Entscheidung des Europäischen Gerichtshofs (von 1990) hat das Bundesarbeitsgericht kürzlich entschieden (Urteil vom 15. 10. 1992 – 2 A ZR 227/92), daß bei der Einstellung die Frage nach einer Schwangerschaft ab sofort grundsätzlich unzulässig ist. Dies bedeutet, daß einer Frau, wenn sie dennoch vom Arbeitgeber danach gefragt wird, aus einer falschen Antwort keine Nachteile (mehr) entstehen können. So kommt auch eine Anfechtung des Arbeitsvertrages wegen arglistiger Täuschung nicht mehr in Betracht. Bisher war die Frage nach einer bestehenden Schwangerschaft nur dann unzulässig, wenn sich Frauen und Männer gemeinsam um eine Stelle bewarben. In Übereinstimmung mit dem EuGH wird nunmehr die Auffassung vertreten, daß mit der Frage nach einer Schwangerschaft eine direkte Diskriminierung von Frauen verbunden wäre.

### *3.4 Förderung von Wiederbeschäftigungsgarantien durch überbetriebliche Verbundsysteme?*

Seitens der unternehmerischen Wirtschaft und ihrer Verbände wird im Zusammenhang mit einer Wiederbeschäftigungsgarantie häufig eingewandt, eine gesetzliche Absicherung der Wiederbeschäftigung sei letztlich „kontraproduktiv", sie schade im Grunde denen, für deren Schutz sie gedacht sei. Hier wird man sehr differenziert argumentieren müssen, wenn man der Wirklichkeit gerecht werden will, wie etwa die gutachtlichen Äußerungen des Wissenschaftlichen Beirats für Familienfragen beim BMJFG von 1984 und 1989 zeigen. Was im übrigen tatsächliche familienfördernde Regelungen in Klein- und Mittelbetrieben mit vergleichsweise größerer Personenbezogenheit angeht, so sind solche Regelungen oft anzutreffen, ohne exemplarisch als solche nach außen ausgewiesen zu sein. In mancher Hinsicht wie etwa in bezug auf Urlaubs- und Krankheitsvertretungen von Mitarbeiterinnen in einer Familienphase werden persönliche Absprachen zwischen Betrieb und Mitarbeiterin getroffen, die den Bedürfnissen beider entgegenkommen. Offensichtlich sind die Beteiligten nicht selten gar nicht an besonderer Publizität interessiert (*J. Reichling*, Bildungswerk der Hessischen Wirtschaft), weil eine Veröffentlichung und Verallgemeinerung zu Konsequenzen führen könnte, an denen beiden Partnern nicht gelegen wäre.

Die unternehmerische Wirtschaft kann und sollte freilich dazu beitragen, ein vorübergehendes Ausscheiden eines Elternteils zwecks Kinderbetreuung und -erziehung auch über die gesetzlichen Mindestzeiten hinaus nicht zum unkalkulierbaren Risiko werden zu lassen. Sie sollte aus der vielfach beschworenen gesellschaftspolitischen Verantwortung des modernen Unternehmers heraus Weiterentwicklungen der gesetzlichen Absicherung von „Familienpausen" unterstützen oder auch um entsprechende tarifvertragliche Regelungen bemüht sein. Der Verweis allein auf betriebsindividuelle Regelungen, die in umfassenderen Lösungskontexten sehr wohl ihren Platz haben können, reicht hier nicht aus. Die personalwirtschaftlichen Motive, die heute schon für nicht wenige Großbetriebe den Hintergrund abgeben für großzügige Freistellungsregelungen (bis zum 6. oder 7. Lebensjahr des Kindes), verweisen gleichwohl auf Problemlagen und deren betriebs- und familienangemessene Lösungen, die künftig noch sehr viel größeres Gewicht erhalten dürften. Gute Gründe sprechen dafür, daß erst recht im neuen europäischen Binnenmarkt diejenigen Betriebe deutlich Wettbewerbsvorteile haben, die die künftige Entwicklung in ihrer Personalplanung antizipieren und sich rechtzeitig durch ihre betriebliche Sozial- und Personalpolitik darauf einstellen.

Eine praktikable Handhabung der gesetzlichen Absicherung einer Familienphase erscheint freilich auf der betrieblichen Seite an wichtige flankierende Regelungen gebunden. Probleme der zwischenzeitlichen befristeten Beschäftigung von Ersatzkräften dürften tendenziell um so eher zu bewältigen sein, je längerfristigere und damit attraktivere Zeitverträge geboten werden können. Dies kann im übrigen tendenziell mit dazu beitragen, daß kleine und mittlere Betriebe in der Konkurrenz um qualifizierte (weibliche) Arbeitskräfte gegenüber Großbetrieben möglichst wenig benachteiligt werden. Grundsätzlich bleibt in diesem Zusammenhang zu fragen, wie groß die Probleme durch vorübergehenden Personalausfall wirklich sind. Es kann nicht verkannt werden, daß hier betriebliche Personalwirtschaft und Arbeitsorganisation besonders herausgefordert sind. Es ist dies aber auch eine Frage der Einschätzung der Bedeutung der betreffenden Mitarbeiter für den betrieblichen Leistungsvollzug. Eine Erhebung des Instituts für Entwicklungsplanung und Strukturforschung (Hannover) aus der zweiten Hälfte der 80er Jahre macht dies deutlich: Rd. 90% der antwortenden Betriebe sahen in ihren im Erziehungsurlaub befindlichen Mitarbeitern entweder „spezialisierte, aber leichter ersetzbare" oder „kurzfristig ohne größere Schwierigkeiten ersetzbare" Arbeitskräfte; nur 10% wurden als „hochspezialisierte und schwer ersetzbare" Arbeitskräfte eingestuft.

In der Praxis wird vor allem häufig geltend gemacht, daß sich *Klein- und Mittelbetriebe* mit solchen familienorientierten Maßnahmen sehr viel schwerer tun als Großbetriebe. So ist gerade auch der im (novellierten) Bundeserziehungsgeldgesetz enthaltene verlängerte Erziehungsurlaub (ab 1. 1. 1992 auf drei Jahre) z.B. von seiten der Handwerkswirtschaft recht kritisch beurteilt worden. Der Kündigungsschutz während des dreijährigen Erziehungsurlaubs laufe auf eine Arbeitsplatzgarantie hinaus, die für kleine und mittlere Betriebe schwer zu verkraften sei; dadurch ergäben sich bedenkliche Wettbewerbsverzerrungen zuungunsten der kleinen und mittleren (Handwerks-)Betriebe, die mit solchen durch Erziehungsurlaub bedingten Ausfallzeiten weit weniger gut fertig werden könnten als Großbetriebe. Im Gesetz fehle eine „Überforderungsklausel" für Kleinbetriebe.

Um so wichtiger erscheint es, verstärkt Modelle für *überbetriebliche Verbundsysteme* im engeren räumlichen Umfeld zu erproben, die dazu beitragen können, Klein- und Mittelbetriebe im Prozeß der Personalgewinnung wettbewerbsfähig zu halten. Vorschläge in rechtlicher und organisatorischer Hinsicht für solche (nicht staatlich verordnete) Verbundlösungen mehrerer Betriebe liegen vor (*C. Geißler*, 1991, S. 66 ff). Danach würden die in einem überbetrieblichen Verbund zusammengeschlossenen Klein- und Mittelbetriebe, die längerfristig an einer kontinuierlichen Mitarbeit ihrer Beschäftigten interessiert sein müssen, aber nicht selten eine „latente Kurzfristorientierung" erkennen lassen, mit überbetrieblichen Managementhilfen ihren weiblichen (und männlichen) Mitarbeitern die Möglichkeit eines über den gesetzlichen Erziehungsurlaub hinausgehenden Elternurlaubs einräumen, und zwar mit einer Wiederbeschäftigungsgarantie, die nicht der Einzelbetrieb gibt, sondern der Verbund. Auf diese Weise (mit ähnlicher Betriebsstruktur oder auch branchenübergreifend bei ähnlichem Anforderungsprofil der Arbeitsplätze) können auch kleinere Betriebe einen Weg finden, qualifiziertes Personal zu binden. Der einzelne Betrieb braucht damit nicht auf bewährte Mitarbeiter dauerhaft deshalb zu verzichten, weil diese Elternschaft anstreben und sich bei der Arbeitsplatzsuche für Angebote mit Wiederbeschäftigungsgarantie entscheiden. (Mitglieder des Verbunds, in der Organisationsform etwa des eingetragenen Vereins, finanziert über Umlagen nach dem Schlüssel der Beschäftigtenzahl, könnten auch Freiberufler sowie u.U. öffentliche Verwaltungen sein.)

Zur Ausgestaltung solcher Verbundsysteme ist vorgeschlagen worden, seitens des Verbunds *Qualifizierungskurse* zu für jeden einzelnen Betrieb günstigen Konditionen verbindlich für die Mitarbeiter im Elternurlaub anzubieten und im übrigen – wie dies einzelne Betriebe auch tun – Möglichkeiten für Urlaubs- und Krankheitsvertretungen vorzusehen. Insgesamt erscheinen solche Regelungen, von denen im übrigen ein struktureller Qualitätsgewinn für ganze Wirtschaftsräume erwartet werden kann, für eine breitenwirksame betriebliche Familienpolitik im Blick auf junge Familien deshalb so wichtig, weil die große Masse der Arbeitnehmer in kleineren und mittleren Betrieben beschäftigt ist. (Nach der letzten Arbeitsstättenzählung [1987] für die alte Bundesrepublik waren rund zwei Drittel aller Beschäftigten in Betrieben mit unter 200 Beschäftigten tätig; selbst in Betrieben mit weniger als 100 Beschäftigten waren es über 57% aller Beschäftigten.) Letzteres wird gelegentlich angesichts von öffentlichkeitswirkamen Aktionen von Großunternehmen leicht übersehen.

Mögliche Konflikte zwischen den Beteiligten im Verbund gilt es naturgemäß von vornherein mit zu berücksichtigen (z.B. der wieder zu beschäftigende Arbeitnehmer lehnt den angebotenen Arbeitsplatz im Verbundbetrieb ab, oder der ursprüngliche Betrieb ist aus Konkurrenzgründen nicht mit der Einstellung eines ehemaligen Beschäftigten in einem Verbundbetrieb einverstanden). Solche Konflikte sollten aber durch entsprechende Satzungsregelungen lösbar sein. Der mögliche Einwand der Gefahr der „Überorganisation", auf die Unternehmer nur negativ reagierten, sollte nicht vorschnell erhoben und zunächst einmal durch entsprechende Modelle auf seine Stichhaltigkeit hin geprüft werden. Es wäre zu fragen, inwieweit hier Arbeitgeberverbände (oder auch Industrie- und Handelskammern, Handwerkskammern) Hilfestellung leisten könnten. Bisher wird die branchenübergreifende Machbarkeit solcher Verbundsysteme z.B. von seiten der Handwerkswirtschaft deutlich in Frage gestellt, was um so mehr Anlaß sein sollte, realisierbar erscheinende Möglichkeiten *modellhaft* zu erproben.

Im Ergebnis in eine ähnliche Richtung gehen Vorschläge, die unter dem Stichwort „regionale Strukturpolitik für Frauen" auf Erleichterungen des Wiedereinstiegs in die Erwerbstätigkeit gerichtet sind (*E. Straßer* und *M. Knödler*, 1992, S. 339 f.). Dahinter stehen erste Erfahrungen von verschiedenen Beratungsstellen für Wiedereinsteigerinnen, wie sie u. a. aus dem bereits erwähnten Bundesmodellprojekt des BMFJ gewonnen wurden. Neben den Anfang 1992 aus diesem Projekt finanzierten 17 Wiedereinstiegsberatungsstellen bestehen zusätzlich in einzelnen Bundesländern – wie z.B. NRW und Niedersachsen – ähnliche Angebote. Solche Einrichtungen suchen den Frauen den beruflichen Wiedereinstieg nicht nur durch Angebote von Motivierungs- und Orientierungskursen und Hilfen bei der individuellen beruflichen Planung zu erleichtern, sondern auch dadurch, daß sie in Kontakt zu Arbeitgebern treten und Anstöße zu geben versuchen, daß die individuellen Interessen von Frauen im Erwerbsarbeitsbereich sehr viel mehr als selbstverständlich gelten und beachtet werden. Es hat sich als wichtig erwiesen, die individuelle Lebenssituation der Wiedereinsteigerin möglichst gezielt zu berücksichtigen, indem vor allem von der je besonderen Ausgangssituation einer Frau ausgegangen wird, die sich unterschiedlich darstellt, je nachdem, in welchen familialen

Zusammenhängen die Frau lebt, auf welche Ausbildung sie zurückgreifen kann und in welcher Region sie wohnt. Von den Erfahrungen der bisher nicht flächendeckend vorhandenen Wiedereinstiegsberatungsstellen ausgehend ist das Projekt eines *regionalen Verbundes* zwischen solchen Einrichtungen entwickelt worden, in dem Vertreter der Arbeitsverwaltung, von Frauenorganisationen, Arbeitgebern und Bildungsträgern zusammenwirken. Der Verbund wird damit zu einer Art Kommunikationsinstrument zwischen den zusammenwirkenden Institutionen mit dem Ziel, Fraueninteressen gezielter und konkreter in den Planungen und Angeboten dieser Institutionen umzusetzen, aber wiederum auch Belange des Wirtschaftslebens im Hinblick auf Arbeitsplatzanforderungen mit zu berücksichtigen.

Die Breitenwirkung derartiger überbetrieblicher Verbundsysteme ist offensichtlich noch äußerst gering. Nach der angeführten Erhebung des IAB (1991) beteiligten sich knapp 1% der Unternehmen an einem Verbund, der speziell Wiedereingliederungsmaßnahmen für Frauen in der Familienphase organisiert; immerhin waren 16% daran interessiert, allerdings weniger aus der eigentlichen Zielgruppe der Kleinbetriebe, sondern eher Großbetriebe.

Schließlich könnte bei sonstigen die Personalplanung betreffenden Initiativen das hier angesprochene Problem auch überbetrieblich geförderter Wiedereinstiegshilfen mitberücksichtigt werden. In dem von einem Arbeitskreis beim Ministerium für Wirtschaft, Mittelstand und Technologie des Landes Baden-Württemberg vorgelegten Endbericht „*Qualifikationsbedarf 2000*" (1991) wird für den Transfer der vorgelegten Analysen die Funktion eines *Personalentwicklungsberaters* vorgeschlagen, der gerade kleineren und mittleren Unternehmen Hilfestellung geben und z.B. die Organisation regionaler bzw. branchenübergreifender Verbundmodelle anstoßen und unterstützen kann. Warum sollte dieses Aufgabenspektrum nicht auch überbetriebliche Erziehungsurlaubsregelungen mit umfassen?

### *3.5 Elternpläne statt reine Frauenförderpläne*

Im Blickfeld einer stärker familienorientierten betrieblichen Sozial- und Personalpolitik sollten nicht nur die verheirateten Frauen, sondern auch die *Männer* und *jungen Väter* stehen. Tatsächlich ist z.B. der Erziehungsurlaub in der Bundesrepublik bisher praktisch eine reine Domäne der jungen Frauen. Der Aspekt der Einbeziehung auch der Männer in das Konzept familienorientierter Betriebspolitik ist dabei auch im Blick auf frauenfreundliche Pläne von Bedeutung: Flexibilität der jungen Mütter im Blick auf die Vereinbarung von Erwerbstätigkeit und Familientätigkeit setzt im Grunde eine Flexibilität auch auf seiten des Mannes voraus. Eine wichtige Voraussetzung für die Erreichung des Zieles einer betont familienorientierten Erwerbsarbeitswelt mit gleichzeitig stärkerer Integration der verheirateten Frauen in den Erwerbsprozeß ist eine *Bewußtseinsänderung auf seiten des Mannes*, der die Bewältigung der hier selten ganz vermeidbaren Konfliktlagen nicht nur der Frau überlassen darf. Was hier gefordert ist, ist eine Lösung auch aus starren männlichen Rollenfixierungen. Ansätze hierzu sind in den jungen Erwachsenengenerationen durchaus auszumachen, wie auch z.B. frühere Arbeitszeitbudgetstudien in Baden-Württemberg für die 80er Jahre gezeigt haben (Familienwissenschaftliche Forschungsstelle im Statistischen Landesamt Baden-Württemberg, 1984). Danach hielt sich auch bei Erwerbstätigkeit der Ehefrau der Mann immer noch in vornehmer Distanz zur Haushaltstätigkeit, freilich schon viel weniger zur Kinderbetreuung. Dies ist aber offensichtlich auch eine Generationenfrage, worauf die deutlichen Auflockerungen starrer geschlechtsspezifischer Rollenmuster in den jungen Familien und bei weiterführender Schulbildung der Partner hindeuten.

Nach wie vor sind Männer relativ selten bereit, selbst beruflich für Kindererziehung zurückzustecken, wie noch jüngst Untersuchungen in NRW zur „Vereinbarkeit von Beruf und Familie" Ende 1991 gezeigt haben. Gerade Väter von Kindern im Vorschulalter betonen stark die Bedeutung der Mutterrolle (73% sagen: Kinder brauchen ihre Mutter, Mütter sollten deshalb nicht erwerbstätig sein, bis die Kinder größer sind) und stellen im Vergleich zu Müttern durchweg zugleich noch höhere Anforderungen an staatliche und gesellschaftliche Hilfen zur besseren Vereinbarkeit von Familie und Erwerbstätigkeit. Die gleichzeitige Betonung der verantwortlichen Zuständigkeit der Mutter für die Kindererziehung und Forderung nach öffentlicher Unterstützung läßt zumindest die Vermutung aufkommen, erwerbstätige Väter möchten selbst jedenfalls von Familientätigkeit verschont bleiben. In der deutschen Diskussion ist mit einem gewissen Recht zu einer geschlechtshierarchischen Arbeitsteilung in der Ehe angemerkt worden: Wenn auch die Ehe als Versorgungsinstitut für Frauen ohne Kinder zunehmend keine Rolle mehr spiele, so habe die Ehe als Versorgungsinstitut für Männer mit den notwendigen Versorgungsarbeiten weiterhin eine große Bedeutung (*B. Stiegler*, 1992).

Gleichwohl lassen die vorgenannten Untersuchungen auch einen Wandel in den Wertorientierungen der jüngeren Erwachsenengenerationen erkennen, wenn z.B. von den 18- bis 24jährigen Männern ein Drittel (im Unterschied zu 15% der über 55jährigen) sagen, für ein Kind seien beide Elternteile wichtig und Eltern sollten sich den Erziehungsurlaub teilen; dem entspricht auch, daß 31% der unter 24jährigen Männer (im Unterschied zu 11% der über 55jährigen) den Standpunkt bejahen, Väter sollten sich eine gewisse Zeit über für ihre

Kinder beruflich einschränken. Damit wird eine wichtige konkrete inhaltliche Füllung von „Partnerschaft" von einem Drittel der jungen Männer – wenn auch nicht unbedingt im *tatsächlichen Verhalten*, so doch in der Einstellung – akzeptiert.

Auch Männer sind gefordert, wenn es um die Verwirklichung von mehr Chancengleichheit für Frauen geht. Männer werden ihre Einstellung und ihr Verhalten ändern müssen, und zwar in radikaler Hinwendung zu praktizierten partnerschaftlichen Lebensformen. Es geht um die chancengleichere Rollenaufteilung von Mann *und* Frau in Familie *und* Erwerbsleben. Frauenfragen sind auch Männerfragen, wie nicht erst der Geburtenrückgang lehrt, bemerkte schon vor vielen Jahren die Gießener Soziologin *Helge Pross*. So sehr also auf der betrieblich-institutionellen Ebene neue Ansätze entwickelt werden müssen, werden sie doch allein nicht ausreichen, wenn sich hier Grundlegendes zugunsten von Familien mit heranwachsenden Kindern ändern soll. Neben der betrieblich-institutionellen Ebene sind auch die einzelnen Familienmitglieder selbst gefordert – und das gilt insbesondere im Blick auf die *Männer*. Beides gehört auch hier untrennbar zusammen: Änderung gesellschaftlicher Verhältnisse und Bewußtseinsänderung der Beteiligten.

Eine mehr Chancengleichheit auch für die verheirateten Frauen ermöglichende eigenverantwortliche Aufgabenverteilung in der einzelnen Familie sowie eine bessere Vereinbarung von Erwerbstätigkeit und Familienpflichten kann indessen ernsthaft nur eingefordert werden, wenn die *Rahmenbedingungen* dies ermöglichen; und diese lassen sich meist nur zum geringeren Teil von den Familien selbst mitbestimmen; sie müssen vor allem auch von Staat und Wirtschaft und innerhalb der öffentlichen Hand von Bund, Ländern und Kommunen geschaffen werden. Von alleine wandelt sich hier allerdings sicherlich recht wenig; von *Hegel* stammt wohl die Bemerkung: Wenn sich etwas ändern soll, dann muß etwas verändert werden. In unserem Zusammenhang geht es im Anschluß an *F.-X. Kaufmann* (1990) in seiner sehr gründlichen und weiterführenden Arbeit „Zukunft der Familie" um die Frage nach der „Veränderbarkeit der männlichen Lebenszusammenhänge"; dazu hält er – unter Verweis auch auf *E. Beck-Gernsheim*, Das halbierte Leben: Männerwelt Beruf, Frauenwelt Familie (1980) – fest: „Die Angleichung der weiblichen Lebenszusammenhänge an diejenigen der Männer, also die Erschließung der Berufssphäre für die Frauen bewirkt ja noch nicht automatisch eine entsprechende Freistellung der Männer für den familialen Bereich. Der männliche Lebenszusammenhang ist vielmehr aufgrund ökonomischer und politischer Vorgaben auf Berufstätigkeit, ja auf Vollzeiterwerbstätigkeit und nicht selten auf eine über die Normalarbeitszeit hinausgehende Disponibilität hin festgeschrieben. Nur wenn eine Wiederherstellung der ‚Solidarpotentiale' unter Beteiligung der

Männer gelingt, kann mit einer Restabilisierung der familialen Verhältnisse gerechnet werden" (S. 121 f).

Einer tatsächlichen Veränderung der Lebenszusammenhänge auf seiten des Mannes – bei einer richtig verstandenen emanzipatorischen Grundeinstellung – wird daher der Weg geebnet werden müssen, und zwar gerade auch von der Betriebspolitik her durch arbeitsorganisatorische Voraussetzungen. So sollte auch für Männer grundsätzlich die Möglichkeit der vorübergehenden Teilzeitarbeit offenstehen, wo immer dies der Arbeitsplatz mit etwas personalpolitischer Phantasie erlaubt. So sollten z.B. bei der Umsetzung nicht nur einer tarifvertraglichen Regelung, sondern auch einer Betriebsvereinbarung, die die Möglichkeit einer firmeninternen zusätzlichen Familienphase über den gesetzlichen Erziehungsurlaub hinaus einräumt, auch qualifizierte männliche Betriebsangehörige, die vorübergehend gerne davon Gebrauch machen möchten, im Blick behalten werden – und der Hinweis auf die Unteilbarkeit des jeweiligen Arbeitsplatzes nur in wirklich begründeten Fällen ins Feld geführt werden.

Die betriebliche Familienpolitik wird damit auch die situativen Bedingungen des Mannes in seiner Erwerbsarbeitswelt und in seiner Familie zu bedenken haben. In der betrieblichen Arbeitsorganisation wie auch im Bereich der Arbeitsmarkt- und Infrastrukturpolitik dürfen nicht nur Frauen die Zielgruppen bilden, sondern auch Männer sind einzubeziehen, für die sich ebenfalls auf dieser Ebene etwas ändern muß. *Reine Frauenförderpläne reichen einfach nicht aus.* Wirksame Politik kann hier nur gelingen, wenn die Erwerbsarbeitswelt die stärkere Verpflichtung auch von Vätern gegenüber der familialen Lebenswelt berücksichtigt, wie dies in *Elternplänen* geschehen kann.

Vielleicht wird man sogar noch einen Schritt weitergehen und mit Arbeitspsychologen fragen müssen, ob nicht gängige Karrieregradmesser, wie Prestige, Einfluß und Unersetzbarkeit (als typische männliche Attribute), in gewissem Grade zur Disposition gestellt werden müßten. Anderenfalls dürfte es sehr schwierig sein zu erreichen, daß sich auf seiten des Mannes ein zugleich familienorientierteres Denken (und tatsächliches Verhalten!) durchsetzt. Hier muß zu denken geben, wenn aus der betrieblichen Praxis heraus eingeräumt wird, Männer hätten es i.a. nicht leicht, sich für Erziehungsurlaub zu entscheiden. Nach der Erhebung des Instituts für Entwicklungsplanung und Strukturforschung (Hannover) stimmten noch in der zweiten Hälfte der 80er Jahre fast 40% der Betriebe voll oder doch weitgehend der Ansicht zu, daß Väter, die Erziehungsurlaub beanspruchen, hierdurch berufliche Nachteile in Kauf nehmen müssen; ein weiteres Viertel war zumindest in Teilen dieser Meinung.

Letztlich geht es damit um die schon vor über einem Jahrzehnt von *E. Beck-Gernsheim* artikulierte Frage, ob es sich unsere Gesellschaft auf Zukunft hin leisten kann, die überkommene männliche Berufsbiographie (mit durchgängiger voller Verfügbarkeit im Erwerbsprozeß) als alleinigen Maßstab in der Erwerbsarbeitswelt gelten zu lassen. Veränderungen zeichnen sich ab, haben aber bisher die Männer bzw. Väter noch kaum erreicht – können sie allerdings auch nur sehr schwer erreichen, solange nicht auch die Strukturen der organisierten Erwerbsarbeitswelt gezielt entsprechend verändert werden. Dazu gehört die herkömmliche (historisch bedingte) Arbeitsteilung zwischen Männern und Frauen als wesentliches Element der gesellschaftlichen Arbeitsorganisation auf den Prüfstand kulturkritischer Betrachtung. Dieser Zusammenhang erscheint auch wichtig für die Beurteilung von Berufsunterbrechungen (sukzessives Verhaltensmuster), die unter Hinweis auf eine eher abträgliche Wirkung oft sehr reserviert aufgenommen werden. Hier gilt es jedoch zu sehen, daß darin zugleich eine Anpassung an bestehende Strukturen der Erwerbsarbeitswelt liegt; die Alternative einer an familialen Lebensbedürfnissen orientierten Überwindung solcher Strukturen sollte nicht vorschnell aus dem Auge verloren werden. Auf diesem Hintergrund wird dann auch noch größere tatsächliche Wahlfreiheit zwischen unterschiedlichen Verhaltensmustern möglich.

Eine weitere Schlußfolgerung sei im Blick auf das Stichwort der Chancengleichheit für Mann *und* Frau noch angedeutet: Insbesondere bei qualifizierteren Mitarbeitern wird eine betriebliche Personalpolitik bei ihren Bemühungen um Gewinnung und Bindung dieses Personenkreises angesichts der Probleme der räumlichen Mobilität gut beraten sein, neben dem Mitarbeiter, an dem der Betrieb interessiert ist, gegebenenfalls auch dessen Ehepartner mit seinen Beschäftigungswünschen mit in die Überlegungen einzubeziehen. Dies kann z.B. darauf hinauslaufen, im Rahmen der dem Betrieb möglichen Kontakte dem Ehepartner einen Arbeitsplatz in der räumlichen Nähe zu vermitteln. Eine Personalplanung, die hier u.U. die Arbeitsplatzfrage von beiden Ehepartnern im Auge behält, wird wiederum tendenziell personalpolitische Wettbewerbsvorteile verbuchen können.

### *3.6 Der Nutzen flexibler Arbeitszeitpolitik für Familien und Betriebe*

Wie die bisherigen Überlegungen schon erkennen lassen, dürfte einer größeren Flexibilisierung der Arbeitszeit besondere Bedeutung zukommen. Dies gilt vor allem für die Möglichkeiten vermehrter *Teilzeitarbeit*. Diese ist bekanntlich nicht gleichzusetzen mit Halbtagsarbeit, wie die Arbeitsverhältnisse mit weniger als der Normalarbeitszeit zeigen, die sich tatsächlich relativ breitgestreut über die Skala möglicher Arbeitszeiten hinweg verteilen. Über die

Möglichkeiten vermehrter Teilzeitarbeit hinaus geht es indessen ganz grundsätzlich um mehr *Zeitsouveränität* für Familien, d. h. um die Möglichkeit, in „souveräner" Entscheidung die Zeitanteile für den Erwerbs- und Familiensektor situationsgemäß auszubalancieren. Eine wesentliche Voraussetzung dafür ist eine Variabilität der Zeitanteile, die jeweils für Familien- oder Erwerbsarbeit eingesetzt werden (können). Deshalb ist eine größere individuelle Verfügbarkeit von Erwerbsarbeitszeit wichtig, um eine den jeweiligen familiären Bedingungen besser angepaßte Zuordnung der Ressourcen Einkommen und Zeit zu erreichen.[5] Damit rücken unterschiedliche betriebliche Arbeitszeitgestaltungen in den Vordergrund des Interesses, die bis zu Zeitansparmodellen reichen.

Wie die Erfahrung zeigt, wächst das Interesse an Teilzeitbeschäftigung stärker als das bisherige Angebot. Nach der Statistik der Bundesanstalt für

*Altersspezifische Erwerbsquoten von Männern und Frauen*
*Ergebnis des Mikrozensus April 1991*

*Früheres Bundesgebiet*

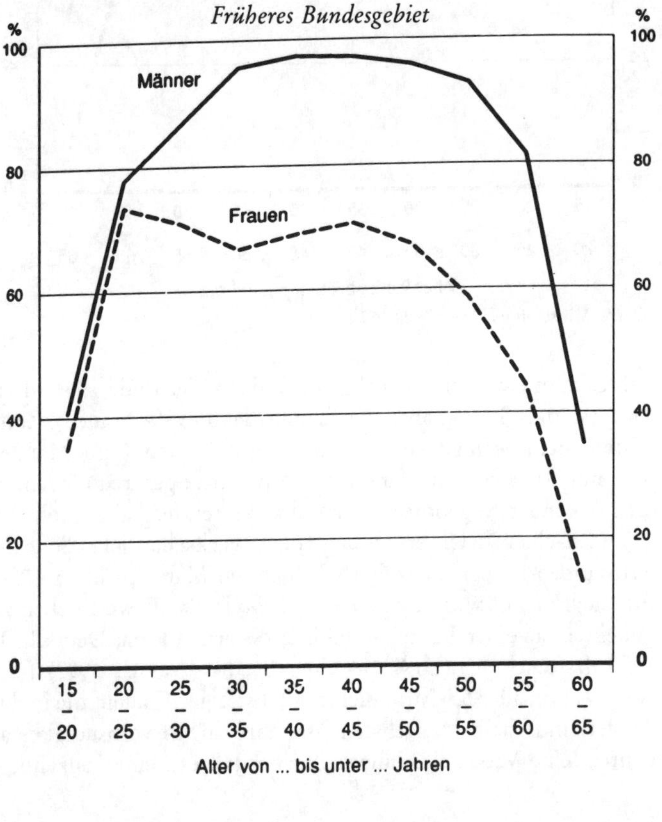

Neue Länder und Berlin (Ost)

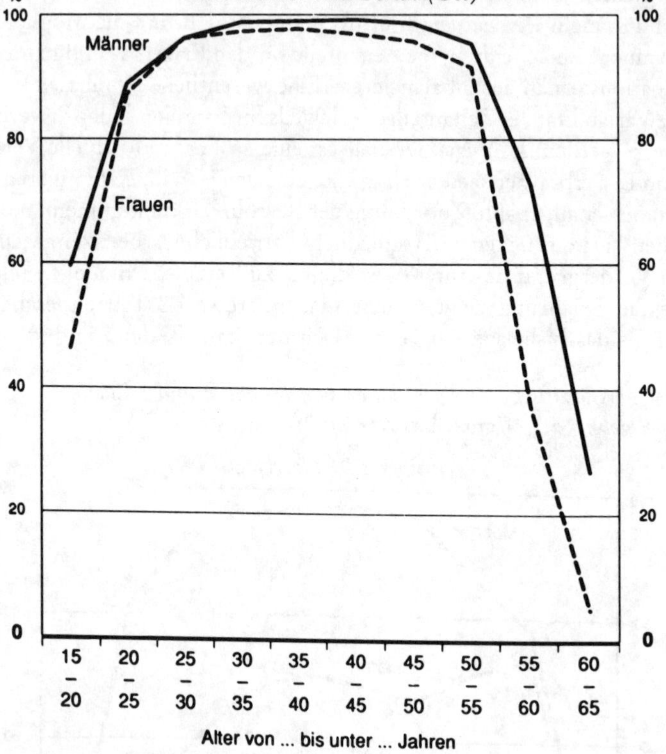


*Quelle:* Wirtschaft und Statistik, 9/1992

Arbeit gab es zum einen im ehemaligen Bundesgebiet Ende 1991 rd. 186 000 (nicht erwerbstätige) Teilzeitarbeitssuchende (davon 98% Frauen). Zum anderen möchten nicht wenige vollzeitbeschäftigte Frauen (und Männer) ihre Arbeitszeit mit Rücksicht auf familiäre Verpflichtungen reduzieren, müssen aber wegen fehlender Angebote an der Vollzeitarbeit festhalten; so wünschten im Jahre 1990 nach einer Untersuchung von gewerkschaftlicher Seite 28% der vollerwerbstätigen Frauen Teilzeitarbeit (bei den Männern unter 10%). Vor allem sind auch nichterwerbstätige Frauen, die in das Erwerbsleben zurückkehren möchten, an einer Teilzeitarbeit interessiert. Wie das Deutsche Institut für Wirtschaftsforschung (DIW) in einer Studie (August 1992) feststellte, streben drei Viertel aller 6,5 Mio. nichterwerbstätiger Frauen, die in den alten Bundesländern innerhalb der nächsten fünf Jahre eine Erwerbstätigkeit aufnehmen möchten (eine Mio. sogar innerhalb eines Jahres), eine Teilzeitbeschäfti-

*Altersspezifische Erwerbsquoten von Frauen nach Familienstand*
*Ergebnis des Mikrozensus April 1991*

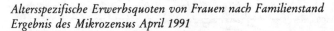

*Früheres Bundesgebiet*

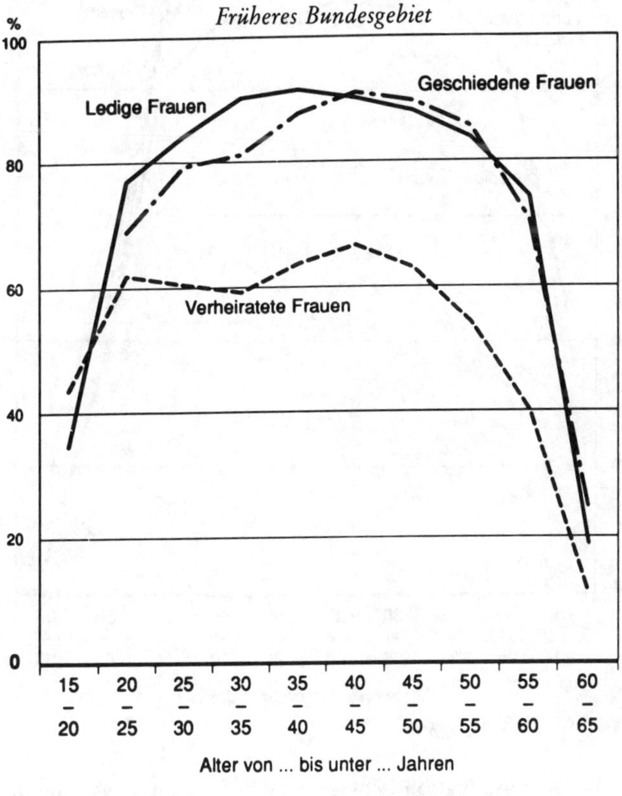


gung an. Die schon in der jüngeren Vergangenheit zu beobachtende Entwicklung, wonach die Teilzeitbeschäftigung stärker zugenommen hat als die Beschäftigung insgesamt, wird begünstigt durch den längerfristigen wirtschaftlichen Strukturwandel in Richtung Dienstleistungssektor mit relativ großen Teilzeitquoten und hohem Frauenanteil.

Schließlich ist noch ein im Vergleich zum ehemaligen Bundesgebiet höherer Bedarf an Teilzeitarbeitsplätzen in den neuen Bundesländern auszumachen; in der ehemaligen DDR bestand die Möglichkeit zur Teilzeitbeschäftigung (mit individuell vereinbarter Arbeitszeit) in der Regel nur dann, wenn persönliche Verhältnisse der Frau eine volle Erwerbstätigkeit objektiv einschränkten. Insoweit Frauen in der ehemaligen DDR teilzeitbeschäftigt waren, waren dies ganz überwiegend ältere Frauen. Diese geschlechtsspezifischen Unterschiede

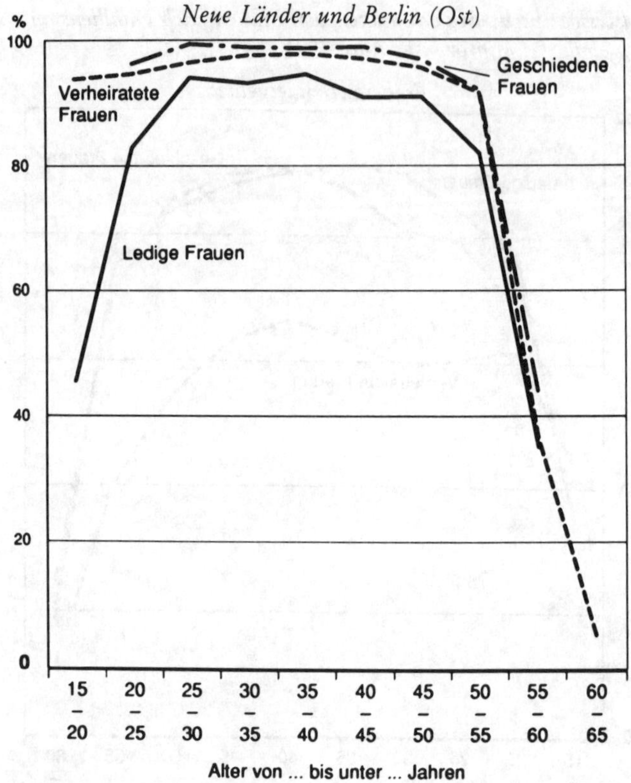


*Quelle:* Wirtschaft und Statistik, 9/1992

in der Beschäftigungssituation schlagen nach der Wiedervereinigung noch deutlich durch. Nach dem Mikrozensus (vom Frühjahr 1991), der erstmals Ergebnisse für Gesamtdeutschland brachte, zeigt sich – neben der bekannten sehr viel höheren Erwerbsquote der Frauen überhaupt wie auch der verheirateten Frauen in den neuen Bundesländern (s. auch die beiden *Schaubilder* über die altersspezifischen Erwerbsquoten von Männern und Frauen sowie über die altersspezifischen Erwerbsquoten von Frauen nach Familienstand) – ein deutlicher Unterschied im zeitlichen Umfang der Erwerbsbeteiligung von Frauen zwischen West- und Ostdeutschland: Während in den alten Bundesländern im Erhebungszeitpunkt 36,4% der (verheirateten) erwerbstätigen Frauen einen Teilzeitarbeitsplatz innehatten, waren es in den neuen Bundesländern (einschließlich Berlin-Ost) nur 18%. Auch innerhalb der Teilzeitbeschäftigung hat eine relativ niedrige Wochenarbeitszeit in den alten Bundesländern ein deutlich stärkeres Gewicht gegenüber den neuen Bundesländern: So waren im Herbst 1989 in den neuen Bundesländern von den 27% der nicht vollzeiterwerbstätigen Frauen nur rd. ein Fünftel weniger als 25 Stunden erwerbstätig, während in den alten Bundesländern zum gleichen Zeitpunkt über die Hälfte der teilzeitbeschäftigten Frauen weniger als 20 Stunden in der Woche erwerbstätig waren. Damit ergibt sich in den bisherigen beiden Teilen Deutschlands eine deutlich unterschiedliche Ausgangslage, die auf einen vergleichsweise noch höheren Bedarf an Teilzeitarbeitsplätzen in den neuen Bundesländern hindeutet. Nach Einschätzung der Bundesanstalt für Arbeit (Informationen Nr. 33/92) dürfte Teilzeitarbeit im Hinblick auf die Vereinbarkeit von Familie und Beruf, insbesondere unter den geänderten Rahmenbedingungen (z.B. hinsichtlich der Kinderbetreuungseinrichtungen), künftig an Bedeutung gewinnen.

Am Beispiel der Flexibilisierung bzw. der Regelungen über Teilzeitarbeit wird besonders deutlich, wie sich eine gewisse Zurückhaltung auf unternehmerischer Seite gegenüber ausgesprochen familienfreundlichen Arbeitszeitregelungen einmal von arbeitsorganisatorischen Erfordernissen her erklärt.[6] Möglicherweise kommen hier auch noch andere Faktoren ins Spiel (was insbesondere für das mittlere und gehobene Management gelten dürfte): Flexibilisierte Arbeitszeiten bedingen ein Stück weit Preisgabe „klassischer Hierarchien". Damit gewinnen auch Aspekte der Macht und des Einflusses am Arbeitsplatz Bedeutung, die zwar nicht ausschlaggebend sein dürften, aber die es zu sehen gilt. Um so wichtiger erscheint es, daß sich hier das Top-Management gerade dort einschaltet, wo es um reelle Chancen für Produktivitätssteigerungen geht.

Für die betriebliche Personalpolitik stehen im übrigen bei der Flexibilisierung von Arbeitszeiten und Teilzeitregelungen möglichst individuell auf den einzelnen Arbeitnehmer bezogene Lösungen deutlich im Vordergrund (vor generelleren Regelungen). Wie die oben erwähnte Erhebung des IAB (1991) gezeigt hat, wird unter von den Betrieben begrüßten staatlichen Fördermaßnahmen für Berufsrückkehrerinnen – neben der als besonders wichtig eingestuften fachbezogenen Weiterbildung vor allem bei qualifizierter Tätigkeit – auch die Gewährung von Zuschüssen zur Einrichtung von Teilzeitarbeitsplätzen als hilfreich angesehen (etwa von jedem zweiten Betrieb). Auf diese Weise ließe sich zusätzlich das Ungleichgewicht zwischen Nachfrage und Angebot von flexibleren Arbeitszeiten verringern. Allerdings muß hierbei auch mit „Mitnahmeeffekten" gerechnet werden.

Für eine stärkere Familienorientierung der Erwerbsarbeitswelt erscheint im Zusammenhang mit der Teilzeitarbeit wichtig, daß ein Übergang in Teilzeitarbeitsverhältnisse nicht praktisch gleichbedeutend sein darf mit einem *„Karriereknick"* bzw. mit dem Weg in eine berufliche Sackgasse. Dies ist, wie Berichte aus der Praxis zeigen, in weit größerem Umfang der Fall, als dies wirklich gerechtfertigt erscheint. *Wenn* das unternehmerische Konzept in einer betrieblichen Personalpolitik darauf abzielt, konsequent Chancengleichheit zu verwirklichen (siehe z.B. *Bundesvereinigung der Deutschen Arbeitgeberverbände*, 1989, S. 23) – umschrieben als die Schaffung von Bedingungen, unter denen alle Mitarbeiter des Betriebes, Männer wie Frauen, ihre Fähigkeiten voll entfalten können, und zwar ausdrücklich unter Einschluß betrieblicher Hilfen, die geeignet sind, die Kombination von familiärer und beruflicher Aufgabe zu erleichtern –, *dann* sollte dies in einer umfassenden Sichtweise auch den Aspekt einschließen, darauf hinzuwirken, daß durch solche Kombinationen von familiärer und beruflicher Aufgabe ein „Karriereknick" möglichst vermieden wird.

Allerdings wird man auch das inhaltliche Verständnis von Karriere etwas differenziert sehen müssen: Darunter muß nicht nur der Aufstieg in hohe Führungsfunktionen und berufliche Spitzenpositionen gefaßt werden; Aufstieg durch Übernahme qualifizierter Fachaufgaben kann ebenfalls ein Stück Karriere bedeuten. Was es zu vermeiden gilt, das ist eine durch familienbedingte Unterbrechung der Erwerbstätigkeit oder auch Teilzeitarbeit vorgeprägte „Einbahnstraße" zu unattraktiven Arbeitsplätzen mit von vornherein deutlich geringeren Aufstiegschancen. Die betriebliche Personalpolitik sollte den beruflichen Aufstieg auch bei Teilzeitbeschäftigung ermöglichen; hier stellt sich freilich das Problem, daß nach den bisherigen Erfahrungen der Praxis die Aufteilung von Arbeitsplätzen bei weniger qualifizierten Tätigkeiten im allgemeinen eher möglich ist als bei hochqualifizierten. Dennoch ist die betriebliche Personalpolitik herausgefordert, unter den sich weiter verändernden gesellschaftlichen Bedingungen auch für qualifiziertere Tätigkeiten Teilzeitarbeit anzubieten. Dabei erscheint wichtig, den Wechsel von Teilzeit- und Vollzeitarbeit und umgekehrt offenzuhalten. Dazu könnten konkrete Absprachen über die Modalitäten solcher Wechsel beitragen. Auch wenn diese unterhalb der Schwelle eines Rechtsanspruchs liegen, könnten sie für die interessierten Arbeitnehmer mehr Flexibilität entsprechend der jeweiligen Lebensplanung eröffnen. Im übrigen wird auch eine in der modernen Unternehmensführung zu beobachtende „Abflachung der Hierarchien" (*W. Scheuten*) die Führungsaufgaben anders verteilen und u. a. den Status der Mitarbeiter, insbesondere der qualifizierten Fachkräfte, stärker flexibilisieren. Wenn auch eine dadurch bedingte „neue" Art von Karriere mit flexibleren Laufbahnmustern größere Unsicherheiten für den einzelnen im Vergleich zu traditionellen Karrieremustern mit sich bringt, so kommt sie andererseits persönlichen Bedürfnissen wie Kindererziehung im Grunde entgegen.

Sicherlich wird der einzelne Mitarbeiter hier nicht „alles zusammen" haben können; und bei Einbußen der Erwerbskarriere gilt es zu berücksichtigen, daß dem in einer umfassenderen Sicht kompensatorische „Familienkarrieren“ entsprechen können, die für die gesamte Lebensbiographie nicht weniger wichtig und ausgesprochen *sinnstiftend* sein können. Gleichwohl sollte die betriebliche Personalpolitik bei ihren Bemühungen um eine stärkere Familienorientierung der Erwerbsarbeitswelt das Ziel mit im Auge behalten, Karriereeinbußen im Erwerbsleben, die stets auch handfeste „Opportunitätskosten“ für das gesamte weitere Leben mit sich bringen, in möglichst engen Grenzen zu halten. Es gibt dafür sogar sehr rationale personalwirtschaftliche Gründe: Mit der Rückkehr aus einer verantwortlich bewältigten Familienphase können u.U. neue Beweglichkeit und neue Impulse verbunden sein, die dem betrieblichen Leistungsvollzug zugute kommen. Familienorientierte Arbeitszeitregelungen auch mit Teilzeitarbeit können, richtig angelegt, insgesamt einen Vorteil sowohl für die Mitarbeiter als auch für die Unternehmen bedeuten. Deren Attraktivität dürfte in Zukunft noch weit mehr als in der Vergangenheit mit davon abhängen, inwieweit sie Teilzeitarbeitsplätze auch für qualifiziertere Tätigkeiten anbieten. Noch so große Aufgeschlossenheit in der betrieblichen Personalpolitik stößt allerdings dort auf zusätzliche Schwierigkeiten, wo die an Teilzeitarbeit Interessierten durchgängig nur Vormittagszeiten akzeptieren möchten. Hier wird auch auf wechselseitige Rücksichtnahme unter den betreffenden Arbeitnehmern gesetzt werden müssen.

In der Bundesrepublik ist z.B. im Bereich des öffentlichen Dienstes durch Tarifvertrag eine Benachteiligung bei Teilzeitarbeit (allerdings über der Geringfügigkeitsgrenze liegend) weitestgehend ausgeschlossen. So besteht Anspruch auf die tarifvertraglich vereinbarten zusätzlichen Leistungen wie etwa zusätzliche Altersversorgung oder Anerkennung von Bewährungszeiten für den sog. Bewährungsaufstieg. Damit ist der Entscheidung des Europäischen Gerichtshofs von 1991 entsprochen, wonach bei Teilzeitarbeit Benachteiligungen des betreffenden Arbeitnehmers unzulässig sind. (Durch Art. 1 des Beschäftigungsförderungsgesetzes von 1985 war ohnehin bereits das Verbot, Teilzeitbeschäftigte ohne sachlichen Grund schlechter zu stellen als Vollzeitbeschäftigte, gesetzlich festgeschrieben worden.) Daher sind inzwischen entsprechende tarifvertragliche Regelungen, wie sie in der Vergangenheit in größerer Zahl geschaffen wurden, nicht mehr haltbar. Gewerkschaftlicherseits wurden sie früher nicht selten mehr oder weniger akzeptiert, weil man Teilzeitarbeit ohnehin eher reserviert bis ablehnend gegenüberstand.

Insgesamt ist auf der tarifvertraglichen Ebene – im Vergleich zu einzelbetrieblichen Regelungen – bisher noch eine deutliche Zurückhaltung gegenüber Zusagen zur Teilzeitbeschäftigung zu beobachten. Hier gilt es indessen, die tatsächlichen Wünsche der Betroffenen angemessen zu berücksichtigen, die sich immer wieder auf vermehrte Möglichkeiten der Teilzeitbeschäftigung richten. Untersuchungen in NRW ergaben (Ende 1991), daß die Arbeitszeitwünsche der befragten Erwerbstätigen eine deutliche Abweichung der als ideal angesehenen Arbeitszeit von der tatsächlich absolvierten Arbeitszeit erkennen lassen: Zwar möchte bei den Männern die überwiegende Mehrheit zwischen 30 und 40 Stunden arbeiten, bei den Frauen fände jedoch je ein Drittel eine Arbeitszeit zwischen 20 und 30 Stunden bzw. zwischen 30 und 40 Stunden ideal; vollzeiterwerbstätige Frauen äußerten den stärkeren Wunsch nach einer Reduzierung der Erwerbsarbeitszeit. Aufschlußreich ist dabei auch das Interesse der früher erwerbstätigen Frauen, die ihre Erwerbstätigkeit wegen der Kinderbetreuung aufgegeben haben, aber künftig wieder erwerbstätig sein möchten – es sind dies in dieser Untersuchung fast die Hälfte –: Nur 35% von ihnen wünschen sich eine Vollzeitstelle, die Hälfte dagegen eine Teilzeitstelle.

Heute liegen, jedenfalls im eigenen Land, die nach wie vor bestehenden Defizite eines ausreichenden Angebots an Teilzeitarbeitsplätzen nicht eigentlich auf der gesetzgeberischen Ebene, sondern wesentlich im unternehmerischen und tarifpolitischen Gestaltungsbereich. Hier wird eine sozialpolitische Herausforderung an die unternehmerische Wirtschaft im Hinblick auf eine familienorientierte soziale Betriebspolitik sichtbar, aber auch an die Tarifvertragsparteien, die angesichts der Bestimmung des Beschäftigungsförderungsgesetzes wie auch des vom Europäischen Gerichtshof ausgesprochenen Verbots jeder auch mittelbaren Diskriminierung von Teilzeitbeschäftigten darauf zu achten haben, eventuell noch bestehende Benachteiligungen bei neuen Tarifabschlüssen zu beseitigen. Für die Gewerkschaften bleibt im übrigen die soziale Absicherung bei größerer Flexibilisierung nach wie vor eine wichtige Frage. Der Tendenz einer Zunahme von versicherungsfreien Beschäftigungsverhältnissen wurde inzwischen in einer Reihe von Tarifverträgen dadurch entgegengewirkt, daß ausdrücklich vereinbart wurde, bei Neueinstellungen Teilzeitbeschäftigung möglichst so zu gestalten, daß Sozialversicherungspflicht besteht.

## 4. Betriebliche Sozial- und Familienpolitik vor neuen Herausforderungen: Perspektiven und Ausblick

Wie die bisher aufgearbeiteten Ergebnisse sowie die darauf gestützten sozial- und familienpolitischen Überlegungen und konzeptuellen Vorstellungen deutlich gemacht haben sollten, müssen Familienarbeit und Erwerbsarbeit keineswegs ein unversöhnlicher Gegensatz sein. Es sollte aber auch deutlich geworden sein, daß beide Lebensbereiche so lange ein mehr oder minder harter und konfliktträchtiger Gegensatz bleiben werden, wie nicht Rahmenbedingungen in Wirtschaft, Gesellschaft und Staat wie auch Einstellungen und Verhaltensweisen auf seiten aller Beteiligten zielgerichtet und konsequent geändert werden. Folgende Zusammenhänge erscheinen besonders wichtig und seien in perspektivischer Sicht *zusammenfassend* festgehalten:

(1) Für die notwendige (bessere) Vereinbarkeit von Familienarbeit und Erwerbsarbeit gibt es keine für alle Problemlagen passende Patentlösung. Die – teils auch nicht vorhersehbaren – Konfliktsituationen weisen, wenngleich weithin gesellschaftsstrukturell bedingt, zugleich individuell sehr deutlich Verschiedenheiten auf und erfordern daher auch entsprechend unterschiedliche problemangemessene Lösungsansätze. Die besondere Situation von alleinerziehenden Eltern (im Vergleich zur vollständigen Familie) markiert dabei lediglich die Spitze des Eisbergs unterschiedlicher Vereinbarkeitsprobleme auf dem Hintergrund stärkerer Individualisierung familialer Lebensstile. Die im Hinblick auf das Alter der zu betreuenden Kinder notwendigen differenzierten Anforderungen sind ebenso zu bedenken wie die unterschiedlichen örtlichen und nachbarschaftlichen Gegebenheiten in familialen und außerfamilialen Netzwerken, die sich künftig noch weiter verändern dürften. Es geht hier um die Gewinnung des auf den individuellen (partnerschaftlich getragenen) Lebensentwurf abgestimmten Gleichgewichts zwischen der Übernahme familialer Verpflichtungen und außerfamilialer, beruflicher oder ehrenamtlicher sozialer Engagements.

(2) Unter den industriegesellschaftlichen Lebensbedingungen werden sich gegensätzliche Erfordernisse von Familienarbeit und Erwerbsarbeit wohl kaum völlig und problemlos in Einklang bringen lassen. Es bleibt bei allen wechselseitigen Anpassungen seitens der Familie und der Erwerbsarbeitswelt ein *Rest an Konfliktträchtigkeit*, der ausgehalten werden muß. Um einen Vergleich aus der Mathematik zu benutzen: Die Überwindung des Gegensatzes von Familienarbeit und Erwerbsarbeit erinnert in nicht wenigen Fällen an die Lösung einer „Gleichung mit Rest". Noch so durchdachte staatliche und betriebliche Sozial- und Familienpolitik kann diesen Rest nicht einfach auflösen. Da es häufig keine glatten Problemlösungen geben kann, ist es um so wichtiger, mit einiger sozialpolitischer, aber auch persönlicher Phantasie, Möglichkeiten spürbarer Problemminderungen zu entwickeln.

(3) Die Vereinbarkeit von Familienarbeit und Erwerbsarbeit hat *Grenzen*, die sich insbesondere aus dem Wohl des Kindes als dem normalerweise schwächsten Glied in der Kette ergeben. Hier wäre für die Bundesrepublik Deutschland insbesondere an den Art. 6 Abs. 2 GG zu erinnern, wonach Pflege und Erziehung des Kindes nicht nur das natürliche Recht der Eltern,

sondern auch die ihnen zuvörderst obliegende Pflicht sind. Dies kann im Hinblick auf „Selbstverwirklichungs"-Ansprüche von jungen Paaren zu Zielkonflikten führen. Schon in dem Zweiten Familienbericht der Bundesregierung (von 1975) zum Schwerpunktthema „Familie und Sozialisation (Leistungen und Leistungsgrenzen der Familie hinsichtlich des Erziehungs- und Bildungsprozesses der jungen Generationen)" machen die Sachverständigen im Hinblick auf die Vermittlung von Zielkonflikten zwischen unterschiedlichen Bedürfnissen und Ansprüchen der Familienmitglieder eine wichtige „Grenze" dort aus, wo die optimale Entwicklung der abhängigen Kinder nicht mehr gesichert werden kann: „Da das Kind der schwächste Teil der Familie ist, bedarf es des besonderen Schutzes auch gegenüber den Emanzipationsforderungen der Eltern dann, wenn diese sich nur auf Kosten der Rechte des Kindes einlösen lassen" (S. 76). Gegenüber einer einseitig auf Erwerbstätigkeit hin ausgerichteten Selbstverwirklichungsvorstellung ist im übrigen festzuhalten, daß auch auf dem Weg der – in steigendem Maße zeitlich vorübergehenden – alleinigen Hinwendung zur Familie und zum Auf- und Erziehen von Kindern zu lebenstüchtigen Menschen Selbstverwirklichung zu haben ist, handelt es sich hier doch um eine hoch verantwortliche Entscheidung zur Erfüllung einer gesellschaftlich notwendigen Aufgabe.

(4) Es sollte aber auch deutlich geworden sein – und gerade diese Einsicht verweist in zukunftsbezogener Sicht auf besonderen Handlungsbedarf –, daß der Gegensatz von Familienarbeit und Erwerbsarbeit sich nur dann wirksam auflösen oder doch abschwächen läßt, wenn bestimmte *Voraussetzungen* in den wirtschaftlichen, gesellschaftlichen und politischen Rahmenbedingungen wie auch auf der Ebene der Einstellungen aller Beteiligten erfüllt sind; das heißt aber konkret: erst wenn hier nachhaltige Veränderungen dauerhaft eintreten. Hier ist ein Umdenken auf allen Ebenen erforderlich. Eine Reihe von Ansatzpunkten auf der politisch-gesellschaftlichen Ebene konnten aufgezeigt werden, die insbesondere die Betriebspolitik und die sie umschließende staatliche und tarifliche Sozialpolitik betreffen. Sie reichen bis zur verstärkten Förderung von entsprechenden Modellen, mit denen innovativ neue Wege je nach individuellen Gegebenheiten erprobt werden. Dabei sind für das sog. „sukzessive Verhaltensmuster" gleichwertige Bedingungen abzusichern gegenüber dem sog. „simultanen Verhaltensmuster". Damit beide lebbar sind, sind je verhaltensmusterspezifische Rahmenbedingungen erforderlich. Besonders wichtige Stichworte für das sukzessive Verhaltensmuster sind dabei der Qualifikationserhalt *in* der Familienphase, der neue Qualifikationsgewinn *durch* die Familienphase und die Wiedereingliederungshilfe *nach* der Familienphase.

(5) Konsequent weiter abzubauen ist die noch immer bestehende Diskrepanz zwischen Normen und Realität in bezug auf chancengleiche Integration der *Frauen*, auf ihre gesamte Biographie gesehen, in das Erwerbsleben sowie die Beteiligung und auch Mitverantwortung der *Männer* an den Familienaufgaben. Die jüngeren Frauengenerationen finden sich – und dies verdient Anerkennung und Unterstützung in Wirtschaft, Gesellschaft und Politik – immer weniger mit einem überkommenen, aber erst recht angesichts des veränderten Ausbildungsstandes höchst unbefriedigenden Denkmuster ab, das sich auf die Formel bringen ließe: Frau mit Doppelrolle; Mann mit Einfachrolle (*E. Beck-Gernsheim*). Noch immer ist es weithin so, daß Männer Familie „haben", Frauen dagegen Familie „leben" sollen. Darin wird ein verschiedenartiger Familienbezug von Mann und Frau sichtbar, wie er mit überkommenen (allerdings sozialhistorisch gesehen zeitlich begrenzten) gesellschaftlichen Strukturen fest verbunden war. Vielleicht wird er sich auch im Übergang zu „postindustriellen Bedingungen" nie völlig geschlechtsneutral darstellen lassen, aber entscheidende Kurskorrekturen erscheinen hier überfällig und bei entsprechender Bereitschaft auch möglich. Allerdings darf es hier nicht bei rein appellativen Reaktionen bleiben. In der deutschen Diskussion ist in diesem Zusammenhang mit Recht kritisiert worden, daß in unserer Gesellschaft nur allzuoft immer wieder von Männern Werte postuliert werden, die nur für Frauen Handlungskonsequenzen haben (sollen).

(6) Schließlich kann nicht nachdrücklich genug unterstrichen werden, wie wichtig eine möglichst breite *praktische Umsetzung* dessen ist, was an Konzepten gerade auch seitens der Wirtschaft durchaus vorliegt. Das ordnungspolitische Konzept der Sozialen Marktwirtschaft wird an der real existierenden Marktwirtschaft gemessen werden; es darf in den nachwachsenden jungen Erwachsenengenerationen nicht als zu leicht befunden werden. Im Grunde kann die Familienorientierung der Erwerbsarbeitswelt als ein Gradmesser der Einstellung von Wirtschaft und Gesellschaft zur partnerschaftlich strukturierten Familie, zu Kindern und zu eltern-kindschaftlichen Lebenszusammenhängen angesehen werden. Die Glaubwürdigkeit der unternehmerischen Wirtschaft dürfte nicht zuletzt mit davon abhängen, inwieweit sie – auch in den neuen Bundesländern – diese „Nagelprobe" besteht.

## 5. Auf dem Weg zu einer vollentfalteten betrieblichen Familienpolitik?

Auf diesem Hintergrund sollte es kaum zweifelhaft sein: Die moderne betriebliche Sozial- und Personalpolitik sieht sich in besonderer Weise dazu herausgefordert, zur Erneuerung des auseinandergefallenen Lebenszusammenhangs von Erwerbsarbeit, Familientätigkeit und auch Freizeit beizutragen. Sie gewinnt damit zugleich eine *ordnungspolitische Dimension*; die Familienorientierung der Erwerbsarbeitswelt durch die betriebliche Sozial- und Personalpolitik stellt sich als ein Element des gesellschaftsordnungspolitischen Konzepts der Sozialen Marktwirtschaft dar (die ja nicht auf ein *wirtschafts*ordnungspolitisches Konzept verengt werden darf). Eine familiengerechte Gestaltung der betrieblichen Arbeitsvollzüge erscheint auch deshalb besonders dringlich, weil die sicherlich ebenfalls notwendigen familialen Anpassungsleistungen offensichtlich längst an eine Belastungsgrenze gestoßen sind. Dabei wird es immer wieder neu um die Schaffung und Sicherung eines Interessenausgleichs gehen müssen zwischen den Unternehmenszielen einerseits und personalen und sozialen Ansprüchen und Erwartungen auf der Seite der Mitarbeiter andererseits, denen Individualität ermöglicht werden soll. Die Vereinbarkeit von Erwerbstätigkeit und Wahrnehmung von Familienverpflichtungen, insbesondere gegenüber heranwachsenden Kindern, darf nicht nur an den noch so berechtigten Interessen der Erwerbsarbeitswelt und des Wirtschaftsprozesses ausgerichtet werden; vielmehr sind ebenso Gegebenheiten von familialen Lebensprozessen und Belange der nachwachsenden Generation ausgewogen mit zu berücksichtigen.

So sollte nicht nur der Staat, sondern sollten auch die Tarifpartner und die Verantwortlichen in der betrieblichen Sozialpolitik die sich anbahnende partnerschaftliche Arbeitsteilung junger Eltern verstärkt unterstützen und im Rahmen der mit einiger Phantasie zu schaffenden Möglichkeiten erleichtern. Hier sind moderne Unternehmen besonders gefordert. Die unternehmerische Wirtschaft kann bei familienfördernden Maßnahmen in unterschiedlichem Ausmaß über die gesetzlichen Mindestnormen hinausgehen: (1) durch individuelle Absprachen und Arbeitsverträge, (2) durch Betriebsvereinbarungen sowie (3) durch tarifvertragliche Regelungen. Es kann hier wohl keinen „Einheitsweg“ geben, der sich für alle Problemlagen in allen Wirtschaftsbereichen verallgemeinern läßt. Betriebsvereinbarungen sind freilich in ihrem Geltungsbereich sehr viel beschränkter als tarifvertragliche Regelungen; außerdem sind sie leichter kündbar. Dafür geben sie mehr Spielraum für eine autonome betriebliche Familienpolitik.

Unstrittig sollte sein: Mit der Betonung einer personengerechten (und nicht rein arbeitskraftorientierten) sozialen Betriebspolitik muß die *familiale*

*Lebenswelt* des Mitarbeiters im Grunde zwangsläufig in das Blickfeld der unternehmerischen Verantwortung rücken. *W. Dreier* (1964, S. 199) meinte schon vor beinahe 30 Jahren, vielleicht zähle die Tatsache der wesenhaften Familiengebundenheit des Menschen zu den noch unbewältigten Entdeckungen des Humanums innerhalb der industriellen Arbeitswelt. Ist die Entdekkung – einmal unterstellt, sie sei durchgängig gelungen – inzwischen wirklich schon voll bewältigt, in praktische Politik übersetzt? Betriebliche familienfördernde Maßnahmen als Teil einer gesellschaftlichen Strukturpolitik, gleichwohl immer auch nach den betriebsspezifischen Bedingungen ausgestaltet, können jedenfalls zur personalen Entfaltung der Menschen und zu ihrem geordneten Zusammenleben in ihren Familien nicht unwesentlich beitragen. Im Rahmen einer Weiterentwicklung und vielleicht auch in gewissem Grade Neuorientierung der betrieblichen Sozialpolitik – unter veränderten demographischen, wirtschaftlichen und gesellschaftspolitischen Bedingungen – sollte die Berücksichtigung der Belange junger, mehr und mehr partnerschaftlich strukturierter Familien mit einen vorderen Platz einnehmen.

Dies wäre ein Ausdruck der ohnehin seit geraumer Zeit zu beobachtenden verstärkten Durchsetzung gesellschaftspolitisch begründeter Ziele in der betrieblichen Sozialpolitik. Eine solche Akzentverschiebung, die veränderten Wertorientierungen und daraus erwachsenden Erwartungshaltungen in den nachwachsenden jungen Erwerbsgenerationen verstärkt Rechnung trägt, ordnet sich damit ein in eine Entwicklung von einer mehr quantitativen zu einer eher qualitativen Sozialpolitik, die *A. Tautscher* schon Anfang der 60er Jahre sich abzeichnen sah. Gerade wenn die Maßnahmen der betrieblichen Sozialpolitik den Mitarbeitern (im betrieblichen Arbeitsprozeß wie außerhalb desselben) mehr Möglichkeiten vermitteln (sollen), ihre eigenen Wertvorstellungen zu verwirklichen und persönlichen Fähigkeiten zu entfalten (*E. Gaugler*, 1992, S. 2106), treten Entscheidungen für Familie und Kinder sowie Übernahme von Verpflichtungen im familiären Lebensraum besonders mit in den Vordergrund. Sie müssen dann Anlaß sein für innovatorische unternehmerische Politik, darauf mit entsprechenden familienbezogenen sozialpolitischen Maßnahmen und Leistungsformen einzugehen. Eine betont auch familienorientierte betriebliche Sozial- und Personalpolitik mit ihren betriebseigenen Sozialleistungen und Formen der Arbeitsgestaltung in Orientierung an einer zunehmenden Individualisierung der Bedürfnisse der Mitarbeiter und ihren Erwartungen an solche Maßnahmen kann dabei als Ausdruck einer Synthese von deren sozialen, gesellschaftspolitisch ausgeweiteten Funktionen *und* ökonomischen Funktionen im Sinne eines betriebs- und personalwirtschaftlichen Kalküls gesehen werden. Letztlich entspricht dies auch der *personalen Dimension der menschlichen Arbeit*, die auf Entfaltungsmöglichkeiten des einzelnen ausgerichtet ist. Auch gilt natürlich die allgemeine Erfahrung, wonach ein effizienter Wirtschaftsprozeß nicht zuletzt zufriedene Mitarbeiter bedingt. In diesem Kontext sind für die praktische Umsetzung betriebliche Vorgesetzte mit entsprechendem Verständnis wichtig, um u.U. auch außerhalb formaler betrieblicher Regelungen zum Ausgleich von betrieblichen und familiären Interessen beizutragen und damit die Motivation der Mitarbeiter zu fördern. Auch insofern liegt eine betriebliche Sozialpolitik, die ihren (begrenzten) Beitrag zur Entfaltung des familialen Zusammenlebens und zur Verbesserung der Voraussetzungen der Erfüllung familialer Aufgaben gegenüber dem einzelnen und der Gesellschaft leistet, letztlich auch im wohlverstandenen Interesse des Unternehmens selbst.

In einem integrierten Denkansatz gehören eine Familien- und Kindorientierung mit zum festen Bestandteil moderner „Unternehmensphilosophie" (in die Praxis umgesetzt als „Unternehmenskultur", in der wohl stets auch kulturelle Wertmuster aus dem gesamtgesellschaftlichen Raum durchschlagen). Nicht wenige Unternehmer sehen immer noch zu wenig, welche Wirkung von einer gelebten Unternehmensphilosophie (tunlichst ohne „Brüche"!) zur Vermittlung zwischen Erwerbsarbeitswelt und Familienleben ausgehen kann (s. auch *C. Geißler*, 1991). Sie kann einmal der Motivierung der Mitarbeiter dienen, vor allem solcher Mitarbeiter, die in einem Unternehmen arbeiten wollen, mit dessen Zielen und Wertvorstellungen sie sich identifizieren können; und eine solche gelebte Unternehmensphilosophie vergrößert zugleich die Attraktivität des Unternehmens auf dem Arbeitsmarkt. „Für die Unternehmen ist es relevant, unterschiedliche familiäre Interessen, Belange und Belastungen der Mitarbeiter wahr- und ernst zu nehmen, denn auch die *Ausgrenzung der Thematik* ist *nicht friktionslos und kostenneutral* und verhindert nicht, daß familiäre Belastungsfaktoren Arbeitsqualität und -produktivität, Fehlzeiten, Rekrutierungs- und Fluktuationsverhalten negativ beeinflussen" (*W. Hosemann, Ch. Lenz* u. *K. Burian*, 1991, S. 748). Wenn die Schwelle einer anfänglichen Abneigung gegenüber unternehmerischen Initiativen auf dem in Rede stehenden Feld erst einmal überwunden ist, könnte die Bereitschaft zu weiteren Maßnahmen auf Grund gemachter guter Erfahrungen schneller wachsen als von den Beteiligten selbst angenommen.

Insgesamt kann die betriebliche Personalpolitik die Voraussetzungen wesentlich verbessern, daß Frauen *und* Männer ihre eigenverantwortlichen Entscheidungen so treffen können, daß sie unter Wahrung der Verantwortung, die sie für ihren weiteren Berufsweg haben, zugleich verantwortlich im Blick auf die Wahrnehmung ihrer familiären Aufgabe handeln können; oder umgekehrt: daß sie die eigenverantwortlichen Entscheidungen so treffen können, daß sie unter Wahrung der Verantwortung, die ihnen aus ihren familiären

Verpflichtungen erwächst, zugleich ihrer Verantwortung für die eigene berufliche Entfaltung gerecht werden können.

Es geht als Ausdruck einer Humankapitalorientierung im Grunde um die Wahrnehmung einer gesamtmenschlichen, einer *personalen* Verantwortung, die nicht nur die individuellen Interessenlagen der Mitarbeiter berührt, sondern auch die Weiterentwicklung von Gesellschaft und Wirtschaft. Dem wird auf der Seite der betrieblichen Führungskräfte eine möglichst ganzheitliche Auffassung von Führungsverantwortung entsprechen müssen, die den einzelnen Betriebsangehörigen auch in seiner „familialen Existenz" einbezieht. Stärkere Familienorientierung der Erwerbsarbeitswelt, und zwar im Blick auf Mütter und Väter, wird künftig weit mehr noch als bisher einen unverzichtbaren Bestandteil unternehmerischer Führungsverantwortung bilden müssen – nicht zuletzt und jenseits aller Unternehmensethik auf dem Hintergrund des gravierenden demographischen Umbruchs der westeuropäischen Industriegesellschaften und der gleichzeitigen wirtschaftlichen Behauptung im europäischen Binnenmarkt.

## Anmerkungen und Literatur

*) Überarbeitete und sehr erweiterte Fassung des Vortrags auf dem Workshop „Frau und Wirtschaft" des Ministeriums für Wirtschaft, Mittelstand und Technologie Baden-Württemberg und des Bildungswerks der Baden-Württembergischen Wirtschaft e.V. am 11/12.2.1992 in Steinheim/Murr. – Zugrunde liegt auch ein Referat über die demographische Entwicklung in Deutschland als Herausforderung an die betriebliche Personalpolitik in der gemeinsamen Sitzung des Ausschusses Betriebliche Personalpolitik und des Arbeitskreises Forschungs- und Technologiepolitik der BDA am 27.6.1991 in Köln.

1) Ende 1992 verlautbarte das Institut der deutschen Wirtschaft, Deutschland brauche in den nächsten 25 Jahren jährlich mindestens 300 000 Zuwanderer, wenn kein gravierender Arbeitskräftemangel entstehen solle; an dem starken Rückgang der Zahl der Erwerbstätigen bis zum Jahre 2010 um fast 4 Millionen Personen ohne Zuwanderungen ändere auch eine steigende Zahl erwerbstätiger Frauen nichts Entscheidendes.

2) Von den angeschriebenen 1276 Unternehmen nahmen 405 Unternehmen mit insgesamt knapp 1,1 Millionen Beschäftigten an der Umfrage teil, was einem – bei freiwilliger Beteiligung allerdings nicht so überraschenden – relativ niedrigen Rücklauf von 31% entspricht. Der Frauenanteil der Beschäftigten dieser Unternehmen war mit 31% niedriger als in der Gesamtwirtschaft (39%).

3) Nach einer neuen Untersuchung für die Bundesrepublik, die vom Bundesfamilienministerium in Auftrag gegeben worden war, wollen 90% der jungen Paare, die heiraten, – also 9 von 10 – auch Kinder haben; die meisten von ihnen zwei und mehr Kinder. Die Realisierung ihres Kinderwunsches ist dabei für eine große Zahl der Paare daran gebunden, daß nicht nur die Väter, sondern auch die Mütter bereits einen Einstieg in das Erwerbsleben gefunden haben. Weniger als die Hälfte der Ehepaare haben schon nach zwei Ehejahren Elternschaft realisiert. Nur eine Minderheit der Befragten strebt eine über zwei Jahre nach der Geburt des Kindes hinausreichende Erwerbspause an.

4) Zu den Unternehmen, die Modelle zur Unterbrechung der Erwerbstätigkeit bei Pflegefällen in der Familie anbieten; gehören die IBM Deutschland GmbH, die BASF AG, die MBB GmbH, Daimler Benz, die Deutsche Bank, die Leonberger Bausparkasse. Als ein Beispiel sei die Betriebsvereinbarung

bei IBM angeführt, wonach ab 1992 Beschäftigte, die mindestens 5 Jahre dem Unternehmen angehören, ihr Arbeitsverhältnis bis zu 3 Jahren ruhen lassen können, um in dieser Zeit schwerpflegebedürftige Angehörige zu versorgen. Die betreffenden Mitarbeiter erhalten während dieser Zeit zwar keine Gehaltsfortzahlung, haben aber nach der Rückkehr in den Betrieb Anspruch auf eine vergleichbare Beschäftigung; auch werden 12 Monate auf die Betriebszugehörigkeit gerechnet, was sich wiederum günstig auf die betriebliche Altersversorgung auswirkt. Es gibt nach dieser Vereinbarung im übrigen die Möglichkeit, die Arbeitszeit auf z.B. 20 oder 25 Stunden in der Woche zu verringern. Die Regelung bildet eine Parallele zu der bereits bestehenden Betriebsvereinbarung über eine bis zu 4jährige Erziehungspause bei der Betreuung von Kleinkindern, mit der das Unternehmen bisher positive Erfahrungen gemacht hat. Sie gilt im übrigen für Frauen und Männer und trägt damit einer möglichen Perspektive Rechnung, wonach auch erwachsene Söhne in wachsendem Maße bereit sind, Betreuungs- und Pflegefunktionen gegenüber alten Eltern zu übernehmen. – Ein Beispiel aus dem Bereich des öffentlichen Dienstes bildet die Regelung des Kreises Ludwigshafen, der seinen Arbeitern und Angestellten bis zu drei Jahren unbezahlten Urlaub gewährt, wenn sie pflegebedürftige Angehörige betreuen wollen. Ziel der Dienstvereinbarung ist es, Pflegebedürftigen das vertraute Umfeld so lange wie möglich zu erhalten und ihre Unterbringung in einem Heim zumindest hinauszuschieben.

5) Siehe dazu auch das vom FDK 1992 vorgelegte Konzept über „Familiengemäßes Einkommen und familiengerechte Arbeitszeit".

6) Als wichtig erweisen sich in diesem Zusammenhang die Bandlaufzeiten im Produktionsprozeß. In dem Maße, in dem mit neuen Maschinen eine bestehende „Arbeitsverkettung" aufgehoben werden kann, wird auch vermehrt variable Teilzeitarbeit erleichtert.

*Bundesvereinigung der Deutschen Arbeitgeberverbände* (Hrsg.) (1989), Chancen für Frauen in der Wirtschaft, Köln 1989.

*Dahrendorf, R.*, Der moderne soziale Konflikt, Stuttgart 1992.

*Dreier, W.*, Freiwillige betriebliche Sozialpolitik im Dienst an der Familie, in: Jb. d. Inst. f. Christl. Sozialwissenschaften, 5. Bd., 1964, S.189–210.

*Familienwissenschaftliche Forschungsstelle* im Statistischen Landesamt Baden-Württemberg (Hrsg.) (1984), Arbeitszeitbudgets ausgewählter privater Haushalte in Baden-Württemberg, Materialien und Berichte, H. 12, Stuttgart 1984.

*Fürstenberg, F.*, Die Gestaltung der Arbeitswelt – wirtschaftliche Erfordernisse und familiäre Anforderungen, in: Familie und Arbeitswelt, Köln 1986, S. 55–71.

*Gaugler, E.*, Betriebliche Sozialpolitik, in: Handwörterbuch des Personalwesens, 2. Aufl. Stuttgart 1992.

*Geißler, C.*,Rahmenbedingungen zur Vereinbarkeit der beiden Lebensbereiche Familie und Arbeitswelt: Hilfen oder Stolpersteine, in: Ministerium für Arbeit, Gesundheit, Familie und Frauen Baden-Württemberg (Hrsg.), Internationaler Fachkongreß „Mütter und Väter zwischen Erwerbsarbeit und Familie" am 2. März 1990 in Stuttgart, Dokumentation, Stuttgart 1991, S. 66–82.

*Hosemann, W./Lenz, C./Burian, K.*, Neue Konzepte betrieblicher Personalpolitik, in: arbeitgeber, 1991, H. 19.

*Institut für Entwicklungsplanung und Strukturforschung* (Hrsg.), Betriebliche Wirkungen des Erziehungsurlaubs (Erfahrungen mit der Anwendung des Bundeserziehungsgeldgesetzes), Materialien des IES, Bd. 151, Hannover 1991.

*Kaufmann, F.-X.*, Zukunft der Familie, München 1990.

*Kirchhof, P.*,Die verfassungsrechtliche Garantie der Familie als Erziehungsgemeinschaft, in: Sozialpädiatrie, Jg. 12,1 (1990), S. 6–10.

*Stiegler, B.*, Eheprivileg noch zeitgemäß? (Teil III), in: Informationen für die Frau, 1992, Nr. 10.

*Straßer, E./Knödler, M.*,Informelle Netzwerke erleichtern den Wiedereinstieg in den Beruf, in: arbeitgeber, 1992, H. 9.

*Schwartz, W./Schwarz, Th./Vogel, C.*, Mütter und Väter zwischen Erwerbsarbeit und Familie: Probleme – Praxisbeispiele – Orientierungshilfen, Stuttgart 1991.

*Votteler, M.*, Das Arbeitsleben familienfreundlicher umgestalten: Modelle der Vereinbarkeit von Familienaufgabe und Arbeitswelt, in: Landeszentrale für politische Bildung Baden-Württemberg (Hrsg.), Der Bürger im Staat, Jg. 39, Heft 1 (1989), S. 29–35.

*Walter-Raymond-Stiftung* (Hrsg.) (1986), Familie und Arbeitswelt, 24. Kolloquium, München, 3. bis

5. März 1986, Bd. 25 (mit Beiträgen von *Max Wingen, Friedrich Fürstenberg, Gertrud Höhler, Heinz Lampert, Edmund Stoiber, Klaus Murmann*), Köln 1986.

*Weber, W.*, Bevölkerungsentwicklung und Personalplanung, in: Bevölkerung und Wirtschaft, Schr. d.V.f. Soc., NF Bd. 202, Berlin 1990, S. 273–285.

*Wingen, M.*, Der Betrieb als Träger von Familienpolitik, in: Sozialer Fortschritt, H. 1, 1960, S. 17–21.

*Ders.*, Kinder in der Industriegesellschaft – wozu?: Analysen – Perspektiven – Kurskorrekturen, 2., überarb. Auflage, Zürich u. Osnabrück 1987; hier Kapitel: Junge Eltern im Zielkonflikt – Familienorientierte Arbeitswelt ein Denkmodell oder Wirklichkeit?, S. 84ff.

*Wissenschaftlicher Beirat für Familienfragen* beim Bundesministerium für Jugend, Familie und Gesundheit, Familie und Arbeitswelt (Gutachten), Schriftenreihe des BMJFG, Bd. 143, Stuttgart 1984.

# 6. Wohnbedingungen und Funktionstüchtigkeit der Familien – Anmerkungen zu einer familien- und kindgerechten Wohnungspolitik*

## 1. Wohnung als wichtige Rahmenbedingung des Familienlebens

Die Tragweite familiengerechter Wohnbedingungen für die Entwicklung der Familie als Ganzes wie auch ihrer einzelnen Mitglieder ist in der öffentlichen Diskussion im Grunde immer schon gesehen worden. Sehr anschaulich kommt dies jenseits aller familiensoziologischer Forschung und familienpolitischer Theorie etwa in der pointierten Bemerkung von *Heinrich Zille* zum Ausdruck, wenn er sinngemäß feststellt, man könne eine Familie statt mit einer Axt auch mit einer zu engen Wohnung erschlagen. Im folgenden sollen einige Grundlinien zur Problemerhellung und -lösung unter besonderer Berücksichtigung der Situation in der Bundesrepublik Deutschland aufgezeigt werden, ohne allerdings allen Einzelaspekten des Themas erschöpfend nachgehen zu können. Die nach wie vor höchst aktuelle Thematik ist in einem größeren familienpolitischen Bezugsrahmen zu sehen. Für eine zielklare Familienpolitik muß die Sicherung familiengerechter Wohnbedingungen ein in die gesamte Zielfunktion integriertes Teilziel sein; dabei wird dann auch von einem Einzelaspekt her der für die Familienpolitik kennzeichnende „Querschnittscharakter" sichtbar. Aufgrund neuerer sozialwissenschaftlicher Forschungen müssen gerade auch die Wohnverhältnisse als wichtiger Bestimmungsfaktor familialer Funktionserfüllung herausgehoben werden; sie können entsprechend einem besonders etwa von *U. Bronfenbrenner* herausgestellten Sprachgebrauch auch als für den Sozialisationsverlauf wichtiger „ökologischer" Faktor angesprochen werden, stellen die Wohnbedingungen doch den engsten Umweltrahmen dafür dar, wie die Familienmitglieder ihre Beziehungen organisieren, wie sie miteinander umgehen und wie in dieser Familiengruppe z. B. Kinder erzogen werden oder gewirtschaftet wird. Für das Kleinkind stellt die Wohnung dabei i. a. wohl den fast einzigen Erlebnis- und Erfahrungsraum überhaupt dar.

Ausgangspunkt und größeren Bezugsrahmen der folgenden Überlegungen bilden die Ansätze zu einem theoretischen Konzept, das auch dasjenige einer „funktionalen Familienpolitik" genannt werden könnte und das sein besonderes Augenmerk auf die Bestimmungsfaktoren von Mängeln in der familialen Funktionserfüllung richten muß und damit auf die Vielzahl der untereinander in Beziehung stehenden intervenierenden Variablen. Unter den Voraussetzungen bzw. Bestimmungsfaktoren der Erfüllung familialer Grundfunktionen bilden die *Wohnbedingungen* einen Faktor, der nach den nicht sehr zahlreichen einschlägigen Untersuchungen offensichtlich als recht wichtig einzuschätzen ist. Was läßt sich über den Einfluß der Wohnbedingungen auf grundlegende Familienfunktionen tatsächlich ausmachen? Mehrere dieser Grundfunktionen der Familie seien jeweils gesondert betrachtet.

### *1.1 Die Sozialisationsfunktion*

Die Wohnverhältnisse bilden eine wesentliche Rahmenbedingung für das Familienleben und damit für die Entwicklungsmöglichkeiten der Kinder. Es liegt nahe zu fragen, ob nicht eine wie auch immer definierte Unterversorgung mit Wohnraum als ein ungünstiger Einflußfaktor für die Erziehungs- und Bildungsleistungen der Familien (einschließlich der Wirkungen der sog. sozialen Plazierung, d.h. der Vermittlung der Kinder auf Bildungs- und Berufswege) angesehen werden muß. Die praktischen Erfahrungen vor allem in der Sozialarbeit weisen im Grunde seit jeher in diese Richtung. Der Wissenschaftliche Beirat für Familienfragen bezeichnet es in seinem Gutachten „Familie und Wohnen" (1975) als eine „hinreichend erwiesene Tatsache", „daß die Wohnverhältnisse eine von anderen Einflußfaktoren zwar nicht isolierbare, aber insgesamt äußerst wichtige Rahmenbedingung für die Sozialisationsleistung der Familie darstellen" (S. 135). Räumliche Enge behindere die volle Entfaltung von Lernfähigkeit, Intelligenz und Kontaktfähigkeit; sie leiste rigider Verhaltenskontrolle durch die Eltern und unaustragbaren familiären Spannungen Vorschub. Zu kleine und ungenügend ausgestattete Wohnungen beeinträchtigen damit die Möglichkeiten familiale Sozialisation (deren unterschiedliche Formen und Wirkungsgrade entscheidend dazu beitragen, daß soziale Ungleichheit in unserer Gesellschaft von Generation zu Generation verfestigt fortdauert). Es besteht danach auch Grund zu der Annahme, daß unzureichende Wohnverhältnisse ein wichtiges Moment jener Bedingungen darstellen, welche die Entstehung psychischer Krankheiten und abweichenden Verhaltens bei Jugendlichen begünstigen. An dieser Stelle muß im einzelnen auf die Arbeiten verwiesen werden, die etwa im Zweiten Familienbericht herangezogen werden und die zeigen, daß die Entwicklung von geistigen Grundfunktionen beim Kind im Zusammenhang mit den Erfordernissen sensorischer Stimulation in starkem Maße von den Möglichkeiten der räumlichen Erfahrungen und der Entfaltung der Motorik abhängen; hier werden Zusammenhänge mit Reifungsverzögerungen und psychischen Störungen gesehen. Andere Untersuchungen sicherten nach Auffassung der Berichtskommission einen hinreichend deutlichen Zusammenhang ungünstiger Wohnverhältnisse, wie sie sich in hohen

Belegungsquoten und im Fehlen eines eigenen Zimmers fassen lassen, mit der Delinquenzrate im Jugendalter (vgl. *Zweiter Familienbericht,* 1975, S. 96f.). Daß vom Wohnungswesen (wie auch von der Siedlungsform) offensichtlich nachhaltige Einflüsse auf die familialen Sozialisationsleistungen ausgehen, kann heute auch in sozialwissenschaftlicher Sicht im Grunde als unstreitig angesehen werden. Dagegen sind mit dem exakten empirischen Nachweis dieser Einflüsse, also mit der Antwort auf die Frage nach ihrem *wie*, erhebliche Schwierigkeiten verbunden. Die bisherigen familien- und wohnungssoziologischen, auf empirische Forschung gestützten Studien klammern die Sozialisationsproblematik innerhalb der Wohnung weitgehend aus. Daher lassen sich Aussagen über den Einfluß der Wohnung auf den Sozialisationsprozeß insbesondere von Kindern und Jugendlichen nur mit Vorsicht treffen. Auf die großen hier noch bestehenden Forschungslücken wird in dem genannten Gutachten „Familie und Wohnen" ebenso wie im Zweiten Familienbericht ausdrücklich hingewiesen. (Zur tatsächlichen Situation siehe aus jüngster Zeit allerdings die Untersuchungen im Rahmen des Familien-Survey des Deutschen Jugendinstituts [*H. U. Müller*, 1991, und *A. Weidacher*, 1992] sowohl für Westdeutschland als auch für die neuen Bundesländer.)

Grundsätzlich läßt sich die Bedeutung der familialen Wohnbedingungen mit der Einsicht stützen, daß der frühkindliche und jugendliche Sozialisationserfolg zwar nicht nur, aber auch von einer genügend großen Bewegungsräumlichkeit abhängt. So zeigen erste Studien im Bereich der „ökologischen Psychologie", daß Größe und Einteilung der Wohnung, aber auch der Anregungsgehalt der Wohnungsgestaltung und Wohnungsnutzung einen wichtigen Einflußfaktor der Umweltprägung darstellen, „indem eine stark festgelegte Gestaltung und Nutzung der Wohnung den Ausdruck von Kreativität und Initiative bei Kindern und Jugendlichen beschneidet" (*Wissenschaftlicher Beirat*, 1975, S. 19). Aus anderen empirischen Untersuchungen referiert *M. Bösel* (1974, S. 124ff.), daß in Arbeiterwohnungen der kindliche Bewegungsdrang eingeschränkt wird, das Kind keine ausreichenden Rückzugsmöglichkeiten hat und soziale Kontaktaufnahme mit anderen Kindern erschwert wird. Dies scheine sich im Zusammenhang mit einer rigiden Form der elterlichen Verhaltenskontrolle und familiären Spannungen, die unter beengten Wohnverhältnissen häufiger entstehen, negativ auf die psychosoziale Entwicklung der Kinder auszuwirken.

Als nachgewiesen gilt auch ein Einfluß der Wohnverhältnisse speziell auf den Schulerfolg der Kinder, der seinerseits wiederum im Zusammenhang mit der Bedeutung der Schule für die „Zuteilung von Lebenschancen" an das Kind gesehen werden muß. So bestätigen die von der Familienberichtskommission herangezogenen Untersuchungen von *Douglas* (1969), *Keller* (1953), *Kemmler*

(1967) und *Pinkert* (1972) an verschiedensten sozialen Untersuchungsgruppen, daß schulische Minderleistungen, Schulversagen oder niedrige Intelligenzleistungen häufiger mit ungünstigen Wohnverhältnissen einhergehen.

In einem weiteren Zusammenhang wäre auch auf die Hinweise in der sozialwissenschaftlichen Forschung Bezug zu nehmen, in denen die aus einer übermäßigen Isolierung von Kleinfamilien erwachsenden Probleme angesprochen werden. Wenn hier nach mehrfamilialer Kooperation und neuen Formen familialen Zusammenlebens gerufen wird, freilich Formen, die im Hinblick auf das Kind und die Personalität der Ehepartner verantwortbar sein sollten, so ist dies ganz entscheidend auch eine Frage danach, ob und inwieweit von den Wohnbedingungen her die erforderlichen Voraussetzungen dafür geschaffen werden, daß sich solche Lebensformen überhaupt entwickeln können und erproben lassen.

### *1.2 Die hauswirtschaftliche Funktion*

Kaum weniger bedeutsam ist die Wohnung für die *hauswirtschaftliche Funktion*, eine weitere familiale Grundfunktion der Familie in der Gegenwart und auf absehbare Zukunft. Die Führung eines Haushaltes wird im Grunde erst durch die Wohnung ermöglicht, die dem elementaren Bedürfnis des Menschen nach einer „Behausung“, die ihn von der Umwelt abschirmt, entspricht. Dabei sind die im Zuge des gesellschaftlichen und wirtschaftlichen Wandels gestiegenen Anforderungen für die sogenannten sekundären Bedürfnisse zu berücksichtigen. Darunter werden nicht die quasi lebensnotwendigen biologischen Minimalbedingungen, sondern jene Bedürfnisse verstanden, die nur eine mehr oder weniger differenzierte Verfeinerung und Weiterentwicklung der primären Erfordernisse darstellen.

Vorsicht ist hier freilich geboten, wenn mit Blick auf das „leergewordene Nest“, in dem nur noch die Eltern zurückbleiben, vorschnell ein entsprechend geringer gewordener Wohnraumbedarf unterstellt wird. So sehr für die jüngere Aufbaufamilie von den räumlichen Voraussetzungen her in familienpolitischer Sicht ein ausreichender Entfaltungsspielraum zu fordern ist, so wenig sollte eine größere Wohnung für ältere Menschen *generell* als nicht mehr angemessen angesehen werden. Die Wohnung kann in dieser späteren Lebensphase durchaus zu einem Element entwickelten geselligen Lebens werden, das vermehrte soziale Beziehungen ermöglicht und einer Isolation der älter gewordenen Menschen entgegenwirkt. Insofern erschiene es wichtig, daß kein unangemessener Druck auf den einzelnen ausgeübt wird, eine „zu groß gewordene“, „fehlbelegte“, weil eine vergleichsweise niedrige „Belegungsdichte“ aufweisende Wohnung aufzugeben. Familiengerechte Wohnungspolitik muß sich betont an den *Bedürfnissen* orientieren; die Frage ist aber, ob diese Bedürfnisse *allein* an der Kopfzahl der unmittelbar im Familienverband lebenden Personen, insbesondere also der heranwachsenden Kinder, gemessen werden können. Hier gewinnt ein Zusammenhang unmittelbar Bedeutung, auf den *R. von Schweitzer* u. *H. Pross* (1976, bes. S. 95f.) in ihrer Arbeit aufmerksam machen: Es muß damit gerechnet werden, daß die Neigung und Tendenz zur Haushaltsverflechtung noch zunehmen, und zwar vertikal als Verbindung von Haushaltsführungssystemen der verschiedenen Generationen mit einem zentralen Haushaltssystem und einem Satelliten-Haushaltssystem. D. h. konkret: Eltern können für ihre schon selbständig lebenden und wirtschaftenden Kinder noch über Jahre hinaus eine zentrale Haushaltsfunktion ausüben. Zu den Feiertagen oder sonstigen Festen kehrt man in diesen Haushalt zurück; ebenso können hier wirtschaftliche Hilfen oder Versorgungsleistungen für Kranke und Kinder erbracht werden. (Umgekehrt kann natürlich ein „Kinder"-Haushalt, d. h. ein Haushalt der jungen „Fortpflanzungsfamilie", für die alten Eltern oder einen Elternteil eine entsprechende Funktion haben.) Die zentralen Haushaltssysteme können eine solche Funktion aber nur wahrnehmen, wenn entsprechende Ressourcen vorhanden sind, gerade auch an Raumkapazität. Solche Schlußfolgerungen drängen sich gerade auch dann auf, wenn der Blick nicht ausschließlich auf die Sozialisationsfunktion der Familie gegenüber heranwachsenden Kindern beschränkt wird.

Neben der primär ökonomischen Wohnfunktion sei daran erinnert, daß in der Wohnung weitgehend auch die regenerativen Leistungen der Familie zur Gesunderhaltung bzw. Wiederherstellung der Gesundheit der Familienmitglieder erbracht werden. Auch Unterhaltung, Spiel und Freizeitgestaltung haben zu einem großen Teil in der Wohnung ihren Platz. Es ist im Grunde unmittelbar einsichtig, daß die Wohnungsgröße und der Wohnungszuschnitt wichtige Vorbedingungen schaffen für eine private, auf die eigene Familie bezogene Freizeitgestaltung. Der hier notwendige Schutz kann gerade auch durch die bauliche Anordnung der Räume gewährleistet werden.

### *1.3 Die generative Funktion*

Auch für den familialen Funktionsbereich der Sicherung der Generationenfolge sind die Wohnverhältnisse offensichtlich von nicht unerheblicher Bedeutung. Die hier liegenden Zusammenhänge sind schon in der Vergangenheit wiederholt angesprochen worden, so mit dem Hinweis, daß unzureichende Wohnverhältnisse einschließlich der Wohnumwelt gerade verantwortungsbewußte Eltern nicht selten dazu veranlassen, die Geburt des ersten Kindes zurückzustellen oder auf ein weiteres Kind zu verzichten. Wohnzufriedenheit der Eltern und deren Bereitschaft, Kinder zu haben, hängen offensichtlich relativ eng zusammen. Bei derartigen Einflüssen muß mit berücksichtigt werden, daß gesellschaftliche und individuelle Wertvorstellungen (wie auch Rollenvorstellungen in Ehe und Familie) hinsichtlich des Wohnens sich etwa in der Weise ändern können, daß die Kinderzahl mehr oder minder klein gehalten wird, um den einzelnen Familienmitgliedern – Eltern wie Kindern – mehr Raum zur individuellen Verfügung bereitstellen zu können. Jüngst deuten sehr eingehende faktorenanalytische Untersuchungen des Bundesinstituts für Bevölkerungsforschung über die Bestimmungsgründe der in der Bundesrepublik zu beobachtenden regionalen Fruchtbarkeitsunterschiede in den Ehen darauf hin, daß ein vergleichsweise enger Zusammenhang zwischen Wohn- und Siedlungsweise, nämlich Anteil der Ein- und Zweifamilienhäuser, und der Zahl der gewünschten bzw. tatsächlich geborenen Kinder besteht. Derartige Ergebnisse legen es nahe, gerade auch diesen Zusammenhängen weiter nachzugehen.[1]

## 2. Probleme der operationalen Zielbestimmung

Eine grundlegende Zielsetzung für eine Familienpolitik, die die Funktionsfähigkeit der Familie zu optimieren sucht, muß angesichts der skizzierten Zusammenhänge darin bestehen, auf eine ausreichende quantitative Wohnungsversorgung von Familien wie auch auf die Einhaltung bestimmter qualitativer Anforderungen an Familienwohnungen einschließlich ihres Umfeldes hinzuwirken. Die Sicherung *„familiengerechter" Wohnbedingungen* erweist sich als ein zentraler Teilaspekt und zugleich als eine Konkretisierung der umfassenderen allgemeinen Zielfunktion einer Familienpolitik. Letztere erschöpft sich zwar keineswegs in der wohnungspolitischen Zielsetzung (wie andererseits auch nicht in einer reinen „Kindergeldpolitik"), sondern greift entsprechend den vielschichtigen Wirkungszusammenhängen zwischen äußeren Lebensbedingungen, familienstrukturellen und personalen Gegebenheiten einerseits und Inhalt familialer Leistungen und Wirkungen andererseits weit darüber hinaus. Dennoch erweist sich aufgrund der vorliegenden Einsichten gerade die Wohnungsversorgung und damit die darauf ausgerichtete politische Gestaltungsaufgabe als eines der besonders zentralen Felder einer auf optimale Funktionsfähigkeit der Familie abhebenden funktionalen Familienpolitik. Angemessene Wohnverhältnisse erscheinen als eine unbedingt notwendige, freilich nicht allein schon hinreichende Bedingung für die Sicherung einer optimalen Aufgabenerfüllung der Familien. Weil die Wohnung eine so zentrale Bedeutung wie die Entfaltung des Familienlebens besitzt, handelt es sich bei einer „familiengerechten Wohnungspolitik" um einen besonders grundlegenden Ansatzpunkt einer umfassenden Familienpolitik. Die Tragweite der bewußten, zielgerichteten und dauernden Sicherung familiengerechter Wohnbedingungen wird dabei zusätzlich deutlich, wenn dieses in die Zielfunktion einer Familienpolitik integrierte Teilziel in der Rückkoppelung zu dahinterstehenden übergreifenden gesellschaftspolitischen Leitbildvorstellungen gesehen wird.

Was aber kann konkret unter „familiengerechten" Wohnbedingungen verstanden werden? Ist diese tausendfach benutzte Formel überhaupt *ausreichend operational?* Auch für (Teil-)Ziele der Familienpolitik gilt, daß sie, sollen sie wirklich brauchbar und mehr als Leerformeln sein, ausreichend operationalisiert und eben dadurch auch auf ihre Realisierung hin empirisch überprüfbar sind. Um so mehr Aufmerksamkeit verdienen daher Ansätze und Probleme einer ausreichenden Konkretisierung und Quantifizierung des Ziels „Sicherung familiengerechter Wohnbedingungen".

Welche Wohnung als familiengerecht anzusprechen ist, wird sich nicht schon danach entscheiden, ob sie den tatsächlichen Ansprüchen genügt, die von der Familie, die sie bewohnt, gestellt werden. Eine subjektive Zufriedenheit mit der Wohnung ist noch nicht notwendig ein Beweis dafür, daß die Wohnbedingungen als familiengerecht gelten können, insbesondere den Bedürfnissen des Kindes ausreichend entsprechen. Vielmehr ist von der Frage auszugehen, ob die Wohnung den Bedürfnissen gerecht wird, die sich im Zusammenhang mit einer möglichst guten Erfüllung der verschiedenen Grundfunktionen ergeben. Dieses Kriterium gilt erst recht für die Wohnungspolitik als Ganzes, von der *O. von Nell-Breuning* schon vor Jahrzehnten festhielt, sie könne nur dann als familiengerecht anerkannt werden, wenn sie sich mit allen Kräften in den Dienst einer klar ausgerichteten Familienpolitik stelle. Auf diese Weise habe die Wohnungspolitik ihren Beitrag zu leisten zur Stärkung des inneren Familienzusammenhalts und damit mittelbar auch zur Verwurzelung der Familie in der größeren Gemeinschaft. In diesem Zusammenhang erfolgt dann der sehr wichtige Hinweis: „Die nur bei einem Teil der Familien mögliche Verwurzelung in Grund und Boden kann zu beiden Zielen als wirksames Mittel führen; ein Ziel für sich selbst (Selbstzweck) ist sie nicht." Damit ist bereits deutlich gemacht, was familiengerechte Wohnbedingungen nicht meint: Damit ist nicht irgendeine überzogene Familienheimideologie umschrieben, wenngleich die Erfahrung immer wieder gezeigt hat, daß das Eigenheim gerade für größere Familien besonders günstige Wohnbedingungen schafft. Aber familiengerecht kann auch eine Mietwohnung sein; weniger Rechtsform und Eigentumsverhältnisse sind hier ausschlaggebend als vielmehr Größe (in Relation zur

Kopfzahl der Familie), Zuschnitt und auch Ausmaß familien- und kindbezogener Infrastruktureinrichtungen im Nahbereich der Wohnung.

Die Teilzielfunktion der Sicherung familiengerechter Wohnbedingungen wird – in gewissem Unterschied zur einkommenspolitischen Zielsetzung der Familienpolitik – auf eine Sicherung von Mindeststandards hinauslaufen müssen, so etwa hinsichtlich der Wohngröße, ohne daß es – bei insoweit freier Einkommensverwendung in einer marktwirtschaftlichen Ordnung – dazu kommen muß, daß die Behebung von „Unterversorgung" bei den einen durch Reduzierung von „Überversorgung" bei den anderen erfolgt.

Insgesamt erscheint es wichtig, für die in möglichst engem Bezug auf die Erfüllung familialer Grundfunktionen entwickelten quantitativen und qualitativen Standards möglichst faßbare und handhabbare Richtwerte zugrunde zu legen. Zur Veranschaulichung dieses Problems seien in der nachstehenden Übersicht – mehr exemplarisch, ohne Anspruch auf Vollständigkeit – einige *Kriterien* zusammengestellt, die für eine operationale Definition von „familiengerechten Wohnbedingungen" in Betracht kommen und die Richtung angeben können, in der sich operationale Zieldefinitionen bewegen würden:

*Belegungsdichte* der Wohnung, konkret gemessen an:
1. Zimmerzahl pro Familienmitglied?
2. Wohnfläche ($m^2$) pro Familienmitglied?
3. Bett für jedes Kind?
4. Zimmer für jedes (schulpflichtige) Kind?

*Bauliche Qualität* der Wohnung, wie sie zum Ausdruck kommt in:
5. Nutzungsmöglichkeit des verfügbaren Wohnraums (variable Räume)?
6. Schallschutz?
7. Wohnungsausstattung?

*Wohnungsumfeld,* so im einzelnen:
8. kindbezogene soziale Infrastruktur im Nahbereich der Wohnung?
   - familiennaher und familienverbindender Kinderspielplatz
   - Sicht- und Rufnähe der Spielanlagen für Kleinkinder
9. Siedlungsstruktur?
10. Grad der Verkehrsanbindung?

Im Hinblick auf derartige unter bestimmten Aspekten zusammengefaßte Kriterien können konkrete (Minimal-)Standards bezeichnet werden, die dann die Zielvorstellung „familiengerechte Wohnbedingungen" faßbar und handhabbar machen, d.h. daran können einmal tatsächliche Mängelsituationen abgelesen werden, zum anderen können sie dazu dienen, den Erfolg politisch gestaltender Einwirkung zur Zielverwirklichung besser und empirisch überprüfbar abzuschätzen. Den Versuch einer Quantifizierung angemessener Standards für die Wohnungsgröße bietet das erwähnte Gutachten „Familie und Wohnen" des Wissenschaftlichen Beirats, gestützt auf die sog. „Kölner Empfehlungen", aber auch in Orientierung an dem gegenwärtig als in etwa realistisch angesehenen Niveau, wie es in der Wohngeldgesetzgebung seinen Niederschlag findet. Für eine vierköpfige Familie wird eine Mindestwohnfläche von 80 qm als notwendig angesehen; mit steigender Kinderzahl wird sodann eine stärkere Staffelung der Mindestwohnflächen für angemessen gehalten, als dies bei der Wohngeldgewährung tatsächlich vorgesehen ist.

Die notwendige Konkretisierung der hier erörterten Zielsetzung muß auch das *Wohnungsumfeld* als eine eigenständige Dimension von Wohnbedingungen miteinbeziehen. Wie die Zusammenhänge zwischen Wohnverhältnissen und familialer Aufgabenerfüllung zeigen, wird mit dem Stichwort „Wohnen" über die eigentliche Wohnung hinaus auch auf die unmittelbare Umgebung verwiesen, wie z. B. zugehörige Spielanlagen für Kinder außerhalb der Wohnräume oder sonstige für das Familienleben bedeutsame Bedingungen im Nahbereich der Wohnung. Das Wohnungsumfeld – vielfach auch Wohnumwelt genannt – muß weit mehr noch, als dies bisher im allgemeinen geschehen ist, bei der Frage der Angemessenheit und Familienbezogenheit der Wohnverhältnisse mitgesehen werden. Das Wohnungsumfeld der Familie hat dabei im einzelnen vielfältige Anforderungen zu erfüllen, die sich wie folgt zusammenfassen lassen: „Zufriedenheit mit der Wohnung, Geschütztheit des privaten Bereichs, sozialer Frieden in der Nachbarschaft, Funktionserfüllung der Folgeeinrichtungen, kommunikative Einbindung in örtliche und überörtliche Beziehungsnetze, Möglichkeiten der Selbstdarstellung, Spielraum für Aktivitäten" (*Korfmacher*, 1972, zit. bei *Erpenbeck, 1974, S. 49).* Ergänzend wäre hier vielleicht noch etwas deutlicher auch der Gesichtspunkt der Gesundheitsförderung anzusprechen, zu der wohnungsnahe Grünflächen ebenso beitragen können wie stadtnahe Tageserholungsanlagen.

Das Wohnungsumfeld erscheint aufgrund der gebotenen bzw. nicht gebotenen Aktivitäts-, Entfaltungs- und Kommunikationsmöglichkeiten gerade für heranwachsende Kinder besonders wichtig, wenn man etwa an die Ausstattung nicht nur mit Kindergärten, sondern auch mit altersspezifischen Spielplätzen u. ä. denkt. Auf die Erreichbarkeit ist auch bei derartigen familien- und kindbezogenen Infrastruktureinrichtungen Wert zu legen. Dabei kommt gerade gut geplanten und in ihrer Unterhaltung überwachten, möglichst unfallsicheren *Kinderspielplätzen* eine besondere Bedeutung zu, erst recht bei größeren Agglomerationen von Mietwohnungen in städtischen Siedlungsbereichen.

Für kleinere Kinder bilden familiennahe Kinderspielplätze eine gute Möglichkeit für einen allmählichen Übergang aus dem Familienraum zu weiteren Handlungsräumen. Die Sachverständigenkommission für den Zweiten Familienbericht spricht dem Spielplatz unter dem Gesichtspunkt ungenügender Wohnungsversorgung auch eine „kompensatorische Funktion" zu (*Zweiter Familienbericht*, 1975, S. 103).

Bei aller Bedeutung der zwischenmenschlichen, auch öffentlichen Kommunikation der Familien bzw. einzelner ihrer Mitglieder gilt es im Hinblick auf familienbezogene Infrastrukturanlagen allerdings zu bedenken, daß Familien in ihrem Freizeitverhalten zugleich zeitweilig auf eine gewisse Umweltdistanz bedacht sind. Die auf Kommunikation und Freizeit ausgerichteten Einrichtungen der Wohnumwelt werden daher grundsätzlich nur Angebotscharakter haben können, um die Freiheit der Wahl aufrechtzuerhalten. Ein gutes Wohnklima setzt voraus, daß die einzelnen Familien ihre individuell abgestuften Kommunikationsbedürfnisse und ihre Bedürfnisse nach Unter-sich-Sein miteinander verbinden können.

## 3. Mängel in der tatsächlichen Wohnungsversorgung von Familien

Die Operationalisierung der wohnungspolitischen Zielfunktion einer systematischen Familienpolitik läßt in der Gegenüberstellung mit der tatsächlich vorfindbaren Situation eine Reihe von mehr oder weniger gravierenden Mängeln in der Wohnungsversorgung von Familien erkennen. Dabei ergeben sich zum einen einige generelle Tendenzen, zum anderen werden einige Verschärfungen der Problemlage für spezielle Gruppen der Bevölkerung sichtbar. Zwar erscheinen Vergleiche zwischen Normvorstellungen und tatsächlicher Wohnungsversorgung nicht unproblematisch; sie können jedoch zumindest wichtige, wenn auch grobe Anhaltspunkte für die Beurteilung der Wohnsituation geben.

Wie die Analyse der tatsächlichen Situation nach Kriterien einer möglichst operationalen Definition familiengerechter Wohnbedingungen *insgesamt* zeigt, nimmt die Benachteiligung von Familien auf dem Wohnungsmarkt mit wachsender Kinderzahl deutlich zu, die Wohnungsgröße steigt bei größeren Familien keineswegs proportional zur wachsenden Kinderzahl an. Für bestimmte Gruppen von Familien zeigt sich eine besondere „Marktschwäche", die durch gezielte Maßnahmen möglichst ausgeglichen werden muß. Zu diesen Gruppen mit verschärfter Problemlage gehören neben den überdurchschnittlich großen Familien die jungen Familien, besonders in städtischen Siedlungsräumen, Familien in unteren Einkommensschichten, aber auch unvollständige

Familien, Familien von Behinderten sowie von ausländischen Arbeitnehmern. Hervorstechend ist der deutliche Einfluß der Einkommensschicht auf die Wohnungsversorgung der Familien. Da sich eine ungenügende Wohnungsversorgung gerade bei Familien mit überdurchschnittlicher Kinderzahl wie andererseits bei Familien mit niedrigem Einkommen findet, kommt es beim Zusammentreffen dieser beiden Faktoren zu einer Kumulation der hier liegenden Beeinträchtigungen.

Einen Einblick in die Wohnraumversorgung von Haushalten unterschiedlicher Größe vermittelt – zugleich im Vergleich der Jahre 1987 und 1978 – die nachstehende tabellarische Übersicht.

*Mit Wohnraum unterversorgte Haushalte*

| Gegenstand der Nachweisung | Haushalte insgesamt | Mit weniger als 1 Wohnraum je Person | | Haushalte insgesamt | Mit weniger als 1 Wohnraum je Person | |
|---|---|---|---|---|---|---|
| | Anzahl in 1000 | | Prozent | Anzahl in 1000 | | Prozent |
| | 1978 | | | 1987 | | |
| *1. Wohnungsinhaber* | | | | | | |
| mit 2 Personen | 6679,9 | 314,2 | 4,7 | 7386,0 | 277,4 | 3,8 |
| mit 3 Personen | 4227,4 | 460,4 | 10,9 | 4613,1 | 456,2 | 9,9 |
| mit 4 Personen | 3457,1 | 1099,8 | 31,8 | 3586,5 | 996,5 | 27,8 |
| 5 und mehr Personen | 2211,5 | 896,7 | 40,5 | 1750,9 | 770,5 | 44,0 |
| zusammen | 16575,9 | 2771,1 | 16,7 | 17336,6 | 2500,7 | 14,4 |
| *2. Hauptmieter* | | | | | | |
| mit 2 Personen | 4303,3 | 275,4 | 6,4 | 4504,9 | 229,2 | 5,1 |
| mit 3 Personen | 2467,2 | 392,8 | 15,9 | 2322,4 | 359,3 | 15,5 |
| mit 4 Personen | 1712,1 | 875,4 | 51,1 | 1482,5 | 731,2 | 49,3 |
| 5 und mehr Personen | 841,2 | 590,1 | 70,1 | 600,1 | 461,6 | 76,9 |
| zusammen | 9323,8 | 2133,7 | 22,9 | 8910,0 | 1781,3 | 20,0 |
| *darunter: Ausländer* | | | | | | |
| mit 2 Personen | 216,5 | 46,6 | 21,5 | | | |
| mit 3 Personen | 216,9 | 91,5 | 42,2 | | | |
| mit 4 Personen | 197,9 | 151,9 | 76,8 | | | |
| 5 und mehr Personen | 138,4 | 119,5 | 86,3 | | | |
| zusammen | 769,7 | 409,5 | 53,2 | | | |
| *3. Eigentümer* | | | | | | |
| mit 2 Personen | 2376,6 | 38,8 | 1,6 | 2881,1 | 48,2 | 1,7 |
| mit 3 Personen | 1760,2 | 67,6 | 3,8 | 2290,7 | 96,8 | 4,2 |
| mit 4 Personen | 1745,0 | 224,4 | 12,9 | 2104,0 | 265,3 | 12,6 |
| 5 und mehr Personen | 1370,3 | 306,6 | 22,4 | 1150,8 | 309,0 | 26,8 |
| zusammen | 7252,1 | 637,4 | 8,8 | 8426,6 | 719,6 | 8,5 |

*Quelle:* Statistisches Bundesamt, 1-Prozent-Wohnungsstichprobe 1978, Gebäude- und Wohnungszählung 1987.

Insbesondere seit Ende der 80er Jahre ist eine starke Steigerung der Wohnungsnachfrage insgesamt zu verzeichnen, der das Wohnungsangebot nicht entsprechen konnte. Der zusätzliche „Nachfrageschub" auf dem Wohnungsmarkt ist durch verschiedene Faktoren bedingt: Neben Realeinkommenserhöhungen, die zur Nachfrage nach mehr und qualitativ besserem Wohnraum führen, aber auch das Beibehalten relativ großen Wohnraums älterer Ehepaare im inzwischen „leergewordenen Nest" begünstigen, ist hier – auf dem Hintergrund der demographischen Veränderungen (die absehbar waren) – der Anstieg der Zahl der Haushalte auf Grund von Veränderungen in den Alters- und Haushaltsstrukturen zu nennen. In diesem Zusammenhang wirken sich nicht nur die steigenden Zahlen von Haushaltsgründungen der Angehörigen der geburtenstarken Jahrgänge aus der Mitte der 60er Jahre aus, sondern auch die zunehmende Zahl von Ehescheidungen, aber auch ein tendenziell längerer Verbleib älterer Personen in ihrer eigenen Wohnung. Hinzu trat schließich in den allerletzten Jahren eine starke, teils so nicht erwartbare Zuwanderung von Aussiedlern.

Der Sozialbericht 1990 beschreibt die Problemlage in der tatsächlichen Wohnungsversorgung wie folgt: „Für Wohnungssuchende – gerade in wirtschaftsstarken Ballungsräumen – sind die Schwierigkeiten gewachsen, eine geeignete Wohnung zu finden. Neu gegründete Haushalte, Personen nach einer Scheidung, Personen, die aus beruflichen Gründen oder im Zusammenhang mit der Ausbildung umziehen müssen, sowie Aus- und Übersiedler und sonstige Zuwanderer sind von der Verknappung besonders betroffen. Sie konkurrieren mit anderen Haushalten, die aufgrund ihrer positiven Einkommensentwicklung ihre Wohnungsversorgung verbessern möchten und wegen ihrer Kaufkraft und ihres sozialen Status leichter zum Zuge kommen" (S. 82).

In der sozial- und wohnungspolitischen Diskussion wurde schon früh darauf hingewiesen (z. B. *L. Späth*, 1974, S. 95), daß wichtige Mängelsituationen im Grunde durch das System des Sozialen Wohnungsbaues mitbedingt sind. Dieses System führt zu Ergebnissen, die unter dem Gesichtspunkt der sozialen Gerechtigkeit in mehrfacher Hinsicht problematisch erscheinen können[2] und sich im längerfristigen Rückblick wie folgt zusammenfassen lassen:

- Bestimmte Teilgruppen der Bevölkerung kommen nur ungenügend zum Zuge, insbesondere dann, wenn sie einen Bedarf an besonders großen oder besonders auszustattenden Wohnungen haben (kinderreiche Familien, Familien mit Behinderten);
- je nach Alter der Wohnung ergeben sich sehr unterschiedliche Miethöhen, weil eben die Mieten der Sozialwohnungen streng an die Herstellungs- und Finanzierungskosten gebunden sind, was sich wiederum besonders ungünstig für junge Familien auswirkt, die in der Regel auf die jeweils letztgebauten Wohnungen angewiesen sind, sowie auch zuungunsten der Aufbaufamilien, die mit Rücksicht auf eine größer gewordene Kinderzahl, aber auch auf berufliche Veränderungen auf einen Wohnungswechsel angewiesen sind;
- infolge der oft zu den öffentlichen Finanzierungsmitteln hinzutretenden

Mitfinanzierungsdarlehen (von Betrieben, Gemeinden usw.) und der damit verbundenen Vermietungsauflagen kommt es zu verschiedenen Kategorien sozialberechtigter Familienhaushalte, was gleichfalls unbefriedigend erscheint;

– die Höhe der Förderung ist nur recht grob an die unterschiedliche individuelle Leistungsfähigkeit angepaßt, insbesondere fehlt *unterhalb* der die Berechtigung auslösenden Einkommensgrenze eine weitere Differenzierung;
– selbst wenn für besonders benachteiligte Gruppen wie z. B. kinderreiche Familien Sonderprogramme durchgeführt werden, bleibt es weithin der Wohnungswirtschaft überlassen, an welchen Plätzen die entsprechenden Mittel verbaut werden; wie die Erfahrung aus früheren Jahren zeigte, wurden diese Wohnungen häufig an Standorten nicht vorrangigen Bedarfs erstellt.

## 4. Mittel der Zielverwirklichung

Die Verwirklichung bzw. ständige Sicherung familiengerechter Wohnbedingungen erfordert ein ganzes *Bündel aufeinander abgestimmter Maßnahmen*, die in ihrer Wirkungsweise im übrigen nicht allein auf das Faktorenfeld der äußeren Lebensbedingungen der Familie beschränkt sind (individuelles Wohnverhalten!). Für die Abschätzung des „Stellenwertes" der Maßnahmen zur Sicherung familiengerechter Wohnungsbedingungen im Gesamt einer Familienpolitik ist dabei die Einsicht wichtig, daß eine Wohnung nicht einfach den Gegenständen des gehobenen Konsums gleichgesetzt werden darf, sie ist vielmehr – neben Gesundheit, Nahrung und Arbeit – eine der wichtigsten Voraussetzungen für ein menschliches Leben und dessen Entwicklung. Der Wohngeld- und Mietenbericht 1975 der Bundesregierung sprach förmlich von einem „sozialen Grundrecht auf eine angemessene und familiengerechte Wohnung" (das den Bürgern durch das Wohngeld bei einem entsprechenden Wohnungsangebot gesichert werden soll).[3] Die ermittelten defizitären Situationen in der tatsächlichen Wohnungsversorgung erweisen sich als konkrete *Ansatzpunkte* gezielter wohnungspolitischer Maßnahmen im Rahmen eines familienpolitischen Gesamtkonzepts. Diese Maßnahmen müssen insbesondere darauf gerichtet sein, die Wohnungsversorgung derjenigen Bevölkerungsgruppen zu verbessern, die aus ökonomischen oder außerökonomischen Gründen als unterversorgt zu gelten haben.

Insgesamt geht es darum sicherzustellen,

- daß das Angebot an ausreichend großen sowie kindgerecht geschnittenen Wohnungen erhöht und zugleich stärker differenziert wird,
- daß ein solches Angebot auch tatsächlich zugänglich ist,
- daß es mit einem entsprechenden Wohnverhalten der privaten Haushalte, insbesondere also der Familien mit Kindern, konvergiert und
- daß von vornherein die Anforderungen an das Wohnungsumfeld in einem ökologischen Ansatz mit berücksichtigt werden.

Aus dieser Konkretisierung der Aufgabenstellung ergeben sich eine Reihe von Ansatzpunkten und Unterzielen, denen jeweils mehrere Einzelmaßnahmen zuzuordnen sind, die freilich über die einzelnen Ansatzpunkte hinweg untereinander nicht selten in einer wechselseitigen Abhängigkeit stehen. Eine Übersicht über einen zielgerechten Mitteleinsatz soll im folgenden noch kurz skizziert werden.

### *4.1 Gezielte Vergrößerung des Wohnungsbestandes*

Grundsätzlich kann für die Entwicklung praktisch-politischer Interventionen davon ausgegangen werden (so auch *Wissenschaftlicher Beirat*, 1975, S. 90), daß die Kräfte des Marktes allein nicht ausreichen, um für alle Haushalte eine Wohnungsversorgung zu schaffen und zu sichern, die ihren Bedürfnissen entspricht und günstige Sozialisationsbedingungen mit sich bringt. Es bedürfe staatlichen Eingreifens, und zwar angesichts der vorfindbaren Mängel noch wirksamerer Maßnahmen als bis dahin. Die Tatsache, daß es sich bei dem Wohnungsmarkt bei näherem Zusehen einmal um einen Markt mit langen Reaktionszeiten, d. h. langsamer Anpassung an eine höhere und geringere Nachfrage, und zum anderen um regionale Märkte handelt, auf denen wiederum unterschiedliche Nachfragegruppen auftreten, macht staatliche Einflußnahme zwecks Sicherung eines ausgeglichenen Verhältnisses von Angebot und Nachfrage notwendig. Die Frage ist, welche Maßnahmen konkret zu ergreifen sind. Dabei sei ein – mehr formales – Ergebnis vorweggenommen: Im Grunde muß es sich auch hier um eine Kombination mehrerer aufeinander abgestimmter Maßnahmen handeln.

Zunächst einmal gilt es ganz einfach den *Bestand* an solchen Wohnungen zu vergrößern. Die Lösung der damit bezeichneten Aufgabe setzt vorweg die Anerkennung und Durchsetzung des Grundprinzips eines die Funktionsfähigkeit der Familien sichernden und damit unterschiedlichen Wohnbedarfs der privaten Haushalte voraus. Von besonderer Bedeutung erscheint es, sodann den Wohnbedarf eines Kindes grundsätzlich mit demjenigen eines Erwachsenen gleichzustellen. Die Durchsetzung der Anforderungen hinsichtlich der Größe der Wohnung, aber auch Schalldichtigkeit u. a. ist z. B. eine Frage der Ausgestaltung der einschlägigen DIN-Normen, bei deren Erarbeitung eine staatliche Mitwirkung zu bejahen ist. In der Bundesrepublik wurden *Spielflächen innerhalb von Wohnungen* erstmals im Rahmen der Neufassung der DIN 18011 („Stellflächen, Abstände und Bewegungsflächen im Wohnungsbau") i. J. 1967 ausgewiesen. Diese DIN-Norm bildete lange Zeit über eine familienpolitisch besonders wichtige Norm. Wie bei allen ihren Festlegungen handelte es sich auch bei der verbindlich vorgeschriebenen Einplanung einer Spielfläche um eine *Mindestanforderung*. (Dies wird sogleich deutlich, wenn man sich die konkreten Maße vergegenwärtigt: Die [zusätzlich zu den anderen Stellflächen innerhalb der Wohnung] hinzutretende, eigens freizuhaltende Fläche hat eine Größe von 1,20 × 1,80 m. In Verbindung mit den übrigen Mindestanforderungen ergeben sich damit für 1-Bett-Kinderzimmer Raumgrößen von mindestens 7 bis 8 qm, für 2-Bett-Kinderzimmer solche von mindestens 11 bis 12 qm.) Die genannte DIN-Norm war im übrigen nur im Bereich des sozialen Wohnungsbaus verbindlich, und zwar in der Rechtsform als Bewilligungsbedingung bei der Vergabe öffentlicher Mittel, sie war also nicht bauaufsichtlich eingeführt und hatte somit keine Verbindlichkeit für den Wohnungsbau außerhalb des sozialen Wohnungsbaus. Sie ist inzwischen ersatzlos zurückgezogen worden. Neu geschaffen wurde die DIN-Norm 18 034 (Oktober 1988) über Spielplätze und Freiflächen zum Spielen. Noch wichtiger für ein Hinwirken auf familiengerechte Wohnungen erscheint das Bauordnungsrecht, das in der Bundesrepublik in die Gesetzgebungszuständigkeit der Länder fällt.

Im übrigen geht es bei der Durchsetzung der hier angesprochenen Grundprinzipien nicht nur um den Gesetzgeber und die öffentlichen Träger der Wohnungspolitik, sondern auch um die architektonische Planung – und nicht zuletzt um die Familie selbst, der ihrerseits auch möglichst eine Einflußnahme auf die Planung gesichert sein sollte. Es muß mehr und mehr jener Zustand überwunden werden, den der Schweizer *H. Zbinden* bereits auf einem Ende der 50er Jahre von der UNO veranstalteten Seminar für Kinderspielplatzfragen (in Bergendahl bei Stockholm) in seinem Vortrag über „Die Lage des Kindes in der technischen Welt von heute" besonders pointiert wie folgt beschrieb: „Die modernen Architekten und Baumeister denken an alles, nur eines vergessen sie leider meistens, nämlich das, was der Hauptzweck einer Wohnung sein sollte: Heim für eine Familie zu sein, d. h. auch für Kinder und nicht nur für Erwachsene."[4]

Die damit bezeichnete Einsicht in notwendige bewußtseinsmäßige Veränderungen, die auf neue Standards dessen hinausläuft, was im Interesse der Entwicklung von Familie und Kindern sein sollte, erstreckt sich über die engere Wohnung hinaus auf das Wohnumfeld wie etwa die wohnungsnahen Spielmöglichkeiten für Kinder.

Sodann sind nun die Förderungsmaßnahmen des sog. *sozialen Wohnungsbaus* als solche zu nennen. Angesichts des erheblichen Mangels an größeren Wohnungen für Familien mit mehreren Kindern ist eine Erhöhung der Zahl solcher Wohnungen vordringlich. Ziel muß es im Grunde sein, zu einem auf die Häufigkeitsverteilung der Familiengrößen abgestellten Wohnungsangebot zu kommen. Bei einer entsprechenden Ausgestaltung der Förderungsmaßnahmen des sozialen Wohnungsbaus läßt sich in familienpolitischer Sicht ein Vorrang für bestimmte besonders benachteiligte Gruppen von Familien durchsetzen; hier ist neben kinderreichen Familien gerade auch an junge Familien zu denken. Mit besonderen „Auflagen“ an öffentliche und private Bauträger kann bei öffentlichen Förderungsmaßnahmen des sozialen Wohnungsbaus auf die Einhaltung bestimmter DIN- und anderer Normen ebenso hingewirkt werden, wie etwa auch auf die Anlage gemeinsamer Spielräume bei größeren Wohnanlagen. Angesichts der Bedeutung der Wohnumwelt mit ihren Einrichtungen an sozialer Infrastruktur für die Qualität von Wohnungen ist es wichtig, daß die Wohnungsbauförderung die diesbezüglichen Investitionen besonders berücksichtigt. Sozialer Wohnungsbau sollte stets grundsätzlich „flankierende Maßnahmen“ mit umfassen, die dem Gesamtzusammenhang zwischen Wohnungsbauförderung und Infrastruktur angemessen Rechnung tragen. Nur beispielhaft sei dabei auf die lange Zeit über vernachlässigte Aufgabe hingewiesen, in ausreichendem Maße anregungsreiche und zugleich möglichst unfallsichere Spielplätze für Kleinkinder im Nahbereich zu schaffen. Bisher finden sich keineswegs in allen Bundesländern spezielle Spielplatzgesetze; einige Bundesländer kennen nur Richtlinien oder Regelungen in den Bauordnungen. In jedem Fall gilt es immer wieder, auf die tatsächliche Einhaltung der Normen hinzuwirken. Der Bund hat bei der Schaffung von Spielplätzen nur eine eingeschränkte Förderungskompetenz.

Im übrigen wäre bei der Gestaltung der Wohnumwelt den Bedürfnissen von Familien in besonderen Lebenslagen Rechnung zu tragen. So können in bestimmten Fällen, besonders bei alleinstehenden (erwerbstätigen) Elternteilen mit Kindern, *„Servicehäuser“* hauswirtschaftliche Dienste für die Versorgung und Betreuung von Kindern anbieten. Solche Einrichtungen wären entsprechend zu fördern (Modellmaßnahmen!). Die Sachverständigenkommission für den Zweiten Familienbericht legte bei ihren Vorschlägen für eine familienbezogene Wohnungspolitik besonderes Gewicht gerade auch auf die „Folgeeinrichtungen“ im Wohnungsumfeld. Im Interesse einer möglichst einheitlichen Wohnqualität spricht sich die Kommission für eine stärkere gesetzliche Verankerung der Errichtung derartiger Einrichtungen mit einer Erweiterung der Planungsbeteiligung kommunaler Ressorts aus. Letztlich geht es den Sachverständigen bei diesem Votum darum, „die Wohnbedürfnisse von Bewohnern bezüglich solcher Einrichtungen zu befriedigen, die nicht unmittelbar einem ökonomischen Verwertungsinteresse entspringen und als solche sich in unserer Wirtschaftsordnung nicht ohne staatliche Intervention bzw. Subvention verwirklichen lassen“ (S. 105).

Recht interessant erscheint, daß im Vergleich zu manchen neuen Massenwohnsiedlungen (Trabantenstädten) alte Arbeitersiedlungen wie etwa Eisenheim und Oberhausen oder auch die *Krupp*-Siedlungen in Essen, die noch aus der Zeit des Arbeiterwohnungsbaus des Frühkapitalismus stammen und in bezug auf sanitäre Einrichtungen inzwischen im allgemeinen nicht mehr als ausreichend gelten konnten, in der wohnungsbaupolitischen Diskussion geradezu als beispielhaft für bedürfnisgerechtes Wohnen angesprochen wurden, als Beispiel für eine Wohnwelt, in der gegenseitige Hilfeleistungen selbstverständlich und in der die sozialen Beziehungen tragfähig sind und die vor allem emotional befriedigende Identifikations- und Kommunikationsmöglichkeiten bietet (vgl. *Bösel*, 1974, S. 28).

### *4.2 Tatsächliche Verfügbarkeit bedarfsgerechter Wohnungen*

Eine wesentliche Voraussetzung für ein vergrößertes Angebot an ausreichend großen und kindgerechten Wohnungen kann andererseits von der Nachfrageseite her geschaffen werden, indem nämlich durch ein entsprechendes Wohngeld, das seinerseits hinreichend familiengemäß differenziert ist, eine wirksame Nachfrage nach den in Betracht kommenden Wohnungen erzeugt wird. Wohngeld als ein Instrument der individuellen Mietsubventionierung (bzw. Lastensubventionierung) kann den Grundbedarf an Wohnraum für jeden Bürger von den Mietkosten (Kosten der Eigentümerwohnung) her absichern. Mit Hilfe des Wohngeldes wird der Eigenaufwand für Wohnung in als tragbar angesehenen Grenzen gehalten. Damit soll von der wirtschaftlichen Seite her eine Voraussetzung dafür geschaffen werden, daß Familien, insbesondere in unteren Einkommensgruppen, tatsächlich die ausreichend große, bedarfsgerechte Wohnung mieten. Allerdings muß sich damit sogleich ein kritischer Hinweis verbinden: Das Wohngeld regelt den (Mindest-)Flächenanspruch und kann dabei leicht zu einer geringen Flexibilität des Wohnungsneubaus führen; hier hat eine dennoch sicherzustellende größere Flexibilität dafür zu sorgen, daß nicht heute ein Sanierungsbedarf von morgen geschaffen wird (vgl. *L. Späth*, schon 1974, S. 99).

Vor allem ist bei der Orientierung an Mindeststandards für die Wohnungsversorgung der für die Entwicklung von Kindern erforderliche Wohnbedarf durch eine ausreichend starke Staffelung der anerkannten Mindestwohnflächen nach der Familiengröße zu berücksichtigen. In der Vergangenheit erreichte in der Bundesrepublik das Wohngeld die *Familien mit Kindern* lange Zeit über nur sehr begrenzt; hier haben sich in den letzten Jahren deutliche Veränderungen in der Struktur der Empfängerhaushalte ergeben: Im Jahre 1990 erreichten 52% der Wohngeldausgaben Haushalte mit Kindern. In den 1,77 Mio. Haushalten mit Wohngeldbezug lebten 1,46 Mio. Kinder, das waren ca. 12% aller Kinder (in den alten Bundesländern). Unter den *wohngeldrechtlichen Regelungen, die die Familienfreundlichkeit des Wohngeldes verbessert haben*, sind insbesondere die neu gestalteten Wohngeldtabellen (höhere Leistungen für größere Haushalte bei gleichem Einkommen und gleichen Mieten) und die Nichtanrechnung des Kindergeldes bei der Ermittlung des Einkommens, das der Wohngeldberechnung zugrunde zu legen ist, hervorzuheben. Die erstgenannte Regelung wirkt sich dabei weit stärker aus als die zweite. Von weit geringerer Bedeutung sind daneben der Alleinerziehendenfreibetrag und der Einkommensfreibetrag für Kinder mit eigenem Einkommen.

Der Anteil der nichterwerbstätigen Wohngeldempfänger ist bis zum Jahre 1990 auf 60% (ohne Arbeitslose) zurückgegangen. (Mitte der 70er Jahre machten nichterwerbstätige Haushaltsvorstände noch 86% aller Wohngeldempfänger aus.) Der Anteil der wohngeldberechtigten Arbeiter ist von 12% i.J. 1981 auf 16% i.J. 1990 gestiegen; insbesondere hat sich der Anteil der wohngeldberechtigten Arbeitslosen von 5% i.J. 1981 auf 16% i.J. 1990 erhöht. Besonders auffällig sind die Verschiebungen innerhalb des Personenkreises der nichterwerbstätigen Wohngeldberechtigten (ohne Arbeitslose): Der Anteil der Rentner hat sich von 62% i.J. 1981 auf 33,5% i.J. 1990 nicht ganz halbiert, der Anteil der sonstigen Wohngeldberechtigten (nahezu ausschließlich Sozialhilfeempfänger) von 13% i.J. 1981 auf 24,8% i.J. 1990 fast verdoppelt. (Die Verringerung des Anteils der Rentner an den Wohngeldempfängern dürfte dabei in erster Linie auf die positive Entwicklung der Einkommen dieser Gruppe, verbunden mit dem Bewohnen älterer, noch mietgünstiger Wohnungen, zurückzuführen sein. Der Anteil der Sozialhilfeempfänger an der Bevölkerung hat sich in den zurückliegenden Jahren insgesamt erhöht; diese beziehen durchweg ein überdurchschnittlich hohes Wohngeld. Der Anstieg der arbeitslosen Wohngeldempfänger ist nur zum kleineren Teil durch den Anstieg der Gesamtzahl der Arbeitslosen zu erklären; zum größeren Teil ist dies eine Konsequenz der stärkeren Inanspruchnahme des Wohngelds.)

Die *Familienorientierung des Wohngelds* wird besonders deutlich, wenn man auf den Anteil der Wohnkostenbelastung „nach Wohngeld" am verfügbaren

Einkommen bei Familien mit mehreren Kindern im Vergleich zu kleineren Haushalten ohne Kinder abstellt. Diese beträgt i. J. 1990 beim 5-Personenhaushalt mit im Regelfall drei Kindern durchschnittlich 17%, beim 1-Personenhaushalt 25% des verfügbaren Einkommens. Allerdings wird dieser Anteil u. a. auch dadurch beeinflußt, daß die größeren Haushalte Wohnflächen nutzen, die kleiner sind als die Richtflächen, die bei der Festlegung der Höchstbeträge nach dem Wohngeldgesetz zugrunde gelegt werden. Die relativ geringere Wohnkostenbelastung größerer Familienhaushalte wird teilweise durch eine Einschränkung bei dem Wohnflächenanspruch erkauft.

### *4.3 Sozialer Wohnungsbau versus Wohngeld?*

Eine Kernfrage für eine längerfristige Strategie läuft darauf hinaus, die sogenannte *Objektförderung*, d. h. die Förderung des Baus von Mietwohnungen für einen festgelegten Personenkreis, und die sog. *Subjektförderung* (Individualförderung), bei der individuell ein Wohngeld gezahlt wird, in ein sachgerechtes Verhältnis zu bringen. Dabei stellt sich mit Blick auf das tatsächlich anzutreffende und notwendige Nebeneinander beider Wege die Frage: Passen sozialer Wohnungsbau und Wohngeldgewährung harmonisch zusammen oder entsteht damit ein geradezu undurchsichtiger Dschungel an subventionierten Wegen zur Wohnungsbauförderung und Wohnraumbeschaffung? Die damit bezeichnete Problemstellung geht zwar weit über die spezifisch familienpolitische Fragestellung hinaus; sie läßt sich aber wegen der nachhaltigen Auswirkungen der jeweiligen Förderungssysteme auf die Wohnungssituation der Familien nicht einfach ausklammern. In der wohnungs- und familienpolitischen Diskussion ist schon sehr früh vom Wissenschaftlichen Beirat für Familienfragen für eine deutliche Akzentverschiebung von der sog. Objektförderung weg hin zu einer an der individuellen Leistungsfähigkeit und dem individuellen Wohnungsbedarf anknüpfenden Subjektförderung plädiert worden, freilich bei gleichzeitiger Weiterentwicklung des Wohngeldsystems. Die Objektförderung wurde zwar nicht als völlig überflüssig, aber doch nur in sehr begrenztem Umfang als vertretbar angesehen, und zwar gezielt zur Altstadtsanierung und zur Modernisierung von Altbauten. Die Sachverständigenkommission für den Zweiten Familienbericht verlagerte dagegen in ihren Vorschlägen das Gewicht offensichtlich nicht so stark zur Individualförderung hin. Sie wollte auch für Neubauten nicht auf staatliche Objektförderung verzichten und sprach sich für „integrierte Maßnahmen sowohl der Subjekt- als auch der Objektförderung“ aus (S. 105). Im zusammenfassenden Schlußkapitel klingt eher sogar noch eine gewisse Reserve gegenüber den Wohngeldzahlungen durch (S. 141).

Wo immer es um die Sicherung familiengerechter Wohnbedingungen geht, müssen grundsätzlich beide Ansatzpunkte im Blick behalten werden. Weder eine reine Individualförderung noch erst recht eine ausschließliche Objektförderung kann unter allgemein- und wohnungswirtschaftlichen Bedingungen, wie sie sich bei uns herausgebildet haben, die sachgerechte Antwort auf die anstehenden Fragen sein. Wichtig für das Wohngeld erscheint, daß es nicht nur die Kosten- und Preisentwicklung berücksichtigt, sondern auch mit der Förderung des sozialen Wohnungsbaus möglichst gut verzahnt ist.

Die bisherigen Überlegungen zum Mitteleinsatz haben bereits ein weiteres deutlich gemacht: das Angebot an familiengerechten Wohnungen kann gerade auch dadurch verbessert werden, daß die *vorhandenen* Wohnungen *fungibler* gemacht werden. Die Sicherung familiengerechter Wohnbedingungen erweist sich auch insoweit als ein *Verteilungsproblem.* Hier stellt sich das weit über spezifisch familienpolitische Fragestellungen hinausreichende und viel diskutierte Problem der Blockierung von Sozialwohnungen durch Haushalte mit (inzwischen) höheren, über die Anspruchsberechtigung u. U. weit hinausgehenden Einkommen. Dieses Problem kann in seiner auch familienpolitischen Relevanz hier nur angesprochen werden. Der Zusammenhang mit der Frage nach dem Verhältnis von Objektförderung und Individualförderung ist ohne weiteres deutlich: Bei einer vergleichsweise stärkeren Subjektförderung durch individuelle Wohngeldzahlungen wird der einzelne Haushalt bei größeren Verbesserungen seiner Einkommenslage bzw. Verringerung der Zahl der abhängigen Familienangehörigen aufgrund der damit verbundenen Kürzungen oder auch des völligen Wegfalls des Wohngeldes weniger daran interessiert sein, die jeweilige spezielle Wohnung möglichst zu behalten.

Man muß sich in diesem Zusammenhang auch fragen, ob die Fungibilität der Wohnungen für Familien nicht gerade durch die „Marktspaltung“ zusätzlich beeinträchtigt wird, wie sie durch die unterschiedlich hohen Mieten für in etwa vergleichbare Wohnungen bewirkt wird, um vorhandene Wohnungen fungibler zu machen, erscheinen daher Maßnahmen zweckmäßig, die eine solche „Marktspaltung“ möglichst vermeiden. Darüber hinaus wäre daran zu denken, für das Freimachen einer im Verlauf des Familienzyklus zu groß gewordenen Wohnung einen finanziellen Anreiz zu gewähren (wozu auch schon in dem Gutachten „Familie und Wohnen“ Erwägungen angestellt wurden).

Insgesamt erscheint es bei der Gestaltung der Wohnung (wie auch der Wohnumwelt) wichtig, die Familie nicht als statische Gruppe zu sehen, vielmehr der *Dynamik der Familie,* wie sie sich sowohl aus allgemeinen Wandlungen in der Familienstruktur als auch aus den spezifischen Wandlungen einer Familiengruppe im Verlauf der verschiedenen Phasen des „Familienzyklus" (mit wechselnden Nutzenanforderungen an die Wohnung) ergibt, im Angebot gerecht zu werden. Dazu kann einmal ein Angebot flexibler und variabler baulich-räumlicher Bedingungen besonders beitragen, wie dies z. B. der Wissenschaftliche Beirat empfiehlt. Speziell diese letztere Möglichkeit wird freilich wohl doch nur begrenzt gegeben sein. Daher erscheint daneben eine Vergrößerung der Anzahl an verschiedenartigen Grundrißtypen angebracht, die unterschiedlichen Lebens- und Wohnbedürfnissen der einzelnen Familie mehr Spielraum geben als das verbreitete „Prokrustesbett" der deutschen Familie, die Zwei- bzw. Drei-Zimmer-Küche-Bad-Wohnung. Durch eine verstärkte Variabilität der Wohnungen kann dem Umstand Rechnung getragen werden, daß die individuellen Wohnungsansprüche und -wünsche künftig möglicherweise noch verschiedenartiger werden.

Auch dort, wo es im Unterschied zu ausgeprägten großfamilialen Strukturen im Prinzip bei der Haushaltsform der reinen Eltern-Kinder-Gemeinschaft (i. S. der Kernfamilie) bleibt, könnte z. B. die Anlage gemeinschaftlich zu nutzender Wohnungsteile zu verbesserten Kontakten zu anderen Familien führen; zu denken wäre etwa an gemeinschaftliche Räume für die Kinderbetreuung oder an Sporträume. Erst recht für Wohngemeinschaften als einem mehr oder minder festen Zusammenschluß von mehreren (vollständigen und/oder unvollständigen) Kleinfamilien erweisen sich die wohnungsmäßigen Voraussetzungen als elementar wichtig und ihr Fehlen in der Praxis nicht selten als entscheidendes Hindernis zu ihrer Gründung.

## 5. Bedeutung des Wohnverhaltens

Ein weiterer Ansatzpunkt für die Bemühungen darum, daß die einzelne Familie – und gerade auch die darin jeweils aufwachsenden Kinder – tatsächlich die positiven Auswirkungen familiengerechter Wohnformen erfahren, muß in der Beeinflussung des *Wohnverhaltens der Familien selbst* gesehen werden. Es geht hier um eine Beeinflussung dessen, was als „Wohnmentalität" bezeichnet werden könnte, um eine Hebung auch der individuellen „Wohnfähigkeit". Es geschieht dies in gewissem Grade – mehr mittelbar – schon durch einzelne der bisher erörterten Maßnahmen, auch durch Förderung von Eigentümerwohnungen, weil nach aller Erfahrung eine ausreichende Wohnraumversorgung verstärktes Gewicht dort erhält, wo sie mit persönlicher Eigentumsbildung verbunden ist.

Auch bei der einzelnen Familie ist das *Bewußtsein* von der gesellschaftlichen und insbesondere *sozialisationswirksamen Bedeutung von Wohnbedingungen* weithin unzureichend entwickelt. Der Wissenschaftliche Beirat für Familienfragen macht in seinem Gutachten hierzu darauf aufmerksam, daß „selbst bei einer Veränderung der Angebotssituation ohne weitere ergänzende Maßnahmen (der Aufklärung und Beratung) die Wohnungsversorgung der Familien den an eine erfolgreiche Sozialisation zu stellenden Voraussetzungen nicht entsprechen wird" (S. 91). Ohne hier in eine ideologische Betrachtungsweise verfallen zu wollen, muß eben doch auf die Relevanz der personalen Verhaltensformen nachdrücklich hingewiesen werden. Im Grunde können von der wohnungspolitischen Seite her immer nur Voraussetzungen – etwa i. S. einer ausreichend großen Wohnfläche für eine bestimmte Familiengröße – gesichert werden. Es liegt immer noch auch bei der Familie selbst, d. h. an ihrem eigenen Wohnverhalten, ob sie ein solches mit Blick auf die Entwicklungsbedürfnisse von Kindern gewährleistetes Mehr an Wohnfläche auch tatsächlich entsprechend nutzt. Von seiten der Forschung wird in diesem Zusammenhang darauf aufmerksam gemacht, „vielfach" werde die Bedeutung des Wohnraums insbesondere für die Sozialisationsprozesse nicht genügend gesehen, sei es, daß Prioritäten innerhalb des Familienbudgets in sozialisationspolitisch durchaus problematischer Weise so gesetzt sind, daß der Faktor Wohnung quantitativ und qualitativ nicht angemessen zur Geltung kommt, sei es, daß vorhandene Wohnräume wenig kindgerecht genutzt werden.

Unter dem hier angesprochenen Aspekt wäre bei der einzelnen Familie speziell die Bereitschaft zu wecken und zu fördern, Schwierigkeien des Übergangs in eine größere Wohnung auf sich zu nehmen. Überhaupt geht es um eine Erziehung zum familien- und kindgerechten Wohnen. Im Grunde will auch Wohnen gelernt sein. Daher könnte es schon eine Aufgabe der Schule sein, hierzu Hilfestellungen zu leisten. Diese beginnen bereits dort, wo der Unterricht auch auf diesem Lebensgebiet ein Denken in Alternativen fördert. Es gilt, dem heranwachsenden jungen Menschen, ebenso natürlich dem vor der Familiengründung stehenden erwachsenen Menschen (etwa in einer speziellen Vorbereitung auf Ehe und Familie), hinlänglich zu verdeutlichen, wie sehr Wohnungen für den Menschen eine „sozio-kulturelle Ausdrucksfunktion" (*A. Mitscherlich*) haben. Wohnverhältnisse dürfen nicht nur als etwas fest Vorgegebenes gesehen werden, Wohnen ist in einem gewissen Grade selbst ein Teil der durch menschliches Handeln gestalteten sozialen Alltagswelt. Zu dieser Gestaltung seiner Wohnwelt muß der einzelne bewußt und planvoll befähigt werden. Dies gilt erst recht dort, wo in der Lebensgemeinschaft der Familie Verantwortung für noch unmündige Kinder übernommen wird. Die Frage der Beeinflussung des Wohnverhaltens der einzelnen Familie mündet somit in eine umfassendere Familienpädagogik. Diese kann davon ausgehen, daß die Wohnung nicht selten in die Nähe der Güter rückt, von denen angenommen wird, daß die einzelnen deren „wahren" Wert für die Bedürfnisbefriedigung nicht zu erkennen bzw. angemessen einzuschätzen vermögen.

Die familienpolitisch erwünschte verstärkte Berücksichtigung der Bedürfnisse gerade des Kindes in der Wohnungsnachfrage kann dadurch gefördert werden, daß die Informationssituation der wohnungssuchenden Familien verbessert und eine entsprechende Motivation für familiengerechtes Wohnen bewirkt wird. Dazu kann eine *Wohnungsberatung* besonders beitragen, zu derem dringend erwünschten Ausbau z. B. schon in „Familie und Wohnen" sehr detaillierte Empfehlungen vorgelegt wurden: Wohnberatung hat danach auf breiter Ebene Aufklärung und Information für die Wohnungswahl und das Wohnverhalten anzubieten; sie hat ferner die Kritik der Wohnungskonsumenten an dem Wohnungsangebot öffentlich zu artikulieren. „Diese auf die Qualität des Wohnungsangebots wirkende Aktivität kann allerdings nur dann wirksam sein, wenn quantitativ ein annäherndes Gleichgewicht zwischen Angebot und Nachfrage auf dem Wohnungsmarkt gegeben ist" (S. 130).

Wohnberatung als eine spezielle Form der ergänzenden und flankierenden Hilfe zur Sicherung familiengerechter Wohnbedingungen fehlt weithin noch. Der Wert der Information und Werbung durch die einschlägigen Wirtschaftsbranchen soll nicht verkannt werden, aber diese Werbung sollte nicht die einzige Informationsquelle sein. Quantitativer Ausbau und qualitative Verbesserung der institutionalisierten Wohnberatung, die auf die Wohnungssuchenden ebenso wie – wenn auch im allgemeinen in verschiedenen organisatorischen Einheiten – auf die Wohnungswirtschaft ausgerichtet zu sein hätte, erscheint unerläßlich für die Ausprägung eines „sozialisationsgerechten" Wohnverhaltens. Auch erlaubt ein durch umfassende Wohnberatung verbesserter Informationsstand es erst, von einer wirklichen Wahlfreiheit des Wohnungssuchenden zu sprechen.[5]

Wohnberatung wird dabei letztlich darauf abheben, daß der Beratene im Beratungsprozeß bzw. als dessen erstes Ergebnis selbst Kriterien für die eigenständige Wahl einer ihm gemäßen Wohnung entwickelt; er soll auch auf diesem Feld familienbezogener Beratung nicht zu einem von außen aufgedrängten Ergebnis – hier zu einer bestimmten Wohnung – überredet werden. Die Arbeit spezieller Wohnungsberatungsstellen greift, soweit sie an die Wohnungssuchenden gerichtet ist, dabei in die umfassendere Verbraucherinformation und -beratung ein. So wird auf Bundesebene auch die (früher selbständige) Arbeitsgemeinschaft Wohnberatung in Verwaltungseinheit mit der Arbeitsgemeinschaft der Verbraucherverbände (AGV) geführt. Die finanzielle Förderung erfolgt inzwischen im Rahmen der allgemeinen Verbraucherberatungsförderung durch das Bundeswirtschaftsministerium.

Das Bündel aufeinander abgestimmter Maßnahmen zur Sicherung familiengerechter Wohnbedingungen für alle Familienmitglieder muß eine Abrundung darin finden, daß bestehende *Mitwirkungsmöglichkeiten* der einzelnen Familien bei der Wohnungsplanung (einschließlich der Planung der Wohnumwelt) auf jeden Fall ausgeschöpft werden und auf verstärkte Beteiligungsmöglichkeiten derer hingewirkt wird, für die letztlich gebaut wird. Andererseits ergeben sich hier nicht unerhebliche Schwierigkeiten dadurch, daß häufig die Familien, die in entsprechende Bauprojekte einmal einziehen werden, zum Zeitpunkt der Planung noch gar nicht feststehen. Hier könnten bestimmte Aufgaben stellvertretend von Trägern einer die Interessen der privaten Haushalte artikulierenden Wohnberatung wahrgenommen werden.

## Anmerkungen und Literatur

*) Überarbeitete und aktualisierte sowie durch einen Anhang ergänzte Fassung des Beitrags über Wohnbedingungen von Kindern (Anmerkungen zu einer familien- und kindgerechten Wohnungspolitik) in dem von *K. Lüscher* herausgegebenen Band „Sozialpolitik für das Kind", 2. Aufl., Hamburg 1984, S. 49–68. Siehe auch den früheren Aufsatz: Wohnbedingungen und Funktionstüchtigkeit der Familien (Zur Bedeutung von empirischen Ergebnissen für eine familiengerechte Wohnungspolitik), in: Soziale Welt (Zeitschrift für sozialwissenschaftliche Forschung und Praxis), Jg. 27, 1976, H. 4, S. 440–460.

1) Nähere Hinweise zu dem gesamten Fragenkreis finden sich verschiedentlich in der „Zeitschrift für Bevölkerungswissenschaft", hrsg. vom Bundesinstitut für Bevölkerungsforschung, ab 1975. Siehe dazu auch *H. W. Jürgens, K. Pohl* (1975) sowie *M. Wingen* (1975).

2) In jüngster Zeit hat *J. Eekhoff* (1993, S. 5) kritisch festgehalten, die Wohnungspolitik müsse die sozialpolitischen Instrumente so ausgestalten, daß die unvermeidlichen Engpässe nicht zu unerträglichen Härten für ganze Bevölkerungsgruppen führen (wozu – wie zu ergänzen wäre – sicherlich gerade auch größere und junge Familien gehören können); das gegenwärtig genutzte Instrumentarium, insbesondere im sozialen Wohnungsbau, sei dafür wenig geeignet. Im übrigen zeigten die Erfahrungen mit dem sozialen Wohnungsbau, daß Programmförderungen den Nachteil hätten, daß keine Gleichbehandlung der Bürger gewährleistet werden könne (S. 66).

3) Wohngeld und Mietenbericht 1975. – Das „Grundrecht auf Wohnraum" betonte gleichfalls etwa der seinerzeitige Fraktionsvorsitzende der CDU im baden-württembergischen Landtag, *L. Späth*, in seinem Beitrag, „Das Dilemma des sozialen Wohnungsbaus", in: Der Bürger im Staat, H. 2, 1974, S. 99.

4) Zit. nach *Grassl, E.*: Der familiennahe Kinderspielplatz, München und Basel 1965, S. 28.

5) Wohnberatung sollte auch eine Wohngeldberatung einschließen. Die Sachverständigenkommission für den Zweiten Familienbericht machte hier auf einen oft vernachlässigten Gesichtspunkt aufmerksam: Das Wohngeld muß möglichst schon im Zeitpunkt der Entscheidung über eine Wohnungsanmietung für die antragsberechtigte Familie auch in seiner Höhe durchschaubar sein und damit in die Kalkulation einbezogen werden können. Nur in einem solchen Fall kann im allgemeinen eine Entscheidungs- und Verhaltensbeeinflussung bezüglich der Wohnungswahl durch das Wohngeld erwartet werden.

*Bösel, M.*, Wie wohnen Arbeiter? (Arbeiterwohnungen und Arbeiterviertel in der Bundesrepublik), in: Der Bürger im Staat, 1974, H. 2, S. 124ff.

*Bundesregierung*, Zweiter Familienbericht (Familie und Sozialisation), Bericht der Sachverständigenkommission, Bonn 1975.

*Eekhoff, J.*, Wohnungspolitik, Tübingen 1993.

*Erpenbeck, F.*, Zur Problematik der familiengerechten Wohnungen, in: Material zu Problemen der Familienpolitik, Pol. Akademie Eichholz, Bonn 1974, S. 49ff.

*Grassl, E.*, Der familiennahe Kinderspielplatz, München u. Basel 1965.

*Lampert, H.*, Lehrbuch der Sozialpolitik, Berlin u. Heidelberg 1985.

*Müller, H. U.*, Familien und Wohnen – Wohnung und Wohnumfeld, in: *H. Bertram* (Hrsg.), Die Familien in Westdeutschland, Opladen 1991, S. 311–349.

*Nell-Breuning, O. v.*, Leitsätze über „familiengerechte" Wohnungen, in: Wirtschaft und Gesellschaft, Bd. I, Freiburg 1956.

*Schweitzer, R. v., Pross, H.*, Die Familienhaushalte im wirtschaftlichen und sozialen Wandel (Kommission für wirtschaftlichen und sozialen Wandel, Bd. 98), Göttingen 1976.

*Späth, L.*, Das Dilemma des sozialen Wohnungsbaus, in: Der Bürger im Staat, 1975, H. 2.

*Weidacher, A.*, Die Wohnsituation von Familien, in: *H. Bertram* (Hrsg.), Die Familien in den neuen Bundesländern, Opladen 1992, S. 313–349.

*Wissenschaftlicher Beirat für Familienfragen* beim BMJFG, Familie und Wohnen (Gutachten), Stuttgart 1975.

# Anhang

## Kurzdarstellung der Wege familienbezogener Wohnungspolitik in der Bundesrepublik Deutschland

(Stand: Mitte 1993)

### A. Der Familienbezug in der Wohnungspolitik

Im Wohnungsbereich ist ein Familienbezug grundsätzlich als eine politische Vorgabe gewährleistet. Das generelle Ziel der Wohnungsbaupolitik wird darin gesehen, möglichst alle Familien (und Alleinstehenden) mit Wohnungen zu versorgen, die nach Größe, Qualität und Preis eine möglichst weitgehende Befriedigung des Grundbedürfnisses „Wohnen" entsprechend den in einer Gesellschaft geltenden Wohnnormen erlauben (so z. B. *H. Lampert*: Lehrbuch der Sozialpolitik, 1985, S. 243). Eine familienpolitische Akzentsetzung kommt u. a. darin zum Ausdruck, daß der soziale Wohnungsbau und die Vergabe von Fördermitteln zwecks Eigentumserwerb gerade auch kinderreiche und junge Familien sowie Alleinerziehende zu berücksichtigen haben. Diese gesetzlich festgelegte Förderung von Familien im Wohnungswesen bedeutet eine wichtige Zielvorgabe für die öffentlichen Träger der Wohnungspolitik. Diese ist auf dem Hintergrund des Konzepts der Sozialen Marktwirtschaft zu sehen, zu dem ein sozialer Ausgleich gehört. Dies ist für *J. Eekhoff* (1993, S. 2) sogar das Hauptanliegen der Wohnungspolitik, weil es immer Menschen geben werde, die es nicht schaffen, aus eigener Kraft eine menschenwürdige Wohnung zu bekommen; es könne allerdings nicht einfach hingenommen werden, daß „die eingesetzten öffentlichen Mittel zu einem erheblichen Teil nicht bei den sozialpolitischen Zielgruppen ankommen" (S. 1).

Die Ziele der staatlichen Wohnungsbaupolitik, wie sie vor allem im Zweiten Wohnungsbaugesetz ihren Niederschlag gefunden haben, sind in drei große Teilbereiche gegliedert:

- öffentlich geförderter (sozialer) Wohnungsbau
- steuerbegünstigter Wohnungsbau
- freifinanzierter Wohnungsbau.

Hinzu tritt über die Förderung des Wohnungsbaus hinaus die Gewährung von Wohngeldleistungen (Subjektförderung).

Die öffentliche Förderung des *Sozialen Wohnungsbaus,* der die Erstellung neuer Wohnungen und Kleinsiedlungen, die Instandsetzung solcher Bauten und den Ausbau vorhandener Bauten umfaßt, besteht vor allem in der Gewährung von Baudarlehen und Zinszuschüssen für Personen und Familien, deren Einkommen bestimmte Grenzen nicht überschreitet (eine Bedingung der Förderung ist ferner, daß der Bauherr eine angemessene Eigenleistung erbringt; auch sind Grenzen für förderfähige Wohnungsgrößen festgelegt). Zu den Grundsätzen der Förderung, wie sie im Zweiten Wohnungsbaugesetz festgelegt sind, ist allgemein festzuhalten: In § 1 des Gesetzes ist insbesondere die Förderung des Baus von Wohnungen vorgeschrieben, die die Entfaltung eines gesunden Familienlebens, namentlich für kinderreiche Familien, gewährleisten. Die Förderung des Wohnungsbaus soll überwiegend der Bildung von Einzeleigentum (Familienheimen und eigengenutzten Eigentumswohnungen) dienen. Die familienpolitische Ausrichtung kommt besonders in § 26 zum Ausdruck, der als Schwerpunkte der vordringlichen (öffentlichen) Förderung schwangere Frauen, kinderreiche Familien, junge Ehepaare, Alleinerziehende, ältere Menschen und Schwerbehinderte nennt. Träger des Sozialen Wohnungsbaus sind in erster Linie die (bis 1990 gemeinnützigen) Wohnungs- und Siedlungsunternehmen, ferner die Organe der staatlichen Wohnungspolitik (Bund, Länder, Gemeinden oder Gemeindeverbände) und als Organe anerkannte Unternehmen, aber auch private Haushalte.

Die Verteilung der Mittel erfolgt durch die für das Wohnungs- und Siedlungswesen zuständigen obersten Landesbehörden in den Bundesländern (häufig die Landesinnenministerien). Auf kommunaler Ebene liegt die unmittelbare Zuständigkeit für die praktische Durchführung von Bauvorhaben. Damit kommt den Bundesländern und Kommunen eine besondere Bedeutung für die Wohnungspolitik und die Förderung des sozialen Wohnungsbaus zu. Der Bund kann seine Vorstellungen über die Wege der Förderung des sozialen Wohnungsbaus nur im vollen Einvernehmen mit den Ländern durchsetzen.

Neben diesem öffentlich geförderten sozialen Wohnungsbau ist auch der *betriebliche Wohnungsbau* zu berücksichtigen, der z. T. öffentlich gefördert wird. Formen betrieblicher Wohnungspolitik sind in der Bereitstellung von Werksmietwohnungen, Förderung des Erwerbs von Eigentumswohnungen/ Eigenheimen und in der Bereitstellung von Zuschüssen für Renovierungen zu sehen.

Gerade für den familiengerechten Wohnungsbau kommt auch dem *kirchlichen Wohnungsbau* eine erhebliche Bedeutung zu. Diese Wohnungsbaumaßnahmen der kirchlichen Wohnungs- und Siedlungsdienste der beiden großen Kirchen fallen teilweise in den sozialen Wohnungsbau, werden teilweise aber auch außerhalb desselben mit Eigenmitteln der Siedlungsdienste und mit Mitteln der Kirchen ermöglicht. Hier wird nicht selten notwendiges Bauland im Wege des sog. Erbbaurechts zur Verfügung gestellt. Der familiengerechte

Wohnungsbau erfolgt bei dem kirchlichen Wohnungsbau vornehmlich in der Form der Schaffung von Wohneigentum.

Die im „Sozialbudget“ (als der Zusammenfassung aller Sozialleistungen in der Bundesrepublik Deutschland) für die Funktion „Wohnen“ ausgewiesenen Leistungen zur Besserung der Wohnungsversorgung und zur Erreichung von tragbaren Mieten überhaupt (also nicht nur mit spezieller familienpolitischer Ausrichtung i. e. S.) betrugen (nach dem ersten gesamtdeutschen Sozialbudget) im Jahr 1992 insgesamt 15,8 Mrd. DM, und zwar 12,5 Mrd. DM in Westdeutschland und 3,3 Mrd. DM in Ostdeutschland; das sind für Westdeutschland 1,4 % und für Ostdeutschland 1,9 % der im jeweiligen Sozialbudget enthaltenen Leistungen. Im Jahr 1989 waren davon (in Westdeutschland) rund die Hälfte Zinsermäßigungen im Bereich des sozialen Wohnungsbaus, Zins- und Tilgungszuschüsse sowie steuerliche Maßnahmen, ein Drittel entfiel auf Wohngeldleistungen und etwas weniger als ein Zehntel auf Zuschüsse von Arbeitgebern (s. dazu auch die nachstehende Tabelle 1).

*Tabelle 1: Wohnen*
*Ausgewählte Leistungen 1984, 1989 und 1990 in Millionen DM*

| Leistungen | 1984 | 1989 | 1990 |
|---|---|---|---|
| Gesamt | 11471 | 11996 | 12758 |
| darunter: | | | |
| Wohngeld (ohne Verwaltungskosten) | 2448 | 3758 | 4008 |
| Steuerermäßigungen | 2440 | 975 | 975 |
| Zinsermäßigungen einschließlich Lastenausgleich | 3700 | 4510 | 4720 |
| Zins- und Tilgungszuschüsse | 1500 | 1270 | 1520 |
| Zuschüsse von Arbeitgebern | 1050 | 1070 | 1100 |

## B. Finanzielle Förderung des familienbezogenen Wohnungsbaus und Erwerbs von Wohneigentum

Zum Abbau der Angebotsengpässe auf dem Wohnungsmarkt durch Steigerung der Wohnungsbautätigkeit ist einmal die allgemeine Verbesserung der Angebotsbedingungen zu nennen, wie sie durch steuerliche Anreize zur Ausweitung des Mietwohnungsbaus angestrebt wird, zum anderen die Förderung des sozialen Wohnungsbaus, durch den Wohnraum für solche Haushalte geschaffen werden soll, die auf dem allgemeinen Wohnungsmarkt nur schwer versorgt werden können. Die steuerliche Förderung (durch Gewährung erhöhter Absetzungen) wird als eine Alternative gesehen zur Förderung des sozialen

Wohnungsbaus (durch Vergabe von öffentlichen Mitteln). In familienpolitischer Sicht kommt gerade auch der (u. a. steuerlichen) Förderung von selbstgenutztem Wohneigentum besondere Bedeutung zu.

Die steuerrechtliche Förderung von (selbstgenutztem) Wohneigentum in der Hand von Familien erfolgt vor allem durch das Förderinstrument des § 10e des Einkommenssteuergesetzes. Diese einkommenssteuerrechtliche Vorschrift sieht für Aufwendungen zum Bau bzw. Erwerb von Wohneigentum (bis zu einer Höchstgrenze der Aufwendungen von 330 000,– DM seit dem 1. 1. 1992) einen Abzug vom zu versteuernden Einkommen vor; diese Förderregelung ist (durch das Steueränderungsgesetz 1992) allerdings begrenzt auf die Höchstgrenze des Jahreseinkommens von 240 000,– DM für Verheiratete (120 000,– DM für Ledige). Beginnend mit dem Jahr des Erwerbs oder der Fertigstellung der Wohnung kann der Steuerpflichtige acht Jahre lang jährlich bis zu 5% (von den maximal 330 000,– DM) als Sonderausgaben von dem zu versteuernden Einkommen absetzen, d. h. jährlich maximal 16 500,– DM (seit dem 15. 10. 1991 in den ersten vier Jahren 6%, danach wie bisher 5%). Wie groß die Steuerersparnis tatsächlich ist, hängt neben der Höhe der Aufwendungen für den Erwerb des Wohneigentums von der individuellen Steuerbelastung ab; je höher das Einkommen und damit die Steuerbelastung, desto höher ist die Entlastungswirkung. (Daneben tritt gegenwärtig noch ein zeitlich befristeter Schuldzinsenabzug für Gebäude mit Fertigstellung bis Ende 1995, der einkommensabhängig ist.) Schließlich verdient Erwähnung, daß Aus- und Umbauten, die es ermöglichen, daß Familienangehörige in einer zusätzlichen, abgeschlossenen Wohnung untergebracht werden können, seit dem 15. 10. 1991 einkommenssteuerrechtlich wie Neubauten nach § 10e des Einkommensteuergesetzes gefördert werden.

Innerhalb der Einkommensbegrenzung hat die einkommenssteuerliche Förderung, auf die ein Rechtsanspruch für jeden besteht, der die Voraussetzungen erfüllt, eine progressive Entlastungswirkung zur Folge (d. h. steigender einkommenswirksamer Effekt mit steigendem Einkommen). Die steuerliche Förderung des Wohneigentums schlägt damit bei Beziehern hoher Einkommen stärker zu Buche als bei Beziehern mittlerer und niedrigerer Einkommen.

Diese steuerliche Förderung wird durch ein *Baukindergeld* ergänzt. Es beträgt inzwischen 1 000,– DM für jedes Kind pro Jahr während der ersten acht Jahre nach dem Erwerb der Wohnung oder des Hauses. Das Baukindergeld wird von der Steuerschuld abgezogen (also nicht von der Steuerbemessungsgrundlage). Es ist also für alle gleich hoch; aber bei einer im Vergleich zur Höhe des Baukindergeldes zu geringen jährlichen Steuerschuld entstehen nur geringere oder gar keine steuerlichen Vorteile, weil negative Beträge der Steuerschuld nicht vorgesehen sind. Auch für die Gewährung des Baukindergeldes gilt die Jahreseinkommenshöchstgrenze von 240 000,– DM für Verheiratete bzw. 120 000,– DM für Ledige.

Für untere und mittlere Einkommensgruppen gibt es eine weitere, *direkte Förderung* des Erwerbs von Wohneigentum, auf die in der Regel allerdings kein Rechtsanspruch besteht, d.h., wenn die öffentlichen Fördermittel für das betreffende Jahr erschöpft sind, ist eine Förderung in diesem Jahr nicht mehr möglich. Durch diese direkte Förderung wird für untere und mittlere Einkommensgruppen entsprechend der Einkommenssituation und der Belastbarkeit der Familien ein gewisser Ausgleich zu dem niedrigeren einkommenssteuerlichen Entlastungseffekt bewirkt. Voraussetzung für die Förderung ist u.a., daß ein angemessenes Eigenkapital vorhanden ist. Auch gibt es Höchstgrenzen für die förderfähigen Wohnungsgrößen. Verfahren und Art der Förderung sind von Bundesland zu Bundesland verschieden. Grundsätzlich werden bei dieser direkten Förderung mehrere Förderwege unterschieden, die je nach der Höhe des Einkommens der Familien in Betracht kommen:

(1) Für den sog. *ersten Förderweg* sieht das Gesetz vor, daß Bauherren und Wohnungskäufer, deren Einkommen bestimmte Grenzen nicht überschreiten, günstige öffentliche Baudarlehen erhalten. Die im ersten Förderweg erstellten und geförderten Wohnungen unterliegen, wenn sie vermietet werden, bis zur Rückzahlung der öffentlichen Mittel (u.U. 30 Jahre) einer Mietpreisbeschränkung; außerdem besteht eine Belegungsbindung. Die Miete soll nur zur Deckung der laufenden Aufwendungen dienen (Kostenmiete); eine Erhöhung der Miete ist genehmigungspflichtig. Familien mit Kindern können zudem spezielle Familienzusatzdarlehen beantragen, die häufig zinslos vergeben werden. Auf diese Familienzusatzdarlehen besteht, wenn eine Förderung nach dem ersten Förderweg gewährt wird, ein Rechtsanspruch. Diese zusätzlichen Darlehen betragen bei einem Kind in der Familie 2 000,– DM, bei zwei Kindern 4 000,– DM, bei drei Kindern 7 000,– DM und für jedes weitere Kind 5 000,– DM (also z.B. bei einer Familie mit fünf Kindern 17 000,– DM).

(2) Für Familien mit Einkommen oberhalb der Einkommensgrenze des ersten Förderweges kommt der sog. *zweite Förderweg* in Betracht. Im Rahmen des zweiten Förderweges werden keine Baudarlehen vergeben, sondern sog. Aufwendungszuschüsse und -darlehen, die zur Verringerung der laufenden Belastung durch die Finanzierung und Bewirtschaftung beitragen sollen. Die Förderung im Einzelfall ist hier wesentlich geringer als im ersten Förderweg (die förderfähigen Wohnungsgrößen können höher sein). Hilfen nach diesem zweiten Förderweg setzen voraus, daß das Einkommen des Antragstellers um nicht mehr als 40% – je nach Entscheidung einzelner

Bundesländer auch 50% oder 60% – über den für den ersten Förderweg maßgebenden Einkommensgrenzen liegt.

(3) Zu dem Förderinstrumentarium gehört schließlich noch ein sog. *dritter Förderweg*, der ebenfalls für den Erwerb von Wohneigentum in Betracht kommen kann, tatsächlich aber ganz überwiegend auf den Neubau von Mietwohnungen entfällt. Dabei handelt es sich um eine sog. vertragliche Förderung mit verlorenen (d.h. nicht zurückzuzahlenden) Zuschüssen, und zwar in Höhe von 50000,– DM je Wohnung. Dabei können die kommunalen Wohnungsämter neugebaute Sozialwohnungen vorrangig für Familien sichern, indem sie durch den dritten Förderweg Belegungsrechte (für Familien) erhalten. Diese einzelvertraglichen Vereinbarungen können die Belegungsfristen, die Mieten, die Belegungsrechte durch den Zuwendungsgeber und die Ausstattung der Wohnungen betreffen. Auch diese vertragliche Förderung ist an bestimmte Einkommenshöchstgrenzen gebunden, die im Einzelfall bestimmt werden. Die Ausgestaltung dieses dritten Förderweges weicht in den einzelnen Bundesländern erheblich voneinander ab. Charakteristisch für diese Förderregelung ist, daß die Bedingungen (auch mit den Kommunen) frei ausgehandelt werden.

Grundsätzlich wird in der Bundesrepublik Deutschland durch die Förderung des Wohneigentums eine Entlastung der Mietwohnungsmärkte angestrebt. Für die Förderung im Rahmen des sozialen Wohnungsbaus (Eigentums- und Mietwohnungsbauförderung) hat der Bund die Mittel für 1992 auf 3 Mrd. DM ausgeweitet (alte Länder 2 Mrd. DM, neue Länder 1 Mrd. DM). Nach den Leitvorstellungen des Bundes soll vorrangig im dritten Förderweg mit kürzeren Sozialbindungen und leichter durchsetzbaren Mieterhöhungen gefördert werden, was jedoch von den Ländern modifiziert werden kann. Zusätzlich werden Bundesmittel in Höhe von jährlich 700 Mio. DM für drei Jahre für ein Sonderprogramm zugunsten von Regionen mit erhöhter Wohnungsnachfrage bereitgestellt. Die Mittel dieses Programms werden vorrangig im dritten Förderweg eingesetzt. Die Förderung liegt deutlich niedriger als im ersten Förderweg. Ziel ist – neben der Förderung auch von Wohneigentum – die Schaffung neuer Mietwohnungen insbesondere für junge Familien, deren Einkommen oberhalb der Grenzen des ersten Förderweges liegen. Zu diesen zusammen 3,7 Mrd. DM seitens des Bundes treten noch höhere Beträge der Länder sowie Beträge der Kommunen, so daß die Förderung im sozialen Wohnungsbau insgesamt auf etwa 12 Mrd. DM bereitgestellte Mittel veranschlagt werden kann (*J. Eekhoff*, 1993, S. 41).

Bedeutung für die Förderung des Wohneigentums besitzt auch die Gewährung von Wohnungsbauprämien und Arbeitnehmersparzulagen für Bausparverträge. Die Wohnungsbauprämie beträgt jährlich 10% auf maximal

1 600,– DM für Bausparbeiträge von Ehepaaren (800,– DM für Ledige). Für die Gewährung der Wohnungsbauprämie sind Einkommenshöchstgrenzen (in Abhängigkeit vom Familienstand) zu beachten. Anstelle der Wohnungsbauprämien können Bausparbeiträge als beschränkt abzugsfähige Sonderausgaben im Einkommenssteuerrecht berücksichtigt werden. Auch erhalten Bausparer für ihre Bausparleistungen (als vermögenswirksame Leistung) 10% auf maximal 936,– DM jährlich als Arbeitnehmersparzulage. Tarifvertragliche Regelungen sehen vor, daß der Arbeitgeber monatlich zwischen 13,– DM und 78,– DM für vermögenswirksame Leistungen, also z. B. für Bausparverträge anlegt. Spezielle Kinderkomponenten gibt es bei diesen Regelungen nicht.

Neben diese bundeseinheitlichen Fördermaßnahmen treten Förderprogramme der einzelnen *Bundesländer*, wie z. B. das Programm „Junge und wachsende Familien“ des Landes Bayern oder die „Förderung von jungen Familien in der Familiengründungsphase“ in Baden-Württemberg; das Land Nordrhein-Westfalen bietet im Rahmen der Wohnungsbauförderung, deren Schwerpunkt weiterhin auf dem Sektor des sozialen Wohnungsbaus für untere Einkommensgruppen liegt, im Jahre 1993 vorwiegend größeren Wohnungsunternehmen erstmals eine „Kombi-Förderung“ an, nach der das Land für den Bau einer Wohnung zwar öffentliche Mittel zur Verfügung stellt, die neugebaute Wohnung aber ohne Belegungs- oder Mietpreisbindung vermietet werden kann. Schließlich hat eine Reihe von *Kommunen* noch eigene Förderprogramme entwickelt, die sich jedoch kaum verallgemeinern lassen. Dazu gehören z. B. zinsverbilligte Darlehen oder die Bereitstellung von preisgünstigem Bauland. In diesen kommunalen Programmen sind häufig Vergünstigungen für Familien mit Kindern eingearbeitet.

Hinsichtlich der Wirkung der verschiedenen Maßnahmen ist festzuhalten, daß die Förderung des Wohneigentums, die im allgemeinen gerade für Familien mit mehreren Kindern besonders familiengerechte Wohnbedingungen zu sichern sucht, *einen* Schwerpunkt der familienorientierten Wohnungspolitik darstellt. Bei der steuerlichen Förderung werden Maßnahmen zur weiteren Verbesserung diskutiert mit dem Ziel, daß gerade diejenigen Familien besonders erreicht werden sollen, für die mit Rücksicht auf ihre Einkommenssituation in Verbindung mit der Kinderzahl der Familie die Förderung besonders dringlich erscheint. Bei der Effizienz der direkten Förderung ist wichtig, daß die laufende Einkommensentwicklung ausreichend berücksichtigt wird. Etwas verallgemeinert kann man im Blick auf die tatsächliche Situation sagen, daß am ehesten für *mittlere* Einkommensgruppen eine gewisse „Förderlücke“ besteht. Hier wird es darauf ankommen, das Ineinandergreifen der verschiedenen Fördermaßnahmen so weiterzuentwickeln, daß die Familien eine möglichst gleichmäßige Förderung erhalten. In der Fachdiskussion wird verschiedentlich darauf hingewiesen, daß es bisher im Ergebnis eine relativ zu wenig geförderte Zielgruppe gibt, die auch als „Mittelstand der Wohnbevölkerung" bezeichnet wird und die bisher von den Maßnahmen des sozialen Wohnungsbaus nicht mehr erreicht wird, andererseits aber von den steuerrechtlichen Vergünstigungen relativ geringen Nutzen hat. Dies gilt besonders bei Familien in mittleren Einkommensgruppen mit überdurchschnittlicher Kinderzahl, bei denen die Einkommenssteuer durch die steuerliche Berücksichtigung der Kinder bereits so niedrig ist, daß die vorgesehenen steuerlichen Vergünstigungen für den Erwerb von Wohneigentum zumindest nicht mehr voll wirksam werden können. Gegenwärtig trifft dies in noch stärkerem Maße für die neuen Bundesländer zu.

Vor diesem Hintergrund wird es gerade aus familienpolitischen Gründen, aber auch aus wohnungsbaupolitischen Gründen, von verschiedenen Seiten befürwortet, die Förderung selbstgenutzten Wohneigentums anders zu gestalten: Zumindest sei es erforderlich, allen Erwerbern eine prozentual gleiche Vergünstigung, bezogen auf den begünstigungsfähigen Betrag, zu gewähren. Die Förderung sollte danach – zusammen mit dem Baukindergeld – von der Steuerschuld abgezogen werden, wobei negative Beträge auf jeden Fall auszuzahlen seien (vgl. z. B. *A. Oberhauser/Ch. Rüsch*: Wohnungseigentumsförderung an den Familien vorbei, in: Wirtschaftsdienst VI, 1992, S. 315–319).

## C. Begrenzung von Wohnkostenbelastungen von Familien

Ein wichtiges Instrument zur sozialen Absicherung des Wohnens auch von Familien ist das *Wohngeld*. Als Zuschuß zu den Aufwendungen für den Wohnraum soll diese Leistung bei einkommensschwächeren Haushalten dazu beitragen, die marktbedingten Wohnkosten für einen angemessenen und familiengerechten Wohnraum in tragbaren Grenzen zu halten. Auch diese Wohngeldleistungen (1992 rd. 7,4 Mrd. DM, davon in Westdeutschland 4,1 und in Ostdeutschland 3,3 Mrd. DM) haben somit die wirtschaftliche Sicherung eines familiengerechten Wohnens zum Ziel.

Die auf Antrag gewährten Hilfen (Wohngeld) werden entweder als Mietzuschuß (für Mieter) oder als Lastenzuschuß (für Wohneigentümer) gewährt; auf diesen von Bund und Bundesländern etwa hälftig getragenen Zuschuß zu den Aufwendungen für den Wohnraum besteht ein Rechtsanspruch. Ob und in welcher Höhe Wohngeld zusteht, hängt von der Zahl der Familienmitglieder, dem Mietenniveau am Wohnort, der Höhe des Familieneinkommens und der Höhe (bis zu bestimmten berücksichtigungsfähigen Höchstbeträgen) der Miete bzw. der Belastungen aus Bewirtschaftung und Kapitaldienst bei Eigentümern ab. Die besonderen wirtschaftlichen Belastungen für Familien mit Kindern werden – neben der Nichtanrechnung des Kindergeldes – durch entsprechende Ausgestaltung der Wohngeldberechnung (Wohngeldtabellen) berücksichtigt. Familienpolitisch besonders relevant ist dabei die Berücksichtigung der Familiengröße: Größere Haushalte erhalten bei gleichen Einkommen und Mieten höhere Leistungen als kleinere Haushalte. Bei der Wohngeldgewährung erhöht sich die Grenze des höchstens zulässigen Familieneinkommens mit der Anzahl der Familienmitglieder. Alleinerziehende erhalten darüber hinaus einen Freibetrag. Bei der Berechnung des Familieneinkommens gibt es zudem Freibeträge für jedes Kind mit eigenem Einkommen bis zu dessen 25. Lebensjahr. Das monatliche Familieneinkommen, bis zu dem Wohngeld gewährt wird, liegt für Alleinstehende bei 1 360,– DM und steigt für z. B. Ehepaare mit drei Kindern auf 3 540,– DM an (was nicht mit dem monatlichen Bruttoeinkommen gleichzusetzen ist).

Im Jahre 1990 bezogen (in den alten Bundesländern) 1,8 Mio. Haushalte Wohngeld, und zwar 93% als Mietzuschuß und 7% als Lastenzuschuß (Tabelle 2). Dies sind 10% aller Mieterhaushalte und 1,2% aller Eigentümer. (Hinzu kommen 1991 weitere 1,8 Mio. Haushalte mit Wohngeldbezug in den neuen Ländern, was einem Anteil von rd. 27% aller Haushalte entspricht.) Das Wohngeld als Lastenzuschuß für Eigentümer betrug durchschnittlich 156,– DM monatlich, als Mietzuschuß für Mieter durchschnittlich 155,– DM monatlich. Das Wohngeld der Familien mit Kindern betrug 1990 durchschnittlich 207,– DM monatlich. Vergleicht man die Wirkung von Wohngeld bei Familien mit drei Kindern und bei alleinlebenden Personen, so zeigt sich, daß 1990 die Wohnkostenbelastung durch die Gewährung von Wohngeld bei Familien mit drei Kindern durchschnittlich auf 17% des verfügbaren Einkommens gesenkt wurde, bei Alleinstehenden auf 25%. Dies beruht nach Angaben im Wohngeld- und Mietenbericht 1991 der Bundesregierung darauf, daß größere Haushalte häufig in Wohnungen leben, die kleiner sind als die Richtgrößen, die bei der Festlegung des Wohngelds herangezogen werden. Das Wohngeld kann im übrigen, wie auch der Sozialbericht 1990 (S. 84) festhält, seiner Aufgabe nur gerecht werden, wenn die Wohngeldleistungen und die förderungsfähigen Höchstbeträge von Zeit zu Zeit der jeweiligen Einkommens- und Mietenentwicklung angepaßt werden.

Für die Eingrenzung von Wohnkostenbelastungen wirkt es sich weiterhin günstig aus, daß die Inanspruchnahme von Förderungen im Rahmen des sozialen Wohnungsbaus an die Bereitstellung von *preisgebundenem Wohnraum* gekoppelt ist. Es ist allerdings nicht festgelegt, daß dieser Wohnraum für Familien mit Kindern zur Verfügung zu stellen ist. Zumindest privaten Haushalten steht es frei, Mieter nach ihren Gesichtspunkten auszuwählen. Sozialer

Wohnungsbau durch Gemeinden oder Gemeindeverbände richtet sich dagegen häufiger auch auf die Berücksichtigung von Familien. Vorrangig ist dieser kommunale soziale Wohnungsbau mit relativ günstigen Wohnungsmieten jedoch für einkommensschwächere Bevölkerungsteile vorgesehen. Bei gleichen Einkommensverhältnissen wird dann häufig Familien mit Kindern der Vorzug gegeben.

*Tabelle 2: Wohngeldleistungen an Familien mit Kindern 1990*

| Haushaltstyp | Empfänger von Wohngeld | | | | Wohngeld-volumen[1]) insgesamt (geschätzt) | Anteil an den Wohngeld-ausgaben |
|---|---|---|---|---|---|---|
| | Empfänger von Mietzuschuß | | Empfänger von Lastenzuschuß | | | |
| | Anzahl | Durchschnittlicher monatlicher Mietzuschuß | Anzahl | Durchschnittlicher monatlicher Lastenzuschuß | Mio. DM | % |
| Haushalte ohne Kinder | 1 036 786 | 125 | 26 908 | 108 | 1 590 | *48,0* |
| Haushalte mit Kindern | 617 372 | 207 | 93 219 | 170 | 1 724 | *52,0* |
| davon: | | | | | | |
| mit 1 Kind | 245 747 | 186 | 9 884 | 146 | 566 | *17,1* |
| mit 2 Kindern | 226 352 | 197 | 40 705 | 141 | 604 | *18,3* |
| mit 3 Kindern | 92 039 | 233 | 28 477 | 175 | 317 | *9,6* |
| mit 4 Kindern | 32 724 | 268 | 9 793 | 221 | 131 | *4,0* |
| mit 5 und mehr Kindern | 20 510 | 351 | 4 360 | 339 | 104 | *3,1* |
| Insgesamt | 1 654 158 | 155 | 120 127 | 156 | 3 314 | *100* |

*Quelle:* Wohngeld- und Mietenbericht der Bundesregierung 1991, S. 138.

Für die zweite Hälfte der achtziger Jahre ist ein deutlicher Rückgang des Bestandes an Sozialwohnungen festzustellen. Der Bund hatte sich ab 1986 vorübergehend aus dessen Förderung zurückgezogen, hat sich jedoch in den letzten Jahren wieder verstärkt engagiert. Im Jahre 1991 fielen weit mehr Wohnungen aus der sozialen Bindung heraus, als neue Sozialwohnungen gebaut wurden. Die Förderung von Eigentumsmaßnahmen erhielt ein höheres Gewicht.

Da die Vergabe von Sozialmietwohnungen an Einkommensgrenzen gebunden ist, haben die „Sozialmieter", wenn sich später ihr Einkommen erhöht, grundsätzlich eine Fehlbelegungsabgabe zu zahlen. Mit dem 1990 in Kraft getretenen Wohnungsbindungsänderungsgesetz wurde der Wohnungstausch bei Unterbelegung größerer Sozialmietwohnungen gefördert. Hiernach können kleinere Haushalte, auch wenn ihr Einkommen oberhalb der gesetzlichen Grenzen für Sozialwohnungen liegt, kleinere Sozialwohnungen beziehen. Dadurch erhalten z. B. kinderreiche Familien verbesserte Chancen, größere Sozialwohnungen zu beziehen.

## D. Zur Bedeutung des betrieblichen (Werks-)Wohnungsbaus

Werkswohnungen und vor allem der Werkswohnungsbau sind, gemessen am gesamten Wohnungsbestand und der Neubautätigkeit, quantitativ gegenwärtig als äußerst gering einzuschätzen. Unmittelbar nach dem Zweiten Weltkrieg kam dem Werkswohnungsbau zunächst eine hohe Bedeutung zu; danach verlor er jedoch an Relevanz. Gleichzeitig änderte sich die Förderungsform von einer Förderung durch den Bau von Werkswohnungen, die in direktem Eigentum des Betriebes standen, zu mehr werksgeförderten und werksverbundenen Wohnungen. Gegenwärtig wird diskutiert, ob es angesichts der Wohnungsknappheit zu einer Renaissance des Werkswohnungsbaus kommen kann (vgl. hierzu: *R. Kornemann*: Werkswohnungsbau – Eine tragende Säule?, in: Der langfristige Kredit, 6/1992, S. 186–191). Für die Unternehmen böte sich damit die Chance, für ihre Betriebsstätten in Ballungsgebieten qualifizierte Mitarbeiter zu gewinnen, die aufgrund der Wohnungsknappheit in Ballungsgebieten sonst schwerer zur Verfügung stehen. Nach den bisher vorliegenden Erfahrungen wird die Bereitstellung von mietgünstigen und familienfreundlichen Wohnungen besonders wirksam erreicht, wenn die Wohnungen in der Verfügbarkeit des Betriebs selbst stehen.

Für eine verstärkte Wiederaufnahme des Werkswohnungsbaus müßten allerdings, wie in diesem Zusammenhang dargetan wird, Hemmnisse abgebaut werden, die zum Rückgang des Werkswohnungsbaus geführt hätten. So wäre bei der Förderung des Wohnungsbaus z. B. eine Anpassung von Kostenmieten (wie sie für öffentlich geförderte Wohnungen festgelegt sind) ebenso nötig wie die Anhebung der Einkommensgrenze. Wie die Erfahrung zeigt, erweist es sich bei einer öffentlichen Förderung im Werkswohnungsbau anschließend als sehr schwierig, eigene Betriebsangehörige überhaupt in die Wohnungen aufzunehmen, weil sie mit ihren Einkommen die Einkommensgrenzen übersteigen (und wenn die Mitarbeiter schon in den Wohnungen wohnen, kann später die sog. Fehlbelegungsabgabe anfallen). In der einschlägigen Diskussion wird vermutet, daß es bei einem Abbau solcher Hemmnisse zu einer neuen Entfaltung des Werkswohnungsbaus kommen könne.

# 7. Zum Verhältnis von Familienpolitik und Familienerziehung*

Den folgenden Überlegungen sei eine Feststellung vorausgeschickt, die ein bekannter zeitgenössischer Sozialisationsforscher, dessen unermüdliches Plädoyer für das Kind Beachtung und Bewunderung verdient, in unverkennbarem sozialpolitischem Engagement trifft: „Wenn in einem Staat die Kinder und Heranwachsenden Gelegenheit bekommen, ihre Fähigkeiten in vollstem Umfang zu entfalten, wenn ihnen das nötige Wissen vermittelt wird, um die Welt zu verstehen, und die nötige Einsicht, um sie verändern zu können, dann kann man getrost in die Zukunft blicken. Eine Gesellschaft, die ihre Kinder vernachlässigt, riskiert dagegen letztlich Desorganisation und Untergang, so gut sie auch auf anderen Gebieten funktionieren mag."[1]

Bedenkt man des weiteren, daß die soziale Situation des Kindes in der Familie immer zugleich Erziehungssituation ist, so läßt sich die Tragweite der in der vorgegebenen Thematik enthaltenen Fragestellung bereits erahnen. Gleichermaßen herausgefordert sind hier jedenfalls eine Familienerziehung wie eine diese in so vielfältiger und nachhaltiger Weise beeinflussende, ja in mancher Hinsicht erst eigentlich ermöglichende Familienpolitik, besonders in einer betont kindbezogenen Grundorientierung. Beide Handlungsfelder sollten nicht isoliert voneinander, sondern in ihrer *wechselseitigen Bezogenheit aufeinander* gesehen werden (was zugleich eine angemessene Berücksichtigung der Interdependenz von Familie und Gesellschaft nahelegt).

Dem soll im folgenden zum besseren Verständnis der Bedingungen und Wirkungen jedes dieser Handlungsfelder nachgegangen werden; dabei sei ausdrücklich angemerkt, daß auch diese Aktionsbereiche nicht zum „Selbstzweck" werden dürfen, vielmehr ihren spezifischen Dienst zur Sicherung und Verbesserung der Bedingungen des personalen Reifeprozesses der Angehörigen der nachwachsenden Generation zu leisten haben.

## 1. Zur Abgrenzung und Tragweite des Themas

1.1 Im folgenden interessiert das Beziehungsverhältnis von Familienpolitik und Familienerziehung, gleichsam das „und", das in der Themenformulierung die begrifflichen Chiffren für die beiden Handlungsfelder miteinander verbindet. Hier sind nun durchaus mehrere Dimensionen in der Zuordnung von

Familienpolitik und Familienerziehung zu unterscheiden, auf die in Form von Fragestellungen zuvor wenigstens kurz verwiesen werden soll:

- Einmal kann es um den jeweils spezifischen Standort gehen, den eine Familienpolitik wie andererseits eine Familienerziehung im Gesamtzusammenhang von Bemühungen um Schutz und Förderung der Familie, vielleicht noch allgemeiner um die Stabilisierung von sozialen Beziehungen und Prozessen in der und im Umfeld von Familie, einnehmen, wobei dann auch die Grenzlinien zwischen einem spezifisch politischen und einem spezifisch pädagogischen Einwirken aufzuspüren und herauszuarbeiten wären;
- Familienpolitik und -erziehung könnten aber auch als wissenschaftliche Disziplinen gesehen werden, also als Familienpolitiklehre bzw. als familienbezogener Teil der Erziehungswissenschaften (Familienpädagogik), so daß spezifisch nach den Wissenschaftsbeziehungen zwischen diesen Disziplinen zu fragen wäre;
- sodann kann man nach dem Einfluß fragen, den eine Familienpolitik auf das Erziehungsgeschehen *in der Familie* hat, ebenso kann freilich auch in etwas anderer Blickrichtung die familienpolitische Dimension einer Erziehung *zur Familie* interessieren;
- es läßt sich legitimerweise auch fragen nach der Bedeutung der Erziehung in der Familie (wie auch zur Familie) für die Wirksamkeit von Familienpolitik, die gerade in einem demokratischen Gemeinwesen in ihrem „Erfolg" maßgeblich auf das „Mitgehen" der davon „Betroffenen" angewiesen ist; dabei könnte noch auf einen weiteren Zusammenhang verwiesen werden: In einer Familienpolitik „als Gesellschaftspolitik" werden immer bereichsübergreifende Wertentscheidungen und Zielsetzungen durchschlagen, so beispielsweise das Postulat der Gleichberechtigung der Geschlechter, zu deren Durchsetzung Familienpolitik auf ihre (bereichsspezifische) Weise beitragen kann; hier gilt es nun zu sehen, daß die Verwirklichung z. B. der tatsächlichen Gleichberechtigung der Geschlechter auch mit abhängt von der Erziehung in der Familie;
- schließlich könnte speziell nach integrativen Leitbildern und Zielvorstellungen gefragt werden, die für diese beiden unterschiedlichen Handlungsfelder maßgebend sind oder doch im Interesse optimaler Effizienz sowohl politischen wie pädagogischen Handelns sein sollten, wobei dann allein schon mit dem Thema der Sozialisationszielbestimmung in Familie und Gesellschaft ein eigenes großes Thema angeschlagen wäre.

Bei einer Beschränkung auf den Aspekt der Zuordnung von Familienpolitik und Familienerziehung kann der damit sichtbar gewordenen Vielfalt der Bezüge nicht jeweils im einzelnen nachgegangen werden. Im folgenden soll nur ein Aspekt des Beziehungsverhältnisses einer Familienpolitik und einer Familienerziehung herausgegriffen werden, nämlich die *Tragweite familienpolitischer Maßnahmen* – und was vielleicht häufig etwas unterschätzt wird, die Tragweite der diesen Einzelmaßnahmen zugrundeliegenden Leitbilder und Zielsysteme – *für das erzieherische Handeln in der Familie*. Es erscheint jedoch zweckmäßig, an die vielfältigen Beziehungen zwischen den beiden Handlungsfeldern vorweg zu erinnern.

1.2 Das erkenntnisleitende Interesse der folgenden Überlegungen beschränkt sich damit auf einige ausgewählte Aspekte des mehrdimensionalen Beziehungsverhältnisses. Im Vordergrund steht das Bemühen, den Beitrag etwas zu erhellen und in seiner gerade auch pädagogischen Tragweite zu verdeutlichen, den eine Familienpolitik für den Erfolg (oder auch mangelnden Erfolg) einer Familienerziehung leisten kann, leisten sollte und demgegenüber tatsächlich leistet. Das Erziehungsverhalten (der Eltern) in der Familie kann nicht losgelöst z. B. von den Merkmalen ihrer sozioökonomischen Umwelt gesehen werden; diese Beziehungen sind in vielfältiger Weise empirisch gesichert.

In einer Gesellschaft mit einem entwickelten System von Familienpolitik wirken deren vielfältige, weit über die materiell-wirtschaftlichen Einkommenshilfen an die Familie hinausreichende Maßnahmen und Bestrebungen mehr oder minder nachhaltig auf die Rand- oder Rahmenbedingungen des Erziehungsprozesses und im weiteren Sinne des Sozialisationsverlaufs in der Familie ein. Familienpolitik verändert je nach ihrer Anlage und Ausgestaltung diese Rahmenbedingungen gegenüber einem Zustand familialer Lebensbedingungen, wie sie sich bei einer mehr oder minder totalen familienpolitischen Abstinenz darbieten würden. (Dabei sei hier einmal die Frage beiseite gelassen, inwieweit staatliches und im weiteren Sinne öffentliches Handeln überhaupt familienpolitisch wirklich „neutral" sein könnte.) Damit aber wird Familienpolitik mittelbar, jedoch deshalb nicht weniger wirksam für Familienerziehung relevant.

In der praktischen Politik wird dieser Zusammenhang zunehmend gesehen; aus jüngerer Zeit sei etwa auf die Internationale Familienminister-Konferenz (September 1977 in Bonn) verwiesen, auf der z. B. der zuständige deutsche Minister in seinem den Gedankenaustausch einleitenden Referat feststellte, die Einsicht in die große Bedeutung der Elternbildung (wie auch der Familienberatung) dürfe nicht den Blick dafür verstellen, „daß die Erziehungskraft der Familie nicht allein das Ergebnis einer bewußt wahrgenommenen Elternrolle ist, sondern von einem Geflecht anderer Einflußfaktoren geprägt wird, wie z. B. der wirtschaftlichen Lage der Familie, der Qualität der Wohnung, der Integration der Familie in die sie umgebende Gemeinschaft, der Sicherung des

Arbeitsplatzes und der familienfreundlichen Festsetzung der Arbeitszeiten". Demgemäß werden zur Mobilisierung der Erziehungskraft der Familie auch diejenigen Maßnahmen gerechnet, „die darauf hinzielen, die Bedingungen, unter denen die Familien leben, zu verbessern". Von der Konferenz wurde erwartet, bewußt zu machen, „daß Kinderzulagen, Wohngeld, Ausbildungsförderung und andere wirtschaftliche und ideelle Hilfen geeignet sind, die Erziehungskraft von Eltern zu fördern und zu unterstützen ... Gesteigerte persönliche Erziehungsbefähigung kann erst dann voll wirksam werden, wenn sie eingebettet ist in eine befriedigende Ausstattung der Familie mit den für die Erziehungsbewältigung notwendigen Ressourcen". Gerade Familienpolitik muß also Bedingungen schaffen für wirksame Familienerziehung.

Die von dem „und" des Themas Familienpolitik und Familienerziehung ausgehende Fragestellung kann daher nach diesen ersten, mehr vorbereitenden Überlegungen auch dahin präzisiert werden: In welcher Hinsicht und mit welchen Wirkungen vermag eine Familienpolitik die bedingenden Voraussetzungen erzieherischen Handelns in der Familie zu beeinflussen? Daraus erwächst bei einer auf Optimierung familialer Erziehungsprozesse und Sozialisationsverläufe ausgerichteten Betrachtungsweise die weiterführende Frage nach vordringlich erscheinenden Hilfestellungen einer (weiterzuentwickelnden) Familienpolitik für eine besser gelingende Familienerziehung. Insofern machen

*Schematische Darstellung der Wirkungszusammenhänge für den Beitrag der Familie zur Sozialisation des Kindes*

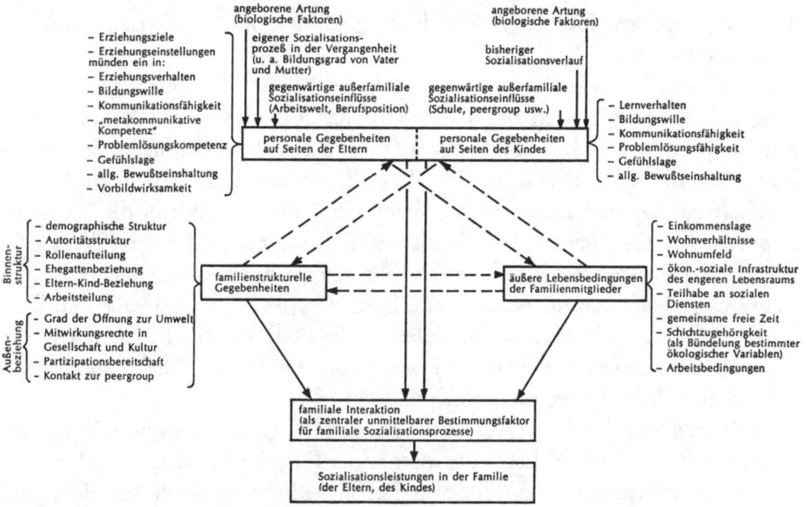

die Überlegungen nicht halt bei der Analyse familialer Sozialisationsprozesse unter dem Einfluß familienpolitischer Entscheidungen in einer Gesellschaft, sondern möchten vorstoßen bis zu der Frage der Planung von Maßnahmen zur Verbesserung eben dieser Erziehungs- und Sozialisationsprozesse in der Familie.

## 2. Rahmenbedingungen erzieherischen Handelns in der Familie als Gestaltungsaufgabe

Zunächst sollen in einer analytisch orientierten Darstellung die bedingenden Voraussetzungen des Beitrags der Familie zur Sozialisation des Kindes vergegenwärtigt werden, wobei auf die Bedeutung unterschiedlicher Grundmuster familienpolitischen Einwirkens auf diese Rahmenbedingungen familialer Sozialisation zu verweisen ist. Auf dieser Grundlage seien einige Schlußfolgerungen für eine Familienpolitik im Verhältnis zur Familienerziehung aufgezeigt.

2.1 Ein Versuch, den Beitrag einer Familienpolitik zur Rahmengestaltung familialer Erziehung näher zu bestimmen und dabei möglichst systematisch zu erfassen, geht zweckmäßigerweise von einem Überblick über die bedingenden Voraussetzungen des Beitrags der Familie zur Sozialisation des Kindes aus. In einer analytisch orientierten Sichtweise lassen sich eine ganze Reihe von Bestimmungsfaktoren bezeichnen, die das Wirkungsgeflecht familialer Sozialisation charakterisieren. Dazu sei auf eine schematische *Übersicht über die Wirkungszusammenhänge* für den Beitrag der Familie zur Sozialisation des Kindes verwiesen.

An diesem Raster lassen sich dann auch verhältnismäßig umfassend die Ansatzpunkte und Grenzen bezeichnen für das Einwirken gesellschafts- und familienpolitischen Handelns auf Verlauf und Ergebnis familialer Erziehung bzw. Sozialisation. Es lassen sich drei Felder von Faktoren herausheben, nämlich die *äußeren Lebensbedingungen der Familien,* sodann die *familienstrukturellen Gegebenheiten* (die sich wiederum nach Binnenstruktur und Außenbeziehungen der Familie gliedern lassen) und schließlich die *personalen (Vor-)Gegebenheiten* auf seiten der Eltern wie des Kindes. Unter familienstrukturellen Gegebenheiten sind dabei solche Bedingungen zu verstehen, die sich aus dem inneren Aufbau und der Zusammensetzung der Familie nach Merkmalen ihres Systemzusammenhangs ergeben.

In der Reihenfolge dieser Aufzählung kommt im ganzen der unterschiedliche Grad der Verfügbarkeit dieser Faktorenfelder für gesellschaftspolitisches Einwirken zum Ausdruck; die äußeren Lebensbedingungen der Familien sind durchweg am ehesten politisch-gestaltender Einwirkung zugänglich. Die einzelnen Faktorengruppen wirken im übrigen nicht nur unmittelbar auf die familiale Interaktion (als zentralen unmittelbaren Bestimmungsfaktor für familiale Sozialisationsprozesse) ein, sondern stehen zugleich untereinander in wechselseitiger Beziehung. So erweist sich beispielsweise für die Einkommenslage der Familie deren Größe bzw. genauer deren Anzahl „marktpassiver" Mitglieder insofern als wichtig, als erst das Pro-Kopf-Einkommen näheren Aufschluß über die tatsächliche wirtschaftliche Lage gibt; daraus ergeben sich zugleich deutliche Unterschiede in der wirtschaftlichen Leistungsfähigkeit zur Bestreitung der Wohnkosten. Auf diese Weise wirkt also z. B. die Kinderzahl der Familie auch mittelbar über die Beeinflussung der Einkommenslage und der wiederum mit dieser nachweislich in Verbindung stehenden Wohnungsversorgung auf den Prozeß der familialen Sozialisation ein. Ebenso läßt sich umgekehrt ein Einfluß des Faktors Einkommenslage auf die Kinderzahl in den Familien nachweisen, womit dann in umgekehrter Wirkungsrichtung von den äußeren Lebensbedingungen her Auswirkungen etwa auf die demographische Familienstruktur ausgehen und auf diese Weise wiederum mittelbar auf die familiale Interaktion und Sozialisation.

Aus jedem der Faktorenfelder sei wiederum lediglich ein Einzelfaktor *exemplarisch* herausgegriffen, um das mit dem Thema angesprochene weite Feld der Probleme zu veranschaulichen:

(1) Unter den äußeren Lebensbedingungen der Familien besitzen die *Wohnverhältnisse* eine oft nicht genügend gewürdigte Bedeutung gerade auch für den Erziehungsprozeß in der Familie. Trotz der sehr beachtlichen Wohnungsbauleistungen sind bei weitem nicht alle Familien mit Kindern wohnungsmäßig ausreichend versorgt. Hierzu sei beispielsweise auf die Wohnungsversorgung der *Arbeiterfamilien* verwiesen, die im Jahre 1973 im Vergleich zu den übrigen Arbeitnehmerfamilien das größte Ausmaß an Unterversorgung, gemessen an spezifischen Wohnstandardempfehlungen, aufwiesen. Als unterversorgt anzusehen waren danach

28% der kinderlosen Ehen, aber
50% der Familien mit 1 und 2 Kindern,
72% der Familien mit 3 Kindern und sogar fast
90% der Familien mit 6 Kindern.

Statt eingehender Analysen, wie sie an anderer Stelle geleistet sind[2] und hier ohnehin nicht möglich sind, sei an die pointierte Bemerkung von *H. Zille* erinnert, man könne eine Familie statt mit einer Axt auch mit einer zu engen Wohnung erschlagen. Wichtig erscheint auch, daß die familiengerechte Wohnung zeitlich möglichst früh zur Verfügung steht. Dies erscheint gerade in sozialisationspolitischer Sicht bedeutsam: Die *Chancengleichheit der Kinder* beginnt nicht erst in der Schule (oder Vorschule), sondern in der Wohnung. Die Wohnproblematik von Familien (in ihrer Bedeutung gerade auch für den Sozialisationsprozeß des Kindes) läßt sich nun wiederum auf eine Reihe von dahinterstehenden Bedingungsfaktoren zurückführen wie z. B. Einkommenslage, aber auch wohnungspolitische Eingriffe des Staates sowie wohnpädagogische Maßnahmen und Beratungsangebote von außen, die angesichts der Bedeutung auch des Wohnverhaltens des einzelnen nicht unwichtig sind.

(2) Unter den familienstrukturellen Gegebenheiten verdienen u. a. die bekannten Veränderungen in den *demographischen* Familienstrukturen hervorgehoben zu werden. Allein in den 10 Jahren von 1965 bis 1975 hat sich die Zahl der Geborenen in der deutschen Bevölkerung glatt halbiert; die zu erwartende durchschnittliche Kinderzahl ist in den jungen Ehen schon bis zur zweiten Hälfte der 70er Jahre bis auf 1,4 Kinder (bei wachsendem Anteil zeitlebens kinderloser Ehen) gefallen. Damit sind auf längere Sicht bisher kaum ausreichend untersuchte Auswirkungen auch auf den Erziehungs- und Sozialisationsprozeß des Kindes in der Familie verbunden, müssen die demographischen Familienstrukturen doch als eine wichtige Rahmenbedingung familialer Sozialisation angesehen werden.[3] Hier interessiert z. B. die Bedeutung der Kinderzahl in der Familie für die Persönlichkeitsentwicklung des Kindes (und der Eltern).

Auch hierzu sei an Stelle größerer Ausführungen auf eine schon ältere Anmerkung zurückgegriffen: *Czerny*, der zu Beginn unseres Jahrhunderts bestimmte erzieherische Aufgaben als selbstverständlichen Bestandteil kinderärztlicher Tätigkeit in das öffentliche Bewußtsein und vor allem das der Pädiater gerückt hatte, hielt 1913 in seiner Antrittsvorlesung in der Berliner Charité im Blick auf die seinerzeit bereits zu beobachtende Einschränkung der Kinderzahl fest, daß sich damit die Erziehungsprinzipien in der Familie ändern: „Das einzige Kind hat eine andere Kindheit als ein solches aus einer kinderreichen Familie." Die volle Tragweite dieser Zusammenhänge ist vielleicht erst heute richtig zu ermessen angesichts der oben kurz angesprochenen neueren demographischen Entwicklung.

Die familienstrukturellen Gegebenheiten, und zwar sowohl hinsichtlich der Binnenstruktur als auch der Außenbeziehungen der Familie, werden aber auch nachhaltig beeinflußt durch *rechtliche* Normierungen und damit politische Einwirkungen des Staates, in diesem Falle auf dem Feld der Rechtspolitik (Familienrechtsgestaltung). Die Tragweite einer Vielzahl rechtlicher Regelungen auf die soziale Wirklichkeit von Familie gilt es gebührend zu berücksichtigen, auch wenn (wie z. B. *G. Schwägler* feststellt) die heutigen Familiensoziologen leicht geneigt sind, „den Einfluß rechtlicher Normierungssysteme auf die Familienstrukturen und Familienbeziehungen zu unterschätzen".[4]

(3) Unter den persönlichen Vorgegebenheiten auf seiten der Eltern sind deren *Erziehungseinstellung und -verhalten* ein wichtiger Bereich pädagogischer Untersuchungen, die in jüngerer Zeit nicht selten auf die Frage ausgerichtet sind, ob und gegebenenfalls wie eine stärkere „Professionalisierung" der Elternrolle durch entsprechende Bildungsmaßnahmen erreicht werden kann. Zur Verdeutlichung des Problems mag auch hier ein kurzer Hinweis genügen: Nicht nur die äußeren Lebensbedingungen der Familie, sondern auch die Familie selbst werden in zunehmendem Maße als etwas Veränderliches und Planbares gesehen (wenngleich auch nicht unbegrenzt veränderlich und in jeder Hinsicht planbar); dementsprechend wird auch die Familie zunehmend als Aufgabe und Ort der Selbstgestaltung sich darstellen, weshalb die Bindung an eine einzige vorgegebene Leitbildform an Bedeutung verlieren dürfte. In dem Maße, in dem sich eine „mündige" Familie konkrete Verhaltensformen (gerade auch in der Erziehung) weniger von außerfamilialen normsetzenden Instanzen vorgeben läßt, ist ein Reflexionsvermögen, etwa im Hinblick auf eine rationale Einstellung zur Zukunft, gefordert, das nicht ohne zusätzliche Bildungsmaßnahmen in adressatenspezifischer Ausgestaltung erwartet werden kann.

Eines dürfte bei den bisherigen Überlegungen gleichfalls deutlich geworden sein: Es gibt auch nicht *die* Familie, nicht einmal in der Sozialstatistik. Es gibt Familien sehr unterschiedlicher (soziologischer, demographischer, sozialökonomischer) Struktur, Familien auch in verschiedenen Phasen ihres Entwicklungszyklus, vielfältige Formen und Ausprägungen also, die es auch in familienpolitischem und familienerzieherischem Licht angemessen zu berücksichtigen gilt.

2.2 Die damit sichtbar gewordene Vielschichtigkeit und Mehrdimensionalität familienpolitischen Einwirkens auf bedingende Voraussetzungen und Handlungsspielräume von Familienerziehung bezeichnen ein umfassendes Forschungsprogramm. Insofern mögen die bisherigen Anmerkungen ein gewisses Raster für weiterführende Fragestellungen abgeben. Ebenso wichtig, wenn nicht als Orientierungshilfe in der gegenwärtigen Diskussion um Familie, Familienerziehung und Familienpolitik unter den veränderten gesellschaftlichen Bedingungen hochentwickelter und zugleich pluraler Industriegesellschaften noch wichtiger erscheint es, sich um einige grundsätzliche Abklärungen familienpolitischer Handlungsstrategien in ihrer Bedeutung für den Erziehungsprozeß in der Familie zu bemühen. In dem Maße, in dem es gelingt, hier gleichsam ein Orientierungsraster zu schaffen, lassen sich die vielen Einzelprobleme und oft recht unterschiedlichen familienpolitischen Aktivitäten in ihrem Stellenwert besser abschätzen, die Einzelmaßnahmen in ihrer jeweiligen Zuordnung vertiefter verstehen und in ihrem umfassenderen gesellschaftspolitischen Bezugsrahmen klarer verorten. Es müßte sich dabei dann eigentlich auch zeigen, wie sehr jeweils Familienerziehung u. U. in ihrer Qualität verändert werden kann, wie sich nicht nur unterschiedliche Erziehungsziele (und -methoden) darbieten, sondern auch das Erziehungsgeschehen selbst in unterschiedlichem Grade politische Dignität erhält.

Hierzu sei auf die mögliche Ausdifferenzierung von mehreren, in ihrem gesellschaftstheoretischen Gehalt und ihrer gesellschaftspolitischen Konzeption deutlich unterschiedlichen „Grundmustern" von Familienpolitik verwiesen (s. dazu den Beitrag I. 2. in diesem Band). Im familienpolitischen Handlungsfeld lassen sich nämlich bei näherem Zusehen, – und zwar sowohl national wie international – mehrere verschiedene „Grundmuster" ausmachen. In ihnen werden unterschiedliche wertbezogene Leitbilder oder doch unterschiedliche Gewichtungen von (gleichen) Wertsetzungen und Leitbildelementen sichtbar. So sind für diese unterscheidbaren Konzepte deutlich unterschiedliche prinzipielle Akzentsetzungen für das Verhältnis von einzelnem, Familie und Gesellschaft charakteristisch. Es ist zu vermuten, daß diese Unterschiede Rückwirkungen haben auf die Anlage und Ausgestaltung familienpolitischer Maßnahmen und damit auch familienpädagogisch relevanter Strategien.

In dem Maße, in dem diese „Grundmuster" sich als tragfähig für ein besseres Verständnis von familienpolitischen Einzelaktionen, gerade auch in ihrer Tragweite für Familienerziehung, erweisen sollten, wäre damit *ein* Instrumentarium geschaffen, dem ein generellerer Erklärungs- und Interpretationswert zukäme und auf das für die Erörterung zahlreicher Einzelprobleme bei Bedarf zurückgegriffen werden könnte. Insofern könnte damit auch ein Beitrag geleistet werden zum noch wenig fortgeschrittenen, indessen recht dringlichen Ausbau der theoretischen Grundlagen einer in die Gesellschaftspolitik integrierten Familienpolitik. Es handelt sich bei diesen unterschiedlichen Grundmustern gleichsam um idealtypische Konzepte von Familienpolitik; in der Wirklichkeit treffen wir durchaus auf Modifizierungen, auf durch politische Kompromisse bewirkte Abwandlungen solcher idealtypischen Konzepte. Es muß sich dabei auch keineswegs um ein zeitliches Nebeneinander im Vergleich unterschiedlicher politischer Ordnungen (oder politisch-programmatischer Bestrebungen) handeln; auch im historischen Wandel können sich in einem Gemeinwesen solche unterschiedlichen Leitbilder von Familienpolitik herausbilden.

## 3. Schlußfolgerungen

Auf dem Hintergrund eines an einem *personalen* Menschenverständnis orientierten Grundmusters von Familienpolitik sollen im Blick auf die gegenwärtige Problemlage der Familie einige familienpolitische Folgerungen abgeleitet werden. Diese können z. T. gegenwärtig bereits bestehende Maßnahmen in ihrer sozialisationspolitischen Tragweite noch etwas deutlicher akzentuieren, mögen z. T. aber auch Richtungen bezeichnen, in denen ein Ausbau und eine Weiterentwicklung eines entfalteten Systems von Familienpolitik wünschenswert erscheint. Dabei ist daran zu erinnern, daß die soziale Situation des Kindes in der Familie immer zugleich Erziehungssituation ist. Bei diesen Schlußfolgerungen geht es nicht einmal in erster Linie darum, Einzelmaßnahmen in ihrer ganz konkreten Ausgestaltung nachzuzeichnen (was ohnehin jeweils gründliche Auseinandersetzungen erfordert sowohl mit der Konkretisierung bereichsübergreifender gesellschaftspolitischer Leitbilder in ganz bestimmten Zielen bzw. Zielsystemen einer [bereichsspezifischen] Familienpolitik als auch mit den tatsächlichen Gegebenheiten von Familie und familialer Lebensumwelt im Hinblick auf mangelnde Entsprechungen zu den familienpolitischen Zielsetzungen sowie im Hinblick auf Möglichkeiten und Grenzen einer zielkonformen bewußten politischen Gestaltung von familialen Lebensbedingungen). Vielmehr geht es vor allem darum, einige mehr grundsätzliche Gesichtspunkte aufzuzeigen, die vor allem auch für das Beziehungsverhältnis von *Familienpolitik und Familienerziehung* wichtig erscheinen.

Mehr thesenförmig sei folgendes festgehalten:

(1) Familienpolitik sollte so angelegt sein, daß eine Reihe von strukturellen Merkmalen, die für die Erfüllung der den Familien zufallenden Aufgaben gerade im Erziehungs- und Sozialisationsprozeß „wesentlich" erscheinen, möglichst optimal ausgeprägt sind bzw. zur Ausprägung gelangen können. Dabei ist von vornherein zu betonen, daß hier auch eine Reihe von qualitativen Möglichkeiten angesprochen sind, deren Ausprägung durch bestimmte strukturelle Bedingungen begünstigt wird. Insofern gilt es auch hier den Unterschied zwischen normativ bestimmtem Anspruch an Ehe und Familie und den tatsächlichen vorfindbaren Gegebenheiten zu sehen. Ein in der Wirklichkeit immer wieder anzutreffendes Scheitern an Ehe und Familie widerlegt nicht diese Möglichkeiten, zeigt wohl aber, daß diese stets auch eine persönliche Aufgabe darstellen und sich nicht von selbst erfüllen – nur weil man es mit den Institutionen Ehe bzw. Familie zu tun hat.

Als solche strukturellen bzw. qualitativen Merkmale lassen sich aufgrund des gegenwärtigen familienwissenschaftlichen Forschungsstandes u. a. ausmachen:[5]

– eine zwei Generationen mit regelmäßig Erwachsenen beiderlei Geschlechts umfassende Kleinstgruppe mit Möglichkeiten spezifischen sozialen Zusammenhalts, die in „biologischen Substrukturen" (*R. König*) begründet sind, und andererseits mit einer (durch die Organisation als überwiegend exklu-

sive Haushaltsgruppe auch räumlich gesicherten) relativ scharf markierten Gruppengrenze gegenüber der Umwelt;
- eine recht totale Lebensgemeinschaft, die praktisch alle wesentlichen Aspekte des Lebens der Familienmitglieder in relativ starkem Maße erfaßt und damit starke sozial-emotionale Bezüge sowie ein spezifisches Interaktionsmilieu mit sehr intensiven sozialen Beziehungen der Gruppenmitglieder hervorbringt;
- große Eindeutigkeit und Verläßlichkeit der personalen Beziehungen in der Familie, und zwar zwischen den Ehepartnern und auch zwischen Eltern und Kindern wie in der Familie insgesamt; damit kommen Stichworte ins Spiel wie Treue (zwischen den Ehegatten), Liebe und Achtung (in beiden Richtungen des Eltern-Kind-Verhältnisses), wie familiale Solidarität (in der Familie als einem sehr wichtigen Faktor im „Marktrand“, in dem die Einübung und Ausprägung von Solidarität um so wichtiger erscheint, als diese im Marktgeschehen selbst fast zwangsläufig kaum zur Entfaltung gelangt).

Kleinkind und Exklusivität der Familie wie andererseits die geschlechts- und generationspezifischen Besonderheiten ihrer Zusammensetzung erweisen sich als wichtige innerfamiliale Strukturbedingungen elterlichen Erziehungshandelns. Die pädagogische Bedeutung derartiger Strukturen von Familie ließe sich etwa unter Hinweis auf entwicklungspsychologische Zusammenhänge verdeutlichen. Erst unter derartigen Bedingungen läßt sich

- das nötige „Urvertrauen“ des Menschen entwickeln,
- die für die Gewissensbildung wichtige Orientierungssicherheit gewinnen,
- die für verantwortliche Partnerbeziehungen unentbehrliche Verhaltenssicherheit ausprägen.

Für die Familienpolitik erwächst daraus die *doppelte* Aufgabe, zum einen die erzieherische Leistung in der Familie (als einen elementaren und unersetzlichen Dienst an der nächsten Generation) institutionell zu gewährleisten wie andererseits nachweislichen Beeinträchtigungen und Behinderungen der Erziehungs- und Bildungsleistungen der Familie gezielt und wirksam zu begegnen. Wenn etwa für die Ehegattenbeziehungen wie auch für die Eltern-Kind-Beziehungen das Leitbild personaler Partnerschaft anerkannt, ja förmlich postuliert wird, so erwächst damit der Familienpolitik die Aufgabe, Voraussetzungen dafür zu schaffen, daß sich solche personale Partnerschaft tatsächlich entwickeln kann. Dies ist nicht allein, aber auch eine Frage der Rechtsgestaltung; letztere kann damit über neue Normsetzungen die Wirklichkeit von Ehe und Familie weiter (i. S. eines solchen Leitbildes) verändern. Erst recht wird eine Familienpolitik, die sich als integrativer Bestandteil einer Gesellschaftspolitik versteht, im Blick auf die heute besonders in den Vordergrund gerückte Sozialisationsfunktion der Familie herausgefordert, muß hier doch neben sehr eindrucksvollen Funktionsentsprechungen auch auf mannigfache Leistungsbehinderungen (und -grenzen) von Familie verwiesen werden. Die familienbezogene Sozialisationsforschung hat hierzu in den letzten Jahren wichtige, für eine auf Effizienz bedachte Familienpolitik richtungweisende Ergebnisse vorgelegt – bis hin zur Einsicht in die Notwendigkeit einer sehr viel stärkeren Differenzierung bisheriger „schichtenspezifischer" Ansätze.

Je nach den Faktoren solcher Funktionsbehinderungen erfordert dies einen unterschiedlichen Mitteleinsatz (in aller Regel in einem Bündel aufeinander abgestimmter Maßnahmen) und mehr als bisher eine *adressatenspezifische Ausgestaltung* der familienpolitischen Maßnahmen. Die Notwendigkeit verstärkter Berücksichtigung sozialschichtenspezifischer Besonderheiten bei pädagogischen und beraterischen Hilfen für die Familien mag hier nur als ein naheliegendes Beispiel für ein weites, noch nicht genügend angegangenes Aufgabenfeld stehen. Die in jüngster Zeit – auch international (Frankreich, Großbritannien) – sich wieder verstärkende Diskussion um eine einkommensschichtenspezifische (degressive) Ausgestaltung wirtschaftlicher Familienhilfen bildet ein weiteres Beispiel.

In diesem Zusammenhang gewinnt dann auch die Frage besondere Bedeutung, wie das Zusammenwirken von Familien und außerfamilialen Erziehungskräften verbessert werden kann. Hierzu sei nochmals an die nachhaltigen Veränderungen der *demographischen* Familienstrukturen erinnert: Entsprechend bestimmter Mängelsituationen sehr kleiner Familien im Hinblick auf die Erfüllung familialer Grundfunktionen gerade auch im erzieherischen Feld gewinnen familienergänzende Einrichtungen zusätzliches Gewicht, deren Ausweitung Struktur und Funktionen der Familie nicht unbeeinflußt lassen werden. Man kann sogar die Frage stellen, inwieweit die Reduktion der Familiengröße nicht aus sich heraus zu einem größeren Gewicht von Elementen der Vergesellschaftung des Erziehungsprozesses führt. In einem mehr auf Kooperation verschiedener Erziehungsträger hin angelegten Erziehungsprozeß werden auch die Eltern insoweit stärker gefordert sein. Geringere Kinderzahlen können es in gewisser Hinsicht den Eltern erleichtern, den damit gegebenen Anforderungen zu entsprechen; es wird freilich auch Aufgabe einer Familienpolitik sein müssen sicherzustellen, daß (sich nicht nur personale Partnerschaft in der Familie entwickeln kann, sondern) auch Eltern stärker noch als bisher zu einer solchen Kooperation mit außerfamilialen Erziehungsträgern befähigt werden.

(2) Erweisen sich gerade mit der institutionellen Gewährleistung von kon-

stitutiven Merkmalen der Familie zugleich Werte wie Vertrauen, Liebe, Sicherheit als Werte, an deren Ausprägung bzw. mangelnder Ausprägung Familie in ihrer konkreten Gestaltung und in ihrer Wandlung sich messen lassen muß, so bleibt zu fragen, ob und inwieweit andere Werte wie gesellschaftliche Gleichheit und „Emanzipation" des einzelnen mit solchen für Familie konstitutiven Wertsetzungen kollidieren können.

Schon eine Gegenüberstellung unterschiedlicher familienpolitischer Grundmuster zeigt, daß teilweise zwar auf dieselben Zielwerte abgestellt, jedoch eine jeweils unterschiedliche Gewichtung vorgenommen wird und daß eine besondere Problematik gerade dort gegeben ist, wo bestimmte mit der Lebensgemeinschaft Familie verbundene Zielwerte mit anderen Wertsetzungen, die mehr am einzelnen oder mehr an der Gesamtgesellschaft festgemacht sind, in der konkreten Situation kollidieren.

Bei der Frage nach solchen Zielkonflikten in der Wertverwirklichung sollte man sich davor hüten, vorschnell von unvereinbaren Gegensätzen und unvertretbaren Verletzungen von Wertentscheidungen, die mehr im außerfamilialen Raum geprägt sind, durch die Familie und ihre Leistungen und Wirkungen bereits dort zu sprechen, wo es im Grunde um eine ausgewogene Zuordnung von solchen Wertentscheidungen geht. Auch sollte sorgfältig abgewogen werden, was bei längerfristiger Lebensablaufbetrachtung wirklich unlösbarer Zielkonflikt ist und was lediglich im Verlauf des „Familienzyklus" unterschiedliche Prioritätensetzung bedeutet. Als konkretes Beispiel für die hier angesprochene Problematik sei folgender Zusammenhang genannt:

Eine im sozialgeschichtlichen Zusammenhang verständliche emanzipatorische Tendenz, wie z. B. in bedeutsamen Teilen des Familienrechts (Gleichberechtigung und Kindeswohl) zum Ausdruck kommt, muß ihre Grenzen dort haben, wo elementare Belange der Lebensgemeinschaft Familie dem entgegenstehen. Die Berücksichtigung solcher „Vitalinteressen" der Primärgruppe Familie erscheint etwa in einer Familienrechtsgestaltung nicht vereinbar mit einer rein individualistischen Konzeption der Ausdeutung von „Emanzipation". Eine solche läge etwa dann vor, wenn sie sich ausschließlich an der Person jedes einzelnen Familienmitglieds orientiert und der individuellen Selbstbestimmung des einzelnen, auch wenn er in der Familie steht, den unbedingten Vorrang in dem Sinne einräumt, daß er das Recht haben soll, eigene Interessen unter allen Umständen auch gegen das gemeinsame Wohl der Familie als Ganzes – unter Umständen mit Hilfe der Rechtsordnung – durchzusetzen. Familie wird auch in Zukunft bis zu einem gewissen Grade „Schicksal" bleiben, auch in dem Sinne, daß derjenige, der sich durch die Familiengründung freiwillig zu ihr entschieden hat, damit bestimmte individuelle Freiheitsspielräume im Vorhof zurückgelassen hat.

Eine für die tatsächliche Sozialisationsleistung der Familie geradezu strategische Bedeutung kommt der Art und Weise zu, in der die spezifischen Rollenprobleme der Mutter gelöst werden. Ein zentraler Konflikt wird hier darin gesehen, daß den Müttern in der Regel einerseits im außerhäuslichen Bereich sinnvolle berufliche oder auch nichtberufliche Rollen nicht hinreichend angeboten werden, andererseits keine kollektiven Chancen einer „Professionalisierung" der innerfamilialen Mutterrolle bestehen, was auf dem Hintergrund schwindender Rollenanforderungen an die Mutter mit dem Hinauswachsen des Kindes aus der Familie gesehen werden muß. So heißt es etwa in dem Bericht der Sachverständigenkommission für den Zweiten Familienbericht: „Bietet ihr (d. h. der Mutter, eig. Anm.) die Gesellschaft keine Chance, diesen teilweisen Rollenverfall im Haushalt durch eine Art Rollenkarriere außerhalb des Haushalts in beruflichen oder auch nicht-beruflichen Bereichen aufzufangen und zu kompensieren, so entstehen Schwierigkeiten nicht nur für das Selbstwertgefühl der Frau. Die Kinder werden insofern betroffen, als eine der Möglichkeiten der Frau, für viele vielleicht die einzige Möglichkeit, sich eine sinnvolle Rolle zu sichern, in dem Versuch besteht, ihr Kind im Kindstatus zu fixieren. Sie muß dann die für das Kind unabdingbare Entwicklung von Unabhängigkeit und Selbständigkeit zu verhindern trachten, wenn sie sich selber für wichtig und ‚gebraucht' halten will. Hier liegen die Grundlagen für den totalitären Anspruch, den Mütter gegenüber ihren Kindern nicht selten auf deren Kosten durchsetzen."[6]

Die Schwierigkeiten, die bei dem Versuch der Mütter, diesem Dilemma schon bei sehr niedrigem Alter des Kindes durch eine Doppelrolle in Familie und Beruf zu entgehen, in der Regel entstehen und den Sozialisationsprozeß des Kindes belasten können, sind hinlänglich bekannt. Im Grunde wird hier ein Strukturproblem unserer hochdifferenzierten Industriegesellschaften sichtbar, das – bei der gegenwärtigen Arbeitsorganisation – auf eine deutlich gestiegene Unvereinbarkeit zwischen Eltern- und Berufsrolle verweist. Konflikte für die Frau erwachsen daraus deshalb, weil die traditionelle Lösung, wonach die geschlechtsspezifische Rollenspezialisierung der Frau auf den häuslichen Bereich, diejenige des Mannes auf den außerhäuslichen Bereich ausgerichtet ist, mit den wachsenden Erfahrungs- und Sinnbedürfnissen der Frau nicht mehr vereinbar erscheint. Soll in dieser Situation auf die Sozialisationsleistung von Familie nicht verzichtet werden, so läßt sich das Problem nicht einfach aufheben, wohl aber entscheidend vermindern. Der Konflikt bleibt, etwa zwischen der mit der Hoffnung auf zusätzliche Selbstverwirklichungschancen angestrebten außerhäuslichen Erwerbstätigkeit und dem Anspruch des Kindes auf eine gesicherte Entwicklung und Erziehung. Für die sehr verbreitete Zwei-Generationen-Kleinfamilie scheint ein wenigstens vorübergehender Verzicht eines Elternteils auf außerhäusliche Erwerbstätigkeit bei kleineren Kindern (etwa bis zum 3. bis 4. Lebensjahr) und eine anschließend nur begrenzte Beschäftigung (z. B. Halbtagsbeschäftigung bis etwa zum 10. Lebensjahr des Kindes) naheliegend und wäre durch eine entsprechende Ausgestaltung der Familienpolitik zu erleichtern. Letzteres verweist auf die Lösung des Problems des Einkommensausfalls (Erziehungsgeld) und der Sicherung der Anwartschaft im System der sozialen Sicherung, ferner auf begleitende Maßnahmen zwecks Erleichterung des späteren Wiedereintritts in das Berufsleben.

(3) Die Erörterung derartiger Zielkonflikte, deren Bewältigung im Einzelfall auf unterschiedliche Wertmuster zurückverweisen kann, führt zu einer weiteren Schlußfolgerung: Auch die Familienpolitik wird in unserem Gemeinwesen davon ausgehen müssen, daß wir eine plurale Gesellschaft haben, in der es nicht ein einziges als ideal geltendes Familienmodell gibt. Die Träger von Familienpolitik, insbesondere also der Staat, dürfen daher nicht versuchen, ein solches allgemeinverbindliches Modell aufzustellen. Familienpolitik sollte auch und gerade bei stärkerer Betonung personaler Verantwortung durch die *„Verwirklichung offener Zielsetzungen"* gekennzeichnet sein.

Dieser Aspekt gewinnt z. B. auch im Hinblick auf das Rollenproblem der verheirateten Frau zwischen außerhäuslicher Erwerbstätigkeit und Mutteraufgaben Bedeutung. Wichtig erscheint, daß die einzelnen Familien bzw. Ehepartner eine ausreichende *Wahlfreiheit zwischen alternativen Verhaltensmustern* auch tatsächlich haben – und das heißt, daß die Wahl nicht nur formalrechtlich „erlaubt", sondern auch von der materiellen Freiheit her und durch Abbau gesellschaftlich wirksamer „Zwänge" gesichert ist. Dies bedeutet auf der einen Seite eine deutliche Absage an die Auffassung, eine „Selbstverwirklichung" der Frau gelinge *ausschließlich* über die Ausübung einer außerhäuslichen Erwerbstätigkeit; selbst in den Phasen des Familienzyklus, in denen maternale Funktionen der Frau deutlich zurücktreten können, erscheint nicht nur eine Berufstätigkeit, sondern z. B. auch ein soziales Engagement außerhalb der Familie geeignet, die persönliche Entwicklung der verheirateten Frau weiter zu fördern. Es bedeutet auf der anderen Seite freilich auch, daß die Erwerbstätigkeit von Müttern auch kleinerer Kinder nicht pauschal als „unverantwortlich" diffamiert werden und nicht im Grunde einzig in der leiblichen Mutterschaft die „Erfüllung" der Frau gesehen werden darf.[7]

Die materielle Freiheit, sich für eine dem individuellen Lebensentwurf am meisten entsprechende Verhaltensweise (die ja immer auch erzieherisch wirksame Verhaltensweise ist), entscheiden zu können, verlangt damit Konsequenzen im Bereich gesellschaftlicher Einrichtungen zur Betreuung und Erziehung der Kinder in ihren unterschiedlichen Altersstufen ebenso wie die wirksame Lösung der Einkommensproblematik, wie sie sich bei Wegfall des zweiten Erwerbseinkommens des mit Rücksicht auf die Versorgung von kleinen Kindern auf außerhäusliche Erwerbstätigkeit verzichtenden Elternteils in breiten Einkommensschichten ergibt, etwa durch Gewährung eines *Erziehungsgeldes*. Hier gilt es zu sehen, daß der Familienlastenausgleich, obwohl in seiner ursprünglichen Zielsetzung noch keineswegs wirklich zufriedenstellend gelöst (z. B. fehlende Dynamisierung), inzwischen bereits eine *neue Dimension* dazugewonnen hat: Das wohl entscheidendere ökonomische Problem stellt in den breiten Einkommensschichten der Wegfall des zweiten Erwerbseinkommens des Elternteils dar (i. d. R. der Mutter), der mit Rücksicht auf die Versorgung kleiner Kinder für eine Reihe von Jahren auf eigene Erwerbstätigkeit verzichtet. Für 1975 wurde ermittelt, daß das durchschnittliche Einkommen einer Familie bei Wegfall der außerhäuslichen Mitarbeit der Ehefrau um rund 30 Prozent absinkt. Das bedeutet sehr viel mehr an Einbuße im wirtschaftlichen Lebensniveau als etwa ein weiteres Kind in der Familie.

Eine weitere Konsequenz wird stichwortartig mit dem Hinweis auf die Notwendigkeit bezeichnet, in der öffentlichen und der „veröffentlichten" Meinung eine durchgreifende Aufwertung der elterlichen Erziehungsaufgaben gegenüber dem Kind zu erreichen, womit nicht nur medienpolitische, sondern auch familienpädagogische Aufgaben besonderer Art angesprochen sind. An dieser Stelle sei noch einmal an das heute mehr und mehr anerkannte Leitbild der partnerschaftlichen Ehe erinnert, das angesichts des engen inneren Zusammenhangs von Ehe und Familie auch bis zum *Leitbild der partnerschaftlichen Familie* durchschlägt. Mit diesem Leitbild, dessen Ausprägung im Alltag der Familien es zu sichern gilt, ist auch die Vorstellung eines von außen nicht bestimmbaren Freiraumes zur Gestaltung der Binnenverhältnisse verbunden. Die Auswahl zwischen den oben angesprochenen modellhaften Regelungen des Rollenproblems der verheirateten Frau zwischen Familie und Beruf setzt eine entsprechende Gestaltungsfreiheit voraus; es wurde zugleich deutlich, wie eine solche Gestaltungsfreiheit im Bereich Ehe auch die Bedingungen familialer Sozialisation spürbar beeinflußt, und zwar i. S. einer Ausweitung auch der Gestaltungsformen in der Lebenswelt der Familie.

Die im Einzelfall notwendige Entscheidung kann der einzelnen Familie nicht von außen, erst recht nicht durch Beschäftigungsverbote für junge Mütter, abgenommen werden. Die Familienmitglieder, inbesondere die Eltern, werden hier freilich jene *Grenzen* für die „Lösung" von Zielkonflikten zwischen unterschiedlichen Bedürfnissen und Ansprüchen angemessen zu berücksichtigen haben, jenseits derer die Entwicklung der abhängigen Kinder als des schwächsten Teils der Familie Schaden nimmt. Für eine betont kindbezogene Familienpolitik, die gerade auch die Erziehungs- und Bildungsfunktion der Familie zu optimieren sucht, kann diese Grenzziehung nicht gleichgültig sein;

für die von einer solchen Familienpolitik zu gewährleistende Familienpädagogik (durch berufene Träger) ergeben sich hier besonders wichtige Aufgaben. Es gibt eben auch einen Schutz des Kindes gegenüber solchen Emanzipationsforderungen der Eltern, die sich nur auf Kosten der Rechte des Kindes einlösen ließen.[8] Das darf andererseits nicht dazu führen, einseitig die Frau mit ihren Sinnansprüchen auf einen solchen Schutz der legitimen Ansprüche des Kindes zu verpflichten, Änderungen in der Rollenverteilung von Mann und Frau dagegen gar nicht erst in Betracht zu ziehen. Die Zuschreibung häuslicher und außerhäuslicher Rollen nach dem Kriterium des Geschlechts (mit dem Stereotyp Mann: Beruf, Frau: Haushalt und Familie) ist weit weniger „natürlich" als geschichtlich tradiert.

(4) Eine sozialwissenschaftlich vertiefte Auseinandersetzung mit den familienpolitischen Gestaltungsmöglichkeiten der Rahmenbedingungen von Familienerziehung führt sodann zu der Einsicht in die Bedeutung einer nachhaltigen Verbesserung dieser Bedingungen auch in dem Sinne, daß auf Dauer gestellte Einwirkungen die Familiengruppe insgesamt erreichen. Hier wäre vermehrt aus den vornehmlich in den USA gesammelten (von *U. Bronfenbrenner* aufgearbeiteten) Erfahrungen mit Programmen zur Förderung von Kindern sozial benachteiligter Bevölkerungsgruppen zu lernen. Danach haben sich die mehr oder minder isoliert nur auf das Kind gerichteten kompensatorischen Programme von seiten außerfamilialer Bildungs- und Erziehungseinrichtungen auf längere Sicht gesehen als recht wenig wirksam erwiesen. Der Erfolg solcher Programme hängt offenbar davon ab, ob es gelingt, die *Eltern miteinzubeziehen*, also ein Netzwerk von familienunterstützenden Beziehungen zu schaffen. Wichtig erscheint damit, daß bei derartigen Interventionen die Familie als Ganzes mit einbezogen wird. Auf diese Weise kann eher erreicht werden, daß die Lebenswelten der Kinder verbunden und weniger getrennt werden. Dies verweist zurück auf die notwendige Zusammenführung von Familie und familienergänzenden Sozialisationseinrichtungen im Umfeld der Familie. Auch die Kooperation der Familie mit außerfamilialen Erziehungs- und Bildungseinrichtungen gelingt nicht von allein, sondern bedarf der pädagogischen Anleitung und Einübung durch eine umfassende Erziehung zur Familie ebenso wie der ordnungspolitischen Absicherung in der rechtlichen Rahmengestaltung. (Hier wäre etwa auf die in verschiedenen Bundesländern entstandenen Kindergartengesetze mit den dort geregelten Mitwirkungsrechten der Eltern zu verweisen.) Insgesamt geht es darum, die Familienmitglieder, insbesondere die Eltern, zu besserer Partnerschaft mit Trägern kompensatorischer Maßnahmen von außerhalb der Familie zu befähigen, die in ihrer Wirkung wesentlich auf die Resonanz aus der Familie und auf deren „Mitgehen" angewiesen sind.[9]

(5) Eine wichtige Konsequenz für eine Verbesserung der Erziehungsbedin-

gungen in der Familie bildet schließlich die Erkenntnis, daß keineswegs nur Staat und Kommunen, sondern auch freie gesellschaftliche Träger und Kräftegruppierungen in Pflicht zu nehmen sind bei dem Bemühen um eine kinderfreundlichere Lebensumwelt von Familien. Die Züge von mangelnder Kinderfreundlichkeit sind unverkennbar. Die Lösung der damit bezeichneten Aufgaben kann nicht Staat und Gesetzgeber allein überlassen werden. Der Aspekt einer mehrgliedrigen Trägerschaft familienbezogener Maßnahmen gewinnt in unserer pluralen Gesellschaft im übrigen besondere Bedeutung im Hinblick auf familienpädagogische Maßnahmen. Der Staat hat seinerseits zu gewährleisten, daß berufene freie Träger sich dieser Aufgaben entsprechend den gruppenspezifischen, von unterschiedlichen Wertsetzungen getragenen Zielvorstellungen – etwa im Bereich der Elternbildung – annehmen können und tatsächlich annehmen.

### *Schlußbemerkung*

Aufgrund der bisherigen Überlegungen sollte einsichtig geworden sein, wie nachhaltig und in welchen Richtungen die politisch-gestaltende Einwirkung auf die sozialen Beziehungen und Prozesse in der Familie und nicht minder wirksam auf die äußeren Lebensbedingungen der Familienmitglieder den Bereich der *Familienerziehung* berührt. So wird die Eingangsbemerkung in ihrer Tragweite sehr viel verständlicher, die soziale Situation des Kindes in der Familie sei immer zugleich Erziehungssituation. Für eine zusammenfassende Würdigung, die zugleich auf einige Perspektiven für die weitere wissenschaftliche Befassung mit dem vorliegenden Problemfeld verweisen kann, erscheint ein Rückgriff auf einen Bezugsrahmen hilfreich, der bei der Erforschung der Sozialisationsprozesse insbesondere des Kindes in jüngerer Zeit als besonders fruchtbar angesehen wird und schon fast ein wenig Mode geworden ist, ein Bezugsrahmen nämlich, der von einem *„ökologischen“ Ansatz* her entwickelt wird.[10] Wenn damit eine spezifische und neuartige Aussage verbunden sein soll, ist hier eine integrative Schauweise postuliert.

Für unsere engere Fragestellung ist dieses Konzept in einer *doppelten Hinsicht* von Interesse: Einmal erinnert dieser Ansatz daran, daß die Art und Weise, wie Familie und Haushalt zusammengesetzt sind, wie die Familie in ihrem Innenverhältnis organisiert ist und zur weiteren Verwandtschaft und den übrigen Menschen ihrer Umgebung in Beziehung steht, daß diese und andere Familie und Familienhaushalt charakterisierende Bedingungen die Pflege und Erziehung der Kinder nachhaltig beeinflussen. Zum zweiten tritt mehr oder minder ausgeprägt der *Gestaltungsaspekt* hinzu: Die vielfältigen Wechselwirkungen zwischen der sozialen und kulturellen Umwelt der Familie und dem einzelnen sind grundsätzlich, wenn auch nicht unbegrenzt politisch gestaltbar und bilden damit eine dauernde Gestaltungsaufgabe. Sozialisation ist kein total planbarer und machbarer Prozeß; dies darf andererseits gesellschaftliche Anstrengungen nicht entmutigen, Sozialisation dadurch zu verbessern, daß optimale Voraussetzungen für die Entwicklung des biologischen und physiologischen Potentials geschaffen werden. *Familienpolitik* ist ein sehr *wesentlicher Teil dieser gesellschaftlichen Anstrengungen.* Von einer durch sie bewirkten Veränderung des erzieherischen Handelns in der Familie dürfen dann freilich auch erwünschte gesellschaftliche Veränderungen erwartet werden. Damit gewinnt diese Familienpolitik eine ausgesprochen *sozialreformerische Dimension.*

Auf der Ebene der Sozialisationsforschung findet sich diese zugleich betont sozial- und familien*politische* Blickrichtung sehr ausgeprägt bei *U. Bronfenbrenner*, dessen Rezeption in der Bundesrepublik Deutschland besonders in Gang gekommen zu sein scheint – sicherlich zum Nutzen ebenso der weiteren wissenschaftlichen Befassung mit den Erziehungs- und Sozialisationsprozessen des Kindes in der Familie wie auch einer politischen Praxis, die sich von hier her anregen und Orientierungshilfen aufzeigen läßt. Auf dem Umweg über den „ökologischen“ Ansatz kommen nicht wenige Gesichtspunkte auf uns zu, die schon in den 50er und 60er Jahren in der familienpolitischen Diskussion betont im Blickfeld einer sich als Gesellschaftspolitik verstehenden Familienpolitik standen (und in der allgemeinen Sozialpolitik etwa in dem „Lebenslage“-Konzept, wie es besonders von *G. Weisser* entwickelt wurde, auf einen Nenner gebracht worden sind).[11]

Was auf diesem Umweg erneut unterstrichen wird und mit Dank gegenüber einer dem sozialen Leben verpflichteten Wissenschaft vermerkt werden muß, ist nicht zuletzt der sehr pragmatische Hinweis auf die Notwendigkeit der Verschränkung familienpolitischer und familienpädagogischer Bemühungen in der Sorge um die kommende Generation. Ihr gilt das besondere Engagement gerade auch von *U. Bronfenbrenner*, der in dem zu Eingang wiedergegebenen Zitat die Sorge einer Generation um die nächste als entscheidendes Kriterium ins Spiel bringt für eine Beantwortung der Frage, wie der Wert einer Gesellschaft überhaupt zu beurteilen sei. Der Grundgedanke eines Ineinandergreifens von gesellschaftspolitischen und erzieherischen Bemühungen, in diesem Fall speziell im Blick auf Familie und Kinder, kann schon jetzt als eine wichtige Erkenntnis gerade auch des ökologischen Ansatzes moderner Sozialisationsforschung angesehen werden.

Neu ist freilich dieser Grundgedanke nicht: Im christlich-sozialen Denken sprach man von der Notwendigkeit einer Zuständereform *und* einer Gesinnungsreform, heute würde man – in dem breiten Spektrum von Möglichkeiten zwischen den Extremen eines verkrampften Festhaltenwollens an Status-quo-Bedingungen und einer „Systemüberwindung" – vielleicht eher von Veränderung gesellschaftlicher Verhältnisse und Bewußtseinsänderung sprechen. Wo immer konsequent und beharrlich versucht wird, auf dem Hintergrund des oben angesprochenen Grundmusters von Familienpolitik die soziale und damit erzieherische Situation von Kindern zu verbessern, wird sich eine „rationale" Familienpolitik auch als eine verantwortliche Familienpolitik erweisen, die vor der nächsten Generation und ihren elementaren Lebensbedürfnissen wirklich Bestand hat.

## Anmerkungen und Literatur

*) Vortrag bei der Generalversammlung der Görresgesellschaft – Pädagogische Sektion – Oktober 1977 in Innsbruck, abgedruckt in: Vierteljahresschrift für wissenschaftliche Pädagogik, 54. Jg., 1978, H. 2. (Der dortige Beitrag ist hier um den Abschnitt über die unterschiedlichen „Grundmuster" familienpolitischen Handelns gekürzt.)

1) *Bronfenbrenner, U.*, Erziehungssysteme. Kinder in den USA und der Sowjetunion, München 1973, S. 17.
2) Vgl. insbesondere das Gutachten des Wissenschaftlichen Beirats für Familienfragen beim BMJFG „Familie und Wohnen", Schriftenreihe des BMJFG, Bd. 20, Stuttgart 1975. – Siehe ferner *Wingen, M.*, Wohnbedingungen und Funktionstüchtigkeit der Familien (Zur Bedeutung von empirischen Ergebnissen für eine familiengerechte Wohnungspolitik), in: Soziale Welt (Zeitschrift für sozialwissenschaftliche Forschung und Praxis), H. 4/1976, S. 440–467.
3) Näheres hierzu: *Wingen, M.*, Zur Veränderung der demographischen Rahmenbedingungen familialer Sozialisation, in: Bildung und Erziehung, H. 4/1977, S. 276–288.
4) *Schwägler, G.*, Soziologie der Familie. Ursprung und Entwicklung, Tübingen 1970, S. 138.
5) Vgl. z. B. *Neidhardt, F.*, Strukturbedingungen und Probleme familialer Sozialisation, in: Soziologie der Familie, hrsg. v. *Lüschen, G.*, u. *Lupri, E.*, Opladen 1970, S. 162f. – Siehe auch: Familie und Sozialisation, Zweiter Familienbericht, BT-Drucks. 7/3502, Bonn 1975, S. 17f.
6) Familie und Sozialisation, a.a.O., S. 65.
7) Von daher ergibt sich durchaus auch eine kritische Rückfrage zu *U. Erler*, wenn sie – in ihrer Arbeit über „Zerstörung und Selbstzerstörung der Frau. Emanzipationskampf der Geschlechter auf Kosten des Kindes", Stuttgart 1977 – ausführt, „allein in der bewußten Mutterschaft könnte die Frau sich heute noch eine Ahnung von sich selbst bewahren". Andererseits erscheint es völlig berechtigt zu unterstreichen, daß das Emanzipationsverlangen der Erwachsenen in der Familie durch die Belange des Kindes begrenzt wird.
8) Zweiter Familienbericht „Familie und Sozialisation", a.a.O., S. 76.
9) Damit ist im übrigen ein allgemeinerer Sachverhalt angesprochen, der für die Wirkungsweise familienpolitischer Maßnahmen überhaupt von Bedeutung ist: *L. Preller* hat schon 1962 für die allgemeine Sozialpolitik darauf aufmerksam gemacht, daß, je mehr dieser eine strukturgestaltende Funktion zugesprochen werde, um so entscheidender die Bewußtseinshaltung der „Betroffenen" sowohl gegenüber den sozialpolitischen Maßnahmen als auch im Hinblick auf die ihnen obliegende Mit-Erfüllung, auf ihr Mit-Tun werde (*Preller, L.*, Sozialpolitik [Theoretische Ortung], Tübingen und Zürich 1962, S. 277). Für den Bereich der Familienpolitik liegt hier eine bedeutsame Aufgabe von Familienorganisa-

tionen und anderen freien gesellschaftlichen Trägern insbesondere der Familienbildung. Eine sachgerechte Erfüllung dieser sozialpädagogischen Funktion macht diese gesellschaftlichen Organisationen und Einrichtungen zu einem wichtigen Faktor im Gesamtkonzept einer Familienpolitik. Im Hinblick auf diese Rolle als „Vermittler" zwischen der Familienpolitik und den Familien selbst ist schon früh auch von einer „Vermittlungsfunktion" gesprochen worden, um die Aufgaben zu bezeichnen, die sich im Hinblick auf die Bedeutung von Bewußtseinslage und -haltung auf der Mikroebene der einzelnen Familien für die tatsächliche Zielerreichung der familienpolitischen Maßnahmen stellen (vgl. hierzu *Wingen, M.*, Familienpolitik – Ziele, Wege und Wirkungen, 2. Aufl., Paderborn 1965, S. 195f.). – Auf den gesamten Aufgabenbereich der Stärkung der elterlichen Erziehungsfähigkeit und auf Neuorientierungen des Interesses an der Familienerziehung ist hier nicht weiter einzugehen. Siehe dazu z. B. *R. Süßmuth*, Eltern als Erzieher, in: Bildung und Erziehung, H. 4/1977, S. 261–275.

10) Ökologische Sozialisationsforschung, hrsg. und mit einer Einführung versehen von *K. Lüscher*, Konzepte der Humanwissenschaften, Stuttgart 1976. – Auf die Weiterentwicklung des ökologischen Konzepts im Rahmen einer „Sozialpolitik für das Kind" sind gerade die Arbeiten von *K. Lüscher*, gerichtet, vgl. ders.: Sozialpolitik für das Kind, in: Soziologie und Sozialpolitik, hrsg. *Chr. v. Ferber* und *F.-X. Kaufmann*, Opladen 1977, S. 591–628.

11) Auch die Verbindung von Familienpolitik und Familienerziehung ist übrigens so gesehen keineswegs neu; so sei daran erinnert, daß vor einer Reihe von Jahren vom Verf. eine kleine Abhandlung zu dem Thema erschien: „Der Beitrag der Familienpolitik zur Stärkung der Erziehungskraft der Familie", in der betont der seinerzeit besonders gängigen Auffassung entgegengetreten wurde, die familienpolitischen Maßnahmen dienten der materiell-wirtschaftlichen Sicherung der Familie, dagegen die Maßnahmen der Familienbildung der Stärkung der Erziehungskraft. Siehe: Die Erziehungskraft der Familie, Berichte und Dokumentationen, hrsg. vom Kulturbeirat beim ZdK, Köln 1967, S. 62–100.

# 8. Bildungspolitische und soziale Aspekte des Wandels der Familien- und Bevölkerungsstrukturen*

Für eine vorausschauende Abwägung und Beurteilung der Auswirkungen familiendemographischer Entwicklungsprozesse auf das Bildungssystem sind vor allem zwei Faktoren zu berücksichtigen: die absoluten und prozentualen Verschiebungen im Altersaufbau der Bevölkerung und Veränderungen des Ausländeranteils an der Bevölkerung. Beide Faktoren berühren in ihrer Konsequenz nicht nur die quantitative Seite des Bildungssystems, d.h. das zahlenmäßige Verhältnis von Bildungsangebot und Bildungsnachfrage, sie berühren insbesondere auch die *qualitative* Seite, nämlich die Frage nach Bildungsinhalten und nach der „Verortung" der Bildung im Lebensverlauf des einzelnen.

Vergegenwärtigt man sich zunächst die voraussichtlichen Verschiebungen im Altersaufbau in den nächsten Jahrzehnten und konzentriert sich auf die deutsche Bevölkerung, so sind die zahlenmäßigen Veränderungen in den einzelnen Altersgruppen weitgehend bekannt, zumal ein großer Teil der zukünftig älteren Jahrgänge bereits geboren ist und auch die zur Frage des Geburtenrückgangs vielfach angestellten Untersuchungen keine Hinweise darauf enthalten, daß sich die beobachteten Entwicklungen spektakulär verändern oder gar umkehren könnten.

Wesentlich schwieriger einzuschätzen ist die durch Wanderungen bedingte Bevölkerungsentwicklung in der Bundesrepublik Deutschland, die einerseits den Altersaufbau der Gesamtbevölkerung und andererseits den Anteil der ausländischen Bevölkerung beeinflußt. Nach wie vor ist z.B. wenig bekannt über konkrete Rückkehrabsichten von Ausländern, über das Nachzugspotential an Familienangehörigen und erst recht über weitere Zuwanderungen. Letzteres gilt vor allem im Hinblick auf das weitere Zuzugspotential von deutschstämmigen Aussiedlern aus den ehemaligen Ostblockstaaten sowie die zahlenmäßige Entwicklung der anerkannten Asylbewerber.

Unabhängig davon werden sich – schon aufgrund der natürlichen Bevölkerungsentwicklung der bereits in der Bundesrepublik lebenden Ausländer – ihre Zahl und ihr Anteil an der Gesamtbevölkerung in den nächsten Jahren und Jahrzehnten ständig erhöhen, und zwar insbesondere in den jüngeren und mittleren Altersgruppen. Freilich muß offenbleiben, ob es sich bei diesen Personengruppen auch in den Jahren 2000 oder 2030 noch tatsächlich um „Ausländer" handeln wird, wenn ein großer Anteil von ihnen bereits in der Bundesrepublik geboren wurde oder seit Jahrzehnten hier lebt. Aber auch mit einer formalen Einbürgerung wären die Probleme der sozialen und kulturellen Integration keineswegs automatisch gelöst.

Die Frage nach dem rechtlichen Status hat also wenig Auswirkungen auf die *gewaltige Integrationsaufgabe, die vor allem auf unser Bildungssystem* zukommen wird. Will man das Entstehen eines Subproletariats mit allen daraus folgenden politischen und sozialen Risiken verhindern, so muß ein vitales Interesse daran bestehen, den Anspruch dieser „ausländischen" Mitbürger auf gleiche Start-, Bildungs-, Ausbildungs- und Berufschancen endlich einzulösen. Die weitgehend erfolgreichen gesellschaftlichen Anstrengungen im Zusammenhang mit der Bildungsoffensive für Mädchen und die mit vielfältigen neuen Ideen ausgestatteten Programme zur Eingliederung in das Erwerbsleben könnten hier eine Parallele finden.

Wie schwierig ein solches Unterfangen angesichts des zuvor notwendigen Einstellungswandels sowohl bei Teilen der deutschen als auch bei Teilen der ausländischen Bevölkerung ist, läßt sich an zwei Beispielen ablesen: Zum einen führt der für das Jahr 2030 modellhaft berechnete bundesdurchschnittliche Ausländeranteil an den Jugendlichen von – je nach zugrundeliegenden Annahmen – 15 bis 20 Prozent, der gegenwärtig nur in einigen (Verdichtungs-) Regionen auftritt, dort heute dazu, daß Teile der deutschen Eltern bestrebt sind, ihre Kinder aus den Schulen mit entsprechendem Ausländeranteil herauszunehmen. Zum anderen befürchtet eine Reihe ausländischer Eltern, deren Kinder in deutschen Schulen nach deutschen Bildungs- und Erziehungsvorstellungen unterrichtet werden, ihre Kinder könnten ihnen und den Traditionen ihres Heimatlandes entfremdet werden. Dies mag vor allem jene Eltern bewegen, die anderen Kulturkreisen entstammen und an ihrer Tradition festhalten möchten. Gleichwohl ist durchaus ebenfalls denkbar, daß zumindest einige dieser Eltern aus Unsicherheit handeln – aus der Unsicherheit über eigene Rückkehrabsichten und/oder aus Unsicherheit über den Zeithorizont ihrer Aufenthaltsmöglichkeiten. Sie möchten es ihren Kindern ersparen, ihre eigene alte Identität zu verlieren, (vermeintlich) ohne Aussicht auf eine neue Identität. Eine Integration dieser Gruppen, zumal ihre Bildungsintegration, dürfte nicht zuletzt von einer verläßlichen Ausländer- und Integrationspolitik der Bundesrepublik Deutschland abhängen.

Damit wird ein weiteres Problemfeld deutlich, dem gerade in der Entwicklung einer *Bildungsoffensive für ausländische Kinder und Jugendliche* sehr behutsam und differenziert Rechnung getragen werden muß. Ausländische Kinder und Jugendliche stellen keine einheitliche Gruppe dar. Sie unterscheiden sich u. a. hinsichtlich ihres kulturellen und sozialen Hintergrundes, ihrer geistigen Fähigkeiten, ihres Bildungsstandes sowie der Kenntnis der deutschen Sprache, der Aufenthaltsdauer im Bundesgebiet und der Kooperationsfähigkeit und -bereitschaft ihrer Eltern. Freilich trifft ein Teil dieser Kriterien nicht nur auf die ausländische, sondern auch auf jede andere Gruppe zu, die in das Gesellschafts- und Bildungssystem integriert werden soll (Aussiedler).

Die Lösung der vorhandenen und weiterhin zu erwartenden Integrationsprobleme wird als gesamtgesellschaftliche Aufgabenstellung verstanden werden müssen, doch die konkreten Schwierigkeiten werden – wie bisher – räumlich konzentriert auftreten. Auch die „Ausländer" des Jahres 2030 werden vor allem in den wirtschaftsstarken Verdichtungsgebieten zu finden sein, wobei ihr Anteil insbesondere an den jüngeren Altersgruppen durchaus bei Spitzenwerten von 50% und mehr liegen könnte. Die damit einhergehende Gefahr einer inneren und äußeren Gettoisierung zu vermindern, ist ein Auftrag auch an die Bildungspolitik, der bereits heute aufgenommen und ausgefüllt werden muß.

Im Hinblick auf den Stand der Integrationsbemühungen von und für ausländische Familie stützen Ergebnisse einer baden-württembergischen Untersuchung über familiale und sozioökonomische Lebensverhältnisse von ausländischen Kindern und Jugendlichen folgende Befunde, die sich teilweise auch aus anderen Untersuchungen ergeben:

- Im Laufe der achtziger Jahre ist die Zahl der in deutschen und ausländischen Familienhaushalten lebenden Kinder auseinandergeschert. Während die Zahl der in deutschen Familienhaushalten lebenden Kinder zwischen 1980 und 1987 um fast 10% gesunken ist, stieg die Zahl der in ausländischen Familien lebenden Kinder noch leicht um 2%. Gleichzeitig nahm unter den in Baden-Württemberg wohnenden Ausländerfamilien der Anteil derjenigen mit drei und mehr Kindern deutlich zu; demgegenüber ist bei den deutschen Familienhaushalten das Gewicht der Ein- und Zwei-Kinder-Familien angewachsen. Die Zunahme des Anteils von Mehr-Kinder-Familienhaushalten bei den Ausländern dürfte teilweise durch Familiennachzüge bedingt sein, in wesentlichem Maße aber auch durch die im Vergleich zur deutschen Bevölkerung in der Vergangenheit deutlich höhere Geburtenhäufigkeit der Ausländerinnen insgesamt (und später noch der Türkinnen).
- Ein besonderes Merkmal des Haushalts- und Familienzusammenhangs ausländischer Haushalte, das für die Integrationsbemühungen und -fortschritte von maßgeblicher Bedeutung ist, besteht darin, daß die Mitglieder eines nicht unerheblichen Teils der ausländischen Familienhaushalte getrennt voneinander leben. Unter den 1987 in Baden-Württemberg ansässigen Haushalten von verheirateten Ausländern befanden sich etwa 18%, bei denen der jeweils andere Ehepartner im Heimatland verblieben war. Darüber, wieviele Kinder von einer solchen Trennung der Eltern betroffen sind, liegen keine Informationen vor. Gleichwohl zeigt sich, daß von allen in

Baden-Württemberg bestehenden Ausländerhaushalten 1987 fast ein Viertel (24%) noch mindestens ein minderjähriges Kind hatte, das sich im Heimatland aufhielt. Ganz besonders trifft dieser Sachverhalt auf Nicht-EG-Ausländer (und hier wiederum auf Türken und Jugoslawen) zu.

– Im Jahr 1987 erreichte die Erwerbsbeteiligung der Familienvorstände aus EG-Ländern in Baden-Württemberg fast das Niveau der Deutschen, während die Bezugspersonen von Familien aus Nicht-EG-Ländern deutlich niedrigere Erwerbsquoten aufwiesen (u. a. möglicherweise aufgrund von Arbeitsverboten bei Asylsuchenden, aber auch aufgrund höherer Erwerbslosigkeit).
  Nicht nur im Hinblick auf die ökonomische Lage, sondern auch auf die Betreuung von minderjährigen Kindern spielt es eine Rolle, inwieweit Ehefrauen und Mütter von minderjährigen Kindern erwerbstätig sind. Im Vergleich deutscher und ausländischer Ehepaare mit Kindern unter 18 Jahren wiesen die in Baden-Württemberg lebenden Familien aus EG-Ländern im Durchschnitt einen deutlich höheren Anteil erwerbstätiger Ehefrauen (52,8%) auf als deutsche Ehepaare (45,5%). Weitaus niedriger lag der entsprechende Anteil bei Ehepaaren aus Nicht-EG-Ländern (38,8%). Letzteres mag wiederum u. a. mit ausländerrechtlichen Regelungen (z. B. Arbeitsverbote) zusammenhängen, aber auch mit einer eher traditionell geprägten Rollenauffassung der Ehepartner. Inwieweit sich hier die Arbeitsmarktlage ungünstig auswirkt, läßt sich nicht im einzelnen klären.
– Im Hinblick auf das generative Verhalten sind im Ergebnis einer mehrjährigen Entwicklung Angleichungstendenzen der im Lande lebenden Ausländerinnen an das Verhalten deutscher Frauen unverkennbar; insbesondere im Bundesdurchschnitt, aber auch in Baden-Württemberg liegt das Geburtenniveau einzelner Nationalitäten (z. B. des früheren Jugoslawien) schon seit einigen Jahren unter dem der deutschen Bevölkerung.
– Die Geburtenhäufigkeit der im Bundesgebiet lebenden Ausländerinnen liegt – bemerkenswerterweise mit Ausnahme der Italienerinnen – deutlich niedriger als die der im Heimatland lebenden Frauen gleicher Nationalität. Wesentliche Gründe für diese Unterschiede könnten z. B. in unsicheren Erwartungen über die Lebenssituationen im Gastland liegen. Auch ein häufig zu beobachtender Zwiespalt zwischen der Bindung an die Kultur und Lebensweise des Heimatlandes und den Bedingungen im Aufnahmeland (*L. A. Vaskovics*, „Kulturkonflikt und Identitätskrise", 1986) kann in dieselbe Richtung wirken. Das gilt ebenso für die Belastungen der Familien, die sich aus der räumlichen Trennung von dem gewohnten Verwandtschaftssystem ergeben.
– Die vorstehend genannten Thesen zur tendenziell rückläufigen Geburten-

häufigkeit von Ausländern im Bundesgebiet weisen insgesamt gesehen darauf hin, daß hier eher eine – u. U. auch „ungewollte" – Anpassungsreaktion auf die Lebensbedingungen im Gastland vorliegt, als eine Übernahme soziokultureller Wertorientierungen.

– Was die Bildungsbeteiligung ausländischer Schüler angeht, so ist ihr Anteil an allen Schülern von 9,1% im Jahr 1980 auf 14,4% 1988 gestiegen. Dabei erstreckte sich diese Zunahme auf alle Schularten. Betrachtet man die Verteilung der ausländischen Schüler über die verschiedenen Schularten, so ist ein Rückgang nur im Grund- und Hauptschulbereich festzustellen, nämlich von 80% aller ausländischen Schüler 1980 auf 73% im Jahr 1988. Am stärksten gestiegen ist der Anteil ausländischer Schüler, die eine Realschule besuchen: von 6% (1980) auf 10% (1988). Zusammenfassend zeigt sich eine Tendenz der ausländischen Schüler zu höherwertigen Bildungsqualifikationen. Diese Entwicklung gilt nicht generell, sondern ist nationalitätenspezifisch ausgeprägt, wobei türkische und italienische Kinder im Gegensatz z. B. zu griechischen oder jugoslawischen Schülern noch wesentlich schlechtere Ergebnisse erzielen.
– Nach wie vor sind das Interesse und/oder die Möglichkeiten von Ausländern zum Erwerb der deutschen Staatsangehörigkeit gering. Zwar weisen ehemalige Angehörige osteuropäischer Staaten vergleichsweise hohe Einbürgerungsziffern auf. Bei Griechen, Italienern oder Türken liegt die Neigung, die deutsche Staatsangehörigkeit zu erwerben, sehr viel niedriger.
– Für die weitere Entwicklung ist abzuwarten, wie sich die zweite und dritte Ausländergeneration verhält, die im Bundesgebiet geboren wurde und auch aufwächst. Dieser Personenkreis dürfte insbesondere dann, wenn er intensiver als frühere Jahrgänge das deutsche Bildungssystem durchläuft – worauf einiges hindeutet –, in größerem Maße mit den Lebensverhältnissen, Einstellungen und Wertorientierungen der deutschen Bevölkerung vertraut sein als die Elterngeneration. Dieser gesellschaftliche Sozialisationsprozeß könnte dazu führen, daß die nachwachsende Generation, für die der Begriff „Ausländer" dann vielleicht weitgehend nur noch formalrechtlichen Charakter hat, eher bereit ist, auch den rechtlichen Status der deutschen Staatsangehörigkeit zu erwerben.

Für die Entwicklung der Gesamtbevölkerung bleiben neben den Zuwanderungen die Kinderzahlen in den (jungen) Familien von nachhaltigem Einfluß. In kaum einem anderen Bereich lassen sich dabei die Auswirkungen der rückläufigen Geburtenentwicklung so unmittelbar und frühzeitig erkennen wie im Bereich des traditionellen Bildungswesens. Dabei führt vor allem das rasche Absinken der Geburtenzahlen, d. h. das zeitlich sehr enge Aufeinanderfolgen unterschiedlich besetzter Geburtenjahrgänge, zu Problemen. Nach einem ausgeprägten Anstieg der Zahl der Lebendgeborenen in den fünfziger und Anfang der sechziger Jahre fiel die Lebendgeborenenzahl innerhalb von nur vierzehn Jahren, zwischen 1964 (Gipfelpunkt) und 1978 (bisheriger Tiefstpunkt), von rund einer Million auf etwas mehr als 500 000. Auf diesem Niveau wechseln sich seitdem kurzfristig jeweils leichte Geburtenanstiege mit leichten Geburtenrückgängen ab. In den letzten Jahren läßt sich wieder ein Anstieg der Geburtenzahlen beobachten, der allerdings weitgehend mit zahlenmäßig starken Elternjahrgängen zusammenhängt und keine nachhaltige Veränderung des generativen Verhaltens bedeutet.

Die in der „wechselnden" Geburtenentwicklung begründeten unterschiedlichen Jahrgangsstärken ziehen sich nun in einer Art Wellenbewegung jeweils rund 20 Jahre lang durch die einzelnen Stufen unseres Bildungssystems (Elementar-, Primar-, Sekundar- und Hochschulbereich), wobei sie dort jeweils zunächst eher zu Kapazitätsengpässen und bald darauf eher zu Auslastungsproblemen führen. Während sich im Elementarbereich (3- bis unter 6jährige) und Primarbereich (6- bis unter 10jährige) nach einem ausgeprägten Rückgang der Jahrgangsstärken nun ein vorübergehender leichter Anstieg bemerkbar macht, der freilich Mitte der 90er Jahre wieder in eine abnehmende (und später erneut leicht zunehmende) Tendenz einmündet, wird die Halbierung der Lebendgeborenenzahlen zwischen 1964 und 1978 in den nächsten Jahren vor allem in den Sekundarbereichen I und II (10- bis unter 16jährige bzw. 16- bis unter 19jährige) für weiterhin drastisch rückläufige Schülerzahlen in der deutschen Bevölkerung sorgen. Das kurzfristige „Geburtenhoch" Ende der 70er und Anfang der 80er Jahre sowie der gegenwärtige Geburtenanstieg können sich hier erst seit 1990 bzw. nach 1995 und dann wieder (kurzfristig) nach der Jahrhundertwende auszuwirken beginnen. Im Bereich der Hochschulen schließlich ist bis in die erste Hälfte der neunziger Jahre noch mit einem demographisch bedingten Anstieg der Studentenzahlen zu rechnen. Erst danach wird sich diese Tendenz umkehren, da dann die besonders schwach ausgeprägten Jahrgangsstärken der siebziger Jahre in das Studentenalter hineinwachsen.

Das mit den unterschiedlichen Jahrgangsstärken verbundene Planungsproblem besteht in der Bereitstellung oder Aufrechterhaltung eines jeweils quantitativ angemessenen Bildungsangebots. So wäre eine einseitige Ausrichtung dieses Angebots an niedrigen Geburtenzahlen im Hinblick auf die Bildungschancen von Angehörigen vorübergehend geburtenstärkerer Jahrgänge äußerst problematisch. Schon in der Vergangenheit haben „Nachwuchssorgen" im Primar- und Sekundarbereich u. a. zur Aufgabe einzelner Schulstandorte bzw. zum Abbau ihrer Mehrzügigkeit geführt und die betroffenen Schüler zur

Inkaufnahme längerer Wegezeiten oder qualitativ eingeschränkter Bildungsangebote gezwungen. Umgekehrt dürfte der für verschiedene Wissenschaftsdisziplinen zunächst eingeführte und zwischenzeitlich wieder weitgehend aufgehobene „Numerus clausus" zumindest nicht nur eine Frage der bedarfsgerechten Ausbildung, sondern auch ein Instrument zur Vermeidung einer sonst vorübergehend notwendigen Erweiterung der Angebotskapazität von Hochschulen gewesen sein.

Wurde die Aufgabe von Schulstandorten im Bereich von Grundschulen angesichts ihrer negativen Folgen vor allem für Schulanfänger und Erstkläßler auch bei relativ hoher Unterauslastung nur in Ausnahmefällen praktiziert, so könnten bei den nun von Nachwuchssorgen bedrohten Realschulen und Gymnasien mit Blick auf das fortgeschrittene Alter der Schüler Wirtschaftlichkeitsüberlegungen verstärkt in den Vordergrund rücken. Diese Problematik gewinnt insbesondere in den dünnbesiedelten ländlichen Räumen an Gewicht, da hier ein weiteres demographisch bedingtes Absinken der ohnehin vergleichsweise geringen Schülerzahlen die bestehende Angebotsstruktur von Bildungseinrichtungen sehr rasch und nachhaltig gefährden müßte.

Käme es zu einer Ausdünnung des Standortnetzes oder zu einem Abbau der Angebotsdifferenzierung, so würde dies allerdings nicht nur den bildungspolitischen Auftrag zur Bereitstellung eines auch *regional ausgewogenen Bildungsangebots* berühren. Eine solche Entwicklung müßte vielmehr auch unter raumordnungspolitischen Aspekten gesehen werden, d. h. im Hinblick auf den verfassungsmäßigen Grundsatz *gleichwertiger Lebensbedingungen* in allen Teilräumen des Bundesgebietes. Es steht zu befürchten, daß mit dem Rückzug von Infrastruktureinrichtungen aus der Fläche eine Situation geschaffen würde, die eine erneute Abwanderung aus ländlichen Regionen begünstigen könnte und damit eine angemessene Infrastrukturversorgung der verbleibenden Bevölkerung noch schwieriger machte. Um diesen Teufelskreis zu vermeiden, mehren sich die Stimmen, die insbesondere in ländlich geprägten Regionen eine Aufrechterhaltung der Standortdichte von Versorgungseinrichtungen fordern, selbst wenn dies nur auf Kosten einer relativen Unterauslastung möglich wäre.

Ohnehin sind Fragen des *quantitativen* Bildungsangebots immer auch Fragen des *qualitativen* Angebots, solange der quantitative Bedarf über Verhältniszahlen (Klassenstärken, Anzahl der Schüler je Lehrer usw.) ermittelt wird. Verändert man solche Maßzahlen, werden aus geburten- und/oder verhaltensbedingten Unterauslastungen sehr schnell voll ausgelastete oder gar überlastete Bildungseinrichtungen. Die politische Entscheidung ist hier mindestens ebenso ausschlaggebend wie die zahlenmäßige Entwicklung der Jahrgangsstärken. Würde man z. B. eine Halbierung der jetzigen Klassenstärken als bildungspolitisch sinnvoll erachten, so wäre eine Schule auch mit der Hälfte ihrer gegenwärtigen Schülerzahl voll ausgelastet. Freilich mag es einen Punkt geben, dessen Unterschreiten aus pädagogischen Gründen nachteilig ist oder bei dem der zusätzlich eingesetzte Sach- und Personalaufwand keine Verbesserung der Bildungschancen mehr erbringt. In der Vergangenheit allerdings haben sich derartige Überlegungen von Politikern und Wissenschaftlern häufig als eher kurzfristige Anpassungsstrategien oder ideologisch überfrachtete Bildungskonzepte herausgestellt, wie ein Blick auf die Diskussion um Mittelpunktschulen, Gesamtschulen oder etwa gemeinsame Förderstufen zeigt.

Was die Veränderungen von Bildungsinhalten aufgrund neuer Zielgruppen angeht, so erhält vor allem die berufsbezogene Weiterbildung erheblich stärkeres Gewicht. Sie soll den vor oder während der aktiven Familienphase nicht bzw. vorübergehend nichterwerbstätigen Elternteilen den (Wieder-)Einstieg in das Erwerbsleben ermöglichen oder erleichtern. Schon die bisherigen Erfahrungen machen deutlich, daß es dabei nicht nur um die Entwicklung neuer Bildungsinhalte geht, sondern auch um eine Erarbeitung neuer Lehr- und Lernformen, die den gegenüber Kindern und Jugendlichen veränderten Bildungsvoraussetzungen dieser Zielgruppen Rechnung trägt. Neben der Lernmotivation und Lernfähigkeit beziehen sich die veränderten Bildungsvoraussetzungen auf die wesentlich ausgeprägteren und differenzierteren Lebenserfahrungen von Erwachsenen, auf die sich das Bildungssystem besser als bisher wird einstellen müssen.

Es wäre jedoch eine problematische Einengung der Perspektive, würde man Weiterbildungsangebote an familientätige Elternteile inhaltlich allein auf das Ziel der Wiedereingliederung in das Erwerbsleben oder auf die Vermeidung der bislang mit einem vorübergehenden Ausscheiden aus dem Erwerbsleben häufig verbundenen Dequalifikation der Betroffenen ausrichten. Entsprechend der differenzierten Lebenserfahrungen und weiteren Lebensplanungen dieser Zielgruppe dürften auch die Vermittlung von hauswirtschaftlichen oder auf eine fortgesetzte Familientätigkeit bezogenen Qualifikationen sowie die Befähigung zur Übernahme von gesellschaftlichen bzw. gemeinnützigen Aufgaben verstärkt nachgefragt werden.

Der Bedeutungszuwachs der Weiterbildung ergibt sich aber auch noch aus einer anderen Quelle: Mit den Altersstrukturverschiebungen in der Gesamtbevölkerung geht zwangsläufig eine Altersstrukturverschiebung im Sinne eines „Alterns" in der Gruppe der erwerbsfähigen Bevölkerung einher. Dieser Sachverhalt führt zu der Überlegung, daß Innovation und Bewältigung des technischen und wirtschaftlichen Wandels künftig verstärkt auch von der älteren Erwerbsbevölkerung getragen werden muß. Lernen im Beruf, berufliche Fortbildung und Umqualifizierung werden zunehmend die Erwerbsarbeitswelt prägen und von jedem einzelnen ein hohes Maß an Flexibilität erfordern. Die notwendige Umorganisation unseres Bildungssystems wird freilich tendenziell dadurch erleichtert, daß die Ausbildungsinfrastruktur von der nachwachsenden Generation weniger beansprucht wird. Berufliche Schulen und Hochschulen können sich so mehr als bisher mit ihrem Lehrangebot an die im Berufsleben Stehenden wenden, (wie übrigens auch an die dann zahlenmäßig starke Gruppe der älteren, nicht mehr erwerbstätigen Bevölkerung).

Durch zunehmende Lebenserwartung, Verkürzung der Zeiten aktiver Kinderbetreuung aufgrund geringer Kinderzahlen sowie durch Festlegung der weitgehend über das Ausscheiden aus dem Erwerbsleben bestimmten „sozialen Altersgrenze" hat es noch nie in der Geschichte der Menschheit ein derartiges Auseinanderklaffen zwischen sozialem und biologischem Altern für einen so großen Teil der Bevölkerung gegeben. Wie diese „gewonnenen Jahre" (*A. E. Imhof*) auch ohne eine Ausrichtung auf bzw. eine Sinngebung durch Erwerbstätigkeit oder Kinderbetreuung aktiv gestaltet werden könnten, dazu fehlen historische Vorbilder und in die Zukunft weisende gesellschaftliche Perspektiven. Daß auch das Lernen in dieser Lebensphase an Bedeutung gewinnen wird, davon zeugen u. a. Seniorenlehrgänge oder spezielle Bildungsangebote an ältere Gasthörer, wie sie heute bereits von zahlreichen Universitäten vorgehalten werden; davon zeugen auch die stark gestiegenen Zahlen älterer Teilnehmer an Volkshochschulkursen.

Der Bedarf an lebenslangem Lernen und laufender, berufsbegleitender Weiterbildung wird jedenfalls auch aus der demographischen Entwicklung heraus immer wichtiger werden. Gleichzeitg verliert die traditionelle Gliederung des Lebens in eine starre chronologische Abfolge der Blöcke Kindheit, allgemeine Bildung, berufliche Bildung, Erwerbstätigkeit bzw. Familientätigkeit und „Ruhestand" für weite Teile der Bevölkerung mehr und mehr seine bisherige Gültigkeit. Neue Perspektiven sind gerade auch vom Bildungswesen gefordert.

## Anmerkung

*) Abschnitt aus dem Beitrag „Materialien zum Wandel der Familienstrukturen in seiner sozioökonomischen und pädagogischen Tragweite", in: Familie im Wandel (Sozialethische Bewertung – Folgerungen für Gesellschaft und Schule), Marchtaler Pädagogische Beiträge, 13. Jg., 1990, H. 2, S. 7–41 (mit weiteren Literaturhinweisen).

# 9. Sozial- und familienpolitische Aspekte der Situation der „Scheidungswaisen"*

## 1. Dringlichkeit der Fragestellung und Notwendigkeit der begrifflichen Vorverständigung

Im Hinblick auf eine besonders am Kindeswohl orientierte Sozial- und Familienpolitik verdient das Problem der „Scheidungswaisen" besondere Aufmerksamkeit; denn der bekannte Anstieg der Scheidungsraten auch in Deutschland betrifft keineswegs nur kinderlose Ehen, sondern gerade auch Ehen mit heranwachsenden Kindern. Im allgemeinen bringt Scheidung nicht unerhebliche Veränderungen – und zwar meist Beeinträchtigungen – der Lebenslage der Beteiligten mit psychischen und materiellen Belastungen mit sich, für Kinder auch die Gefahr vielfältiger emotionaler Defizite bis hin zur Möglichkeit abweichenden Verhaltens; sie verlieren als Scheidungsfolge zunächst einmal einen Elternteil, ihr Lebensverlauf kann eine deutlich veränderte Richtung annehmen, als es ohne Trennung der Eltern der Fall gewesen wäre. Wenn Scheidung als *ein* Einflußfaktor in bezug auf die seelische Gesundheit des Kindes gilt, wird man freilich schon differenziert hinsehen müssen: So kann z. B. bei Scheidung der Eltern ein beständiger, verläßlicher Großelternteil für das Kind dasein. Mit Hilfe einer solchen Bezugsperson als Ausdruck praktischer innerfamilialer Solidarität kann das Kind u. U. mit einer mehr oder minder chaotischen Umwelt besser fertig werden.

Bei der Frage, wer zu den „Scheidungswaisen" zu zählen ist, muß eine gewisse Problematik des Begriffs des Waisen wie auch desjenigen der Scheidung berücksichtigt werden: So ist zu bedenken, daß bereits durch die Wortwahl des Scheidungs„waisen" eine Wirklichkeit „suggeriert" wird, die sich im Grunde eben doch von der Situation eines echten (Halb-)waisen unterscheidet. Die „Scheidungskinder" kommen im übrigen nach einiger Zeit nicht selten in die Situation von Kindern in der Mehr-Eltern-Situation (Zweitfamilien-Situation), was noch weniger berechtigt, von „Waisen" zu sprechen – eine Bezeichnung, die ja im übrigen als Defizitbegriff eher negativ wertbesetzt ist.

Es genügt sodann im Grunde wohl nicht, ausschließlich an der formalrechtlichen und damit an bestimmte öffentliche Regelungen gebundene Eheauflösung durch Scheidung anzuknüpfen (Scheidungswaisen im engeren Sinne, also Kinder, die nach der Scheidung der elterlichen Ehe nur noch bei einem Elternteil – meist der Mutter – leben). Darüber hinaus sollte auch eine weitere – der Scheidung sehr häufig zeitlich vorgelagerte – Eheauflösungsform berücksichtigt werden, die in der Aufkündigung der Haushaltsgemeinschaft besteht, also in der räumlichen Trennung der bis dahin bestehenden Wohn- und Wirtschaftsgemeinschaft.[1] Diese Eheauflösungsstufe, mit der der „Kündigungsprozeß“ in der Partnerbeziehung auch für eine weitere Öffentlichkeit sichtbar wird, ist in der Bundesrepublik durch die Änderung des Ehescheidungsgesetzes von 1977 als Vorstufe bis zur juristischen Trennung institutionalisiert worden. Für die Kinder in diesen formal noch bestehenden Ehen tritt in der Alltagswirklichkeit eine ähnliche Situation ein wie nach erfolgter Scheidung. Insofern sollte grundsätzlich auch diese Gruppe von Kindern, nämlich die *„Trennungswaisen“*, als den Scheidungswaisen i. e. S. in mancher Hinsicht vergleichbar in die Überlegungen einbezogen werden, auch wenn die statistischen Datengrundlagen hier schwächer sind. Dies gilt besonders für Kinder von Eltern, die eine *nichteheliche Lebensgemeinschaft* auflösen; auch diese Kinder können als „Trennungwaisen“ gesehen und sollten grundsätzlich bei den anstehenden Überlegungen mit berücksichtigt werden.

Neben den beiden genannten Formen der Eheauflösung läßt sich noch eine weitere „Kündigungsphase“ unterscheiden, in der die Ehepartner bzw. Eltern noch im selben Haushalt leben, aber die eheliche Lebensgemeinschaft zwischen den Partnern in mehr oder minder umfassender Weise aufgekündigt wurde (was z. B. in stark getrennt geplantem Alltag und bewußter Vermeidung gemeinsamer Aktivitäten bis hin zur Vermeidung gemeinsamer Mahlzeiten i. S. einer „Trennung von Tisch und Bett“ seinen Ausdruck finden kann). Auch solche Eheauflösungsprozesse haben teilweise Auswirkungen auf die Lebenssituation und den Sozialisationsprozeß von vorhandenen Kindern; dennoch erscheint es angesichts der schwierigen Erfassung dieser Eheauflösungsform und der andererseits durchaus immer wieder möglichen Revision solcher Verhaltensweisen, die auch nicht unbedingt in voller Breite die Kinder treffen müssen, nicht zweckmäßig, auch diese, nicht selten erste Phase einer Eheauflösung miteinzubeziehen, wenn es um den Sachverhalt der „Scheidungswaisen“ geht. Auch ist diese familiale Situation im Blick auf die Sicherung des Kindeswohles praktisch nicht einer sozialrechtlichen bzw. familienpolitischen Gestaltung zugänglich, sondern sehr viel eher auf der Ebene der Eltern- und Familienpädagogik anzugehen. Sie hat gleichwohl für ein familienpolitisches Gesamtkonzept als eine besonders prekäre Phase mit im Blickfeld zu bleiben, über deren Gefährlichkeit gerade auch für das weitere Lebensschicksal des Kindes die noch bestehende Ehe nicht hinwegtäuschen darf.

Die Abgrenzung des Begriffs der Scheidungswaisen kann andererseits weitergefaßt werden, wenn man die Wiederverheiratung geschiedener Elternteile mit Kindern in Betracht zieht. Wenn die Wiederverheiratungsquote geschiedener Mütter und Väter mit minderjährigen Kindern gegenwärtig mit 42% veranschlagt werden kann, so wird damit die gesellschaftliche Relevanz der begründeten neuen Lebenssituation von Scheidungswaisen mit nunmehr einem Stiefvater oder einer Stiefmutter unmittelbar einsichtig. Wir können diese Gruppe von *(Stief-)Kindern* mit den Scheidungswaisen im engeren Sinne zu den Scheidungswaisen im weiteren Sinne zusammenfassen. Dabei muß mitbedacht werden, daß Kinder in eine nichteheliche Lebensgemeinschaft eingebracht werden können und damit dann in eine stiefkindähnliche Situation kommen.

## 2. Scheidungswaisen als Teilgruppe der Kinder in Einelternfamilien

Für eine nähere Analyse der Lebenssituation und Problemlagen von Scheidungswaisen bzw. Trennungswaisen gilt es vorweg, sich zu vergegenwärtigen, daß diese Gruppe von Kindern eine Teilgruppe der Gesamtheit derjenigen Kinder bildet, die in Einelternfamilien aufwachsen – etwa auch deshalb, weil ein Elternteil verstorben ist oder die Mutter nie verheiratet war. Übersicht 1 gibt einen zusammenfassenden Überblick über die Gößenordnungen der Kinder in Einelternfamilien je nach den unterschiedlichen Entstehungshintergründen der Alleinerziehendensituation in Kombination mit dem Lebensalter der Kinder.

Als Ursachen für die Alleinerziehendensituation lassen sich heute folgende Lebenssituationen unterscheiden: Tod eines Ehepartners, Scheidung der Eltern, dauerndes Getrenntleben von verheirateten Eltern, die nichteheliche Elternschaft vor allem Lediger (wobei allerdings auch weitere Geburten bereits geschiedener oder verwitweter Frauen mit zu berücksichtigen wären) und im weiteren auch die Auflösung nichtehelicher Lebensgemeinschaften mit (minderjährigen) Kindern. Mit Ausnahme der Auflösung nichtehelicher Lebensgemeinschaften mit Kindern kann die amtliche Statistik weitgehend nachzeichnen, wie viele Kinder von den verschiedenen Ursachen der Alleinerziehendensituation betroffen sind. Betrachtet man zunächst die minderjährigen Kinder, so zeigt sich, daß mit Abstand für die meisten von ihnen (1989 im Bundesgebiet rd. 600 000, das sind rund 46% der in Einelternfamilien lebenden Kinder) die Scheidung ihrer Eltern der Grund für ihre Lebenssituation in einer solchen Familie ist. Demgegenüber betrifft der Tod eines Elternteils vornehmlich ältere, bereits volljährige Kinder. Sozialhistorisch hat sich hier ein eindrucksvoller Wandel vollzogen: vom Partnerverlust durch Tod hin zur Partnertrennung durch Scheidung. An die Stelle des Kindbettodes in der weiteren Vergangenheit ist die Scheidung der Eltern getreten, die ein neue Form von „Halbwaisen" im oben bereits sprachlich etwas problematisierten Sinne begründet.[2]

*Übersicht 1: Kinder in Ein-Eltern-Familien, Bundesgebiet 1989*

| Ursache der Alleinerziehendensituation | Alter des Kindes | | | | Kinder insgesamt |
|---|---|---|---|---|---|
| | 0 – unter 6 Jahre | 6 – unter 18 Jahre | unter 18 Jahren zusammen | 18 Jahre und älter | |
| Tod eines Ehepartners | 18 000 | 182 000 | 200 000 | 778 000 | 978 000 |
| Scheidung der Ehepartner | 104 000 | 496 000 | 600 000 | 341 000 | 941 000 |
| dauerndes Getrenntleben von Verheirateten | 74 000 | 132 000 | 206 000 | 75 000 | 281 000 |
| Auflösung einer nichtehelichen Lebensgemeinschaft | | | | | |
| (herkömmliche) nichteheliche Elternschaft | 169 000 | 97 000 | 266 000 | 53 000 | 319 000 |

*Quelle:* Familienwissenschaftliche Forschungsstelle im Statistischen Landesamt Baden-Württemberg.

Rechnet man zu den Scheidungswaisen die „Trennungswaisen", also minderjährige Kinder, deren Eltern dauernd getrennt leben, hinzu, so gab es 1989 rd. 806 000 Kinder unter 18 Jahren, die auf das Zusammenleben mit einem Elternteil – meist dem Vater – verzichten mußten. Eine andere nicht unwichtige Frage ist allerdings, inwieweit der alleinerziehende Elternteil tatsächlich „alleinsteht" oder nicht doch mit einem anderen Partner zusammenlebt. Befunde aus außerhalb der amtlichen Statistik angestellten Analysen der sozialen Netzwerke von Familien lassen erkennen, daß Alleinerziehende gleichwohl weithin in ein Geflecht von Beziehungen eingebettet sind und auch weiterhin nicht isoliert ohne einen Partner dastehen.

## 3. Scheidungswaisen – ein differenziertes „Mengengerüst"

Auf diesem Hintergrund ist die folgende zusammenfassende Übersicht über die von Scheidung (und Trennung) betroffenen minderjährigen Kinder, die entweder beim alleinerziehenden Vater oder – weit überwiegend – bei der alleinerziehenden Mutter leben, zu sehen. Die dreidimensionale Übersicht 2 unterscheidet (1) nach der Bedingung der Partnertrennung, (2) danach, bei welchem Elternteil die Kinder leben und (3) nach unterschiedlichen Altersklassen, in denen sich die Kinder befinden. Die Übersicht ist entsprechend den als vorrangig angesehenen Problemlagen auf *minderjährige* Kinder begrenzt,

*Übersicht 2: Scheidungswaisen (einschließlich Trennungswaisen), Bundesgebiet 1989*

| Bedingung der Partnertrennung | Alter des Kindes | | | | |
|---|---|---|---|---|---|
| | 0 – unter 3 Jahre | 3 – unter 6 Jahre | unter 6 Jahre | 6 – unter 18 Jahre | unter 18 Jahre |
| Scheidung | | | | | |
| Kind bei Mutter | 33 000 | 64 000 | 97 000 | 434 000 | 531 000 |
| Kind bei Vater | (.) | (.) | 7 000 | 62 000 | 69 000 |
| verheiratet, dauernd getrenntlebend | | | | | |
| Kind bei Mutter | 28 000 | 38 000 | 66 000 | 106 000 | 172 000 |
| Kind bei Vater | (.) | (.) | 8 000 | 26 000 | 34 000 |
| Auflösung einer nichtehelichen Lebensgemeinschaft | | | | | |
| Kind bei Mutter | (keine Daten) | | | | |
| Kind bei Vater | | | | | |

*Quelle:* Familienwissenschaftliche Forschungsstelle im Statistischen Landesamt Baden-Württemberg.

denen das hauptsächliche sozial- und familienpolitische Interesse gelten dürfte. Damit läßt sich insgesamt ein „Mengengerüst" gewinnen, dessen statistische Informationen dazu dienen können, die jeweiligen familienpolitischen Problemlagen in ihrer quantitativen Dimension besser zu verorten.

Schon aus der obigen Übersicht 1 über alle Kinder in allen Einelternfamilien konnte entnommen werden, daß rund 65% der Scheidungswaisen (i. e. S.), also der bei einem geschiedenen Elternteil lebenden Kinder, im Bundesgebiet (1989) Minderjährige sind; bei den „Trennungswaisen" trifft dies sogar auf fast drei Viertel der Kinder zu. Betrachtet man die Verteilung der Kinderzahlen, differenziert nach der Ursache der Elterntrennung (Scheidung oder dauernd getrenntlebend) danach, bei welchem Elternteil minderjährige Scheidungswaisen (einschließlich Trennungswaisen) leben (vgl. Übersicht 2), so zeigt sich, daß

– minderjährige Scheidungs- und Trennungswaisen deutlich häufiger bei der Mutter verbleiben; nur knapp 12% der unter 18jährigen Scheidungswaisen i. e. S. lebten 1989 bei ihrem Vater, während dies bei den Trennungswaisen fast 17% waren;
– Kleinkinder (unter 3 Jahren) und Kinder im Kindergartenalter (3 bis 6 Jahre) unter den Scheidungswaisen i. e. S. noch etwas häufiger bei ihrer geschiede-

nen Mutter leben; von den im Haushalt des geschiedenen Vaters lebenden Scheidungswaisen i. e. S. waren 90% Schulpflichtige und heranwachsende Jugendliche.

Soweit man aufgrund der relativ geringen Fallzahlen bei den „Trennungswaisen" Tendenzaussagen treffen kann, liegt hier der Anteil der Schulpflichtigen und der heranwachsenden Jugendlichen (6 bis unter 18 Jahren), der beim Vater lebt, mit rd. einem Fünftel verhältnismäßig hoch. Offensichtlich werden hier die Verhältnisse zur Versorgung und Betreuung der Kinder bei dauernd getrennt lebenden Ehepartnern etwas anders geregelt als in den Fällen einer rechtskräftigen Ehescheidung.

Das vorgestellte „Mengengerüst" sei abschließend noch durch einen Blick auf die im inzwischen *geeinten Deutschland* gegebene Situation abgerundet, und zwar als Ergebnis der Entwicklung der letzten drei Jahrzehnte. Eine Annäherung an die quantitative Dimension des Problems „Scheidungswaisen" für die Gegenwart läßt sich hier gewinnen, wenn man die Zahlen der von Ehescheidungen betroffenen minderjährigen Kinder für das ehemalige Bundesgebiet und die frühere DDR zusammenfaßt. So kommt man für 1989 auf eine Gesamtzahl von etwa 140 000 Scheidungswaisen (i. e. S.), die allein in diesem einen Jahr neu in diese Lebenssituation geraten sind (vgl. Tab. 1). In den „alten" und „neuen" Bundesländern sind zusammengenommen in den 80er Jahren insgesamt etwa 1,4 bis 1,5 Mio. minderjährige Kinder von der Ehescheidung ihrer Eltern betroffen worden (Eltern, die zum Teil natürlich wieder geheiratet haben). Eine biographisch wichtige Folge der gestiegenen Scheidungshäufigkeit auch von Ehen mit Kindern ist damit die Zunahme der Häufigkeit, daß Kinder in den beiden ehemaligen Teilen Deutschlands zumindest für eine Reihe von Jahren nur mit einem leiblichen Elternteil zusammen aufwachsen (ganz überwiegend mit der Mutter). In der bisherigen Bundesrepublik kamen diese Scheidungswaisen insgesamt aus rd. der Hälfte aller geschiedenen Ehen; so gab es 1988 in jeder zweiten geschiedenen Ehe keine minderjährigen Kinder (entweder weil zeitlebens bis zur Scheidungs kinderlos oder Kinder erwachsen bzw. zum Zeitpunkt der Scheidung nicht mehr im Haushalt). Die Gesamtzahl der minderjährigen Scheidungs- *und* Trennungswaisen, die gegenwärtig im geeinten Deutschland in Einelternfamilien aufwachsen, könnte in der Größenordnung von 1,2 Mio. liegen.

*Tabelle 1: Geschiedene Ehen nach Zahl der minderjährigen Kinder in der ehemaligen Bundesrepublik und der früheren DDR, 1960 bis 1989*

| Jahr | Ehescheidungen insgesamt | | davon mit ... minderjährigen Kindern | | | | | | Zahl der betroffenen Kinder insgesamt | |
|---|---|---|---|---|---|---|---|---|---|---|
| | | | 0 | | 1 | | 2 und mehr | | | |
| | BRD | DDR | BRD | DDR | BRD | DDR | BRD | DDR | BRD | DDR |
| | Anzahl | | in % | | | | | | Anzahl | |
| 1960 | 48 878 | 24 540 | 42 | 41 | 35 | 37 | 23 | 22 | 45 067 | 22 214 |
| 1970 | 76 520 | 27 407 | 36 | 31 | 34 | 38 | 30 | 31 | 86 057 | 32 647 |
| 1980 | 96 222 | 44 794 | 47 | 30 | 31 | 45 | 22 | 25 | 78 972 | 46 075 |
| 1985 | 128 124 | 51 240 | 48 | 30 | 34 | 44 | 18 | 26 | 96 991 | 51 433 |
| 1986 | 122 443 | 52 439 | 50 | 31 | 32 | 43 | 18 | 27 | 87 986 | 52 618 |
| 1987 | 129 850 | 50 640 | 49 | 31 | 33 | 42 | 18 | 27 | 95 740 | 50 776 |
| 1988 | 128 729 | 49 380 | 50 | 32 | 32 | 42 | 18 | 27 | 92 785 | 48 911 |
| 1989 | 126 628 | 50 063 | 52 | 32 | 30 | 41 | 18 | 27 | 89 552 | 50 194 |

*Quelle:* Scheidungsstatistik BRD und DDR. Familienwissenschaftliche Forschungsstelle im Statistischen Landesamt Baden-Württemberg.

Der nachstehende zahlenmäßige Überblick faßt die Größenordnungen in ihrer Differenzierung, soweit nachweisbar, zusammen:

Größenordnungen der Gesamtzahl der minderjährigen Scheidungswaisen im Jahr 1989:

| | |
|---|---|
| Scheidungswaisen im engeren Sinne | 600 000 |
| Stiefkinder aus geschiedenen Ehen | ca. 450 000 |
| Scheidungswaisen im weiteren Sinne | ca. 1 050 000 |
| | |
| Scheidungswaisen im engeren Sinne | 600 000 |
| *und* | |
| „Trennungswaisen“ | 206 000 |
| | 806 000 |
| Scheidungswiasen im engeren Sinne | |
| *und* | |
| „Trennungswaisen“ in BRD (alt) und DDR (ehem.) zusammen | ca. 1 200 000 |

Daneben gibt es (zahlenmäßig nicht erfaßte) „Trennungswaisen“ aus aufgelösten nichtehelichen Lebensgemeinschaften sowie „Stiefkinder“ neuer Art in nichtehelichen Lebensgemeinschaften.

## 4. Sozial- und familienpolitische Folgerungen

Scheidung und Trennung von Ehepartnern auch mit Kindern werden künftig noch verstärkt gesellschaftlich relevante Phänomene sein, die die Politik mehr als in der Vergangenheit zu berücksichtigen haben wird. Dabei wird zu unterscheiden sein zwischen der früheren Partnerschaft der Erwachsenen, die zerbrochen ist, und den Eltern-Kind-Beziehungen, die im allgemeinen weiterbestehen. Pointiert wird dies auf die Formel gebracht: „Die Ehe ist zwar geschieden, aber die Familie besteht weiter."

Aber besteht, so wäre zu fragen, der Sozialverband Familie als Eltern-Kind-Gemeinschaft auch nach der Auflösung der Ehe der Eltern wirklich weiter? Oder hat ein Kind mit geschiedenen Eltern zwar noch Vater und Mutter, aber keine Eltern mehr? Lösen diese sich mit der Scheidung in Vater und Mutter auf? Diese Frage könnte man besonders dann zu bejahen geneigt sein, wenn man davon ausgeht, Eltern sollten für ihre Kinder mehr sein als die Summe von Vater und Mutter.[3] Hören aber Eltern wirklich auf, Eltern zu sein, wenn sie sich als Ehegatten trennen und nicht mehr zusammenleben? Besteht nicht eine *elterliche* Verantwortung für beide weiter? Eine Antwort auf diese Frage erscheint besonders wichtig für das nach wie vor kontrovers diskutierte Problem des gemeinsamen Sorgerechts[4] (das allerdings als ein juristischer Tatbestand nicht mit der gemeinsamen elterlichen Verantwortung gleichzusetzen ist). Eine Regelung sollte sich auch hier am *Kindeswohl* ausrichten. Grundsätzlich erscheint es für die Anpassung des Kindes an die neue Familiensituation wichtig, daß es positive emotionale Beziehungen möglichst zu *beiden* Eltern aufrecht erhält. Mit Blick auf die Lebens- und Entfaltungsbedingungen des Kindes sind aber auch die wirtschaftlichen und sozialen Lebensbedingungen von Scheidungswaisen besonders im Auge zu behalten.

In der gebotenen Kürze seien einige konkrete Anmerkungen für eine gerade auch vom Kindeswohl her konzipierte und neue Entwicklungen aufgreifende Sozial- und Familienpolitik in *sieben Punkten* zusammengefaßt:

(1) Bei den einzelnen Maßnahmen im Blick auf die Lebenssituation von Scheidungswaisen wird das Kind stärker in den Mittelpunkt gestellt werden müssen. Ferner wird das überkommene Kindschaftsrecht, das zu einseitig aus dem Elternrecht abgeleitet ist, zu überprüfen und weiterzuentwickeln sein. Noch sind zu sehr die Interessen des Erwachsenen dominant, zu wenig diejenigen des Kindes. Es genügt wohl auch nicht, das schwer zu konkretisierende Kindeswohl im Sinne einer Bewahrung des Kindes vor Schaden zu fassen; vielmehr gilt es, wie auch in der jüngeren verfassungsrechtlichen Diskussion gesehen wird, dieses Kindeswohl stärker positiv aufzufüllen. Eine

Umgestaltung des Kindschaftsrechts sollte insgesamt der Reorganisation von familiären Beziehungen (*W. E. Fthenakis*) eine Chance geben. Kinder haben grundsätzlich ein Recht auf beide Eltern und sind wohl häufiger als gemeinhin angenommen in der Lage, mit komplexer gewordenen Familienstrukturen umzugehen. Das Kindschaftsrecht hat dynamische Prozesse zu berücksichtigen und damit eine kontinuierliche Entwicklung der Beziehungen zwischen Eltern und Kindern zu ermöglichen; dies bedeutet u. a. eine Aufteilung der verschiedenen Aufgaben zwischen den beiden Eltern je nach Änderung der Verhältnisse. Wenn es richtig ist, daß mit der Scheidung die Elternverantwortung nicht für einen der Partner einfach abbricht, sondern für beide Eltern weitergilt, dann sind zur Ausübung dieser Elternverantwortung auch rechtliche Befugnisse des betreffenden Elternteils erforderlich, die ihm infolgedessen nicht ohne Grund vorenthalten werden sollten. Die Bereitschaft zur Übernahme elterlicher Verantwortung läßt sich im allgemeinen offensichtlich wekken; es mag zweifelhaft sein, inwieweit sie sich in der Alltagswirklichkeit immer durchhalten läßt.

(2) Wichtig erscheinen weiterentwickelte Regelungen bezüglich des Sorge- und des Umgangsrechts. Diese Regelung des Rechts der elterlichen Sorge nach einer Scheidung sollte beide Eltern nicht vorschnell aus der Elternverantwortung entlassen, also Beschneidungen der Elternverantwortung möglichst vermeiden. Auf der Seite der Geschiedenen, soweit sie *Eltern* sind, sollte es keine „Sieger" und „Verlierer" geben. Erst recht darf das Kind keinen Elternteil verlieren, solange noch kein neuer (Stief-)Elternteil vorhanden ist. Das *gemeinsame* Sorgerecht nach der Scheidung, das grundsätzlich – bisher als der besondere Ausnahmefall – möglich ist, ist in Abhängigkeit von dem jeweiligen Beziehungsverhältnis der geschiedenen Partner und deren rationaler Bewältigung der Trennung auf sehr viel mehr Fälle *auszudehnen*, ohne daß man darin eine generelle Marschroute, losgelöst von den gegebenen Bedingungen, wird sehen können. Ob das gemeinsame Sorgerecht also Regelfall werden kann oder nicht, hängt wesentlich davon ab, inwieweit es gelingt, diese rationale Bewältigung der Trennung durch die Partner und die Erarbeitung eines einvernehmlichen Konzepts für die Wahrnehmung der elterlichen Sorge zum Regelfall werden zu lassen. Eine gemeinsame Sorge der Eltern nach ihrer Scheidung kann angesichts konkreter gefühlsmäßiger Bindungen des Kindes sich für das Wohl des Kindes, insbesondere unter dem Gesichtspunkt der Stetigkeit seiner Entwicklung und Erziehung, geradezu als entscheidend erweisen. Wo es nicht zum gemeinsamen Sorgerecht kommt, sind Besuchskontakte des Kindes mit dem nichtsorgeberechtigten Elternteil sicherzustellen.

In dem Maße freilich, in dem eine sehr viel extensivere gemeinsame Sorgerechtsregelung Platz greift, gilt es der Gefahr zu begegnen, daß damit in einer späteren Phase der Familienentwicklung (Wiederverheiratung) neue Probleme grundgelegt werden. Hier geht es dann um ein nicht immer leicht auszubalancierendes Verhältnis zwischen dem leiblichen und dem Stiefelternteil. Dabei sollte im Interesse des Kindes ein bestehendes Sorgerecht des anderen leiblichen Elternteils nicht vorschnell hinter neue Interessen des Stiefelternteils zurückgedrängt werden. Ähnlich wie ein vorrangiger Unterhaltsanspruch akzeptiert werden muß, wird auch das Sorgerecht eines Dritten als „Auflage" bei der Gründung der Zweitfamilie gesehen und mit übernommen werden müssen. Es bleibt damit – wie die Alltagswirklichkeit und deren theoretische Reflexion zeigen – ein Spannungsverhältnis unterschiedlicher Belange, aus dem eine damit konfrontierte Familien(rechts)politik wohl nicht ganz herauskommen wird. Sie kann und sollte dieses „Dilemma" sicherlich abschwächen, ohne es aber wohl je ganz beseitigen zu können.

(3) Im Hinblick auf die ökonomische Situation nach der Scheidung wäre im Interesse der Scheidungswaisen auf ausreichende Familienlastenausgleichsleistungen hinzuwirken. Dabei könnte auch erwogen werden, die Konditionen für die Gewährung des Erziehungsgeldes bei der Betreuung von Kindern unter 3 Jahren differenziert für Alleinerziehende zu verbessern. Zur Verbesserung der ökonomischen Situation kann beitragen, es von der politischen Seite her Frauen zu erleichtern, sich selbst – und damit bei ihnen lebende Kinder – spätestens nach der Scheidung möglichst aus der wirtschaftlichen Abhängigkeit von ihren früheren Ehemännern zu befreien.

(4) Eine weitere familienpolitische Schlußfolgerung betrifft eine verbesserte wirtschaftliche Unterhaltssicherung der Kinder nach einer Scheidung und erst recht nach einer Trennung. Hier ist vor allem an die Ausgestaltung der Unterhaltsvorschußregelung zu denken, die anfänglich für einen Zeitraum bis zu 3 Jahren für Kinder bis zum 6. Lebensjahr galt. Mit guten Gründen ist dieser Zeitraum für Unterhaltsvorschußleistungen inzwischen bis zu 6 Jahren ausgeweitet worden, und zwar bis zum 12. Lebensjahr des Kindes. Die neue Regelung ist insbesondere im Blick auf die Situation von Kindern von geschiedenen bzw. getrennt lebenden Eltern in den *neuen* Bundesländern von Bedeutung.

(5) Insbesondere angesichts der Situation in den neuen Bundesländern erscheint der Ausbau von speziellen Beratungsangeboten dringlich; in der ehemaligen DDR bestand ein ausgesprochener Mangel an Beratungs- und Behandlungsangeboten im Blick auf defizitäre Entwicklungsverläufe bei von Elterntrennung – zum Teil sogar mehrfach – betroffenen Kindern. Aber auch für die Situation in Westdeutschland gilt, daß die hier sehr ausgebauten Formen der Familienberatung wohl nicht durchgängig die speziellen Beratungs- und Unterstützungsleistungen anbieten können, auf die Scheidungsfamilien ange-

wiesen sind. Besonders wichtig könnte eine gezielte Vermittlung im Scheidungsverfahren und hinsichtlich der Scheidungsfolgen sein, und zwar als zeitlich begrenzter Prozeß der außergerichtlichen (und damit – jenseits von Interessen Dritter – die Selbstbestimmung der Familie möglichst wenig beeinträchtigenden) Konfliktlösung (sog. Mediation). Hier sollten die Möglichkeiten ausgelotet werden, die sich z. B. für die *Jugendämter* bieten, die nach dem neuen Kinder- und Jugendhilfegesetz im Fall von Scheidung und Trennung verstärkt Beratungsaufgaben zu erfüllen haben (§ 17 Abs. 2 KJHG), freilich ebenfalls in der Gefahr stehen können, an spezifische Interessen gebunden zu sein. Immerhin könnten sie dazu beitragen, ein Machtgefälle zwischen Männern und Frauen, wo immer es besteht, abzubauen.

Solange im übrigen die Gesellschaft an Männer und Frauen sehr unterschiedliche Erwartungen hinsichtlich der Versorgung von Kindern stellt, wird durch eine Sozialpolitik, die gleiche Rechte und Pflichten für Männer und Frauen postuliert, und eine Tarifpolitik der Sozialpartner, die bisher spezielle weibliche Lebenszusammenhänge eher ausgrenzt, die Konfliktsituation insbesondere für Einelternfamilien (und hier wiederum für Mütter mit Kindern) deutlich verstärkt. Insofern gilt es, solche unterschiedlichen gesellschaftlichen Erwartungshaltungen ebenso zu überprüfen wie sozial- und tarifpolitische Normen.

(6) Hinsichtlich der Stieffamiliensituation bei Wiederverheiratung eines Geschiedenen mit Kindern haben wir es bisher mit einer mangelnden gesellschaftlichen Institutionalisierung (der Stieffamilien) zu tun, d. h. mit einer gesellschaftlich wenig vorstrukturierten Rolle von Stiefvater und -mutter, die auch rechtlich nicht entsprechend ausgestattet ist. Stiefeltern nehmen Elternaufgaben wahr, ohne daß ihre Rechte und Verantwortung gesetzlich ausreichend definiert sind. Konflikte durch „Übergriffe" in den Kompetenzbereich des außerhalb lebenden Elternteils oder umgekehrt durch Verweigerung elterlicher Teilverantwortung in der Stieffamilie sind wohl nie ganz zu vermeiden, sollten aber durch entsprechende Hilfestellungen möglichst reduziert werden, zumal weil sie auf das Stiefeltern-Stiefkind-Verhältnis zurückschlagen. Auch hier bedarf es verbesserter Beratungshilfen und ihrer organisatorischen Voraussetzungen, wobei zugleich die Eltern (Stiefeltern) noch mehr für kindorientierte Lösungsmöglichkeiten zu gewinnen sind. Hier wird im übrigen die politische Aufgabe sichtbar, auf eine weitere Institutionalisierung der Form der Stieffamilie hinzuwirken (was übrigens, wie in der einschlägigen Diskussion angemerkt worden ist, durch ein in der Alltagswirklichkeit dieser Familien weithin zu beobachtendes Kopieren des „familialen Normalfalls" – bis hinein in Anredeformen und Verdeckung der Andersartigkeit in den familialen Außenbeziehungen – eher behindert werden kann). Es sollte deutlich werden,

daß zugleich noch ein leiblicher Elternteil (entsprechend begrenzte) Kompetenz hat oder doch haben kann.

(7) Wenn das insgesamt doch gravierende biographische Ereignis, Scheidungswaise zu werden, von vornherein vermieden werden soll, kann dazu schließlich von der Seite der auch politisch zu begünstigenden „Strukturflexibilität" von Ehe *und* Familie her beigetragen werden. Strukturflexibilität meint dabei die Fähigkeit der beiden sozialen Systeme Ehe und Familie,[5] beim Wandel in ihren bedingenden Voraussetzungen, gerade auch in den beeinflussenden externen Faktoren bis hin zu den die Familienbeziehungen belastenden wirtschaftsstrukturellen Lebensbedingungen, ihren Zusammenhalt zu bewahren bei auch weiterhin gleichzeitiger Befriedigung der Bedürfnisse ihrer Mitglieder. Eine systematische Familienpolitik hat insoweit Voraussetzungen dafür zu schaffen und immer wieder neu zu sichern, daß die Strukturflexibilität, die im übrigen neben externen Faktoren auch durch Veränderungen in den Binnenstrukturen von Ehe und Familie neu herausgefordert wird, sich in allen Familien entwickeln kann und vor allem nicht überfordert wird.

So sehr Familienpolitik im Sinne einer „adressatenspezifischen" Ausgestaltung verstärkt ihre Aufmerksamkeit auch besonderen Problemlagen von Familien zuwenden muß (i. S. „spezieller Familienpolitiken"), so wichtig erscheint es zugleich, die Bedeutung zu unterstreichen, die einer generell auf die Familie als solche, als zentralem Ort menschlichen Zusammenlebens, ausgerichteten Familienpolitik mit einem integrativen und vernetzten Ansatz ihrer wirtschaftlichen, sozialen und kulturellen Interventionsformen zukommt. Sie hat *generell* im Blick auf *alle* Familien die bedingenden Voraussetzungen für möglichst gute Aufgabenerfüllung der Familien im Dienste der personalen Entfaltung ihrer Mitglieder wie des größeren gesellschaftlichen Ganzen immer wieder neu zu sichern. Die familiale Funktionstüchtigkeit ist auch noch nicht schon dadurch gewährleistet, daß das familiale Zusammenleben durch den institutionellen Mantel der rechtsförmlichen Eheschließung abgesichert ist, wie ja auch der Tatbestand des Verheiratetseins oder Nichtverheiratetseins *allein* noch nichts über die sittliche Qualität einer konkreten Paarbeziehung aussagt. Familienpolitik kann angesichts der übergreifenden gesellschaftlichen Begründungszusammenhänge für den Anstieg der Scheidungen gewiß nicht Scheidung von Ehen mit Kindern vermeiden, aber sie kann – nicht zuletzt durch die Gewährleistung einer sehr viel systematischeren Vorbereitung auf Elternschaft – dazu beitragen, daß es z. B. gar nicht erst zur Zerrüttung von Ehen und damit letztlich zur Scheidung und damit zur empfindlichen Beeinträchtigung von Eltern-Kind-Beziehungen kommt. Komplexere Familienstrukturen werden künftig wohl noch größeres Gewicht erhalten; aber es wird für den einzelnen und vor allem für das Kind gar nicht so einfach sein, sich darin gemäß dem altersspezifischen Entwicklungsstand voll befriedigend einzurichten.

## 5. Schlußbemerkung

Für die Lösung der vielfältigen spezifischen Probleme von Scheidungswaisen erweist es sich insgesamt als geradezu zentral, Scheidung nicht als ein singuläres Ereignis, sondern – worauf besonders pointiert *W. E. Fthenakis*[6] hingewiesen hat – als einen mehrdimensionalen Veränderungsprozeß des Familiensystems in dem Sinne zu verstehen, daß das System sich nach einer Phase der Desorganisation umstrukturiert und zu einem neuen Gleichgewicht findet. Damit aber stellt sich die Frage nach der Elternverantwortung als „natürlicher Verantwortung", die als „unauslöschliches Siegel" nicht eigentlich durch das positive Recht „übertragen", sondern im Grunde nur bestätigt wird. Folgt sie nicht letztlich aus dem natürlichen Recht der Eltern und der zuvörderst ihnen obliegenden Pflicht zur Pflege und Erziehung der Kinder (Art. 6 Abs. 2 GG)? Kann es sich unsere Gesellschaft leisten, daß durch die Scheidung meist die gemeinsame Wahrnehmung der Elternschaft beendet wird, allenfalls in Formen getrennter Vater- und Mutterverantwortung überführt wird? In diesem Sinne würde auch dem nichtsorgeberechtigten geschiedenen Elternteil keine Elternverantwortung erst zugesprochen, die er nicht schon hat. Es geht dann im Grunde nur darum, von der rechtlichen und politischen Seite her die Voraussetzungen zu sichern, daß der betreffende Elternteil der *gemeinsamen* Verantwortung auch entsprechen kann. Wo diese in ein gemeinsames Sorgerecht einmündet, wäre dessen Mißbrauch allerdings verantwortungslos; einen solchen Mißbrauch zu vermeiden kann nicht zuletzt eine Aufgabe von Bildungs- und Beratungshilfen sein. In dem Maße aber, in dem es gelingt, eine beiderseitige Elternschaft auch nach der Scheidung durchzuhalten, erscheint es dann eigentlich um so weniger berechtigt, von (Scheidungs-)„waisen" zu sprechen.

## Anmerkungen und Literatur

*) Stark gekürzte Fassung der Abhandlung „Scheidungswaisen im Spiegel der amtlichen Statistik (Befunde zur Lebenslage der Scheidungswaisen aus sozialwissenschaftlich-statistischer Sicht mit einigen familienpolitischen Schlußfolgerungen)", in: Die Scheidungswaisen. Verpflichtung, Recht und Chancen im Spannungsfeld divergierender Interessen, hrsg. v. *O. Kraus*, Veröffentlichung der Joachim Jungius-Gesellschaft der Wissenschaften Hamburg, Nr. 70, Göttingen 1993, S. 17–47 (Vandenhoeck & Ruprecht).

1) Dazu sei verwiesen auf *Nave-Herz, R., u.a.*, Scheidungsursachen im Wandel. Theorie und Praxis der Fauenforschung, 14, Bielefeld 1990, S. 42ff.
2) *König, R.*, Die Familie der Gegenwart. Ein interkultureller Vergleich, München 1974.
3) *Lempp, R.*, Die Ehescheidung und das Kind. Ein Ratgeber für Eltern, 3. Aufl., München 1978.
4) *Limbach, J.*, Die rechtlichen Rahmenbedingungen von Ehe und Elternschaft, in: *Nave-Herz, R., Markefka, M.*, (Hrsg.): Handbuch der Familien- und Jugendforschung, 1: Familienforschung, Neuwied u. Frankfurt/M. 1989, S. 235f.
5) Vgl. dazu *Nave-Herz, R., u.a.:* Scheidungsursachen im Wandel, a.a.O., S. 101ff., 137f.
6) S. z.B. *Fthenakis, W.E.*, Väter, Bd. II: Zur Vater-Kind-Beziehung in verschiedenen Familienstrukturen, München 1985.

# III. KAPITEL

## Familien – Bevölkerung – Sozialordnung

# 1. Elternschaft in Konkurrenz zu anderen Lebensentwürfen*

## 1. Problemstellung

Der unverkennbare Umbruch von handlungsorientierenden Werten und Leitbildern in den vergangenen Jahren läßt sich besonders eindrucksvoll auch am Beispiel der Elternschaft aufzeigen und in seiner persönlichen wie auch gesellschaftlichen Tragweite verdeutlichen. Elternschaft, erst recht in weiterer Ausdifferenzierung nach Vaterschaft und Mutterschaft, kann an dieser Stelle wiederum nur in einigen ihrer Dimensionen angesprochen werden. Dies soll vornehmlich im Hinblick auf die wertbesetzte Entscheidung der einzelnen Paare für Kinder und die damit im Regelfall verbundene langfristige Bindung an die Aufgaben und Pflichten geschehen, die sich aus der Vater- und Mutterrolle und aus aktiver Elternschaft ergeben.

Dabei geht es zentral um die Frage, ob und inwieweit gegenwärtig anzutreffende Leitbilder generativen Verhaltens gemeinwohlorientiert sind und welche Anforderungen sich hier von den Entwicklungsbedingungen unserer hochindustrialisierten, offensichtlich schon im Übergang zu „postindustriellen" Verhältnissen befindlichen Gesellschaft her ergeben könnten. Darf und soll überhaupt eine so hochpersönliche, in der privaten Lebenssphäre verankerte Entscheidung wie diejenige, ob der einzelne Kinder hat und wieviele, in „gesellschaftliche Anforderungen" hineingerückt werden? Handelt es sich hier nicht um eine höchst persönliche Lebensentscheidung der einzelnen Paare, mit der sie von einem grundlegenden menschlichen Recht Gebrauch machen, nämlich selbst frei, verantwortlich und informiert über die Zahl ihrer Kinder (wie auch den zeitlichen Abstand der Geburten) zu entscheiden – ein Recht, das bekanntlich 1968 durch eine Ergänzung der Menschenrechtserklärung noch in den Rang eines Menschenrechts erhoben wurde? Und wenn schon gesellschaftliche Bezüge nicht ausgeblendet bleiben sollen, inwieweit und auf welchem Wege erscheint es dann vertretbar, generatives Verhalten – eine Form menschlichen Handelns – dort einzubeziehen, wo es als ein Ziel des Gemeinwesens gilt, den handelnden Bürger auch sozialverantwortlich in diesem Gemeinwesen zu verwurzeln?

Die Problembehandlung führt uns fast zwangsläufig zu einigen kurz anzureißenden familien- und gesellschaftspolitischen Konsequenzen. Spätestens dort, aber auch schon zuvor sollte im übrigen deutlich werden, daß sich bei unserem Thema die Leitbilder im persönlichen Bereich keineswegs völlig von solchen im sozialen bzw. staatlichen Bereich isolieren lassen.

## 2. Elternschaft zwischen individuellen Glückserwartungen und Gemeinwohlorientierung

In der Analyse der Ursachen des veränderten generativen Verhaltens sind inzwischen wichtige Grundeinsichten gewonnen worden: so die Einsicht in die Unzulässigkeit einer monokausalen Erklärung angesichts des Zusammentreffens einer Vielzahl von langfristig wirksamen und von eher kurzfristig verstärkend hinzutretenden Faktoren, deren Gewicht untereinander offensichtlich im Zeitablauf (Einfluß des „Kohorten-Schicksals") sich ändert, sozialschichtenspezifisch unterschiedlich ist und auch gewisse gruppenspezifische (und damit im Zusammenhang stehende regionale) wie persönlichkeitsspezifische Unterschiede aufweisen dürfte. Wie die einzelnen Faktoren miteinander verbunden sind, bildet dabei im gegenwärtigen Wissensstand eine zusätzliche Unbekannte. Ebensowenig freilich wie die nachhaltigen Veränderungen im generativen Verhalten einseitig pauschal dem wirtschaftlichen Einkommensfaktor zugeschrieben werden dürfen, darf dieser ökonomische Faktor einfach bagatellisiert werden. Die Veränderungen in den Leitvorstellungen zum Kinderhaben sind *auch* ökonomisch mitbedingt.

Für die vorliegende Thematik ist wichtig festzuhalten, daß das generative Verhalten in hohem Grade von Werten und Normen besetzt ist, wobei Normen als handlungsrelevante Standards (Werte) mit Sanktionscharakter verstanden werden. Auf einer normativen Ebene orientiert sich das generative Verhalten der Eltern (als den „Akteuren") im einzelnen an sozialen, kulturellen und motivationalen Normen, wie sie sich im Sozial- und Kultursystem einer Gesellschaft sowie im jeweiligen Persönlichkeitssystem konstituieren. Noch so perfekte Mittel der Geburtenregelung allein vermögen das veränderte generative Verhalten nicht zu erklären. Interessant ist in diesem Zusammenhang die These mancher Bevölkerungswissenschaftler, auch ohne Erfindung der Pille wäre es – wenn auch vielleicht etwas abgeschwächter – zu einem weiteren Schub im langfristigen Prozeß des Geburtenrückgangs gekommen. Zu der Bereitstellung der praktisch perfekten Mittel der Geburtenregelung mußte eine gewandelte Grundeinstellung der einzelnen Paare hinzutreten, von diesen Mitteln auch Gebrauch zu machen. Und sie trat hinzu oder vielleicht besser: sie hatte sich bereits ausgebildet und wartete auf die Bedingung ihrer Ermöglichung im praktischen Vollzug. So könnte man auch versucht sein zu sagen, die Pille als Ovulationshemmer mußte erfunden werden, weil die Zeit dafür reif war.

Der Wandel der generativen normativen Vorstellungen ist unverkennbar, aber wie er letztlich zustande kommt, dieser eigentlich interessante Vorgang, bleibt bisher nur unzulänglich geklärt. Genauere Einsichten fehlen in dieser Hinsicht ebenso wie zu der Frage, wie sich bestimmte gesellschaftliche Strukturveränderungen konkret in verändertes generatives Verhalten umsetzen. Unverkennbar freilich ist die völlig neue Entscheidungssituation hinsichtlich des Kinderhabens. Etwas überspitzt: Nicht die Entscheidung gegen ein Kind wird für das einzelne Paar zum Problem und erfordert eine bestimmte Verhaltensänderung, sondern die Entscheidung für ein (weiteres) Kind setzt eine Durchbrechung vorausgegangener Verhaltsweisen mit bewußter Einstellungskorrektur voraus – eine auch psychologisch völlig veränderte Entscheidungslage.

Weithin gilt die Ausprägung hochindustrialisierter Lebensbedingungen – im Blick auf weniger entwickelte Gesellschaften wird auch gerne vom Prozeß der „Modernisierung" gesprochen – als der Wurzelgrund für das veränderte generative Verhalten. Versuche, die Entwicklung einseitig einem „hoch- und spätkapitalistischen Wirtschaftssystem" mit ausgeprägter, auch über wirtschaftliche Austauschprozesse hinaus das gesamte menschliche Leben bedingender und verseuchender Rechenhaftigkeit bzw. „Wirtschaftsrationalität" anzulasten, erwiesen sich spätestens seit dem Zeitpunkt als unzulänglich, als auch sozialistische Wirtschafts- und Gesellschaftssysteme mit ähnlichen demographischen Prozessen konfrontiert waren. Es scheint also der hohe Industrialisierungsstand als solcher zu sein, der mit seiner arbeitsteiligen und hochspezialisierten Produktion und Distribution dem Fruchtbarkeitsrückgang zugrunde liegt, nicht aber speziell eine kapitalistische oder sozialistische Organisation des Warenaustausches.

Ein „Rationalisierungsprozeß", in dem Tendenzen der Entfremdung und Entpersönlichung des einzelnen auf den Begriff gebracht werden, greift offensichtlich über die Grenzen von Gesellschafts- und Wirtschaftssystemen hinweg. Diesseits wie jenseits solcher Systemgrenzen tritt die Entscheidung für Kinder, die ja stets eine sich relativ langfristig auswirkende Entscheidung darstellt, in Konkurrenz zu anderen Lebensinhalten. Diesseits wie jenseits solcher Systemgrenzen haben wir es im Bereich des generativen Verhaltens auch über die verschiedenen Sozialschichten hinweg im Vergleich zu den ersten Jahrzehnten unseres Jahrhunderts mit einer sehr viel stärker bewußten Entscheidung für oder gegen Kinder zu tun. Im Grunde konnte sich auch erst mit der bewußteren Entscheidung für oder gegen Kinder so etwas wie ein „Kinderwunsch" des einzelnen herausbilden. In der vorindustriellen Agrargesellschaft hätte ein Ehepaar die Frage nach der Zahl der gewünschten Kinder im heutigen Verständnis wohl kaum verstanden, weil die Frage nach mehr oder weniger Kindern weitestgehend außerhalb des individuellen Entscheidungshorizontes lag. In dem Maß, in dem angesichts veränderter situativer Bedingungen eine „rationale" Steuerung menschlicher Fruchtbarkeit unter dem Einfluß neuer wertbesetzter Lebensorientierungen eine deutlich geringere Kinderzahl zur Folge hat (und zum Teil angesichts der drastisch veränderten Sterblichkeitsverhältnisse auch haben kann bzw. muß), ein vernunftgemäßes Verhalten in der Weitergabe des Lebens also eine noch sehr viel geringere Ausschöpfung der biologischen Fruchtbarkeit in der Ehe als vordem erfordert, vergrößern sich die Spielräume für die Verwirklichung anderer Lebensziele. Es geht m. a. W. nicht nur um die Durchsetzung radikal alternativer Lebensentwürfe zu Familie und Kinderhaben, die es im Prinzip übrigens immer schon gegeben hat, sondern gerade auch um die Verwirklichung von Lebensentwürfen, in denen neben Kindererziehung (Elternschaft) gleichzeitig – zumindest auf die gesamte Lebensablaufperspektive des einzelnen hin gesehen – auch andere Lebensziele ungleich stärker in den Vordergrund rücken. Neue Leitbilder und Orientierungsmuster – begünstigt durch die wirtschaftliche, soziale und kulturelle Entwicklung – greifen jedenfalls Platz. Es kommt zu einer Art „Konkurrenz" des Wunsches nach Kindern mit anderen Wünschen und Plänen hinsichtlich der persönlichen Lebensgestaltung. Besonders deutlich ist dies gegenwärtig bei jungen Frauen im Spannungsfeld von Erwerbstätigkeit und Familie sichtbar. Was für breiteste Kreise der heutigen Frauengeneration als eine Art „Nachholeffekt" besonders durchschlägt, gilt indessen ganz allgemein: Eine Industriegesellschaft mit hohem Lebens- und Bildungsniveau bietet mehr Möglichkeiten zur Entfaltung der eigenen Persönlichkeit als ehedem, damit aber auch mehrfache Alternativen zum Bedürfnis, Kinder zu haben.

In der ausländischen Forschung ist auf diesem Hintergrund schon vor Jahren ein bemerkenswerter sozialpsychologischer Erklärungsansatz zum Rückgang der Kinderzahlen in den Ehen entwickelt worden (*C. H. Day* und *A. Taylor-Day*, 1969). Danach stehe die Größe der Familie in deutlicher Abhängigkeit, von der Wahrscheinlichkeit, Alternativen zu haben zur Befriedigung von Interessen, die der einzelne durch Kinder befriedigen kann. Bieten sich viele solche mit Wertvorstellungen besetzte Alternativen an, so ist die Kinderzahl kleiner, gibt es weniger, ist sie größer. Bildung, so könnte man ergänzen, erhöht ganz allgemein die Kenntnis von Alternativen und fördert die Ausprägung eines höheren Anspruchsniveaus.

Es liegt nahe, daß die Forschungsbemühungen um die Aufhellung der näheren Ursachen und Bedingungen des veränderten generativen Verhaltens in dieser Sichtweise verstärkt individual- und sozialpsychologische Fragestellungen aufgegriffen haben, ohne daß diese Motivationsforschung bisher allerdings voll befriedigen könnte. Besonders hilfreich kann dabei ein allgemeiner psychologischer Ansatz zur Erklärung menschlicher Verhaltensweisen sein, der vom Verhältnis von Motiven zu Barrieren (oder „Hemmnissen") ausgeht. Bei diesem Denkmuster, das von erheblichem heuristischem Wert sein kann, bleibt freilich zu bedenken, daß es offensichtlich unterschiedliche „Typen generativer Entscheidung" mit je spezifischen Lebensleitvorstellungen gibt, für die das

Verhältnis von Motivation und Barrieren bei objektiv gleichen Lebensbedingungen („Barrierenhöhe") unterschiedliche Handlungskonsequenzen haben wird.

Der Geburtenrückgang erweist sich damit als Ausdruck grundlegend veränderter Lebensstile, wie sie mit einem „Wertewandel" (bzw. genauer: veränderten Wertorientierungen und Wertegewichtungen) verbunden sind, der gegenwärtig in unserer im Übergang zu postindustriellen Bedingungen stehenden Gesellschaft zu beobachten ist. Dieser Wandel ist in der Grundtendenz inhaltlich konkret durch einen deutlichen Rückgang des Gewichts der sog. Selbstzwang- und Selbstkontrollwerte (auch *Pflicht- und Akzeptanzwerte* genannt) bei gleichzeitigem deutlichen Anstieg des Gewichts der sog. *Selbstentfaltungswerte* charakterisiert. In das Umfeld der schrumpfenden Pflicht- und Akzeptanzwerte gehören als für das generative Verhalten wohl besonders relevant: „Pflichterfüllung", „Anpassungsbereitschaft", „Gehorsam" u. ä. Selbstentfaltungswerte demgegenüber sind u. a. zu kennzeichnen – in bezug auf die Gesellschaft – durch „Privatheit", „instrumentelle (d. h. nüchtern-kalkulatorische) Einstellung", „Emanzipation" (von Autoritäten) sowie – in bezug auf das individuelle Selbst – u. a. durch „Selbstverwirklichung", „Hedonismus", „Unabhängigkeit", „Eigenverantwortlichkeit" (vgl. *H. Klages*, 1984). In diesem Prozeß eines Wertewandels treffen wir auf ganz spezifische Antworten auf Herausforderungen einer neuen Lebenslage. Wenn im Horizont heutiger Lebensorientierung z. B. „Selbstverwirklichung" als ein hoher Wert gilt, so ist dies, wie *H. Lübbe* dargelegt hat, im Kontext allgemeinerer sozial-kultureller Entwicklungen zu sehen: Selbstverwirklichung gewinnt danach in demselben Maße an Gewicht, in dem die Anforderungen an unsere *Selbstbestimmungsfähigkeit* über die Ausdehnung von Dispositionsfreiräumen objektiv zunehmen.

Unverkennbar sind im Zuge dieses Wertewandels Veränderungen in den wert- und sinnbesetzten Lebensentwürfen des einzelnen auch derart eingetreten, daß „Kinderhaben" in einem breiter gewordenen Ansatz konkurrierender Sinngehalte des Lebens und alternativer Lebensentwürfe relativ an Bedeutung einbüßt – einfach dadurch, daß solche konkurrierenden Alternativen bestehen, besser erkannt und realisiert werden können. Kinderhaben wird für den verheirateten Menschen von einer „fraglosen Selbstverständlichkeit" zu *einer* möglichen Sinnerfüllung des Lebens. Dies gilt gerade auch im Hinblick auf das Selbst- und Rollenverständnis der Frau (mit mehr oder minder korrespondierenden Wandlungen in der Einstellung von Männern zur Rolle der Frau), für die die Aufgabe als Mutter mehr und mehr nur als *eine* unter mehreren Aufgaben gilt, Kinderhaben mehr und mehr in Konkurrenz mit einem Angebot an gleichfalls Selbstbestätigung bietenden weiteren Möglichkeiten der Lebensentfaltung gerät. Solche Alternativen schließen Kinderhaben zwar nicht notwendig aus (für den Mann seit jeher noch weit weniger als für die Frau), aber sie relativieren tendenziell die lebenssinnstiftende Bedeutung von Kindern.

*Insgesamt* muß das generative Verhalten als eng in den gesamten Gesellschaftsprozeß eingebunden gesehen und maßgeblich aus den gesellschaftlichen und kulturellen Strukturen wie aus den damit einhergehenden geistigen Wandlungen heraus verstanden werden. Hier ist daran zu erinnern, wie sehr die Entwicklung unserer gegenwärtigen Gesellschaft durch ein ungewöhnlich breites Anwachsen von Entscheidungs- und Handlungsfreiräumen des einzelnen auf verschiedensten Lebensgebieten gekennzeichnet ist. Selbstbestimmtes Handeln ist angesichts einer gewandelten Lebenslage auf vielfältige Weise geradezu herausgefordert. Das generative Verhalten und damit die Größe der eigenen „Fortpflanzungsfamilie" gehört heute ganz betont zu den stark selbstbestimmungsabhängigen Lebensbereichen.

Dabei ergibt sich nun aber ein weiterer sehr wichtiger Befund: Mit einer Sichtweise, die von einem „Kinderwunsch" ausgeht (den man sich erfüllen kann oder auch nicht), greift eine hochgradig subjektivistische Betrachtungsweise Platz, die ihrerseits an sehr unterschiedlichen Wertvorstellungen orientiert sein kann und in einer wertpluralistischen Gesellschaft auch orientiert ist. Es geht bei diesem Befund nicht eigentlich um die unterschiedlichen wertbesetzten Lebensentwürfe (mit ihren je spezifischen Lebenszielen) als solche, sondern es geht auf einer vorgelagerten Ebene der Betrachtung darum, daß generatives Handeln sehr entschieden in den Raum privater Verfügbarkeit, ja im Grunde „Beliebigkeit" hineingenommen wird. Es gibt hier praktisch keine überindividuellen (gesellschaftlichen) Festlegungen des einzelnen; sein generatives Handeln bleibt weitestgehend ungeregelt durch entsprechende Normierungen, z. B. des Staates oder gesellschaftlicher Einrichtungen (Kirchen u. ä.)

Wir kommen bei der Analyse des uns interessierenden Phänomens zu einem Ergebnis, das auch praktisch-politisch von großer Tragweite ist: Elternschaft in fundamentaler Konkurrenz zu anderen Lebenszielen kann es letztlich erst dadurch geben, daß gleichzeitig die Fraglosigkeit des Kinderhabens für verheiratete Paare schwindet. Erst dort, wo Elternschaft prinzipiell auf die gleiche Ebene rückt wie „andere" Lebensziele, kann es überhaupt zur Konkurrenzsituation kommen. Erst dort, wo Kinderhaben sehr betont oder gar ausschließlich als Bedürfnis der eigenen Persönlichkeitsentfaltung – vielleicht sogar von Selbstverwirklichung – gesehen wird, muß sich besonders pointiert die „Alternativ-Problematik" in dem Maße stellen, in dem es (auch) andere Möglichkeiten zur Persönlichkeitsentfaltung gibt. Ins Ökonomische gewendet: die Kinderzahl gehört nun nicht (mehr) zu den „sozial gebundenen Aufwandsteilen", um an eine Formulierung von *G. Mackenroth* (1953) anzuknüpfen, die bei ihm freilich in etwas anderem Kontext steht, nämlich im Blick auf die „Aufwandskonkurrenz“ in den modernen Wohlstandsgesellschaften. Die Kinderzahl kann eben nur dort unter die „sozial nicht gebundenen und damit rationell noch beschränkbaren Aufwandsteile“ (auf die von einer „alle Schichten durchsäuernden Aufwandskonkurrenz“ ein ständiger Druck ausgeht) fallen, wo eine mehr oder weniger große Kinderzahl nicht von vornherein gesellschaftlich normiert ist. Gegenwärtig bleibt es für verheiratete Paare eine offene, selbst zu treffende Entscheidung, ob in der Ehe überhaupt Kinder hinzutreten sollen; Elternschaft wird – im Rahmen biologischer Möglichkeiten – keineswegs mehr als zur Ehe grundsätzlich dazugehörig gesehen. Familie ist insofern tendenziell abgekoppelt von Ehe, sie wird dies künftig sicherlich noch mehr sein als bisher, worauf der ansteigende Anteil der zeitlebens kinderlos bleibenden Ehen hindeutet. (Der andere Aspekt der Entkoppelung von Ehe und Familie wird mit den nichtehelichen Lebensgemeinschaften bezeichnet, die in zunehmendem Maße vor allem in Skandinavien auch Kinder umfassen.)

Ein Kind bzw. mehrere Kinder zu haben ist also ungleich stärker dem subjektiven Ermessen unterworfen. Wo Kinderhaben in Konkurrenz mit einer Vielfalt anderer Erwartungen des einzelnen tritt – die an Produktion und Konsum orientierten Industriegesellschaften werden verschiedentlich geradezu in einem Sog der „Revolution der steigenden Erwartungen“ gesehen –, geht damit offensichtlich ein Wandel in der Einstellung zur Weitergabe des Lebens einher. Längst ist die Auffassung, Kinder mehr oder minder schicksalhaft zu empfangen, abgelöst von der willentlichen Bestimmung von Zahl und zeitlichem Abstand der Geburt der Kinder.

An einer älteren , von *G. Mackenroth* verwandten Systematik von Einflußfaktoren auf das generative Verhalten orientiert, könnte man auch sagen: Einflußfaktoren, die dem Bereich des „sozialen Dürfens und Sollens“ zugehören, treten weitestgehend bzw. völlig zurück, während diejenigen Einflußfaktoren, die dem Bereich des „individuellen Wollens“ zugehören, sich verabsolutieren. Im Feld dieser hoch individuellen Entscheidungen – außerhalb jeglicher gesellschaftlicher Festlegungen – gewinnen situative Gegebenheiten ein erheblich größeres Gewicht und sind als individuelle Reaktionen darauf, unter dem Einfluß von u. U. wechselnden und wenig miteinander zu vereinbarenden Leitbildangeboten in einer „außengeleiteten Gesellschaft“, auch wenig kalkulierbar.

Bei unserer Fragestellung stoßen wir somit auf einen tiefreichenden Befund, der sich wie folgt zusammenfassen läßt: Generatives Verhalten rückt – wie übrigens anderes menschliches Verhalten auch – tendenziell aus umgreifenderen, überindividuellen, „objektiven“ Sinnbezügen *mit Forderungscharakter gegenüber dem einzelnen* heraus. An die Stelle überindividueller Sinnzusammenhänge treten hoch subjektive, individuelle Grundpositionen. Dieser Prozeß der „Emanzipation" aus gesellschaftlichen Vorgaben ist so weit fortgeschritten, daß in der bevölkerungswissenschaftlichen Diskussion mit mehr oder weniger großem Erstaunen die Ansätze zu einer Entwicklung registriert werden, bei der die Fruchtbarkeit nachhaltig und auf Dauer *strukturell* hinter der Sterblichkeit zurückbleiben könnte, was am Ende auf einen kumulativen Schrumpfungsprozeß mit allen individuellen und gesellschaftlichen Konsequenzen hinausliefe.

Der Vorgang, auf den wir hier stoßen, führt uns möglicherweise tief in Grundverständnisse von Mensch und Gesellschaft hinein: Müssen wir nicht einen möglichen Zusammenhang annehmen, über den bisher kaum nachgedacht worden ist, einen Zusammenhang nämlich zwischen dem generativen Verhalten und der Antwort auf die Frage, inwieweit der Gesellschaft ein überindividueller Sinn zukommt, der zugleich Maßstab für die Sinnerfüllung des einzelnen wäre?

Bejaht man eine Einbeziehung des einzelnen in eine Sinnerfüllung des gesellschaftlichen Ganzen, so werden sich auch für das generative Verhalten deutlich andere Konsequenzen ergeben als bei solchen gesellschaftstheoretischen Grundpositionen, die einen überindividuellen Sinn von Gesellschaft bestreiten. Möglicherweise wird am Beispiel des veränderten generativen Verhaltens nur der hochgradige Individualismus manifest, der weite Teile unserer Gesellschaft im Kern befallen zu haben scheint. Tendenziell beobachten wir ein mehr oder minder deutliches Auseinanderfallen der individuellen Interessen der einzelnen Paare und des Wohles der Gesamtheit, von „persönlichem Interesse" und „gesellschaftlichem Interesse". Selbstverständlich sind dungen für oder gegen Kinder in besonders ausgeprägtem Maße persönliche Entscheidungen, aber in ihren objektiven Konsequenzen sind sie gesellschaftlich hochgradig relevant. „Individuelles Glück" und „gesellschaftliche Wohlfahrt", schon allein durch unterschiedliche Zeithorizonte gekennzeichnet, fallen keineswegs notwendig zusammen. Der einzelne kann u. U. mit nur *einem* Kind sein individuelles Glück maximieren, verallgemeinert wäre damit dem Allgemeininteresse wohl kaum gedient.

Die damit – im Unterschied etwa zu historisch vorausgegangenen Epochen – sichtbar werdende unterschiedliche Festlegung des generativen Verhaltens durch gesellschaftliche Instanzen hat *K. M. Bolte* (1980) zu einem konstitutiven Element für die Konstruktion unterschiedlicher Gesellschaftstypen mit je spezifischen „Faktorstrukturen generativen Verhaltens" genommen. Im Anschluß daran ließe sich, orientiert an der städtisch-industriellen Bevölkerung in Westeuropa, ein Gesellschaftstyp ausmachen, in dem die Entscheidung für oder gegen Kinder dem einzelnen allein überlassen ist; es gibt weder staatliche noch kirchliche, mehr oder minder verbindliche Leitbilder in Richtung auf eine bestimmte Kinderzahl, so daß es eher von zufälligen Konstellationen der Biographie des einzelnen abhängt, ob er diese oder jene „Kinderwünsche" ausbildet. Dabei erweisen sich bestimmte Lebensbedingungen im Wirtschafts- und Arbeitsleben, in Gesellschaft und Kultur als wirksame Hemmnisse dagegen, durchaus vorhandene individuelle Interessen an Kindern (Erlebnis der Elternschaft; Eigenwert von Kindern, aber auch deren Wert im eigenen Alter u. ä.) zu verwirklichen. Für *Bolte* gehört dieser Befund hinsichtlich des generativen Verhaltens zu einer Faktorstruktur, die eine ausgeprägte Tendenz zu Fruchtbarkeitswerten *unterhalb* des Reproduktionsniveaus enthält.

Dem in Anlehnung an die gegenwärtige städtisch-industrielle Bevölkerung in Westeuropa skizzierten Bevölkerungstyp geht in dem hier angesprochenen Schema ein Gesellschaftstyp voraus, der sich historisch in Anlehnung an die ländliche Bevölkerung im spätmittelalterlichen Mitteleuropa verorten ließe. Fortpflanzung wird hier nur in Ehen zugelassen, innerhalb der Ehe aber wird die Fruchtbarkeit relativ weitgehend ausgeschöpft. Wichtig erscheint, daß es hier Leitbilder und Gesetze von moralsetzenden Instanzen (Staat und Kirche) gibt, die das generative Verhalten regeln. Die Entscheidung für oder gegen Kinder liegt damit weniger in der Zuständigkeit des einzelnen, sondern ist weit stärker überindividuell bestimmt und hängt von der dem einzelnen zugewiesenen „Rolle" in der Gesellschaft ab.

Diese modelltheoretische Vertiefung sehr unterschiedlicher Einbettungen des generativen Verhaltens in individuelle und gesellschaftliche Bezüge führt nun zu der ebenso interessanten wie familienpolitisch bedeutsamen Frage, ob nicht in Richtung eines Gesellschaftstyps gedacht werden kann und vielleicht sogar muß, in dem bei aller individuellen Freiheit im Bereich der generativen Entscheidungen dennoch zugleich gesamtgesellschaftliche Aspekte angemessen ins Spiel gebracht werden. Wie also könnten die (fiktiven) „Beispiele für Faktorstrukturen generativen Verhaltens", wie sie *K. M. Bolte* vorgestellt hat, um ein Beispiel *erweitert* werden, in dem generatives Verhalten nicht völlig aus überindividuellen Sinnbezügen herausgelöst ist, der einzelne sich in seiner freien Entscheidung vielmehr auch gesellschaftlichen Erwartungen gegenübersieht? Diese Frage stellt sich um so unerbittlicher dort, wo ein strukturell sehr weit unterhalb des Reproduktionsniveaus zurückbleibendes generatives Verhalten wegen seiner gesamtgesellschaftlichen Tragweite offensichtlich nicht dem allgemeinen Wohl entspricht. Wie kann hier eine größere Ausgewogenheit von individuellen und gesellschaftlichen Interessen gewährleistet werden? Kann überhaupt etwas in dieser Richtung getan werden, was mit unserer freiheitlichen Grundordnung vereinbar ist? Welche Konsequenzen ergeben sich gegebenenfalls für die Gesamtanlage einer Familienpolitik, die sich als gesellschaftsgestaltende Politik versteht?

## 3. Möglichkeiten und Grenzen einer auch demographisch akzentuierten Familienpolitik

Vergegenwärtigen wir uns nochmals kurz die Problemlage: In unseren forgeschrittenen Industriegesellschaften wird von den einzelnen immer weniger akzeptiert, sich vorbehaltlos an überindividuellen Sinnbezügen zu orientieren. Die heute viel beschworene Sinnkrise hatte möglicherweise im Bereich des generativen Verhaltens längst begonnen, ehe sie an weniger personalen Zonen offen zu Tage trat. Man wird wohl nicht sagen können, daß solche überindividuellen Sinnbezüge durchgängig und pauschal geleugnet werden; zumindest aber will der einzelne sie einsehen. Infolgedessen ist er auf jeden Fall immer weniger bereit, in seinem generativen Verhalten „gesellschaftliche Vorgaben" einfach hinzunehmen. Je nach dem Grad der individualistischen Grundausrichtungen kann es dabei freilich auch dazu kommen, solche über das eigene Ich hinausreichenden Orientierungs- und Bezugspunkte, wie sie sich aus dem wohlverstandenen Interesse des gesamtgesellschaftlichen Zusammenlebens ergeben können, schlechthin zurückzuweisen.

In den überkommenen gesellschaftlichen Kontexten war generatives Verhalten weit weniger dem subjektiven Ermessensspielraum des einzelnen anheimgegeben. Es gab etwa einen durch religiöse Rückbindungen oder durch eine nationale Grundgestimmtheit charakterisierten Bezugsrahmen, aus dem heraus eine fruchtbarkeitsbejahende Grundeinstellung erwuchs. In gewissem Sinne gehört hierhin auch noch die im Leben von *Thomas Mann* nachweisbare Position: „Kinder hat man zu haben".

Solche das generative Verhalten prägenden Gegebenheiten sind nunmehr in der ganzen Breite der Gesellschaft immer mehr ersetzt durch Gegebenheiten, nach denen die Entscheidung für oder gegen Kinder dem einzelnen völlig überlassen ist, ohne daß dieser sich an überindividuellen Leitbildern offiziellen Charakters in Richtung auf Kinderzahlen orientieren könnte. Allenfalls mögen hier noch statistische Durchschnitte für den einzelnen zur Norm geraten. Und dies kann, wie die gegenwärtige demographische Entwicklung z. B. in der deutschen Bevölkerung zeigt, höchst unzureichend sein. Hier können sich u. U. für den einzelnen „Vorgaben" ganz anderer Art ausprägen – so z. B. auch Modeströmungen –, die dann ggf. sogar untereinander konkurrieren, sich aber grundlegend unterscheiden von Vorgaben seitens lebenssinnstiftender gesellschaftlicher Instanzen. Die zentrale Frage lautet nun: Wie kann – vielleicht unter postindustriegesellschaftlichen Bedingungen – ein alternativer Gesellschaftstyp aussehen, der gesamtgesellschaftlich befriedigendere „Faktorstrukturen" aufweist, nämlich solche, die durch eine größere Ausgewogenheit von individuellen und gesellschaftlichen Bezügen charakterisiert sind?

Eine Rückkehr zu einer Gesellschaft mit überindividuellen, gesellschaftlichen Festlegungen des einzelnen hinsichtlich der Kinderzahl erscheint gar nicht erst diskutabel. Eine Antwort auf die gestellte Frage kann wohl prinzipiell nur in der Richtung liegen, daß die individuellen Entscheidungen im generativen Bereich persönlich zu verantwortende Entscheidungen bleiben, die ihrerseits freilich nicht so betont im Horizont individuumbezogener Präferenzen getroffen werden, sondern als „personale" Entscheidungen der Individual- *und* Sozialnatur des Menschen gleichermaßen entsprechen. Die Frage der Kinderzahl läßt sich nicht mehr aus dem individuellen Entscheidungshorizont hinausverlagern. Was freilich aus dem menschlichen Grundrecht, frei, verantwortlich und informiert über die Zahl der Kinder zu entscheiden, auch folgt, ist der politische Gestaltungsauftrag, darauf hinzuwirken, daß diese generativen Entscheidungen auch wirklich frei, verantwortlich und informiert getroffen werden können. Dies erfordert eine Familienpolitik, die auf der einen Seite dem einzelnen Ehepaar die Freiheit der Entscheidung zu mehreren Kindern materiell und sozial wirksam abzusichern sucht, auf der anderen Seite die Beratungen und Hilfen gewährleistet zur Begrenzung der Kinderzahl, wo immer Eltern dies wünschen – beides muß integraler Bestandteil einer konsistenten Familienpolitik sein.

Auf diesem Problemhintergrund ergeben sich mehrere *Ansatzpunkte einer strukturgestaltenden Familienpolitik:* Zunächst einmal muß es für eine auch demographisch akzentuierte Familienpolitik darum gehen, vielfältigste „Barrieren" abzubauen, die sich – sicherlich meist ungewollt und insoweit als Ergebnis gedankenlosen politischen Handelns – für junge Paare dort auftürmen, wo diese sich für ein (weiteres) Kind entscheiden wollen. In weiten Teilen der jungen Generation ist der Wunsch nach Kindern, und zwar auch nach mehreren Kindern, durchaus vorhanden. Insoweit geht es also darum Freiräume zu schaffen, auch für generatives Handeln, zu verhindern, daß Entscheidungen für Kinder vorzeitig verschüttet werden. Die Hemmnisse sind im einzelnen unterschiedlicher Art: Wie die einschlägige Forschung vielfältig belegt, handelt es sich

- um wirtschaftliche Benachteiligungen – sei es im Pro-Kopf-Einkommen als einem wichtigen Indikator des Lebensniveaus, sei es in der rentenversicherungsrechtlichen Absicherung von Zeiten der Kleinkindversorgung – ebenso wie
- um fehlende soziale Hilfen,
- um Probleme einer familiengerechten Wohnungsversorgung ebenso wie
- um eine mangelnde Familienorientierung der Erwerbsarbeitswelt.

Zusammenfassend mag es an dieser Stelle genügen, den in familienpolitischer

Hinsicht sicherlich nicht von vornherein als „Partei" abzustempelnden Wissenschaftlichen Beirat beim Bundeswirtschaftsministerium zu zitieren, der in seinem Gutachten über die wirtschaftspolitischen Implikationen des Bevölkerungsrückgangs (Bonn 1980, Ziffer 70) feststellt: „In der Vergangenheit hat sich in den einzelnen politischen Bereichen eine ungewollte Kumulation von Anreizen ergeben, auf Nachkommenschaft zu verzichten."

Barrieren wegzuräumen, die der Realisierung von Kinderwünschen im Wege stehen, ist ein *unverzichtbares* Element einer demographisch akzentuierten Familienpolitik. Aber ist es auch ausreichend, wenn es darum geht, gesamtgesellschaftlich befriedigende demographische Strukturen dauerhaft zu sichern? Es muß jedenfalls mit der Möglichkeit gerechnet werden, daß, solange gesellschaftliche Bezüge mehr oder minder ausgeblendet sind, unter dem Einfluß von Kalkülen, in die vorwiegend die privaten Folgen der individuellen Entscheidungen für oder gegen Kinder eingehen, die Vielzahl der einzelehelichen generativen Entscheidungen noch nicht jene demographische Entwicklung gewährleistet, die vom Allgemeinwohl her als erwünscht anzusehen ist. Vorstellungen darüber sollten sich im Regelfall in Zielvorstellungen über den quantitativen Bevölkerungsprozeß wiederfinden, wie sie sich in einem Gemeinwesen *im demokratischen Rückkopplungsprozeß* herausbilden können und verschiedentlich auch herausgebildet haben. Damit stellt sich die Frage, inwieweit es vertretbar erscheint, durch eine entsprechende *gesellschaftliche Ordnungspolitik* die Rahmenbedingungen für das generative Verhalten so zu gestalten, daß die persönlichen Bedürfnisse und Lebensziele einerseits und die gesellschaftlichen Belange mit ihrer Gemeinwohlrelevanz andererseits möglichst eng zusammenfallen. Maßnahmen, die die Freiheit der einzelnen Paare in ihrer generativen Entscheidung beeinträchtigen, werden heute verständlicherweise nicht akzeptiert; bleibt dann aber nicht noch der Versuch, die dem generativen Handeln zugrunde liegenden Motivationen zu verändern? In der einschlägigen Diskussion ist dies auch auf die Formel gebracht worden, ob es über den Abbau von Barrieren zur Verwirklichung von „eigentlich vorhandenen Kinderwünschen" hinaus auch vertretbar sei, den Kinderwunsch als solchen zu beeinflussen, und zwar im Sinne einer Anhebung der gewünschten Kinderzahl. Was ein „eigentlicher Kinderwunsch" ist, bleibt dabei freilich etwas im dunkeln. Halten wir uns statt dessen doch lieber an den Sachverhalt, mit dem wir es nachweislich zu tun haben, nämlich an *Entscheidungen* der einzelnen Paare, die unter konkreten Rahmenbedingungen der Wirtschafts-, Sozial- und Kulturordnung *für oder gegen Kinder* fallen. Diese Entscheidungen werden durch einen gezielten Abbau von Hindernissen und Barrieren sicherlich beeinflußt, wenn auch *mittelbar*. Die Beeinflussung als solche kann also nicht das Problem sein; dieses besteht vielmehr darin, daß diese Beeinflussung transparent sein und bleiben muß, also nicht manipulativ sein darf, den freien Willen des einzelnen außer Kraft setzend, und damit den personalen Charakter einer solchen zentralen Entscheidung nicht aufhebt.

Die Gestaltung der äußeren Lebensbedingungen von Familien und Kindern reicht allein nicht aus, wenn es um eine umfassende Lösung der demographischen Problematik geht. So wichtig die bisher aufgezeigten Korrekturen auch erscheinen, so nachhaltig die Bemühungen auch sein mögen, vorhandenen, aber durch vielfältige familienfremde und -feindliche Strukturelemente in Gesellschaft und Wirtschaft verschütteten „Kinderwünschen" Raum zur Verwirklichung zu geben – es kann nicht ausgeschlossen werden, daß bei bewußten Entscheidungen der einzelnen Paare für bzw. gegen Kinder insgesamt die öffentlichen, zukunftsgerichteten Konsequenzen des generativen Verhaltens dennoch zu wenig berücksichtigt werden.

Von daher kann es gewisse Zweifel geben, ob allein eine Politik ausreicht, die der schon in den dreißiger Jahren in Schweden grundgelegten „egalitarian philosophy" entspricht. Eine Grundannahme dieser Politik ist, daß die gleiche Entwicklungsmöglichkeit von Familien unabhängig von ihrer jeweiligen Größe eine ausreichende Bedingung darstellt, um ein gesamtgesellschaftlich als erwünscht angesehenes Geburtenniveau zu erhalten. Eine notwendige Bedingung stellt dies für die Zukunft mehr noch als für die Vergangenheit sicherlich dar, aber noch nicht unbedingt eine hinreichende Bedingung.

Die Wirkungen einer bewußt auch demographisch akzentuierten Familienpolitik finden damit dort ihre Grenzen, wo die persönliche Reaktion im generativen Bereich etwa an hochgradig individualistischen Wertpositionen orientiert ist, die die „Gesellschaftlichkeit" des Menschen zu wenig zur Geltung kommen lassen. Unter dieser Rücksicht sollte eine weitere Ansatzebene für „Kurskorrekturen" nicht ausgeklammert bleiben, nämlich die *Ebene der für die Weitergabe des Lebens wichtigen persönlichen Werthaltungen.* Hier ist bei politischen Interventionen sicherlich besondere Behutsamkeit geboten. Der einzelne darf hier nicht vorschnell gesellschaftlich „vereinnahmt" und auf seine „wahren Bedürfnisse" von außen festgelegt werden. Gleichwohl darf auch das (Spannungs-)Verhältnis zwischen persönlichen Wertentscheidungen und individuellen Zielvorstellungen einerseits und demographischen Ordnungsvorstellungen auf der gesamtgesellschaftlichen Ebene andererseits bei der vorliegenden Fragestellung nicht einfach ausgeklammert bleiben. Folgende Aspekte drängen sich hier auf:

(1) Korrekturbedürftig erscheinen einmal bestimmte überkommene, mehr oder minder erstarrte Rollenvorstellungen beider Geschlechter. Durch Abbau von Rollenzwängen können Männer und Frauen neuen Lebensraum erhalten. Das Geburtenproblem darf nicht etwa einfach der Frau angelastet

werden, die sich ihrerseits weithin – und das gilt auch für die erwerbstätige Frau und Mutter in West *und* Ost – noch Rollenverteilungen zwischen den Geschlechtern gegenüber sieht, die in der herkömmlichen Form immer weniger überzeugen können. Auch für den Mann gilt es, sich von allzu festen Rollenfixierungen zu lösen.

(2) Korrekturbedürftig erscheinen aber auch bestimmte problematische Konzepte von Selbstentfaltung und Selbstverwirklichung des einzelnen. Dies gilt vornehmlich dort, wo ein Verständnis von Selbstverwirklichung – sei es der Frau oder des Mannes – gegeben ist, wonach eine solche *ausschließlich* auf dem Wege der außerhäuslichen Erwerbstätigkeit zu erreichen sei. Demgegenüber gilt es zu sehen, daß Lebenserfüllung und damit auch menschliche Selbstentfaltung sich wesentlich in einer Beziehung zum Mitmenschen und in der Erfahrung des Angenommenseins von anderen Menschen vollzieht. In dieser Sichtweise gewinnt auch die tägliche Zuwendung zu einem Kind eine hohe Bedeutung für die Lebenserfüllung und Selbstverwirklichung des Menschen. Hier ist eine Neubesinnung überfällig. Mit Recht heißt es in einer Stellungnahme der Kammer für soziale Ordnung der EKD, auch berufliche Entfaltung dürfe nicht als der einzige Weg gelten, der zu menschlicher Selbstverwirklichung führt: „Andere Wege der Selbstverwirklichung müssen gesellschaftlich ebenso anerkannt werden: Soziales Engagement für die menschliche Gemeinschaft oder voller Einsatz für Kinder und Familie."

Es gilt somit zu verdeutlichen, daß *Elternschaft eine Chance der Persönlichkeitsentwicklung* darstellt, auch und gerade heute wegen der damit verbundenen Erfahrungsdimension gegenüber den einseitig zweckrationalen Anforderungen der Berufswelt, negativ gesprochen wegen der anderenfalls verlorengehenden Fähigkeiten, die im Umgang mit Kindern gewonnen werden (wie z. B. die Fähigkeit, Bedürfnisse des anderen wahrzunehmen) – Fähigkeiten, die gleichermaßen subjektiv bedeutsam wie gesellschaftlich unverzichtbar sind. Die hier angesprochene Dimension der Veränderung von Werthaltungen müßte freilich dort sehr schnell zur reinen „Ideologie" entarten, wo der Umgang mit dem Kind als Erfahrungsgewinn für den einzelnen durch materielle Zwänge massiv relativiert, wenn nicht sogar in sein Gegenteil verkehrt würde. Bewußtseinsänderung (früher sprach man auch von „Gesinnungsreform") und Veränderung der gesellschaftlichen Verhältnisse („Zuständereform") müssen eben auch in dieser Hinsicht Hand in Hand gehen.

(3) Korrekturbedürftig erscheinen schließlich bestimmte hochgradig individualistische Emanzipationsvorstellungen. Wenn die Entscheidung für ein Kind gefallen ist, ergeben sich auch von daher Begrenzungen in der Hand-

lungsfreiheit für den einzelnen Erwachsenen. Die eigene Freiheit findet ihre Grenzen in den Rechten des anderen. Dies gilt gerade auch im Hinblick auf Emanzipationsforderungen von Erwachsenen gegenüber den Rechten des Kindes als dem schwächsten Teil der Familie. Somit ist kritische Wachsamkeit für den einzelnen geboten gegenüber einer Vorstellung von Emanzipation, die den einzelnen verabsolutiert, soziale Bindungen schlicht ablehnt und damit auch die Grenzen nicht wahrhaben will, die etwa durch elementare Bedürfnisse des Kleinkindes gesetzt sein können.

Voraussetzung für derartige Kurskorrekturen ist eine *grundlegende Neubewertung der Bedürfnisse und Interessen des Kindes* in unserer Gesellschaft wie auch ein Überdenken seines Stellenwertes in der Lebensplanung und -erfüllung des einzelnen. Dazu gehört nicht zuletzt eine Einstellungs- und Verhaltensänderung auf seiten des Mannes. In einer richtig verstandenen „emanzipatorischen Grundeinstellung" wird auch er sich aus starren überkommenen Rollenklischees befreien müssen. Wenn seine Freisetzung zum Vater nicht gelingt, erreichen wir auf dem Weg in die vaterlose Gesellschaft schließlich doch noch konsequent den Weg in die kinderlose Gesellschaft.

Im Prozeß des weiteren Wertewandels könnten sich damit neue Lebensziele herausbilden, auf deren Hintergrund das gegenwärtig sich abzeichnende „strukturelle Zurückbleiben" der Geburtenhäufigkeit hinter der Sterblichkeit (mit dem Rückgang der natürlichen Bevölkerungsbewegung in der Folge) eingegrenzt und in seiner gegenwärtig zu beobachtenden Radikalität überwunden werden könnte. Solchen neuen Lebensstilen sollte durch eine moderne Familienpolitik Raum gegeben werden. Ein Ausdruck dieser neuen Lebensentwürfe wäre eine befriedigendere Balance zwischen privaten und öffentlichen Interessen, deren Ausprägung durch planvolle demographische Informationen, Bildung und Erziehung mit zu fördern wäre. Bisher fehlt jedoch weithin eine umfassende *demographische Information und Bildung*, deren Aufgabe im mehr Grundsätzlichen wie folgt umrissen werden kann:

Wenn man von herkömmlichen normativen Grundlagen im generativen Bereich mit mehr oder minder verbindlichen Vorgaben durch kinderbejahende gesellschaftliche Instanzen weithin nicht mehr ausgehen kann, ist der einzelne bei seiner noch stärker auf sich gestellten eigenverantwortlichen Entscheidung um so mehr darauf angewiesen, sich auf entsprechende Information abzustützen. Muß doch der auf sich selbst gestellte einzelne die Normen eines Handelns mehr aus sich selbst finden, zumindest in größerer Unabhängigkeit von überindividuellen normsetzenden Instanzen.

Bisher ist der gedankliche Ansatz dieses Instruments im eigenen Land noch kaum entwickelt. Demgemäß ist auch der Stellenwert einer Auseinandersetzung mit demographischen Grundsachverhalten für pädagogisches Handeln nur unzureichend verdeutlicht. Hier liegen indessen wichtige Aufgaben einer künftigen Familienpolitik bzw. einer von ihr zu gewährleistenden Familienpädagogik. Ein fundamentales Mißverständnis wäre es freilich, in einer systematischen „populaton education“ den Versuch zu sehen, von fälligen familienpolitischen Maßnahmen abzulenken. In jüngerer Zeit wird in der politischen Diskussion verschiedentlich von einer „bevölkerungsbewußten Gesellschaftspolitik“ gesprochen, wird eine „bevölkerungsbewußte“ Sichtweise, d. h. eine die Auswirkungen auf das Bevölkerungsgeschehen erkennende Beurteilung gesellschaftspolitischer Maßnahmen, nicht nur als sinnvoll, sondern sogar ausdrücklich als notwendig bezeichnet. Wie könnte sie aber sehr viel wirksamer unterstützt werden als mittels einer demographischen Information und Bildung, die gerade der Förderung der Bewußtheit gegenüber Bevölkerungsvorgängen dient? Mag diese freilich noch so gut angelegt sein, sie befreit das einzelne Paar nicht davon, sich selbst entscheiden zu müssen.

Und ein weiterer Aspekt: Bei den generativen Entscheidungen gilt es zu sehen, daß der einzelne Entscheidungen trifft, deren Tragweite er u. a. wegen der spezifischen Langzeitwirkung demographischer Prozesse gar nicht voll übersehen kann. Seine Entscheidung beruht primär auf einem individuellen Kalkül, auf einer Abschätzung der persönlichen positiven und negativen Auswirkungen seines Verhaltens. Wiederum kann nicht (mehr) von der Wirksamkeit einer Instanz ausgegangen werden, die durch die von ihr mehr oder minder verbindlich postulierten Normen im Bereich des generativen Verhaltens dessen (auch längerfristige) gesellschaftliche Auswirkungen angemessen mitberücksichtigt. Damit verbundene traditionelle Verhaltensprägungen führten in bestimmter Hinsicht auch zu Entlastungen des einzelnen, der andererseits weniger in die persönliche Entscheidung gestellt war. Wenn demgegenüber heute der einzelne sehr viel stärker persönliche Einsicht in die Tragweite seines generativen Verhaltens gewinnen muß und wenn seine Verantwortung stärker gefordert ist, verweist dies wiederum auf die Bedeutung einer demographischen Erziehung und Bildung, die auf verantwortungsbewußtes Verhalten des einzelnen abzielt.

An dieser Stelle wird im übrigen eine oft *vernachlässigte Dimension von „verantworteter Elternschaft“* sichtbar. Sie dem einzelnen bewußt zu machen, bleibt eine wichtige familienpolitische Aufgabe. Eine „verantwortete“ Entscheidung für Kinder als eine *auch* gesellschaftlich verantwortete Entscheidung wird dabei freilich stets durch den persönlichen „Akzeptanzfilter“ gehen müssen, um wirklich bejaht zu werden. Die größere Gemeinschaft muß indessen wegen der auch gesellschaftlichen Folgewirkungen des generativen Verhaltens des einzelnen daran interessiert sein, daß sie, die den einzelnen wiederum mitträgt, in ihren Grundlagen und in der Verwirklichung grundlegender gesellschaftlicher Wertentscheidungen durch das individuelle Verhalten nicht gefährdet wird. Daher muß sie unter den neuen soziokulturellen Bedingungen demographische Bildung erst recht gewährleisten. Für den einzelnen erscheint eine solche Orientierungshilfe gerade dort sinnvoll, wo sein Handlungsspielraum sehr ausgeweitet ist und er mit größerer Wahrscheinlichkeit in Lebenslagen gerät, die er sich selber zuzuschreiben hat.

In diesem Zusammenhang stellt sich auch die Frage, ob nicht in der offiziellen Politik konkrete Zielvorstellungen über den als erwünscht angesehenen quantitativen Bevölkerungsprozeß ausdrücklich benannt werden sollten, die dann auf der Mikroebene in zielfunktionale „Muster differenzierter Kinderhäufigkeiten" umzusetzen wären. Bei einer Orientierung an einer quasi stationäre Bevölkerungsentwicklung bedeutet dies z. B. als eine denkbare Option, daß von 100 Ehen 10% kinderlos blieben, 10% nur 1 Kind, 35% 2 Kinder, 40% 3 Kinder und 5% 4 und mehr Kinder hätten. Die Gegenüberstellung mit den tatsächlichen Kinderhäufigkeiten läßt die Abweichung in der gegebenen Situation leicht erkennen und gibt damit wichtige Hinweise für eine bevölkerungsbewußte Politik, wie sie als ein Aspekt die Familienpolitik mit prägen kann.

Dies können und dürfen keine Anweisungen an den einzelnen sein, aber sie wären *ein* Orientierungshinweis für sein generatives Handeln. Das dieser Hinweis sich aus gesamtgesellschaftlichen Zusammenhängen her ableitet, ist kein durchschlagender Gegeneinwand. Denn generatives Handeln ist immer auch Handeln von Personen, d. h. aber Handeln von Menschen, die durch eine Individual- *und* Sozialnatur gekennzeichnet sind. Eine demographische Zielsetzung auf der Makroebene zu benennen und ihre Bedeutung für die damit in Übereinstimmung stehenden Kinderzahlen auf der Mikroebene aufzuzeigen, ist an sich bereits ein Stück politisches Handeln. Der Wert solcher Aussagen sollte nicht unterschätzt werden, werden damit doch Richtwerte und Orientierungshilfen angegeben auch für das Handeln des einzelnen in seiner Gemeinschaftsbezogenheit und -gebundenheit. Die Freiheit seiner generativen Entscheidung kann und darf nicht aufgehoben werden, aber diese Entscheidung wird – durchaus in Übereinstimmung mit der Kodifizierung der Menschenrechte – insoweit ein wenig mehr zur „informierten" Entscheidung und kann um so mehr „verantwortlich" getroffen werden.

Es muß doch gefragt werden (dürfen), ob die einzelnen Paare – und damit letztlich die Gesellschaft selbst – nicht ein Stück weit vor der „Beliebigkeit" des generativen Handelns geschützt bleiben sollten, und zwar durch Orientierung an absehbaren grundwerterelevanten Konsequenzen. Für die damit angesprochene Verdeutlichung der Tragweite generativen Handelns (wie sie nicht zuletzt von einer „population education" zu leisten wäre) wird der Zusammenhang wichtig zwischen der Bevölkerungsentwicklung (als dem Ergebnis der

Vielzahl der einzelehelichen generativen Entscheidungen) und der Verwirklichung von Grundwertentscheidungen des Gemeinwesens. Bisher ist es noch nicht in jeder Hinsicht überzeugend dargetan, daß etwa ein Nullwachstum der Bevölkerung eine für die Verwirklichung grundlegender Wertentscheidungen unseres Gemeinwesens *notwendige* Voraussetzung darstellt. Andererseits lassen die vorliegenden Einsichten recht eindeutig erkennen, daß bei einem solchen demographischen Prozeß (oder auch einem nur leicht rückläufigen, aber vor allem durch möglichst große Stetigkeit gekennzeichneten Bevölkerungsprozeß) gesellschaftliche Probleme sich minimieren und damit die Realisierung etwa von Solidarität, sozialer Gerechtigkeit, persönlicher Entfaltung insoweit erleichtert wird. Das Beispiel der weiteren Zukunft der gesetzlichen Rentenversicherung (oder der Pflege im Alter) ist nur eines von zahlreichen, auf die hier im einzelnen zu verweisen wäre.

Die schwierige Frage nach der Übereinstimmung von persönlichen Interessen und gesellschaftlichem Gesamtinteresse läßt sich im vorliegenden Kontext somit nicht ausklammern. Die angesprochenen Ansatzpunkte im praktisch-politischen Handeln dürften mit einem Menschen- und Gesellschaftsverständnis, wie es auch dem Grundgesetz zu Grunde liegt, voll vereinbar sein. Auch hier geht es um eine Gratwanderung zwischen individualistischen und kollektivistischen Fehlentwicklungen. Wenn persönliches Interesse und gesellschaftliches Gesamtinteresse zu unmittelbar und unvermittelt miteinander verknüpft werden, erscheint der von staatlichem Eingriff freie Raum der persönlichen Entfaltung nicht genügend gesichert, wie das Beispiel totalitärer Gesellschaftssysteme allgemein zeigt, im vorliegenden thematischen Zusammenhang besonders etwa die auf rigide Durchsetzung der Ein-Kind-Familie ausgerichtete Familienpolitik in der Volksrepublik China. Fallen sie einfach auseinander, muß die Gemeinschaft aller auf Dauer Schaden nehmen. Sicherlich ist einer am Gemeinwohl orientierten Politik am humansten gedient, wenn die individuellen Vorstellungen der einzelnen Paare mit den Ansprüchen des Gemeinwohls auf freiwilliger Grundlage übereinstimmen.

## 4. Ausblick

Damit werden nicht geringe Aufgaben einer Familienpolitik sichtbar, die auf ihre Weise dazu beiträgt, ein System von Bestimmungsfaktoren des generativen Verhaltens auszuprägen, unter dessen Einfluß das Fruchtbarkeitsniveau nicht von vornherein dauerhaft und nachhaltig unter dem Reproduktionsniveau zurückbleibt. Das generative Verhalten verbleibt hier damit durchaus im

Rahmen individueller Entscheidungen verankert, gleichwohl kommen gesamtgesellschaftliche Belange als Orientierungs- und Einflußfaktoren ins Spiel. Es wird vermieden, daß die gesellschaftlich so relevanten Entscheidungen für oder gegen Kinder völlig dem einzelnen überlassen werden, von dessen Biographie mit ihren je gegebenen Konstellationen in Verbindung mit gesellschaftlichen Lebensbedingungen es sonst abhängt, inwieweit er überhaupt „Kinderwünsche" ausbildet und realisiert. Insoweit eine Änderung des generativen Handelns erwünscht erscheint, kann dies freilich nur erwartet werden, wenn zugleich die entsprechenden Randbedingungen in Gesellschaft und Wirtschaft gegeben sind, die dieses Verhalten begünstigen bzw. erst „lebbar" machen.

Eines sei zum Abschluß unmißverständlich festgehalten: Eine nachhaltige Veränderung im generativen Verhalten nachrückender Heiratsjahrgänge erfordert – neben unentbehrlichen flankierenden Maßnahmen in der Sozial- und Familienpolitik, aber auch der Wirtschafts- und Bildungspolitik – eine Wandlung grundlegender Wert- und Normorientierungen weit über den Bereich generativen Verhaltens hinaus. Letztlich wird sie von gesellschaftlichen Eliten als den eigentlichen „Agenten des Wandels" maßgeblich mit getragen werden müssen. Sie bleibt freilich um so schwieriger durchzusetzen, als die generativen Verhaltensnormen integraler Bestandteil der gesamten Sozialstruktur sind. Insofern läuft eine nachhaltige Stärkung der Elternschaft auf eine Gesellschafts- und Familienpolitik hinaus, die sich als gesellschaftliche Strukturpolitik zu erweisen hat – als *strukturgestaltende* Politik, die im politischen wie sozialpädagogischen Ansatz partiell auch eine Korrektur kultureller, sozialer und ökonomischer Strukturen einer Gesellschaft zum Ziel haben muß, die sich anschickt, in eine *nachindustrielle* Entwicklungsphase einzutreten. Letzere wird mit Kennzeichnungen wie „Dienstleistungsgesellschaft", „Freizeitgesellschaft" oder „mobile Informationsgesellschaft" nur erst unvollkommen beschrieben. Sie wird eine *humane* Gesellschaft nur in dem Maße sein und bleiben können, in dem sie den Familien als Ganzes und ihren einzelnen Mitgliedern – Vätern, Müttern, Kindern, aber auch dem alten Menschen in der Familie – Raum zur freien und zugleich solidarischen Entfaltung gibt.

## Anmerkungen und Literatur

*) Erschienen in: Werte – Leitbilder – Tugenden (Zur Erneuerung politischer Kultur), hrsg. von *K. Weigelt*, Studien zur politischen Bildung, Bd. 8, Mainz 1985, S. 391–416.

*Bolte, K. M.*, Bestimmungsgründe der Geburtenentwicklung und Überlegungen zu einer möglichen Beeinflußbarkeit, in: Bevölkerungsentwicklung und nachwachsende Generation, Bericht eines Arbeitskreises der Gesellschaft für Sozialen Fortschritt, Stuttgart/Berlin/Köln/Mainz 1980, S. 64–90.

*Bundesregierung*, Zweiter Familienbericht (Familie und Sozialisation), Bericht der Sachverständigenkommission, Bonn 1975.

*Klages, H.*, Wertorientierungen im Wandel, Frankfurt/M. 1984 (2. Aufl. 1985). – Siehe auch *H. Klages* u. *P. Kmieciak* (Hrsg.), Wertwandel und gesellschaftlicher Wandel, 3. Aufl., Frankfurt/M. 1984.

*Kommissariat der deutschen Bischöfe* (Hrsg.), Fragen der Bevölkerungspolitik in der Bundesrepublik Deutschland, Dok. Nr. 2, Bonn 1979.

*Mackenroth, G.*, Bevölkerungslehre (Theorie, Soziologie und Statistik der Bevölkerung), Berlin/Göttingen/Heidelberg 1953.

*Wingen, M.*: Generative Entscheidungen im Spannungsfeld zwischen individueller und gesellschaftlicher Rationalität – eine Herausforderung an eine zukunftsorientierte Familienpolitik, Heft 9 der „Materialien und Berichte" der Familienwissenschaftlichen Forschungsstelle (FaFo) – Projektgruppe im Stat. Landesamt BW –, Stuttgart 1983.

*Ders.*: Kinder in der Industriegesellschaft – wozu? Analysen – Perspektiven – Kurskorrekturen, Reihe „Texte und Thesen", Bd. 146, Edition Interform Zürich und Fromm Osnabrück, 1982 (2., überarb. Aufl. 1987), insbes. Kap. „Personale Entfaltung, gesellschaftliches Zusammenleben und aktive Elternschaft – Verkannte oder erkannte Zusammenhänge? S. 48–57.

*Wissenschaftlicher Beirat* beim Bundesministerium für Wirtschaft, Wirtschaftspolitische Implikationen des Bevölkerungsrückgangs (Gutachten), Bonn 1980.

# 2. Nichteheliche Lebensgemeinschaften: Formen, Bedingungen und familienpolitische Folgerungen*

## 1. Einstieg

In seiner Autobiographie „Ein Leben für Jerusalem" äußert sich *Teddy Kollek* aus einer offenbar in der Kibbuzbewegung wurzelnden Sicht im Zusammenhang mit seiner eigenen Heirat recht aufschlußreich zur Institution Ehe. Als *Tamar,* seine spätere Ehefrau, ihm 1937 aus Österreich nach Palästina folgte, hatte sie aufgrund der restriktiven englischen Einwanderungsgesetze 100 Pfund Sterling zu hinterlegen als Garantie dafür, daß sie nach Ablauf des Visums in wenigen Monaten die Rückreise antreten werde. Nun suchten beide nach einem Ausweg, der sowohl einen unbeschränkten Aufenthalt in Palästina wie zusätzlich auch noch die Auszahlung des hinterlegten Pfandgeldes gewährleisten könnte. Es bot sich die Eheschließung an: Da *Kollek* selbst palästinensischer Staatsbürger war, konnte *Tamar* die Staatsbürgerschaft ebenfalls erwerben, indem beide heirateten. Auf diese Weise hoffte sie, nicht nur ihr juristisches Problem zu lösen, sondern auch die 100 Pfund wiederzubekommen. „Das bewog uns schließlich, alle unsere sozialistischen Ideale hintanzustellen und die bürgerliche Institution der Ehe auf uns zu nehmen. Sonst hätten wir vielleicht noch jahrelang nicht geheiratet. Heiratsurkunden waren in einem Kibbuz erst dann wichtig, wenn Kinder unterwegs waren." Die dann folgende Schilderung des für Kibbuzangehörige geläufigen Trauverfahrens zeichnet das Bild eines so formlosen Verwaltungsaktes, der so bar jeder Feierlichkeit ist, daß hier für jeden sichtbar eine bewußte Abkehr von der traditionellen jüdischen Eheschließung statuiert wird. Was den mehrfachen Zweckcharakter ihrer Eheschließung anging, vermerkt *Kollek* knapp, aber nicht ohne Enttäuschung: „Die hinterlegten 100 Pfund bekamen wir übrigens leider nie wieder zurück."

Was hier schon sichtbar wird, ist eine deutlich ideologisch geprägte Haltung gegenüber der herkömmlichen Ehe, in diesem Fall eine sozialistisch orientierte Einstellung, für die eine negative Sicht der bürgerlichen, kirchlich geschlossenen Ehe charakteristisch ist. Wir finden diese Einstellung, wie sie in dem zitierten Selbstzeugnis *Teddy Kolleks* mittelbar deutlich wird, gegenwärtig besonders in Schweden, wo die nichtehelichen Lebensgemeinschaften – in nicht wenigen Fällen auch *mit* Kindern – schon relativ früh anzutreffen waren und offensichtlich eine relativ weite Verbreitung gefunden haben (so daß man wahrscheinlich von einer Art Nord-Süd-Gefälle in Europa bezüglich der Verbreitung nichtehelicher Lebensgemeinschaften sprechen kann). In den

USA, wo sich solche nichtehelichen Lebensgemeinschaften ebenfalls als Alternative zu herkömmlichen Ehen herausgebildet haben, ist dieser Trend ideengeschichtlich eher in einer betont individualistischen Lebensphilosophie begründet, aus der Lebensstile erwachsen, die auf eine nach diesem Verständnis möglichst „freie Entfaltung" des einzelnen Partners hinauslaufen.

Auch im deutschen Sprachraum lassen sich schon seit einiger Zeit Wandlungen hinsichtlich der Grundauffassungen von Ehe und Familie von unter Umständen gegenwärtig noch gar nicht voll abzuschätzender Tragweite ausmachen. So wird in der Bundesrepublik Deutschland in jüngerer Zeit unter dem Eindruck einer Tendenz zu größerer Pluralität familialer Lebensformen, wie sie sich für die künftigen (oft wenig hilfreich „postmodern" genannten) Gesellschaftsstrukturen abzuzeichnen scheint, vermehrt gefragt, inwieweit die sozialen Inhalte von Ehe und Familie im Sinne der Verfassungsnormen (Art. 6 Abs. 1 GG) sowie die feste Zuordnung beider Institutionen unverändert aus der Zeit der Schaffung des Grundgesetzes übernommen werden könnten. Diese feste Zuordnung von Ehe und Familie scheint, zumindest als wechselseitiger Zusammenhang, heute in Teilen der Gesellschaft mehr oder weniger deutlich in Frage gestellt. Auch unter Juristen wird inzwischen zunehmend kontrovers diskutiert, ob die Ehe noch als konstitutives Element von Familie anzusehen ist. Hierzu sei aus jüngster Zeit etwa auf die unterschiedlichen Auffassungen von *W. Geiger* (1980) und demgegenüber von *P. Häberle* (1984) verwiesen, nach dessen Ansicht die Ehe nicht mehr „konstitutives Element" der Familie im verfassungsrechtlichen Sinne ist. Diese Kontroverse zeigt, daß keineswegs (mehr) voll konsensfähig ist, was zu der von der Verfassung garantierten „Fundamentalstruktur" der Familie gehört. In der Frage, in welchem Ausmaß Familie (und Ehe) als verfassungsrechtliche Institutionen für Interpretationen und Anschauungsänderungen offen sind, wird man im Anschluß an *U. Scheuner* (1980, S. 42) die Antwort im Bereich einer nicht ganz scharf konturierten Mittelzone suchen müssen, in der an einem gewissen traditionellen Bild festgehalten wird, das aber gleichwohl offen ist für soziale Veränderungen. Zu diesen Veränderungen gehört auch, daß sehr viel deutlicher als bislang die Veränderung des Verhältnisses von Mann und Frau als Herausforderung zur eigenen Gestaltung einer verantwortlichen Lebensgemeinschaft gesehen wird.

## 2. Sozialwissenschaftliche Befunde über Formen und Verbreitung

Wenn man versucht, die sozialwissenschaftlich-statistischen Befunde zum nichtehelichen Zusammenleben in der gebotenen Kürze zusammenzufassen, ergibt sich etwa folgendes Bild:

2.1 Zunächst ist festzuhalten, daß es in sozialwissenschaftlicher Sicht nicht *die* nichteheliche Lebensgemeinschaft gibt. Ebenso wie das konkret vorfindbare Zusammenleben in Ehen und Familien durch eine in jüngerer Zeit offenbar noch *wachsende Pluralität familialer Lebensformen* gekennzeichnet ist und unverheiratetes Zusammenleben von Paaren bzw. Eltern diese Pluralität von Lebensstilen durch quasi familiale Lebensgemeinschaften vergrößert, stellt sich auch nichteheliches Zusammenleben selbst in sehr verschiedenen Formen dar. Diese sind z. B. durch eine unterschiedlich angestrebte Dauer des Zusammenlebens vor allem in kinderlosen Paarbeziehungen (wohl weniger in Eltern-Kinder-Gemeinschaften) gekennzeichnet. Zu ihrer gemeinsamen Bezeichnung erscheint der Terminus „nichteheliche Lebensgemeinschaft" am ehesten sachgerecht; denn diese wenigstens auf eine gewisse Dauer angelegten Verbindungen verschiedengeschlechtlicher Paare, die in einem gemeinsamen Haushalt (Wohnung) in voller Lebens- und Geschlechtsgemeinschaft zusammenleben, ohne daß ihre Beziehung durch eine Eheschließung offiziell bestätigt („legitimiert") ist, wollen grundsätzlich bewußt etwas anderes sein und leben als Ehe im herkömmlichen, rechtlich eindeutig festgelegten Sinn.

2.2 Die bisher nicht sehr umfangreich vorliegenden empirisch-statistischen Befunde zum nichtehelichen Zusammenleben weisen darauf hin, daß nichteheliche Lebensgemeinschaften – in offensichtlich wachsendem Maße – besonders unter den jungen Erwachsenen bis zum 35. Lebensjahr verbreitet sind. So läßt sich in der Bundesrepublik Deutschland für die erste Hälfte der 80er Jahre aufgrund von Mikrozensusauswertungen, die aber nur Anhaltspunkte liefern können, schätzen, daß von den 18- bis unter 35jährigen ledigen Männern mindestens 7%, von den ledigen Frauen dieser Altergruppe mindestens 12% in einer nichtehelichen Lebensgemeinschaft lebten. Nachdem sich diese Schätzungen schon auf eine Gesamtzahl nichtehelicher Lebensgemeinschaften von wenigstens 500000 im Jahr 1982 beliefen, dürfte diese Zahl gegenwärtig auf deutlich über eine Million angestiegen sein. Neueste – ebenfalls nicht amtliche – Schätzungen gehen sogar von über 2 Millionen nichtverheiratet zusammenlebenden Paaren aus. Dabei stellt diese Form des Zusammenlebens offensichtlich keinen schichtenspezifischen sozialen Tatbestand in dem Sinne dar, daß sie etwa überwiegend nur unter Angehörigen eher höherer Bildungsschichten anzutreffen wäre.

Retrospektive Schätzungen für den Beginn der 70er Jahre (im Vergleich zum Beginn der achtziger Jahre) lassen es als sehr wahrscheinlich erscheinen, daß sich inzwischen eine Veränderung der Zusammensetzung der Partner in nichtehelichen Lebensgemeinschaften nach dem Familienstand dahin ergeben hat, daß die Partnerkonstellation „beide Partner oder Frau verwitwet" heute ihr früher dominierendes Gewicht zugunsten lediger Partner verloren hat. Wenn man für die hier besonders interessierende Altersgruppe der Zwanzig- bis Dreißigjährigen zu der Zahl der verheirateten Männer und Frauen von 20 bis unter 30 Jahren die für 1980 geschätzten Anteile der nichtehelichen Lebensgemeinschaft hinzuzählt, so ergibt sich ein Prozentsatz, der interessanterweise dem Anteil der Verheirateten dieses Alters Mitte der 70er Jahre (1975) ziemlich nahekommt. Daraus könne, so jedenfalls die Bundesregierung in ihrem Bericht über die Bevölkerungsentwicklung, geschlossen werden, daß „die nichteheliche Lebensgemeinschaft in vielen Fällen an die Stelle der Ehe getreten ist".

Vergleichszahlen für *Österreich* liegen nur begrenzt vor. Für den Beginn der 80er Jahre gibt es eine Schätzung (*A. Haslinger,* 1981), daß seinerzeit rund 5% der Bevölkerung im reproduktionsfähigen Alter – das entspräche etwa 2% der Gesamtbevölkerung – unverheiratet zusammenlebten. Diese Zahl von rund 80 000 nichtehelichen Lebensgemeinschaften umfaßt aber noch nicht unverheiratetes Zusammenleben von verwitweten oder geschiedenen Personen.

Für die *Schweiz* deuten Auswertungen der Volkszählung 1980 darauf hin, daß von allen Paaren ohne Kinder etwa 12% unverheiratet zusammenlebten; von allen Eltern mit zusammenlebenden Kindern waren etwa 2% „nichteheliche Familien" (*K. Lüscher,* 1983, S. 35). Auch dort hat die Zahl der nichtehelichen Lebensgemeinschaften rasch zugenommen. Eine neue Studie des soziologischen Instituts der Universität Zürich zur Lebenssituation und -einstellung junger Frauen kommt für die Agglomeration Zürich zum Ergebnis, daß gegenwärtig über 20% der 20- bis 26jährigen Frauen in einer nichtehelichen Lebensgemeinschaft leben. Über 71% der neuverheirateten Frauen haben schon vor der Eheschließung mit ihrem Partner zusammengelebt; die durchschnittliche Dauer einer „Probe-Ehe" im Raum Zürich beträgt dabei gut zwei Jahre (*F. Höpflinger,* 1987). Aber auch nach dieser Untersuchung findet es die überwältigende Mehrheit der jungen Züricher Frauen (über 80%) besser zu heiraten, wenn Kinder gewünscht werden. Insofern erweisen sich Ehe und Kinderhaben noch immer als eng verknüpft.

2.3 Offenbar haben wir es beim Eingehen von nichtehelichen Lebensgemeinschaften – gerade auch in altersspezifischer Sicht – mit sehr unterschiedlichen Motivstrukturen zu tun. Von den aus persönlichen Interessenlagen angestrebten kurzfristigen Paarverbindungen, bei denen beide Partner von einer Beendigung des Zusammenlebens in absehbarer Zeit ausgehen, sind nichtlegalisierte Paarverbindungen zu unterscheiden, die nach einiger Zeit der Prüfung in eine Ehe einmünden. Beide Formen wiederum unterscheiden sich deutlich von bewußt gesetzten Alternativen zur herkömmlichen Ehe – z. B. aus Ablehnung einer als zu groß empfundenen „Verrechtlichung" oder einer als unvertretbar angesehenen Einmischung des Staates in die Privatsphäre. Beweggründe zum Eingehen solcher Zusammenlebensformen können auch betont wirtschaftlich oder rechtlich bedingt sein (bei Ausländern z.B. nicht zuletzt durch rechtlich begrenzte Scheidungsmöglichkeiten im Heimatland). In den Ende 1985 von der Familienrechtskommission des Rates der Evangelischen Kirche Deutschlands vorgelegten „Überlegungen" zu den nichtehelichen Lebensgemeinschaften werden die Beweggründe für die Wahl einer solchen Lebensform – bewußt stark vereinfacht – auf die drei Grundmotive zurückgeführt, die mit „Aufschub", „Verweigerung" und „Nützlichkeit" umschrieben werden. Tatsächlich kommt es nicht selten zu einer mehr oder weniger diffusen Mischung verschiedener Motive, wie auch ein Übergang von einer Form in die andere anzutreffen ist. Diese sehr verschiedenen Motivstrukturen verweisen zugleich auf deutlich unterschiedliche Personenkreise, die in den verschiedenen Lebensaltersgruppen in nichtehelichen Lebensgemeinschaften zusammenleben und über deren sozialstrukturelle Merkmale wenig Verläßliches bekannt ist.

2.4 Für die rasche Ausbreitung des nichtehelichen Zusammenlebens (mit seinen zugrundeliegenden unterschiedlichen Beweggründen) waren ganz bestimmte Voraussetzungen und Bedingungen wirtschaftlicher, institutioneller und geistiger Art wichtig, die sich zu einer *Faktorstruktur nichtehelichen Zusammenlebens* verbinden lassen. Darin kommen zugleich bemerkenswerte Wandlungen in den wertbesetzten Einstellungen gegenüber der herkömmlichen Ehe zum Ausdruck. Stichwortartig zu nennen sind hier vor allem:

– der Umbruch in der Sexualmoral mit einer korrespondierenden wachsenden Anerkennung bzw. Tolerierung nichtehelicher Lebensgemeinschaften in der Öffentlichkeit (Wohnungsfrage);
– eine betont emanzipatorische Einstellung der zugleich über eine größere wirtschaftliche Eigenständigkeit und soziale Absicherung verfügenden Frau gegenüber einem traditionellen Rollenbild (wird hier etwa ein spätes Vermächtnis von *Clara Zetkin* [1857–1933] wirksam, die als Vorkämpferin für die Rechte der Frauen und zugleich in kompromißloser Abgrenzung zur bürgerlichen Frauenbewegung die bürgerliche Ehe als „unsittliche Zwangsgemeinschaft" geißelte?);
– ausgeprägte Individualisierungstendenzen, aber auch Loslösungen des einzelnen aus normativen Bindungen gerade auch in sehr persönlichen Lebensbereichen, teils als Reaktion auf vielfältige Reglementierungen seitens großgesellschaftlicher Strukturen;
– eine größere finanzielle Unabhängigkeit junger Menschen, gefördert durch verstärkte Anbindung öffentlicher Versorgungsleistungen an den einzelnen, aber auch durch ein durchweg gestiegenes Realeinkommensniveau in der Bevölkerung;
– die Kenntnis und Verfügbarkeit praktisch perfekter Mittel der Geburtenpla-

nung (allein die dadurch bewirkten Veränderungen im Verhältnis der Geschlechter zueinander können wohl noch gar nicht voll in ihrer Wirkung auf die neuen Strukturen von Ehe und Familie abgeschätzt werden!);
– schließlich ein Zurücktreten religiös-kirchlicher Bindungen bei – sicherlich nicht ganz ohne inneren Zusammenhang – ausgeprägten Lebens- und Zukunftsängsten.

Beim Zusammentreffen dieser Voraussetzungen und Bedingungen erscheint eine Verbreitung von Formen nichtehelichen Zusammenlebens nicht nur möglich, sondern geradezu wahrscheinlich. Zugleich setzt sich der hier vertretene Erklärungsansatz einerseits von unifaktoriellen Hypothesen ab; andererseits wird versucht, so allgemeine Begründungsmuster wie „Industrialisierung" oder „Modernisierung" zu vermeiden.

2.5 Der Anteil nichtehelicher Lebensgemeinschaften *mit Kindern* (seien diese nun dort geboren oder von einem Partner eingebracht) dürfte in der Bundesrepublik in den vergangenen Jahren bei 14% bis 15% (1982) aller nichtehelichen Lebensgemeinschaften gelegen haben. Fragen eines notwendigen Rechtsschutzes für die Beteiligten stellen sich zwar nicht erst bei Vorhandensein von Kindern, gewinnen hier aber besondere Dringlichkeit. Nichteheliche Lebensgemeinschaften fallen zwar nach herrschender Auffassung in der Bundesrepublik nicht unter den Artikel 6 Abs. 1 GG, die in ihnen zusammenlebenden Personen haben indessen Anspruch auf Schutz durch die Rechtsordnung – erst recht im Hinblick auf besonders schwache Mitglieder. Letztere müssen zwar nicht, können aber gerade *Kinder* und unter Umständen *Frauen* sein.

2.6 Über die Wiederauflösung bzw. das Scheitern von nichtehelichen Lebensgemeinschaften wissen wir verständlicherweise noch weniger als über die im Einzelfall maßgebenden Beweggründe zum Eingehen solcher Lebensformen und über die sozialstrukturellen Merkmale dieser Personengruppen. Auflösungen solcher Zweierbeziehungen (also nicht Einmündung in eine Ehe) gibt es, so wird aufgrund allgemeiner Beobachtungen angenommen, mindestens so häufig wie bei förmlichen Ehen. Aus Ergebnissen schwedischer Untersuchungen (auf der Grundlage des Fertility Survey 1981) ergibt sich, daß nichteheliche Lebensgemeinschaften sich leichter auflösen als Ehen; zugleich wird eine ansteigende Dauerhaftigkeit bei bestehenden nichtlegalisierten Paarverbindungen als ein signifikanter Indikator für einen sich wandelnden Charakter von nichtehelichen Lebensgemeinschaften angesehen. Auch spricht bisher die Entwicklung der Ehescheidungen in Schweden nicht dafür, daß eine weite Verbreitung von nichtehelichem Zusammenleben die Stabilität der Ehen fördert und zu einem Rückgang der Scheidungszahlen führt. Aus der Praxis ehebezogener und schwangerschaftskonfliktbezogener Beratung wissen wir im übrigen, daß nichteheliche Lebensgemeinschaften bei ungeplanter Schwangerschaft häufig zerbrechen; die Sorge für das Kind verbleibt in diesem Falle bei der Mutter als Alleinerziehender.

## 3. Familienpolitische Schlußfolgerungen

Angesichts sehr unterschiedlicher sozialer Strukturen nichtehelicher Lebensgemeinschaften ist bei deren gesellschaftspolitischer und sozialethischer Beurteilung große Behutsamkeit geboten; Verallgemeinerungen wären von vornherein verfehlt. Sie würden nicht der Tatsache gerecht, daß hier personale Verantwortung dicht neben Unfähigkeit zu dauerhafter Bindung liegen kann. Gleichwohl drängt sich die Frage nach einer familienpolitischen Beurteilung der nichtehelichen Lebensgemeinschaften auf, in denen sich Wandlungen in partnerschaftlichen, aber auch „eltern-kindschaftlichen" Lebensmustern besonders deutlich ausprägen. Dazu werden im folgenden *vier Thesen* kurz erläutert.

3.1 Eheliches und familiales Zusammenleben bedarf, wie die geschichtliche Erfahrung vergangener Generationen bestätigt, auch eines durch den institutionellen Rahmen rechtlich abgesicherten Lebensraums. Institutionen können selbst in gewissem Grade als „geronnene geschichtliche Erfahrung" angesehen werden. Dieser auch rechtlich abgesteckte Ordnungsrahmen sollte von den Beteiligten und von der Politik nicht vorschnell als unwichtig, als nur äußerer Bezugsrahmen für im Grunde entbehrlich angesehen werden. Es handelt sich letztlich um gebündelte Normen mit verhaltenssteuernder Wirkung auf den einzelnen. Kein menschlicher Handlungsvollzug trägt indessen seinen Sinngehalt ausschließlich gleichsam vorgefertigt in sich selbst. Er wird auch – in für den einzelnen mehr oder minder verpflichtender Weise – von außen, von überindividuellen Instanzen herangetragen. Freilich sind zugleich eigene persönliche Eingaben der beteiligten Personen fast unentbehrlich, vor allem dort, wo Gesetze und äußere gesellschaftliche Übereinkünfte Freiräume lassen.

Auch im Bereich von Ehe und Familie stoßen wir regelmäßig darauf, daß eine Sinnbestimmung von außen (z. B. von der Kirche, vom Staat) vorgegeben wird. Wir können hier von einem institutionellen Sinngehalt sprechen, verstanden als die durchgängige Auffassung über Bedeutung und Wirkung des äußeren, gerade auch rechtlich verfaßten Ordnungsrahmens von Ehe. Die einzelnen, die auf den Boden einer mit einem solchen institutionellen Sinn ausgestatteten Lebensgemeinschaft treten, haben auch persönlich, in ihrem subjektiven Bewußtsein, zu dieser Sinnvorgabe Stellung zu beziehen. Im übrigen gilt auch hier, daß Gesetze ohne Chance auf eine auch soziale Geltung und Durchsetzung praktisch wertlos sind. Sie beeinträchtigen höchstens noch das Vertrauen der Gesellschaftsmitglieder in die Gestaltungskraft des Rechts – ein Vertrauen, das ohnehin häufig unzureichend ist.

Beides gehört zusammen: Der institutionelle Sinn und der Sinngehalt, den die Beteiligten ihrer Beziehung beilegen. Auch das subjektive Moment ist in besonderem Maße verhaltensrelevant. Diese handlungsrelevante individuelle Sinngebung einer partnerschaftlichen bzw. ehelichen Zweierbeziehung wirkt sich u. a. entscheidend für die intendierte Dauer der Lebensgemeinschaft aus. Diese kann daher auch, wie oben angedeutet, zu einer zentralen Dimension für eine Typenbildung von in ihrer Struktur sehr unterschiedlichen nichtehelichen Lebensgemeinschaften genommen werden. Zurückhaltung erscheint angebracht, wo etwas vorschnell die These verbreitet wird, eine Paarbeziehung habe „aus sich heraus" die Tendenz, sich zu stabilisieren, auch ohne die Stützung durch rechtliche (institutionelle) „Korsetts". Wenn umgekehrt in eben diesem Kontext eingewandt wird, daß mit der staatlichen „Sanktionierung" (Trauschein) und/oder mit der kirchlichen Trauung diese Stabilität keineswegs bereits mitgeliefert werde, so wird insofern gegen einen Popanz argumentiert, als das fortgesetzte Engagement der Partner am stufenweisen Aufbau ihrer (auch) emotional geprägten Beziehung unbestritten als notwendig vorausgesetzt wird – bis in die kirchliche ehebegleitende Bildung hinein.

3.2 Der Grad der Kongruenz von objektiver Sinnvorgabe und subjektiv gemeintem Sinn ist unterschiedlich und kann sich im Zeitablauf spürbar ändern. Wie gerade Formen nichtehelichen Zusammenlebens zeigen, muß damit gerechnet werden, daß der institutionelle Sinn von Ehe mehr oder minder abweicht von dem Sinngehalt, den die Partner in ihre Verbindung einbringen. In aller Regel wird es Spielräume geben, die die einzelnen individuell ausfüllen können. Vermutlich besteht hier sogar ein Bedürfnis nach größeren Freiräumen, nicht zuletzt angesichts mancher größer gewordener Reglementierungen des einzelnen von der Ebene der großgesellschaftlichen Strukturen her. Stets wird ein Gemeinwesen aber auch Wert darauf legen, daß der einzelne mit der objektiven Sinnvorgabe, die sich freilich auf zentrale Zusammenhänge beschränken wird, auch persönlich übereinstimmt.

Nicht weiter problematisch erscheint aus überindividueller Sicht eine Situation, in der die einzelnen den objektiven Sinn der Institution Ehe mehr oder minder fraglos anerkennen, indem sie sich weitestgehend damit identifizieren. Hier tritt das subjektive Moment nicht besonders in Erscheinung; es verschwindet gleichsam hinter dem es überlagernden objektiven Sinngehalt, der mit der Institution Ehe – zu einer bestimmten Zeit in einem bestimmten Kulturkreis – vorgegeben ist. Die offizielle Eheschließung bedeutet nicht nur gesellschaftliche Legitimierung dieser Zweierbeziehung (als Ehe), sondern sie ist auch Ausdruck für die Identifizierung der betreffenden heiratswilligen Partner mit dem ihnen vorgestellten Sinngehalt ihrer künftigen personalen Beziehung. Damit zeigt sich auch, daß die Heiratsurkunde (der Trauschein) richtig verstanden sehr viel mehr ist als ein „Papier", auf das man eigentlich verzichten könne; es ist eben auch ein Signum dafür, daß die betreffenden Mitglieder der Gesellschaft den institutionellen Sinn bejahen, sich mit ihm identifizieren, den damit vorgegebenen wertbesetzten Ordnungsrahmen akzeptieren. Insofern erscheint es doch recht problematisch, wenn etwa vom „Fetisch Trauschein" gesprochen wird, der den Eltern fehle, was aber nicht den Kindern angelastet werden dürfe.

Hier muß dann freilich auch die Gefahr der mangelnden Sinnakzeptanz durch die einzelnen *trotz formeller Eheschließung* gesehen werden. Die Einhaltung der äußeren institutionellen Form besagt noch keineswegs alles über die tatsächliche Ausfüllung dieses Rahmens, über die verwirklichte Entsprechung gegenüber den Erwartungen an den einzelnen, die mit dem institutionellen Sinn (von Ehe) verbunden sind. Mit Recht kann daher auch darauf verwiesen werden, der Tatbestand des Verheiratet- oder Nichtverheiratetseins sage allein noch wenig aus über die sittlichen Werte einer konkreten Paarbeziehung. Hinter der Fassade einer institutionell abgesicherten Ehe kann sich sehr viel an Sinnverletzung, Sinnverlust, ja menschenunwürdiger Existenz verbergen. Dies kann auch von jenen nicht ernsthaft bestritten werden, die gleichsam institutionellen Sinn repräsentieren oder doch zu repräsentieren beanspruchen. Sie stehen nicht selten in der Gefahr, die formale Akzeptanz des institutionellen Rahmens (durch formelle Eheschließung) schon für das Ganze zu nehmen. Indessen ist es eine in vieler Hinsicht sehr wichtig erscheinende, keineswegs jedoch eine hinreichende Bedingung für gelungene menschliche Paarbeziehung im Sinnhorizont von Ehe und Familie.

Zu fragen bleibt, ob der innere, werthafte Sinngehalt von ehelicher Partnerschaft immer hinreichend deutlich und vor allem dem heutigen Menschen verständlich gemacht wird – statt vorschnell die formalrechtliche Absicherung und Rechtsverbindlichkeit in einen zentrale personale Schichten verdeckenden Vordergrund zu rücken. Hier wird bereits sichtbar, wie sehr ein dokumentenfreies, nichteheliches Zusammenleben auch eine Herausforderung zu einer überzeugenderen Ausprägung des Wertgehalts institutionell abgestützter ehelicher Paarbeziehung darstellen kann.

3.3 Besondere familienpolitische Aufmerksamkeit verdient die Situation, in der mehr oder minder viele einzelne die institutionenbedingte Sinnvorgabe für sich nicht (mehr) akzeptieren. Die grundsätzliche Möglichkeit, daß einer reinen Zweierbeziehung oder auch einer um Kinder erweiterten familialen bzw. quasifamilialen Lebensgemeinschaft aus dem subjektiven Bewußtsein der Beteiligten heraus eine von dem institutionellen Sinn von Ehe betont abweichende persönliche Sinngebung beigemessen wird, ist in unserer Gegenwart offensichtlich weit stärker tatsächlich vorfindbare Wirklichkeit als noch vor einigen Jahrzehnten.

In diesem Falle werden über die individuelle Ausfüllung der immer gegebenen Freiräume hinaus auch an die Stelle des bis dahin mehr oder minder unbestrittenen objektiven Sinngehalts von Ehe (und Familie) eigene, unter Umständen *hoch subjektive* Sinngebungen gesetzt. Die angesprochene Kongruenz ist hier in zentralen, essentiellen Punkten nicht mehr gegeben. Wer diese Kongruenz von objektiven Sinnvorgaben und subjektiv gemeintem Sinn für sich nicht mehr bejaht, kündigt die Akzeptanz des institutionellen Ordnungsrahmens von Ehe auf, er tritt mehr oder weniger bewußt aus diesem Rahmen heraus. In einem solchen Fall wird eine Zweierbeziehung konstituiert, bei der es sich grundsätzlich um ein „aliud" (etwas anderes) gegenüber der Ehe im überkommenen Verständnis handelt.

Die gesetzlich geordnete Ehe mag in diesem Falle unter Umständen als ein „Rechtsinstitut für intellektuell nicht sonderlich kompetente, die möglichen Folgen ihres Tuns und ihres Verhältnisses nicht vorausbedenkende Leute" erscheinen, die nichteheliche Lebensgemeinschaft demgegenüber „eher geeignet für kritisch denkende Menschen, die die Entwicklung der Lebensgemeinschaft selbsttätig planen, im wesentlichen überschauen und bewußt gestalten" (*F. Kunigk*, 1978, S. 51). Hier sind zugleich Züge eines betont von einem spezifischen Emanzipationsverständnis geprägten Menschenbildes unverkennbar.

Insofern werden nicht selten mit dem Plädoyer für nichteheliche Lebensgemeinschaften hohe ethische Ansprüche verbunden. Können sie nicht vielleicht sogar zur Überforderung des einzelnen führen? Aus soziologischer Sicht wurde – so auf dem Deutschen Soziologentag in Dortmund 1984 von dem Konstanzer Soziologen *K. Lüscher* – im Zusammenhang mit einem zunehmenden Pluralismus und Subjektivismus als wichtigsten Merkmalen der Entwicklung von Familien in den modernen Gesellschaften auf die höheren Anforderungen an die einzelnen verwiesen, die sich dort einstellen, wo subjektive und private Perspektiven im Gegensatz zu öffentlichen und religiösen Erwartungen an das Verhalten der einzelnen offensichtlich immer wichtiger werden. Was in Utopien als Entlastung der Menschen von religiösen und gesellschaftlichen Zwängen herbeigesehnt werde, erweise sich nach ihrem Eintreffen sehr oft als eine Erhöhung der Anforderungen. Spätestens an dieser Stelle sind kritische Rückfragen an die Wirklichkeit partnerschaftlichen Zusammenlebens auch in der nichtehelichen Lebensgemeinschaft notwendig. Werden diese von gesetzlichen Auflagen freien Lebensformen tatsächlich die verbesserte Qualität der

Beziehung, die größere gegenseitige Rücksichtnahme und Veränderungsbereitschaft auf seiten der Partner sowie deren Offenheit und Unabhängigkeit bringen, die sie versprechen? „Das Verhältnis Ideologie und Wirklichkeit bedarf noch der Erkundung", meinte *J. Limbach* (1983) vor einigen Jahren, und diese Feststellung dürfte auch heute noch gelten.

Offensichtlich haben wir es hier mit einem (weiteren) Beispiel für ein Spannungsfeld zu tun, in dem *individuelle und kollektive Rationalität*, hinsichtlich des Zusammenlebens in der Ehe, in gewissem Grade auseinanderfallen. Dieses Spannungfeld hat es wohl immer gegeben, aber es scheint unter dem Einfluß wachsenden Autonomiestrebens des einzelnen sehr viel stärker geworden zu sein. (Eine verblüffende Parallele findet sich im Bereich des generativen Verhaltens; der enorme Geburtenrückgang in den letzten beiden Jahrzehnten ist wohl ohne Rückgriff auf ein größer gewordenes Spannungsverhältnis von individueller und kollektiver Rationalität kaum richtig zu verstehen.)

An diesem Punkt zeigt sich aber auch ein gravierender Unterschied zwischen einem unverheirateten Zusammenleben noch kinderloser Paare im Rahmen eines Prozesses der Ehepartnerfindung und demgegenüber einer Eltern-Kinder-Gemeinschaft, in der die Eltern bewußt auf eine Eheschließung verzichten. Der Grad der „Öffentlichkeit" solcher verschiedenartiger Lebensgemeinschaften ist deutlich unterschiedlich je nachdem, ob es sich um eine reine Paarbeziehung oder um eine für eine familiale Lebensform charakteristische Eltern-Kinder-Gemeinschaft handelt. So deuten auch Ergebnisse neuer, Anfang 1988 von *R. Nave-Herz* vorgestellter Untersuchungen darauf hin, daß auch für die Menschen, die in nichtehelichen Lebensgemeinschaften in der Regel ohne Kind leben, Ehe und Familie eine andere Qualität haben als ihre jetzige nichteheliche Partnergemeinschaft. Mit Rücksicht auf das Kind haben kinderlose nichteheliche Lebensgemeinschaften in der gesellschaftspolitischen Beurteilung einen höheren Grad an „Privatheit" und einen geringeren Grad an „Öffentlichkeit" als Eltern mit Kindern.

Ehe wird von unterschiedlichen wertbesetzten Leitvorstellungen (über Person, Gesellschaft und Stellung der Person in dieser Gesellschaft) aus in unterschiedlichem Grade auf Familie hin angelegt gesehen. Aus dem Menschen- und Gesellschaftsverständnis des Grundgesetzes der Bundesrepublik Deutschland heraus gehören Ehe als die auch institutionell abgesicherte umfassende personale Lebensgemeinschaft von Mann und Frau und Familie als der Ort verwirklichter Elternschaft grundsätzlich eng zusammen, ohne daß jede Ehe sich notwendig zur Familie ausweiten muß. Wenn nichteheliche Lebensgemeinschaften, auch solche mit Kindern, als freie Entscheidung des einzelnen zu tolerieren sind, so sollten sie gleichwohl nicht das Maß sein, an dem sich die Familienpolitik orientiert. Gerade ein entfalteter Sozialstaat ist auf die Ausprăgung des rechtlich-institutionellen Aspekts sehr angewiesen. Das sich bereits abzeichnende Spannungsverhältnis „ehebezogene Familie" versus „nichteheliche Familie" wird vermutlich von einer grundsätzlichen Seite her das familienpolitische Denken und Handeln in unserem Gemeinwesen künftig sehr viel mehr als bisher mitprägen.

Dort, wo in der bewußten Bejahung von Formen nichtehelichen Zusammenlebens Kritik an vorfindbaren Ausformungen von Ehen zum Ausdruck kommt, kann darin nicht zuletzt eine Herausforderung an die herkömmliche Ehe gesehen werden, überkommene Ehemodelle auf Elemente hin zu überprüfen, die inzwischen ideologischen Charakter angenommen haben. Es kann auch sehr fraglich erscheinen, ob ein übereinkommenes Eheverständnis allen Gefährdungen und Entfremdungstendenzen ausreichend widerstanden hat. Ein traditionell „bürgerliches" Eheideal, gekennzeichnet durch eine ausgeprägte Polarisierung zwischen männlicher und weiblicher Rolle, wird mehr und mehr abzulösen sein durch ein Ehe- und Familienmuster, das durch viel mehr Rollenflexibilität auf beiden Seiten gekennzeichnet ist.

Nicht wenigen jungen Menschen erscheint die Institution der Ehe als etwas, das veraltete, überlebte Modelle konservieren möchte. Der institutionelle Mantel der Ehe gibt in dieser Sicht die äußeren formalen Rahmenbedingungen für die Durchsetzung eines Eheleitbildes ab, das dem Selbstverständnis der jüngeren Generation, insbesondere einer wachsenden Zahl von *Frauen*, immer weniger entspricht. Dies überrascht, weil tatsächlich das heutige Eherecht kein bestimmtes Ehemodell festschreibt, sondern es den Partnern überläßt, selbst die ihnen gemäße Form zu bestimmen. Darauf kann eigentlich nicht nachdrücklich genug hingewiesen werden. Es ist ein Charakteristikum des neuen deutschen Eherechts, daß es offen ist für jedwede einverständlich getroffene Organisation des Ehe- und Familienlebens, die es den Eheleuten ermöglicht, ihre Lebensgemeinschaft entsprechend ihren individuellen (religiösen oder weltanschaulichen) Überzeugungen zu gestalten. *J. Limbach* (1983) mahnte hier schon vor einigen Jahren erhebliche Aufklärungsarbeit an, weil nach wie vor Vorurteile (oder genauer: anachronistische „Nach"-Urteile) am Werk seien, die noch immer von einem patriarchalischen Eheleitbild ausgehen und den Blick dafür verstellen, daß das neue Eherecht der Gestaltungsfreiheit der Eheleute einen weiten Raum einräumt. Auch im Rahmen der rechtsförmlich geschlossenen Ehe sind Absprachen über Lebensführung und Arbeitsteilung zwischen den Partnern durchaus erlaubt, wie sie in vielen Partnerschaftsverträgen für nichteheliche Lebensgemeinschaften angeboten werden.

3.4 Wichtig erscheint damit also eine *Lösung* von überkommenen, letztlich eben doch *zeitbedingten Ehemustern.* Hierzu sei *aus der Sicht eines christlich orientierten Menschen- und Gesellschaftsverständnisses* festgehalten:

So sehr für die Familienpolitik die ehebezogene Familie Leitbildfunktion haben sollte, so sehr erscheint doch auch eine kritische Distanz zu einer bestimmten Zeitgestalt der Ehe geboten, wie sie die „bürgerliche Ehe" darstellt, sowie ein Offensein für eine größere Pluralität familialer Lebensformen, wie sie sich jenseits der Kernfamilienstruktur im Sinne der reinen Eltern-Kinder-Gemeinschaft ausmachen läßt. Dies muß noch kein Abrücken von den Grundordnungen von Ehe und Familie bedeuten. Geschichtlich mitbedingte äußere Formen müssen in ihrer historischen Bedingtheit und damit in ihrem Eingebundensein in die sozialen und ökonomischen Veränderungen der Lebensbedingungen der Menschen gesehen werden. Wo überlebte Formen lebendige Beziehungen nachhaltig behindern, sollten Schritte unternommen werden, diese Formen zu verändern. Ehe muß grundsätzlich offen sein für eine Erneuerung ihrer Gestalt. Über neue Ehestrukturen nachdenken – dies bedeutet gerade auch, die Arbeitsteilung in Ehe und Familie zur Disposition zu stellen; dies bedeutet, auf eine gleichmäßigere Verteilung der Familientätigkeit besonders angesichts verstärkter Erwerbstätigkeit oder zusätzlichen außerfamilialen sozialen Engagements von Frauen hinzuwirken.

Daher verdienen gerade jene Positionen und Voten Beachtung, die – in der Tradition der geistigen Grundlagen unserer Kulturordnung stehend – überkommene (also sogenannte bürgerliche) Ehemuster nicht einfach als genuin „christlich" mißverstehen. Mit Recht wird im Raum eines christlichen Lebens- und Eheverständnisses – vorerst noch eher vereinzelt und etwas verhalten, aber auf die Dauer sicherlich richtungweisend (*D. Mieth*, 1981) – schon heute Ehe nicht als Kopie des Modells der bürgerlichen Ehe mit ihrer polaren Definition der Geschlechterrollen aufgefaßt. In dieser Sicht ist Ehe (als ein Entwurf) vielmehr von vornherein nur richtig zu verstehen als „alternative Lebensform zur bürgerlichen Ehe". Man kann (leider) oft den Eindruck gewinnen, daß junge Menschen gar nicht recht sehen, welche individuellen Gestaltungsmöglichkeiten in den Binnenstrukturen von Ehe und Familie sich auch *innerhalb* des institutionellen Mantels der Ehe bieten.

Eine daraus erwachsende befreiende Dynamik verdient gesellschaftspolitisch deshalb Beachtung und Unterstützung, weil sie dazu aktiviert, Ehe als Grundlage von Familie beweglich zu gestalten und nicht in Rollenmustern zu erstarren, die den Partnern ein Leben nach ihrer eigenen Berufung erschweren. Falsch, geradezu unverantwortlich gegenüber dem Leistungspotential vollentfalteter Familien wäre es, an historisch bedingten Formen bürgerlicher Ehe- und Familienstrukturen gewaltsam festzuhalten, eine Weiterentwicklung um jeden Preis verhindern zu wollen. Aus der Verhaltensforschung wissen wir freilich auch um einen Sachverhalt, an den gleichermaßen zu erinnern bleibt: In monogamen Systemen muß der eine Partner sicher sein, daß auch der andere großzügig in die *gemeinsame* Partnerschaft investiert.

Diese partnerschaftliche Struktur von Ehe wird heute auch in der kirchlichen Sichtweise offensichtlich durchgängig nicht nur bejaht, sondern sogar als das „eigentliche“ Leitbild von Ehe herausgestellt, wie sich an zahlreichen Verlautbarungen veranschaulichen ließe. Gerade dabei sei aber davor gewarnt, diese Ehestruktur (als eine Grundlage auch des familialen Zusammenlebens) zu „fundamental“ als *die* Ausprägung christlichen Denkens zu begründen. Mit Blick auf den sozialen Wandel wird aus sozialwissenschaftlicher Sicht hier eher eine gewisse Zurückhaltung angesichts einer längerfristig wahrscheinlichen Weiterentwicklung auch dieser Strukturen naheliegen. Deren Begründung auf einer „vorletzten“ Stufe eines christlichen Ehe- und Familienverständnisses erscheint angebracht. Die heutigen Partnerbeziehungen wie auch die elternkindschaftlichen Strukturen, die die „patriarchalischen“ abgelöst haben, erscheinen heute im Blick auf die Stellung des einzelnen in Ehe, Familie und Gesellschaft durchaus „funktional“. Aber sie sind genausowenig genuin „christlich“, wie es die patriarchalischen Strukturen waren. Hier gilt es auf der Hut zu sein vor Verfestigungen, von denen herunterzukommen unsere Urenkel einmal wieder große Mühe haben könnten. Es spricht einiges dafür, daß auch diese heute voll bejahten Strukturen sich einmal als genauso zeitbedingte Phase im Wandel familialer Strukturen erweisen werden wie die hinter uns liegenden Phasen. In jedem Abschnitt der kulturellen Entwicklung stellt sich immer wieder die Aufgabe, das Mit- und Zueinander der Geschlechter im Bereich privater, gleichwohl gesellschaftlich mitbedingter Interaktion so zu gestalten, wie es dem Wohl der einzelnen Familienmitglieder, aber auch der Familie als Lebenseinheit im Hinblick auf deren Grundleistungen für den einzelnen wie für die Gesellschaft möglichst gut entspricht.

## 4. Schlußbemerkung

Innerhalb des institutionellen Ordnungsrahmens von Ehe und Familie sind Strukturänderungen durchaus möglich und sogar notwendig. Offenbar sind die möglichen Strukturänderungen keineswegs ausgeschöpft. Auch die Ehe muß grundsätzlich offen sein für eine Erneuerung ihrer Gestalt; auch Familie darf nicht grundsätzlich ausgeblendet bleiben, wenn es um grundwerteorientierte und zukunftsgerichtete Reformen gesellschaftlicher Strukturen geht. Auch die Kirchen haben wiederholt auf Reformen von Institutionen gedrängt, so etwa von bestimmten Eigentums- und Arbeitsordnungen. Steht eine Reform der Familie nicht sehr viel seltener zur Diskussion? Allerdings: Bei aller

Betonung ausgeprägter Individualität, bei allem Bemühen, vom Subjektiven und Emotionellen her die Erwartungen an die Zweierbeziehungen (mit-)prägen zu lassen – unter gewissem Zurückdrängen des Institutionellen –, bei allem verständlichen Bestreben, private Handlungsspielräume zu erweitern (und durch Familienpolitik erweitern zu lassen!), darf gleichwohl die immer neu zu findende Balance zwischen individuellen Rechten und gesellschaftlichen Verpflichtungen nicht verlorengehen.

Aus einer betont christlichen Sichtweise wäre noch hinzuzufügen, was die Familienrechtskommission des Rates der EKD in den erwähnten „Überlegungen" zu den nichtehelichen Lebensgemeinschaften festhält: Keine geschichtlich gewordene Gestalt der Ehe könne als gottgewollte Vorgegebenheit der Kritik entzogen werden. Aber in allen Wandlungen und neuen Gestaltungen des Zusammenlebens von Mann und Frau seien die biblischen Weisungen gegenseitiger Liebe und umfassender Verantwortung für das Gelingen des Lebens einzuzeichnen. Das Leitbild christlicher Ehe soll sich ja unter den heutigen Lebensverhältnissen bewähren und aufgrund eigener Erfahrungen oder glaubwürdiger Vorbilder frei bejaht werden können. Von daher ist im Hinblick auf die Familie ein Zusammenhang besonders zu unterstreichen, der für die Weiterentwicklung einer Familienpolitik, die letztlich dem Menschen dienen will, wichtig erscheint: „Die Verläßlichkeit der ehelichen Bindung dient den Partnern in ihrem Wachsen, Reifen und Bestehen von Krisen; sie dient auch dem Wohl der Kinder und damit der Gesellschaft. Institutionelle Festigkeit der Gemeinschaft ist notwendig – vornehmlich, um Kindern in einer Familie eine zuverlässige Umgebung zu schaffen." Die sozialen Grundformationen Ehe und ehebezogene Familie behalten auch für die künftige Gesellschaft, deren veränderte Strukturen mit unter Umständen pluralistischeren Lebensformen sich erst in Umrissen abzuzeichnen beginnen, und für die Angehörigen der nachfolgenden Generationen eine vitale, existentielle Bedeutung.

## Anmerkungen und Literatur

*) Vortrag auf dem Symposion des Forums St. Stephan (Gespräche zwischen Wissenschaft, Kultur und Kirche) im Mai 1988 in Linz/Österreich; erschienen in: Kontinuität und Wandel der Ehe, hrsg. v. *H. Bogensberger* u. *W. Zauner*, Forum St. Stephan, Bd. 7, Wien 1989, S. 49–63. – Zugrunde lagen dort auch Teile des Beitrags „Wandlungen im Prozeß der Ehe- und Familienbildung – sozialwissenschaftliche Befunde und familienpolitische Perspektiven zu den nichtehelichen Lebensgemeinschaften" für die Verhandlungen des Deutschen Sozialrechtsverbandes – Dritte Sozialrechtslehrertagung am 20./22. März 1985 in Bamberg, vgl.: Der Wandel familiärer Lebensmuster und das Sozialrecht, Schriftenreihe des Dt. Sozialrechtsverbandes, Bd. XXVII, Wiesbaden 1985, S. 31–68.

*Geiger, W.*, Aussprache, in: Essener Gespräche zum Thema Staat und Kirche, Bd. 14, 1980.
*Häberle, P.*, Verfassungsschutz der Familie – Familienpolitik im Verfassungsstaat, Heidelberg 1984.
*Haslinger, A.*, Ehen ohne Trauschein, in: Demographische Informationen, 1981, 2, S. 13–35.
*Höpflinger, F.*, in: Neue Züricher Zeitung, 14. Januar 1987. International Family Planning Perspectives, 7, 1981, 2.
*Kunigk, F.*, Die Lebensgemeinschaft. Stuttgart u. a. 1978.
*Limbach, J.*, Die nichteheliche Lebensgemeinschaft als Regelungsproblem, in: Recht und Politik, 1983, H. 2, S. 91–98.
*Lüscher, K.*, Haushalte und Familien in der Schweiz, in: Neue Züricher Zeitung, 19. Oktober 1983.
*Ders.*, Moderne familiale Lebensformen als Herausforderung der Soziologie, in: *Lutz, B.* (Hrsg.), Soziologie und gesellschaftliche Entwicklung. Frankfurt/M., New York, 1985, S. 110–127.
*Mieth, D*,. Ehe als Entwurf, in: *Halter, H.*, u. a. (Hrsg.), Sexualität und Ehe – Der Christ vor einem Dauerproblem, Zürich 1981.
*Nave-Herz, R.*, Kontinuität und Wandel in der Bedeutung, in der Struktur und Stabilität von Ehe und Familie in der Bundesrepublik Deutschland, in: *Nave-Herz, R.* (Hrsg.), Wandel und Kontinuität der Familie in der Bundesrepublik Deutschland, Stuttgart, 1988, S. 61–94.
*Scheuner, U.*, Aussprache, in: Essener Gespräche zum Thema Staat und Kirche, Bd. 14, 1980.
*Wingen, M.*, Nichteheliche Lebensgemeinschaften. Formen – Motive – Folgen, Reihe „Texte und Thesen“, Bd. 171, Osnabrück, 1984.

# 3. Zur Tragweite der Familienpolitik in einer Rahmensteuerung der Bevölkerungs- und Geburtenentwicklung*

Das Thema der Bevölkerungs- und Geburtenentwicklung, das inzwischen breite Kreise von Politik und Öffentlichkeit in wachsendem Maße beschäftigt, gehört mit zu den gesellschaftlichen Problemen, für deren Wahrnehmung und politische Auseinandersetzung sich ein *vierphasiger Prozeß* ausmachen läßt:

In einer ersten Phase wird das Problem schlicht geleugnet; bei unserer demographischen Entwicklung ist diese Phase längst überwunden.

In einer zweiten Phase wird der Sachverhalt anerkannt, aber in seinen Auswirkungen deutlich relativiert, u. U. wird er auch nicht wirklich im Kern richtig erkannt. Diese Stufe der Auseinandersetzung konnten wir bei dem demographischen Problem beobachten, als z. B. der Geburtenrückgang als Auswirkung schwächer besetzter Heiratsjahrgänge hingestellt wurde. Dieser Faktor war – anfänglich – mit im Spiel, traf aber nicht den entscheidenden Zusammenhang: die drastische Veränderung im generativen Verhalten der einzelnen Paare.

In einer dritten Phase in diesem mehrstufigen Prozeß kann dann das Problem einfach nicht mehr abgetan werden; es wird als wichtig und der Lösung bedürftig angesprochen. Allerdings versucht man zunächst noch, mit konventionellen Maßnahmen und Methoden auszukommen. So sind auch die Auswirkungen der sich abzeichnenden demographischen Entwicklung in den verschiedenen politischen und gesellschaftlichen Handlungsfeldern inzwischen so unübersehbar und als vielfältig problemproduzierend erkannt, daß längst über notwendige und machbare Problembewältigungen nachgedacht wird – sei es im Schul- und Bildungswesen (wo Umbrüche im demographischen Prozeß relativ frühzeitig sichtbar werden), sei es im Bereich der Kostenentwicklung im Gesundheitswesen oder sei es im Bereich der sozialen Altersversorgung, wo schon vor einigen Jahren über die Modifizierung der sog. Rentenformel durch Einbau eines *demographischen Korrekturfaktors* nachgedacht wurde. Noch beherrscht freilich das Nachdenken (und in einzelnen Feldern auch das Handeln) im Sinne von *Anpassungsstrategien* weithin das Feld, nur in Ansätzen und zögernd setzt man sich mit der Frage auseinander, ob solche Wege wirklich tragfähig sind und vor der Zukunft Bestand haben.

Erst in einer vierten Phase der Problemwahrnehmung und versuchten Problembewältigung kommt es über herkömmliche Maßnahmen hinaus zu *unkonventionellen,* innovativen Ansätzen einer wirklichen Problemlösung. Staat und

Gesellschaft erkennen, daß man in den ausgefahrenen Geleisen das Problem kaum in den Griff bekommt, daß die eingetretenen Veränderungen ein neues Denken in Strukturen und Zusammenhängen erfordern und auch den Abschied von manchen überkommenen Vorstellungen nahelegen können. Das Problem der demographischen Entwicklung war, was den allgemeinen öffentlichen Diskussionsstand im eigenen Land angeht, bisher eher zwischen der dritten und vierten Phase des aufgezeigten Schemas angesiedelt. Es ist dort noch weithin der dritten Stufe verhaftet, wo vielfältige Anpassungen in Politik, Wirtschaft und Gesellschaft zwar als dringlich erkannt und diskutiert werden, der Bevölkerungsprozeß selbst aber doch eher als vorgegebenes *Datum* angesehen wird (oder allenfalls von isolierten Aktionen mit Einzelmaßnahmen wie einem Erziehungsgeld oder allgemein erhöhten Familienlastenausgleichs-Leistungen Korrekturen erwartet werden). Nur sehr zaghaft wird das Problem der Bevölkerungsentwicklung auf der angesprochenen vierten Stufe angegangen (am ehesten in jüngerer Zeit im Bereich der Wanderungsbewegungen). Dabei wird man sicherlich von vornherein berücksichtigen müssen, daß es sich bei den Umbrüchen im generativen Verhalten in dieser Form – auch im internationalen Vergleich – um ein historisch völlig neuartiges Phänomen handelt.

Das Thema der politischen Perspektiven einer Rahmensteuerung der Bevölkerungs- und Geburtenentwicklung und der Rolle, die dabei einer vollentfalteten *Familienpolitik* beigemessen werden kann, soll anhand von *vier Grundfragen* erörtert werden:

(1) Was finden wir vor?
(2) Was dürfen wir tun?
(3) Was können wir bewirken?
(4) Was sollen wir tun?

Einige zusammenfassende Anmerkungen (5) schließen die Überlegungen ab.

## 1. Was finden wir vor?

*Zum ersten Fragenkreis,* zum Befund der demographischen Ausgangslage und der prognostischen Perspektiven seien lediglich einige ausgewählte Zusammenhänge in Erinnerung gerufen, die für die eigentliche Fragestellung besonders relevant erscheinen.

Die seit vielen Jahren ungewöhnlich niedrige Geburtenhäufigkeit in den (jungen) Ehen hat einen Verlauf des demographischen Prozesses weithin vorprogrammiert, der auf kürzere und mittlere Sicht zwangsläufig auf einen Bevölkerungsrückgang hinausläuft. Hier ist das Gesetz der sogenannten *demo-*

*graphischen Trägheit* wirksam, dessen Bedeutung noch oft verkannt wird und das in seinen politischen Implikationen unter den Entscheidungsmechanismen westlicher parlamentarischer Demokratien gesehen werden muß. Nicht nur für die Bundesrepublik Deutschland allein, sondern auch für die Europäische Gemeinschaft insgesamt kann von einer durchaus beunruhigenden Entwicklung gesprochen werden; ebensowenig wie (bisher noch) Dramatisierungen angebracht wären, ebensowenig erscheinen Relativierungen und mehr oder weniger große Verharmlosungen unter Hinweis auf eine ohnehin sehr hohe Bevölkerungsdichte vertretbar. Bedeutsamer, weil folgenreicher noch als der sich abzeichnende Rückgang der absoluten Bevölkerungszahl, ist die auf längere Sicht drastische Veränderung der *Altersstruktur* einzuschätzen. Auch gilt es zu sehen, daß mit einem stark rückläufigen Bevölkerungsprozeß über die quantitativen Zusammenhänge hinaus wichtige *qualitative* Aspekte des Zusammenlebens verbunden sind, die bis in das Zusammenleben der Generationen in Familie und Gesellschaft hineinreichen (und im einzelnen bei einer Analyse der Auswirkungen des sich abzeichnenden demographischen Prozesses deutlich werden können). Im übrigen ist keineswegs bereits jedweder Bevölkerungsrückgang negativ zu bewerten – Verzicht auf Bevölkerungs*wachstum* erscheint insbesondere in weltweiter Sicht geradezu erwünscht –, das Problem liegt in dem vorgezeichneten Ausmaß des Schrumpfungsprozesses, in dem Grad des *negativen Wachstums.* Von den demographischen Vorbedingungen für ein (stabiles) Null-Wachstum der Bevölkerung, das gelegentlich aus den sich zeitweilig von Jahr zu Jahr nur sehr geringfügig verändernden Gesamtbevölkerungszahlen herausgelesen wurde, sind wir tatsächlich – bei einer Nettoreproduktionsrate (NRR), auch Generationenrate genannt, von 0,63 (in den neuen Bundesländern heute unterhalb 0,5 (!) – ungewöhnlich weit entfernt.

Die grenzüberschreitende (Zu-)wanderung stellt im Grunde keinen Ausweg aus der demographischen Klemme dar. Selbst innerhalb der größeren Europäischen Gemeinschaft (mit durchweg tendenziell gleichgerichteten Entwicklungsperspektiven) stehen größere Zuwanderungsreserven praktisch nur außerhalb der gegenwärtigen Gemeinschaft der Zwölf zur Verfügung. (Berechnungen über eine gewichtete NRR zeigen, daß lediglich bei Einbeziehung auch der Türkei ein Fruchtbarkeitsniveau sehr nahe dem *replacement level* gegeben ist.) Eine mit dauerhafter Zuwanderung verbundene Einbürgerung von ausländischer Bevölkerung kann die demographischen Probleme zwar abschwächen, aber wegen der anstehenden Größenordnung sowie der damit verbundenen neuen sozialen und kulturellen Integrationsprobleme letztlich keine ausreichende Kompensation bieten. Hier wäre im übrigen über die teils nicht mehr rückgängig zu machenden gesellschaftsstrukturverändernden Wirkungen rechtzeitig nachzudenken, die mit lang anhaltenden unbegrenzten Zuwanderungen aus fremden Kulturräumen verbunden wären. Politisch setzte dies im übrigen das (handlungs-)konsequente Bekenntnis zu einer multikulturellen Gesellschaft voraus; nicht länger ließe sich das politische Votum aufrechterhalten, die Bundesrepublik Deutschland sei kein Einwanderungsland.

Es ist zutreffend, daß sich bei Beibehaltung der gegenwärtigen Fruchtbarkeits- und Sterblichkeitsindikatoren nach einigen Jahrzehnten des *Übergangs* wieder eine (gegenüber heute zwar deutlich veränderte, aber) stabile Altersstruktur (in der deutschen Bevölkerung) herausbilden würde. Dies wäre dann freilich die Altersstruktur einer Bevölkerung, die von einer Generation auf die andere um etwa ein Drittel schrumpfen würde, was ernsthaft wohl niemand wollen kann. Insofern verkennt auch der Hinweis auf die *Sozialverträglichkeit* oder gar *Erwünschtheit* einer gegenüber heute sehr viel niedrigeren Bevölkerungszahl (von vielleicht 42 bis 45 Millionen, wie in den Modellrechnungen aus der zweiten Hälfte der 80er Jahre für die deutsche Bevölkerung in der Bundesrepublik für das Jahr 2030 ausgewiesen) grundlegend die Tatsache, daß diese Bevölkerungsgröße lediglich ein punktuelles Durchgangsstadium in einem abwärts gerichteten Prozeß darstellt.

Wenn für die Bundesrepublik ein gegenüber heute um etwa ein Viertel *niedrigeres* Bevölkerungsniveau – aus welchen Gründen im einzelnen auch immer – längerfristig für erstrebenswert gehalten würde, müßte für die nächsten Jahre (ohne fortlaufende Zuwanderung) auf eine starke *Anhebung* der Geburtenhäufigkeit in den Ehen Bedacht genommen werden. Nur so ließe sich nämlich ein solches Niveau nach den ersten Jahrzehnten des nächsten Jahrhunderts dauerhaft (im Sinne einer quasi stationären Bevölkerungsentwicklung mit einer NRR nahe oder doch nur leicht unterhalb 1,0 schwankend) erreichen. Auch die durchaus diskutable Hinnahme eines Bevölkerungsrückgangs erfordert in einer möglichst ausgewogenen Balance von (stets wechselseitig aufeinander bezogenen) individuellen und gesamtgesellschaftlichen Interessen demographische Bedingungen, unter denen der rückläufige Bevölkerungsprozeß bildhaft gesprochen einem behutsamen *Gleitflug* eines allmählich an Höhe verlierenden Segelflugzeuges gleicht, nicht aber einem *Sturzflug*. Dabei sollte zwar nicht vorschnell mit dem ominösen *point of no return* argumentiert werden, aber der damit bezeichnete Sachverhalt einer zumindest ungemein erschwerten Kurskorrektur darf nicht einfach weggewischt werden.

## 2. Was dürfen wir tun?

*Die zweite Grundfrage* betrifft entscheidend das *Legitimationsproblem*. Diese Frage stellt sich weniger bei den Re-Aktionen im Sinne von Anpassungsmaßnahmen an die demographischen Strukturveränderungen als vielmehr bei einer politisch-gestalterischen Auseinandersetzung mit dem demographischen Prozeß selbst.

Die Notwendigkeit, angesichts der sich verändernden demographischen Strukturen umfassende *Anpassungsmaßnahmen* in den verschiedenen Handlungsfeldern von Politik und Gesellschaft zu entwickeln, kann kaum zweifelhaft sein. Die Dringlichkeit wird inzwischen sehr viel klarer eingeschätzt als noch vor einigen Jahren (siehe z. B. die Rentenreformdiskussion). Die Bedeutung *rechtzeitiger* Anpassungen kann nicht nachdrücklich genug unterstrichen werden. Noch größere Flexibilität in der Sozial-, Wirtschafts- und Bildungspolitik wird künftig gefordert sein. Dies gilt nicht nur auf der Ebene der politischen Planung, sondern auch auf der Ebene der Einstellungen und Verhaltensweisen der einzelnen. Nur: *Anpassungsstrategien* allein reichen wohl nicht aus. Ein Bevölkerungsprozeß, der mehr und mehr aus dem Gleichgewicht zu geraten droht, muß auch als solcher zum Gegenstand politisch-gestalterischer Auseinandersetzung werden.

Die Legitimation dazu kann den verantwortlichen Trägern des Gemeinwesens auch in den westlichen liberalen Demokratien schlechterdings nicht ernsthaft bestritten werden. Die Berufung auf den höchstpersönlichen Charakter der menschlichen Fortpflanzung als prinzipieller Einwand gegen eine Rahmengestaltung der demographischen Entwicklung sticht im letzten nicht. Dieser Einwand übersieht, daß die generativen Entscheidungen der einzelnen Paare stets durch einen von der jeweiligen Kulturordnung festgelegten äußeren Rahmen für die Realisierung der persönlichen Lebensziele *beeinflußt* werden und in diesem Sinne zu keinem Zeitpunkt absolut *autonom* und uneingeschränkt sind. Die Geburtenhäufigkeit ist weniger ein biologisches als ein gesellschaftliches Problem; sie hängt entscheidend von gesellschaftlichen und kulturellen – auch den jeweiligen Normenbestand und die wirksamen Leitbilder (etwa zur Rolle der Frau) einschließenden – Rahmenbedingungen ab, die nicht nur Wandlungen unterworfen, sondern darüber hinaus auch gestaltenden Einflußnahmen von Trägern gesellschaftspolitischer Entscheidungen ausgesetzt sind.

Vielfältige unabweisbare Anpassungsmaßnahmen an die sich verändernden demographischen Strukturen und Ansätze einer *Gegensteuerung* gegen die problemverursachenden oder auch -verstärkenden Bevölkerungsentwicklungsverläufe schließen sich nicht nur nicht aus, sondern in nicht wenigen

Fällen können die ersteren zugleich Ausgangspunkt für die zweiten sein. So können arbeits- und bildungspolitische Aktivitäten, die durch die demographischen Umbrüche ausgelöst werden, zur Ausprägung familiengemäßerer Strukturen der Erwerbsarbeitswelt und des Bildungswesens genutzt werden.

Nun setzt ein politischer Ansatz, bei dem neben allen notwendigen Anpassungsmaßnahmen zugleich an die gerade auch ordnungspolitischen Voraussetzungen für eine Rahmensteuerung des demographischen Prozesses selbst gedacht ist, gewisse *Zielvorstellungen* voraus über die Grundrichtung der Bevölkerungsentwicklung, wie sie von den Auswirkungen her noch am ehesten als vertretbar angesehen wird. Hier wird nicht selten die Auffassung vertreten, zwischen allen politischen Lagern, zwischen Regierung und Opposition, auf den Ebenen von Bund und Ländern herrsche Übereinstimmung darüber, daß es nicht Sache des Staates sein dürfe, eine Vorstellung über den Verlauf der Bevölkerungsentwicklung auszuformen und in sein politisches Konzept hineinzunehmen. Solches widerspreche dem Grundverständnis eines liberalen Rechtsstaats. Eine solche Position kann mit guten Gründen in Frage gestellt werden:

(1) Tatsächlich wirken Staat und Gesellschaft fast tagtäglich auf vielfältige Weise auf die Bevölkerungsentwicklung und das generative Verhalten – wenn auch mittelbar, so deshalb nicht weniger nachhaltig – ein.
(2) Nach dem oft beschriebenen Schema des sogenannten *demographischen Übergangs*, das angesichts des mehr retrospektiv beschreibenden Charakters übrigens nie wirklich den Anspruch erheben konnte, eine Theorie des Geburtenrückgangs zu bieten, ist tatsächlich ein (neues) Gleichgewicht von Geburten- und Sterberate auf vergleichsweise sehr viel niedrigerem Niveau als in der vorindustriellen Agrargesellschaft nicht erreicht worden. Wo es vorübergehend erreicht wird, muß es als ausgesprochen labil angesehen werden. Von einer hier waltenden *inneren Harmonie* kann angesichts der gesellschaftlichen Überformung insbesondere des generativen Verhaltens keine Rede sein.
(3) Schließlich reicht der grundlegende Auftrag eines sozialen Rechtsstaats, die wirtschaftliche und soziale Entwicklung eines Landes maßgeblich zu verantworten und dem Bürger möglichst ein Höchstmaß an Wohlbefinden zu sichern, auch in die Zukunft hinein. Der Staat ist Verantwortungsträger und Garant der Gemeinschaft in allen ihren Dimensionen und damit auch der historischen. Vermag er, so wäre zu fragen, dabei nicht auch besser als die Individuen die Solidarität der Generationen durch die Zeiten hindurch zu gewährleisten?

Angesichts solcher Zusammenhänge muß es für ein Gemeinwesen grundsätzlich auch erlaubt sein, eine Ordnungsvorstellung über die quantitative Entwicklung des Bevölkerungsprozesses zu entwickeln. Eine solche politische Verantwortung wird ja auch für die Entwicklungsländer ausdrücklich bejaht, übrigens nicht selten von denselben Stimmen, die für das eigene Gemeinwesen dies für unvertretbar halten. Die Problemlage ist in vieler Hinsicht unterschiedlich – Bevölkerungsexplosion dort, sich anbahnende Bevölkerungsimplosion hier. Die Legitimationsfrage stellt sich indessen dort wie hier gleichermaßen. Eine tragfähige Legitimationsgrundlage für ein aktiv gestaltendes Handeln angesichts der demographischen Herausforderung läßt sich nicht nur für die mit ihrer Bevölkerungsentwicklung kämpfenden Entwicklungsländer, sondern auch für unsere westeuropäischen Industriegesellschaften umreißen. Über auch quantitative Ziel- und Ordnungsvorstellungen zum Bevölkerungsprozeß nachzudenken und sie in einer die freie, verantwortliche und informierte Entscheidung der einzelnen Paare über die Zahl ihrer Kinder (und den zeitlichen Abstand der Geburten) nicht aufhebenden Weise in das gesellschaftspolitische Gesamtkonzept zu integrieren, kann dem Gemeinwesen wohl nur dort bestritten werden, wo der gesellschaftliche Minimalkonsens schon diese Grundlage gesellschaftlichen Zusammenlebens nicht mehr umfaßt.

In einer pluralistischen Gesellschaft, die auch eine wertpluralistische Gesellschaft ist, wird es sicherlich nicht ganz einfach sein, in den Fragen, wie sie mit den politischen Perspektiven einer Rahmensteuerung der Bevölkerungsentwicklung verbunden sind, eine einheitliche Position zu finden und zu definieren. Denn eine solche Perspektive läuft auf eine Politik des *gelenkten demographischen Wandels* hinaus, die stets sowohl von den vorherrschenden Wertestrukturen als auch vom Selbstverständnis sowie von einem Spannungsverhältnis von individueller und kollektiver Rationalität der Gesellschaftsmitglieder wird ausgehen müssen. Andererseits ist angesichts der vielschichtigen Auswirkungen und der Eigendynamik demographischer Prozesse, die für unser eigenes Land auch schon zu Recht als *„Revolution auf leisen Sohlen"* angesprochen worden sind (*J. Schmidt*), sehr zu wünschen, daß es gelingt, in solch grundlegenden zukunftsbezogenen Fragen einen tragfähigen Konsens zu finden – und dies rechtzeitig. Man kann gelegentlich den Eindruck gewinnen, daß wir in der Bundesrepublik mehr noch als in Nachbarländern in der Gefahr stehen, auch diesen Grundkonsens bereits aufzugeben. In den nächsten Jahren wird es um so wichtiger werden, hier EG-weit zu einer möglichst einheitlichen Meinungsbildung zu kommen.

Nun gilt es freilich auch, die *Grenzen* unmißverständlich zu benennen, die einem aktiv-gestaltenden Einwirken gerade auch auf diesem Feld in unserer Sozialordnung gesetzt sind. So verbieten sich selbstredend nicht nur jegliche

Zwangseinwirkungen. Ebenso muß auch ein manipulatives Einwirken auf das Fortpflanzungsverhalten der einzelnen Paare vermieden werden. Von *Manipulation* würde man dort sprechen müssen, wo die notwendige Transparenz in der Beeinflussung des generativen Verhaltens nicht gewahrt ist, so daß eine überlegte und damit auch freie, verantwortliche und informierte Entscheidung für oder gegen ein (weiteres) Kind nicht mehr gewährleistet ist. Dies könnte im Einzelfall sogar bei einem übermächtig wirkenden wirtschaftlichen Anreiz der Fall sein, mit dem insbesondere im Blick auf eine gegebene sozialschichtenspezifische Situation der Familie eine freie und verantwortliche generative Entscheidung im Grunde überspielt würde.

Es gilt damit also von vornherein eine Reihe von Grenzen zu bedenken, auf die politische Gestaltung stößt. Auch berechtigte Sorge um eine ausgeglichene demographische Struktur und Entwicklung darf die staatlichen und nichtstaatlichen Verantwortungsträger nicht dazu verleiten, mit Maßnahmen, die freie, verantwortliche Entscheidungen außer Kraft setzen würden, isoliert auf generatives Verhalten unmittelbar einwirken zu wollen. Abgesehen davon, daß solche Praktiken sich in einer Gesellschaft mündiger Bürger – jedenfalls längerfristig – ohnehin als kaum wirksam erweisen, verletzen sie auch das grundlegende Recht der einzelnen Paare, selbst frei, verantwortlich und informiert über die Zahl ihrer Kinder (und den zeitlichen Abstand der Geburten) zu entscheiden. Gegenüber diesem grundlegenden Menschenrecht (Ergänzung der Menschenrechtserklärung 1968 in Teheran sowie die grundsätzlichen Erklärungen auf den VN-Bevölkerungskonferenzen in Bukarest und Mexiko) müssen jedoch einige Rückfragen und Anmerkungen nicht nur erlaubt sein, sondern zur tatsächlichen Realisierung dieser Rechte auch eingebracht werden: Wie *frei* sind diese Entscheidungen des einzelnen tatsächlich? Es gibt auch wirtschaftliche und außerwirtschaftliche Zwänge, die einer Realisierung von Entscheidungen für Kinder mehr oder weniger massiv entgegenstehen können. *Verantwortliche* Entscheidung heißt auch zu sehen, daß generative Entscheidungen *personale* Entscheidungen sind und damit unaufhebbar in das Spannungsverhältnis von einzelnem und Gemeinschaft eingebunden sind. *Informiert* zu entscheiden schließlich bedeutet auch, daß der einzelne die Tragweite seiner individuellen Entscheidungen zu übersehen vermag. Generative Entscheidungen sind subjektiv hochpersönliche Entscheidungen der einzelnen und müssen es bleiben; in ihren objektiven Konsequenzen sind sie jedoch gesellschaftlich hochgradig relevant.

Es ist zu unterscheiden zwischen den persönlichen, durch die jeweiligen Lebensziele mitbestimmten Entscheidungen der einzelnen Paare über ihre Kinderzahl und demgegenüber dem von der Kulturordnung festgelegten äußeren Rahmen für die Realisierung dieser individuellen Ziele. Die sogenannte natürliche Bevölkerungsentwicklung ist nicht etwa deshalb unabänderlich vorgegeben, weil sie durch die einzelehelichen Entscheidungen im generativen Bereich weitgehend determiniert wäre; diese Entscheidungen werden ihrerseits in den einzelnen Familien stets in bezug auf einen Kranz von gesellschaftlichen Daten getroffen, die ihrerseits Wandlungen unterworfen und darüber hinaus gestaltender Einflußnahme von Trägern gesellschaftspolitischer Entscheidungen (auf der staatlichen wie nichtstaatlichen Ebene) ausgesetzt sind. Damit aber erweist sich auch die Bevölkerungsentwicklung prinzipiell als der politischen Beeinflussung unterworfen, und die Ausweitung gesellschaftspolitischer Verantwortung auf den Ordnungsbereich der quantitativen Bevölkerungsentwicklung kann grundsätzlich kaum in Frage gestellt werden.

Wo immer die tatsächliche Bevölkerungsentwicklung Grundziele des Gemeinwesens nachhaltig zu beeinträchtigen droht, ist ein korrigierendes Gegensteuern nur folgerichtiger Ausdruck der umfassenden Wahrnehmung der Verantwortung für die Realisierung der jeweiligen gesellschaftlichen Wert- und Ordnungsvorstellungen. Die zahlenmäßige Entwicklung der Menschheit nicht nur insgesamt, sondern auch in politisch abgegrenzten Regionen – bei uns mehr und mehr in einem sich integrierenden Europa – verantwortlich zu lenken, gehört auch in *gesellschaftsethischer* Sicht, wie etwa aus dem Raum der beiden Kirchen betont worden ist, zu der dem Menschen gegebenen Berufung, erst recht in dem Maße, in dem Natur und Kultur in der Geschichte ihm die Möglichkeiten dazu an die Hand geben. Zu einer Rahmensteuerung des Bevölkerungsprozesses gehört dabei auch, absehbare negative Entwicklungen für den einzelnen, die Familien und die größeren Gemeinschaften unter Beachtung des Trägheitsgesetzes demographischer Prozesse als Entwicklungen zu erkennen, für die in der Regel zeitlich lange vor ihrem tatsächlichen Eintritt die Weichen gestellt werden.

## 3. Was können wir bewirken?

Selbst wenn einigermaßen konkrete Orientierungslinien in der Legitimationsfrage ausgezogen sind, bleibt immer noch die weitere, *dritte Frage* zu beantworten nach dem, was in der politischen Perspektive als machbar erscheint. (Es gibt nicht nur die zu Recht vielbeschworene Frage, ob wir alles tun dürfen, was wir tun können, sondern unter dem Aspekt der Wirkungsanalyse politischen Handelns auch die umgekehrte Frage, ob wir alles mit Aussicht auf Erfolg tun können, was grundsätzlich getan werden dürfte.) Gilt vielleicht auch für die zahlenmäßige Bevölkerungsentwicklung, daß wir mancherorts fest – allzu fest – darauf vertrauen, eine Lösung finden zu können und auch auftretende Nebeneffekte ihrerseits wieder beherrschbar zu machen? Läßt sich auch hier ein Stück weit das ausmachen, was *Horst-Eberhard Richter* den *Gotteskomplex* nennt, der uns an Einsichten in eine nur sehr begrenzte Steuerungsmöglichkeit hindert und uns den Blick verstellt für eine möglicherweise grundsätzliche Fehlerhaftigkeit unserer Einwirkungsmöglichkeiten? Die tatsächlichen Möglichkeiten für staatliches und gesellschaftliches Einwirken auf den demographischen Prozeß, insbesondere auf den maßgeblichen Bestimmungsfaktor Geburtenhäufigkeit, sind kaum weniger zu problematisieren als die Frage nach dem, was der Staat unter Beachtung der persönlichen Verantwortlichkeit und der individuellen Freiheit der Lebensgestaltung tun darf.

In der gesellschaftspolitischen Diskussion um die Grundlagen und Möglichkeiten einer Steuerung der Geburtenentwicklung als Teil des Prozesses des sozialen Wandels von Familie und Gesellschaft sind nicht selten allzu vereinfachende Positionen anzutreffen, die den tatsächlichen Problemlagen nicht gerecht werden. So wird man nicht glauben dürfen, auf kürzere (bis mittlere) Sicht einen grundlegenden Umbruch im generativen Verhalten staatlicherseits auslösen zu können. Zu tief ist letzteres in den komplexen soziokulturellen Voraussetzungen, die fundamentale Wertorientierungen einschließen, und in den sozialökonomischen Rahmenbedingungen der westeuropäischen Industriegesellschaften verwurzelt. Der hier schon seit geraumer Zeit auszumachende nachhaltige *Individualisierungsprozeß* läßt sich nicht einfach zurückdrehen.

Zu warnen ist erst recht nach aller Erfahrung vor der Vorstellung, von einer bestimmten einzelnen Maßnahme, die vielleicht auch noch recht isoliert gesehen und eingesetzt wird, könnten nachhaltigere Kurskorrekturen im Geburtenverhalten erwartet werden. Der Ursache-Wirkungs-Zusammenhang zwischen bestimmten politischen Maßnahmen und Veränderungen in der demographischen Entwicklung gehört im übrigen wegen der fehlenden Ceteris-paribus-Klausel mit zu den besonders schwierigen bevölkerungswissenschaftlichen Fragestellungen.

Größte Skepsis ist schließlich gegenüber politischen Ansätzen angebracht, hinter denen geradezu die Vorstellung einer *Feinsteuerung* des demographischen Prozesses steht. Dies gilt etwa dort, wo in einer familiengrößenbezogenen Differenzierung (und im Zeitablauf, Variierung) der Beitragsätze zur gesetzlichen Rentenversicherung das Instrument gesehen würde, durch dessen Einsatz sich die Geburtenentwicklung auf dem jeweils politisch angestrebten Niveau halten lassen könne. Solche Denkansätze entspringen zu sehr einem eindimensionalen Denken, das grundlegenden Zusammenhängen der multifaktoriellen Verknüpfung im Bereich des verändernden Geburtenverhaltens nicht genügend gerecht wird.

Zur kritischen Überlegung gibt schließlich der Hinweis Anlaß, daß nicht alle Faktoren, die in die Richtung wirken, sich eher zu weniger als zu mehr Kindern zu entscheiden, überhaupt politischer Gestaltung zugänglich seien. Wenn hierzu vor allem auf Einflüsse verwiesen wird, die als *typische Strukturmerkmale der Industriegesellschaft* angesehen werden und die *ohne grundlegendere Umwälzungen* nicht zu ändern seien, so wird damit zusätzlich auf die Schwierigkeit der Lösung der hier anstehenden gesellschaftsordnungspolitischen Aufgabe verwiesen.

Die damit angesprochenen Grenzen einer Einwirkung auf die bedingenden Voraussetzungen generativer Entscheidungen zu sehen und in das politische Kalkül hineinzunehmen, erscheint wichtig und bewahrt vor Illusionen. Dies darf indessen nicht vorschnell dazu verleiten, die gegebenen Möglichkeiten gar nicht erst wirklich auszuschöpfen. Das generative Verhalten der Menschen vollzieht sich sicherlich weithin unabhängig von Wünschen und Appellen des Staates, aber schon keineswegs unabhängig von den staatlichen Maßnahmen der Rahmengestaltung des familialen Zusammenlebens.

Es wäre offenbar eine verkürzte Sicht der Zusammenhänge, vorschnell davon auszugehen, jedwede auch systematisch angelegte Gesellschaftspolitik müsse im Hinblick auf angestrebte Veränderungen des generativen Verhaltens praktisch doch unwirksam bleiben. Dies haben so pauschal auch die Erfahrungen außerhalb der Bundesrepublik nicht bestätigt. So galten im anderen Teil Deutschlands die schon im Verlauf der zweiten Hälfte der 70er Jahre getroffenen und stufenweise weiterentwickelten sozial- und familienpolitischen Maßnahmen als ein entscheidender Grund für die in den folgenden Jahren steigende Zahl von Geburten. Allerdings ist diese Entwicklung im Verlauf der 80er Jahre wieder nach unten abgeknickt (was auch auf anfänglich vorgezogene Geburten hindeuten könnte), lag aber vor der Wiedervereinigung immer noch auf einem leicht höheren Niveau als in der Bundesrepublik (und ist dann bekanntlich nach der „Wende" deutlich unter das westdeutsche Niveau abgesunken, was nunmehr zum Teil, aber sicherlich nicht allein, durch hinausgeschobene Geburten erklärt werden kann).

In unserem Nachbarland Frankreich wird die nach dem Zweiten Weltkrieg entwickelte Familienpolitik, die im wesentlichen auf den Abbau der durch Kinder bedingten Unterschiede im Lebensstandard beruhte, als eine entscheidende Ursache für die Verbesserung der demographischen Entwicklung angesehen, aber auch dafür, daß Frankreich dem jüngsten Fruchtbarkeitsrückgang besser standhielt. (In Frankreich lag die durchschnittliche Kinderzahl je Frau noch in der zweiten Hälfte der 80er Jahre um etwa 0,5 Kinder höher als in der Bundesrepublik.) Dies schließt kritische Stimmen nicht aus, die schon seit geraumer Zeit darauf hingewiesen haben, diese Politik sei langsam ausgehöhlt worden und eine gründliche Überarbeitung sei überfällig. Nach vorliegenden Schätzungen aus dem französischen Nationalinstitut für demographische Forschung wird der Effekt der französischen Familienpolitik der Nachkriegszeit auf die gleichwohl langfristig rückläufige durchschnittliche Kinderzahl mit einer Anhebung des Niveaus um 0,2 bis 0,3 Kinder je Frau veranschlagt. Gerade in jüngerer Zeit wurden die einzelnen Maßnahmen bewußt in eine – weit über verteilungspolitische Konsequenzen hinausreichende – *globale* Familien- und Bevölkerungspolitik hineingerückt.

In beiden genannten Fällen haben wir es freilich auch mit Beispielen für sehr viel explizitere Aussagen zu einer Zielvorstellung über den Bevölkerungsprozeß zu tun, wie er von den Auswirkungen her als erwünscht angesehen wird. Auch solche Aussagen auf der politischen Ebene, die ja persönliche Entscheidungen noch nicht aufheben, stellen ein Stück weit Politik dar, die im Bereich des generativen Verhaltens Entscheidungsrelevanz gewinnen kann. Kommen darin doch überindividuelle Erwartungen zum Ausdruck, deren Legitimation in der unaufhebbaren Wechselbeziehung von individueller und kollektiver Rationalität nicht schlichtweg bestritten werden darf.

Sehr zutreffend heißt es in einem Bericht des Wirtschafts- und Sozialausschusses der EG über die demographische Lage in der Gemeinschaft (von 1986) zu der langfristig zu erwartenden Wirksamkeit einer geburtenfördernden Politik: „So illusorisch die Behauptung wäre, ein demokratischer Staat könne mittels geeigneter Maßnahmen eine radikale Änderung des Fruchtbarkeitsniveaus erzielen, so falsch ist andererseits die Behauptung, der Staat habe keinerlei Handlungsspielraum. Einflußmöglichkeiten sind vorhanden, und wenn sie auch bescheiden sind, so sind sie doch nicht unerheblich. Auf lange Sicht können sie sogar von entscheidender Bedeutung sein."

## 4. Was sollen wir tun?

Vor dem Hintergrund des Standes der bevölkerungswissenschaftlichen Ursachenforschung zum veränderten generativen Verhalten, der hier nicht im einzelnen nachgezeichnet werden kann, stellt sich damit die *vierte und letzte Frage*, was wir tun sollten. Bei allen sowohl von den Grundprinzipien der Sozialordnung als auch von den faktischen Möglichkeiten her gegebenen Begrenzungen der politisch-gestaltenden Einwirkung auf die Bevölkerungsentwicklung und bei aller von vornherein gebotenen Beschränkung der an politisches Handeln geknüpften Erwartungen lassen sich eben doch einige *Grundrichtungen des Handelns* benennen. Ebenso lassen sich einige prinzipielle

Überlegungen ableiten, die für eine auf Effizienz bedachte Rahmensteuerung des demographischen Prozesses wichtig erscheinen.

Damit wird ganz bewußt eine *Gegenposition* bezogen gegenüber der in der gegenwärtigen gesellschaftspolitischen Diskussion sehr pointiert vertretenen Auffassung, die sogenannte natürliche Bevölkerungsbewegung könne durch politisch-gestalterische Maßnahmen im Grunde überhaupt nicht beeinflußt werden. Die Wirkungslosigkeit von auf die Geburtenentwicklung gerichteten staatlichen Maßnahmen sei immer wieder bestätigt worden; allenfalls habe man es mit gewissen *Mitnahmeeffekten* zu tun. *Der Staat*, so lautet die These auf den Punkt gebracht, *kann da nichts wenden.* Solche Positionen erscheinen deshalb so gefährlich, weil sie vor allem politischen Verantwortungsträgern eine handlungswirksame Situationsbeurteilung und Einstellung vermitteln, die wohl doch nicht als problemangemessen gelten können, wie auch die angesprochenen Erfahrungen untermauern.

Einige *hauptsächliche Handlungsrichtungen* seien hier angedeutet:
Da ist einmal die Ausgestaltung der kollektiven Altersversorgung, die inzwischen als ein nicht unwichtiger Einflußfaktor für das sehr unbefriedigende Geburtenniveau in den nachwachsenden Elterngenerationen angesprochen wird. Heute wird sehr viel deutlicher gesehen als in den 60er Jahren nach Einführung der dynamischen Altersversorgung (in einer demographischen „*Schönwetterperiode*"), daß eine auf dem Umlageverfahren beruhende Rentenversicherung auf der Drei-Generationen-Solidarität aufbauen muß, die – ob nun mehr bildhaft als Generationen-*Vertrag* angesprochen oder nicht – die Entsprechung des einzelwirtschaftlichen Äquivalenzgedankens auf der Makroebene darstellt. Das intergenerative Umverteilungssystem funktioniert eben nur, wenn *zwei* elementare Voraussetzungen erfüllt sind:

(1) die ökonomische Voraussetzung, die die wirtschaftliche Leistungsbereitschaft der im Erwerbsalter stehenden Jahrgänge und einen ausreichend großen Produktionsmittelstock einschließt, sowie
(2) die demographische Voraussetzung, die die Sorge für die nachfolgende Generation umfaßt.

Eine entscheidende Schwäche unseres Rentenversicherungssystems kann sehr wohl in der Tatsache gesehen werden, daß – wie es in der sozialpolitischen Diskussion pointiert formuliert worden ist – Vertragsverletzungen belohnt statt bestraft werden. Geldbeiträge zum Sicherungssystem und das Auf- und Erziehen von Kindern grundsätzlich als ebenbürtige Leistung zur Einlösung der Mehr-Generationen-Solidarität anzuerkennen, bildet hier einen wichtigen Korrekturschritt in die richtige Richtung. Strukturreformen der sozialen

Altersversorgung werden nicht zuletzt daran gemessen werden müssen, inwieweit sie diesem ordnungspolitischen Ansatz wirklich gerecht werden.

Kinderunfreundliche Strukturen sind indessen noch sehr viel weiter verbreitet, als es auf Anhieb erscheinen mag. Sehr zu denken gibt hier eine Feststellung des Wissenschaftlichen Beirats beim Bundeswirtschaftsministerium in dem schon 1980 vorgelegten Gutachten über die wirtschaftspolitischen Implikationen eines Bevölkerungsrückgangs: In der Vergangenheit hat sich in den einzelnen politischen Bereichen eine ungewollte Kumulation von Anreizen ergeben, auf Nachkommenschaft zu verzichten (Ziff. 70). Dieses Ergebnis ist im Grunde für eine auf Sicherung und größtmögliche Erweiterung von persönlichen Handlungsspielräumen ausgerichtete ordnungspolitische Konzeption der Sozialen Marktwirtschaft (die ja nicht nur ein *wirtschafts*ordnungspolitisches, sondern ein *gesellschafts*ordnungspolitisches Konzept darstellt) eine erhebliche Herausforderung.

Zum Grundverständnis eines demokratischen und sozialen Rechtsstaates sozialmarktwirtschaftlicher Prägung muß es auch gehören, daß der Staat den Bürgern in der Ehe- und Familienbildungsphase bei der Verwirklichung ihrer Lebensentwürfe hinsichtlich der Entscheidungen für Kinder zu helfen sucht. Ebenso wie Ehepaare, die keine (weiteren) Kinder wünschen, die volle Möglichkeit zur Familienplanung durch Schwangerschaftsverhütung haben müssen, ebenso muß denjenigen, die sich für (weitere) Kinder entscheiden möchten, dies auch in möglichst großer, sozialökonomisch und soziokulturell abgesicherter Freiheit ermöglicht werden. Dies ist der dialektische Gehalt des grundlegenden Rechts der Paare, wirklich frei, verantwortlich und informiert über die Zahl der Kinder und den zeitlichen Abstand der Geburten zu entscheiden. Eine umfassende Familienpolitik hat ihren bereichsspezifischen Beitrag zu leisten, dieses menschliche Grundrecht zu gewährleisten. Das also bedeutet: Die tatsächliche Entscheidung für Kinder muß den einzelnen mündigen Bürgern überlassen bleiben, die staatliche Ordnung aber hat die Möglichkeit dieser Entscheidung durch Schaffung der Handlungsspielräume abzusichern. Dies verweist zurück auf die Bedingungen dieser Möglichkeit, die im Fadenkreuz auch staatlicher Politik liegen, insbesondere einer *voll entfalteten und konsistenten Familienpolitik*.

Einen weiteren zentralen Ansatzpunkt für demographische Kurskorrekturen bildet nach allem, was wir wissen, die Konfliktmilderung für junge Eltern im Spannungsfeld von Familienleben und Arbeitswelt. In diesem Zusammenhang rückt z. B. die Thematik einer sehr viel phasenspezifischer ausgestalteten Familienpolitik durch das seit Jahren lebhaft diskutierte Erziehungsgeld in das Blickfeld. Gleichwohl kann auch ein solches Erziehungsgeld wiederum isoliert kein wirklich wirksames Instrument sein, um die Geburtenentwicklung in optimalere Bahnen zu lenken, d. h. sehr viel näher an die Bedingungen einer quasi stationären, wahrscheinlich immer noch eher leicht rückläufigen Bevölkerungsentwicklung heranzuführen. Vielmehr ist eine Reihe von flankierenden Maßnahmen in einem integrativ geplanten Maßnahmenbündel erforderlich, wenn eine gewisse Gewähr bestehen soll, daß von der sozial- und arbeitspolitischen Seite her günstigere Voraussetzungen für die Entscheidungen junger Eltern für Kinder geschaffen werden. (Erziehungsurlaub, Anrechnung von Erziehungszeiten in der GRV, Wiedereintrittshilfen in den Beruf). Vielleicht wird auch immer noch viel zu gering die Tragweite des Sachverhalts eingeschätzt, daß junge Erwachsene auf dem Hintergrund deutlich verlängerter Ausbildungszeiten in einer verhältnismäßig kurzen Zeitspanne von wenigen Jahren grundlegende Entscheidungen gleichzeitig zu ihrer beruflichen Plazierung und zur Familiengründung treffen müssen.

Hier sind nicht nur Staat und Gesetzgeber gefordert, sondern in Teilbereichen der Gestaltung der Randbedingungen familialen Lebens z. B. auch die Tarifpartner, denen über die Tarifautonomie eine wichtige Rechtsetzungsbefugnis in der Arbeitswelt vom Staat delegiert ist. Auch sie sind im Horizont des Art. 6 GG zu sehen, der Ehe und Familie unter den besonderen Schutz (nicht des *Staates,* wie oft verkürzt zitiert wird, sondern) der *staatlichen Ordnung* stellt. Hier haben die Tarifpartner ihnen spezifisch offenstehende Möglichkeiten einer familiengerechten Rahmengestaltung der Nahtstelle von Erwerbsarbeits- und Familienleben, so etwa über mehr Flexibilisierung in den Arbeits- und Arbeitszeitbedingungen. Eine u. U. auch staatliche Förderung für familienorientierte tarifvertragliche oder betriebsautonome Maßnahmen mit Vorreitercharakter unterhalb der gesetzlichen Ebene des Staates gehört mit zu den Bedingungen der Möglichkeit, auch Entscheidungen im Feld der Weitergabe des Lebens in größerer, sozialökonomisch abgesicherter Freiheit treffen zu können.

Freilich ist hier auch der einzelne selbst angesprochen, dort nämlich, wo es gilt, persönliche Wertorientierungen – etwa hinsichtlich bestimmter Selbstverwirklichungskonzepte – nicht aus dem Gleichgewicht geraten zu lassen. Selbst hier, wo der einzelne nicht aus seiner persönlichen Verantwortung entlassen ist, kann der Träger staatlicher Politik über die schul- und bildungspolitischen Entscheidungen dazu beitragen, Blickverengungen junger Erwachsener von vornherein möglichst zu vermeiden. Er kann sich am Dialog über mögliche Fehlentwicklungen in den Wertvorstellungen der Gesellschaft beteiligen und seine Vorstellungen auch in seinen gesellschaftspolitischen Entscheidungen sichtbar werden lassen. Dies gehört mit zur Gestaltung der soziokulturellen Rahmenbedingungen.

Unverkennbar sind in den für das generative Verhalten sehr einflußreichen

Veränderungen in den Werteinstellungen deutliche Tendenzen zu einem stärkeren Autonomiestreben des einzelnen sichtbar geworden; eine größer gewordene Selbstbestimmung des einzelnen bedingt dann freilich zugleich eine größere Verantwortung für eine gleichgewichtige Absicherung des gesellschaftlichen Bezugs der generativen Entscheidungen. Wichtig erscheint dazu eine Orientierung an einem Leitbild von *verantworteter Elternschaft,* in dem die individuellen und die gesellschaftlichen Interessen besser aufeinander abgestimmt sind. Bisher fehlen allerdings weithin überzeugende Konzepte für die Entwicklung von Prozessen, die die individuelle Rationalität mit der kollektiven möglichst weitgehend in Übereinstimmung bringen. Dies zu betonen erscheint deshalb unerläßlich, weil ein wirklicher *Effekt* einer Rahmensteuerung des Bevölkerungsprozesses um so eher zu erwarten ist, je mehr staatlicherseits präferierte Zielsetzungen mit den Wertorientierungen und Lebensplänen der einzelnen Bürger übereinstimmen. Eine stärkere Berücksichtigung demographischer Zusammenhänge in den Lehrplänen und schulischen Curricula insbesondere in den Fächerbereichen Geschichte, Erdkunde, Gemeinschaftskunde kann hier vermutlich hilfreich sein, wird aber wiederum nicht ohne staatliche Initiativen in Gang kommen. *Population education* ist nicht nur in Ländern mit explosionsartigen Bevölkerungsentwicklungen vonnöten, sondern auch in Gesellschaften wie der unseren, deren demographisches Gleichgewicht in der umgekehrten Richtung so sehr aus den Fugen zu geraten droht.

Der Bereich der Einkommensverteilung sollte nicht überschätzt, aber auch nicht einfach als unwichtig ausgeblendet werden. Trotz anerkennenswerte Verbesserungen in der einkommenssteuerlichen Förderung von Familien mit Kindern und in den Transferleistungen bleiben bisher die Aufwendungen der Eltern für das sozialkulturelle Existenzminimum von Kindern noch keineswegs voll einkommenssteuerfrei (Stand Ende der 80er Jahre; Anm. d. Verf.), wie dies eigentlich der Fall sein sollte (um dann auf dieser Grundlage erst den eigentlichen Familienlastenausgleich für Mehrkinderfamilien mit Vorrang in den unteren Einkommensgruppen basieren zu können). Wenn es richtig ist – worauf der so tragisch ums Leben gekommene Bundesverfassungsgerichtspräsident a. D. *W. Zeidler* (aber nicht nur er) mehrfach nachdrücklich hingewiesen hat –, daß im internationalen Vergleich das deutsche Einkommenssteuerrecht zwar sehr ehefreundlich, aber deutlich familienfeindlich ist, dann stellt sich zumindest die Frage, ob und inwieweit hier nicht Kurskorrekturen im Sinne einer (moderaten) Umschichtung von Finanzmitteln aus dem reinen Ehegattensplitting, das ja auch zeitlebens kinderlosen Ehen zugute kommt, in kinderbegünstigende Regelungen möglich sind.

Damit bleibt festzuhalten: Der Bevölkerungsrückgang und innerhalb dessen die Geburtenentwicklung ist nicht nur als *Datum* zu sehen, sondern auch als

*Gestaltungsproblem* zu verstehen und politisch aufgegeben. Die Rahmensteuerung des demographischen Prozesses ist dabei freilich in das gesellschaftspolitische Gesamtkonzept zu integrieren; die geradezu strategische Bedeutung einer systematischen Familienpolitik ist unverkennbar. Es gilt nicht nur die Grenzen, sondern innerhalb dieser Grenzen auch die Möglichkeiten einer gestalterischen Einflußnahme auf den Prozeß der sogenannten natürlichen Bevölkerungsbewegung zu sehen und in einer grundwerteorientierten Gesellschafts- und Familienpolitik tatsächlich auszuschöpfen.

Daß politische Steuerungsversuche per se erfolglos bleiben müßten, gehört im Grunde zu den Vorurteilen, die sich darauf befragen lassen müssen, inwieweit dahinter nicht entweder ganz andere, mit Elternschaft konkurrierende Leitbildentwürfe favorisiert werden sollen oder aber eine wie auch immer begründete Abneigung gegen gesellschaftliche Strukturreformen einschließlich verteilungspolitischer Konsequenzen steht. Insofern setzt eine demographisch begründete Familienpolitik letztlich eine *fundamentale Neu- und Höherbewertung von Elternschaft in unserer Gesellschaft* voraus. Auch wenn Wirkungsanalysen auf dem hier in Rede stehenden Feld – wie übrigens in anderen Bereichen nicht selten ebenfalls – ungemein schwierig sind, darf man nicht vorschnell die Wissenschaft zur Rechtfertigung unzureichenden oder allzu zögerlichen politischen Handelns bemühen wollen. Es erscheint nicht statthaft, sich hier in Argumente zu flüchten wie: längst erwiesene Wirkungslosigkeit einer betont adressaten- und familienphasenspezifisch orientierten Politik auf den Familienbildungsprozeß junger Paare.

Mehr oder minder pauschalierende Feststellungen in der Richtung, daß staatliche Politik auf dem Feld der generativen Entscheidungen in den jungen Ehen praktisch nichts bewirken könne, sind auch deshalb so gefährlich, weil Politiker daraus noch eine Bestätigung dafür heraushören könnten, es sei richtig, den demographischen Prozeß gleichsam als unabänderlich gegeben hinzunehmen – statt ihn ebenso als Gestaltungsaufgabe zu begreifen wie andere politische und gesellschaftliche Handlungsfelder auch. Bevölkerungswissenschaftliche Forschungsergebnisse würden jedenfalls dort gröblich fehlinterpretiert, wo sie – wenn auch im Einzelfall ungewollt – dazu dienen, dem in der Verantwortung stehenden Politiker ein *gutes Gewissen* für Nichthandeln zu vermitteln. Bei aller gebotenen Reserve gegenüber Hinweisen – auf bewußte Entscheidungen für Kinder stützende – Wirkungen insbesondere von isolierten Einzelmaßnahmen bleibt selbst bei kritischer Position festzuhalten, daß die Diskussion um die Wirksamkeit staatlicher Politik auf dem Feld der demographischen Entwicklung noch *keineswegs* als (negativ) entschieden gelten kann.

## 5. Zusammenfassender Ausblick

Fassen wir die Befunde und Überlegungen zu den vier vorgestellten Grundfragen von einer zentralen Perspektive her zusammen:

Die politisch-gestalterische Auseinandersetzung mit dem demographischen Prozeß, insbesondere der Geburtenentwicklung, erweist sich als ein ebenso gravierendes wie schwierig zu bewältigendes Problem, und zwar sowohl was die gedankliche Durchdringung angeht als auch was die politische Durchsetzung betrifft. Die Lösung wird letztlich nicht ohne gravierende Veränderungen gesellschaftlicher Strukturen zu haben sein; mit Palliativmitteln und insbesondere isoliert eingesetzten – und vielleicht im Zeitablauf noch mehr oder minder wieder zurückgenommenen – Einzelmaßnahmen ist nichts auszurichten. Eine zentrale, geradezu strategische Bedeutung kommt nach dem bisher Gesagten einer voll entfalteten, in sich möglichst konsistenten Familienpolitik zu. Diese gewinnt von daher eine zusätzliche *gesellschaftsreformerische* Dimension. Die Hineinnahme des demographischen Aspekts bedingt dabei übrigens keineswegs eine *Verfremdung* dieses Politikfeldes: Familienpolitik läßt sich inhaltlich fassen als Schaffung und dauernde Sicherung der Bedingungen für eine optimale Funktionsentfaltung der Familien. Zu den familialen Grundfunktionen gehört aber auch die Sicherung der Generationenfolge. Daher kann ein systematischer familienpolitischer Ansatz den generativen Aspekt im Grunde nicht ausklammern, sondern muß ihn einbeziehen. Wenn dabei dann überindividuelle Erwartungen aus dem gesellschaftlichen Kontext ins Spiel kommen, so ist dies grundsätzlich kaum anders als bei der Erziehungs- und Bildungsfunktion der Familie, der weithin konsensfähige Grundziele vorgegeben werden (siehe z. B. die rechtlichen Normierungen im Bereich des Jugendhilferechts).

Die Schaffung und Sicherung möglichst guter Lebenslagen für Familien und Kinder bilden jenseits demographischer Orientierungen ein begründetes gesellschaftspolitisches Ziel, das sich von der personalen Entfaltung der Familienmitglieder und der Familiengemeinschaft her begründet und nicht erst von mehr oder weniger abstrakten Bevölkerungsgrößen her. Aber eine konsequente Fortentwicklung der auf die gesamte Leistungsbreite von Familien ausgerichteten Familienpolitik vermag mit ihren demographischen Nebeneffekten zu einer längerfristigen Stabilisierung der Bevölkerungsentwicklung maßgeblich beizutragen. Allein schon eine Politik, die ausgerichtet ist auf mehr soziale Gerechtigkeit für Familien, auf mehr Startchancengleichheit für junge Menschen, auf größere auch materiell abgesicherte Wahlfreiheit junger Eltern zwischen unterschiedlichen Lebensentwürfen im Spannungsfeld von Familie und Beruf, sowie auf noch mehr Solidarität zwischen den Generationen, wird es jungen Paaren leichter machen, persönlich zu verantwortende Entscheidungen für Kinder in einer Weise zu treffen, die einer Übereinstimmung von individueller und kollektiver Rationalität auf freiwilliger Grundlage sehr viel näher kommt als dies bisher der Fall ist. Zumindest wird eine solche Politik dazu beitragen, den rückläufigen demographischen Prozeß abzufedern. Selbst dort, wo sich keine demographischen Nebeneffekte einstellen würden, lägen die Maßnahmen immer noch im Interesse der Familien und der Verbeserung der Lebenslage ihrer Mitglieder.

Wird es für solche gravierende Eingriffe in gesellschaftliche und wirtschaftliche Strukturen politische Mehrheiten geben? Diese auch politikwissenschaftlich interessante Frage kann an dieser Stelle nicht weiter verfolgt werden. Es mag sein Bewenden bei der Benennung des Problems haben, ob hier nicht von vornherein ein Machtdefizit für Familien konstatiert werden muß. Zu der politischen Perspektive einer Rahmensteuerung der Bevölkerungsentwicklung gehört im übrigen sehr wesentlich die Einsicht, wie notwendig und wichtig es ist, daß die verschiedenen, meist wechselseitig aufeinander bezogenen Maßnahmen einem integrativen Ansatz entspringen, daß sie durch innere Widerspruchslosigkeit gekennzeichnet sind und einer möglichst kontinuierlichen Zielsetzung im Zeitablauf entsprechen. Wie wichtig dies für die Wirksamkeit einer Politik sein kann, ergibt sich mittelbar auch aus Hinweisen in der bevölkerungswissenschaftlichen Diskussion etwa zur französischen Bevölkerungs- und Familienpolitik, so wenn dazu festgehalten wird, Inkonsistenz, wechselnde Zielsetzungen und teilweise Widersprüche des Systems hätten mit großer Wahrscheinlichkeit die demographischen Wirkungen dieser Politik beeinträchtigt.

Dazu kann auch auf die Studie über *„Die Bevölkerung der Schweiz: Probleme, Perspektiven, Politik“* verwiesen werden, die 1985 von der Kommission *Bevölkerungspolitik* auf Anstoß der Studiengruppe für Demographie der Schweizerischen Gesellschaft für Statistik und Volkswirtschaft vorgelegt worden ist. In dieser sehr gründlichen Studie wird unterstrichen, wie wichtig es ist, die Beschränkung des öffentlichen Bewußtseins für demographische Probleme auf Einzelaspekte wie etwa Ausländerpolitik, Verhältnis der aktiven zur nichtaktiven Bevölkerung, Familienpolitik u. ä. in einer *demographischen Gesamtschau* zu überwinden und die Maßnahmen einer Rahmensteuerung des demographischen Prozesses bewußt langfristig zu konzipieren. Die Möglichkeiten, den demographischen Prozeß politisch zu steuern, ohne die Freiheit des einzelnen zu beeinträchtigen, werden in dieser Studie mit großer Behutsamkeit und Sachkunde erörtert. Dabei wird unmißverständlich festgestellt: „Hinter der angeblichen politischen Enthaltsamkeit versteckt sich sehr wohl eine vielschichtige politische Einflußnahme. Wäre es deshalb nicht besser, die Auseinandersetzungen zu suchen und mit offenen Karten zu spielen?“ Diesem

Hinweis wäre allenfalls noch hinzuzufügen, daß solche politische Enthaltsamkeit und damit verbundene Perspektivlosigkeit letztlich auch als staatliches Desinteresse gedeutet werden und durchaus vermeidbare Entwicklungen eher noch beschleunigen können.

Die Zukunftsrelevanz der angesprochenen Zusammenhänge kann nicht zweifelhaft sein. Auch wenn die Aufgaben komplex sind, so sind sie dennoch nicht unlösbar. Staat und Gesetzgeber, auf Bundes- und Landesebene, aber auch z. B. die Tarifpartner, dürfen hier nicht vorschnell aus der Verantwortung entlassen werden. Angesichts der vielfältigen mittel- und längerfristigen Auswirkungen der sich abzeichnenden demographischen Entwicklung bleibt aus ordnungspolitischen Gründen eine demographische (Mit-)Begründung unserer Gesellschafts- und Familienpolitik anzumahnen. Dabei können sozialökonomische Leistungen durchaus auch ein Weg sein, um in unserer Gesellschaft, so wie sie strukturiert ist, außerökonomische Aufwertungen zu untermauern. Wichtig erscheint freilich auch, daß der für eine systematische Familienpolitik charakteristische *Querschnittscharakter* ausreichend beachtet wird. Im übrigen gilt es, unter dem demographischen Begründungsaspekt der Familienpolitik zu vermeiden, daß familienpolitische Maßnahmen, die Spielräume für Entscheidungen zu Kindern vergrößern, durch negative Effekte in anderen Politikbereichen konterkariert werden. Dies verweist zurück auf die Notwendigkeit, den demographischen Aspekt in die gesamte gesellschaftliche Ordnungspolitik zu integrieren. Für diesen *ordnungspolitischen* Ansatz ist nicht zuletzt Wert darauf zu legen, daß die für Entscheidungen zu Kindern günstigen Rahmenbedingungen in Gesellschaft und Wirtschaft jene Verläßlichkeit und Dauerhaftigkeit aufweisen, die den langfristigen Bedingungen entsprechen, die mit der Übernahme von Verantwortung für Kinder bis zu deren Selbständigkeit notwendig verbunden ist. Nicht nur Unternehmer benötigen verläßliche und langfristig kalkulierbare Rahmenbedingungen für ohnehin risikobehaftete unternehmerische Entscheidungen; auch junge Paare, die in *human capital* investieren möchten (und die der Franzose *Ch. Péguy* schon vor vielen Jahren als die größten Abenteurer des 20. Jahrhunderts bezeichnete), müssen sich auf einen soliden ordnungspolitischen Rahmen ihrer generativen Entscheidungen verlassen können.

Die Richtung, in der sich diese generativen Entscheidungen bewegen, sind nicht nur für die Lebensbiographie des einzelnen von Bedeutung, sondern auch für den zukünftigen Weg unserer Gesellschaft. Hier bleibt die Aufgabe, auf ausgeglichenere demographische Strukturen hinzuwirken, auf der ordnungspolitischen Tagesordnung der Zukunft. Auch im größeren Verbund der Europäischen Gemeinschaft kann die Situation nicht befriedigen. Darauf hat der Wirtschafts- und Sozialausschuß der EG – offensichtlich mit einer Formulierungshilfe aus dem französischen Nationalinstitut für demographische Forschung – in seiner erwähnten Studie mit Nachdruck und unter Hinweis auf die Verantwortung des Staates als Garant der langfristigen Interessen der Gesellschaft hingewiesen. Gerade weil keine Anzeichen dafür vorlägen, daß sich die ungünstige demographische Lage von alleine wieder bessert, müsse der Staat sich nicht nur über die von Grund auf neuartigen Auswirkungen des demographischen Ungleichgewichts Gedanken machen, sondern auch auf dessen Korrektur hinwirken, „indem den Eltern die Möglichkeit gegeben wird, die Größe ihrer Familie unter günstigeren Bedingungen zu bestimmen".

Aus bevölkerungswissenschaftlicher Sicht bleibt hinzuzufügen, daß von den demographischen Vorbedingungen her die Voraussetzungen für eine nachhaltigere Kurskorrektur der Bevölkerungsentwicklung im eigenen Land bis zum Ende des Jahrhunderts noch ungleich günstiger sind als danach. Für die Entwicklung eines überzeugenden und sozialwissenschaftlich möglichst abgesicherten Gesamtkonzepts sowie für die Einleitung seiner Durchsetzung bleibt also nicht mehr so sehr viel Zeit. Auch wenn viele es vielleicht noch nicht bemerkt haben mögen: Unsere gesellschaftliche Ordnungspolitik hat längst eine neue Aufgabe hinzugewonnen.

## Anmerkung und Literatur

*) Leicht gekürzte und durchgesehene Fassung des Vortrags im Rahmen des „Studium Generale" der Universität Heidelberg im Sommersemester 1988, der auch in der öffentlichen Vortragsreihe „Bevölkerungsentwicklung als Herausforderung der Politik" der Hochschule für Verwaltungswissenschaften Speyer im Wintersemester 1988/89 gehalten wurde. Siehe dazu auch die Dokumentation des Statistischen Landesamtes Baden-Württemberg 1989 (Politische Perspektiven einer Rahmensteuerung der Bevölkerungsentwicklung).

Zum vorliegenden Thema siehe auch folgende Arbeiten des Verf. (jeweils mit weiterführenden Literaturhinweisen):

- Grundfragen der Bevölkerungspolitik, Stuttgart 1975.
- Bevölkerungsentwicklung als politisches Problem, Paderborn 1980.
- Kinder in der Industriegesellschaft – wozu? Analysen, Perspektiven, Kurskorrekturen. 2., überarb. Aufl., Zürich u. Osnabrück 1987.

# 4. Demographische Information und Bildung (population education) als Aufgabe in den entwickelten Industriegesellschaften*

## Zur Einführung

Die Sachverständigenkommission für den Dritten Familienbericht der Bundesregierung von 1979 hat in ihren Vorschlägen zur Sicherung einer ausgewogenen demographischen Struktur in der Bundesrepublik u. a. Maßnahmen befürwortet „zur Erweiterung des Verantwortungshorizontes junger Paare bei der Familienplanung durch Information und Bildung der Öffentlichkeit über demographische Veränderungen und über die Folgen bestimmter Muster von Kinderhäufigkeit in den Familien für die Bevölkerungsentwicklung". Damit ist ein zentraler Aspekt dessen angesprochen, was unter dem Stichwort „population education" im Umfeld eines Gesamtsystems von Familienpolitik reflektiert werden kann. Der Vorschlag gehört freilich zu den (nicht wenigen) Vorschlägen der sozialwissenschaftlichen Sozial- und Familienpolitikberatung, deren Umsetzung in praktisch-politisches und politisch zu gewährleistendes pädagogisches Handeln im wesentlichen noch auf sich warten läßt.
Vorweg zwei kurze Vorbemerkungen:

(1) Die Behandlung der Thematik beschränkt sich bewußt auf die entwickelten Industriegesellschaften; die Ausklammerung der weltweiten Entwicklung, insbesondere der Dritten Welt (für die das Konzept von „population education" zunächst, und zwar eher „mit umgekehrtem Vorzeichen", entwickelt wurde), macht die Themenbehandlung allerdings keineswegs leichter.
(2) Es geht um einen zukunftsgerichteten Aspekt der gesamtdeutschen Entwicklung im geeinten Deutschland und ihrer Herausforderungen auch im demographischen Bereich. Eine demographische Information und Bildung wird dabei – um dies schon vorweg mit aller Deutlichkeit zu unterstreichen – *keineswegs* als Patentantwort auf die demographische Problematik gesehen bzw. genauer: auf die Frage nach der Steuerung der sog. natürlichen Bevölkerungsbewegung.

## 1. Berechtigung und Notwendigkeit einer „Rahmensteuerung" des demographischen Prozesses

*Grundthese:*

Grundsätzlich ist die *Berechtigung* einer politisch-gestaltenden Auseinandersetzung mit dem demographischen Prozeß zu bejahen. In unserer sozialhistorischen Situation kann auch die *Notwendigkeit* dazu wohl nicht zweifelhaft sein. Die in der bisherigen Bundesrepublik im politischen Raum weithin dominierende deutliche Ablehnung jeglicher gedanklicher und praktisch-politischer Auseinandersetzungen mit den Grundlagen, Möglichkeiten und Grenzen einer bewußten „Rahmensteuerung" der Bevölkerungsentwicklung sollte für das geeinte Deutschland durch neue politische Perspektiven ersetzt werden.

Im Unterschied zur ehemaligen DDR, in der es verhältnismäßig klar formulierte bevölkerungspolitische Zielvorstellungen gab (Erhaltung des Bevölkerungsstands als Minimalziel), gibt es in der bisherigen Bundesrepublik in dieser Hinsicht eine deutlich zurückhaltende bis ablehnende Einstellung. Die Bundesregierungen wie auch die großen Parteien haben in der Vergangenheit eine „aktive Bevölkerungspolitik" (i. S. einer *direkten* Einwirkung auf die generativen Entscheidungen zu Recht) durchweg als politisch nicht akzeptabel abgelehnt, weil sie als ein unzulässiger Eingriff in die Freiheit des einzelnen angesehen wird. Noch etwas pointierter, aber schon sehr viel problematischer erscheint die Auffassung, daß es überhaupt nicht Sache des Staates sein dürfe, eine Vorstellung über den als erwünscht anzusehenden Verlauf des Bevölkerungsprozesses zu entwickeln und in sein politisches Konzept hineinzunehmen, weil dies dem Grundverständnis eines liberalen Rechtsstaates widerspreche.

Damit ist die zentrale Frage nach der Legitimation staatlichen und gesellschaftlichen Handelns auf dem demographischen Feld berührt. Zu der dazu hier vertretenen Position, nach der diese Frage grundsätzlich zu *bejahen* ist, gehört freilich zentral auch die Bejahung des grundlegenden Rechts der (Ehe)-Paare, frei, verantwortlich und informiert über die Zahl der Kinder und den zeitlichen Abstand der Geburten zu entscheiden, wie dies bereits 1968 in einer Ergänzung der Menschenrechtserklärung in Teheran festgestellt und in der Folgezeit mehrfach in entsprechenden Grundsatzerklärungen unterstrichen worden ist. Die Gewährleistung dieses grundlegenden Rechts steht aber nicht von vornherein im unauflösbaren Widerspruch zur Entwicklung und Verfolgung demographischer Ordnungsvorstellungen des Gemeinwesens. Es gibt gute, hier nicht im einzelnen zu erörternde Gründe dafür, daß ein korrigierendes Gegensteuern dort, wo die tatsächliche Bevölkerungsentwicklung Grundziele des Gemeinwesens zu beeinträchtigen droht, nur folgerichtiger Ausdruck einer umfassenden Wahrnehmung der Verantwortung für die Verwirklichung der jeweiligen gesellschaftlichen Wert- und Ordnungsvorstellungen ist (s. dazu näher den Beitrag III. 3. in diesem Band). Eine solche Perspektive läuft auf eine Politik des gelenkten demographischen Wandels hinaus, die stets auch von einem Spannungsverhältnis zwischen individueller und kollektiver Rationalität wird ausgehen müssen. Dabei geht es auch darum, absehbare negative Entwicklungen für den einzelnen, die Familien und die größeren Gemeinschaften unter besonderer Beachtung des oft vernachlässigten sog. demographischen Trägheitsgesetzes als Entwicklungsprozesse zu erkennen und zu verstehen, für die in der Regel zeitlich lange, bevor sie sich voll auswirken, die Weichen gestellt werden. Die Familien mit ihrer generativen Funktion, d. h. die Vielzahl der einzelehelichen Entscheidungen für oder gegen Kinder, rücken damit unmittelbar in das Blickfeld.

Nun muß freilich in einer gegebenen sozialhistorischen Lage noch nicht alles in tatsächliches politisches Handeln einmünden, was grundsätzlich als berechtigt gelten kann. Ein Blick auf die gegebene demographische Situation mit den entscheidenden Determinanten für die künftige Entwicklung in Deutschland (wie auch in zahlreichen anderen europäischen Ländern) zeigt indessen, daß die politisch-gestaltende Auseinandersetzung mit der eingetretenen und sich für die Zukunft abzeichnenden Bevölkerungsentwicklung auch als notwendig angesehen werden muß. *Das Geburtenniveau in Deutschland erscheint von den vielfältigen wirtschaftlichen und sozialen Auswirkungen her längerfristig gesehen als zu niedrig*, als – wie es gelegentlich etwas vornehmer ausgedrückt wird – „suboptimal". Zu diesem Werturteil erscheint im Blick auf die mit diesem niedrigen Geburtenniveau verbundenen nivellierten Kinderzahlen in den einzelnen Ehen noch eine Anmerkung wichtig, die bereits etwas mit unserem engeren Thema zu tun hat: Es muß mit der Möglichkeit gerechnet werden, daß ein tatsächliches generatives Verhalten sich so verfestigt, daß es normsetzend und breitenwirksam handlungsrelevant wird. Gerade außengeleitete Menschen (*D. Riesman*) können dann ein Überschreiten einer solchen „Norm" als mit sanktionsähnlichen Folgen belegt zumindest erleben.

Für das bisher im Vergleich zur ehemaligen Bundesrepublik etwas höhere Geburtenniveau in der ehemaligen DDR war aus bevölkerungs- und familienwissenschaftlicher Sicht zu erwarten, daß sich hier tendenziell sehr viel eher eine Angleichung an die Situation in der ehemaligen Bundesrepublik vollziehen würde als umgekehrt. Zumindest für die ersten Jahre sind hier die Erwartungen von der tatsächlichen Entwicklung noch überboten worden. (Die inzwischen in den neuen Bundesländern auf unter 0,5 (!) abgesunkene Generationenrate (NRR) erscheint besonders alarmierend, wenngleich sich darin *auch* hinausgeschobene Geburten im Zuge einer tendenziellen Anpassung an die Familiengründungsprozesse in Westdeutschland niederschlagen dürften.) Zu den künftigen Perspektiven im Bereich der sog. natürlichen Bevölkerungsbewegung kann für Gesamtdeutschland auf jüngste alternative Modellrechnungen verwiesen werden, die übrigens die für manche vielleicht traumatische Vorstellung von einem rund 80-Millionen-Volk der Deutschen bereits auf mittlere Sicht als unbegründet erscheinen lassen. (Eine sog. *„kompensatorische Zuwanderung"* kann die sich abzeichnenden Probleme abschwächen, sie kann eine stark rückläufige Bevölkerungsentwicklung zeitlich hinausschieben, aber letztlich keinen wirklich dauerhaften Ausweg aus der „demographischen Klemme" darstellen. Ungewöhnlich starke und dauerhafte Zuwanderungen von mehreren hunderttausend Personen pro Jahr würden im übrigen ganz neue Probleme der sozialen Integration dieser Menschen stellen.)

## 2. Grundlagen und Tragweite einer demographischen Information und Bildung

*Grundthese:*

Staatliche und gesellschaftliche Interventionen auf dem hochsensiblen Feld des generativen Verhaltens müssen die freien und eigenverantwortlichen Entscheidungen der einzelnen Ehepaare in der Weitergabe des Lebens gewährleisten. Diese Entscheidungen stehen als *personale* Entscheidungen im Spannungsfeld *individueller und gesellschaftlicher Belange;* eine demographische Information und Bildung kann hier zu einer größeren Ausgewogenheit beider Seiten zumindest beitragen.

### *2.1 Die personalen generativen Entscheidungen in ihrem individuellen und gesellschaftlichen Bedingungszusammenhang*

Wie kann von der natürlichen Bevölkerungsbewegung her gegenüber einer „suboptimalen" Geburtensituation ein korrigierender Entwicklungstrend bewirkt werden bei gleichzeitiger Respektierung des bereits genannten grundlegenden Menschenrechts im Bereich der generativen Entscheidungen? Zur Beantwortung der Frage sollte zunächst etwas vertiefter an den bedingenden Voraussetzungen dafür angesetzt werden, daß Paare frei, verantwortlich und informiert ihre generativen Entscheidungen treffen können. Wir stoßen damit bereits in die unmittelbare Nähe der demographischen Information und Bildung. Gegenüber dem grundlegenden Menschenrecht müssen einige Rückfragen und Anmerkungen zur tatsächlichen Realisierung dieser Rechte eingebracht werden: Wie *frei* sind diese Entscheidungen des einzelnen tatsächlich? Es gibt auch wirtschaftliche und außerwirtschaftliche Zwänge, die einer Realisierung von Entscheidungen für Kinder mehr oder weniger massiv entgegenstehen können. *Verantwortliche* Entscheidung heißt auch zu sehen, daß generative Entscheidungen personale Entscheidungen sind und damit – nach dem hier vertretenen Personenverständnis – unaufhebbar in das Spannungsverhältnis von einzelnem und Gemeinschaft eingebunden sind. *Informiert* zu entscheiden schließlich bedeutet (nicht nur Kenntnis über die verfügbaren Mittel und Wege der Geburtenregelung mit ihren unterschiedlichen Implikationen, sondern) auch, daß der einzelne die Tragweite seiner individuellen Entscheidungen zu übersehen vermag. Diese generativen Entscheidungen sind zwar subjektiv hochpersönliche Entscheidungen der einzelnen und müssen es bleiben; aber in ihren objektiven, d. h. auch bewußtseinsabhängigen Konsequenzen sind sie zugleich gesellschaftlich hoch bedeutsam.

Von daher ist ein (individualistisches) Menschen- und Gesellschaftsverständnis abzulehnen, nach dem Kinderhaben bzw. Entscheidungen für Kinder allein in die *Privatsphäre* des einzelnen fallen. Erfreulich deutlich hat kürzlich das Bundesverfassungsgericht (im Zusammenhang mit Fragen des einkommenssteuerlichen Familienlastenausgleichs) den gesellschaftlichen Bezug des Kinderhabens festgehalten – jedenfalls in der Grundblickrichtung –, indem es ausführt: „Der Staat ... darf Kinder und private Bedürfnisbefriedigung nicht auf eine Stufe stellen und danach auf die Mittel, die für den Lebensunterhalt für Kinder unerläßlich sind, nicht in gleicher Weise zurückgreifen wie auf finanzielle Mittel, die zur Befriedigung beliebiger Bedürfnisse eingesetzt werden. Er muß die Entscheidung der Eltern zugunsten von Kindern achten und darf den Eltern im Steuerrecht nicht etwa die Vermeidbarkeit von Kindern in gleicher Weise entgegenhalten wie die Vermeidbarkeit sonstiger Lebensführungskosten" (Entscheidung vom 29. 5. 1990). Wir haben es also mit personalen Entscheidungen zu tun, d. h. mit Entscheidungen von Paaren, die auch nach dem Menschenverständnis unseres Grundgesetzes keine reinen „Individuen" i. S. *Leibniz*scher Monaden sind, jener „fensterlosen" Elementargebilde, sondern gemeinschaftsbezogene und in gesellschaftlichen Wirkungszusammenhängen stehende Wesen.

An dieser Stelle bedarf es im Grunde einer – wenn auch kurzen – gedanklichen Auseinandersetzung mit den individual- und sozialethischen Aspekten des *Menschenrechts auf Fortpflanzung*. Die Freiheit, die auch für dieses Recht zu reklamieren ist, ist eine *Freiheit in der sozialen Gebundenheit*. Solches gilt ja auch für die weltweite Bevölkerungssituation mit den teils dramatischen Entwicklungsperspektiven in weiten Teilen der Dritten Welt, die noch kürzlich von einer wissenschaftlichen Arbeitsgruppe für weltkirchliche Fragen der Deutschen Bischofskonferenz erfreulicherweise unterstrichen worden ist. Es heißt in dieser Stellungnahme z. B.: „Die Freiheit für die Entscheidung ist ... rückgebunden an gesellschaftliche und wirtschaftliche Verhaltensmuster und steht dementsprechend unter deutlichen Grenzen. Ansprüche an die Freiheit, die diesen Zusammenhang nicht beachten, gehen ins Leere" (S. 14). Wenn hier mit Blick auf die Entwicklungsländer von deutlichen Grenzen die Rede ist, unter denen die Freiheit der generativen Entscheidungen stehe, so darf man auf dem Hintergrund eines solchen Menschen- und Gesellschaftsverständnisses für die Bedingungssituation der „Bevölkerungs*implosion*" in unseren Breiten wohl auch fragen, inwieweit es – jedenfalls für eine Gesellschaft als ganze – auch Grenzen „nach unten" gibt. *H. Jonas* (1979, S. 86 f.) spricht in seinem Werk über das Prinzip Verantwortung sogar von einer „Verpflichtung zur Fortpflanzung" – sicherlich nicht, wie man ergänzend und interpretierend hinzufügen darf, für jeden einzelnen in je unterschiedlichen Lebenssituationen und mit je eigenverantwortlichen Lebensentwürfen, wohl aber für die Gemeinschaft (das „Kollektiv"), in die der einzelne eingebunden ist und von der er auch weithin getragen wird. Das individuelle Freiheitsrecht auf Zeugung wird wohl zu keinem Zeitpunkt und in keiner Gesellschaft losgelöst von gesellschaftlichen Bedingungen ausgeübt.

Wenn in der erwähnten Stellungnahme zu „Verwerfungen" im demographischen Wandel in den Entwicklungsländern festgehalten wird, solche Verwerfungen seien entscheidend auch in einem innergesellschaftlichen Problem begründet, nämlich darin, daß von den Menschen nicht oder doch nur sehr verspätet wahrgenommen werde, daß sich die Rahmenbedingungen des Fortpflanzungsverhaltens geändert haben und eine Anpassung an die veränderten Verhältnisse demgemäß nicht oder nur langsam stattfinde, so kann dieser Zusammenhang wohl auch auf umgekehrte Problemlagen in hochentwickelten Industriegesellschaften (vielleicht im Übergang zu „postmodernen" Bedingungen, was immer dies konkret heißen mag) übertragen werden. Eine „population education", die verständlicherweise vor allem von den Bedingungen in der Dritten Welt her entwickelt worden ist, sollte grundsätzlich auch im Denken der Industriegesellschaft einen Platz haben.

Immer wieder und unter unterschiedlichen gesellschaftlichen Bedingungen muß damit gerechnet werden, daß sich Menschen in ihren generativen Entscheidungen subjektiv rational und den Umständen gegenüber angepaßt verhalten, daß aber subjektiv richtige Entscheidungen für das Gesamtsystem, in dem sie leben, fatal sind und in diesem Sinne objektiv sinnlos werden. Dies gilt eben nicht nur für das Wechselverhältnis von Armut und Kinderzahl in der

Dritten Welt, sondern auch für das Beziehungsverhältnis von familien- und kinderfeindlichen gesellschaftlichen Strukturen und demographischem Prozeß in den entwickelten Industriegesellschaften. Hier sind seit einiger Zeit gravierende Veränderungen in den Wertorientierungen auszumachen, die übrigens dadurch eher noch an gesellschaftlicher Brisanz gewinnen, daß sie auf ein deutlich *pluraleres* Werte- und Normenspektrum hinauslaufen. Damit werden die Entscheidungen für und gegen Kinder weit über sozialökonomische Bedingungsfaktoren hinaus auch von metaökonomischen Faktoren bestimmt. Die Frage stellt sich, inwieweit bei der Ausprägung solcher veränderter und eher auseinanderlaufender Wertorientierungen demographische Grundinformationen und Bildungsinhalte eine Chance der Berücksichtigung haben können, aber auch haben sollten.

Es ist bemerkenswert, wie in einem anderen Politikfeld, nämlich demjenigen des *Umweltschutzes* und der -gestaltung, sich in kurzer Zeit ein ausgeprägtes Umweltbewußtsein relativ breitenwirksam herausbilden konnte, was man im Blick auf eine Art „Bevölkerungsbewußtsein" bei weitem nicht sagen kann. Vielleicht liegt dies mit daran, daß die Umweltproblematik den einzelnen in seiner konkreten Lebensgestaltung sehr viel hautnäher und zugleich in der akuten gegenwärtigen Lebenssituation betrifft.

Der Horizont der Problemwahrnehmung durch den einzelnen ist vielfach begrenzt; er ist bei den demographischen Zusammenhängen zusätzlich durch die Wirkungen der sog. demographischen Trägheit eingeschränkt, die im Grunde ein Denken in Generationen verlangen. Wer garantiert hier die Berücksichtigung langfristiger gesellschaftlicher Belange? Um die Situation, um die es geht, einmal etwas bildhaft zu umschreiben: Der in einem Tal stehende Beobachter ist in seiner Sichtweite durch die Erhöhungen rings um ihn herum begrenzt, der Blick auf dahinterliegende weitere Landschaften ist versperrt. Information und Bildung gleichen hier einem Ballon, der den Betrachter auf eine größere Höhe emporträgt und damit den weiteren Horizont ermöglicht.

### *2.2 Information und Bildung über demographische Zusammenhänge als bedingende Voraussetzung des Freiheitsrechts auf Weitergabe des Lebens*

Bildung insgesamt, aber auch demographische Bildung kann nicht nur als eine Bedingung gesellschaftlicher – und auch familialer – emanzipatorischer Entwicklungen gesehen werden; sie befähigt auch dazu, den Wandel der demographischen Strukturen besser verhaltenswirksam zu erfassen, der wegen der meist nur sehr allmählichen und auch geräuschlosen Veränderungen für den einzelnen schwer wahrzunehmen ist. Eine solche Bildung verbessert nicht zuletzt die Möglichkeit, daß aus nur Betroffenen *Subjekte des Handelns* werden, die dann in Freiheit und personaler Würde an der Weitergabe des Lebens zur Sicherung der Generationenfolge beteiligt sind.

In diesem Zusammenhang muß den Möglichkeiten der Verständigung zwischen Frau und Mann über die Zielsetzung im generativen Bereich besondere Bedeutung beigemessen werden. Hier werden Machtpositionen in der Hand des Mannes tendenziell eine immer geringere Rolle spielen; partnerschaftliche „Verhandlungen" innerhalb der Ehe dürften statt dessen schon an Bedeutung gewonnen haben und noch weiter gewinnen. Für den Ausgang solcher partnerschaftlichen Diskurse erscheint das allgemeine Bildungsniveau auch der *Frau* sehr wichtig. Teilung der Verantwortung in diesem Feld der „verantworteten Elternschaft" setzt ein Mindestbildungsniveau beider Partner voraus, besser noch relative Gleichheit zwischen Mann und Frau. In unseren Gesellschaften bestehen insoweit sehr viel bessere Voraussetzungen für die Integration einer demographischen Information und Bildung als in der Dritten Welt. Spätestens hier ist auch die Grenze erreicht, wo Bildung und Information in Verhaltensänderung einmünden (auf die noch zurückzukommen sein wird, s. Abschnitt 3 dieses Beitrags).

Nun darf man sich die Antwort auf die Frage nach der Funktion einer demographischen Information und Bildung und ihren Grundlagen nicht zu einfach machen. Setzen wir daher noch einmal kritisch an dem Gedanken der verantworteten Elternschaft an, die ja stets auch eine *gesellschaftliche Dimension* besitzt, und zwar unter dem Aspekt der Abstimmung der individuellen mit den gesellschaftlichen Belangen. Kann diese Abstimmung überhaupt in praktikabler Weise gelingen? Tatsächlich erscheint in unserer Gesellschaft die Berücksichtigung gesellschaftlicher Belange beim generativen Verhalten in mancher Hinsicht wenig realistisch. *G. Höhler* (1979, S. 179) kommentierte vor einigen Jahren die Weihnachtsansprache des Bundespräsidenten[1] zum „Jahr des Kindes" wie folgt: Selbst der Repräsentant des Staates argumentiert mit Argumenten, die niemanden mehr erreichen in einem Staat, dessen Wohl für die einzelnen eine indifferente Größe weit hinter persönlichem Wohlergehen ist. Er spreche, als sei die res publica unter uns noch eine öffentliche Sache, für die man persönlich einsteht.

Die in der Ansprache des Bundespräsidenten zum Ausdruck kommende Auffassung ist für *G. Höhler* eine den „Wohlstandskunden des Sozialversorgers Staat" fremde Betrachtungsweise. Nichts liege diesen ferner als der Gedanke, Kinder für eine res publica, die alle trägt, zu hegen. Der Bundespräsident müsse freilich so tun, als hätten alle Mitglieder unserer Gesellschaft dieses sittliche Verhältnis zum Gemeinwesen: „Er muß beschwören, was niemanden mehr ergreift" (S. 179). Mehr werde er schwerlich tun können; und täte er weniger, um den wahren Gegebenheiten näherzukommen, so verfehlte er die Würde seines Amtes.

Solche Zusammenhänge mit zu bedenken erscheint notwendig, um die verkürzte Sichtweise zu vermeiden, nach der bestimmte (noch so gut untersuchte) objektive Lebensbedingungen allein das veränderte generative Verhalten erklären sollen. In dieser verengten Sicht bringt es im übrigen wenig, um das Gewicht der einzelnen Bedingungsfaktoren zu streiten. Muß nicht vielmehr auch die Bedeutung eines „subjektiven Faktors" (in der demographischen Reproduktion) gesehen werden? Beeinflußt nicht die Qualität der subjektiven Auseinandersetzung mit den objektiven Lebensbedingungen ganz erheblich den Kinderwunsch der einzelnen Paare und dessen Realisierung unter konkreten Umständen? In der bevölkerungswissenschaftlichen Diskussion – gerade auch der früheren DDR – ist diese Sichtweise nicht neu.

Es erscheint reizvoll, an dieser Stelle wenigstens kurz auf Denkstrukturen und Entwicklungen im Bereich der ehemaligen DDR, aber auch anderer sozialistischer Staaten Osteuropas hinzuweisen (vgl. zum Folgenden *A. Geissler*, 1976). Im Unterschied zu westlichen pluralistischen Gesellschaften wurde in der Vergangenheit für die sozialistischen Gesellschaften sehr viel stärker von einer „Einheit der demographischen Ziele von Familie und Gesellschaft" ausgegangen. Davon ausgehend solle sich und könne sich – am „demographischen Massenbewußtsein" der Gesellschaft orientiert – das „demographische Selbstbewußtsein" der Familien entwickeln. Eine solche Sichtweise war freilich offensichtlich sehr viel mehr offizielle Proklamation als gelebte Alltagswirklichkeit von Familien. Immerhin wird darin eines deutlich: Es geht um die Herausbildung und Verwirklichung eines bewußten, von Verantwortung auch gegenüber dem gesellschaftlichen Ganzen getragenen Kinderwunsches *unter Abstimmung der individuellen mit den gesellschaftlichen Interessen.*

Kann, so ist grundsätzlich, d. h. auch außerhalb des angesprochenen sozialistischen Denkmusters, zu fragen, der einzelne die Tragweite seines Handelns wirklich voll übersehen? Der einzelne wird stets zunächst einmal von seinen subjektiven Bedürfnissen, Wertsetzungen und Lebensentwürfen ausgehen. Auswirkungen auf die Gesamtheit und gar auf ein stets nur schwer konkret definierbares Allgemeininteresse oder Gemeinwohl treten für ihn sehr leicht in den Hintergrund. Infolgedessen muß mit einem Ungleichgewicht zwischen der Berücksichtigung „privater" und „öffentlicher" Konsequenzen des generativen Verhaltens gerechnet werden. Letzterem ist in der Vielzahl der einzelnen Ehen ein Kalkül vorgelagert, in das vorwiegend die privaten Folgen der individuellen Entscheidungen für oder gegen Kinder eingehen.

Aufgabe des Staates in demographischer Hinsicht könnte in der zitierten Sichtweise ein Zweifaches sein: (1) einmal durch die Familienpolitik (und die

Gewährleistung von Familienplanung) die Möglichkeiten der Familien zu erweitern, ihre selbstgesteckten Kinderwünsche zu verwirklichen, sodann aber (2) auch durch sozialpolitische Maßnahmen im weitesten Sinne auf die „demographische Einstellung“ der Familien unter Vermeidung jeglicher Sanktion einzuwirken. Ein solcher Politikansatz geht deutlich über das hinaus, was in der ehemaligen Bundesrepublik durchaus in etwa konsensfähig war, nämlich im Sinne der erstgenannten Aufgabe lediglich durch eine Verbesserung der Stellung von Personen mit Kindern den Entscheidungsspielraum des einzelnen für die Realisierung von Kinderwünschen zu erweitern. In der bisherigen westdeutschen Diskussion ist – mehr theoretisierend – verschiedentlich durchaus gefragt worden, ob dies letztlich ausreichen könne und ob Politik u. U. dann weitergehend zu intervenieren habe, wenn die Familien in ihrer Gesamtheit sich trotz erweiterter Entscheidungsspielräume dennoch nicht für die Kinderzahlen entscheiden würden, die unter gesamtgesellschaftlichen Aspekten als erstrebenswert angesehen werden.

In diesem Zusammenhang liegt es nahe, auf das „Dilemma“ hinzuweisen, das in der bisherigen DDR zu konstatieren war: Bei aller „bedürfnisorientierten Geburtenpolitik“ entsprach das Ergebnis des tatsächlichen generativen Verhaltens in der Vielzahl der einzelnen Ehen nicht der gesamtgesellschaftlich gewünschten Kinderzahl. Einerseits konnte – gestützt auf einschlägige Untersuchungen – eine sehr hohe Erfüllung (93%) des Kinderwunsches der Paare ermittelt werden im Vergleich von gewünschter und realisierter Kinderzahl (*W. Speigner,* 1987, wohl gestützt auf soziologische Erhebungen aus dem Jahr 1982 am ISS). Andererseits konnte die ausdrücklich genannte Zielvorstellung des Ersatzes der Elterngeneration (als Minimalziel) eindeutig nicht erreicht werden, im Verlauf der zweiten Hälfte der 80er Jahre noch weniger als vorher. Wie zumindest jüngste Interpretationen der „bedürfnisorientierten Geburtenpolitik“ zeigen, orientierte diese sich im Grunde („nur“) an den Bedürfnissen der jungen Frauen und Männer (denen vor allem die Vereinbarkeit ihrer Bedürfnisse zu erleichtern sei und deren persönlicher Kinderwunsch im Mittelpunkt zu stehen habe) und habe sich auch künftig an den Denk- und Verhaltensweisen der heranwachsenden Generation zu orientieren, obwohl doch eigentlich auch gesamtgesellschaftliche Bedürfnisse unter dieser Leitvorstellung Berücksichtigung finden müßten.

Das hier sichtbar werdende Dilemma wurde offensichtlich durchaus gesehen und führte zu einem spezifischen Verständnis von demographischer Bildung, nämlich im Sinne eines Instruments, das die Entscheidungen und Verhaltensweisen der einzelnen Gesellschaftsmitglieder auf „objektive gesellschaftliche Bedürfnisse“ auszurichten habe. So wurde schon in der Vergangenheit deutlich, wie sehr das Konzept einer demographischen Information und Bildung

– über eine sehr formale Definition hinaus – vom politischen Gesamtsystem eines Landes mitbestimmt werden kann. Demgemäß lassen sich durchaus *unterschiedliche inhaltliche Abgrenzungen* dessen ausmachen, was damit angestrebt wird: So ist im Falle eines Kontextes, der tendenziell liberalen Demokratien zuzuordnen ist, lediglich davon die Rede, es gehe darum, dem einzelnen zu einem Verständnis der Ursachen und Konsequenzen der Bevölkerungsphänomene zu verhelfen sowie des Weges, auf dem diese Phänomene den einzelnen und die Gemeinschaft beeinflussen. Demgegenüber wurde in dem Konzept etwa der Akademie der Erziehungswissenschaften der ehemaligen DDR das Ziel (einer „population education") darin gesehen, die einzelnen und die Gruppen nicht nur zu befähigen zu verstehen, daß die demographische Entwicklung von ökonomischer und sozialer Entwicklung abhängig ist, sondern auch zu befähigen, „in ihrem persönlichen Leben in Übereinstimmung mit den objektiven gesellschaftlichen Bedürfnissen der demographischen Entwicklung des Landes zu handeln". Tatsächlich war diese Übereinstimmung nach dem vorhandenen Befund im Vergleich zu den vorgegebenen staatlichen Zielsetzungen nicht gegeben, und im Konzept einer „bedürfnisorientierten Geburtenpolitik" wird dieser Aspekt auch diskret ausgespart, insbesondere dort, wo für den Inhalt einer solchen Politik ein Konsens mit den entsprechenden Orientierungen der Familienpolitik in der ehemaligen Bundesrepublik als leicht herzustellen angesehen wird (*W. Speigner*, 1990). Die Übereinstimmung des persönlichen Handelns mit objektiven gesellschaftlichen Bedürfnissen der demographischen Entwicklung einfach zu unterstellen hieße angesichts der empirisch evidenten deutlichen Abweichungen auch insoweit mit Widersprüchen zu leben.

So bleibt auch im geeinten Deutschland ein bisher ungelöstes Dilemma. Richtungweisend bleibt aber auch die Leitvorstellung, einer am Gemeinwohl orientierten Politik sei am humansten gedient, wenn die individuellen Vorstellungen der einzelnen Ehen mit den Ansprüchen des Gemeinwohls (auf freiwilliger Grundlage) übereinstimmen. Dies läuft im Grunde darauf hinaus, in einem umfassenden *sozialreformerischen Ansatz* die sozialökonomischen und soziokulturellen Rahmenbedingungen, unter denen die Entscheidungen für und gegen Kinder täglich getroffen werden (müssen) – schrittweise – so zu verändern, bis die persönlichen generativen Entscheidungen mit im demokratischen Rückkoppelungsprozeß zustande gekommenen gesamtgesellschaftlichen Ordnungsvorstellungen hinsichtlich der demographischen Entwicklung in etwa übereinstimmen. Im Prozeß der Wechselwirkungen zwischen ökonomischen, sozialen und demographischen Gegebenheiten tragen damit *auch* die (veränderten) wirtschafts- und sozialstrukturellen Bedingungen dazu bei, einen veränderten, optimaleren Bevölkerungsprozeß hervorzubringen – und unterlassene gesellschaftliche Reformen wirken sich gegenteilig aus. Dieser Zusammenhang bildet mit den Hintergrund für die gelegentlich benutzte Formulierung: „Jede Gesellschaft hat letztlich die Geburtenverhältnisse, die sie verdient."

Dieser gesellschaftsreformerische Strukturansatz kann gewiß nicht durch demographische Informationen und Bildung *ersetzt* werden, sollte aber sehr wohl mit Rücksicht auf die Bedeutung des pädagogischen Ansatzes und der Bewußtseinsbildung als einer wichtigen Voraussetzung für eine wirksame strukturgestaltende Gesellschaftspolitik davon *flankiert* sein. Das Ergebnis der subjektiven Auseinandersetzung mit den objektiven Lebensbedingungen ist in hohem Maße durch die jeweiligen persönlichen Wertpräferenzen bestimmt. Die Veränderung und vermeintliche „familiengerechtere" Gestaltung der objektiven Lebensbedingungen *garantiert* noch nicht die Abstimmung der individuellen mit den gesellschaftlichen Interessen als Ausdruck umfassender verantworteter Elternschaft. Inwieweit kann hier eine demographische Information und Bildung diesen Abstimmungsprozeß mehr oder minder nachhaltig beeinflussen? Ohne Anspruch auf eine im letzten schlüssige Antwort scheinen mit diesem Ansatz doch Schritte in die richtige Richtung bezeichnet zu sein.

### *2.3 Zum Aufgabenverständnis einer „population education"*

Fragt man auf dem Hintergrund der bisherigen Überlegungen danach, worum es bei einer systematischen *demographischen Information und Bildung* inhaltlich gehen könnte, so läßt sich in der gebotenen Kürze folgendes festhalten:

Ganz allgemein kann eine solche demographische Bildung dazu dienen, sich die Natur, die Beweggründe, die Auswirkungen von Bevölkerungsprozessen zu vergegenwärtigen und diese Prozesse, die auf die einzelnen und sozialen Gruppen einwirken und durch diese wiederum beeinflußt werden, besser zu verstehen. Hier liegt ein Wechselverhältnis vor, das möglichst klar herauszuarbeiten wäre. In dieser Stoßrichtung einer demographischen Information und Bildung sollte es darum gehen, den einzelnen Gesellschaftsmitgliedern dabei zu helfen, die auf die Bevölkerungsentwicklung bezogenen Probleme klarer zu definieren, d. h. deren tatsächliche Natur besser von der oft weit davon abweichenden subjektiven Wahrnehmung zu unterscheiden. Sie soll ferner dazu helfen, die Bestimmungsfaktoren von Bevölkerungsprozessen und Veränderungen besser zu verstehen. Schließlich wird es darum gehen müssen, mögliche politische Aktionen, die unter Umständen mit dem Ziel ergriffen werden, diese Prozesse und Veränderungen zu regulieren, in ihrer Akzeptanz zu fördern und in ihrem Effekt richtiger einzuschätzen. Es ist bekannt, wie sehr bestimmte politische Maßnahmen in ihrer Wirksamkeit mit darauf angewiesen sind, daß die Mentalität der Betroffenen und der Bevölkerung im Grundsatz damit konform geht. Wenn dies nicht der Fall ist, hat der Politiker schon verspielt, ehe er zu handeln angefangen hat.

Ausgehend von diesen etwas allgemein umrissenen Zielen einer demographischen Bildung und Information, konkreter auch – was ihre Träger angeht – einer schulischen Bevölkerungskunde, läßt sich in der Zielorientierung folgendes festhalten: Es geht um das Heranbilden einer rationalen und verantwortlichen Haltung des einzelnen Bürgers hinsichtlich des Bevölkerungsproblems. Dabei stehen Einstellungen im Blickfeld, darüber hinaus aber auch Verhaltensweisen des einzelnen. Sein Problembewußtsein muß auch für ihm ferner liegende Zusammenhänge gestärkt werden. Im weiteren Sinne geht es um verantwortlichen Umgang nicht nur mit Sexualität bzw. Zeugungsfähigkeit und Partnerschaft, sondern auch mit *Elternschaft*, wobei das hier interessierende Handlungsfeld – trotz gewisser Bezüge – *nicht* mit Sexualerziehung und Familienplanungsberatung gleichgesetzt werden sollte.

Bisher ist der gedankliche Ansatz einer demographischen Bildung in unserem Land noch kaum entwickelt. Demgemäß ist auch der Stellenwert einer Auseinandersetzung mit demographischen Grundsachverhalten für pädagogisches Handeln kaum verdeutlicht. Um so wichtiger erscheint dieser Ansatz in der künftigen gesamtdeutschen Entwicklung. Fragt man sich, was in die persönlichen Entscheidungen eingeht, wie sie als elterliches Grundrecht in der Menschenrechtserklärung festgehalten sind, so ergibt sich aus der Forschungslage zu den Bestimmungsgründen des Geburtenrückgangs unter anderem, daß überindividuelle Sinnbezüge für generatives Verhalten gegenwärtig allenfalls von untergeordneter Bedeutung sind, wenn sie überhaupt eine nennenswerte Rolle spielen. Gesellschaftliche Erwartungen sind für die Entscheidungen hinsichtlich der Kinderzahl kaum bestimmend. Modelle persönlicher Nutzen-Kosten-Überlegungen und andere letztlich immer wieder vom einzelnen und seinen individuellen Bedürfnissen ausgehende Erklärungsmuster, wie sie in der einschlägigen demographischen Forschung verbreitet sind, verdeutlichen dies sehr anschaulich. Damit aber stellt sich die Frage: Wer garantiert die angemessene Berücksichtigung auch der gesellschaftlichen Dimension? Wer sorgt für die nötige Ausgewogenheit zwischen individuellen und gesellschaftlichen Belangen?

Es scheint, daß in diesem Zusammenhang – erst recht unter den Bedingungen einer deutlich schwächer gewordenen Verbindlichkeit kirchlicher (ehe-) ethischer Normen – gerade die *Pädagogik* zentral gefordert ist. Hier geht es nicht darum, mit irgendwelchen manipulierenden Aktionen zu arbeiten, sondern darum, Zusammenhänge zu verdeutlichen, Tragweiten individuellen Verhaltens aufzuzeigen und dem einzelnen klarzumachen, was aus seiner individuellen Entscheidung sich auch gesamtgesellschaftlich letztlich ergibt. Heute kann – wie angedeutet – nicht mehr auf eine breitenwirksame kirchliche Eheethik gebaut werden, die generatives Verhalten in religiöse Sinnbezüge rückte und damit in bestimmte Bahnen lenkte, nämlich seit dem vergangenen Jahrhundert besonders betont in Richtung einer relativ hohen ehelichen Fruchtbarkeit. In der Sexual- und Ehemoral ist heute, wie auch von Vertretern der kirchlichen Eheethik eingeräumt wird, eine starke Emanzipation des einzelnen aus normativen Bindungen zu beobachten. Das eben bedingt mit die hier vertretene Sichtweise: Wenn von herkömmlichen normativen Grundlagen im generativen Bereich mit mehr oder minder verbindlichen Vorgaben (die übrigens auch in der Vergangenheit hochproblematisch sein konnten!) durch Kinder bejahende gesellschaftliche Instanzen weithin nicht mehr ausgegangen werden kann, dann ist eben der einzelne bei seiner noch stärker auf sich gestellten eigenverantwortlichen Entscheidung um so mehr darauf angewiesen, sich auf entsprechende Informationen abzustützen. Deshalb gewinnt gerade in solchen Gesellschaften wie der unseren eine demographische Bildung eine besondere Tragweite. Muß doch der auf sich selbst gestellte einzelne die Normen seines Handelns mehr als in der Vergangenheit selbst finden, zumindest in größerer Unabhängigkeit von überindividuellen normsetzenden Instanzen. Insgesamt geht es bei den Bestrebungen um „population education" somit darum, die Lernenden zu befähigen, das Wissen, die Fähigkeiten, Einstellungen und Wertvorstellungen zu erlangen, die notwendig sind, um wirklich *informierte Entscheidungen zu treffen* über Vorgänge und Probleme der Bevölkerung, die die gegenwärtige und zukünftige Lebensqualität für die einzelnen selbst, ihre Familien, Gemeinden und die Gesamtgesellschaft beeinflussen.[2]

Wir werden auf längere Sicht wohl nicht darum herumkommen, diesen Aspekt in den schulischen Curricula wie auch in der Ehe- und Familienbildung angemessen zu berücksichtigen. Damit ist die Frage der konkreten Ansatzpunkte einer „population education" berührt.

## 3. Möglichkeiten, Ansatzpunkte und Grenzen einer demographischen Information und Bildung

*Grundthese:*

Eine systematische demographische Information und Bildung wird sich an *spezifische Adressatengruppen* wenden müssen, wenn sie wirksam sein soll. Da demographische Bildung letztlich in Überprüfung des eigenen Verhaltens und u. U. in Verhaltensänderung einmünden soll, bleiben von vornherein auch entsprechende Grenzen dieses Ansatzes zu berücksichtigen. Besonders wichtig erscheint auf jeden Fall ausreichende *Transparenz* in den Einwirkungen auf die persönlichen Einstellungen und Verhaltensweisen.

Im Rahmen dieses kurzen problembezogenen Überblicks kann es nicht darum gehen, im einzelnen die verschiedenen denkbaren und im Ausland – in Europa vornehmlich in den Niederlanden – tatsächlich beschrittenen Wege einer „population education" aufzuzeigen. Es mag hier genügen festzuhalten, daß wir es für eine systematische demographische Bildung mit verschiedenen Adressatengruppen zu tun haben, die jeweils ein etwas *unterschiedliches* Vorgehen nahelegen dürften:

(1) Eine spezifische Adressatengruppe bilden die jungen Menschen insbesondere im Bereich der Sekundarstufe II; darauf zielen die Bestrebungen um eine Bevölkerungskunde in den Schulen in besonderer Weise ab, eine Bevölkerungskunde, die von einer demographischen Bildung im weiteren Sinne zu unterscheiden wäre. Eine solche Bevölkerungskunde, die zumindest in Elementen im Rahmen der bestehenden Lehrpläne plaziert werden könnte, sollte auch nicht verwechselt werden mit Sexualerziehung und Familienplanungsberatung, auch wenn letztere gewisse Bezüge zu einer „population education" aufweisen. Wenn man sich künftig Gedanken über die curriculare Ausgestaltung einer Sexualkunde in den Schulen macht, so wäre es immerhin des Nachdenkens wert, ob eine solche Sexualkunde nicht durch Verknüpfung mit einer umfassenderen demographischen Bildung und Erziehung in einen größeren Zusammenhang gerückt werden könnte.

(2) Eine weitere Gruppe bilden die jungen Paare in derjenigen Phase des Lebens- und Familienzyklus, in der die generativen Entscheidungen fallen. Hier wachsen einer systematischen ehebegleitenden Bildung und Elternbildung wichtige Aufgaben zu, die die öffentlichen und in Deutschland vor allem freien Träger dieser Bildungsarbeit weithin erst noch aufarbeiten müssen.

(3) Eine breitere Öffentlichkeit schließlich gilt es über die Massenmedien zu erreichen; hier sollten auch die Politiker unmittelbar ins Blickfeld rücken. Wichtig erscheint dieser breitere Ansatz vornehmlich dort, wo es darum geht, bestimmte gesellschaftspolitische Maßnahmen als Ausdruck einer auch betont bevölkerungsbewußten Politik von der pädagogischen Seite her zu begleiten.

Schon diese wenigen Hinweise machen deutlich, wie weit eine demographische Bildung auch in die allgemeine Erwachsenenbildung einschließlich der von einer systematischen Familienpolitik zu gewährleistenden Familienpädagogik wie andererseits in die Lehrerausbildung und -fortbildung hineinreichen müßte.

Unabhängig von der jeweiligen Adressatengruppe und den unterschiedlichen Trägern solcher Bildungsbemühungen ist für unsere Überlegungen festzuhalten, daß es nicht um Wissensvermittlung allein gehen darf, sondern um Hilfen für informierte Entscheidungen, d. h. für *verhaltensrelevante Entscheidungen,* die aufgrund von Information und Einsicht eben auch anders ausfallen können als ohne solche Einsicht. Letztlich kann und soll demographische Bildung in *Verhaltensänderung* einmünden. Wenn eine sachgerechte Information zur entsprechenden Bewußtseinsbildung beiträgt, ist immer noch eine zweite Frage, ob sie dann auch zur Verhaltensänderung führt. Insofern bleibt immer die Gefahr des sokratischen Irrtums auch bei den Bemühungen um eine „population education" zu bedenken, die um so mehr Voraussetzung für verantwortliche generative Entscheidungen, als diese primär auf einem individuellen Wollen, auf einer Abschätzung der persönlichen positiven und negativen Auswirkungen des eigenen Verhaltens beruhen. Damit werden zugleich aber auch Grenzen einer „Information über den Kopf" deutlich: Es soll ja nach der allgemeinen Zielsetzung ein rationales und verantwortungsbewußtes Verhalten erleichtert werden, und zwar auch deshalb, weil die im Mikrobereich von Ehe und Familie getroffenen individuellen Entscheidungen sich direkt oder indirekt auch auf der Makroebene von Gesellschaft und Wirtschaft auswirken. Wissen allein führt aber noch nicht ohne weiteres eine Verhaltensänderung herbei. *Wissen impliziert noch nicht Wollen:* „Erst wenn bestimmte antizipierte Zustände der Wirklichkeit in der individuellen Perspektive als nützlich ausgezeichnet werden, besteht ein Motiv des Handelns" (*G. H. Schütte,* 1979). Auch wenn Rationalität des Denkens und Rationalität des Handelns zwei verschiedene Dinge sind, wie schon *J. Schumpeter* betonte, bleiben dennoch bereits auf einer ersten Stufe ausreichende demographische Informationen und Bildung eine notwendige (wenn auch nicht hinreichende) *Voraussetzung* auch für verändertes Verhalten.

Wenn es letztendlich auch um Verhaltensbeeinflussung geht, erscheint die *Transparenz* in der Einwirkung auf die hier in Frage stehenden höchstpersönlichen Einstellungen besonders wichtig. Nur bei ausreichender Transparenz lassen sich Manipulationen ausschließen, von denen dort gesprochen werden müßte, wo infolge fehlender Transparenz eine überlegte und damit freie, verantwortliche und informierte Entscheidung des einzelnen nicht mehr gewährleistet wäre. Deshalb verbietet es sich, mit Maßnahmen, die freie, verantwortliche Entscheidungen außer Kraft setzen würden, isoliert auf generatives Verhalten unmittelbar einwirken zu wollen, abgesehen davon, daß solche Praktiken sich in einer Gesellschaft mündiger Bürger – jedenfalls längerfristig – ohnehin als kaum wirksam erweisen.

Nach dem Menschen- und Gesellschaftsverständnis unserer Sozialordnung ist Wachsamkeit auch dort geboten, wo eine demographische Bildung zu einem Instrument zu werden droht, das die Entscheidungen und Verhaltensweisen des einzelnen mehr oder minder rigide auf „objektive gesellschaftliche Bedürfnisse“ auszurichten versucht, die möglicherweise nicht einmal in einem demokratischen Rückkoppelungsprozeß festgeschrieben wurden. Kritische Wachsamkeit ist aber auch dort am Platz, wo z. B. Vorstellungen über eine ganz bestimmte Familiengröße (Kinderzahl) sich zu einem auf verschiedenste Weise in Wort und Bild propagierten Familienleitbild verfestigen, mit dem sich die einzelnen dann mehr oder weniger unkritisch identifizieren, ohne sich darüber Rechenschaft zu geben, inwieweit dies der eigenen Lebenssituation und den personalen Gegebenheiten wirklich angemessen ist. Zu denken wäre hier etwa auch an eine propagierte „ideale Zwei-Kinder-Familie“, in der ein häufiger empirischer Wert leicht normativen Charakter erhält, oder an das schon vor Jahren von *A. von Loesch* „als neue Norm, als neues Ideal moderner Menschen“ vorgestellte Ein-Kind-System, schließlich auch an leitbildhafte Vorstellungen der kinderreichen „Vollfamilie“. Ebensowenig dürfte sich in Orientierung an einer u. U. gegebenen quantitativ-bevölkerungspolitischen Zielfunktion ein rechnerischer Durchschnitt der ihr entsprechenden Kinderzahl der Familien zu *der* Leitvorstellung mit vorrangigem Wertanspruch in der Gesellschaft verselbständigen. Verantwortliche Entscheidung über die Kinderzahl, dies kann nicht nachdrücklich genug unterstrichen werden, muß sich je nach den individuellen Gegebenheiten und Wertentscheidungen in geringeren oder größeren Kinderzahlen wie u. U. auch in der Entscheidung zur Kinderlosigkeit gleichermaßen niederschlagen können, ohne gesellschaftliche Diskriminierungen auszulösen. Dem steht indessen nicht entgegen, über die persönlichen und gesellschaftlichen Folgen bestimmter Muster von unterschiedlichen Kinderhäufigkeiten in den Familien zu informieren. Damit wird gerade eine wichtige Voraussetzung dafür geschaffen, daß überhaupt im Zusammenhang der individuellen Entscheidungen für oder gegen Kinder von verantwortlichen und informierten Entscheidungen gesprochen werden kann, wie sie z. B. auch der „Weltbevölkerungsaktionsplan“ programmatisch unterstellt.

An dieser Stelle wird eine oft vernachlässigte Dimension von „verantworteter Elternschaft“ sichtbar, die sicherlich *auch gesellschaftlich verantwortete Elternschaft* ist. Diese Dimension entspricht einem personalen Menschenverständnis, das in unserem Grundgesetz einen Platz hat; sie dem einzelnen bewußt zu machen bildet eine bisher vielleicht zu wenig gesehene Aufgabe.

## 4. Die unaufhebbare Wechselbeziehung zwischen einer „population education“ und einer familien- und bevölkerungsrelevanten gesellschaftlichen Strukturpolitik

*Grundthese:*

Demographische Information und Bildung kann kein Patentrezept zur Bewältigung des Problems einer Rahmensteuerung des demographischen Prozesses sein. Sie bedarf entscheidend der *gleichzeitigen* darauf abgestimmten, aus einem Gesamtkonzept einer auch demographisch akzentuierten Gesellschafts- und Familienpolitik erwachsenden bewußten *Gestaltung der sozialökonomischen und soziokulturellen Strukturen.* Isoliert liefe sie auf ein ideologisches Unterfangen hinaus, das letztlich mehr Schaden als Nutzen stiften würde.

Auch gesellschaftsbezogene verantwortliche Entscheidungen im generativen Bereich können freilich dort kaum erwartet werden, wo persönliche Interessen der (potentiellen) Eltern einer Entscheidung für Kinder mehr oder weniger kraß deshalb entgegenstehen, weil die wirtschaftlichen, gesellschaftlichen und soziokulturellen Rahmenbedingungen insgesamt solche Entscheidungen im Blick auf die individuelle Interessenlage als eher „unvernünftig“ erscheinen lassen; eine Berufung auf „gesellschaftliche Erfordernisse“ muß dort wirkungslos bleiben, wo die Entscheidung nicht auch persönlich als sinnhaft erlebt werden kann. Hier ist im übrigen daran zu erinnern, daß für letztendliche Verhaltensänderungen eine entsprechende Bildung und Information zwar eine *notwendige,* aber noch *keine hinreichende* Bedingung darstellt.

Damit ist nun das gesamte Feld einer familien- und kinderorientierten Gesellschaftspolitik angesprochen. Sie muß im Grunde auf einen *gesellschaftsreformerischen Ansatz* hinauslaufen. Nur in Verbindung damit kann auch eine demographische Information und Bildung letztlich ihren Sinn gewinnen, wird andererseits durch solche Veränderungen gesellschaftlicher und wirtschaftlicher Strukturen noch nicht überflüssig, zumal weil die stets wirksame Orientierung an individuellen Nutzenkalkülen bei den Gesellschaftsmitgliedern durchaus unterschiedlich ausgeprägt ist. Umgekehrt kann sie kein Ersatz sein für unterlassene sozialökonomische Kurskorrekturen. Zur richtigen Einschätzung des Stellenwerts des sozialpädagogischen Ansatzes einer „population education“ erscheint es notwendig, diesen inneren Zusammenhang nachdrücklich zu unterstreichen.

Auf dem Hintergrund der sozial- und familienwissenschaftlichen Forschungen und der internationalen praktisch-politischen Erfahrungen lassen sich wichtige *Grundrichtungen des Handelns* benennen, die zur Abrundung und gleichzeitigen Vermeidung des Mißverständnisses der Ideologiebildung bei dem hier behandelten Ansatz einer demographischen Information und Bildung wenigstens stichwortartig angesprochen seien (s. dazu auch den Beitrag III. 3. in diesem Band). So sind, um persönliche Handlungsspielräume zu erweitern, jene vielfältigen Anreize zu beseitigen, die sich in den einzelnen politischen Bereichen kumuliert ergeben haben, auf Nachkommenschaft zu verzichten. Dazu gehören im Blick auf die Konfliktsituation junger Ehepaare zwischen Familienleben und Erwerbsarbeitswelt auch grundlegende Reformen der Arbeitsorganisation. Diejenigen jungen Eltern, die Erwerbstätigkeit und Kinderhaben ohne dominante Familienphase simultan nebeneinander verwirklichen wollen und teilweise oft müssen (Alleinerziehende), brauchen dafür entsprechende Angebote der familienergänzenden Kleinkindbetreuung in betont familienorientierter, ebenso familiennaher wie zeitlich begrenzter und qualitativ befriedigender Ausgestaltung. Andererseits sind in der gesetzlichen Rentenversicherung Geldbeiträge zum Sicherungssystem und das Auf- und Erziehen von Kindern grundsätzlich als ebenbürtige Leistung zur Einlösung der Generationensolidarität anzuerkennen. Auch erscheinen einkommenspolitisch weitere Kurskorrekturen im Sinne einer (moderaten) Umschichtung von Finanzmitteln aus dem reinen Ehegattensplitting in kinderbegünstigende Regelungen angebracht.

Die fälligen Kurskorrekturen reichen bis in die soziokulturellen Strukturen hinein und berühren sich spätestens hier unmittelbar mit einer speziellen demographischen Information und Bildung. Da personale Entfaltung und Selbstverwirklichung des einzelnen auch durch Hinwendung zu Familie und Kindern zu gewinnen ist (und nicht einseitig nur über außerhäusliche Erwerbstätigkeit), sollten diese Zusammenhänge bis in die Jugendbildung hinein entsprechend deutlich gemacht und einer individualistisch mißverstandenen Emanzipationsvorstellung eine Orientierung an einem personalen Menschenverständnis entgegengestellt werden.

In den für das generative Verhalten sehr einflußreichen Veränderungen in den Werteinstellungen werden deutliche Tendenzen zu einem stärkeren Autonomiestreben des einzelnen sichtbar; daher bedarf es um so mehr einer gleichgewichtigen Absicherung des gesellschaftlichen Bezugs dieser generativen Entscheidungen. Dies läuft auf eine Orientierung an einem Leitbild von „verantworteter Elternschaft“ hinaus, in dem die individuellen mit den gesellschaftlichen Interessen besser aufeinander abgestimmt sind.

Bisher fehlen überzeugende Konzepte für die Entwicklung von Prozessen, die die individuelle Rationalität mit der kollektiven Rationalität möglichst weitgehend in Übereinstimmung bringen. Wenn aber in den hochentwickelten Industriegesellschaften die Bereitschaft zur Elternschaft bewußt gestärkt werden muß, so scheint eine demographische Information und Bildung, die auf unsere Grundwertentscheidungen abgestimmt ist und gesellschaftliche Strukturreformen flankiert, einen Beitrag dazu leisten zu können (s. auch die Übersicht im Anhang, S. 410).

## 5. Demographische Information und Bildung als Bestandteil einer umfassenderen und systematischen Familienbildung (Familienpädagogik)

*Grundthese:*

Demographische Information und Bildung erweist sich im Konzept einer Familienpolitik, die auf die gesamte Breite familialer Grundfunktionen und damit auch auf die Funktion der Sicherung der Generationenfolge bezogen ist, als Bestandteil einer umfassenderen und systematischen *Familienbildung*, wie sie von der Familienpolitik zu gewährleisten ist.

Für eine systematische Familienpolitik wird seit langem eine damit korrespondierende breite ehevorbereitende Bildung sowie Ehe-, Eltern- und Familienbildung nicht nur im theoretischen Ansatz gefordert, sondern – wie die Praxis zeigt – auch für unverzichtbar gehalten. In dem Maße, in dem auch demographische Aspekte in die Gesellschaftspolitik Eingang finden und sich demgemäß eine „bevölkerungsbewußte Gesellschaftspolitik" gedanklich ausdifferenzieren läßt, bedarf es konsequenterweise einer darauf bezogenen Pädagogik, die in erster Annäherung mit der hier gemeinten „demographischen Information und Bildung" umschrieben werden könnte. Die vielfältigen Ansätze der (von einer systematischen Familienpolitik zu gewährleistenden) *Elternbildung* dienen wesentlich dazu, den Eltern bei der Einlösung der *erzieherischen Verantwortung* zu helfen. Wenn aber auch bereits die dem Erziehungsprozeß vorgelagerte Entscheidung für (oder gegen) Kinder so sehr in die personale Verantwortung eingebettet ist, dann bedarf es auch Orientierungshilfen, um dieser Verantwortung zu entsprechen, deren Wahrnehmung in ihren objektiven Konsequenzen gesellschaftlich so bedeutsam ist. Deshalb sollte eine in eine umfassendere Familienbildung integrierte demographische Information und Bildung hier einen Standort finden.

Völlig neu ist dieser Gedanke nicht. Schon vor einem halben Jahrhundert hat *Alva Myrdal* in ihrem Buch über das schwedische Experiment einer demokratischen Familien- und Bevölkerungspolitik (1941) die innere Beziehung zwischen der Ehe- und Elternbildung sowie der Geschlechtererziehung einerseits und der von ihr vorgestellten Familien- und Bevölkerungspolitik andererseits unterstrichen. Dort wird bereits eine demographische Bildung in einem sehr breiten Verständnis angesprochen. In den 30er Jahren war es nicht geläufig, von „population education" zu sprechen; aber gerade die damaligen demographischen Gegebenheiten in Schweden (Probleme von Bevölkerungsstagnation bzw. -rückgang bis hin zu einer unbefriedigenden Vorbereitung auf das Familienleben) ließen es der schwedischen Bevölkerungskommission, auf deren Arbeiten sich *A. Myrdal* als junge wissenschaftliche Assistentin der Kommission in ihrem Buch ja stützte, angebracht erscheinen, für eine „parenthood and family life education" zu plädieren.

Für das geeinte Deutschland werden Fragen der Bevölkerungsentwicklung und deren möglicher Beeinflussung auf der Tagesordnung der Zukunft bleiben. Der Diskussionsstand ist durch teilweise recht kontroverse Standpunkte vor allem dort charakterisiert, wo es um die Frage einer zielgerichteten Steuerung dieses Prozesses geht. Befürworter wie Kritiker einer auch demographisch akzentuierten strukturgestaltenden Gesellschaftspolitik sollten sich vergegenwärtigen, daß es in dem relativ neuen Feld einer demographischen Information und Bildung bislang vernachlässigte Ansätze gibt, die in einem freiheitlichen Gemeinwesen eigentlich sogar eine Priorität besitzen müßten. Freilich bleibt hier auch zu bedenken, daß aufgrund von Strukturbedingungen, die sich in unserer Gesellschaft herausbilden, die politische Steuerung auch des demographischen Prozesses zunehmend schwieriger werden könnte und davon auch der hier betrachtete Ansatz nicht unberührt bleibt. Kann (noch) ohne weiteres von der kollektiven Rationalität gesprochen werden? Inwieweit muß eine relative Unabhängigkeit eines mehr oder weniger weitgehend nach eigenen Regeln handelnden Erziehungssystems zugrunde gelegt werden? Wie weit trägt eine übergeordnete Erziehungszielbestimmung, wie sie etwa das neue KJHG vorgibt? Hier werden Grenzen sichtbar, die zu bedenken bleiben.

## Schlußbemerkung

Mit diesen Hinweisen und Überlegungen zu „population education" sollte insgesamt ein Element eines betont freiheitlichen Konzepts der politischen Auseinandersetzung mit den Problemen der Bevölkerungsentwicklung vorgestellt werden. Der Zusammenhang mit einer vollentfalteten Familienpolitik ist unverkennbar. Diese Auseinandersetzung dürfte über unser eigenes Land hinaus EG- und europaweit auf längere Sicht eine der wichtigen und zugleich zukunftsträchtigen Gestaltungsaufgaben bei der Steuerung hochkomplexer entwickelter Industriegesellschaften sein. Zu ihrer – im eigenen Land ebenso wie in einer Reihe von Nachbarländern dringend gebotenen – Versachlichung könnte und sollte die verantwortungsbewußte Ausgestaltung einer umfassenden demographischen Information und Bildung in besonderer Weise beitragen.

Gerade unsere demokratischen und offenen Industriegesellschaften sind auch dadurch charakterisiert, daß vermehrt alternative persönliche Lebensentwürfe präferiert werden können. Es mag sich sogar als schwierig erweisen, bestimmte wertbesetzte Präferenzskalen bis in den generativen Bereich hinein als „normal" anzusehen; ebenfalls können auch von mehrheitlichen Verhaltensweisen mehr oder minder deutlich abweichende Entscheidungen grundsätzlich davon ausgehen, toleriert zu werden, wie etwa auch die gesellschaftliche Akzeptanz von bewußt zeitlebens kinderlos bleibenden Ehen zeigt. Indem die einzelnen Gesellschaftsmitglieder damit nicht von vornherein auf bestimmte an sie gerichtete Erwartungen oder gar Forderungen in generativer Hinsicht festgelegt sind, bleibt zugleich sehr viel mehr individueller Handlungsspielraum, der selbstbestimmt und in Auseinandersetzung mit anderen sozialen Erwartungen auszufüllen ist. Wenn hier nun gesamtgesellschaftliche Institutionen darauf bedacht sein müssen, gesellschaftliche Belange, die im Interessenkonflikt zwischen einzelnem und Gesellschaft zu kurz zu kommen drohen, gegenüber dem einzelnen zur Geltung zu bringen, so bietet sich auf der instrumentellen Ebene nicht zuletzt die hier vorgestellte systematische demographische Information und Bildung an. Das Wissen, die Verhaltensweisen und die wertbezogenen Einstellungen, zu deren Aneignung der einzelne befähigt werden soll, sind – zusammenfassend – im Grunde unentbehrlich, um

- einmal die jeweilige demographische Situation und den demographischen Wandel zu verstehen und in ihrer Bedeutung für den einzelnen, seine Familie und die größeren Lebensgemeinschaften abschätzen zu können, und um sodann
- bewußte und informierte Entscheidungen zu treffen und damit
- auf der familialen Ebene auf die Bevölkerungsproblematik *in personaler Verantwortung* zu antworten.

Zu den *Grenzen* der Verhaltenswirksamkeit einer „population education" gehört sicherlich auch die wohl unbestreitbare Tatsache, daß etwa eine kirchliche Eheethik sehr viel mehr Zugang zu Tiefenschichten menschlicher Antriebsstrukturen hatte; sie konnte sogar auf überzeitliche Heilsgüter rekurrieren. Solche Möglichkeiten bestehen in einer „säkularisierten Gesellschaft" für eine demographische Bildung von vornherein nicht, da diese allenfalls an die Verantwortung des dem sozialen Ganzen verpflichteten einzelnen appellieren könnte und damit i. a. eine vergleichsweise sehr viel „schwächere" Position besitzt. Um so wichtiger erscheint daher die Gestaltung der jeweiligen Lebensbedingungen, unter denen die generativen Entscheidungen zu treffen sind und die auf die Motivation des generativen Verhaltens mit einwirken, um so wichtiger erscheint die auch *ordnungspolitisch zu gewährleistende* möglichst große *Chancengleichheit für die Verwirklichung von Lebensentwürfen mit Kindern.* Schon G. *Mackenroth* (1953) hat seinerzeit – wenn auch nicht in aller wünschenswerten Eindeutigkeit – von einer Tendenz zur Entstehung nicht mehr ausgefüllter „demographischer Hohlräume" im „voll durchstilisierten Industrialismus" gesprochen und Anlaß für Spekulationen darüber gegeben, daß in den speziellen historischen Ordnungsformen des Industriekapitalismus eine Fortpflanzungsnorm *unter* dem Reproduktionsniveau angelegt sei. Er plädierte – zu Recht – für strukturelle Bedingungen der mehr und mehr mit Sozialpolitik und Politik der sozialen Sicherheit im weiteren Sinne durchsetzten Sozialsysteme sowie für institutionelle Sicherungen, die ihm besonders wichtig erscheinen für die Gewißheit der einzelnen, „mit Vernunft und Anstand Kinder haben zu können", und damit für die Entscheidungen für Kinder im Rahmen der individuellen Lebenspläne. Flankierend dazu gewinnt eine demographische Bildung ihren besonderen Standort. *Die notwendige Einsicht in Grenzen insbesondere ihrer Verhaltenswirksamkeit und in die Gefahren ihres Mißbrauchs sollte den Blick für ihre Chancen und Möglichkeiten nicht vorzeitig verstellen.*

## Anmerkungen und Literatur

*) Vortrag vor dem Arbeitskreis Demographie an der Humboldt-Universität zu Berlin, FB Wirtschaftswissenschaften, am 6. 12. 1990.

1) Der damalige Bundespräsident hatte etwa folgendes ausgeführt: Es wäre gut, wenn eine Bestandsaufnahme die Erkenntnis brächte, daß es mit unserer Einstellung zum Kind in unserer politischen Praxis und unserer Lebenspraxis nicht zum besten bestellt sei, und wenn wir daraus die richtigen Folgerungen zögen. Täten wir das nicht, dann – so der Hinweis – werde über kurz oder lang auch der Staat Schaden nehmen. Keine staatliche Gemeinschaft könne gedeihen, wenn die innigste menschliche Gemeinschaft, die Familie, Schaden leide.

2) Unerwartete gedankliche Unterstützung kommt hier von seiten der neuen Institutionen-Ökonomie (New Institutional Economics), die – in Auseinandersetzungen mit der neoklassischen Theorie – ebenfalls unterstreicht, der einzelne sei nicht in der Lage, die vielschichtigen Entscheidungen, die ihm in seiner Umwelt abverlangt werden, richtig zu erfassen und zu treffen. Deshalb werde sein Handeln zum regelgeleiteten Handeln (Gesetze, moralische Normen, kulturelle Werte). Hier haben institutionelle Regeln ihre Funktion der Verminderung von Unsicherheiten. Wichtig erscheint dabei der Hinweis, das Bild des einzelnen von der Welt sei durch subjektive Vorstellungen bestimmt, die nicht notwendig der Wirklichkeit entsprächen. Das Zusammenwirken der einzelnen subjektiven Vorstellungen beeinflusse nun aber wiederum die institutionelle Ausgestaltung einer Gesellschaft; verändere sich der Einfluß bestimmter Vorstellungen, wandle sich auch das institutionelle Geflecht.

*Bevolking en welzijn in Nederland:* Rapport van de Staatscommissie Bevolkingsvraagstuk, Dec. 1976; 's-Gravenhage 1977.

*Geissler, A.*, Der Kinderwunsch als Beispiel für die Bedeutung des subjektiven Faktors im Hinblick auf die menschliche Reproduktion, in: Zeitschr. f. d. ges. Hygiene und ihre Grenzgebiete, 1976, H. 7, S. 530–536.

*Höhler, G.*, Die Anspruchsgesellschaft, Düsseldorf/Wien 1979.

*Jonas, H.*, Das Prinzip Verantwortung, Frankfurt/M. 1979.

*Mackenroth, G.*, Bevölkerungslehre – Berlin/Göttingen/Heidelberg 1953.

*Myrdal, A.*, Nation and family (the Swedish experiment in democratic family and population policy) 1941; Nachdruck: Cambridge/Mass. 1968.

*Population and the American Future:* The Rapport of the Commission on Population Growth and the American Future – Washington D.C. 1972.

*Preller, L.*, Sozialpolitik (Theoretische Ortung), Tübingen und Zürich 1962.

*Schütte, G. H.*, Rationalität und Erfahrung; Soziale Welt, 1979, 1.

*Speigner, W.*, Kind und Gesellschaft, Berlin 1987.

*Ders.*, Bevölkerungsentwicklung und Geburtenpolitik in den letzten zwei Jahrzehnten der DDR, in: Wirtschaftswissenschaft, 1990, 38. Jg., Nr. 12, S. 1601–1619.

*Wingen, M.*, „Population education" als bevölkerungspolitische Aufgabe (Anmerkungen zum pädagogischen Ansatz einer demographisch akzentuierten Gesellschaftspolitik), in: Beiträge aus der bevölkerungswissenschaftlichen Forschung: Festschrift für Hermann Schubnell, hrsg. v. *S. Rupp* und *K. Schwarz*, Schriftenreihe des BIB, Bd. 11, 1983, S. 89–107.

*Ders.*, Notwendigkeit, Möglichkeit und Grenzen einer demographischen Bildung, in: Angewandte Sozialforschung. Schwerpunktheft zum 70. Geburtstag von *Gerhard Wurzbacher*, Soziologie: Tendenzen in Forschung und Lehre 1982, H. 1/2, S. 161–167.

*World Population Plan of Action, deutsche Fassung:* Zeitschrift für Bevölkerungswissenschaft, 1975, 2 (engl. Original abgedruckt in: *M. Wingen,* Grundfragen der Bevölkerungspolitik, Urban-TB, Reihe Sozioökonomie, Bd. 9, Stuttgart 1975, S. 144 ff.).

## Anhang

### Wie frei, verantwortlich und informiert sind Entscheidungen für Kinder heute?

Ausgangspunkt: Das grundlegende Recht der einzelnen (Ehe-)Paare gemäß der Ergänzung der Menschenrechtserklärung (Teheran 1968, später mehrfach bekräftigt), frei, verantwortlich und informiert über die Zahl ihrer Kinder und den zeitlichen Abstand der Geburten („spacing") zu entscheiden

| | „frei" | „verantwortlich" | „informiert" |
|---|---|---|---|
| Anspruch | keinerlei Ge- und Verbote im generativen Bereich, d. h. formal volle Entscheidungsfreiheit:<br>a) keine rechtlichen Vorgaben hinsichtlich der Kinderzahl und des „spacing"<br>b) volle gesellschaftliche Akzeptanz von (familialen) Lebensformen mit und ohne Kinder(n)<br>c) keine materiellen Bevorzugungen oder Benachteiligungen (familialer) Lebensformen mit und ohne Kinder(n) | Geburtenregelung als notwendig anerkannt und allgemein bejaht (Leitbild der „verantwortlichen Elternschaft"); Schwangerschaftsabbruch kein Mittel der Familienplanung;<br>Bewußtsein von der Langfristigkeit der Entscheidung für Kinder; Recht des Kindes auf Eltern; Berücksichtigung der Drei-Generationen-Solidarität | die Möglichkeiten einer Familienplanung sollten bekannt und zugänglich sein;<br>die gesellschaftlichen und individuellen Langzeitwirkungen von Entscheidungen für oder gegen Kinder sollten bekannt sein;<br>Kenntnis der gesellschaftlichen Rahmenbedingungen; Informationen über die Bedürfnisse von Kindern und Eltern |
| Wirklichkeit | de facto nicht wenige Beeinträchtigungen der freien Entscheidung für Kinder:<br>– materiell: siehe u. a. Feststellung des Wissenschaftlichen Beirats beim BMWi (unbeabsichtigte Kumulation von Anreizen, auf Kinder zu verzichten)<br>– materiell und gesellschaftlich: siehe u. a. Konfliktfeld Familie/Erwerbsarbeitswelt<br>– gesellschaftlich: u. a. durch stärkere Betonung individualistischer und ökonomisch geprägter Wertorientierungen;<br>„strukturelle Rücksichtslosigkeit moderner Gesellschaften gegenüber der Familie" (Kaufmann) | Rationalitätenfalle: Verantwortete Elternschaft im Rahmen der individuellen Situation unbestritten und prinzipiell auch erfüllt, jedoch mangelnde Berücksichtigung der gesellschaftlichen Dimension personaler Verantwortung;<br>Neigung zu kurzfristigen Optionen;<br>Gefahr, isolierte, punktuelle Hilfen in ihrer „Scheinattraktivität" nicht zu durchschauen | mangelnder Einblick der einzelnen Paare in gesellschaftliche und individuelle Langzeitwirkungen ihres Verhaltens („demographische Trägheit");<br>mangelnde Kenntnis der gesellschaftlichen Rahmenbedingungen und der familienpolitischen Angebote; Familienpolitik als Spielball der Haushaltspolitik |
| familienpolitische Folgerungen | gesellschaftliche Strukturpolitik mit der Zielsetzung „Chancengleichheit für die Verwirklichung unterschiedlicher Lebensentwürfe" (z. Zt. notwendigerweise bezogen auf Lebensentwürfe mit Kindern: Familienlastenausgleich, Verbesserung der Kinderbetreuung, familienfreundliche Erwerbsarbeitswelt) | umfassende Familienbildung unter Einbeziehung der überindividuellen Dimension der verantworteten Elternschaft, aber auch der Verdeutlichung des Langfristcharakters von Entscheidungen für und gegen Kinder; Verläßlichkeit der politischen Rahmenbedingungen; statt isolierter Einzelmaßnahmen integrativ geplante und langfristig angelegte Maßnahmenbündel | individuelle und gesellschaftliche Aspekte umfassende demographische Information und Bildung („population education") als Teil einer systematischen Bildungsarbeit im Gesamtkonzept der Familienpolitik |

# 5. Zukunft der Familie aus politischer Sicht – Plädoyer für ein „realistisches Utopiequantum"*

Die Frage nach der Zukunft der Familie ordnet sich ein in die umfassendere Frage nach der Zukunft der Gesellschaft und der sozialwirtschaftlichen Ordnung, aber auch unserer Kultur überhaupt. Bilder über die Zukunft scheinen gegenwärtig Konjunktur zu haben, begünstigt sicherlich auch durch den unverkennbaren raschen Wandel im gesellschaftlichen Zusammenleben. Allerdings wurde in der modernen europäischen Kultur immer wieder versucht, die Tendenzen der Gegenwart und ihre möglichen Zielpunkte zu erkennen oder sich sogar eine Zukunft vorzustellen, die als Alternative für die als unbefriedigend angesehene Gegenwart erscheint. Politische Utopien, Prophezeiungen und sehr viel begrenztere Voraussagen finden hier ihren Ursprung. So könnten auch von einem Beitrag zur Zukunft der Familie aus der Sicht der Politik „Visionen" erwartet werden; solche Erwartungen müßten hier jedoch von vornherein enttäuscht werden.

## 1. Übereinstimmung von Denkmuster und Wirklichkeit?

Wenn hier einige ausgewählte Perspektiven zur künfigen Entwicklung im Bereich von Familie und Familienpolitik angesprochen werden, so geht es dabei darum, von einigen bekannten ausgewählten Eckpunkten aus zu skizzieren, wie gerade auch die familienbezogene Gesellschaftspolitik behutsam und in Orientierung an den ökonomischen Möglichkeiten weiterentwickelt werden könnte und sollte. Dabei mag der „visionäre" Charakter allenfalls darin seinen Ausdruck finden, daß Perspektiven, die sich aus der Gegenwart heraus ableiten lassen, sich bei einem gewissen Optimismus nicht als reines Wunschdenken darstellen, sondern als durch ein *„realistisches Utopiequantum"* gekennzeichnete Vorstellungen und politische Erwartungen verstanden werden. Die als dauernde Aufgabe vorgegebene Weiterentwicklung des sozialen Rechtsstaats – nunmehr im geeinten Deutschland, aber auch im politisch mehr und mehr zusammenwachsenden Europa – gibt den Hintergrund dafür ab, daß diese Perspektiven die Wirklichkeit nicht von vornherein verfehlen.

Insofern wird bei dem realistischen Utopiequantum, für das bei den vorgestellten politischen Perspektiven plädiert wird, nicht auf jedwedes aus der Gegenwart heraus noch als utopisch anmutendes Element verzichtet, mit dem sich gesellschaftliche Verbesserungswünsche ebenso verbinden wie der Anspruch, auftretende Konflikte und Widersprüche im sozialen Prozeß aufzuzeigen und möglichst zu überwinden. Wenn ein Leben ohne Utopie zum „Preis der Moderne“[1] gehören soll, erschiene dieser Preis dann etwas zu hoch, wenn dabei übersehen würde, daß die modernen Sozialstaaten der offenen Gesellschaft (mit allen ihren Mängeln) sich nur auf dem Hintergrund auch von politischen Entwürfen herausbilden konnten, die immer wieder auch durch anfänglich als „utopisch“ eingestufte Denkmuster gekennzeichnet waren. Was sich mit einem realistischen Utopiequantum verbindet, ist auch nicht nur als eine Frage des Ausmaßes an über die Gegenwart hinausgreifenden Vorstellungen zu sehen; es verbindet sich damit auch ein qualitativer Aspekt: Es kann stets nur um Orientierungsmarken gehen, um Intentionen für die Gestaltung des sozialen Prozesses, ohne in den Fehler der schon allzu häufig mißlungenen Versuche zu verfallen, ganze Utopie-Systeme unmittelbar in die Wirklichkeit zu übersetzen. Auf sozialethisch abgesicherte Wegzeichen kann indessen beim Nachdenken über eine familiengemäße gesellschaftliche Ordnung nicht verzichtet werden. Familienpolitisches Handeln auf Zukunft hin kann sogar besonders konfliktbefreiend und problemlösend wirken, wenn dahinter auch ein Denken in Entwürfen und Modellen steht, die durchaus in gewisser Distanz zu den Gegebenheiten des Heute stehen. Die Diskrepanz zwischen Anspruch und Wirklichkeit wird immer wieder nur schrittweise überwunden werden können. Dazu braucht es oft große Geduld.

Familien werden sich weiter wandeln, wie die vielfältigen Analysen über die bisher schon eingetretenen Wandlungen mehr als wahrscheinlich machen. Aber auch den mannigfachen, teils recht anregenden Hinweisen auf Standort und Struktur der Familien, wie sie in modernen Staats- und Gesellschaftsutopien anzutreffen sind, die sich als Gegenentwürfe zur Wirklichkeit verstehen, wird man immerhin grundsätzlich darin zustimmen können, *daß* Familien sich auch weiterhin in ihrer Binnenstruktur und in ihren Außenbeziehungen verändern werden. Bei der Frage des *Wie* dieses Wandels muß man freilich gelegentlich den Eindruck gewinnen, daß die Bodenhaftung in manchen gesellschaftlichen Gegenentwürfen äußerst gering ist und es sich insofern wirklich um einen Utopos handelt. Die Gesellschafts- und Familienpolitik wird andererseits den Veränderungen auf der Spur bleiben müssen, die im Interesse der Erhaltung und Stärkung der personprägenden und gesellschaftsbildenden Leistungen der Familien sogar notwendig sind. Demgemäß wird eine in Zukunft hoffentlich noch verstärkt *adressaten-* und *familienphasenspezifisch* ausgestaltete und die *Drei*-Generationen-Solidarität (in nicht ganz wenigen Fällen *Vier*-Generationen-Solidarität) stärkende Familienpolitik das Gesicht unseres gesellschaftlichen Zusammenlebens prägen.

Noch einen weiteren, allgemeineren politikwissenschaftlichen Gesichtspunkt gilt es zu bedenken, wenn für ein „realistisches" Utopiequantum plädiert wird. Er hängt eng zusammen mit Entscheidungsmechanismen westeuropäischer parlamentarischer Demokratien und wird gestützt durch die Erfahrung aus inzwischen 40 Jahren Familienpolitik in Deutschland. Wie sich immer wieder zeigt, sind die Verwirklichungschancen eines Interesses tendenziell um so geringer, je allgemeiner dieses Interesse ist – in diesem Falle die Berücksichtigung der Belange von Eltern in ihrer Verantwortung für die nachwachsende Generation. Diese Belange, die das gesellschaftliche Allgemeininteresse, das „Gemeinwohl", mit konstituieren, geraten fast unweigerlich in Widerspruch zu einer Vielzahl von Einzelinteressen und suchen erfahrungsgemäß mit nur mäßigem Erfolg nach politisch wirksamer, durchsetzungsmächtiger Interessenvertretung. Hier muß nicht zuletzt auch eine wichtige Funktion von speziellen *Familienorganisationen* – inzwischen auch von entsprechenden Zusammenschlüssen EG-weit und darüber hinaus – hervorgehoben werden.

Konkret seien im folgenden *drei Aspekte* zur Einschätzung der künftigen Entwicklung angesprochen: (1) die größere Pluralisierung familialer Lebensformen, (2) die Entwicklung hin zu einem „wirklichen" Familienlastenausgleich sowie (3) eine familienfreundlichere Erwerbsarbeitswelt. Mit dieser Begrenzung im vorgegebenen Rahmen sollen andere Perspektiven deshalb nicht als weniger bedeutsam angesehen werden, wie beispielsweise

- die in Deutschland vor allem in städtischen Ballungsgebieten inzwischen gravierenden und der Lösung harrenden Probleme und Nöte der *Wohnungsversorgung* der – im übrigen durch starke Singularisierungserscheinungen gekennzeichneten – privaten Haushalte,
- die wachsende zahlenmäßige Bedeutung von *Alleinerziehenden* sowie von „Scheidungswaisen" (für die im Rahmen einer absehbaren Reform des Kindschaftsrechts mit ausdrücklichen gesetzlichen Regelungen zur gemeinsamen elterlichen Sorge nach der Scheidung gerechnet werden kann, nachdem das BVerfG schon 1982 eine solche Möglichkeit als zulässiges Modell einer fortbestehenden gemeinsamen Elternverantwortung eröffnet hat),
- der notwendige Ausbau *familienbezogener sozialer Dienste* (ohne daß dies auf eine Kollektivierung der frühkindlichen Erziehung hinauslaufen darf),
- das eher noch größer werdende Problem der *Gewalt* auch innerhalb von Familien insbesondere gegen Kinder (in Form von körperlicher und seelischer Mißhandlung und sexuellem Mißbrauch) oder auch
- die familienpolitischen Konsequenzen der unabwendbar vorprogrammierten *Alterung der Bevölkerung* in den nächsten Jahrzehnten in Verbindung mit den sozialen Problemen einer (partiellen) „kompensatorischen Zuwanderung" von außen.[2]

## 2. Veränderte Lebensziele fordern die Politik

Zu den Perspektiven von Familien und Familienpolitik gehört, schon durch die bisherigen haushalts-, familien- und bevölkerungsstatistischen Daten untermauert, über die bevorstehende Jahrhundertwende hinweg die *Ausbreitung pluraler familialer Lebensformen.* Mit Veränderungen im individuellen Verständnis von Familie und vielleicht mehr noch von Ehe muß ebenso gerechnet werden wie mit Wandlungen in der Einordnung der Eltern-Kind-Beziehungen in die Familie und die sie umgreifende gesellschaftliche Ordnung. Auch wird mit Veränderungen der überkommenen „familialen Netzwerke" gerechnet werden müssen. Denn nicht nur die Familien, sondern auch die verwandtschaftlichen Netze werden in Zukunft durchschnittlich kleiner sein als bisher. Wenn zugleich aufgrund höherer Scheidungsquoten die familiären Verhältnisse sich noch komplizieren, werden sich die Voraussetzungen für die Unterstützung der älteren Haushaltsmitglieder durch die jüngeren verändern und tendenziell eher verschlechtern.

Für das Zusammenleben werden damit neue soziale Netzwerke um so wichtiger werden, für die es die infrastrukturellen Voraussetzungen zu verbessern gilt. Allerdings werden auch die über die reine „Kernfamilienstruktur" hinausreichenden sozialen Bezüge familialen Zusammenlebens im Blick zu behalten und in das familienpolitische Konzept – je nach anstehender Problemlage – hineinzunehmen sein. Daß die aus dem amtlichen Mikrozensus erwachsende „Haushaltsbrille" familienpolitisch problematisch ist (weil ihr zahlreiche Sachverhalte entgehen, die im allgemeinen Verständnis das Familienleben mit ausmachen), wie dies jüngst in Beiträgen über den „Mythos Familie – Der Traum von der Idealfamilie" hervorgehoben wurde[3], ist von seiten der amtlichen Statistik mehrfach unterstrichen worden und sollte zur problembezogenen Weiterentwicklung dieses sozial- und familienstatistischen Instruments Anlaß geben (bis in die EG-weite Vergleichbarkeit hinein).

In dieser Perspektive zeichnet sich damit insgesamt für die nächsten Jahre eine Entwicklung ab von einer aus der Vergangenheit her vertrauten „Normalbiographie" mit herkömmlichen Vorstellungen von Normalität hin zu einer größeren Pluralisierung der Lebensformen und -stile, die mehr denn je weniger durch äußere gesellschaftliche Ordnungs- und Traditionszusammenhänge geregelt, dagegen stärker auf individuelle Vorstellungen und persönlich verantwortete Entscheidungen gestellt sind. In diesem Zusammenhang bleibt zwar zu bedenken, daß in der „veröffentlichten" Meinung, aber auch von sozialwissenschaftlicher Seite manche neuen Entwicklungselemente mit einem größeren Gewicht versehen werden, als ihnen tatsächlich zukommt. Nicht selten werden auch in Verabsolutierung neuer Entwicklungstendenzen, deren Dauerhaftigkeit noch keineswegs erwiesen ist, überkommene Normen von paarbezogenem Zusammenleben vorschnell als im Grunde nicht mehr geltend hingestellt.

Auch wenn man solche Effekte mit bilanziert, bleibt im Ergebnis doch die Normalität dessen, was in der Gesellschaft mit Familie verbunden wird, künftig weniger eindeutig als noch vor wenigen Jahrzehnten. Die Fraglosigkeit der normativen Geltung von (überkommenen) sozialen Strukturen dürfte tendenziell relativiert werden durch eine postulierte Beweispflicht ihrer Sinnhaftigkeit. Ein täglich erfahrbares Nebeneinander verschiedener Lebensformen dürfte zu einem Prozeß weiterer Pluralisierung führen, verbunden vermutlich mit Tendenzen zu Verschiebungen im quantitativen Gewicht solcher unterschiedlichen Strukturen und ihrer größeren Annäherung im Grad der gesellschaftlichen Anerkennung (was wiederum die stärkere Verbreitung fördert). Dies läßt sich gegenwärtig schon sehr deutlich etwa für die *nichtehelichen Lebensgemeinschaften* (überwiegend ohne Kinder, in einer Minderheit aber auch mit Kindern) beobachten. Zu den in den letzten Jahren stark verbreiteten nichtehelichen Lebensgemeinschaften hat jüngst das Bundesverfassungsgericht (BVerfG) in seiner Entscheidung vom 17. 11. 1992 zu einer Vorschrift des Arbeitsförderungsgesetzes (AFG), eines der wenigen Rechtsgebiete, das die nichtehelichen Lebensgemeinschaften (das Gesetz spricht ebenso wie das Bundessozialhilfegesetz von der „eheähnlichen Gemeinschaft") ausdrücklich anspricht, eine bemerkenswerte inhaltliche Bestimmung zu dieser Lebensform vorgenommen, die für die künftige sozialrechtliche und sozialpolitische Entwicklung besondere Bedeutung haben dürfte. Danach kann davon dann gesprochen werden, „wenn zwischen den Partnern so enge Bindungen bestehen, daß von ihnen ein gegenseitiges Einstehen in den Not- und Wechselfällen des Lebens erwartet werden kann (Verantwortungs- und Einstehungsgemeinschaft)". Die Lebensgemeinschaft müsse sich also durch innere Bindungen auszeichnen, die ein gegenseitiges Einstehen der Partner füreinander begründeten und damit über die Beziehung in einer reinen Haus- und Wirtschaftsgemeinschaft hinausgingen. Damit wird ein Kriterium benannt, das sehr von der inneren Einstellung der Partner geprägt ist, so daß es für die sozialpolitische Verwaltungspraxis nicht gerade leicht ist festzustellen, ob eine Gemeinschaft von Mann und Frau diese besonderen Merkmale aufweist.

Insgesamt wird die Verwirklichung der je eigenen Lebensziele der Familienhaushalte in der politischen Planung mehr denn je unterschiedliche wirtschaftliche, gesellschaftliche und politische Rahmenbedingungen erfordern; diese werden so zu gestalten sein, daß die Menschen ihre Vorstellungen von Familie möglichst gut realisieren können. Weniger denn je wird den Familien und den einzelnen Familienmitgliedern für die innerfamiliale Aufgabenteilung eine bestimmte Rolle staatlicherseits vorgegeben werden können (wie dies z. B. beim früheren Modell der „Hausfrauenehe" der Fall war). Dies schließt freilich nicht aus, sondern setzt geradezu voraus, daß eine grundwerteorientierte Gesellschaftspolitik darauf Bedacht nimmt, daß die konstitutiven Merkmale dessen, was Familie auch in Zukunft ausmacht, zur vollen Entfaltung kommen können. Gesellschafts- und Familienpolitik werden insoweit immer auch zu bedenken haben, daß der gesellschaftliche Ordnungsbereich Familie nicht zur Beliebigkeit verkommen darf.

### 3. Kinderhaben ist keine reine Privatangelegenheit

Im Hinblick auf die ökonomische Situation von Familien mit (mehreren) Kindern bleibt das Ziel der Schaffung und dauernden Sicherung ausreichender Leistungen eines *Ausgleichs der Familienlasten* auf der familienpolitischen Tagesordnung der Zukunft. Als besonders politikwirksam dürften sich hier die grundlegenden Urteile des Bundesverfassungsgerichts (BVerfG) von 1990 und 1992 erweisen. In seiner Entscheidung von 1990 legte das BVerfG fest, daß die sozialkulturellen Mindestaufwendungen für Kinder von der Einkommensbesteuerung bei den Eltern freizustellen sind (die Entscheidung von 1992 bezieht sich auf die Besteuerung von Erwachsenen). Damit ist ein zentraler familienpolitischer Gesichtspunkt der Steuergerechtigkeit höchstrichterlich ausformuliert und der Weiterentwicklung der materiellen Familienpolitik vorgegeben. Schon haben die Auseinandersetzungen darüber eingesetzt, inwieweit diese Auflage – auch unter Umrechnung von Kindergeldleistungen in fiktive Steuerfreibeträge für Kinder – gegenwärtig tatsächlich erfüllt ist. Vor allem wird künftig mittelbar auch eine regelmäßige Anpassung an die Einkommens- und Preisentwicklung – nämlich unter Berücksichtigung gerade der in der Sozialhilfepolitik festgelegten sozialkulturellen Existenzminima von Kindern – nicht mehr zu umgehen sein.

Für die Perspektive der Politik des Familienlastenausgleichs sollte freilich bedacht werden, daß die so fundamentale Entscheidung des BVerfG, die auch für die familienpolitische Diskussion in außerdeutschen Ländern eine gewisse richtunggebende Bedeutung gewinnen dürfte, im Grunde nur die Verwirklichung des Prinzips der *Steuer*gerechtigkeit zum Gegenstand hat. *Daneben* bleibt – wie seit jeher – ebenso sehr das Prinzip der *Bedarfs*gerechtigkeit in der Einkommensverteilung gegenüber Familien mit mehreren Kindern zu berücksichtigen. Dies bedeutet mit anderen Worten: Wenn Steuergerechtigkeit durch Freistellung der Mindestaufwendungen für Kinder in der Einkommensbesteuerung verwirklicht ist, dann beginnt erst der „eigentliche" Familienlastenausgleich, nämlich die Einkommensumverteilung entsprechend dem mit steigender Kinderzahl in der Familie steigenden Bedarf (der in der leistungsbestimmten Einkommensverteilung des Marktes im wesentlichen unberücksichtigt bleibt). Dahinter steht die Auffassung, daß die Einkommensverwendung zum Auf- und Erziehen von Kindern keine reine Privatangelegenheit (wie etwa eine Ferienreise oder der Erwerb von hochwertigen Gebrauchsgütern) ist. Die höchstpersönlichen Entscheidungen für Kinder sind eben aber in ihren objektiven, d.h. auch bewußtseinsunabhängigen Konsequenzen gesellschaftlich hochgradig relevant. Die sog. „differenzierten Kinderhäufigkeiten" in den Ehen – in den letzten Jahren entfielen auf zwei Drittel der Ehen, nämlich die Ehen mit nur einem Kind und mit zwei Kindern, rund 70% aller aus den Ehen zu erwartenden Kinder – sind in Verbindung mit den einkommensabhängig unterschiedlichen Lebens- und Entwicklungschancen der Kinder aus unterschiedlich großen Familien eine zentrale Legitimationsgrundlage für eine bedarfsorientierte Einkommensgestaltung.

Noch dürfte diese Entwicklungsperspektive keineswegs zwischen allen Entscheidungsträgern konsensfähig sein. Sie bedeutet, daß mit der vollen, in die Zukunft hineinreichenden Erfüllung der Auflage des BVerfG die Aufgabe eines voll wirksamen Ausgleichs unterschiedlicher Familienlasten (Kinderlasten) nach wie vor ebenfalls noch der Lösung harrt. In einer *bisher keineswegs üblichen Sichtweise und Terminologie* läßt sich die für die Zukunft anstehende Aufgabe wie folgt fassen: Ein Grundziel der (materiellen) Familienpolitik bildet die *Sicherung eines familiengemäßen Einkommens.* Zur familiengemäßen Einkommensgestaltung gehört einmal die Freistellung der Mindestaufwendungen für Kinder in der Einkommensbesteuerung der Eltern (*Steuergerechtigkeit*) und zum anderen die angemessene Berücksichtigung des Bedarfsprinzips (*Bedarfsgerechtigkeit*) durch den Familienlastenausgleich im engeren Sinne. Es wäre durchaus die Einlösung eines realistischen Utopiequantums, wenn es in absehbarer Zeit gelänge, diese Sicht des Problems und seiner Lösung in unserer Gesellschaft durchweg konsensfähig und (familien-)politikleitend werden zu lassen.

Hat das BVerfG schon mit seinen Entscheidungen zur Einkommensbesteuerung – sicherlich auch gestützt auf jahrelange vorausgegangene wissenschaftliche Diskussionen über die Ermittlung und Berücksichtigung von Aufwendungen für Kinder – Perspektiven der materiellen Familienpolitik richtungsweisend vorgezeichnet, so hat es mit seiner Entscheidung zu den Verfassungsbeschwerden von zwei älteren Müttern, die eine „leistungsgerechte" Berücksichtigung der Kindererziehung in ihrer *Rentenversicherung* verlangt hatten, eine weitere Grundlage für eine sozial- und familienpolitische Entwicklung in den nächsten Jahren gelegt, die im Ergebnis auf eine familienpolitische Strukturreform des Sozialstaats hinauslaufen könnte. Auch wenn die Kläger selbst im Blick auf die Vergangenheit abgewiesen wurden, mahnt das BVerfG doch mit Nachdruck beim Gesetzgeber an, die wirtschaftlichen Benachteiligungen von Familien schrittweise – unter Berücksichtigung auch der jeweiligen Haushaltslage – abzubauen. Der Gesetzgeber muß sich in diesem Zusammenhang jedenfalls vorhalten lassen, den Schutzauftrag des Art. 6 Abs. 1 GG „bisher nur unvollkommen erfüllt" zu haben. Die Benachteiligung von Familien, in denen ein Elternteil sich der Kindererziehung widmet, werde weder durch staatliche Leistungen noch auf andere Weise ausreichend ausgeglichen. Auch die verschiedenen Leistungen im Rahmen des Familienlastenausgleichs machten die Einbußen, die Eltern gegenüber Kinderlosen in der Alterssicherung erleiden, nicht wett.

Ob man nun das Urteil als „sozialpolitische Revolution" (*J. Borchert*) oder als Einleitung einer baldigen „sozialpolitischen Evolution" (*J. Pechstein*) bezeichnen möchte – eine weitere konsequente, wenn auch schrittweise familienpolitische Kurskorrektur dürfte jedenfalls auf die Tagesordnung der Zukunft gerückt sein. Dies festzustellen bedarf keiner visionären Kraft, es folgt aus den Forderungen des höchsten deutschen Gerichts. Gleichwohl mag es als realistisches Utopiequantum gelten, eine alsbaldige Verwirklichung dieser strukturellen Korrekturen des sozialen Sicherungssystems zu erwarten. Der Streit um die Umsetzung wird, dies läßt sich freilich auch schon absehen, vermutlich wiederum viele Kräfte binden, wenn es etwa darum geht, Kindererziehung und monetäre Beitragszahlung, die als „nicht gleichartig" eingestuft wurden, in ihrer ungleichen Gewichtung bei der Begründung von Rentenanwartschaften zu bestimmen.

## 4. Familienorientierte Erwerbsarbeitswelt – vom Denkmodell zur Wirklichkeit

Schließlich sei zur Konkretisierung der Leitvorstellungen zur Weiterentwicklung der politischen Gestaltung der Lebensbedingungen von Familien und Kindern noch die Notwendigkeit benannt, auf eine *familienfreundlichere Erwerbsarbeitswelt* hinzuwirken. Sie ist bisher mehr Wunsch als Wirklichkeit. Zwei Teilaspekte verdienen Hervorhebung:

Jungen Eltern sollte die Vereinbarung der Übernahme von Familienpflichten mit Anforderungen aus ihrer Erwerbsbiographie wesentlich stärker als bisher erleichtert werden. Je nach dem individuellen Lebensentwurf und den familialen Gegebenheiten sollte *sowohl* ein zeitliches Nebeneinander von Erwerbstätigkeit und Familientätigkeit (sog. simultanes Verhaltensmuster) *als auch* ein phasenversetztes zeitliches Nacheinander von Erwerbstätigkeit, dominanter

Familientätigkeit und Rückkehr in die Erwerbstätigkeit oder auch Übernahme eines außerfamilialen sozialen Engagements (sog. sukzessives Verhaltensmuster) nicht nur formalrechtlich möglich, sondern von der Gestaltung der sozial- und familienpolitischen Rahmenbedingungen her auch *konkret lebbar* sein. Eine „Politik der schiefen Ebene", die de facto eine der beiden Verhaltensmuster diskriminiert, ist zu vermeiden. Die „Trias" eines weiter zu entwickelnden Erziehungsgeldes für junge Eltern, des Erziehungsurlaubs und der Anrechnung von Erziehungszeiten in der gesetzlichen Rentenversicherung muß in diesem Zusammenhang in ihrer wichtigen gegenseitigen Ergänzung gesehen werden.

Im übrigen zeigt die auf die Gestaltung der Erwerbsarbeitswelt ausgerichtete familienpolitische Handlungsperspektive besonders deutlich, daß eine voll entfaltete Familienpolitik einer mehrgliedrigen Trägerschaft bedarf und nicht nur Sache des Staates ist – so etwa dort, wo Bundesländer die Erziehungsgeldregelung des Bundes ergänzen und weiterführen, oder dort, wo Tarifpartner oder Unternehmungen im Rahmen ihrer Sozialpolitik Regelungen schaffen, die über den gesetzlichen Mindeststandard hinausgehen. Bei der weiteren Ausformung unseres familienpolitischen Gesamtsystems sollte noch sehr viel konsequenter als bisher bedacht werden, daß, wenn der vielzitierte Art. 6 Abs. 1 unserer Verfassung von dem besonderen Schutz der „staatlichen Ordnung" für Ehe und Familie spricht, damit auch die Tarifpartner, denen über das Tarifrecht Rechtsetzungsbefugnis in wichtigen Teilbereichen der Lebensbedingungen von Familien delegiert ist, in die Pflicht genommen sind.

Familienfreundliche Erwerbsarbeitswelt bildet – im neuen europäischen Binnenmarkt – auch eine unmittelbare Herausforderung an die *betriebliche* Sozial- und Personalpolitik. Nicht zuletzt auf dem Hintergrund des mittelfristig absehbaren, demographisch bedingten Rückgangs der Erwerbspersonenzahlen (jedenfalls ohne massive kompensatorische Zuwanderungen) zeichnen sich längst neue personalwirtschaftliche Probleme ab, vor deren Hintergrund den familienpolitischen Fragen im Zusammenhang mit einer verstärkten Integration gerade auch von verheirateten Frauen und Müttern in das Erwerbsleben und damit einer stärkeren Familienorientierung der Erwerbsarbeitswelt weniger denn je ausgewichen werden kann. Wiederum gehört zu einem realistischen Utopiequantum die begründete Erwartung an die Herausbildung einer förmlichen *betrieblichen Familienpolitik*. Es gibt im übrigen gute Gründe für die folgende Auffassung: Künftig werden diejenigen Betriebe (und Regionen) Wettbewerbsvorteile haben, die mittels attraktiver Arbeits- und Lebensbedingungen am ehesten Eltern mit Kindern binden können. Wenn es richtig ist, daß bisher die Konfliktsituation junger Ehepaare zwischen Familienleben und Erwerbsarbeitswelt bei aller Bereitschaft zur individuellen Flexibilität in der

Aufteilung familialer und beruflicher Rollen zwischen Mann und Frau immer wieder an den Bedingungen der Arbeitsorganisation sich neu entzündet und damit berufliche Entwicklung einerseits und Entscheidung zu (mehreren) Kindern andererseits vorerst ein nur schwer versöhnlicher Gegensatz bleibt, dann liegen daher *grundlegendere Reformen in der Erwerbsarbeitswelt* auch im ureigensten unternehmerischen Interesse selbst.

Werden alle Verantwortlichen der Wirtschaft und Unternehmungen die Entwicklung mit ihren Chancen und Gefährdungen rechtzeitig in ihren Planungshorizont hineinnehmen? Eine Feststellung, die der Präsident der Bundesvereinigung der Deutschen Arbeitgeberverbände, *Klaus Murmann,* schon vor einigen Jahren auf einem großen Symposium über „Familie und Arbeitswelt“ traf[4], läßt hoffen, vor allem wenn sie denn zur Leitmaxime des Handelns auch auf der unmittelbaren betrieblichen Ebene wird: „Wenn die äußeren Lebensumstände der von uns mitgestalteten Industriegesellschaft Familien in Schwierigkeiten, vielleicht sogar in Not bringen, dann kann uns das nicht gleichgültig lassen. Also müssen wir unseren angemessenen Beitrag zur Lösung der Probleme leisten. Das wollen wir auch, nicht durch Verhinderungsstrategien, sondern durch nach vorne führende Gedanken und Maßnahmen.“ Dies wird dann freilich auf einen gewissen Umbau der traditionellen ökonomischen Strukturen hinauslaufen, die weithin als eine auf männliche Lebensentwürfe abgestellte Ökonomie erscheinen, die die wirtschaftlichen und sozialen Lebenssituationen von Müttern *und* Eltern meist wenig berücksichtigen.

## 5. Veränderte familienpolitische Grundmuster nach der Einigung Deutschlands und im Zusammenwachsen Europas?

Wenn zur aufgegebenen Verwirklichung der inneren Einheit Deutschlands und zum weiteren Zusammenwachsen der europäischen Länder auch die künftigen Entscheidungen im Feld von Familie und Familienpolitik ihren Beitrag zu leisten haben, werden dies nicht mehr völlig unverändert die „alten“ Familienpolitiken sein können – speziell in Deutschland weder die der bisherigen Bundesrepublik noch erst recht die der ehemaligen DDR. Vielleicht wächst das Verständnis für ein am Menschen als *personalem*, d.h. aber auch auf die Gemeinschaft bezogenem Wesen orientiertes familienpolitisches „Grundmuster“, das die interdependenten Verflechtungen von Individuum, Familie (in ihrer Alltagswirklichkeit und ihrem rechtlich-institutionellen Rahmen) und Gesellschaft möglichst ausgewogen zu berücksichtigen sucht. Denn eine Vernachlässigung dieser unaufhebbaren Wechselwirkungen müßte auf Dauer zur Beeinträchtigung des Einzel- *und* Gemeinwohls führen. Familie hat dabei eine dem Staat und der Gesamtgesellschaft vorgelagerte Eigenbedeutung, die gleichwohl relativ, weil auf die Person bezogen ist.

In unserem eigenen Land wird es auf dem Hintergrund der in der Vergangenheit erfolgten beträchtlichen Auseinanderentwicklung der Sozialordnungen in beiden Teilen Deutschlands – und dies wäre ein weiteres realistisches Utopiequantum – um ein *neu ausbalanciertes Verhältnis von Eigenverantwortung und Hilfsangeboten der Gesellschaft,* aber auch von *Freisetzung des einzelnen und seiner Verpflichtung gegenüber der Gesellschaft* gehen müssen. Eine Konkretisierung mag das hier Gemeinte etwas verdeutlichen, nämlich mit Bezug auf die viel beschworene „Emanzipation" des einzelnen: Auch im Blick auf die Entwicklungschancen von Familien und ihrer Mitglieder gilt, daß Emanzipation sich zugleich durch freiwillige Bereitschaft zur Einordnung selbst beschränken muß. Politik kann dies nicht verordnen, aber eine von der Familienpolitik mit zu gewährleistende Familienerziehung kann die Ausprägung dieser Einstellung fördern. Eine solche Grundorentierung auf den Ebenen der politischen Rahmengestaltung *und* der individuellen Bewußtseinshaltung muß sich daran messen lassen, inwieweit sie einer Ethik der Fernverantwortung (*H. Jonas*) für nachwachsende Generationen standhält.

Diese Verantwortung reicht weit über die wirtschaftlichen Lebensbedingungen der nächsten Generationen hinaus; je nach Problemlage können wichtiger noch die soziokulturellen Bedingungen sein, die die Heranwachsenden in den Familien als ersten und grundlegenden Erziehungsinstanzen vorfinden. Es muß aufhorchen lassen, wenn heute bereits sehr kritisch gefragt wird, ob nicht die Mode der antiautoritären Erziehung aus der Achtundsechziger-Generation zu empfindlichen Schäden der unter problematischen Erziehungsleitbildern herangewachsenen Kinder und Jugendlichen geführt habe.[5] Die Familien der Zukunft werden hier, ohne in autoritäre Erziehung zurückzufallen, zu einem neuen Verständnis auch von Autorität finden müssen, und zwar gerade auch im Interesse der Heranwachsenden selbst. Hier werden Perspektiven einer Familienpolitik sichtbar, die um Dimensionen über rein wirtschaftliche Familienhilfen hinausreichen. Wenn es richtig ist, daß wir in der Vergangenheit allzu oft nur „abgeräumt" und zu wenig an die Stelle gesetzt haben (*C. Leggewie*), dann werden damit Defizite bezeichnet, die es zu überwinden gilt. Dies alles ist mit zu bedenken, wenn über die Zukunft der Familie aus politischer Sicht nachgedacht wird.

Damit seien einige Konturen des Bildes einer künftigen familienorientierten Gesellschaftspolitik umrissen, die insgesamt konsequent auf *mehr Chancengleichheit für die Verwirklichung von Lebensentwürfen mit Kindern* hinwirkt (und damit eine „Bevölkerungspolitik" unseligen Angedenkens entbehrlich macht). Diese Chancengleichheit ist von den sozialökonomischen wie von den soziokulturellen Lebensbedingungen her bisher keineswegs ausreichend gewährleistet. So gesehen ordnet sich auch die zu erwartende weitere familienpolitische Auseinandersetzung ein in den modernen sozialen Konflikt, den *R. Dahrendorf*[6] in seinem Essay zur Politik der Freiheit vorgestellt hat und bei dem es gerade auch um den Kampf, um den Wunsch zur Vergrößerung von Lebenschancen geht. Auch das Konzept einer „Sozialen Marktwirtschaft" für das geeinte Deutschland wird daran gemessen werden, inwieweit die real verwirklichte marktwirtschaftliche Ordnung diesem Anspruch von Familien, von Eltern und Heranwachsenden, gerecht wird. Die Zukunft unserer Familien (mit veränderten Binnenstrukturen und sich weiter wandelnden Außenbeziehungen) muß freilich auch *gewollt* sein. Familie mit ihren so zentralen personprägenden und gesellschaftsbildenden Leistungen wird Zukunft haben, wenn wir ihr durch eine grundwerteorientierte Politik Zukunft geben.

## Anmerkungen und Literatur

*) Erweiterte Fassung des Referats auf dem Intern. Symposium „Perspektiven der Familienpolitik" der Arbeitsgemeinschaft der Kath. Familienorganisationen in Europa vom 5.–7. 3. 1993 in Stuttgart-Hohenheim, auf der Grundlage des Beitrags: „Realistisches Utopiequantum" für Lebensentwürfe mit Kindern, in: Texte – Thesen – Visionen, Zürich u. Osnabrück 1992, S. 161–174.

1) *Fest, J.*, Der zerstörte Traum – Vom Ende des utopischen Zeitalters, 3. Aufl., Berlin 1991, S. 98.
2) Siehe dazu auch v. Verf.: Perspektiven der demographischen Entwicklung und die Erfüllung sozialer Aufgaben, Köln 1992, sowie: Drei-Generationen- Solidarität in einer alternden Gesellschaft, Nr. 16 der Schriftenreihe der Deutschen Liga für das Kind in Familie und Gesellschaft, Neuwied/Rh. 1988.
3) Vgl. „Psychologie heute", H. 3/1993.
4) *Murmann, K.*, Die Verantwortung des Unternehmers, in: Familie und Arbeitswelt (Veröffentlichungen der Walter-Raymond-Stiftung, Bd. 25), Köln 1986, S. 293.
5) Der Gießener Politikwissenschaftler *Claus Leggewie* hält in seinem „Plädoyer eines Antiautoritären für Autorität" dazu fest: „Autorität schließt den Gebrauch von Zwang aus, und wo sie Gewalt braucht, hat sie schon versagt. Weder in der Familie noch in den Zwischenetagen der Gesellschaft, noch im öffentlichen Raum sind Autorität und Freiheit Gegensätze. Der Verlust des einen ist kein Gewinn des anderen; Ziel von Autorität ist Sicherung, nicht Abschaffung der Freiheit", vgl. „Die Zeit", Nr. 10/1993.
6) *Dahrendorf, R.*, Der moderne soziale Konflikt (Essay zur Politik der Freiheit), Stuttgart 1992.